出土文獻綜合研究專刊之十一

甲骨軍事刻辭整理與研究

國家社科基金項目「甲骨軍事刻辭的分期分類排譜、整理與研究」（10XZS002）
教育部人文社科項目「商代甲骨軍事卜辭語言研究」（09YJC740059）
中央高校基金「創新團隊」項目（SWU1509395）

李 發 著

中華書局

圖書在版編目(CIP)數據

甲骨軍事刻辭整理與研究/李發著. —北京:中華書局,2018.6
(出土文獻綜合研究專刊)
ISBN 978-7-101-13067-6

Ⅰ.甲… Ⅱ.李… Ⅲ.甲骨文-記録-軍事科學-語言學-研究 Ⅳ.①K877.14②E0-059

中國版本圖書館CIP數據核字(2018)第022460號

書　　名	甲骨軍事刻辭整理與研究
著　　者	李　發
叢　書　名	出土文獻綜合研究專刊
責任編輯	徐真真
出版發行	中華書局
	(北京市豐臺區太平橋西里38號　100073)
	http://www.zhbc.com.cn
	E-mail:zhbc@zhbc.com.cn
印　　刷	北京市白帆印務有限公司
版　　次	2018年6月北京第1版
	2018年6月北京第1次印刷
規　　格	開本/920×1250毫米　1/32
	印張18⅞　插頁2　字數400千字
印　　數	1-2000册
國際書號	ISBN 978-7-101-13067-6
定　　價	72.00元

目　錄

序　一 …………………………………………………… 劉　釗 1
序　二 …………………………………………………… 喻遂生 5
凡　例 …………………………………………………………… 7
引書簡稱 ………………………………………………………… 9

第一章　緒論 ………………………………………………… 1
一　研究緣起 ………………………………………………… 1
二　前人对甲骨军事问题的研究 …………………………… 6
三　關於甲骨刻辭的分期斷代問題 ………………………… 16
四　研究材料和研究任務 …………………………………… 24

第二章　甲骨軍事刻辭反映的商代戰爭 …………………… 27
第一節　與商有戰爭關係的方國和地區 …………………… 27
第二節　商與方方之間的戰爭 ……………………………… 61
　　一　辭例分佈 …………………………………………… 62
　　二　有關認識 …………………………………………… 80
第三節　商與舌方之間的戰爭 ……………………………… 92
　　一　辭例分佈 …………………………………………… 96
　　二　有關認識 …………………………………………… 98

附錄:含"舌/舌方"的拓片號……………………… 135
　第四節　商與夷方之間的戰爭……………………… 138
　　一　關於"尸(夷)"的字形和釋讀……………………… 138
　　二　有關"夷方"卜辭的整理與繫聯……………………… 140
　　三　對各類卜辭所見"夷"或"夷方"是否同一方國的討論… 150
　　四　對帝辛十祀伐夷方事件的重新整理與排譜……………… 155
　　五　結語 ……………………… 182
　　附錄:有關"夷方"可相繫聯的卜辭拓片號……………… 182

第三章　甲骨軍事刻辭反映的商代軍事人物……………… 184

　第一節　軍事人物及其事迹概況……………………… 184
　第二節　雀……………………… 202
　　一　辭例分佈 ……………………… 202
　　二　有關認識 ……………………… 217
　第三節　自般……………………… 220
　　一　辭例分佈 ……………………… 220
　　二　有關認識 ……………………… 228
　第四節　沚馘……………………… 228
　　一　辭例分佈 ……………………… 228
　　二　有關認識 ……………………… 240
　第五節　望乘……………………… 241
　　一　辭例分佈 ……………………… 241
　　二　有關認識 ……………………… 258
　第六節　婦好……………………… 258
　　一　辭例分佈 ……………………… 258
　　二　有關認識 ……………………… 263

第四章　甲骨軍事刻辭反映的商代軍事組織 ······ 265

第一節　師 ······ 266
一　師的編制 ······ 267
二　師的調遣 ······ 269
三　師的軍事活動 ······ 271
四　非王之常設軍 ······ 277
五　師的性質與規模 ······ 281

第二節　族 ······ 286
一　王族 ······ 287
二　子族和多子族 ······ 289
三　一族、三族和五族 ······ 292
四　其他族 ······ 293
五　小結 ······ 295

第三節　旅 ······ 295
一　旅的編制 ······ 296
二　旅的軍事活動 ······ 299
三　旅的性質與規模 ······ 304

第五章　甲骨軍事刻辭反映的商代軍禮 ······ 306

第一節　校閱禮 ······ 310
一　關於校閱禮 ······ 310
二　卜辭所見的校閱禮 ······ 312
附錄一：田蒐活動與軍事行動同現一版之卜辭例 ······ 330
附錄二：祭儀、占卜、命將同版例 ······ 332

第二節　戰爭禮 ······ 333
一　關於戰爭禮 ······ 333

二　卜辭所見的戰爭禮 ·················· 334

　　附錄一:《禮經本義·出師禮》載相關材料 ············ 354

　　附錄二:《五禮通考·軍禮五·出師》引相關文獻闡述古代
　　　　軍禮 ·························· 355

第六章　軍事刻辭中所用行爲動詞 ·············· 358

　第一節　字形及詞義考辨 ··················· 361

　　一　固定詞組 ······················· 361

　　二　單音詞 ························ 365

　第二節　群聚分析 ······················ 405

　　一　關係義場 ······················· 407

　　二　同義義場 ······················· 409

　　三　枝幹義場 ······················· 411

　第三節　配價分析 ······················ 413

第七章　甲骨軍事刻辭所用句型 ··············· 421

　第一節　概述 ························· 421

　　一　卜辭與句子、語篇(discourse)的關係 ·········· 421

　　二　研究軍事刻辭句子的重要性和必要性 ··········· 422

　第二節　軍事行爲個案使用的句型結構 ············· 431

　　一　關於"望乘伐下危" ·················· 431

　　二　關於"沚馘伐土方" ·················· 443

　第三節　軍事刻辭句型結構總彙 ················ 446

　　一　單句句型 ······················· 446

　　二　複句句型 ······················· 479

第八章　句子所涉語義角色 …… 491

　　一　施事：發出軍事動作或行爲的主體 …… 494

　　二　受事：軍事動作或行爲的承受對象 …… 496

　　三　與事：發出軍事動作或行爲的參與者 …… 496

　　四　原因：動作行爲的原因、來源或依據 …… 497

　　五　對象（目標）：謂語動作和行爲間接涉及的對象或要達到的目標 …… 498

　　六　時間：動作行爲發生或經歷的時間 …… 503

　　七　空間：動作行爲發生的空間 …… 521

第九章　結　論 …… 525

所引綴合成果出處表 …… 533

主要參考文獻 …… 552

後　記 …… 587

序 一

西南大學漢語言文獻研究所李發教授的大作《甲骨軍事刻辭整理與研究》一書將由中華書局出版，日前來函索序於我。一方面我與李發教授是相識多年的老朋友，盛情難却，一方面我在年輕時也曾對甲骨軍事刻辭產生過興趣，碩士論文的題目就是《卜辭所見殷代的軍事活動》。這兩方面的因緣讓我冒着佛頭着糞的危險，在此談幾句看過這部書稿的感受，權充作對於此書的推介。

當今的甲骨學研究日趨呈現精密化和立體化的態勢，新技術手段的介入也讓甲骨學研究如虎添翼，進展迅猛。在甲骨學的本體研究上，如文字考釋、類組研究、甲骨形態學、綴合等方面日新月異，其進境早已超出了上一代學者的預計和想象。在學界對今後工作的設想與展望中，利用綜合手段對甲骨文中的某一類内容進行窮盡性的研究，始終是一項必須要加強的工作。李發教授的這部《甲骨軍事刻辭整理與研究》，可以説就是這樣一部在今後需要加強的工作中具有引領意義的，對甲骨文中軍事内容進行窮盡性研究的力作。

《甲骨軍事刻辭整理與研究》對甲骨文中近四千四百版經綴合後與軍事内容有關的甲骨，進行了多角度的深入比勘和細緻分析。作者先是對甲骨軍事内容研究的歷史進行了總結和評價，引述前人説法全面，評價公允適度。接下來的幾章是主體，分别對戰爭、軍事人物、軍事組織、軍禮進行了透徹分析。其中采用繫聯和排譜的方法處理甲骨資料,尤其是將很多大宗甲骨資料按事類分成若干組的辦法,值得今後的接續研究時加以關注和效法。這幾章的研究充分利用甲骨學、歷史學、歷史文獻學的知識素養,對甲骨文中的軍事資料進行了細膩的考量,涉及八十個方國,重點考察了其中的三個方國和五個重點人物,得出了一些富有新意的意見和具有啟發意義的推測。

最後三章是從語言學角度對甲骨文軍事刻辭中的動詞、句型和語義角色進行的研究。作者站在語言學最前沿,利用群聚分析(包括關係義場、同義義場、枝幹義場)和配價理論考察軍事動詞之間的聯繫,通過分析動詞與其聯繫的名詞結構,來描述動詞的性質;分析卜辭句子和語篇的關係,找出稱作"句位"的成分完整的句型;從施事、受事、與事、原因、對象、時間、空間等角度確定軍事卜辭句子所涉的語義角色。以上的研究充分顯示出作者扎實的語言學功底和理論運用上的創新。

這部書稿還有兩個突出的優點,一個是作者綜合運用考古學、歷史學、語言學的方法,對甲骨文中的軍事資料進行窮盡性的研究,從方法論上說,代表了當今研究出土文獻的最科學的方法,是特別值得提倡的。二是作者在整部書稿中,始終表現出對甲骨學本體研究的熟悉和關注,如作者在運用材料時,特別表現出對甲骨綴合及考釋的重視,其所徵引的綴合和考釋,都是目前學術界最新最準確的成果,完全沒有有些從歷史角度研究甲骨的學者輕視甲骨學本體研究,對學術界綴合、文字考釋等成果懵懂不明的弊病。僅從這一點,即可看出作者扎實的甲骨學功底和始終站在學術前沿的優良學風。

李發教授碩士從毛遠明先生,博士從喻遂生先生游,兩位先生都屬於既有着深厚的語言學修養,同時又有如石刻、甲骨文、納西東巴文等研究專長的學者,故李發教授能耳濡目染,得窺堂奧。這部成功的著作正是這一學養養成的最好證明。

相信讀者一定能從李發教授的這本書中得到不同的收穫。

劉　釗

2016 年 7 月 24 日

於上海復旦大學光華樓

序 二

李發博士《甲骨軍事刻辭整理與研究》即將出版，希望我能寫幾句話，作爲導師，當然義不容辭。

本書是作者在博士學位論文《商代武丁時期甲骨軍事刻辭的整理與研究》的基礎上增補修改而成的，從書名和內容的擴展，可以看出作者博士畢業後在學術之路上堅持不懈，繼續跋涉的足迹。

軍事是古代社會生活最重要的組成部分之一，甲骨軍事刻辭作爲我國歷史上最早的軍事文獻，歷來受到學者的高度重視，已有豐碩的研究成果，後人要想在這一領域有所成就，必須在材料、方法、廣度和深度上有所創新才行。本書作者在這些方面做了一些新的嘗試，在材料方面做到了儘量全和細，窮盡性地收集了甲骨軍事刻辭四千四百二十三片，系統地清理出與商有戰争關係的方國八十個、人物九十一個，以及戰事、軍制、軍禮等相關史實；在方法方面，采用了綴合、排譜、分組、微細斷代、語義語法分析等方法，因而能在前人基礎上有新的發現、新的結論、新的成果。

本書的内容主要分兩部分：一爲軍事事實的研究，如方國、人物、戰事、軍制、軍禮等；一爲軍事語言的研究，如詞彙、句型、語義等；但兩部分又是緊密結合在一起的。研究出土文獻，史實和語言文字是相互聯繫的兩個方面。事實是客觀存在的歷史，已經逝去的史實，除了文物之外，只能靠文獻和口碑流傳，而語言文字是其載體。作爲後代的研究者，其工作程式是，將文字釋讀爲語言，又通過語言所表達的語義去建構史實。在現行的學科體系中，歷史學和語言學分別是不同的學科，加上學科越分越細，導致兩個學科的學者對彼此的研究領域不免有一些隔膜。但前輩學者在這方面的界劃似乎要少一些，如嚴耕望先生所說的前輩史學四大家中，吕思勉先生有《文字學四種》，是文字學研究者的必讀書籍；陳寅恪先生精通多種語言，將語言學的方法用於歷史研究，有《元代漢人譯名考》《東晉南朝之吴語》《四聲三問》《從史實論切韻》等語言學論文傳世。陳先生在《元代漢人譯名考》中説："蓋一時代之名詞，有一時代之界説，其涵義之廣狹，隨政治社會之變遷而不同，往往鉅大之糾紛謬誤，即因兹細故而起，此猶爲治史學者所宜審慎也。"這是對歷史學者的告誡，也是對語言學者的告誡。因爲治漢語史者，往往容易專注於字形結構和語義語法的分析，而對語言文字所反映的歷史事實關心不夠，從而導致語言歷史研究的偏差。吕思勉、陳寅恪等前輩的學術風範，是我們效法的榜樣。因此，像本書這樣涉及語言、文字、歷史、考古等多學科的研究思路和方法，是值得肯定和提倡的。

李發聰敏好學，刻苦執著，碩士階段在本所從毛遠明教授學習碑刻語言文字，具有扎實的古文字和古文獻基礎。也選修過我開設的文字學、甲骨文選讀、商周金文選讀、甲骨文語法研究等課程，對甲骨文有濃厚的興趣。讀博後，重新從讀甲骨拓片開始，深入研讀原始材料，廣泛吸取前人研究成果，四處游學虛心求教，堅持數年潛心寫作，終成此書，可喜可賀。希望本書出版後，能虛心聽取學界的批評，更加昂揚奮進，以不斷進步的新成績來回報學界師友的教誨、鼓勵和幫助。是爲序。

喻遂生
2016 年 10 月 30 日
於西南大學漢語言文獻研究所

凡　例

一　本書引用卜辭釋文較多，一般不予編序號，釋文後有拓片號和組類名稱，分類主要參考了黃天樹《殷墟王卜辭的分類與斷代》（北京：科學出版社，2007年）、楊郁彥《甲骨文合集分組分類總表》（臺灣：藝文印書館，2005年）按字體分類的標準。

二　本書引用釋文時，一般用寬式。如常用字中讀爲"貞"的"鼎"徑釋作"貞"、讀爲"呼"的"乎"徑釋作"呼"。涉及字形區分的通假字、異體字則一般隨文括注，如"㞢（禦）"、"卸（禦）"。有些尚存爭議的字，爲排印方便，暫用一説，並加"＊"注明，如"⚏"暫釋作"達＊"。對辨識不清的字，則用圖片取代。

三　本書卜辭釋文中"☐"表示缺一字，"☒"表示缺字數目不詳，"[　]"表示據文例補出的字。

四　本書引用卜辭參照《甲骨文合集釋文》、《甲骨文校釋總集》的做法，命辭末尾除"抑""執"句外一律標句號。

五　本書所引拓片有綴合時，正文中一般只舉出與所引内容相關的片號，用"＋"號表示存在實綴，用"－"號表示存在遥綴。綴合片號及有關出處參書末所附《所引綴合成果出處表》，綴合成果截止到2016年1月31日。

六　爲節省篇幅，本書卜辭出自《甲骨文合集》徑用片號，其餘用字母代表：

書　名	代稱	書　名	代稱
甲骨文合集補編	B	甲骨綴合續集	ZX
東京大學東洋文化研究所藏甲骨文字	D	巴黎所見甲骨錄	BL
殷虛文字甲編	JB	殷墟花園莊東地甲骨	HD
甲骨拼合集	PJ	天理大學附屬天理參考館甲骨文字	L
甲骨拼合三集	PS	甲骨拼合續集	PX
蘇、德、美、日所藏甲骨	SD	契合集	Q
史語所購藏甲骨集	SG	小屯南地甲骨	T
美國所藏甲骨	USB	英國所藏甲骨集	Y
懷特氏等收藏甲骨文集	W	醉古集	ZG
殷虛文字乙編	YB	甲骨綴合集	ZJ
甲骨綴合彙編	ZH		

　　七　書中出現的圖片統一編號，如"圖 2.1"表示第二章第一張圖片。

　　八　爲行文簡潔，前輩學者均直接稱呼姓名，不稱作某某先生。

引書簡稱

書　　名	簡稱	書　　名	簡稱
巴黎所見甲骨錄	巴	東京大學東洋文化研究所藏甲骨文字	東文研
東洋文庫所藏甲骨文字	東文庫	龜甲獸骨文字（林泰輔）	林
懷特氏等收藏甲骨文集	懷	甲骨文字編	字編
甲骨文字形表	字形表	甲骨文合集	合集
甲骨文合集補編	合補	甲骨文合集釋文	釋文
甲骨文校釋總集	校釋	甲骨文合集來源表	來源表
甲骨文字詁林	詁林	甲骨拼合集	拼集
甲骨拼合續集	拼續	甲骨拼合三集	拼三
甲骨續存補編	存補	甲骨續存	續存
甲骨綴合編	綴	甲骨綴合集	綴集
甲骨綴合續集	綴續	金璋所藏甲骨文字	金
京都大學人文科學研究所藏甲骨	京人	庫方二氏藏甲骨卜辭	庫方
契合集	契	裘錫圭學術文集	文集

書　　名	簡稱	書　　名	簡稱
山東省博物館珍藏甲骨墨拓集	山東	善齋藏契	善齋
上海博物館藏甲骨文字	上博	史語所購藏甲骨集	史購藏
天理大學附屬天理參考館藏甲骨文字	天理	鐵雲藏龜	鐵
小屯南地甲骨	屯南	小屯村中村南甲骨	村中南
殷契粹編	粹	殷契遺珠	"遺"或"珠"
殷虛卜辭(明義士)	明	殷虛卜辭綜述	綜述
殷虛書契前編	前	殷虛書契後編	後
殷虛書契續編	續	殷虛文字甲編	甲編
殷虛文字乙編	乙編	殷墟甲骨輯佚	輯佚
殷墟甲骨刻辭摹釋總集	總集	殷墟甲骨刻辭摹釋全編	全編
殷墟甲骨刻辭類纂	類纂	殷墟花園莊東地甲骨	花東
英國所藏甲骨集	英藏	戰後南北所見甲骨錄	南明
戰後寧滬新獲甲骨集	寧	中國社會科學院歷史研究所藏拓本	歷拓
醉古集	醉		

第一章

緒　　論

　　甲骨軍事刻辭,指刻在龜甲獸骨上的關於一切軍事活動的文辭,包括對戰爭準備、偵察、進攻、防禦、凱旋等吉凶禍福的占卜記録。"國之大事,在祀與戎",甲骨文的主體之一便是對"戎"事的占卜檔案,這一檔案,在一定程度上反映出當時的戰争與方國、軍制與軍禮、軍事組織與軍事人物、詞彙與句法等面貌,因此,研究這一軍事檔案資料具有重要意義。

一　研究緣起

　　從 1899 年發現甲骨文至今已逾一百一十餘年,對其探索,已由最初的混沌摸索狀態,走向如今的科學、系統、全面、深入的研究階段,其間經歷了漫長的過程。甲骨文的發現和研究,"標志着中國傳統學術向現代學術的轉型","爲殷商考古學的發展提供了契機","爲新史學的發展奠定了堅實基礎"①,"甲骨文在漢語史研究中的價值在於,它提供了大量未經竄改的時地準確的新鮮語料,將漢語史研

---

　　①　王宇信、楊升南主編:《甲骨學一百年·緒論》第 1—6 頁,社會科學文獻出版社,1999 年。

究的時代向前延伸了三百多年,使我們能做到在現有條件下最大限度地追根溯源,可以補充和糾正許多漢語史研究中的成說,也可以揭示一些先秦漢語中已消失的語言現象,給漢語史研究以重要的啟示"①。

到目前爲止,甲骨學主要做了以下幾方面的工作:第一,著錄整理;第二,文字考釋;第三,分期斷代;第四,卜法文例研究;第五,語言文字研究;第六,相關學科研究,如殷商史、殷商曆法、殷商地理、殷商禮制、殷墟考古等。宋鎮豪等《甲骨學百年論著目》、《甲骨文獻集成》②、王宇信等《甲骨學一百年》③、張玉金《20世紀甲骨語言學》④等對甲骨文研究成果進行了頗爲詳盡的著錄、介紹和評述。

在前人研究基礎上,部分學者先後指出尚有這樣一些課題需要研究,如朱歧祥(1992)⑤:第一,材料的系統整理、推廣;第二,甲骨文字形本義的分析;第三,由斷代分期歸納甲骨文的引申義和假借義;第四,甲骨斷片的繼續綴合;第五,甲骨文辭例的整理;第六,甲骨文文法的研究;第七,斷代問題研究;第八,成套卜辭的研究;第九,殷墟以外的甲骨文字研究;第十,橫面的對每一個殷王歷史作斷代的綜合研究。朱鳳瀚(1997)⑥:第一,繼續致力於甲骨文字的考釋;第二,加強甲骨卜辭分類、斷代工作的科學性;第三,更好地利用甲骨文資料,深化對商代社會形態的認識;第四,加強對商代祭祀制度的研究;第

---

① 喻遂生:《甲骨語言的性質及其在漢語史研究中的價值》,《古典文獻與文化論叢》第2輯,杭州大學出版社,1999年;又收入喻遂生著《甲金語言文字研究論集》第16頁,巴蜀書社,2002年。
② 宋鎮豪等:《甲骨學百年論著目》,語文出版社,1999年。宋鎮豪、段志洪主編:《甲骨文獻集成》全40册,四川大學出版社,2001年。
③ 王宇信、楊升南主編:《甲骨學一百年·緒論》,社會科學文獻出版社,1999年。
④ 張玉金:《20世紀甲骨語言學》,學林出版社,2003年。
⑤ 朱歧祥:《甲骨學論叢》第343—347頁,臺灣學生書局,1992年;又收入《甲骨文獻集成》第37册第360—361頁。
⑥ 朱鳳瀚:《近百年來的殷墟甲骨文研究》,《歷史研究》1997年第1期。

五,在甲骨文研究中積極采用新技術手段。李學勤(1998、1999)①:第一,文字的研究;第二,卜法、文例的研究;第三,綴合、排譜的研究;第四,禮制的研究;第五,地理的研究;第六,非王卜辭的研究;第七,西周甲骨的研究。范毓周(1998)②:第一,"……尤其是在整理中需要按照材料中的内在聯繫,將甲骨文資料進行系統的、有規律的編排,從中找出一些内在規律,這對於深入研究甲骨文本身的一些問題,將會産生不可估量的作用與影響。"第二,"安陽殷墟還需要進一步進行帶有明確科學目的的發掘工作。同時考古工作者還需要結合自己有的資料,把凡是經過科學發掘的甲骨文,依照出土坑位和共存文化遺物,整理成套的科學資料,以便海内外甲骨學者和考古學者共同合作……"第三,加强甲骨文考釋工作。第四,甲骨文的分期斷代問題。第五,利用甲骨文資料研究商代歷史文化。第六,加强有關商代科技文化的研究。第七,利用現代化手段推進甲骨文研究。王藴智(2000)③:第一,深化文字釋讀工作,量化整理、編纂新的字書,全方位構建大型的語言文字數據庫;第二,重視甲骨分期工作,嚴密、量化卜辭的分類整理;第三,集中對甲骨刻辭的内容進行系列的排譜整理,多角度、多側面地揭示其所反映出來的歷史文化内涵;第四,集中對早晚各類卜辭文例及其相關的各種占卜遺物進行系列的類型學分析,深入考究殷商至西周初期卜法系統、卜筮制度的演進以及那個時代的數術文化内涵。

甲骨文發現百年來,卜辭綴合、校重整理工作取得了非常大的進

---

① 李學勤:《甲骨學一百年的回顧與前瞻》,《文物》1998年第1期;《甲骨學的七個課題》,《歷史研究》1999年第5期。
② 范毓周:《甲骨文研究的歷史現狀與未來展望》,《甲骨文論文集》第2輯,臺中甲骨文學會,1998年;又收入《甲骨文獻集成》第40册。
③ 王藴智:《對當前甲骨學基礎研究工作的幾點思考》,《古文字研究》第22輯,中華書局,2000年;又《殷都學刊》2000年第2期;又《字學論集》,河南美術出版社,2004年。

展。甲骨綴合已有近百年的歷史,大致可以分成三個階段①。從1917年王國維首次綴合到1938年是第一階段。從1939年曾毅公《甲骨叕存》出版到1977年是第二階段。1978年《甲骨文合集》出版,標志着甲骨綴合進入了第三階段。蔡哲茂《甲骨綴合集》(1999)、《甲骨綴合續集》(2004)共收作者綴合五百四十六組②。《綴續》還整理出《甲骨文合集》《甲骨文合集補編》綴合號碼表、《合集》《補編》誤綴號碼表等,便於查詢和使用。其後,蔡先生的學生林宏明先後出版《醉古集》(2008/2011)、《契合集》(2013),共收作者綴合七百六十四組。此外,首都師範大學甲骨文研究中心綴合成果頻出,2010年以來,先後出版《甲骨拼合集》(2010)、《甲骨拼合續集》(2011)、《甲骨拼合三集》(2013)③,收入黃天樹及其研究生的最新綴合成果八百十四組。蔡哲茂則搜集出版了《甲骨綴合彙編》④,收了除黃天樹研究團隊、林宏明、蔣玉斌、周忠兵等之外零星的綴合成果一千零三十六組。此外,許多新的綴合成果不斷在"中國社會科學院先秦史研究室網站"(http://www.xianqin.org/blog/)上發表。蔡哲茂、林宏明、蔣玉斌、周忠兵、劉影、莫伯峰、李愛輝、李延彦、門藝、劉風華、張宇衛等先生的成果引起了學界的廣泛關注。關於校重,黃天樹、蔡哲茂、王蘊智、陳年福、齊航福諸先生也做過大量工作。

對甲骨卜辭進行定點、分域或分組封閉性整理與研究的成果也不斷面世,如魏慈德《殷墟YH127坑甲骨卜辭研究》⑤、姚萱《殷墟花

---

① 黃天樹:《甲骨拼合集・序》,學苑出版社,2010年。
② 蔡哲茂:《甲骨綴合集》,臺灣樂學書局,1999年;《甲骨綴合續集》,臺灣文津出版社,2004年。《甲骨拼合集・序》統計爲五百四十三例。
③ 黃天樹主編:《甲骨拼合集》,學苑出版社,2010年。黃天樹主編:《甲骨拼合續集》,學苑出版社,2011年。黃天樹主編:《甲骨拼合三集》,學苑出版社,2013年。
④ 蔡哲茂主編:《甲骨綴合彙編》,臺灣花木蘭文化出版社,2011年。
⑤ 魏慈德:《殷墟YH127坑甲骨卜辭研究》,臺灣政治大學博士學位論文(指導教師:蔡哲茂),2001年;臺灣花木蘭文化出版社,2011年。

園莊東地甲骨卜辭的初步研究》①、蔣玉斌《殷墟子卜辭的整理與研究》②、劉風華《殷墟村南系列甲骨卜辭的整理與研究》③、門藝《殷墟黃組卜辭的整理與研究》④。蔡萬進在完成的國家社科基金項目成果中指出過甲骨學基礎研究工作的四點展望,核心意見是要重視甲骨分期工作,嚴密量化卜辭的分類整理,集中對甲骨刻辭的内容進行系列的排譜,多角度、多側面揭示其所反映出來的歷史文化内涵⑤。

基於此,我們擬開展甲骨刻辭的分期分類排譜整理及相關研究工作。所謂分期分類,是在前人分期斷代的基礎上將卜辭按主題分類,如以武丁時期爲例,將卜辭分作軍事、祭祀、田獵、農業、天象等類別,然後一一排譜繫聯,在此基礎上,進行相關領域的研究。這一思路可以圖示如下:

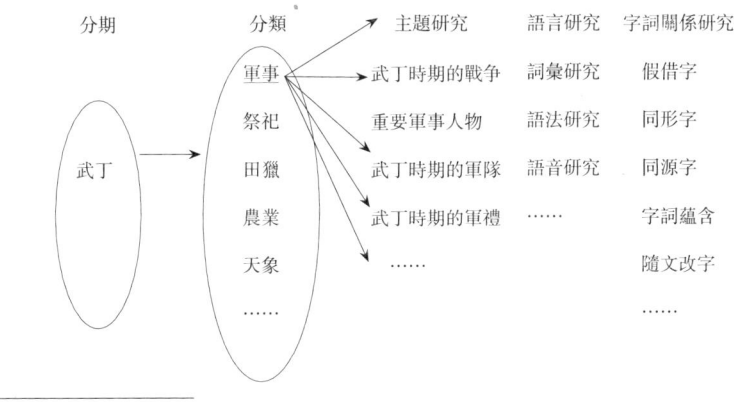

---

① 姚萱:《殷墟花園莊東地甲骨卜辭的初步研究》,首都師範大學博士學位論文(指導教師:黃天樹),2005年;綫裝書局,2006年。
② 蔣玉斌:《殷墟子卜辭的整理與研究》,吉林大學博士學位論文(指導教師:林澐),2006年。
③ 劉風華:《殷墟村南系列甲骨卜辭的整理與研究》,鄭州大學博士學位論文(指導教師:王藴智),2007年;上海古籍出版社,2014年。
④ 門藝:《殷墟黃組卜辭的整理與研究》,鄭州大學博士學位論文(指導教師:王藴智),2008年。
⑤ 蔡萬進:《河南出土古文字資料的整理與研究》,國家社科基金項目(02BYY035)結項成果,第32—35頁。

本書以軍事刻辭爲整理和研究對象,對其儘可能全面清理,開展相關主題研究、語言研究等。開展此研究,有以下三方面的意義:第一,儘可能窮盡收録現已公開出版的甲骨軍事刻辭,形成資料庫,可以爲其他相關研究服務。第二,在前人研究基礎上,整理出商代戰爭、軍事人物、軍事組織、軍制軍禮等材料,並進行研究,以期得到更符合實際的結論。第三,軍事刻辭保留了商代語言面貌,可以爲商代語言研究及漢語史研究提供最爲原始的材料。

二 前人对甲骨军事问题的研究

《甲骨學一百年》在"商代的軍隊和軍制"、"商代的對外戰爭"兩節裏對甲骨軍事問題的研究狀況進行了概述,該書出版以後,又產生了一批新的研究成果,故有必要對現今所見的成果重加梳理,以便我們清楚哪些方面還可以繼續深入,哪些方面不必重複勞動。

(一) 關於商代甲骨軍事刻辭的整理與研究

1. 關於軍事刻辭的綜合整理與研究

最早對軍事刻辭進行專題性、系統性研究,當數劉釗。他的碩士論文《卜辭所見殷代的軍事活動》(1985/1989)[①]將卜辭所見軍事活動分爲"軍隊"和"戰爭"兩編,"軍隊"包含"組織"和"兵種"兩部分,"戰爭"則從集合、出兵、偵察、騷擾、征伐、防禦、追擊、擒獲、遭遇、殲擊、駐扎、聯絡等十二個方面詳加論述。劉先生運用的是演繹法,先逐一列出上述軍事活動,再列舉甲骨卜辭予以說明。嚴格地說,我們討論的搜集、整理並綜合研究軍事刻辭采用的方法是歸納法,與劉先

---

① 劉釗:《卜辭所見殷代的軍事活動》,吉林大學碩士學位論文(指導教師:姚孝遂),1985年;又載於《古文字研究》第16輯,中華書局,1989年。

生的出發點略有差異。

范毓周在英國發表了"Military Campaign Inscriptions from YH127"（《YH127出土的戰爭卜辭》）(1989)①,指出這批軍事刻辭爲武丁中期之物,涉及商與二十個方國之間的戰爭。作者據同版關係等手段,還爲戰爭事類進行了排譜。近年有幾篇博士論文有專章對軍事刻辭進行整理與研究,如魏慈德(2001)、劉風華(2007)、門藝(2008)等。

2. 關於軍事刻辭的個案整理與研究

學界有單篇論文就軍事刻辭的個案問題進行整理與研究。如楊升南(1984)就卜辭"立事"問題討論商代的一種戰法②,王貴民(1986)釋"雉衆"爲陳師説③,沈培(2002)則認爲"雉衆"當如四十年代楊樹達所釋的"失衆",義同"喪衆"④。關於"師惟律用",學界也有不同意見,肖楠(1981)、宋鎮豪(1996)釋"律"爲"律令"、"軍法",劉釗(1998)則從兵陰陽家用吹律占卜兵事的方術角度,對其重新解釋爲"音律"⑤。

還有一些論著是就某一方國的卜辭進行整理與研究。如胡厚宣《殷代舌方考》(1944)幾乎全部彙集了當時所見有關"舌方"的卜辭三百二十六條,對舌方地理的考釋,並就舌方内侵之原因、内侵之禱告、征伐舌方之方略、統帥、士卒和征伐之時期等方面進行了較爲系統的論述⑥。隨着有關新材料的出土與公佈,以及新的研究成果的

---

① Fan Yuzhou: "Military Campaign Inscriptions from YH127", *Bulletin of the School of Oriental and Atrican Studies*, University of London, Vol. LII, part 3, 1989.
② 楊升南:《卜辭"立事"説——兼談商代的戰法》,《殷都學刊》1984年第2期;又收入《甲骨文獻集成》第27册。
③ 王貴民:《申論契文"雉衆"爲陳師説》,《文物研究》1986年第1期;又收入《甲骨文獻集成》第27册。
④ 沈培:《卜辭"雉衆"補釋》,《語言學論叢》第26輯第237—256頁,商務印書館,2002年。
⑤ 劉釗:《卜辭"師惟律用"新解》,《胡厚宣先生紀念文集》,科學出版社,1998年。
⑥ 胡厚宣:《殷代舌方考》,《甲骨學商史論叢初集》第2册,齊魯大學國學研究所,1944年;收入《甲骨文獻集成》第21册。

面世,李發(2010)在胡先生的基礎上,搜集了有關舌方卜辭五百餘條,就其辭例的組類分佈、戰争事件的排譜、戰争持續的時間、舌方的地望等問題詳加論述①。羅琨《殷商時期的羌和羌方》(1991)在考察了大量卜辭後得出結論,認爲"羌"是種姓,"羌方"是其中的一個方國部落②。李發《甲骨文所見方方考》(2015)則搜集了目前所見的二百三十餘版關於"方"方的卜辭,對其組類的分佈、較大規模戰争持續的時間、"方"方的地望問題進行了較深入的研究③。

(二)關於商代戰争的研究

1. 對武丁時期戰争的研究

武丁時期的甲骨材料占全部甲骨材料一半以上,軍事刻辭也最爲豐富,前人對商代戰争的研究主要集中於此。其研究內容主要反映在兩方面:一是對武丁時期戰争的綜合考察。如林小安《殷武丁臣屬征伐與行祭考》(1986)④,對武丁時期的戰争按將領逐一討論,並對其臣屬的行祭作了考察。二是對武丁時期戰争的分期研究。王宇信以婦好爲座標,婦好參加的戰争時代較早,其爲武丁前葉,婦好死去以後的戰争則爲武丁後葉⑤。范毓周則以"雀"爲座標,雀有活動的卜辭屬於武丁早期⑥。

---

① 李發:《有關商與舌方關係的甲骨刻辭之整理與研究》,語言文字與文學詮釋國際學術研討會論文,臺灣東海大學,2010年11月;後收入《語言文字與文學的多元對話》,東海大學中國文學系,2011年。

② 羅琨:《殷商時期的羌和羌方》,《甲骨文與殷商史》第3輯,上海古籍出版社,1991年。

③ 李發:《甲骨文所見方方考》,《考古學報》2015年第3期。

④ 林小安:《殷武丁臣屬征伐與行祭考》,《甲骨文與殷商史》第2輯,上海古籍出版社,1986年。

⑤ 王宇信:《武丁期戰争卜辭分期的嘗試》,《甲骨文與殷商史》第3輯,上海古籍出版社,1991年。

⑥ 范毓周:《殷代武丁時期的戰争》,《甲骨文與殷商史》第3輯,上海古籍出版社,1991年。

2. 對戰爭個案的研究

討論商與方國進行戰爭的論文不少,如對於"鬼方"的戰爭問題,有羅琨《"高宗伐鬼方"史迹考辨》(1983)①、劉運興《武丁伐鬼方進軍路綫及其他》(1987)②。又如關於"召方"的戰爭問題,有許進雄(Hsu Chin-hsiung)《武乙征召方日程》(1988)③。

關於"人方"(夷方)戰爭的專題研究就很多了,如董作賓、陳夢家、島邦男、李學勤、鍾柏生、鄭傑祥、王恩田、羅琨和張永山、孫亞冰、陳秉新和李立芳、徐鳳先、徐明波、門藝、李凱、李發等④,始于帝辛十祀九月甲午、終於十一祀五月癸丑的征夷方事件,基本得到了較合理的排譜。

對羌方的戰爭,學界也有較深入的研究,如羅琨《殷商時期的羌

---

① 羅琨:《"高宗伐鬼方"史迹考辨》,《甲骨文與殷商史》,上海古籍出版社,1983年。
② 劉運興:《武丁伐鬼方進軍路綫及其他》,《殷都學刊》1987年第2期。
③ 許進雄:《武乙征召方日程》,《中國文字》新12期,美國藝文印書館,1988年7月;又題爲《修定武乙征召方日程》,《古文字研究》第20輯,中華書局,2000年;又收入《甲骨文獻集成》第27册。
④ 董作賓:《殷曆譜》第723—735頁,臺北藝文印書館,1977年。陳夢家:《殷虛卜辭綜述》第301—304頁,中華書局,1988年。〔日〕島邦男著,濮茅左、顧偉良譯:《殷墟卜辭研究》第749—771頁,上海古籍出版社,2006年。李學勤:《殷代地理簡論》第37—41頁,科學出版社,1959年。鍾柏生:《殷商卜辭地理論叢》第214—219頁,臺北藝文印書館,1989年。鄭傑祥:《商代地理概論》第352—387頁,中州古籍出版社,1994年。王恩田:《人方位置與征人方路綫新證》,《胡厚宣先生紀念文集》第104—116頁,科學出版社,1998年。羅琨、張永山:《夏商西周軍事史》,《中國軍事通史》卷一第195—202頁,軍事科學出版社,1998年;羅琨:《商代戰爭與軍制》第310—325頁,中國社會科學出版社,2010年。孫亞冰:《殷墟甲骨文中所見方國研究》第39—45頁,中國社會科學院研究生院碩士學位論文(指導教師:楊升南),2001年;孫亞冰、林歡:《商代地理與方國》第376—395頁,中國社會科學出版社,2010年。陳秉新、李立芳:《出土夷族史料輯考》第41—89頁,安徽大學出版社,2005年。徐鳳先:《商末周祭祀譜合曆研究》第57—63頁,世界圖書出版公司,2006年。徐明波:《殷墟黃組卜辭斷代研究》第88—100頁,四川大學博士學位論文(指導教師:彭裕商),2007年。門藝:《殷墟黃組甲骨刻辭的整理與研究》第163—178頁,鄭州大學博士學位論文(指導教師:王蘊智),2008年。李凱:《帝辛十祀征夷方與商王巡狩史實》,《中國歷史文物》2009年第6期。李發:《殷卜辭所見"夷方"與帝辛時期的夷商戰爭》,《歷史研究》2014年第5期。

和羌方》(1991)、劉新民《甲骨刻辭羌人暨相關族群研究》(2012)①。

3. 對戰争過程的描述與研究

限於商代文獻資料的短缺，對戰争的具體過程的研究相對困難，但也有學者在這方面下了很大的功夫。如臺灣學者鍾柏生《卜辭中所見殷代的軍政之一——戰争啟動的過程及其準備工作》(1991)從軍制的角度，從卜辭中揭示出戰争啟動的過程及其準備工作，多所發明②。又如郭旭東《商代的軍情觀察與傳報》(1993)則將戰争過程中的軍情觀察與傳遞報告作了論述③。

《甲骨學一百年》在概述商代對外戰争時，也對戰争的進程作了較爲詳細的論述，包含"偵察敵情-祭祖、選將、聚衆-戰争物資的徵集與供應-戰争的佈陣-戰争行爲-勝利凱旋、獻俘、祭祖"這一完整過程④。

4. 對戰争性質及意義的考察

陳旭(1988)認爲，"商王朝所進行的戰争，有不同的原因和目的。對諸侯的戰争，主要是因諸侯的背叛而進行的鎮壓使之臣服。對舌方、土方和羌方的戰争，則是抵禦他們的入侵，繼之進行征討，以消除邊患"。商代戰争有何歷史意義？陳旭(1988)認爲，"商王朝四出用兵，進行頻繁的戰争，不僅加重了對殷民的剥削，同時衆多生命也要在戰争中被奪去。但是從總體情況來分析，……客觀上起到了加强各族之間的文化交流，促進經濟文化發展，和民族融合的積極作用"⑤。

---

① 劉新民：《甲骨刻辭羌人暨相關族群研究》，西南大學博士學位論文(指導教師：喻遂生)，2012年。
② 鍾柏生：《卜辭中所見殷代的軍政之一——戰争啟動的過程及其準備工作》，《中國文字》新14期，美國藝文印書館，1991年5月；又收入《甲骨文獻集成》第27册。
③ 郭旭東：《商代的軍情觀察與傳報》，《殷都學刊》1993年第1期。
④ 王宇信、楊升南主編：《甲骨學一百年》第501—505頁，社會科學文獻出版社，1999年。
⑤ 陳旭：《商代戰争的性質及其歷史意義》，《史學月刊》1988年第1期。

(三)關於商代軍制的研究

對商代兵制和軍制進行研究的論著是最爲豐碩的。嚴一萍《殷商兵制》(1983)①、趙光賢《殷代兵制述略》(1985)②、田昭林《商代的兵制》(1987)③、徐喜辰《殷代兵制初探》(1988)④、林澐《商代兵制管窺》(1990)⑤、陳恩林《先秦軍事制度研究》(1991)、《殷代與西周的軍事制度》(1998)⑥、劉展(主編)《中國古代軍制史》(1992)⑦、宋鎮豪《商代軍事制度研究》(1995)⑧、羅琨《商代戰爭與軍制》(2010)⑨。

亦有論著討論商代軍隊。如金祥恒《從甲骨卜辭研究殷商軍旅中之王族三行三師》(1974)⑩、陳恩林《商代軍隊組織論略》(1985)⑪、

---

① 嚴一萍:《殷商兵制》,《中國文字》新7期,美國藝文印書館,1983年;又收入《殷商史記》(下册),臺北藝文印書館,1989年;又收入《嚴一萍先生全集》甲編之十二(第七函),臺北藝文印書館,1991年1月;又收入《甲骨文獻集成》第23册。
② 趙光賢:《殷代兵制述略》,《中華文史論叢》第3輯,上海古籍出版社,1985年;又收入《古史考辨》,北京師範大學出版社,1987年。
③ 田昭林:《商代的兵制》,《中國軍事史》第3卷"兵制",解放軍出版社,1987年。
④ 徐喜辰:《殷代兵制初探》,《吉林大學社會科學學報》1988年第1期;又中國人民大學書報資料中心《先秦·秦漢史》1988年第4期。
⑤ 林澐:《商代兵制管窺》,《吉林大學社會科學學報》1990年第1期;又中國人民大學書報資料中心《先秦·秦漢史》1990年第4期;又收入《林澐學術文集》,中國大百科全書出版社,1998年。
⑥ 陳恩林:《先秦軍事制度研究》,吉林文史出版社,1991年。陳恩林:《殷代與西周的軍事制度》,《中國人文社會科學博士碩士文庫·歷史學卷(上)》第80—154頁,浙江教育出版社,1998年;1999年再版。
⑦ 劉展主編:《中國古代軍制史》,軍事科學出版社,1992年。
⑧ 宋鎮豪:《商代軍事制度研究》,《陝西歷史博物館館刊》第2輯,1995年;又收入《甲骨文獻集成》第27册。
⑨ 羅琨:《商代戰爭與軍制》,宋鎮豪主編:《商代史》卷9,中國社會科學出版社,2010年。
⑩ 金祥恒:《從甲骨卜辭研究殷商軍旅中之王族三行三師》,《中國文字》第52册,1974年6月;又收入《金祥恒先生全集》第2册,臺北藝文印書館,1990年;又收入《甲骨文獻集成》第27册。
⑪ 陳恩林:《商代軍隊組織論略》,《全國商史學術討論會論文集》(殷都學刊增刊),1985年2月。

〔俄〕A.B.瓦列諾夫《商代軍事分隊的人數和結構》(1998)①。還有一篇討論戰法，楊升南《卜辭"立事"説——兼談商代的戰法》(1984)。

（四）關於商代軍禮的研究

鍾柏生較早從事這方面的研究，如《卜辭中所見殷代的軍禮之一——殷代的大蒐禮》(1992)、《卜辭中所見的殷代軍禮之二——殷代的戰爭禮》(1993)②。此外，張永山《商代軍禮試探》(2006)也討論過此問題③。郭旭東對此發表了系列論文：《商代征戰時的祭祖與遷廟制度》(1988)、《商代的軍情觀察與傳報》(1993)、《從甲骨文字"省""徇"看商代的巡守禮》(2008)、《甲骨卜辭所見的商代獻捷獻俘禮》(2009)、《殷墟甲骨文所見的商代軍禮》(2010)、《甲骨文中所見的商代朝覲禮儀》(2011)④。其他論著如高智群《甲骨卜辭所見商代出師

---

① 〔俄〕A.B.瓦列諾夫：《商代軍事分隊的人數和結構》，殷墟發掘七十周年學術紀念會論文，中國社會科學院考古研究所編印，1998年；又題爲《從考古發掘資料看商軍分隊的人數和結構》，載《考古學集刊》第15集，文物出版社，2004年。
② 鍾柏生：《卜辭中所見殷代的軍禮之一——殷代的大蒐禮》，《中國文字》新16期41—163頁，美國藝文印書館，1992年；又收入《甲骨文獻集成》第27册。鍾柏生：《卜辭中所見的殷代軍禮之二——殷代的戰爭禮》，《中國文字》新17期85—240頁，美國藝文印書館，1993年；又收入《甲骨文獻集成》第27册。
③ 張永山：《商代軍禮試探》，《二十一世紀中國考古學——慶祝佟柱臣先生八十五華誕學術論文集》第468—478頁，文物出版社，2006年。
④ 郭旭東：《商代征戰時的祭祖與遷廟制度》，《殷都學刊》1988年第2期；又收入《甲骨文獻集成》第27册。郭旭東：《商代的軍情觀察與傳報》，《殷都學刊》1993年第1期；又收入《甲骨文獻集成》第27册。郭旭東：《從甲骨文字"省""徇"看商代的巡守禮》，《中州學刊》2008年第2期。郭旭東：《甲骨卜辭所見的商代獻捷獻俘禮》，《史學集刊》2009年第3期。郭旭東：《殷墟甲骨文所見的商代軍禮》，《中國史研究》2010年第2期。郭旭東：《甲骨文中所見的商代朝覲禮儀》，《陝西師範大學學報》（哲學社會科學版）2011年第3期。

禮儀》(1992)①、高智群《獻俘禮研究》(1992)②、王宇信《商代征伐方國出師典禮蠡測》(1996)③、連劭名《商代軍事行動的祝祈》(1996)④、李發和喻遂生《商代校閱禮初探》(2012)⑤等。

(五)關於商代軍事人物的研究

商代軍事人物衆多,但研究得還不够。"婦好"是其中探討得最多的人物,如嚴一萍《婦好列傳》(1981)⑥、張秉權《略論婦好卜辭》(1983)⑦、夏義炳《商代的女將軍婦好》(1983)⑧、鄭慧生《婦好論》(1994)⑨。

也有對"雀"進行討論的論文。如白堅和源中根《説雀——兼談戈戌問題》(1989)⑩、林小安《殷王卜辭傅説考芻議》(2012)⑪。

也有對沚馘進行研究的論著。韓江蘇《甲骨文中的沚馘》

---

① 高智群:《甲骨卜辭所見商代出師禮儀》,吴浩坤、陳克倫編:《文博研究論集》,上海古籍出版社,1992年。
② 高智群:《獻俘禮研究(上)》,《文史》第35輯,中華書局,1992年;高智群:《獻俘禮研究(下)》,《文史》第36輯,中華書局,1992年。
③ 王宇信:《商代征伐方國出師典禮蠡測》,《淑明女子大學校創學90周年紀念·國際甲骨學學術討論會》,韓國漢城淑明女子大學校中國學研究所,1996年5月;又收入《甲骨文獻集成》第27册。
④ 連劭名:《商代軍事行動的祝祈》,《殷都學刊》1996年第4期。
⑤ 李發、喻遂生:《商代校閱禮初探》,《西南大學學報》(社會科學版)2012年第4期。
⑥ 嚴一萍:《婦好列傳》,《中國文字》新3期,香港藝文印書館,1981年;又收入《殷商史記》下册,臺北藝文印書館,1989年;又收入《嚴一萍先生全集》甲編之12(第七函),臺北藝文印書館,1991年;又收入《甲骨文獻集成》第23册。
⑦ 張秉權:《略論婦好卜辭》,《漢學研究》第1卷1期,1983年6月;又趙林摘譯,見Chang K. C. (ed.) *Studies of Shang Archaeology Selected Papers from the International Conference on Shang Civilization*, New Haven and London: Yale University Press, 1986。
⑧ 夏義炳:《商代的女將軍婦好》,《文史知識》1983年第2期。
⑨ 鄭慧生:《婦好論》,《南方文物》(中國南方青銅器暨殷商文明國際學術研討會專輯)1994年第2期;又收入《甲骨文研究》,河南大學出版社,1998年。
⑩ 白堅、源中根:《説雀——兼談戈戌問題》,《江漢考古》1989年第1期。
⑪ 林小安:《殷王卜辭傅説考芻議》,《古文字研究》第29輯,中華書局,2012年。

(2001)是她在中國社會科學院完成的碩士論文,後來她又發表了系列關於沚㦰的論文:《甲骨文中的沚㦰》(2003)、《沚㦰參加商王朝的軍事活動淺論》(2004)①等。

趙鵬《殷墟甲骨文人名與斷代的初步研究》(2008)針對殷墟甲骨文中的人名進行了全面系統的分類整理與研究,提出了確定人名的標準,總結了人名結構的特點,闡述了運用人名進行斷代的方法、意義及注意事項,對於商代姓氏制度、社會形態、官制以及卜辭的繫聯排譜等研究具有積極意義②。

(六)關於商代軍事相關問題的研究

1. 商代田獵研究

軍事與田獵緊密相關,古時多以田獵校閱軍隊,檢選士卒。《周禮·夏官·大司馬》明確載有大司馬不同時令教習兵士,再以田獵事檢驗之:"中春,教振旅,司馬以旗致民,平列陳,如戰之陳……遂以蒐田,有司表貉,誓民,鼓,遂圍禁,火弊,獻禽以祭社。"而且,不僅是春季有校閱,另三個季節均有此重要行爲。《商代校閱禮初探》(2012)針對這一問題有較爲詳細的論述。此外,孟世凱《商代田獵性質的初探》(1983)認爲,商代的田獵,從武丁時期來看,具有爲農田除害,保護莊稼,促進農業生産和軍事學習的性質③。孟世凱《商代田獵與軍事訓練的關係》(1989)仍然堅持這個意見,"商代田獵活動除具有社會經濟效益外,與軍事訓練是緊密結合"④。劉興林《殷

---

① 韓江蘇:《甲骨文中的沚㦰》,中國社會科學院研究生院碩士學位論文(指導教師:楊升南),2001年。韓江蘇:《甲骨文中的沚㦰》,《殷都學刊》2003年第3期。韓江蘇:《沚㦰參加商王朝的軍事活動淺論》,《殷都學刊》2004年第3期。
② 趙鵬:《殷墟甲骨文人名與斷代的初步研究》,綫裝書局,2008年。
③ 孟世凱:《商代田獵性質的初探》,《甲骨文與殷商史》,上海古籍出版社,1983年。
④ 孟世凱:《商代田獵與軍事訓練的關係》,《先秦史論集》第318頁,中州古籍出版社,1989年。

商以田獵治軍事説質疑》(1997)則認爲,殷商時期的田獵並非是軍事訓練和治軍手段,而是以逸樂爲主要目的①。

2. 方國地理研究

戰争與方國緊密相關,討論戰争與方國地理的研究往往是分不開的。陳夢家《綜述》(1956)就是將征伐方國的戰争置於第八章"方國地理"之中進行討論的。〔日〕島邦男《殷墟卜辭研究》(1967)在第二篇第二章"殷方國"部分亦將方國地理與軍事問題有機結合進行討論②。孫亞冰和林歡《商代地理與方國》(2010)利用卜辭較爲詳細考訂了商代方國,儘可能爲各個方國在地圖上找到了坐標③。

3. 經濟研究

戰争與經濟的關係難以從甲骨卜辭中獲得較多史料,但這方面也有嘗試,如楊升南《從"鹵小臣"説武丁對西北征伐的經濟目的》④。

(七) 關於商代軍事問題的綜合研究

《早期奴隸制社會比較研究》中有彭邦炯、宋鎮豪撰寫的《商代軍事制度》一章,論述了商代武裝力量體制、兵種及軍事組織編制、兵農合一的族兵、軍事訓練等問題⑤。但限於篇幅,許多問題尚未展開。第一部系統研究商代軍事問題的著作是張永山、羅琨仵儺撰寫的《夏商西周軍事史》(1998),其中上編第五章"商代後期的戰争"

---

① 劉興林:《殷商以田獵治軍事説質疑》,《殷都學刊》1997年第2期。
② 島邦男:《殷墟卜辭研究》,濮茅左、顧偉良中譯本,上海古籍出版社,2006年。
③ 孫亞冰、林歡:《商代地理與方國》,宋鎮豪主編:《商代史》卷十,中國社會科學出版社,2010年。
④ 楊升南:《從"鹵小臣"説武丁對西北征伐的經濟目的》,《甲骨文發現一百周年學術研討會論文集》,臺灣師範大學國文系暨"中研院"歷史語言研究所發行,1998年;又臺灣文史哲出版社,1999年;又收入《甲骨文獻集成》第27册。
⑤ 胡慶鈞主編:《早期奴隸制社會比較研究》第266—283頁,中國社會科學出版社,1996年。

對甲骨文所見的重要戰爭進行了論述,如武丁對多方的戰爭,包含對夷、巴、龍、下危諸方之戰、拓疆南土、抗禦游牧族内侵,康武文前後對羌人的戰爭,帝乙帝辛伐夷方的戰爭等①。在此基礎上,羅琨又完成了《商代戰爭與軍制》(2010)②,該書七章,分别從成湯滅夏的戰爭、商代前期的戰爭、商代後期的戰爭、商代的軍事制度、商代的軍事裝備與國防、商代的軍禮和軍事思想諸方面進行論述。該書利用考古發掘資料、文獻資料和甲骨刻辭,對商代軍事面貌進行了較爲全面系統的研究。

基於上述我們對甲骨軍事問題的研究綜述,本書擬從軍事刻辭的分期分類排譜與整理入手,一方面是因爲前人在這方面重視不够,另一方面這是當下甲骨文研究的新趨勢。

三 關於甲骨刻辭的分期斷代問題

郭沫若曾説:"無論作任何研究,材料的鑒别是最必要的基礎階段。材料不够固然大成問題,而材料的真僞或時代性如未規定清楚,那比缺乏材料還要更加危險。因爲材料的缺乏,頂多得不出結論而已,而材料不正確便會得出錯誤的結論。這樣的結論比没有更要有害。"③因此,甲骨學者們從一開始,就不斷探索甲骨刻辭的性質、時代,然後又進一步去判定甲骨的分期、斷代,在此基礎上,整理工作日漸展開,如綴合、排譜,研究範圍也逐步擴大,如文字研究、語言研究、文例研究、占卜制度乃至書契制度研究、殷商

---

① 張永山、羅琨:《夏商西周軍事史》,《中國軍事通史》第一卷,中國軍事科學出版社,1998年。
② 羅琨:《商代戰爭與軍制》,宋鎮豪主編:《商代史》卷九,中國社會科學出版社,2010年。
③ 郭沫若:《古代研究的自我批判》,《十批判書》第2頁,科學出版社,1956年。

祭祀禮制研究、殷商家族形態研究、殷商文化研究、殷商史研究等。

對甲骨刻辭的性質和時代的認識經歷了這樣一些摸索①。1903年，劉鶚《鐵雲藏龜·自序》認爲甲骨文是"殷人刀筆文字"，羅振玉《鐵雲藏龜·序》定龜甲爲"夏殷之龜"。1904年，孫詒讓《契文舉例·序》認爲甲骨文"知必出於商周之間"。1908年經羅振玉的縝密調查，才知道甲骨出於安陽小屯村，此前，學者一直認爲甲骨出於河南湯陰之羑里。1911年，羅振玉《殷商貞卜文字考》認爲甲骨文爲"殷商貞卜文字"。1914年，羅振玉《殷虛書契考釋·序》説安陽小屯村爲商朝晚期都城，從而確定甲骨文時代爲商晚期之物。確定甲骨文出土地點小屯爲殷墟，爲1928年起的大規模科學發掘殷墟奠定了基礎，爲殷商考古學的研究開了先河。

甲骨刻辭的時代範圍確定了，可是小屯殷墟時代達二百七十三年，如何鑿開這"一團混沌"，殷墟甲骨斷代又成了一個新的課題。王國維《説殷》、《殷卜辭中所見先公先王考》及《續考》應用"二重證據法"，開了以後斷代研究中"十項標準"之一"稱謂"的先河，爲甲骨文斷代作出了重要貢獻②。加拿大甲骨學者明義士1928年完成手稿《殷墟卜辭後編》及《序》一篇，也有意識地用到"稱謂"斷代③。但從董作賓開始，學術界才將甲骨文斷代的理論問題闡述清楚。

（一）五期斷代説及其影響

董作賓於1928至1934年間曾八次主持或參加殷墟的考古發

---

① 王宇信、楊升南主編：《甲骨學一百年》第124—129頁，社會科學文獻出版社，1999年。
② 王國維：《説殷》《殷卜辭中所見先公先王考》《殷卜辭中所見先公先王續考》，載《觀堂集林》（外二種），河北教育出版社，2002年。
③ 後經許進雄整理，於1972年由藝文印書館出版。

掘。1931年他在《大龜四版考釋》中,首次提出由"貞人"可以推斷甲骨文的時代①。1933年,《甲骨文斷代研究例》創立五期分法。該方法據世系、稱謂、貞人、坑位、方國、人物、事類、文法、字形、書體十項標準,把殷墟甲骨分爲五期。《甲骨學一百年》稱董氏五期分法爲"鑿破鴻濛"的甲骨文研究②,《甲骨文斷代研究例》的發表,是甲骨學形成的標志。

(二)貞人分組斷代説及其影響

陳夢家《綜述》提出了三個標準:

  第一標準　世系、稱謂、占卜者

  第二標準　字體、詞彙、文例

  第三標準　事類:祭祀、天象、年成、征伐、王事、卜旬

按上述標準,將殷墟卜辭及少數記事刻辭分爲以下九期:

1. 武丁卜辭		1	一世	早期	自組、賓組、子組、午組
2. 庚、甲卜辭	祖庚卜辭	2	二世		出組
	祖甲卜辭	3			
3. 廩、康卜辭	廩辛卜辭	4	三世		何組
	康丁卜辭	5		中期	
4. 武、文卜辭	武乙卜辭	6	四世		歷組
	文丁卜辭	7	五世		
5. 乙、辛卜辭	帝乙卜辭	8	六世	晚期	黄組
	帝辛卜辭	9	七世		

---

① 董作賓:《大龜四版考釋》,初載《安陽發掘報告》第3期,1931年6月,又1992年9月影印版;又收入《董作賓學術論著》上册,臺北世界書局,1962年,又1967年再版本;又收入《董作賓先生全集》甲編第二册,臺北藝文印書館,1977年11月;又收入《甲骨文獻集成》第6册。

② 王宇信、楊升南主編:《甲骨學一百年》第147頁,社會科學文獻出版社,1999年。

陳氏按貞人將卜辭分成八組：

第一，自組三人：自、扶、勺，據同版繫聯而得。其大部分稱謂同於賓組，如妣己、妣癸、父甲、父乙、父庚、父辛、母丙、母丁、母庚、母壬、兄丁、兄戊、子癸、子伐、丁示、咸戊、伊尹。兩組相同的父甲、父庚、父辛、父乙當即武丁稱其父輩陽甲、般庚、小辛、小乙，因此，自賓兩組當爲武丁時代的卜辭。

第二，賓組十五人：賓、殸、争、亘、韋、古、品、永、內、箙、共、掃（彴）、呂、充、春（芚），據同版繫聯而得。時代在武丁期。

第三，子組三人：子、余、巡，據同版繫聯而得。時代在武丁期。

第四，午組二人：午、兄。二者無同版關係，但字體相同。

陳氏總結説：

> 我們所論的四組，雖都是武丁時代的，然而也有早晚之不同，自、子兩組大約較晚。除了有早晚葉之分外，賓組似乎是王室正統的卜辭；自組卜人也常和時王並卜，所以也是王室的，而其內容稍異。午組所祭的人物很特別，子組所記的內容也與它組不同。子組卜人禰和巡（或與婦巡是一人）很像是婦人，該組的字體也是纖細的。第十五次發掘出土的（乙 8691—9052）字體近子、自、午組的，內容多述婦人之事，可能是嬪妃所作。這些卜人不一定皆是卜官，時王自卜，大卜以外很可能有王室貴官之參與卜事的。①

陳氏已注意到子、午兩組與別組之不同，這兩組貝塚茂樹稱爲多子族卜辭，1958 年，李學勤提出"非王卜辭"這一名稱來指稱這種卜辭。非王卜辭占全部甲骨（十五萬片）的 10%。關於非王卜辭問題，李學勤《帝乙時代的非王卜辭》②、林澐《從武丁時代的幾種"子卜辭"試論商

---

① 陳夢家：《殷虛卜辭綜述》第 166—167 頁，中華書局，1988 年。
② 李學勤：《帝乙時代的非王卜辭》，《考古學報》1958 年第 2 期。

代家族形態》①、黄天樹《關於非王卜辭的一些問題》《重論關於非王卜辭的一些問題》②、蔣玉斌《殷墟子卜辭的整理與研究》③進行了很好的研究。

第五,出組十五人:出、兄、大、逐、中、𠂤、秫、喜(🅂)、丼(🅂,現在一般隸定爲竹)、尹、凸(🅂)、旅、行、即(🅂)、洋(🅂),前十三人據同版繫聯、後二人據異卜同辭而得。另有卜人犬、涿與出組無繫聯,但由於稱謂、制度、字體同於出組,故附屬此組。處於祖庚、祖甲時代。

第六,何組十三人:何、寧、🅂、𠂤、壹、彭、口、徝、逆、㭉、🅂、🅂、🅂,據同版繫聯而得。處於廩辛時期。

第七,僅一位卜人"歷"。處於武乙時代。

第八,帝乙、帝辛時代有六位卜人:黄、派④、𠂤、个、立、🅂。這些卜人未見同版。

這種從貞人分組角度去探討卜辭斷代問題,在董作賓研究的基礎上前進了一大步,意義深遠。裘錫圭《評〈殷虛卜辭綜述〉》(1992)說:

> 陳氏認爲在字體等方面各具特點的不同卜人組的卜辭可以屬於同一時代,如賓組、𠂤組、子組、午組都屬於武丁時代。這實際上就是把卜辭的分類與斷代分成兩步來進行,研究方法比董氏科學得多。……陳氏分出的𠂤組卜辭和子組卜辭,大體上分別相當於日本學者貝塚茂樹分出的王族卜辭和多子族卜辭。他反對

---

① 林澐:《從武丁時代的幾種"子卜辭"試論商代家族形態》,《古文字研究》第 1 輯,中華書局,1979 年。

② 黄天樹:《關於非王卜辭的一些問題》,《陝西師大學報》1995 年第 4 期,又收入《黄天樹古文字論集》,學苑出版社,2006 年;《重論關於非王卜辭的一些問題》,臺灣東海大學中國文學系《甲骨學國際學術研討會論文集》,2005 年,又收入《黄天樹古文字論集》。

③ 蔣玉斌:《殷墟子卜辭的整理與研究》,吉林大學博士學位論文(指導教師:林澐),2006 年。

④ 派,字形作🅂,黄天樹等後釋作"泳"。

董作賓把這兩組卜辭歸屬于文武丁時代的意見,認爲它們都屬於武丁。這跟貝塚茂樹也是一致的(貝塚之説發表在前)。……陳氏創立的賓組、自組、子組、午組、出組、何組等名稱,在近年來關於甲骨斷代的討論中已經被廣泛采用。①

(三)按字體分類斷代的理論探索

在對陳夢家按貞人分組斷代進行批判繼承的基礎上,開始了按字體對甲骨文分類斷代的理論探索。

1. 陳夢家已有把字體等方面各具特點的不同卜人組的卜辭歸於同一時代的初步意識,但在研究中貫徹得並不徹底,因此遭到了後來學者的批評。李學勤《評陳夢家殷虛卜辭綜述》(1957):

> 卜辭的分類與斷代是兩個不同的步驟,我們應先根據字體、字形等特徵分卜辭爲若干類,然後分別判定各類所屬時代。同一王世不見得只有一類卜辭,同一類卜辭也不見得屬於一個王世。《綜述》沒有分別這兩個步驟,就造成一些錯誤。例如:《綜述》所謂"康丁卜辭",便是用一個斷代上的名稱代替分類上的名稱。②

2. 李學勤按照字體分類的方法對甲骨斷代,其觀點主要反映在以下文章中:《論"婦好"墓的年代及有關問題》提出"歷組"名稱,也就是陳夢家所説之"武文卜辭";《小屯南地甲骨與甲骨分期》提出"無名組"名稱,大致相當於陳氏所説的"康丁卜辭",同時將殷墟甲骨分成九組:賓組、自組、子組、兑組、出組、歷組、無名組、何組、黃組,其中,歷組、無名組是首創,兑組名稱與陳氏小異(實指相同),子組、

---

① 裘錫圭:《評〈殷虚卜辭綜述〉》,《文史》第 35 輯,中華書局,1992 年;又收入《文集》第六卷,復旦大學出版社,2012 年。

② 李學勤:《評陳夢家殷虛卜辭綜述》,《考古學報》1957 年 3 期;又收入《甲骨文獻集成》第 40 冊;又收入《李學勤早期文集》,河北教育出版社,2008 年。

兊組是非王卜辭,賓、自、出、歷、無名、何、黃七組爲王卜辭。七組王卜辭名稱的確立,分類標準並不一致。賓、自、出、何四組是依據貞人繫聯而劃分出來的;歷、無名、黃三組主要依據字體劃分①。

3. 林澐早在上世紀六十年代中期就指出:"根據卜人組及特徵性字體群爲主要綫索,結合其他各種特徵,把全部卜辭分成有相對確定性的若干組。然後根據每一組中所見的全部稱謂以及各組特徵的相互關係以確定各組之間的相對時代關係及絶對年代。"②1982年完成的《小屯南地發掘與殷墟甲骨斷代》一文更是把貞人和字體並列爲甲骨分類的標準③。1984年發表的論文《無名組卜辭中父丁稱謂的研究》,對甲骨分類的標準提出了新的看法:

> 無論是有卜人名的卜辭還是無卜人名的卜辭,科學分類的唯一標準是字體。我在《小屯南地發掘與殷墟甲骨斷代》中把卜人和字體並列爲有卜人名卜辭分類的基本依據,顯然是不周密的。因爲我在分析自組和賓組的關係時,已經舉出了同一卜人所卜之辭,在字體上可能分屬於不同類别。可見細致的分類只能根據字體,並不是因爲有同一卜人名就劃歸一類。這跟不能因爲有同一稱謂就劃歸一類是同一道理。所以,卜人名和祭祀稱謂只能作爲聯繫同一種字體對比研究的重要綫索,分類却只能是依據字體。④

4. 黃天樹借用現代筆迹學的理論認爲依據字體對甲骨刻辭進

---

① 李學勤:《小屯南地甲骨與甲骨分期》,《文物》1981年第5期;李學勤:《論"婦好"墓的年代及有關問題》,《文物》1977年第1期。
② 林澐:《甲骨文斷代中一個重要問題的再研究》"結論",吉林大學研究生畢業論文(指導教師:于省吾),1965年11月。論文蒙夏麥陵先生借閱,謹致謝忱。
③ 林澐:《小屯南地發掘與殷墟甲骨斷代》,《古文字研究》第9輯,中華書局,1984年;又收入《林澐學術文集》,中國大百科全書出版社,1998年;又收入《甲骨文獻集成》第15册。
④ 林澐:《無名組卜辭中父丁稱謂的研究》,《古文字研究》第13輯,中華書局,1986年;又收入《林澐學術文集》;又收入《甲骨文獻集成》第15册。

行分類切實可行:

　　一個人在不同時期留下的筆迹雖有差異,但基本特徵是不會變的,仍保持自身的書寫習慣。這種書寫習慣具有以固有的書寫方式重複再現的特點。它對於書寫人的主觀意念有着相對的獨立性,必然會在筆迹中頑强地流露出來。筆迹絶不是書寫人隨心所欲的産物。因此,從筆迹學的角度來説,依據字體對甲骨刻辭進行分類是切實可行的。①

馮時在論述甲骨文貞人與書契人的關係時,特別强調甲骨文的書法風格與其時代緊密相關,同一種書法風格可以是某位書契者的風格,也可能是某一門派的風格。他説:

　　這種將貞人與書契人分別看待的做法,已爲愈來愈多的學者所接受。事實上,這將使我們以一種更爲客觀的態度去看待甲骨文的書法風格與其時代的關係,因爲同一種書法風格既可以是某位書契者的風格,也可能是由於師法的傳續而形成的某一門派的風格;同樣,如果同一時期供職於朝的並不止一位書契者,那麼我們實際也很難期望這些不同的書契者可以表現出相同的書風;況且不同的書風如果不能認爲體現着不同書契者的書法風格的話,或許也可以考慮爲同一位書契者早晚風格的變化。因此,將契手與占卜者加以區別對待的做法是頗有意義的,它不僅對甲骨文書法特點的認識大有影響,而且更重要的是將直接關係到甲骨文的分期與斷代研究。②

因此,字體與書契人關係緊密,書契人只能生活在一定時代,不同字體自然能起到斷代作用。在字體分類基礎上進行斷代是黃天樹研究的出發點,他的系列研究成果完全基於此。他説:

---

① 黃天樹:《殷墟王卜辭的分類與斷代》第3頁,科學出版社,2007年。
② 馮時:《殷代占卜書契制度研究》,《探古求原——考古雜志社成立十周年紀念學術文集》,科學出版社,2007年。

所謂甲骨斷代研究,實質上包括兩個方面:甲骨分類以及確定每類甲骨所佔有的年代。"甲骨分類"是指依據字體等特徵把殷墟甲骨劃分爲若干類;"確定年代"是説要確定每類甲骨相當於什麽王世,就要對於每類甲骨中所見的全部稱謂加以歸納總結成"稱謂系統",再由"稱謂系統"(祖、妣、父、母等)同商王世系進行對照來確定每類甲骨的存在年代。此外,諸如貞人、出土層位、人名事類等也是稱謂系統之外的一些確定年代的原始依據。①黄先生分類與斷代的思想吸收了李學勤的"兩系説"。所謂兩系,是説殷墟甲骨的發展不是一系的,而是可以劃分爲兩大系統,一個系統是小屯村北;另一個系統是村南(包括村中)。兩個系統之間有一定聯繫,但又有明顯的區别,在出土地點、甲骨質料、修治方法、鑽鑿形態、卜辭格式及文字風格上,都有差異。關於兩系説,《古文字研究》第一輯古文字學會秘書組《吉林大學古文字學術討論會紀要》②、李學勤《殷墟甲骨分期的兩系説》③、《我和殷墟甲骨分期》④、《西周甲骨探論·李學勤序》⑤有論,此不贅引。

黄天樹對於殷墟王卜辭的分類與斷代總結了分期分類表⑥,本書所論組類名稱主要依據此表。

四 研究材料和研究任務

本書以商代甲骨軍事刻辭作爲核心研究材料,適當擴展至同文

---

① 黄天樹:《殷墟王卜辭的分類與斷代》第 1 頁注釋 2,科學出版社,2007 年。
② 古文字學會秘書組:《吉林大學古文字學術討論會紀要》,《古文字研究》第 1 輯,中華書局,1979 年。
③ 李學勤:《殷墟甲骨分期的兩系説》,《古文字研究》第 18 輯,中華書局,1992 年。
④ 李學勤:《我和殷墟甲骨分期》,《學林春秋三編》上册,朝華出版社,1999 年。
⑤ 王宇信:《西周甲骨探論·李學勤序》,中國社會科學出版社,1984 年。
⑥ 黄天樹:《殷墟王卜辭的分類與斷代》第 9 頁,科學出版社,2007 年。

異版、同版異文、同事異日、同日異事、面背相承、正反對貞①可以輾轉繫聯的其他甲骨刻辭。某些軍事行動的刻辭會與祭祀、田獵、氣象、王事等相關,討論時也會一併納入,因此,本書的研究材料無論從時代,或者主題內容上都僅僅是一個相對封閉的材料集合。其各組類軍事刻辭情況見下表。

分　類	片數
自組肥筆類	10
自組小字類	170
自賓間類	334
賓一類	462
典賓類	2373
賓出類(含賓三、出一類)	421
㞢類	8
自歷間類	82
歷一類	50
歷二類	127
歷草類	2
非王卜辭類(含花東)	14
無名類	73
何類	18
黃類	279
合　計	4423

---

① 董作賓最早使用"同文異版、同版異文、同事異日、同日異事、面背相承、正反對貞"六個原則對卜辭進行繫聯排譜,詳參董作賓《殷曆譜》下編卷九。這裏的"同文異版"應排除不同時期的"同文"現象,如卜旬、卜天氣或卜祭祀等情況。

需要説明的是,統計數據時根據著録編號,同一編號有正反或分成甲乙丙若干的,仍作一片計,《合集》或他書原著録爲若干片,後經綴合,仍作一片計①。去除殘損嚴重,信息過略者,總計軍事刻辭四千四百二十三片。

本書運用上述"兩系説"和"按字體分類斷代"的理論,對這批軍事刻辭進行整理和研究,重點討論戰争、軍事人物、軍事組織、軍禮,並以軍事動詞和句子爲中心,分別考察其詞彙意義和句型特點,研究這批軍事刻辭的軍事問題和語言問題。

---

① 綴合成果主要根據蔡哲茂《甲骨綴合集》《甲骨綴合續集》,黄天樹主編《甲骨拼合集》《甲骨拼合續集》《甲骨拼合三集》,蔡哲茂主編《甲骨綴合彙編》,林宏明著《醉古集》《契合集》,門藝博士論文《殷墟黄組卜辭的整理與研究》,以及中國社會科學院歷史所先秦史研究室網站上發表的綴合成果。

第二章

甲骨軍事刻辭反映的商代戰爭

第一節　與商有戰爭關係的方國和地區

關於戰爭,前輩學者作過一些整理與探索性工作。《綜述》説:

  武丁卜辭所記征伐的方國甚多,可有三種整理的方式。一種如郭沫若在《卜辭通纂》的征伐一類,羅列了不同的方國;一種如董作賓在《殷曆譜》的《武丁日譜》中,排列了四年半以正"土方""㠱方"爲主的卜辭;一種如胡厚宣的《㠱方考》則但就所征的一個方國而加以平面的處理。武丁卜辭既無記年的,亦無如晚殷周祭的聯系關係,所以以干支月名譜作日譜是不很穩妥的。①

陳夢家就前人的工作做了非常好的總結,他從方國地理角度梳理了武丁時期戰爭所涉及的敵友各方,分"武丁時代的多方""武丁時代的晉南諸國""武丁後的多方"三節詳細討論該問題。陳氏所列武丁時代的多方包括有:

  1. 方;2. 土方;3. 㠱方(發按:即舌方);4. 鬼方;5. 亘方;6. 羌方;7. 龍方;8. 御方;9. 馬方;10. 印方(發按:今從唐蘭釋"巴方");11. 尸方(發按:今釋"夷方");12. 黎方(發按:陳氏以爲即

---

① 陳夢家:《殷虚卜辭綜述》第269頁,中華書局,1988年。

刀方、召方);13. 基方;14. 井方;15. 祭方;16. 靁方(發按:即吊方);17. 大方;18. 兒方(發按:即芫方);19. 湔方(發按:即𦥛方);20. 豸方(發按:即象方);21. 魃方(發按:魃字形作𠂤,陳氏疑其與今釋咒的𠂤爲同一方國,誤);22. 冓方;23. 戈方;24. 羍方;25. 冉方;26. 興方;27. 旁方;28. 䔍方;29. 敭方;30. 井方。

武丁以後仍見上述諸方的有:

庚甲　　　方
廩辛　　　大方、羌方、召方
康丁　　　方、羌方、召方
武文　　　方、羌方、召方
乙辛　　　方、羌方

武丁以後不見於武丁卜辭的方國有:

1. 叡方;2. 總方(發按:即𠂤方);3. 𧆞方(發按:陳氏以爲即蠻方);4. 北方;5. 汩方;6. 𠃓方;7. 𢀓方(發按:即危方);8. 人方;9. 孟方;10. 林方。

事實上,"叡方"、"危方"也見於武丁時期,如《合集》7011、7012、8492。

陳氏列出武丁時代的晉南諸國①是:

1. 周;2. 缶;3. 犬;4. 串(冊);5. 郭;6. 罒;7. 旨;8. 泜;9. 雀。

陳氏所舉方國大部分包含於我們的整理範圍,但有幾個不在我們的統計之内:

一是關於"御方"。《綜述》(283頁)舉有五版六條卜辭:

(1)□寅卜賓貞令多馬羌、御②方　(續5.25.9=合集6761③)

---

① 《綜述》只列九國,但序號却作十,誤。
② 此條《綜述》引作"御",下述幾條皆引作"卸"。
③ 本書所引《綜述》卜辭例句均沿用原書出處的省稱。原著錄書的號碼相當於《合集》的出處的號碼爲筆者所加。

圖 2.1 合 6800

(2)壬午卜自貞王執多臣卲方于□ （綴 147＝合集 20450）

(3)壬午卜自貞乎卲方于商 （綴 147＝合集 20450）

(4)□巳卜王貞于中商乎卲方 （綴 148＝合集 20453）

(5)余勿乎卲方 （庫 595＝合集 39918＝Y620）

(6)貞菁于卲方 （前 5.11.7＝合集 6800）

上述卜辭(6)從拓片來看(如圖 2.1)，"于"後似有殘字，因此，"菁于"之後的地名可能殘去①。而前五條卜辭的"御方"似也可以理解爲"抵禦方(之入侵)"。

《綜述》稱"御方"爲方國名主要有兩條依據，一是《逸周書·世俘解》："太公望命禦方，來丁卯望至，告以馘俘。"陳氏稱"禦方"是國(族)名。如果爲國(族)名，置於原文，恐難確詁。晉孔晁注文爲：

---

① 裘錫圭早已指出"御方"是抵禦方國，並在"于"後補出了"下"字，參裘錫圭：《評〈殷虛卜辭綜述〉》，《文史》第 35 輯第 244 頁，1992 年；又收入《文集》第六卷第 93 頁，復旦大學出版社，2012 年。

"太公受命追禦紂黨方來。"①此"禦"當作"抵禦"講。林澐引用顧頡剛《逸周書世俘篇集訓校釋》作如是講②。黃懷信《逸周書校補注譯》亦從之③。二是《不其殷》銘文:"白氏曰:不其,馭方獫狁廣伐西俞,王令我羞追于西。"陳氏引王國維考釋以爲"馭,古御字,馭方者蓋古中國人呼西北外族之名,方者國也,其人善御,故稱御方"。其實,對王氏的看法,學界並不認同。郭沫若則將"馭方"上讀,認爲"不其馭方,即噩侯馭方,一字一名"④。馬承源等則認爲馭方是獫狁首領名,並説鄂侯亦名馭方,見鄂侯馭方鼎⑤。

我們認爲"御方"(禦方、钔方)不宜看作方名,當作"抵禦方方"(前一"方"是專名,後一"方"是泛稱)。美國學者夏含夷認爲"御方"宜訓爲"追禦邊方地區的人"⑥。黃天樹亦認爲"御方"即"抵禦"敵方的意思⑦。羅琨則認爲"御方"所指不是防禦戰鬥,而是一種進攻戰鬥⑧。

二是關於"黎方"。陳氏將《庫》1875(39771＝Y321)的"𧘇"和《前》4.36.2(8441 正)、《甲》2958(8443)、《佚》865(33031)的"𠁁"並釋作"黎",是欠妥的。姚孝遂、趙誠對此有中肯批評,認爲𧘇是刀,𠁁是召⑨。張亞初釋𧘇爲刀⑩。我們認爲"黎方"釋作"召方"更爲合理。

---

① (晉)孔晁:《逸周書·世俘解》,臺灣商務印書館景印文淵閣《四庫全書》本,第370 册,1986 年。
② 林澐:《甲骨文中的商代方國聯盟》,《古文字研究》第 6 輯,中華書局,1981 年;又收入《甲骨文獻集成》第 24 册第 390 頁。
③ 黃懷信:《逸周書校補注譯》第 212 頁,西北大學出版社,1996 年。
④ 郭沫若:《兩周金文辭大系圖録考釋》下册第 106—107 頁,上海書店出版社,1999 年。
⑤ 馬承源主編:《商周青銅器銘文選》第三卷第 310 頁,文物出版社,1988 年。
⑥ 〔美〕夏含夷:《釋"御方"》,原載《古文字研究》第 9 輯,中華書局,1984 年;又載夏含夷:《古史異觀》第 82—92 頁,上海古籍出版社,2005 年。
⑦ 黃天樹:《殷墟王卜辭的分類與斷代》第 18 頁脚注③,科學出版社,2007 年。
⑧ 羅琨:《商代戰爭與軍制》第 224 頁,宋鎮豪主編:《商代史》卷九,中國社會科學出版社,2010 年。
⑨ 姚孝遂、肖丁:《小屯南地甲骨考釋》第 95—96 頁,中華書局,1985 年。
⑩ 于省吾主編:《甲骨文字詁林》字頭 2478 號,中華書局,1996 年。

三是關於"畾方"。陳氏僅舉一例,即"己未卜隹畾方其克貝、弜,才(在)南土"①(JB2902=20576正),從《合集》所收照片來看,隸作"畾方"只是權宜之計,目前釋文仍多作"㘃方"。就這條卜辭,屈萬里釋爲"己未卜:隹㘃方其克貝,弜在南?"屈先生作了如下考釋:

> 㘃,未識何字,《綜述》(二八九頁)隸定作畾,非是。㘃方,蓋殷之敵國。此卜㘃方其攻克貝地。弜在南者,蓋謂貝人戰敗流徙他方,而㘃人追擊以克之歟?②

《甲編》2902藏於史語所,屈先生經過目驗原物,對其釋文應較可靠。㘃方,卜辭另有記載,如《合集》7024、7025、7026、7028、20576等(詳參第53頁列表)。

四是關於"魃方"。陳氏自己舉了關於魃方、兔方和兔的幾則例子,意思是三種稱法實爲一個方國,但他又頗爲猶豫,三者"是否爲一,尚待考;釋兔字亦不確"③。可見陳氏自己都覺得理由不夠充分。事實上,陳氏所舉的《前》4.52.5(即《合集》6661,如圖2.2)的"方"前一字模糊,難以肯定説是兔,所以例證也有問題。

五是關於"戜方"。陳氏將其作爲方名,是不合適的。對其考釋前人着力甚多,都未得確證④。作名詞時,爲先公名,作動詞時,

合6661

圖2.2

---

① 此條卜辭現在一般斷句作"己未卜隹畾方其克貝,弜才南土","弜"即"勿",否定副詞,不宜看作與"貝"並列的地名。
② 屈萬里:《殷虛文字甲編考釋》第374頁,"中研院"歷史語言研究所,1961年。
③ 陳夢家:《殷虛卜辭綜述》第290頁,中華書局,1988年。
④ 于省吾主編:《甲骨文字詁林》字頭1544號,中華書局,1996年。

有"殺伐義"。

陳夢家之後,還有許多學者討論了商代的方國和戰爭。島邦男整理出方國五十三個①。鍾柏生整理出武丁時期方國四十四個,廩辛、康丁、武乙、文丁時期方國三十八個,帝乙、帝辛時期方國二個,共計八十四個②。林小安整理出武丁時期戰爭涉及方國五十個③。王宇信討論了武丁前葉與商有戰爭關係的方國十二個,武丁晚葉七個,共十九個④。范毓周整理出與商有過戰爭關係的方國六十五個⑤。羅琨《商代戰爭與軍制》則對甲骨文反映的商代戰爭做了新的分類:武丁時期振興王朝的戰爭、武丁對多方的戰爭、武丁抗禦畜牧族内侵、廩辛康丁前後對羌人的戰爭、武乙文丁對西北方國的征伐、帝乙帝辛時期的戰爭,令人頗有啟發⑥。

我們確定與商有過軍事行動的方國和地區的標準是:

第一,確定軍事行為動詞(具體内容參見本書第六章):

1. 關於敵方來襲(2):侵、來嬉(艱);2. 關於集結發兵或駐兵(12):立中、冓冊、收、烌、叒、眔、肇、盖、同(興)、冓、沰(駐)、臮(次);3. 關於命令(2):乎、令;4. 關於偵察(6):視、見、目、望、雈(萑)、罙(探);5. 關於行軍(11):以、入、往、出、遘、歸、來、至、步、涉、啟;6. 關於攻防(26):正(含"甾正")、聑、伐[含"逆伐、專伐、値伐、衍伐、

---

① 〔日〕島邦男:《殷墟卜辭研究》第 735—816 頁,濮茅左、顧偉良中譯本,上海古籍出版社,2006 年。

② 鍾柏生:《殷商卜辭地理論叢》第 169 頁,臺北藝文印書館,1989 年;又收入《甲骨文獻集成》第 27 册。

③ 林小安:《殷武丁臣屬征伐與行祭考》,《甲骨文與殷商史》第 2 輯,上海古籍出版社,1986 年。

④ 王宇信:《武丁期戰爭卜辭分期的嘗試》,《甲骨文與殷商史》第 3 輯,上海古籍出版社,1991 年。

⑤ 范毓周:《殷代武丁時期的戰爭》,《甲骨文與殷商史》第 3 輯,上海古籍出版社,1991 年。

⑥ 羅琨:《商代戰爭與軍制》第 108—248 頁,宋鎮豪主編《商代史》卷九,中國社會科學出版社,2010 年。

罙伐、󰀀伐、󰀁(皇)伐"]、戎、󰀀、𠦝(敦)、戔(含"󰀀戔")、曽、󰀂、值、戠、敢、璞(撲)、達(撻)、禦、戍、衞(󰀃、󰀄);7. 關於戰術(4):󰀅(衝)、陷、苞(伏)、叔;8. 關於追逐(2):追、及;9. 關於戰爭結果(10):𢦏、敗、克、執、𡨦、󰀆、獲、擒、俘、玐。

第二,軍事動詞的主語和賓語涉及的是戰爭的雙方,主語如果是商王,或商王臣屬,或商之盟國,其賓語則是與商有過軍事行動的方國或地區。反之,如果賓語是商王,或商王臣屬,或商之盟國,其主語則是與商有過軍事行動的方國或地區。

按照上述標準,我們整理出與商王有過戰爭關係的方國和地區八十個①:

方、大方、小方、羌(󰀇)方、基方、戎、土方、馬方、舌方、亘、郭、罨、敖、姺方(󰀈方、󰀉方)、󰀊、尸(夷)方、何方、刃方、祭方、吅、羲、冊、󰀋、󰀌、嵩、󰀍、䚂、獸(󰀎)、衔、罍、缶、巴(巴方)、龍(龍方)、󰀏方、󰀐、𦉞、諅、目、壴、󰀑、戈、桑、陟、󰀒、畏、扰、卣、井方、下危(危方)、𦱪方、周(周方)、屮方、戈方、飤、脽、象方、󰀓、我、鼓、󰀔、嶰、甶、佣、歸、召方(邵方)、井方、旁方、禾、虗、北方、殷(殷方)、虘(叔)方、兹方、或、林方、孟方、蟬(󰀕)方、洀方、商、友。

當然我們這裏統計的方國數並非當時方國的全部,如"砋方"(《合集》6662/6663,《綜述》釋作魃方)、"鬼方"、"興方"、"駾方"等雖見於卜辭,因未見與商王作戰,故未計入。又如商之友邦"雀"、"犬"、"沚"、"󰀀"等也未見與商有過衝突的記載,故未計入。

商與諸方之間戰爭簡況如下:

---

① 羅琨先生曾說《合集》"收錄了武丁與上百個方國、族氏發生軍事衝突時的卜辭"(《"高宗伐鬼方"史迹考辨》,載《甲骨文與殷商史》,上海古籍出版社,1983年),這種說法應是當時的大略估計。

序號	方國地區	辭例	涉及將領	組類	相對時代
1	方	方圍商（20440+/20441）		自肥筆	武丁早期
		追方（20462/20463反）			
		求（咎）①方（20464/20465/20466）			
		方出（6718）		自小字	武丁早中期
		方至（20470/20478②/20479+20480/20481/20486/20487）			
		方來（20489）			
		方其辜（敦）大邑（6783）			
		方弗戋（翦）利③（6775）			
		方弗𦐇（迪?）④邑（20495）			
		方圍/方其圍（20408+20420/20410/20411/20412部分+20421+/20413+/20414/20415/20416/20417/20418/20419/20422/20423/20424/20425/20426/20429/20430/20435⑤/20436+20438+/21021）			
		戋（翦）方（20442/20443/20445/20446）	𢆉		

---

① 據裘錫圭釋爲"求"，爲"蛷"之初文。參裘錫圭：《釋"求"》，《古文字研究》第 15 輯第 195—205 頁，中華書局，1986 年；收入《文集》第一卷第 274—284 頁。

② 20478＝40839。

③ 典賓類卜辭《懷》965 有"子利"之稱，表明利應係商王室成員。歷類卜辭《合集》33526 有"王令利出田"，表明利受王令參與田獵活動。

④ 𦐇，《字形表》未收，當是 2639 號的異體，一般隸定作𦎧，如《字形表》（第 110 頁）和《類纂》（第 879 頁）。陳劍新釋"𠙹(與𦐇爲異體)"爲"由"（《釋𠙹》，載《出土文獻與古文字研究》第 3 輯，復旦大學出版社，2010 年），如果可信的話，𦐇可釋作"迪"。《説文·辵部》"迪"作𨑜，《廣雅·釋言》"迪，蹈也"，王念孫疏證"迪、蹈古同聲"。《説文·足部》："蹈，踐也。"因此，"方弗迪邑"即"方不蹈邑"，似爲"方不會到邑來"之意。

⑤ 20435＝B6632。

序號	方國地區	辭例	涉及將領	組類	相對時代
1	方	𡈜方（20444+/20451-L305/40833）		自小字	武丁早中期
		茻方（20447/20448/20449）			
		見方（20417）			
		逆方（20454）			
		卬（禦）方（20450/20451/20452/20453）	多冒		
		求（咎）方（20469）			
		［追］方及（20459/20460+）			
		及方（20456+/20457/20458/40833）			
		戎①方（L659）	委②		
		比方（20494）	委		
		方出（Y623+6703/6689/6690+/6691/6692/6693/6694/6695/6696/6697+/6699/6700/6701/6705/6706/6707/6708/6709/6710/6711/6712/6714/6715+6716/6719/6725/7308）		自賓間	武丁中期
		方來（6727/6729/6730/6731/20488）			
		方至（6732）			
		方𡈜于商（6677）			

---

① "戎"有兩義：一是作方國名；二是作動詞，捍伐義。參《詁林》字頭2401姚孝遂按語（第2322頁），中華書局，1996年。此處用爲動詞。

② 字形作"𠃊"，釋"委"。參《黃天樹甲骨金文考釋論集》第84頁引施謝捷說，學苑出版社，2014年。

序號	方國地區	辭例	涉及將領	組類	相對時代
1	方	方壱茲邑(6678)		自賓間	武丁中期
		方臺(敦)隹(6785)			
		方臺(敦)視何(6786/6787/6788/6789/6790)			
		方臺(敦)周(6782)			
		方戋(翦)䍩(6773/6774)			
		方戋(翦)尸(夷)(6466)			
		钾(禦)方(Y620)			
		壱方(6749/6750/6751+/6752/6753)	𠂤、吾		
		取方(6754/6755)			
		追方(20461)	委		
		方受又(祐)(8644/8646)			
		方出(D115)		賓一	
		方其戋(翦)我史(9472 正)			
		我史其戋(翦)方(9472 正)			
		戋(翦)方(151 正)	𠂤正化		
		方來(6728)		典賓	武丁晚期
		方壱(137 反+/1021/6778 正)			
		來婞(艱)自方(6668 正/6669)			
		方戋(翦)(6776/6811①)			
		方臺(敦)(6792 正)			

---

① 6811＝B1952，本版作"屮"，隸作戋，爲戋之異體。

序號	方國地區	辭例	涉及將領	組類	相對時代
1	方	偵伐方/偵方（Y626 正①/ 846/847+10104/6733 正 反/6734/6736/6737/6738/6739）	王	典賓	武丁晚期
		専伐方（7603 正）	或②		
		呼視方（6740 正/6741）			
		㞢方（6748）			
		戈（翦）方（6757/6758/6771 正）	我史		
		卻（禦）方（6759/6760/6761）			
		求方我（宜）（6767）			
		伐方（W1641）		歷一	
		方出（33049+/33241）			
		及方（33062/33063）			
		方出（6686 正/6687/6698/6702+/6704 正/6721/6768 正+）		賓出	武丁晚期至祖庚時期
		方㞢（6681/6682）			
		來嬶（艱）自方（6670/24149）			
		方卒井方（6796）			
		視方（6742）	立		
		馘方（6745）			
		勿令方歸（6702+6769 正+）			
		令鳴罘（暨）方（6768 正/6769 正+）			

---

① Y626 正 = 39908。

② 字形作"⺁"，學界一般釋作"戈"，今據謝明文改釋作"或"。參謝明文：《"或"字補說》，載《商代金文的整理與研究》，復旦大學博士學位論文（指導教師：裘錫圭），2012 年。

序號	方國地區	辭例	涉及將領	組類	相對時代
1	方	祉(延)方①(T171)		歷二	武丁晚期至祖庚祖甲
		告方來(T243)			
		方弗戋(翦)北土(33050+)			
		方出(33047+)			
		邁方(B10926)			
		正(征)方(32935)			
		𠂤(禦)②方(32935)			
		戎鄉方(T1009)			
		來嬉(艱)自方(24150/24151)		出二	祖庚祖甲
		來方/出方(28011)		何二	廩康至武乙
		邁方/及方(28011)			
		視方(T2328)		無名	廩康至文丁時期
		方至(B9339/T728/33045)			
		方出(28012/T1341)			
		邁方(28017)			
		追方(28014)			
		及方(28013/28015/W1466)			
		方來(36443)		黃類	乙辛

---

① 祉,讀作"延",在卜辭中有兩義:一是動詞,有延續、綿延之義;二是作祭名,表示祭而復祭。説參《詁林》姚孝遂按語,字頭2290號。祉方,如同常見的"告方"、"告某方"當指因"方"來入侵而祭祀祖先以求祛災。

② 𠂤,裘錫圭指出,該字象一手抵禦另一持杖者的攻擊,釋其爲"禦"之初文。參《文集》第一卷第11頁。

序號	方國地區	辭例	涉及將領	組類	相對時代
2	大方①	大方求伐（20467 正）		自小字	武丁早中期
		大方來𡉈（20475+廣東文物商店 2+）			
		于大方□辜（敦）（20468 正）			
		大方伐□鄙二十邑（6798）			
		大方[允]出（10223）		自賓間	武丁中期
		大方其踑②（12830 正）			
		大方伐（T1209）		歷二	武丁晚至祖甲
		大方出（27882）		何二	廪康武乙
3	小方③	求小方（20472）		自肥筆	武丁早期
		卸（禦）④小方（20471）		自小字	武丁早中
		小方𡉈（20473/20474/20475/20476+）⑤			

①　"大方"意爲名"大"的方國，如土方是名"土"的方國，"大"爲專名，在武丁早中期與商王發生過戰爭，如自小字類有三例，賓一類有一例。後來，"大"成了商的地名，商王曾經到過"大"，或爲游獵，或爲戰爭。如處於祖庚、祖甲時期的出二類卜辭："乙酉卜，行，貞王步自莽于大，亡災，才十二月。"（24238）再如處於廪辛、康丁時期的無名類卜辭："自漢至于大，亡災。"（28188）可以由此推測，"大"作爲方國曾在武丁時期與商爲敵，後來歸順於商，成了商的友邦，其首領"大"還成爲商王出組貞人集團中的一員，參與到王朝的重要事務中。但是，我們也發現，到廪辛、康丁之世的何二類卜辭中還有"大方"存在，如"……來告大方出，伐我自，更馬小臣……"（27882）這裏大方所伐之"我自"，既可能爲"我"地之軍隊，也可能爲商王稱自己之軍隊。
②　𧾷，李宗焜《甲骨文字編》、陳年福《甲骨文字詞總表》均釋作"踑"。
③　"小方"意爲名"小"的方國，"小"亦爲專名。甲骨文中有省稱"小"的方國名，如"乙丑卜，賓，貞小來羌，汎用。"（241,賓三），又如"丙寅卜，賓，貞小來羌，來甲戌汎用。"（242,賓三）。
④　卸，卜辭拓片作𢧐，當爲𢧵之異體，隸定作卸，讀作"禦"，意爲抵禦。
⑤　《類纂》將此條卜辭中的"小方"誤摹成"大方"。

序號	方國地區	辭例	涉及將領	組類	相對時代
4	羌	𢦏(翦)羌(20402)		自小字	武丁早中
		羌𢦏(翦)𢦏(20404)			
		伐羌(20406)			
		羌🅰沚(20531)			
		獲🅰羌(187)	𢦏	自賓間	武丁中期
		羌𢦏(翦)朕史(6599)			
		獲羌(195 甲乙)			
		出羌(6602/6604/6605/6606/6607)			
		獲羌(190 正/191/192/193/194/203 正)	疋、子效、臬	賓一	
		羌得(517 正)	侯告		
		涉羌(536)	子商		
		伐北羌①(6626/6627/6628)			
		獲羌(L135/L150/163/164/165/166/167/168/169/170/171/172/173/174-175/176/177/178+②/179 正/180/181/182/183/184/185/188 正/189 正/196/197/198/199/200/201 正/202/205/206/207/208/209/210 正/211/212/213/214/215/216/217/218/219/220/221/222/6608/6614 正/6615/Y594 正/Y597 正/Y598/Y599/Y624 反)	或、甾、光、敖、㠱、龟、旨	典賓	武丁晚期

---

① "北羌"應是羌人的一支,可參羅琨《殷商时期的羌和羌方》,本章關於舌方一節有相關論述。

② 劉影綴。該辭同文例有《合集》39489,見於蔡哲茂《綴集》所附《同文例號碼表》。

序號	方國地區	辭例	涉及將領	組類	相對時代
4	羌	卒羌（496/497/498 正/499/500 正）		典賓	武丁晚期
		追羌（491/492/493 正/494）			
		伐（殺）羌（113 正甲/464 正/466）			
		肇（失）羌（503/504/505 正/506 正+）	龍、般		
		來羌（6596/6597）			
		冓羌（6600/6601）			
		戈（翦）羌龍（L153/6630 正/6631/6632/6633/6634）	犬		
		弔羌龍（6635/6636 正/6637 正）	犬		
		卒羌（501）		賓出	
	㞢	伐㞢（20403）	王/雀	自小字	武丁早中期
		伐㞢（20399）	⿱罒雀	自歷間	
		取勹㞢（T3764）		歷二	武丁晚期至祖甲
5	基方①	基戈（翦）⿱（20501）		自小字	武丁早中期
		戈（翦）基方（Y605/6570/6571 正/6572/6574/6579/6580）	子商	賓一	武丁中期
		辵（徒*）基方（6573）	雀、子商		

---

① 陳夢家謂："基方或者是冀方。"地望在今山西河津縣境。參陳夢家《綜述》第295頁。蔡運章認爲"基"當讀如"箕"，乃《左傳·成公十年》秦"入我河縣，焚我箕、郜"之"箕"，在今山西蒲縣東北，離今山西永濟縣東北約一百公里。參蔡運章：《武丁伐缶方的進軍路綫和沿途所伐諸方國的地望問題——兼釋卜辭中的"嚼"字》，《甲骨金文與古史研究》，中州古籍出版社，1993年；又收入《甲骨文獻集成》第27冊第185頁。羅琨謂"基方爲晉南的方國，缶當爲基方的一支强宗大族"（《商氏戰爭與軍制》第128頁）。

序號	方國地區	辭例	涉及將領	組類	相對時代
5	基方	敢基方（6571 正/6577）	子商	賓一	武丁中期
		基方[其]钒（8445）			
		基方缶作辜（敦）（13514）			
6	戎①	缶畀戎（20449）		自小字	武丁時期
		戎見方（20417）			
		戎其大辜（敦）尚（6843）		自賓間	武丁中期
		獲畀戎（6905/6906）			
		方其大即戎（151 正）		賓一	
		呼視戎（L167/6431）		典賓	武丁晚期至祖庚期
		冓戎（175-/Y593）	或、廉		
		令戎赴（徒*）卯（6653 正+）			
		戈（剪）戎（6907）			
		冓戎（5715）	多馬	賓三	
		从戎（5716）	[多]馬	賓出	
7	土方	土方辜（敦）丂②（20392）		自小字	武丁時期
		土方畀（6057 正）			
		土方侵我田（6057 反/ 6059+）			

---

① 羅琨不認爲武丁時與戎發生過一場大戰之說（羅琨:《商代戰爭與軍制》第 124 頁），但從大量卜辭反映的內容來看，商與這一國族發生過戰爭是存在的。

② 黃天樹:《殷墟王卜辭的分類與斷代》第 127 頁，科學出版社，2007 年。《漢達文庫》釋"丂"爲"乎"。

序號	方國地區	辭例	涉及將領	組類	相對時代
7	土方	伐土方（L172/D371 正/D372 正/D374/D375/Y152①/Y545/Y581②/Y582+6435/B1881/B2089/6087 正/6398/6399/6400/6401/6402 正/6403/6407/6412/6414/6415/6416/6417 正/6418/6419/6420 +/6421/6422/6423/6424/6425/6426/6427/6428/6429/6430/6431/6432/6433/6434/6436/6437/6438/6439/8474/8475/8794）	沚馘、婦好	典賓	武丁晚期
		正土方（D373/D376/D378/Y584/6408/6409/6410/6411/6413/6441/6442/6443/6444/6445 正/6446 正/6447/6448/6449/6453）	王、或		
		晶土方（6451 正/6452）			
		隼（擒）土方（6450）			
		晉土[方]（6405 正+）			
		王徝/徝伐土方（558/559 正/562 正+/Y578/Y579/Y580/6354 正/6389/6390 +/6391/6392 +/6393 +/6394/6395/6396/6397/6398/6399 +6430/6400/6407+/7570 正）			
		告土方（T2564）		歷一	武丁晚期至祖甲
		伐土方（T1015）		歷二	

---

① Y152 = 39886。
② Y581 = 39887。

序號	方國地區	辭例	涉及將領	組類	相對時代
8	馬方①	馬方☒（20407/20614）		自小字	武丁早中期
		受馬方又（20613）			
		伐馬方（6664 正）		賓一	武丁中期
		馬方𠱾（6）		賓三	武丁晚期至祖庚
9	舌方	舌方來（8583）		自小字	武丁時期
		舌方𢦏（翦）或（6369-6373）		典賓	武丁晚期
		舌方𢦏（翦）我（D113/B1758）			
		舌方𠱾（584 正甲+/6057 正/6066 反/6067/6068 正/6069/6070 正/6071/6072 正）			
		舌方出（L43 正/D112 正/Y543/Y544/Y545 正/Y566/B1794/B1807/6057 正/6074/6078/6080/6081/6083/6085/6086/6087/6088/6089/6091/6092/6093/6094/6095/6096/6097/6098/6099/6100/6101/6102/6103/6104/6105/6106/6107/6108/6109/6110/6111/6112/6110－6127/6134/6142/6143 正/8584）			
		舌方韋（敦）/舌方弗韋（敦）（Y543/Y568/569/Y571/B1845/6161/6162/6163 正/6178/6180/6354 正/6355/6358/6359）			
		舌方來（王逆伐）（Y555/B1853 甲乙丙/ 5445 正反/6090 正/6197/6198/6199/6200/8533）			

---

① 黃天樹：《殷墟王卜辭的分類與斷代》第 128—129 頁，科學出版社，2007 年。

序號	方國地區	辭例	涉及將領	組類	相對時代
9	舌方	伐舌(方)(26/27/28……共二百餘版)	皋、𠂤師般、多臣、王、或、沚馘、戈人	典賓	武丁晚期
		𢦏(翦)舌方(Y78/Y565/6293)			
		正舌方(6305/6306/6323/6328/6329正)			
		𢦏舌(8586)			
		往舌(8589)			
		正(征)舌方(D356/6307/6308/6309/6310/6311/6312/6313/6314/6316/6317/6318/6319/6320/6321/6322/6324/6325正/6326/6327反)	王		
		呼視舌方(L168/6167/6175/6193)			
		呼望舌方(546/547/548/549/550正/B1781/6101/6181正/6182/6185+/6186/6187/6188①/6189/6190/6191正-/6192)	多𠂤、強		
		呼目舌方(Y556②/6194/6195)			
		卒舌方(6332/6333/6334正)			
		𢦏(敦)舌方(6337正/6338)			
		戔舌方(6335/6336)			
		及舌方(Y566③/6339/6340正/6341/6342)	𠚔、我		

① 6188<D365反。"<"表示前一拓片是後一拓片的一部分。以下同。
② Y556＝39865。
③ Y566＝39874。

序號	方國地區	辭例	涉及將領	組類	相對時代
9	舌方	舌方𡴎（6073+/6352/8626）		賓三	武丁晚期至祖庚時期
		舌方出（6078/6079+）			
		舌同（興）（6813）			
		擇舌（6331）			
		𡃁（擒）舌方（24145）	㠱	出類	祖庚時期
10	亘	亘𡴎于湿（20506/20507）		自小字	武丁早中期
		卒亘（6904/6947 正/6953/6954/6955/6956）		賓一	武丁中期
		敢亘（6939/6950）			
		𢓊伐亘（6948 正/6949 正）	雀		
		獲執亘（6952 正）	雀		
		𦎫（敦）亘（6958）	雀		
		追亘（6946 正/6947 正）	犬、雀		
		得亘（6959）	雀		
		雀獲亘（20383）		自歷間	
		亘𡴎雀（20393）			
11	郭	般取郭人（20571）		自小字	武丁早中期
		庇①𦎫（敦）郭（7047）		典賓	武丁晚期
		呼庇𦎫（敦）郭（6169）			
		郭弗其專入［絴］（8597）		賓三	武丁晚期至祖庚

---

① 此字過去一般釋"依"，今據裘錫圭的意見改釋爲"礻"，讀作"庇"。詳參《文集》第5卷第186頁。

序號	方國地區	辭例	涉及將領	組類	相對時代
12	罷	畐罷（7051/20775）		自小字	武丁時期
		辛罷（5840 正/5844 正）	尹	典賓	武丁晚期
13	敖①	戋（翦）敖（53+/L171+/B2178+/7015/7016/7017）	雀、𢀛	自賓間	武丁中期
		臺（敦）敖（7014/7018）	𢀛		
		敖不其獲羌②（188 正/189 正）		典賓	武丁晚期
14	姞方③	伐㞢方（20397/20400）		自小字	武丁時期
	㞢方	伐㞢（Y615/6558/6559/6560/6562/6563）	豢	自賓間	武丁中期
		正（征）㞢（6561）	豢		
		徝㞢（6557）			
		克㞢（6569）	犬	賓一	
	姞方	伐姞方（6567）	或		
		戋（翦）姞方（W364/Y681+8745/6566 正/6567/6568 正/7692+8622+善齋卷七 26.1）	或	典賓	武丁晚期

---

① 劉釗釋作"敖"（《古文字考釋叢稿·釋敖》，岳麓書社，2005 年）。趙平安改釋作"失"，並考證卜辭中的"失侯"乃文獻中的"佚侯"（《從失字的釋讀談商代的佚侯》，《金文釋讀與文明探索》第 160—168 頁，上海古籍出版社，2011 年）。謝明文通過字形比對與語音考察，補充論證了該字釋"敖"的正確性（《商代金文、甲骨文"𢀛"、"𢀛"等字補釋》，《商代金文的整理與研究》，復旦大學博士學位論文，2012 年），可從。

② "敖"此時已歸順商，其他如《合集》6834 正、5734 正、5735、5785、5786 正等。

③ 王子楊據前輩學者意見讀姞方作"姞方"，並贊同姞與㞢方爲一字之異體。詳參王子楊:《甲骨文字形類組差異現象研究》第 230—241 頁，中西書局，2013 年。

序號	方國地區	辭例	涉及將領	組類	相對時代
15	⊕	加人伐⊕(7020)	雀		
16	尸(夷)方	夷方出(6456)		自賓間	武丁中期
		显夷(6464/7052)			
		正(征)夷(6458)			
		方戋(翦)夷(6466)			
		伐夷方(33038/33039/20612)	侯告	自歷間	
		正(征)夷(6457正/6460正/6475反/6583)	侯告、沚戜	賓一	
		伐夷(6461正/6462)	侯告、沚戜		
		臺(敦)夷(6463)			
		見夷(6455)			
		正(征)夷(6459+/6476)	婦好	典賓	武丁晚期至祖甲
		伐夷(6480)	侯告		
		攵(殺)夷(829正)			
		王更夷正(征)(33112)		歷一	
		臽夷(33040)		歷二	
		攵夷方(T2320)		無名	廩康至文丁
		正(征)夷方(T2370)			
		臺(敦)夷方邑舊(T2064)			
		正(征)夷方/來正(征)夷方(36482等綴合後四十一版)		黃類	帝辛時期

序號	方國地區	辭例	涉及將領	組類	相對時代
17	何方	視何方（7001）		自賓間	武丁中期
18	刃方①	哉（翦）刃方（6659/6660）		自賓間	
19	祭方②	哉（翦）祭（方）（6964/6965）	雀	賓一	
		哉（翦）祭（1051正）	雀		
20	吖	王更夷、吖正（6476正）			
21	羑	戎羑（6995-6996/6997/6998）	沚	自賓間	
		哉（翦）羑（7002/BL10）	㚔、🀄		
22	冊	㞢冊（20297）	🀄	自小字	武丁時期
		冊［弗］哉（翦）雀（6971/6972）			
23	㚔	🀄卒㚔（7024+）	🀄	自賓間	武丁中期
		㚔韋🀄/㚔（弗）韋（敦）🀄（7028-40825+）			
		㚔其哉（翦）🀄（7025/7026）			
		方其克貝（20576正）		㞢類	
24	𢀛	伐𢀛（6835/6838）		自賓間	
		哉（翦）𢀛（6836/6837）			
25	峀	哉（翦）峀（6842）		自賓間	
		韋（敦）峀（6843）			
		伐峀（6844）			

---

① "刃"後來歸順於商，武丁晚期的典賓類記事刻辭有"刃入二，在甘"（13646反）的記錄，典賓類卜辭有"令刃比沚戠"（Y321）的記錄。
② "祭"後來歸順於商，成爲商王巡幸之地。歷二類卜辭中有在祭進行貞旬的記載，如"癸巳卜，貞：旬亡𡆥。在祭卜"（B10530）。

序號	方國地區	辭例	涉及將領	組類	相對時代
26	🔲	戋(翦)🔲①(7038)		自賓間	
27	䢼(䢼)	伐䢼(248正+/947正+/6826正/6827正)	旨		
28	獛③	伐獛(W355/Y602/Y604②/6922/6924/6926/6927/6929/6931/6932/6933/6934/6935/6937)	雀、亘、沚	賓一	武丁中期
		戋(翦)獛(6938/6939/6947正)	亘		
		正(征)獛(6928正/6930)			
		獲獛(6943)			
		獛伐棘④(6942)			
	🔲	伐🔲(33074)	沚或	自歷間	
		🔲🔲(33075)			
		䝍(虜)⑤🔲(33076+)			
		辜(敦)🔲(33077)			
29	衕	戎衕(Y612/6883/6884/6885/6886/6888/6889/6890/6891)		賓一	

① 卜辭僅見一例。《綜類》407頁舉了一例"🔲入百(?)"(南坊3.2=9286反),如果此條成立,自然可爲🔲是方名之又一例證,但經核對圖片及查《釋文》《摹釋總集》均作"□入百"。故此方名是否成立,有待進一步查證。
② Y604=39929。
③ 唐蘭認爲此地望在山東歷城附近,詳唐蘭:《殷虚文字記》,中華書局,1981年。
④ 棘,郭沫若、陳邦福釋爲"曹",並認爲是衛之曹邑,即河南滑縣南白馬城,詳參于省吾主編:《詁林》字頭2970號,中華書局,1996年。羅琨認爲"若獛在山東歷城附近,所侵伐之曹當爲定陶之曹",詳羅琨:《商代戰爭與軍制》第141頁,宋鎮豪主編:《商代史》卷九,中國社會科學出版社,2010年。
⑤ 字形作🔲或🔲,一般隸作䝍,黃天樹據裘錫圭釋作"虜",分析爲从卒虎聲。參《黃天樹甲骨金文論集》第98頁,學苑出版社,2014年。

序號	方國地區	辭例	涉及將領	組類	相對時代
29	衒	韋(敦)衒(Y613/6887)		賓一	武丁中期
		卒衒(6892 正-)			
		戋(翦)衒(6894/6895/6896/6897/6898+5008)			
		衒來臿我(6882)			
30	瞿	戋(翦)瞿(880 正/5775 正)	旨		
		伐瞿(6016 正)	旨		
31	缶①	缶臿戎(20449)		自小字	武丁時期
		戋(翦)缶(6834 正/6870)	多臣	賓一	武丁中期
		獲缶(6834 正/6876)	雀		
		韋(敦)缶(6860/6861/6862/6863/6864 正/6867/6868/6869)			
		伐缶(6871)			
		戎缶(6872)			
		追缶(6873/6874)			
		卒缶(6875)	雀		
		缶其戋(翦)雀(6989)			
		缶嘼我旅(1027 正)			
		呼我戋(翦)缶(6870)			

---

① 陳夢家《綜述》謂"缶疑即陶"(第294頁)。蔡運章謂:"缶方即古陶國,在今山西永濟縣境,兼有黃河南岸今河南靈寶縣西部地區。"參蔡運章:《武丁伐缶方的進軍路綫和沿途所伐諸方國的地望問題——兼釋卜辭中的"蜀"字》,《甲骨金文與古史研究》,中州古籍出版社,1993年;又載《甲骨文獻集成》第27冊第185頁。

序號	方國地區	辭例	涉及將領	組類	相對時代
31	缶	𢀛(虘)缶(20385 反)		𠂤歷間	武丁中期
		𦎫(敦)缶(20524/20526/20527)			
		卒缶(20528/20529/B13263①)			
		𦎫(敦)缶(W1640+)		歷一	武丁晚期至祖庚
32	巴/巴方	啟巴(6461 正)	沚戠	賓一	武丁中期
		伐巴(6481+)	婦好		
		伐巴(32 正/93 反/811 正/6467/6468 +/6469 正/6470 正/6471 正/6472 正/6473 正/6474/6475 正/6476/6477 正 +/6478 正/6479 正/6480)	沚戠、奚、婦好	典賓	武丁晚期
33	龍/龍方②	伐龍方(6583)		賓一	武丁中期
		𢦏(翦)龍方(6586)			
		及龍方(6592)			
		追龍(6593/6594)	亩		
		伐龍(6584)	婦姘	典賓	武丁晚期至祖甲
		伐龍方(6476)			
		取龍(6587/6588/6591)	師般		
		取龍白(6589 正/6590)	師般		
		𢦏(翦)羌龍(L153/6630 正/6631/6632/6633/6634)	[illegible]		
		弔羌龍(6635/6636 正/6637 正)	[illegible]		
		以衆伐龍(31972)	[illegible]	歷二	

① B13263＝39935。《漢達文庫》將《合補》13263 看作師賓間類，將《合集》39935 看作師歷間類，非是。

② 龍方後歸順，有“呼龍田”(8593/8594)。

序號	方國地區	辭例	涉及將領	組類	相對時代
34	🅐方	伐🅐方（6639/6640/6641/6642/6643/6644/6645/6646）		賓一	武丁中期
35	宙①	筆②宙（1027 正+） 伐宙（6829） 戈（翦）宙（6830/6832/6834 正）			
36	🅑	［正（征）］🅑（6858/6859） 臺（敦）缶 于 🅑（6860/6861/6862/6863/6864 正）			
37	誖	戈（翦）誖（6904） 戈（翦）衙才（或于）誖（6895/6896/6897/6898+）			
38	目	昷目（6946 正）	雀		
39	壴	臺（敦）壴（6959） 昷壴（6） 𢦔（孽③）壴（5618+19561+/19563）	雀 倉侯 𢦔	賓三	武丁晚期至祖庚
40	翼	臺（敦）翼（33080） 戈（翦）鷖④（33081） 伐翼（6959）	 雀	自歷間 賓一	武丁中期

---

① 羅琨隸作"宙"，並認爲商與宙的戰爭是小型速戰速決的戰爭代表。詳羅琨：《商代戰爭與軍制》第 125—128 頁，宋鎮豪主編：《商代史》卷九，中國社會科學出版社，2010 年。

② 金赫和苗豐在《釋甲骨文中的"♠（衝）"》［第四屆韓中日漢字文化國際論壇（韓國濟州島，2012），後載於《漢字研究》第 7 輯，第 71—79 頁，慶星大學校韓國漢字研究所，2012 年］一文中認爲此字是象用♠打破城牆或城門形的表意字，與♣很可能是不同的字表示同一個詞"衝"的通用字關係。

③ 王子楊釋𢦔爲"孳"，用法有三，此處讀作"孽"。參王子楊：《甲骨文字形類組差異現象研究》第 358—376 頁，中西書局，2013 年。

④ 鷖可能爲翼之繁寫。

序號	方國地區	辭例	涉及將領	組類	相對時代
41	戈①	敢戈（6959）		賓一	武丁中期
		🀅（遭）戈人（775 正）			
		戈敢亘（6939）			
42	桑	皋（敦）桑（6959）	雀	典賓	武丁晚期
		伐爾暨桑（Y395）			
43	陟	戋（翦）陟（6981/6982）	雀	賓一	
		執陟（5228+）			
44	𢦏	皋（敦）𢦏（7032/7033/7034）		賓一	武丁中期
		戋（翦）𢦏（7035+7036）			
45	畏	皇伐畏（6960/6961/6962）	雀	□賓間	
46	抍	抍弗戋（翦）羞（7002）			
		戍抍（6946 正）	雀		
		戋（翦）抍（7076 正）			
47	卣	戋（翦）卣（7076 正/7077）	雀	賓一	
		克入卣邑（7076 正）	雀		
48	䢅方	䢅方匄射（6647 正）			
49	下危②	伐下危（L158/L200/Y586/Y587/Y588 正/Y589 正/Y590/Y591/Y592/32 正+/811 正/6413/6426/6427/6476/6477 正反+/6480/	望乘、多𡊬	典賓	武丁晚期至祖甲

---

① "戈"後來應是歸順了商，從如下幾例可知，如"乎戈人坒畕"（8401），坒疑有開荒種田之意，畕爲地名（參《詁林》1867 號字頭），"以戈人伐舌方"（Y564）等。

② 趙平安新釋"危"爲"辥"，可參看《釋甲骨文中的"🀅"和"🀆"》，載趙平安：《新出簡帛與古文字古文獻研究》，商務印書館，2009 年。Y588 正＝39895 正；Y589 正＝39893 正；Y590＝39891。

序號	方國地區	辭例	涉及將領	組類	相對時代
49	下危	6482 正/6483 正/6484 正/6485 正/6486 正/6487/6488/6489/6490/6491+/6492/6493/6494/6495+/6496/6497/6498/6499/6500/6501+6914/6502+/6503/6504/6505/6506/6508+6509/6512/6513/6514/6515 正/6516/6517+/6520 正/6521/6522/6523/6524 正/6525 正/6527 正-/6530 正+/6531/7311/7547/7550/10094 正/B1882/B1884/B1885)		典賓	武丁晚期至祖甲
	危方①	達*危方(32229/32897)		歷二	
50	芫②方	伐芫方(32 正+/6542/6543/6545/6547/6548/6549/6550/6551/6552 正/6553/6554/6555)	倉侯虎	典賓	
		呼䵼芫(6556)			
51	周/周方	方臺(敦)周(6782)		自賓間	武丁中期
		戈(翦)周(6825③)			
		正(征)周方(6657 正+)		典賓	武丁晚期至祖庚

---

① "危方"似當即"下危",賓組卜辭中有數十條"王令望乘伐下危",歷組卜辭則有"令乘望達*危方"(32899,乘望即望乘),也有"王令望乘帚(歸)",其告于且(祖)乙。王令卯達*危方"(32897)。

② 于省吾釋其爲髳,並引《詩》鄭箋:"髳,西夷別名。武王伐紂,其等有八國從焉。"于先生謂:芫爲初文,髳乃後起變體繁文,髳是芫的借字。參于省吾:《甲骨文字釋林·釋芫》第15—17頁,中華書局,1979年。趙平安改釋作冑。參趙平安:《〈説文〉小篆研究》第181頁,廣西教育出版社,1999年。

③ 6825 = B2246 = L161。

序號	方國地區	辭例	涉及將領	組類	相對時代
51	周/周方	視周(8454)		典賓	武丁晚期至祖庚
		辜(敦)周(6824)			
		璞周(6812 正/6813/6814/6815+/6816/6817/6819/6820 正+洹101+/6821/6822/6823/B4154)	多子族、犬侯、𣪘、倉侯、𢀛	賓三	
		𢦏(翦)周(20508)		自歷間	武丁中期
52	𢆶方	徝𢆶方(Y600/6535)			
		伐𢆶方(6539/6540/6541/6542/6543/6544)			
		敢𢆶(6536/6537/6538)			
53	𢦏方	𢦏(翦)𢦏方(6648 正/6649 正甲/6650 正)		自化正	
54	𢦏/拐	𢦏(翦)𢦏(B1988①/6648 正/6649 正甲/6649 正乙/6651/6652/6653+/6654 正/6655 正/6656/10171 正+)		自正化	典賓 武丁晚期
		𢦏𢦏(翦)化(6655 正)			
55	胅	𢦏(翦)胅(6648/6649/6651)		自正化	
56	象方	達*象方(6667)	望乘、𢀛		

① B1988=13695 乙正。

序號	方國地區	辭例	涉及將領	組類	相對時代
57	𢀛	臺（敦）𢀛（Y543/ 6354 正/6355/6356/6784）		典賓	武丁晚期
58	我	𢦏（翦）我（6917/6918/6919）		典賓	武丁晚期
		取我（6920/6921）			
		正（征）我（6915）			
		戎我（6916）			
		呼我①𢦏（翦）缶（6870）		賓出	武丁晚期至祖庚
		令敢比我禹［册］（7418/7419）			
59	鼓②	𢦏（翦）鼓（6945/L173）		典賓	武丁晚期
60	𢀛	𢦏（翦）𢀛（7037）			
61	㠱	伐㠱（6877 正/6878/6879/6880）			
62	甴	㞢甴（20394/20396/33088）			
63	㱿	臺（敦）㱿（20510/20511/20512/20513/20514/20515/20516/34120/T3568/4516）		自歷間	武丁中期
		正（征）㱿 20511/20517/20518）			
		卒㱿（20522）			
64	歸	伐歸（33069③/34121/34122）			
		伐歸伯（33070）			
		㞢歸（7049）		自賓間	
		㞢歸人（B6692）			

---

① "我"在典賓類時期受到征伐，後來可能歸順商王，從賓三類的三條辭例可見。

② "鼓"後來歸順於商，無名組卜辭有"王其省鼓"（屯 658）、"在鼓卜"（31686）的記錄。

③ 33069＝T4516。《漢達文庫》將 33069 看作師歷間，將 T4516 看作師組，當爲同一組。

序號	方國地區	辭例	涉及將領	組類	相對時代
65	召方	正（征）召方（33021 + T4103 +/33022）		歷一	武丁晚期至祖庚祖甲
		伐召方（T81/T2634）	沚或	歷一	
		召方來（33014 +/33015/33016①/T1116）		歷二	
		禦召方（31978/T38）		歷二	
		正（征）召方（33025 反）		歷二	
		温召方（33023/33024）		歷二	
		伐召方（T1099/ 31974/31976/31977+/33018/33020）	旱、沚或	歷二	
		辜（敦）召方（T1099/ 33027/33028/33029）		歷二	
		追召方（T190/ 32815 - 33017 +/33017）	王族	歷二	
		求（咎）召方（33026）		歷二	
	卲方	伐卲（HD237/HD275/HD449）	白（伯）或	花東子	
66	井方	方卒井方（6796）		賓三	武丁晚期至祖庚
		執井方②（33044+）		歷二	武丁晚期至祖甲

---

① 33015/33016 兩版有"父丁"稱謂,當在祖庚時期。

② 《合集》33044 有殘辭,"執井方"者可能未必是商王。另《合集》1339:"癸卯卜,賓,貞井方于唐宗豷。"占問的是井方是否會向成湯宗廟獻上豬作為供品。郭沫若考釋此條說:"此井方乃殷之諸侯,言來宗祀成湯用豷也。"（《卜辭通纂考釋》第 534 片）郭説甚允。《綜述》第 288 頁說"唐宗是地名,可能是安邑之唐",恐非是。孟世凱《甲骨文中井方新考》曾舉《屯南》2260 中一條卜辭為"井方寇我戍",從拓片來看,不一定可靠,故此處不引。

序號	方國地區	辭例	涉及將領	組類	相對時代
67	旁方①	旁方其🅧作戎（6666）		賓三	武丁晚期至祖庚
68	🅧	𢦏（翦）🅧（33082/33084）	王	歷一	武丁晚期至祖甲
		辜（敦）🅧（33083）		歷二	
69	虘	伐虘（33086）			
70	北方	北方其出（32030）			
		正（征）北方②（T1066）			
71	殷（殷方）	㞢殷方（T2651）		無名	廩康至文丁
72	虘（叡）方	兹方、虘方乍戎（27997+）		無名	
		𢦏（翦）叡方（T3637）			
73	兹方	兹方、虘方乍戎（27997+）			
74	或	伐或（L156）	雀、望乘	典賓	武丁晚期
		或弗其𢦏（翦）🅧方（存補4.1.1+）			
75	林方	🅧林方（36968+/Y2563③）		黃類	帝辛時期
76	盂方	正（征）盂方（36509/36510/36511/36513/36514/36516/36517/37978/W1908/B11242）			

---

① 《綜述》（第291頁）舉了兩例，一是孫海波《甲骨文錄》631片，即《合集》6666，另一是葉玉森《鐵雲藏龜拾遺》5.10，即《合集》33198，經查拓片，較模糊，可見"旁"，下一字《甲骨文釋文》作"不"，"不"下一字不清。

② 本版之"北方"，整理者釋爲"邶"，見《屯南釋文》第922—923頁，中華書局，1983年。

③ Y2563=41757。

序號	方國地區	辭例	涉及將領	組類	相對時代
77	蟬（䖵）方	立自伐蟬方（33042/33043-）		歷二	祖庚祖甲時期
78	汅方	戈（翦）卣汅方（32103+）		歷二	祖庚祖甲時期
79	商	令伐商（33065/33066/33067/T2907/T4054）	立		
80	友	戈（翦）友①（HD316）		花東子	武丁晚期

上述八十個與商有過戰爭的方國和地區是我們據卜辭逐條考訂而得的結果，與前賢時彥的研究大體相符，但因目前所見材料更爲全面系統，因此，本書在數量和具體的方名上與別家存在或多或少的差異。陳夢家、島邦男、鍾柏生等先生從"五期"的時間座標上對諸方國作過大致的區分，孫亞冰、林歡則從東南西北的空間分佈上作了區分，但毋庸諱言，對諸方無論從時間還是空間上進行分類，都難免存在問題。首先，某些方國的存在時間有長有短，它可能跨越武丁及其以後的多位商王，如"夷方"早見於武丁時期，直至帝辛時期依然存在，這就不能置於"五期"中的某一期。其次，某些方國的地望難以確定，一是因卜辭材料本身的限制，二是因這一方國可能是遊牧民族，在西方、北方都經常出沒，比如"𢎥方"，其地望本身就不能確定，要將其置於空間上的某一地區，實在勉強。因此，本書根據卜辭討論與商戰爭關係的方國或地區，完全據材料進行排比，其時間可從所反映的辭例組類上看出，其地望則只能據相關地名繫聯考察。

鑒於殷墟卜辭所見與商有戰爭關係的方國與地區達八十個之

---

① 這裏所謂的"友"作爲方國名，僅花東一見，據《花東》整理者考釋意見姑列於此。王卜辭中有人名作墊友唐、兇友化等，趙鵬將"友"看作一種身份（趙鵬：《殷墟甲骨文人名與斷代的初步研究》第89頁，綫裝書局，2007年），可參。

多,各個方名所見材料多寡不一,僅據有限的材料得出的結論自然是見仁見智,故本文只就材料最爲豐富的方方、舌方、夷方三個方國進行討論。從整理辭例組類分佈入手,進而考察其戰爭持續時間、方國地望等相關問題。

第二節　商與方方之間的戰爭①

商代有個名"方"的方國,陳夢家有相關論述②。儘管島邦男、鍾柏生兩位先生並不認爲"方"是具體的國名③,但有一條直接的證據表明"方"可作專名,即《合集》20412④:"壬申卜,方方其𡆥(圍),不。五月。一。"前一"方"字是專名,後一"方"字是泛稱(如土方之"方"),單稱"方"是省稱,如龍方又省稱"龍",舌方又省稱"舌"。林小安⑤、馮時⑥、范毓周⑦、王宇信⑧、羅琨⑨等先生對"方"方有進一步討論,但限於時代較早,材料零散,有些問題學界已有新的認識。因

---

① 本節的主要内容曾以《甲骨文所見方方考》爲題發表於《考古學報》2015年第3期。收入本書略有改動。
② 陳夢家:《殷虛卜辭綜述》第270—272頁,中華書局,1988年。
③ 〔日〕島邦男:《殷墟卜辭研究》,濮茅左、顧偉良中譯本,上海古籍出版社,2006年。鍾柏生:《殷商卜辭地理論叢》第169頁,臺北藝文印書館,1989年。
④ 此條卜辭出自《乙編》107。蔡哲茂指出,《合集》20412係"乙編106+乙編107+乙編182"誤綴而成,參蔡哲茂:《綴續》第133頁,臺北文津出版社,2004年。近來蔡先生的博士生宋雅萍君有新綴:20412部分(乙編106)+20421+乙編8508+20773,參蔡哲茂主編:《綴彙》第817則,臺灣花木蘭文化出版社,2011年。
⑤ 林小安:《殷武丁臣屬征伐與行祭考》,《甲骨文與殷商史》第2輯,上海古籍出版社,1986年。
⑥ 馮時:《甲骨文、金文"戈"與殷商方國》,《華夏考古》1988年第3期,第94—96頁。
⑦ 范毓周:《殷代武丁時期的戰爭》,《甲骨文與殷商史》第3輯,上海古籍出版社,1991年。
⑧ 王宇信:《武丁期戰爭卜辭分期的嘗試》,《甲骨文與殷商史》第3輯。
⑨ 羅琨:《商代戰爭與軍制》,宋鎮豪主編:《商代史》卷九,中國社會科學出版社,2010年。

此,對"方"方的問題還有進一步系統整理和深入研究的必要。本節將從整理有關"方"方的辭例分佈入手,進而考察商與"方"方的戰爭情況,再據有關文獻和地名測察"方"方的地望。

一　辭例分佈

經初步調查,這一相關卜辭達二百三十餘版。從武丁早期所見自肥筆類的少量甲骨記錄,至武丁中晚期賓組相關卜辭大量出現,直至在何組、無名組、黃組中仍有零星出現。以下對有關"方"方的卜辭作分類說明。

(一)自肥筆類。時代在武丁早期,凡見十一片,反映出三種情況:
1. 方來攻商。辭例如下:
　　己亥卜,扶,方㞢[商]。　　　　　　　　　　　(20440)
　　今丁方㞢。三　　　　　　　　　　　　　　　(20441)
　　己巳卜,王,方㞢。　　　　　　　　　　　　　(20624)
2. 商追方。辭例如下:
　　乙亥卜,令虎追方。一二　　　　　　　　　　(20463反)
　　戊申卜,王,令庚追方。一
　　☑庚追方。一　　　　　　　　　　　　　　　(20462)
3. 求(夲)方。辭例如下:
　　甲午卜,扶,令㱃①襄(攘)求(夲)方。　　　　(20464)
　　己亥卜,王,求(夲)方我(宜)。　　　　　　　(20466)
　　求(夲)方。　　　　　　　　　　　　　　　　(20465)

也有個別卜辭占問"方至"(19777、20483、20484),但辭例簡略,缺乏相關信息。

---

① 王襄、姚孝遂並釋爲"去",參《詁林》字頭214號,中華書局,1996年。

(二)自小字類。時代在武丁時期①。約七十片。反映出如下事件:

1. 方來攻商。近四十片,即《合補》6627(20479+20480)、《合集》6718(B11243)、6783、20408+20420、20409、20410、20411、20412部分(乙編106)+20421+、20413+20414右(乙編8498)+21021右下(乙編366)+、20415、20416、20417、20418、20419、20422、20423、20424、20425、20426、20429、20430、20435(B6632)、20436+20438+、20437+、20470、20478(40839)、20481、20485、20486、20487、20495、20496、20497。卜辭關鍵詞有"方出""方來""方辜(敦)大邑""方至""方显"等,其典型辭例如下:

  方出尋。　　　　　　　　　　　　　　　　(6718)
  癸亥卜,王,方其敦大邑。　　　　　　　　　(6783)
  戊午卜,自,貞方其显,今日不。一月。
  辛酉卜,自,貞方其显,今日□風☒　　　　　(20419)
  丁巳卜,委其見方。弗冓。
  丁巳卜,今日方其显,不显。征雨自西北,小。
  丁巳卜,翌戊其显,不。
  庚申卜,方其显今日,不显。
  辛酉卜,方其显今日,不。
         (20413+20414右+21021右下+)
  丁卯卜,自,貞方其显,今日不。
  壬申卜,自,貞方其显,今自。
  癸酉卜,自,貞方其显,今日夕。　　　　　(20408+20420)
  癸酉卜,貞方其显,今二月印,不執?余曰:不其显。允不。

---

① 黃天樹認爲自小字類卜辭早至武丁早期,晚至武丁晚期,參黃天樹:《殷墟王卜辭的分類與斷代》第七章,科學出版社,2007年。

一二　　　　　　　　　　　　　　　　　　（20411）
　　壬申卜,方方其㞢,不。五月。一
　　壬申卜,曰：今秦方多子☒一
　　丙申卜,自今五日方卒不㞢,卒。
　　辛丑卜,今日方㞢。
　　壬寅卜,自今三日方不㞢,不。
　　　　　　　　（乙編107,綴於《合集》20412中）
　　乙巳卜,今日方㞢,不。六月。　　　　　（20421）
　　丁未[卜],今日方㞢,不。
　　　　　　　　（乙編106,綴於《合集》20412中）
　　戊申卜,今日方㞢,不。㞢雨自北。　　　（20421）
　　甲子卜,今旬不㞢,卒自☒
　　　　　　　（乙編107+乙編182,綴於《合集》20412中）
　　乙丑卜,㞢方。　　（乙編182,綴於《合集》20412中）
　　癸酉卜,㱿,貞方其㞢,今日夕。　　　（20408+20420）
　　癸酉卜,方至,今七月。一
　　癸酉卜,今日不。一　（乙編106,綴於《合集》20412中）
　　辛酉卜,王,貞方其至,今八月乙丑方☒
　　辛酉卜,王,貞方不至,今八月。　　　　（6627）
　　戊寅卜,方至。不。之日又曰：方在萑鄙。（20485）
　　甲寅卜,扶,方☒。十月。
　　甲寅卜,方弗迪＊邑。　　　　　　　　（20495）
　　庚子卜,ᛞ,貞辛丑方不其㞢,不。十二月。（20426）
　上揭卜辭的月份和干支的分佈情況是：一月-戊午、二月-癸酉、五月-壬申、六月-乙巳、七月-癸酉、八月-辛酉、十月-甲寅、十二月-庚子。利用"干支驗對法"①可知,這些干支和月份在二月癸酉和五月壬申之間不能相容,表明"方來攻商"的行爲不可能發生於一年之內,至少跨了兩個年頭。再應用夏含夷(Edward L. Shaughnessy)的"微細斷代法"②,針對上述"方來攻商"的月份和干支分佈情況,推算其一月一日的干支參數量。具體情況如下:

(1)一月戊午。戊午在六十甲子表中居第五十五位,"一月戊午"可以簡寫作"1/55",假定年曆按大小月相間排列③,奇數月份每月三十天,如果"戊午(55)"是一月的第一天,那麼一月一日就是55,如果"戊午"是一月的最後一天,那麼由戊午上溯二十九日得到的"己丑"(26)是一月一日,由此得出一月一日的干支參數量是"26-55",表示一月一日的干支參數是"己丑-戊午",可簡寫作1:26-55。

(2)二月癸酉。癸酉在六十甲子表中居第十位,"二月癸酉"可以簡寫作"2/10",那麼三月一日的干支參數量應爲11-40,表示三月一日應介於第十一位的"甲戌"至第四十位的"癸卯",可簡寫作3:11-40。由於假定年曆按大小月排列,每兩月是五十九天,所以每回溯兩個月,干支便減去59,而59正好是六十干支減一天,因此每回溯兩月,其參數量便要在首尾各加1,即3:11-40→1:12-41。表示由二月有"癸酉",推出其一月一日的干支參數是"乙亥-甲辰"。

---

① 干支驗對,指將含有月份的干支置於六十甲子表中,假設每月三十天,驗對兩個月份的干支之間的相差天數能否分屬兩個月份。詳參拙文《對一群自小字類卜辭中"方"戰爭持續時間的測察》,《古文字研究》第29輯,第96—104頁,中華書局,2012年10月。

② 〔美〕夏含夷:《殷墟卜辭的微細斷代法——以武丁時代的一次戰役爲例》,《甲骨文發現一百周年學術研討會論文集》,31—44頁,臺灣師範大學國文學系、臺北"中研院"史語所,1998年。

③ 對殷商月法的研究諸家頗有分歧,馮時對百年來甲骨文天文曆法研究進行過詳細的述評,基本認爲商代是陰陽合曆,大小月相間,偶有連大月和連小月,爲平衡太陰年與太陽年的長度而創立有置閏法。參馮時:《百年來甲骨文天文曆法研究》第207—242頁,中國社會科學出版社,2011年。夏氏"微細斷代法"雖采用大小月相間的月法,却未考慮閏法。

按照這個方法,可以得出如下的干支參數:

(3)五月壬申:5/9→5:40-9→1:42-11

(4)六月乙巳:6/42→7:43-12→1:46-15

(5)七月癸酉:7/10→7:41-10→1:44-13

(6)八月辛酉:8/58→9:59-28→1:3-32

(7)十月甲寅:10/51→11:52-21→1:57-26

(8)十二月庚子:12/37→12:9-37→11:39-8→1:44-13

"微細斷代法"認爲,一條卜辭只要有干支和月份作爲標記,就可以推出該月份所在年的一月一日的參數量(即干支區間),如果兩條或兩條以上卜辭所推出的一月一日所在干支區間相容,就可以說明它們所占事件可能發生在同一年,反之,就不會在同一年。這八個參數量中,(2)(6)之間的交集與(3)(4)(5)(7)(8)之間的交集不相交,各自形成兩個不同群體,於此說明"方來攻商"的行爲至少經歷了兩年,而(1)既可與前者相交,又可與後者相交,表明上述有明確月份和干支的卜辭反映時間應是相鄰兩年。

2. 商征伐方。卜辭中的關鍵詞有"戋(翦)方""晶方""邟(禦)方""求(咎)方""追方""及方""戎方""逆方""見方""冓方""比方"等,約三十片,即《史購》2、《天理》659、《合補》6626(L305)-20451、《合集》20417、20427、20439、20442、20443、20444+20660、20445、20446、20447、20448、20449、20450、20452、20453、20454、20456+、20457、20458、20459、20460+、20469、20494、40833。典型辭例如下:

癸酉卜,王,貞自今癸酉至于乙酉邑人其見方抑? 不其見方執? 一月。三 (799)

第二章 甲骨軍事刻辭反映的商代戰爭

壬寅卜,由,貞委于亡水①𢆶方,𢦏(翦)。二月。二
(20444+20660)

乙卯[卜],方□其□𢆶□南□。一　　　　(20417)

戊戌卜,扶,步今日追方。三月。二　　(20460+20973)

戊申[卜],委弗及方。[允]□三月。　　(20456+22033)

癸丑卜,王,貞戎其及方。　　　　　　(20457)

丙辰卜,戎其見方。三月。二　　　　　(20417)

丁巳卜,步,今日比方,不。三月。

戊午卜,委步,比方。　　　　　　　　(20494)

丁巳卜,王,委弗其獲𢆶方,九日𡆥告:弗及方。(40833)

丁巳卜,王,貞四卜,呼比𢆶方。允獲。　(SG2)

辛酉卜,委其遘方。三月。　　　　　　(20200)

己卯卜,王令禦方。　　　　　　　　　(SG2)

□□卜,[王],[委]追戎弗其獲𢆶,弗及方。(20458)

壬寅卜,扶,缶比方,允𢦒。四日丙午冓方,不獲。

癸卯卜,王,缶蔑𢆶戎執,弗其蔑印?三日丙午冓方,不獲。
十二月。　　　　　　　　　　　　　　(20449)

比祼行來冓方,不獲。　　　　　　　　(20447)

冓方,不[獲]。　　　　　　　　　　　　(20448)

辛卯卜,王,貞弜其𢦏(翦)方。　　　　(20442)

己亥卜,弜𢦏(翦)方。　　　　　　　　(20443)

乙丑□禦方。　　　　　　　　　　　　(20452)

壬午卜,自,貞王命多冒禦方于□

壬午卜,自,[貞]呼禦方于商。　　　　(20450)

---

① 關於"亡水"一辭,黃天樹解爲於枯水季節去圍攻敵方,是否能夠取勝,參黃天樹主編:《甲骨拼合三集·序》,第1—2頁,學苑出版社,2013年。

己卯卜,王,命禦方。　　　　　　　　　　　　(20451)

□巳卜,王,貞于中商呼[禦]方。　　　　　　　(20453)

丁巳卜,王,貞四卜呼比🔲方,允獲。　　　　　(20451)

□□[卜],王,貞☐逆方。　　　　　　　　　　(20454)

□辰卜,扶,[追]方及。　　　　　　　　　　　(20459)

丁酉卜,王,命戎求(咎)方。　　　　　　　　　(20469)

辛丑卜,王,委步,壬寅以🔲(鞠)戎方,不米*(雉)①人。

　　　　　　　　　　　　　　　　　　　　　(L659)

　　這群卜辭反映了商對方的攻伐情況,諸關鍵詞的意思甚明,只是"比方"需略作討論。"比某",林澐認爲其有親密聯合之意②,"比方"這一關鍵詞見於兩版,即《合集》20494③和20449,前一版的"委步,比方"不好理解,因爲"委"是商王所屬的一位多次與方作戰的軍事人物。但"比"可由親近引申出靠近、挨着之義,如《漢書·諸侯王表》:"諸侯北(比)境,周市(帀)三垂,外接胡越。"顏師古注:"比謂相接次也。"④《齊民要術·種穀》:"苗長不能耘之者,以鉤鐮比地刈其草矣。"⑤後一版"缶比方",可以理解爲"缶與方親密聯合",因爲他們都是商的敵人。

　　這群卜辭中有干支和月份標志的七條卜辭可按"微細斷代法"測察它們是否發生在一年,是否可與"方來攻商"事件發生的時間相容。情況如下:

(1)一月癸酉:1/10→1:41-10

(2)二月壬寅:2/39→3:40-9→1:41-10

----

① 陳劍將這種寫法的"米"看作"雉眾"的"雉"的另一種寫法。參陳劍:《甲骨金文考釋論集》第372—375頁,綫裝書局,2007年。

② 林澐:《甲骨文中的商代方國聯盟》,《古文字研究》第6輯,中華書局,1981年。

③ 另有一版"比🔲方"(20451)似乎可以理解爲"共同協作討伐方方"。

④ (漢)班固:《漢書》,第394—395頁,中華書局,1962年。

⑤ (北魏)賈思勰:《農書三種·齊民要術》第19頁,中國書店,2010年。

（3）三月戊申：3/45
（4）三月丙辰：3/53　計算三月一日的參數量以 3/45 爲准：
（5）三月丁巳：3/54　3:16-45→1:17-46①
（6）三月辛酉：3/58
（7）十二月癸卯：12/40→12:12-40→11:42-11→1:47-16

上述七條卜辭可以得出三個一月一日的干支參數量，三個參數量之間，1:41-10可與另兩個分別相交，另兩個之間却不相交，由此表明，"商征伐方"的事件應在相鄰的兩年。另據干支驗對的方法也可知道，一月癸酉（10）與二月壬寅（49）相容，但與三月戊申（45）、丙辰（53）、丁巳（54）、辛酉（58）不相容，因此，這組事件不可能發生在一年之内。前述"方來攻商"事件也發生於兩年之中，這種吻合應該是必然的，因爲戰爭行爲涉及的是雙方。

第三，其他。個別卜辭與"方"有關，但不能歸入上述兩種情況。如：

　　　　己丑卜，王，貞隹（唯）方其受㞢又（祐）。　　　（20608）

也有的因係殘辭，語義欠明瞭。如：

　　　　丙辰卜，方其今三月☒。一二　　　　　　　　　（20802）

另有一版《合集》20619與自賓間類事類相同，均占問"方㞢于東"，詳下文。

（三）自賓間類。時代大致處於武丁中期。約六十片。所見關於"方"國之事也包含兩個方面，一是"方來攻商"，二是"商征伐方"。

1. 方來攻商。凡四十餘片。稱"方出"者最多，有《合集》6689、6690+、6691、6692、6693、6694、6695、6696、6697+、6699、6700、6701、6703+Y623（39906）、6705、6707、6708、6709、6710、6711、6712、6714、

---

① 計算三月一日的參數量以 3/45 爲准，因"戊申"（45）在干支表中處於丙辰（53）、丁巳（54）、辛酉（58）之前。

6715+6716、6719、6725、7308 等二十餘片。

其中含有到某地的卜辭兩片,即:

辛卯卜,[貞],方其出[于]唐。

辛卯卜,貞,[方]不出于唐。□月。　　　(6715+6716)

"出于唐"之"于"是動詞意味較强的介詞,意爲"到……"①。卜問"方"是否會出發到"唐"地,可見方與唐地相隔不遠。

這群卜辭中月份和干支明確的有五條,辭例如下:

癸丑卜,貞,方其出。一月。一　　　　　　(6711)

丁巳卜,今早*②方其大出。四月。　　　　(6689)

丙戌卜,今早*方其大出。五月。一 二　　(6692)

戊午卜,方其大出。九月。一　　　　　　(6696)

甲寅方其出。十月。一　　　　　　　　　(6700)

用"干支驗對"的方法看,這幾個月份的干支難以相容,因此"方出"事件不在一年。再用"微細斷代法"測察情況如下:

(1)一月癸丑:1/50→1:21-50

(2)四月丁巳:4/54→5:55-24→1:57-26

(3)五月丙戌:5/23→5:54-23→1:56-25

(4)九月戊午:9/55→9:26-55→1:30-59

(5)十月甲寅:10/51→11:52-21→1:57-26

從上述一月一日的干支參數量來看,(1)與(4)可相交,(1)與(2)(3)(5)均不相交,也充分説明"方出"事件不在一年之中,至少跨了兩個年頭。

稱"方來"者,有《合集》6727、6729、6730、6731、20488 等五片。稱"方至"者僅《合集》6732 這一片。稱"方㞢于商""方其辜

---

① 沈培:《殷墟甲骨卜辭語序研究》第 128 頁,臺灣文津出版社,1992 年。
② "早*"字形作𣄰,本書據陳劍釋。參陳劍:《甲骨金文考釋論集·釋造》第 176 頁,綫裝書局,2007 年。

(敦)大邑""方𡇨兹邑"意思相同,都直接占問"方"是否會來侵略大邑商,可見"方"國勢力強大,甚至對殷舊都商丘都有過威脅。辭例如下:

　　　　□丑卜,王,方其𡇨于商。十月。三　四　　　　（6677）
　　　　癸亥卜,王,方其辜(敦)大邑。　　　　　　　　（6783）
　　　　貞□方其𡇨兹邑①。　　　　　　　　　　　　　（6678）

方來攻商,主要反映在對殷周邊方國或地區進行侵擾。卜辭中有"方辜(敦)𠂤"(6785)、"方辜(敦)視何"(6786、6787、6788、6789、6790)、"方辜(敦)周(6782)""方𢦏(翦)㸚(乔)②"(6773、6774)"方𢦏(翦)夷(6466)"等記載。如:

　　　　□申卜,方辜(敦)𠂤。　　　　　　　　　　　　（6785）
　　　　庚申[卜],方辜(敦)視[何]。十一月。　　　　 （6786）
　　　　□戌卜,方辜(敦)視何。　　　　　　　　　　　（6787）
　　　　壬辰卜,方其辜(敦)視何。一
　　　　貞方其辜(敦)視何。三　　　　　　　　　　　　（6789）
　　　　壬辰卜,方弗辜(敦)視[何]。四　　　　　　　　（6790）
　　　　□辰卜,曰方其辜(敦)視何。允其[辜(敦)]。　　（6788）
　　　　☑方辜(敦)周。　　　　　　　　　　　　　　　（6782）
　　　　乙酉卜,方弗𢦏(翦)㸚(乔)。十月。　　　　　　（6773）
　　　　乙酉[卜],[方]𢦏(翦)㸚(乔)。一　　　　　　　（6774）
　　　　☑方[𢦏(翦)]㸚(乔)。一　二告　　　　　　　　（6773）
　　　　□子卜,方𢦏(翦)夷。二　　　　　　　　　　　（6466）

―――――――
① 《合》6678 的龜版有殘損,"方"前可能有字,即使去除此條例子,也不會影響我們前面所得出結論:"方"的勢力強大,曾對舊都商丘產生過威脅。對"商"地之所指,可參王國維《觀堂集林・說商》、董作賓《卜辭中的亳與商》、張光直《商名試釋》等論著,三篇文章已收入《甲骨文獻集成》第 28 册。
② 據陳年福《殷墟甲骨文字詞總表》釋。

"方來攻商"也表現在方對商東土的侵擾。如：

　　辛酉卜，方其⚑東。一 二 二告　　　　　　　（11467）
　　□申卜，方其⚑于東。一　　　　　　　　　　（11468）
⚑，象人操舟之形，姚孝遂謂有侵犯之意①。與此事件相關的在自小字類中也有一版：

　　甲戌卜，扶，貞方其⚑于東。九月。　　　　　（20619）

黃天樹認爲自小字類可與自賓間類並行②，因此，我們懷疑《合集》11467、11468、20619 儘管組類有別，但可能係對同一次方來入侵的占卜。

2. 商征伐方。凡見九片。關鍵詞有："钔(禦)方"（Y620）、"𠭴方"（6749、6750、6751+、6752、6753）、"取方"（6754、6755）、"追方"（20461）。參與將領有𢎨、晉、雀侯和委。辭例如下：

　　余勿呼禦方。　　　　　　　　　　　　　　　（Y620）
　　□西卜，□，貞𢎨出刊獲𠭴方。　　　　　　　（6749）
　　癸亥卜，王，隹(唯)晉其𠭴方。　　　　　　　（6752）
　　庚午卜，雀侯其獲𠭴方。　　　　　　　　　　（6751+）
　　☑［獲］𠭴方。　　　　　　　　　　　　　　（6750）
　　☑［獲］𠭴方。　　　　　　　　　　　　　　（6751+）
　　☑酒𠭴方。　　　　　　　　　　　　　　　　（6753）
　　辛亥卜，貞冊其取方。八月。　　　　　　　　（6754）
　　☑弗取方。　　　　　　　　　　　　　　　　（6755）
　　令委追方。　　　　　　　　　　　　　　　　（20461）

3. 卜問"方"是否受祐或受保。如《合集》8644、8646 占問"方其

---

① 于省吾主編：《甲骨文字詁林》字頭 3131 號姚孝遂按語，3170 頁，中華書局，1996 年。李孝定：《集釋存疑卷五》（4490—4492 頁）引葉玉森説釋爲"蕩"，姑備一説。
② 黃天樹：《殷墟王卜辭的分類與斷代》第七章，第 126—167 頁，科學出版社，2007 年。

受又(祐)",《合集》8311占問"不隹(唯)滴令保方"。

(四)賓一類。時代在武丁中期偏晚,凡見五片,即《東文研》115、《英藏》625、《合集》151正、6673、9472正。內容主要涉及兩個方面:一是"舌正化戋(翦)方",二是"我史其戋(翦)方"、"方其戋(翦)我史",辭例如下:

丁未卜,争,貞舌正化亡囚(憂)。十一月。一 二 三 四 五 六 七 八 九 二告 十

貞舌正化其㞢囚(憂)。一 二 三 四 五 六 七 八 九 十
　　　　　　　　　　　　　　　　　　　　　　(151正)

丁未卜,㱃,貞舌正化受又(祐)。三

丁未卜,㱃,貞舌正化弗其受又(祐)。三

貞舌正化亡囚(憂)。三

其㞢囚(憂)。三　　　　　　　　　　　　(9472正)

貞舌正化戋(翦)方。一 二 三 四[五]六 七[八]

舌正化弗其戋(翦)。一 二 三 四 五 六 七 八　(151正)

貞方其戋(翦)我史。

貞方弗戋(翦)我史。

貞我史其戋(翦)方。三

貞我史弗其戋(翦)[方]。三　　　　　　　(9472正)

貞方不显。　　　　　　　　　　　　　　(Y625)

貞大告曰方出,允其出。　　　　　　　　(D115)

庚寅卜,今生一月方其亦㞢告。四 四　　(6673)

(五)典賓類。時代在武丁晚期。凡見約四十片。內容也主要涉及兩方面:一是"方來攻商",二是"商征伐方"。

1. 方來攻商。凡見十片。關鍵詞有"方來"(6728)、"方出"(B1925)、"方显"(137反+、1021、6680、6778正)、"方戋(翦)"(6776、6811)、"方辜(敦)"(6792正)、"來婞(艱)自方"(6668正)。

值得注意的是,《合集》137 反①、6728 有"方"所到之地點和俘擄人數,至爲重要,尤其是《合集》137 反出現了時間、地點、人物、事件,内容非常豐富。辭例如下:

貞呼往正(征)。
貞方允其來于沚。一　不▲黽
不其來。一　二告
方其來于沚。二
方不其來。二
其來。三
不其來。[三]
貞翌癸丑易日。　　　　　　　　　　　　　　　　　　(6728)
四日庚申亦有來媸(艱)自北,子娥告曰:昔甲辰,方昷于蚊,俘人十又五人。五日戊申,方亦昷,俘人十又六人。六月在[㪛(敦)]。
[癸未]卜,□[貞旬]亡囚(憂)。王占曰:屮求(咎),屮夢,其屮來媸(艱)。七日己丑,允屮來媸(艱)[自北,㞢]戈化呼[告]:方昷于我示☒四日壬辰,亦屮來[媸(艱)]自西,㕣呼告☒
　　　　　　　　　　　　(137 反+16890 反+7990 反)

"方來于沚"意爲到沚地去,"方昷于蚊"意爲方攻打到蚊,㞢戈化還派人向商王報告説方攻打到他的地盤上,於此表明方離沚、蚊、㞢(微)地亦不會太遠。這幾條卜辭有助於探討"方"的地望。

2. 商征伐方。計二十餘片。關鍵字有"昷方"(6748)、"徝(伐)方"(Y626、846、847+10104、6733 正反、6734、6736、6737、6738、6739)、"專伐方"(7603 正)、"伐方"(39913)、"戈(翦)方"(6757、

---
① 《合集》13362 與 137 所占事件應該相同,二者可相繫聯,只不過較殘,其反映信息不如《合集》137 全,故此不引。

6758、6771正)、"禦方"(6759、6760、6761)、"求(咎)方"(6767)、"取方"(8796正)、"視方"(6740正、6741)。

本書初稿曾認爲"專"爲《説文》所言之紡專,引申而有椎擊之義,因此訓"專伐"爲同義連文。後蒙陳劍指正,謂爲"專擅伐之""無需他人之助"。黃天樹亦將其看作範圍副詞,表示對範圍的限制,表單獨、僅只,可譯爲"獨自"、"僅僅"、"單獨"、"只"等①。兩位先生的意見可從。

3. 其他。殘辭如《合補》1913、1930、《合集》2346等十餘片,以及"桒方"(1264)等。

(六)賓出類。時代大致在武丁晚期至祖庚時期。凡見二十片。仍然可見"方來攻商"和"商征伐方"兩方面占卜記録。

1. 方來攻商。關鍵詞有"方出"(6702+、6768正+、6686正、6687、6698、6704正、6721)、"方品"(6681、6682)、"來嬉(艱)自方"(6669、6670)。典型辭例可舉如下幾條:

丙子卜,賓,貞方其大出。七月。

貞方不大出。

己卯卜,賓,貞令歸辥。二 二告

貞勿令方歸。八月。　　　　　　　　(6702+15222+)

癸未卜,賓,貞令鳴眾方。三

貞勿令方歸。八月。三

貞勿令。八月。三

貞叀令。　　　　　　　　　　　　　　(6769正)

貞勿[告]。

貞方不大出。十三月。　　　　　　　　(6704正)

需注意的是,本組卜辭中的"令",前人考釋甚允,基本釋義傾向於羅

---

① 黃天樹:《黃天樹甲骨金文論集》第307—308頁,學苑出版社,2014年。

振玉氏"集衆人而命令之"之説①。"令鳴眾方",一般理解爲"命令鳴暨方"②,但"方"是敵方,不受王令,理解爲"讓"似不妥帖,這裏的"眾"可能應是用其本義:及、追趕。《説文·目部》:"眾,目相及也。从目,隶省。"段注:"隶,及也。石經《公羊》'祖之所逮聞'今本作'逮'。《中庸》'所以逮賤'《釋文》作'遝'。此眾與隶音義俱同之證。""令鳴眾方"當是命令鳴追趕方之義③。出組亦有一條卜辭,"令多工眾方"(Y1978),情況與此頗爲相似。

另有一條關於"方"對"井方"的侵擾記錄:

戊辰卜,賓,貞方卒井方。一　　　　　　　　　　(6796)

井方,在歷二類卜辭中有見,也有受商攻伐的記錄:

己巳,貞執井方。弗卒。　　　　　　　　　　　(33044+)

武丁配偶婦井,就來自井方,又作婦姘④。

2. 商征伐方。關鍵詞除前舉"(勿)令方歸"(6702)和"令鳴眾方"(6769正)外,還有"視方"(6742)、"馘方"(6745):

丁未卜,□,貞令立視方。一月。　　　　　　　(6742)

癸卯[卜],□,貞令□馘方,亡□。　　　　　　(6745)

視方應爲監視"方",馘方應爲擊殺"方"。兩種軍事活動都有人物出現,前者是"立",後者可惜殘去。

(七)歷一類。時代在武丁晚期。本類卜辭中有關商與"方"戰

---

① 于省吾主編:《甲骨文字詁林》字頭332號。

② 高嶋謙一説:…the word ta Used as conjunctive particle to link two nouns and noun phrases it yields a literal meaning of "and combinining …". more idiomatically, it may be translated as "together with"。與我們的看法相同。詳參 Michihara Itō, Ken-ichi Takashima (1996). *Studies in Early Chinese Civilization.* Hirakata:kansai Gaidai University press, P.243。

③ 一説"眾"訓爲"至、到"。"令鳴眾方",6769反映出七月丙子前後有方出動侵擾的迹象,武丁擬派鳴出使方人駐地,爭取用非暴力手段促使其退回原來的居地。參羅琨:《商代戰爭與軍制》第225頁,宋鎮豪主編:《商代史》卷九,中國社會科學出版社,2010年。

④ 何光嶽説:"婦井,即婦姘,井方之女嫁與商王武丁爲婦者。"參何光嶽:《井國的來源和遷徙》,《邢臺歷史文化論叢》,河北人民出版社,1990年。

争的有六例,關鍵字有"伐方"、"方出"、"及方"等,如:

  辛巳卜,叀生九月伐方。八月。　　　　　　（W1641）

  ☑,貞叀王出伐方。二　　　　　　　　　　（32816）

  癸酉,貞方大出,立中于北土。一　　　（33049+32724）

  庚辰卜,方不出。一

  方其出。一　　　　　　　　　　　　　　（33241）

  己丑☑次,及方。二

  弗及方。二　　　　　　　　　　　　　　（33062）

  弗及方。允及。一　　　　　　　　　　　（33063）

  另有三版涉及"告方",其意當指因"方"來襲,向大示、丁行告祭,如:

  丙子卜,其告方來于丁一牛。　　　　　　（33055）

  己亥卜:告方于父丁。二　　　　　　　　（32678）

  于大示告方。

  ☑告方于丁。　　　　　　　　　（33053+33056 正+）

典賓類也見一版有占問"告方于唐"(15228+),情況與上揭三版類似。

  (八)歷二類。時代大致在武丁晚期至祖甲時期。清晰者約十片。關鍵詞有"徣(延)方"(T171)、"告方來"(T243)、"戎鄉(向)方"(T1009)、"邁方"(B10926)、"方來"(B10919 乙、T1009)、"方出"(33046、33047+34063)、"畐方""禦方"(32935)等。典型辭例如下:

  癸[未],貞[叀]乙酉延方。

  癸未,貞于木月延方。　　　　　　　　　　（T171）

  甲申卜,于大示告方來。　　　　　　　　　（T243）

  □□,貞又來告方出从北土,弗𢦏(翦)北土☑

  　　　　　　　　　　　　　　　　（33050+33095）

  庚子卜,告方彈琡。　　　　　　　　　　（B10657）

戊申卜,告方于河。 (T2678)

庚辰,貞方來,即史于犬延。一 (T1009)

庚辰,貞方來,即史于犬延。 (B10919乙=ZJ317)

庚辰,貞至河,𣪠其戎鄉(向)方。一 (T1009)

[庚]辰,貞☒𣪠其戎鄉(向)方。 (B10919乙=ZJ317)

乙亥,貞☒弜禦方。

弜正方在☐。 (32935)

"延(延)方"與"告方"意義相近,均表示因"方"(來犯)之故向祖先行祭禮,祈求平安。戎,捍禦義;鄉(向),面向,迎面。"戎鄉方"當爲迎擊敵"方"之義。𣪠是武丁晚期重要的將領,多次率軍征伐吾方。禦,字形作☒,裘錫圭謂爲"禦"之初文①,其説可從。

(九)出二類。時代大致在祖庚、祖甲時期。目前僅見三片,均占問是否會有災禍來自"方"。辭例爲:

貞其㞢來艱(艱)自方。 (24150)

☒來艱(艱)自方。 (24151)

貞其自方㞢☒ (24152)

(十)何二類。時代大致在廩康至武乙時期。目前僅見《合集》28011(甲編3913②)一片,此爲一版大龜,存中甲以下部分,全版共十六條卜辭,其中十條與"方"有關,基本是兩兩對貞。辭例如下:

壬戌卜,貞不遘方。一

壬戌卜,狄,貞其遘方。二

壬戌卜,狄,貞又出方,其以來奠(鄭)。一

壬戌卜,狄,貞抚(延)③,勿以來。二

---

① 裘錫圭:《讀〈安陽新出土的牛胛骨及其刻辭〉》,《文集》第一卷第10—11頁,復旦大學出版社,2012年。
② 屈萬里:《殷虛文字甲編考釋》第488—489頁,"中研院"歷史語言研究所,1961年。
③ 據陳年福《殷墟甲骨文字詞總表》釋。

壬戌卜,狄,貞叀馬亞呼執。一

壬戌卜,狄,貞叀戍呼執。二

壬戌卜,狄,貞及方。一 大吉

壬戌卜,狄,貞弗及。二 吉

壬戌卜,狄,貞其又來方,亞旋其禦,王受㞢又(祐)。一

壬戌卜,狄,貞弗受㞢又(祐)。二

(十一)無名類。時代在廩康至文丁時期,相當於五期斷代中的第三四期。本類卜辭數量也不多,凡見十一片,關鍵詞有"視方"(T2328)、"方至"(B9339)、"方出"(28012)、"遘方"(28017)、"追方"(28014)、"及方"(28013)等,涉及商與方戰争的多個方面。典型辭例如下:

翌日王其令右旅暨(暨)左旅視方,弋(翦),不雉衆。

(T2328)

丁亥卜,翌日戊方不至☑ (B9339)

方其至于戍𠂤。 (T728)

☑寅卜,方其至于燭①𠂤☑ (33045)

弜注(駐)②襄人,方不出于之。

弜注(駐)涂人,方不出于之。

王其呼衛于昳,方出于之,有弋(翦)。 (28012)

方不其出于新或。 (T1341)

不遘方。 (28017)

☑受其追方,叀☑。大吉 (28014)

戍弗及方。 (28013)

---

① 燭,字形作𤉢,據陳漢平釋(參《詁林》字頭638號,第617頁,中華書局,1996年),過去學者罕少信從。皿上所從,蔣玉斌新釋爲"獨"字的初文(《釋甲骨文中的"獨"字初文》,《古文字研究》第30輯,第67—72頁,中華書局,2014年),以此看來,陳説似可從。

② 此從裘錫圭釋,參《文集》第一卷第358—361頁,復旦大學出版社,2012年。

及方。(28015)

更大☐用。及方。

屯一,令及方。吉 (W1466)

(十二)黃類。時代在乙辛時期,僅見一片,即《合集》36443,辭例爲:

[甲]☐[卜],貞方來入①邑,今夕弗震王痆。

此版表明,"方"在乙辛時期仍對商構成不小的威脅。另有《合集》36346(《前》2.8.5),有的學者亦將其看作"伐方"的辭例②。《釋文》《總集》《漢達文庫》均將"方"釋作"☐方"之殘,諦審拓片,似當作"伐[䖝]方"。

二 有關認識

(一)從辭例分佈看戰爭狀況

據上述討論來看,有關商與方之間戰爭的辭例分佈資料清單如下(資料是相對的,因爲有的甲骨兩片或若干片可能綴合成一片):

組類	自肥筆	自小字	自賓間	賓一	典賓	賓出	歷一	歷二	出二	何二	無名	黃類
斷代	武丁早期	武丁時期	武丁中期	武丁晚期	武丁晚期至祖庚期	祖庚至祖甲期	廩康至武乙期	廩康至文丁期		乙辛時期		
片數	11	70	60	5	40	20	6	10	3	1	11	1

此表反映出,從武丁早期所見自肥筆類的有關"方"方少量甲骨記錄至武丁中晚期賓組相關卜辭的大量出現,至武乙文丁的何組、無名組仍有零星出現,直至商末乙辛時期的黃組卜辭仍有出現,表明商

---

① 有的學者釋"入"作"衣",恐非是。參馮時:《甲骨文、金文"戈"與殷商方國》,《華夏考古》1988年第3期。

② 馮時:《甲骨文、金文"戈"與殷商方國》,《華夏考古》1988年第3期。

與"方"之間戰争持續的時間相當漫長,從武丁早期就出現的衝突,延續到了商代末期①。

這批卜辭中,尤以自小字類、自賓間類、典賓類、賓出類數量最多,超過了全部卜辭的 80%,可以推測武丁中晚期的商與方之間關係最爲緊張,矛盾尤其集中于武丁中期。自小字類、自賓間類卜辭中有若干明確的月份和干支,上文我們用"干支驗對"和"微細斷代法"兩種方法分別測察出武丁中期的某兩年中,商與方之間爆發過明顯衝突,由此可見戰争跨了兩個年頭。

這批卜辭有明確記録率軍將領的不多,僅見𠃝、委、吾、或、鳴等。有明確記録戰争所涉地名有唐、沚等。有明確記録"方"征伐地的有井方、夷、周、㠱、北土等。這些寶貴的地名信息正是我們推測"方"方地望的直接證據,下文將着重討論。

(二) 從有關地名推測"方"之地望

考釋卜辭所見地名最早由孫詒讓《契文舉例》發其端②,至王國維《殷虚卜辭中所見地名考》③,以卜辭與後世文獻相比勘考釋出八個地名。後來日本學者林泰輔及中國學者受此方法影響頗深。當時所見甲骨材料有限,王國維這種考釋地望的方法也是唯一一種較爲可行的辦法。但因爲有異地同名、一地數名的情況存在,只憑卜辭與文獻比勘的方法有時不免出錯。後來,郭沫若提出了一種"地名繋聯法",在王國維的基礎上前進了一步。如他考證帝乙畋遊之地在

---

① 與陳夢家、馮時的意見一致,詳參《綜述》(第 270—272 頁) 及馮時《甲骨文、金文"戈"與殷商方國》。兩位先生還舉《師旅鼎》"師旅衆僕不从王征于方"說明"方"到西周時期一直存在,但也有學者認爲此鼎之"于方"爲卜辭之"盂方",地望在河南睢縣附近,參馬承源主編:《商周青銅器銘文選》第 3 卷"師旅鼎"注[一],第 60 頁,文物出版社,1988 年。

② 孫詒讓:《孫氏契文舉例二卷》,蟫隱廬石印本,1927 年;又收入《甲骨文獻集成》第 7 册。

③ 王國維:《殷虚卜辭中所見地名考》,《觀堂别集》卷一,中華書局,1959 年;又收入《甲骨文獻集成》第 28 册第 43 頁。

河南沁陽一帶：

帝乙亦好畋遊，其畋遊之地多在今河南沁陽縣附近，此由左揭數片得以證知：

戊辰卜，才（在）噩，貞王田于衣。（第六三五片）

辛未卜，才（在）盂，貞王田衣。（第六五七片）

辛丑卜，貞王田于噩，往來亡災，弘吉。

壬寅卜，貞王田雍，往來亡災。（第六四二片）

據此四辭，足見噩衣盂雍四地必相近……四地均在沁陽矣……今余以四地歸納之，已毫無可疑矣。①

胡厚宣《殷代𢀛方考》也運用此法：

𢀛乃𢀛字，𢀛方爲武丁時卜辭中最常見之一國。其地在殷之西方。𢀛方内侵，常至𠂤唐彖土諸地，又常征伐沚戠、戉、𠂤諸國，殷人爲防禦𢀛方之内伐，乃就地而封沚、長、𠂤、戉等國爲侯白。而由此諸地考之，𢀛方必在今山西省以西，則𢀛者，必爲《大雅·阮共》之"共"，即𢀛方之地，必在今之陝北也。②

這裏，我們將"文獻對勘法"和"地名繫聯法"相互結合，對"方"之地望略作考察。

1. 卜辭有"方出于唐"（PJ287）。唐在今山西晉陽。清蔣廷錫《尚書地理今釋》"五子之歌"："陶唐，鄭康成唐詩《箋》云：'唐者，帝堯舊都之地。'今曰太原晉陽，是堯始居此，後乃遷河東平陽，漢晉陽縣，今山西太原府太原縣也。"③

2. 卜辭又有"方其來于沚"（6728）。沚是商的重要盟國，其首

---

① 郭沫若：《卜辭通纂·序》第13—15頁，考古學專刊甲種第九號，科學出版社，1983年。

② 胡厚宣：《殷代𢀛方考》，《甲骨學商史論叢初集》第2册，齊魯大學國學研究所，1944年；又收入《甲骨文獻集成》第21册。

③ （清）蔣廷錫：《尚書地理今釋》第82頁，收入《叢書集成初編》第3045册，中華書局，1985年。

領沚𢦏多次隨同武丁出征,攻伐巴方、土方、𫝀方和羌方等。《綜述》認爲,"此諸方多在晉南,所以我們定沚在陝縣是適合的。陝縣在以上諸方的南面"①。説沚在晉南基本可信,但並未指出沚爲何在陝縣。胡厚宣《殷代𫝀方考》認爲,沚與沁一音之轉,字形亦近,並引《説文》"沁水出上黨、穀遠、羊頭山,東南入河。"沁水又名少水②、洎水③。故沚當在今山西南部汾水以東④。以下談談我們的看法。

先看下揭卜辭:

　　癸巳卜,㱿,貞旬亡𡆥(憂)。王占曰:"坐[求(咎)]。其坐來嬉(艱),气(訖)至。"五日丁酉,允坐來[嬉(艱)自]西。沚𢦏告曰:土方品于我東鄙,["戈"]二邑;𫝀方亦侵我西鄙田。⑤

　　　　　　　　　　　　　　　　　　　(6057 正,典賓)

由此可見,相對于殷來講,沚地應在西邊,𫝀方則在沚的西邊,土方在沚的東邊、殷的北邊或西北。

再看卜辭所見與沚有關係的一些方國:

　　□比沚□伐土方,受又(祐)。四月　　(6420+,典賓)
　　乙酉卜,□,貞呼亶比沚伐𤞷。　　　　(6937,典賓)
　　癸未卜,賓,貞馬方其品才(在)沚。　　(6,賓三)
　　戊午卜,㱿,貞令或必(毖)。沚其菁□　(174—175,典賓)

---

①　陳夢家:《殷虛卜辭綜述》第 297 頁,中華書局,1988 年。
②　(唐)李吉甫:《元和郡縣志》卷十七"和川縣":"沁水一名少水。"臺灣商務印書館景印文淵閣《四庫全書》本,1986 年。
③　(清)沈炳巽:《水經注集釋訂訛》卷九"沁水":"沁水即洎水。"臺灣商務印書館景印文淵閣《四庫全書》本,1986 年。
④　胡厚宣:《殷代𫝀方考》,《甲骨學商史論叢初集》第 2 册第 228—229 頁,齊魯大學國學研究所,1944 年;又收入《甲骨文獻集成》第 21 册第 251—252 頁。
⑤　關於"气至"的標點,一般從于省吾説,讀作"迄",認爲與"五日丁酉"連讀,屬驗辭。張玉金讀爲"汔",認爲當屬占辭(《甲骨卜辭語法研究》附録五《卜辭中"气"的意義和用法》,廣東高等教育出版社,2002 年)。張先生將其斷爲占辭是正確的,但似當讀作"訖",意爲"終究"。詳細情況請参本書第七章第一節的有關論述。

癸卯卜,賓,貞更圃呼令沚甴(害)羌方。七月。

(6623,賓三)

上揭卜辭反映了沚與土方、𤞔、馬方、或、羌方的關係,可見沚的地望與這些地區相距不遠。陳夢家疑土方即杜,並引《左傳·襄公廿四》士匄所説"在商爲豕韋氏,在周爲唐杜氏",杜注云"唐、杜二國名"。《左傳·文公六年》有杜祁,是杜爲祁姓,亦見西周金文《杜伯鬲》;杜伯見《周語》上"杜伯射王于鄗",韋注云"杜國,伯爵,陶唐氏之後也"。《春秋》曰"宣王殺杜伯而不辜",亦見《墨子·明鬼》。若土方是唐杜之杜而杜爲豕韋氏之後,則武丁實滅之。《史記·夏本紀》集解引賈逵曰"祝融之後封于豕韋,殷武丁滅之,以劉累之後代之"[1]。陳説土方卜辭均出於武丁時期,甚是。這批卜辭絕大部分是賓組,僅一版自組小字類(20392)、三版歷組卜辭(T994、T1015、T2564)。T994拓片清晰,可惜"土"字殘去下半,T1015拓片模糊,難以辨認"土方"二字,姑且據《屯南》整理者釋文,認爲有"土方"。如果按陳説"土方"是杜的話,杜是周時的名稱,商時稱豕韋,"豕"爲支部,"土"爲魚部,支魚韻部相近,理論上有旁轉的可能。《尚書全解》卷十二:"范宣子曰:'昔匄之祖,自夏以上爲陶唐氏,在商爲豕韋氏,在周爲唐杜氏。'蓋自夏前謂堯之氏爲陶唐。冀方,帝都所在,堯都平陽,舜都蒲阪,禹都安邑,相去不盈二百里,皆在冀州。"[2]可見,豕韋地處冀州,在今山西、河北一帶,與土方所在倒是有一定關係。姑且聊備一説,容繼續探討。

𤞔,方國名,受過王、雀等人的討伐,其地似當在殷的西邊。試看《合集》6928正的幾條卜辭:

---

[1] 陳夢家:《殷虛卜辭綜述》第272頁,中華書局,1988年。
[2] (宋)林之奇:《尚書全解》,臺灣商務印書館景印文淵閣《四庫全書》本,第55册,1986年。

帝令隹(唯)夙①。　一
帝令。
叀子效令西。　一
叀子商令。　一
貞叀王自往西。　一
甲申卜,王貞余正(征)獿。六月。　一　二
乙酉⊙,旬癸巳𡆥(向)②甲午雨。　一
丙戌卜,争貞王坐心正(征)。　一

上揭賓組卜辭記録了這一事件:武丁某年六月,王占卜自己是否親自前往西邊征伐獿方。由此,也能推斷獿地處殷之西邊。孫亞冰、林歡亦將獿定爲西方方國,"唐蘭先生認爲,獿即鄺國本名,位於濟南平陵縣西南,即今山東歷城東南。(《殷虚文字記》)但從卜辭看,獿應在西邊,(11)辭云'我戈獿在寧'(發按:即《合集》3061正)寧在今河南修武,獿國據此不會太遠"③。

關於馬方,陳夢家認爲"馬方"與"羌方"相近(《綜述》第284頁)。羌與羌方辭例甚豐,陳氏謂,"羌方應理解爲一流動的遊牧民族,羌是他們的種姓"(《綜述》第281頁),李學勤説:"在殷代羌與羌方的涵義有廣狹的不同,商人泛稱西方的異族人爲羌,而羌方是屬於羌地的一個方國。與東方異族人夷相對。凡卜辭中殺羌若干人均是廣義的羌。"④此説甚有道理。據《後漢書·西羌傳》:"其

---

① 從沈培釋作"夙",指夜盡將曉之時,參沈培:《説殷墟甲骨卜辭的"枫"》,《原學》第三輯,中國廣播電視出版社,1995年。
② 從裘錫圭讀爲"向",參裘錫圭:《釋殷墟卜辭中的𡆥等字》,《第二屆國際中國古文字學術討論會論文集》,香港中文大學中文系編,1993年;又收入《文集》第1卷第391—403頁。
③ 孫亞冰、林歡:《商代地理與方國》第355—356頁,宋鎮豪主編:《商代史》卷十,中國社會科學出版社,2010年。
④ 李學勤:《殷代地理簡論》第80頁,科學出版社,1959年。

俗氏族無定,或以父名母姓爲種號。"羅琨據此認爲:"羌人在商代也是一個'種類繁熾'的古族,形成了很多方國部落。甲骨文中羌人的多方約相當於記載中的'諸種',還没有形成國家,尚處於軍事民主制階段。"①故關於羌方的地望,應極其廣闊,包括殷之北方、西北的廣大地區。《後漢書·西羌傳》載:"西羌之本出自三苗,姜姓之别也,其國近南岳,及舜流四凶,徙之三危、河關之西南羌地是也。濱于賜支,至呼河首,綿地千里。賜支者,《禹貢》所謂'析支'者也。"李賢注:"三危,山在今沙州敦煌縣東南,山有三峰故曰三危也。"甲骨卜辭有"北羌"之例:

  己酉卜,殻,貞王叀北羌伐。   (6627,賓一)

  己酉卜,殻,王叀北羌伐。   (6626,賓一)

  貞北羌㞢告曰戎。   (6625,典賓)

又有"來羌自西"的占卜:

  貞㞢來羌自西。   (6596,典賓)

  貞㞢來羌自西。

  貞其㞢來羌自西。   (6597,典賓)

  於此可見,羌確實佔據着北方和西方的廣大地區,應該是種姓繁多,居無定所,還過着遊牧生活的民族。但距離殷商不會太遠,不然怎麽能被俘獲那麽多人作爲犧牲或奴隸呢?故可以推斷可能在山西、陝西北部内蒙南部一帶,與土方、舌方相距不遠。

  關於"或",卜辭有如下方國與它發生關係:

  甲寅卜,貞或其獲㞢土方。一月。 (6452,典賓)

  壬子卜,賓,貞令或比㕣。   (586+,典賓)

  貞或弗其伐舌方。   (6376,典賓)

---

 ① 羅琨:《殷商時期的羌和羌方》,《甲骨文與殷商史》第3輯,上海古籍出版社,1991年;又收入《甲骨文獻集成》第28册。

貞或不其獲羌。　　　　　　　　　　　（174—175,典賓）

"或"的代表字形作"￼",羅振玉最早釋其爲"戉"(《詁林》2448號),學界幾成定論。胡厚宣讀"戉"爲"越",謂"當在河北,非吳越之越"①,並引《逸周書·世俘解》:"吕他命伐越戲方。"孔晁注:"越戲方,紂三邑也。"林澐不同意將金文中的"￼"釋成"戉"②。近來李學勤對釋"戉"之説提出質疑,認爲當釋爲"或"③,陳劍表示贊同④。但李、陳二位先生未對釋"或"之説作詳細論證,謝明文同意釋其爲"或"⑤,對其詳加論證後,得出的結論是:

> "△(￼)"字是作"￼"等形的兵器納"柲"之後的象形字。當"△"字"柲"形上的"〇"分離出來以後就成了西周早期作"￼"一類寫法的"或"字,然後在"〇"的周圍添加飾筆就作"￼"、"￼"、"￼"等形,到西周中晚期又開始演變爲作"或"一類寫法的"或"字,此即《説文》篆文所本,……

謝先生對"或"作爲國族名的情況作了這樣的表述:

> 它在商周金文中也是作爲族名,如《甲骨文獻集成》846、《甲骨文獻集成》5101 等。或方鼎(《甲骨文獻集成》2133、2134)、或鼎(《甲骨文獻集成》2249)、或爵(《通鑒》8483)、繁卣(《甲骨文獻集成》5430)、吕仲僕爵(《甲骨文獻集成》9095)各器屬於西周,其銘文中的"或"也是作人名或族名。西周金文中

---

① 胡厚宣:《殷代舌方考》,《甲骨學商史論叢初集》第 2 册,齊魯大學國學研究所,1944 年;又收入《甲骨文獻集成》第 21 册。
② 林澐:《新版〈金文編〉正文部分釋字商榷》第 187 條,中國古文字學會第八届年會論文,太倉,1990 年。論文蒙陳劍先生寄示,謹致謝忱。
③ 李學勤:《論新出現的一片征人方卜辭》,《殷都學刊》2005 年第 1 期。
④ 陳劍一篇未刊稿的注裏討論到此字,轉引自謝明文:《商代金文的整理與研究》第 672 頁,復旦大學博士學位論文(指導教師:裘錫圭),2012 年。
⑤ 謝明文:《商代金文的整理與研究》第 670—686 頁,復旦大學博士學位論文(指導教師:裘錫圭),2012 年。

"或"的這種用法與商代金文、甲骨文"△"的 A 種用法(發按:即國族名用法)相銜接,這説明西周金文中的"或"族是有着古老來源的。通過卜辭,我們還可以知道"△"族應該是"望"族的分支,它與"帆"族的活動區域比較接近,又都受到了"雀"的征伐。

釋"或"之説可從。但從目前所見有關"或"的材料來看,其確切地望實難考察,儘管如此,其地與𡴂、舌方、羌相隔不會太遠,因此,定其在殷之西方是没有問題的。

綜上,沚的大致地望可知。其東有商,東北有土方,北有羌方,西有舌方,附近有𤞢,地望在今山西南部。

3. 卜辭又見"方卒井方"(6796)。郭沫若認爲井方"在散關之東,岐山之南,渭水南岸地"①,陳夢家以爲在山西河津縣②,島邦男謂"井方位于西北,近沚地"③,楊文山、孟世凱認爲在河北南部邢台④,何光嶽以爲在河南鄭州之邢亭⑤。其實,井、邢爲古今字,井方,很可能是今石家莊市井陘縣。《説文·邑部》:"邢,鄭地邢亭。"段注:"云鄭地恐誤……疑即二《志》常山郡之井陘縣,趙地也。邢、井蓋古今字。"學者們多視"井"爲"邢",朱駿聲早已指出非是。《説文通訓定聲》:"邢,與邢別。按:晉地,後爲趙地,在今山西潞安府。……于漢爲常山郡之井陘縣。井,即邢也。"⑥我們曾在另一篇小文中討論過"井"的地望,其初作"井",後作"邢",漢以後稱井陘,在現在河北井

---

① 郭沫若:《卜辭通纂考釋》第 534 片,第 449—450 頁,科學出版社,1983 年。
② 陳夢家:《殷虚卜辭綜述》第 288 頁,中華書局,1988 年。
③ 島邦男:《殷墟卜辭研究》(下)第 800 頁,濮茅左、顧偉良中譯本,上海古籍出版社,2006 年。
④ 楊文山:《商代的"井方"與"祖乙遷於邢"考》,《河北學刊》1985 年 3 期。孟世凱:《甲骨文中井方新考》,《邢臺歷史文化論叢》,河北人民出版社,1990 年;又《甲骨文獻集成》第 28 册第 228—232 頁。
⑤ 何光嶽:《井國的來源和遷徙》,《邢臺歷史文化論叢》,河北人民出版社,1990 年;又《甲骨文獻集成》第 28 册第 222—225 頁。
⑥ (清)朱駿聲:《説文通訓定聲》第 851 頁下,武漢市古籍書店影印,1983 年。

陘縣一帶，而"邢"在河北邢臺一帶，可參看①。

4. 卜辭又見"方"戈尸（夷）"（6466）。"尸（夷）方"也讀作"人方"。李學勤先讀爲"人方"，後改爲"夷方"②。從字形來看，"人"和"尸（夷）"的差異明顯，當釋作"尸（夷）"。至於是釋"尸"還是"夷"呢？尸是本字，夷是其借字③。陳夢家將"人方"和"尸（夷）方"看作兩個不同的方國④，恐非是。武丁時期有關夷方的卜辭也有不少，"夷方"在帝辛十至十一祀時期是商重點征伐的地區，其地在東土的觀點，基本爲學界所認可，有關論述，詳參本章第四節。

5. 卜辭又見"卸（禦）方于商"（20450）、"方其㕚于商"（6677）。王國維《說商》考證說："杜預《春秋釋地》以商丘爲梁國睢陽，又云宋、商、商丘，三名一地。其說是也。始以地名爲國號，繼以爲有天下之號。其後雖不常厥居，而王都所在，仍稱大邑商，訖於失天下而不改。"⑤董作賓認爲"商"亦稱大邑商，即今河南商丘縣，是商代的舊京（這裏有先公先王的宗廟，所以征伐時要來"告"祭）⑥。兩人都認爲盤庚遷殷之前的"商"即商丘，分歧在於王

---

① 李發：《山西翼城近出西周霸伯簋補釋》，《繼承與創新——慶祝西南大學漢語言文獻研究所建立三十周年論文集》第49—51頁，西南師範大學出版社，2014年。

② 早在五十年代，李學勤在《殷代地理簡論》中寫作"人方"，並認爲其地望在"殷西"。到1996年作《重論夷方》（《民大史學》第1期）時改變了自己的看法，肯定其爲"東夷"。2005年，作《論新出現的一片征人方卜辭》（《殷都學刊》第1期）時在首頁腳注①說："仍以釋'人'爲勝。"2006年，作《商代夷方的名號和地望》（《中國史研究》第4期）說"該方國名號實係'夷方'，不是'人方'"，"夷方在今山東中東部，其都邑在淄、濰之間的魯北地區"。2008年，作《帝辛征夷方卜辭的擴大》（《中國史研究》第1期）重申了釋"夷方"的看法。

③ 郭沫若亦持此看法，他說："舊多釋尸爲人，余謂當是尸字，假爲夷……殷代尸方乃合山東之島夷與淮夷而言。"參郭沫若：《卜辭通纂》第569片考釋，收入《郭沫若全集》考古編第2卷，科學出版社，1983年；又收入《甲骨文獻集成》第2册第115頁上2。

④ 陳夢家說："武丁卜辭中所征伐在西土的尸方，與乙辛時代在商方的人方，是不同的兩個邦方。"詳參陳夢家：《殷虛卜辭綜述》第301頁，中華書局，1988年。

⑤ 王國維：《說商》，《觀堂集林》卷十二，中華書局，1959年。

⑥ 董作賓：《卜辭中的亳與商》，《董作賓先生全集》乙編第3册，臺北藝文印書館，1977年；又收入《甲骨文獻集成》第28册第68頁。

氏認爲遷殷之後的安陽也稱"商"或"大邑商",董氏則認爲"商"又稱"大邑商",指商丘,不指殷墟安陽。張光直只說了"商"又稱"大邑商",即今商丘,未涉及殷墟安陽①。從"卲(禦)方于商""方其㞢于商"等卜辭的實際情況來看,這裏的"商"不會指的是殷墟安陽,前人考證其爲商丘是可信的。

6. 卜辭又見"方𠦪(敦)周"(6782)。周在今陝西岐山。周始居豳(邠),在山西,後遷居岐下②。

7. 卜辭又見"方㞢于㚇"(137反)。陳夢家認爲"㚇"與"臿"爲一字,其地在山西垣曲以東③。李學勤認爲在𠦪(敦)北,即太行山北,山西省境④。黄組卜辭有相關的地名:

己亥卜,才(在)峀貞王囗亞其比臿白(伯)伐囗方,不咎災。才(在)十月又囗。(36346)

壬寅卜,才(在)臿貞王田,卒逐亡災。

戊申卜,才(在)臿貞王田,卒逐亡囗。　　　　(37536)

與臿相關的地名"峀(微)",據我們考證,其地在山西潞城一帶,即今長治東北五十里⑤。前輩學者多釋上揭《合集》37536的"卒"爲"衣",認爲其爲田獵地名⑥,今據裘錫圭改釋爲"卒"⑦。由此推知,㚇在晉南是可信的。

8. 卜辭另有"方大出,立中于北土"(33049+32724)、"又來告方

---

① 〔美〕張光直:《商名試釋》,《中國商文化國際學術討論會論文集》,中國大百科全書出版社,1998年;又收入《甲骨文獻集成》第28册第372頁。
② 陳夢家:《殷虚卜辭綜述》第292頁,中華書局,1988年。
③ 陳夢家:《殷虚卜辭綜述》第270頁,中華書局,1988年。
④ 李學勤:《殷代地理簡論》第22頁,科學出版社,1959年。李先生舉菁3(應爲菁5之誤,即137反)"方征于㚇"爲例來說明這個問題,與郭沫若一樣誤將"方"當作"土方"。
⑤ 李發:《甲骨文中的"微"及其地望考》,《考古與文物》2011年第3期。
⑥ 陳夢家:《殷虚卜辭綜述》第259頁,中華書局,1988年。
⑦ 裘錫圭:《釋殷墟卜辭中的"卒"和"褍"》,載《文集》第一卷第362—376頁,復旦大學出版社,2012年。

出从北土,弗"戋北土"(33050+33095)。"立中"意與"振旅"相關,有豎旗致衆義,從事軍事行動。這兩條卜辭表明,方離"北土"不遠。

9. 文獻中有"方"之存在。如:《詩·小雅·出車》:"王命南仲,往城于方。出車彭彭,旂旐央央。天子命我,城彼朔方。赫赫南仲,獮狁于襄。"毛傳:"王,殷王也。南仲,文王之屬。方,朔方,近獮狁之國也。"鄭箋:"王使南仲爲將,率往築城于朔方,爲軍壘以禦北狄之難。"學界認爲此"方"可能是卜辭中的"方方",即便如此,其地望仍舊不甚清楚。

10. 文獻中亦有"方夷"的記載。《後漢書·東夷傳》李賢注引《竹書紀年》云:"後少康即位,方夷來賓。"鄭傑祥引楊樹達《積微居甲文説·釋方》云:"方夷即卜辭之方也",又引丁山《商周史料考證·武丁之武功》謂方夷在漢代山陽郡方與縣境①。從他們的論證來看,這種比附缺乏足夠的證據。

綜上所述,"方"到過唐(山西晉陽)、沚(晉南),進攻過井方(河北井陘)、夷(東魯)、商(商丘)、周(陝西岐山)、䖝(晉南),在北土用兵,可見"方"的力量強大,作戰的範圍從殷西到殷北到殷東都有。文獻中的方被稱爲近獮狁之國。因此,"方"的地望難以確定在某一點上,它如同羌方和𠮷方,是一支主要活動在殷之西北或北方的居無定所的遊牧民族,决非晉南的方國之一。羅琨也説:

    武丁對於"方"的征伐卜辭,却揭示出了一個活力極強、活動範圍很廣,帶有草原民族特點的古族。②

經過對武丁與方之間戰争的卜辭的整理,羅先生最後總結説:"這支

---

① 鄭傑祥:《商代地理概論》第160頁,中州古籍出版社,1994年。
② 羅琨:《商代戰争與軍制》第217頁,宋鎮豪主編:《商代史》卷九,中國社會科學出版社,2010年。

敵人帶有草原民族的特色。"①

最近朱鳳瀚亦撰文指出，方方與舌方、土方侵擾商王國西土、北土的行爲，反映"出他們主要攻擊商王國邊域之小邑，掠取財物與人，其侵擾方式是破壞性的，不以佔據土地爲主，似均與這些敵方屬於北方族群，很可能是以遊牧或半遊牧、半農爲經濟生活方式，生活方式具有流動性有關"②。朱先生的意見與我們的看法不謀而合。

第三節　商與舌方之間的戰爭③

舌方作爲商代的重要方國，在武丁晚期，與商發生過多次戰爭，現有甲骨文材料中存在大量相關占卜記錄，經我們搜集整理，綴合後有五百五十八版含有"舌/舌方"的卜辭④。

前輩學者早已注意到舌方材料的重要性，對此作過探索研究。董作賓《殷曆譜》下編卷九排出了武丁二十八至三十二年共五年的干支，並對這五年中發生的田狩、伐下旨（下危）、土方、舌方等重要事件進行了詳細的排譜⑤。

從理論上講，董氏的年譜排法有可吸取之處，只是要爲二百餘條卜辭一一找到時間座標，自然難以周全。胡厚宣《殷代舌方考》曾有如下批評：

---

① 羅琨：《商代戰爭與軍制》第 226 頁，宋鎮豪主編：《商代史》卷九，中國社會科學出版社，2010 年。

② 朱鳳瀚：《由殷墟出土北方式青銅器看商人與北方族群的聯繫》，《考古學報》2013 年第 1 期第 5 頁。

③ 本節的主要內容曾以《有關商與舌方關係的甲骨刻辭之整理與研究》爲題，在臺灣東海大學"語言文字與文學詮釋國際學術研討會"上宣讀，2010 年 11 月；後收入《語言文字與文學的多元對話》，東海大學中文系，2011 年 2 月。

④ 本節末附有拓片號。有的拓片僅殘存一兩字，未予統計，如《殷墟甲骨輯佚》134 "弗☐舌☐"。

⑤ 董作賓：《殷曆譜》，臺北藝文印書館，1977 年；又收入《甲骨文獻集成》第 31 册。

近人或以此等若干卜辭，一一編爲年譜，必使每一缺年少月之卜辭，皆選其固定之年月日期。姑不論共和以前之年代，已屬幽渺難稽，就今日所發現之史料言，去可以考定之時期，尚茫呼其遠，即在甲骨文字之本身，亦絕難講得過去，此種憑空大膽之構思，諒爲有識之士所不取也。

該文末尾"結論"更言：

近人或以此種卜辭編爲年譜，大膽附會，不可從也。①

胡先生之批評顯得過於苛求，因爲從天文學上講，可以算出甲骨文中的天象距今的時間，只是董氏所選之若干參考點的測察並非完全準確，由參考點推衍出其他譜系就值得懷疑了。陳夢家《綜述》說："武丁卜辭既無記年的，亦無如晚殷周祭的聯繫關係，所以以干支月名譜作日譜是不很穩妥的。"②我們在整理有關商與舌方關係之卜辭時可以吸收董氏按同文異版、同版異文、同事異日、同日異事、面背相承、正反對貞的排譜方法，將一條條零散的卜辭圍繞某一關鍵字輾轉繫聯，從而更有利於揭示出某一事件，但也要避免董氏闡發中的理想成分，儘量讓材料自圓其說。

胡先生《殷代舌方考》從討論"舌"字開始，對舌方的地理、舌方的出來、舌方的內侵、舌方的征伐等進行了較爲系統而深入的研究。文章的主要結論是：

 乃舌字，舌方爲武丁時卜辭中最常見之一國。其地在殷之西方。舌方內侵，常至甫唐豕土諸地，又常征伐沚馘、或、雷諸國，殷人爲防禦舌方之內伐，乃就地而封沚、長、雷、或等國爲侯白。而由此諸地考之，舌方必在今山西省以西，則舌者，必爲《大雅·阮共》之"共"，即舌方之地，必在今之陝北也。

---

① 胡厚宣：《殷代舌方考》，《甲骨學商史論叢初集》第 2 冊，齊魯大學國學研究所，1944 年；收入《甲骨文獻集成》第 21 冊。
② 陳夢家：《殷虛卜辭綜述》第 269 頁，中華書局，1988 年。

胡先生着力于對舌方地理的考釋,並就舌方内侵之原因、内侵之禱告、征伐舌方之方略、統帥、士卒和征伐之時期等方面進行了較爲系統的論述,對於我們全面認識舌方,研究舌方多所裨益。全文徵引有關舌方之卜辭三百二十六條,基本囊括了當時所見材料。但仍有一些疑問未能解決:

第一,胡文考察舌方之地望,主要憑藉的是舌方内侵之地名,如果這些地名的確定有可商之處,那麽其結論便值得懷疑。第二,關於商與舌方之間戰争持續的時間、戰争規模如何,胡文未曾提及,能否憑藉現有材料在這方面作出探索。第三,對某些卜辭的釋讀似有可商之處。如"亦出"是否是"夜出","甫舌方"是否指"舌方至甫之後","征于我奠豐"是否是指"征于我鄭、豐",值得商榷。已有學者指出,"見舌方"當爲"視舌方"、"㞢"讀作"害"等,可以糾正胡文的不妥之處。第四,胡文尚未盡收有關商與舌方關係之卜辭,我們可以輾轉繫聯爲卜辭作出一些排譜,再據排譜作出適當的推測。

范毓周《殷代武丁時期的戰争》認爲,商與舌方之間的戰争是"武丁晚期規模頗大的一場戰争,其持續時間至少横跨三個年頭",並以《易·既濟·九三》的爻辭"高宗伐鬼方,三年克之"爲證,又引《未濟·九四》的爻辭"震用伐鬼方,三年有賞於大國",引李學勤《殷代地理簡論》的觀點,認爲"高宗"即武丁,震字在三體石經中古文從"雨、目、戈、火",沚震即"沚𢦔",是沚地的侯伯①。因此,范文認爲"土方、舌方後世或稱鬼方,而伐土方、舌方一戰或即是指高宗及震伐鬼方一戰"②。

---

① 李學勤:《殷代地理簡論》第 75 頁,科學出版社,1959 年。
② 范毓周:《殷代武丁時期的戰争》,《甲骨文與殷商史》第 3 輯,上海古籍出版社,1991 年;又《甲骨文獻集成》第 27 册。

謂"舌方"爲"鬼方",林義光最早持此説①,董作賓《殷曆譜》亦然。舌、鬼雖然音近,但卜辭别有鬼字②,"舌方"是否"鬼方"還需更多證據。范文不同意董氏對舌方的排譜,文中並無其他依據證明伐舌方横跨三個年頭,亦難令人信從。

羅琨從考古學的角度對舌方的活動區域作了分析:

> 從考古和甲骨文研究成果看,武丁時河套地區還是北方民族文化分布地區,而舌方似與羌人方國的關係更爲密切,一些研究者提出李家崖文化屬於鬼方文化的推斷,或認爲舌方活動地域可定在山陝接界中間偏南③。但是據考古學研究成果,李家崖文化的年代爲晚商時期,部分遺存也可能延續到西周④。其上限雖然可達武丁之時,但其繁榮則在武丁以後,而舌方在武丁以後基本不見於卜辭。换言之,與山陝黄河兩岸這支具有獨特地方風格文化的興盛在時間上相應的是土方、舌方淡出歷史舞台,所以李家崖文化屬於舌方遺存或舌方活動於山陝接界中段説尚難論定。就目前資料看,舌方活動地區在晉西南及相鄰的陝西一些地區的推斷或許較接近史實。⑤

羅先生從紛繁的卜辭中梳理出武丁與舌方戰争的綫索⑥,這裏

---

① 林義光:《舌方黎國並見卜辭説》,《國學叢編》一期第 2 册,轉引自《詁林》第 1 册第 721 頁。

② 舌方主要出現在武丁晚期,在第二期以後的卜辭中已消失,而鬼方早現於武丁中期的賓一類(8591、8592、8593),甚至在周康王二十五年的小盂鼎中仍有"伐鬼方"出現。可見,是兩個不同方國。

③ 如鍾柏生即持此看法,見《殷商卜辭地理論叢》第 191 頁,臺北藝文印書館,1989 年。

④ 中國社會科學院考古所編著:《中國考古學·夏商卷》,第 566—584 頁,中國社會科學出版社,2003 年。

⑤ 羅琨:《商代戰争與軍制》第 233 頁,宋鎮豪主編:《商代史》卷九,中國社會科學出版社,2010 年。

⑥ 羅琨:《商代戰争與軍制》第 235—247 頁,宋鎮豪主編:《商代史》卷九,中國社會科學出版社,2010 年。

可以圖示如下：

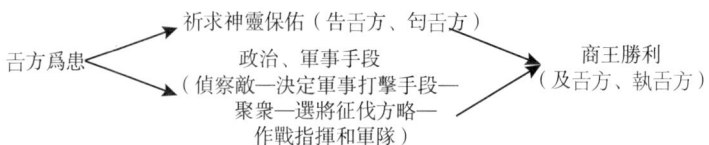

這些分析都有一定道理。羅先生贊同胡厚宣的看法，認爲伐舌方的排譜是不可取的①，但我們可以按照相同事類將一些聯繫非常緊密的卜辭排比在一起，並由此得出一些推論。

除上述三家就舌方問題作過較深入研究之外，陳夢家《綜述》第八章第五節"武丁時代的多方"有過相關論述，釋舌方爲邛方②；李學勤《殷代地理簡論》第三章"殷代多方"認爲舌方與土方"都是不甚強大的，它們對以上各地的侵擾所造成的損失是有限的"，"與殷代其他方國，如羌方、人方相比，舌方、土方是較弱小的"③。兩人之説未安，後文我們將有詳細的論述。彭裕商《殷墟甲骨斷代》曾列舉三組卜辭，分別揭示了舌方對商諸侯國的進犯、商王對舌方的征伐，論述没有展開④。另有兩篇論文，林小安《殷武丁臣屬征伐與行祭考》、王宇信《武丁期戰爭卜辭分期的嘗試》⑤都論及舌方問題，均爲舉例性質，未作深入分析。

通過對有關材料的整理，我們將從以下幾方面來討論商與舌方的戰爭問題，同時也考察舌方的地望問題。

一　辭例分佈

（一）自小字類。僅見兩片，即《合集》6353、8583。辭例如下：

---

① 胡厚宣：《殷代舌方考》"一二征伐之時期"。
② 陳夢家：《殷虛卜辭綜述》第273—274頁，中華書局，1988年。
③ 李學勤：《殷代地理簡論》第64頁，科學出版社，1959年。
④ 彭裕商：《殷墟甲骨斷代》第138—143頁，中國社會科學出版社，1994年。
⑤ 林小安：《殷武丁臣屬征伐與行祭考》，《甲骨文與殷商史》第2輯，上海古籍出版社，1986年；王宇信：《武丁期戰爭卜辭分期的嘗試》，《甲骨文與殷商史》第3輯，上海古籍出版社，1991年。兩篇文章均收入《甲骨文獻集成》第27册。

己巳［卜］，□，貞□羡*舌□圍□　　　　　　　　　　（6353）
隹（唯）舌方來。　　　　　　　　　　　　　　　　（8583）

（二）典賓類。五百餘片。占有關"舌方"卜辭總數的90%以上。內容主要涉及兩個方面：一是關於"舌方䁂商"，二是關於"商伐舌方"。

1. 舌方征商。主要關鍵詞有"舌方戋或①"（6369+Y570、6370+B1860+6310、6371、6372、6373）、"舌方戋我②"（D113、B1758）、"舌方䁂"（584 正甲+、584 反甲+、6057 正、6066 反、6067+、6068 正、6069、6070 正、6071、6072 正、6074）、"舌方出"（L43 正、D112 正、6057 正等四十餘片）、"舌方敦（敦）/舌方弗敦（敦）"（Y543、Y568、Y569、Y571、B1845、6161、6162、6163 正+、6178、6180、6354 正、6355、6358、6359）、"舌方來"（Y555、B1853 甲乙丙、5445 正反、6090 正、6197、6198、6199、6200、8533）等。

2. 商伐舌方。主要關鍵詞有"伐舌"（《合集》26、27、28……共二百餘版）、"戋舌方"（Y78、Y565、6293）、"正舌方"（D356、D360，《合集》6305 至《合集》6329 正）、"呼視③舌方"（L168、6167、6175、6193）、"呼望舌方"（546、547、548、549、550 正、6101、6181 正+、6182、6185+、6186、6187、6188［B2026］、6189、6190、6192、ZJ67、B1781）、"呼目舌方"（Y556④、6194、6268+6195+存補 5.140.2）、"卒舌方"（6332、6333、6334 正）、"敦（敦）舌方"（6337 正、6338）、"戔舌方"（6335、6336）、"及舌方"（Y566、6339、6340 正、6341、6342）、"

---

① "或"在武丁中期賓一類卜辭中還與商為敵，受到過雀等率兵征伐（6952 正），到晚期典賓類卜辭已反映出同商友好，代表商參加對舌的征伐（6376 至 6380）。因此，"或"受到舌方的侵擾也視為對商的入侵。

② 這裏的"我"是人稱代詞，非方國名，因為原句為"舌方不我戋"，與先秦漢語中大量否定句中代詞作賓語通常前置的句型相同。

③ 從裘錫圭釋"𥃲"作"視"。裘錫圭：《甲骨文中的見與視》，《文集》第一卷第 444—448 頁，復旦大學出版社，2012 年。

④ Y556=39865。

舌"(8586)、"往舌"(8589)、"呼般□舌"(14006正+①)等。

(三)賓三類。凡見十一片。主要關鍵詞有"舌方虽"(6073+、6352、8626)、"舌方出"(6078、6079+)、"舌凡"(6813)、"擇舌"(6331+)等。

(四)出類。僅見一片。即《合集》24145："丁酉卜，出貞辛隼舌方。"時代在祖庚時期。

二　有關認識

(一)從辭例分佈看戰爭時代。有關舌方的卜辭基本上都出現於武丁時期，從分類的角度看，只存在四類：自小字類(兩片)、典賓類(五百餘片)、賓三類(十一片)、出類(一片)。

(二)從有關排譜探討規模較大的戰爭的持續時間。關於商與舌方戰爭持續的時間，董作賓在《殷曆譜》中有過排譜，認爲戰爭持續了三年半，其中排譜有太多理想化的成分；范毓周則認爲舌方是鬼方，《易·既濟·九三》有"高宗伐鬼方，三年克之"的說法，便認爲戰爭持續了三年。我們采用另外的方法，利用如下可以繫聯的事件來推測商與舌方戰爭持續的時間。

1. 第一組事件：

丁卯卜，爭，貞翌辛未其辜(敦)舌方，受出又(祐)。………①

丁卯卜，爭，貞翌辛未其辜(敦)舌方，受出又(祐)。………②

丁卯卜，㱿，貞翌辛未令[伐舌方]，受[出又(祐)]。………③

[丁卯卜]，㱿，貞翌辛未令伐舌[方，受出又(祐)]。………④

---

① 本版有"婦好冥"，表明婦好還處於生育年齡，應該比較年輕，在其餘五百餘版有關舌方的卜辭中，無一例表明婦好參與過對舌方的作戰，而且其中一版有"匄舌方于好"(6153)，表明婦好已去世成了祭祀對象。由此，可有兩方面推論：一是舌方與商之間持續的戰爭很長，婦好比較年輕時師殷就對其有軍事行動，到婦好去世之後，舌方與商更有大規模的軍事行動，但有關舌方的卜辭主要集中於典賓類，少量出現在賓三類和出類中，反映的時代是武丁晚期至祖庚時期，時間跨度不會超過二三十年；二是婦好的壽命不會太長，應該不會超過五十歲。

[丁卯]卜,㱿,貞翌辛未令伐舌方,受[㞢又(祐)]。………… ⑤
[戊]辰卜,㱿,貞翌辛未令伐舌方,受㞢又(祐)。一月 …… ⑥
　　　　辛未卜,賓,貞呼伐舌方,受㞢又(祐)。一 … ⑦
　　　　辛未卜,㱿,貞王勿逆伐舌方,下上[弗若,不我其
　　　　受又(祐)]。………………………………… ⑧
戊辰卜,賓,貞叒人呼往伐舌方。………………… ⑨正
戊辰[卜],亙,貞[呼]伐舌方。…………………… ⑩
癸巳卜,㱿,貞收人[呼伐]舌方,受㞢又(祐)。……… ③
癸巳卜,㱿,貞收人呼伐舌[方],受[㞢又(祐)]。……… ④
癸巳卜,㱿,貞收人呼伐舌[方],受㞢又(祐)。二告 …… ⑤
丙午卜,㱿,貞叒人三千呼[伐舌方,受㞢又(祐)]。……… ③
[丙午卜,㱿,貞叒人]三千呼伐舌方,受[㞢又(祐)]。…… ④
[丙午卜,㱿,貞叒]人三千呼伐舌方,受[㞢又(祐)]。…… ⑤
癸丑卜,賓,貞今至于丁巳追。…………………… ⑦
□□卜,㱿,貞呼多𠳞伐舌方,受㞢又(祐)。………… ⑥
癸酉卜,㱿,貞呼多𠳞伐舌方,受㞢[又(祐)]。……… ⑥
癸酉卜,爭貞呼多𠳞伐舌[方]。…………………… ⑪
辛酉卜,爭貞勿呼以多𠳞舌方,弗其受㞢又(祐)。一 …… ⑫
　　貞呼伐舌。不⿱屮龜………………………… ⑫
甲子卜,貞勿呼多𠳞伐[舌]方,弗其[受]㞢又(祐)。…… ⑥
　　　貞勿[呼]伐舌[方],弗其[受㞢又(祐)]。……… ⑥
　　　　貞勿擇多𠳞呼望舌方,其橐。一 ……………… ⑫
　　　　貞呼黍不其受□。一 二告 ………………… ⑫
甲子卜,㱿,貞呼伐舌方,受[㞢又(祐)]。…………… ⑪
甲申卜,㱿,貞翌乙酉…乙酉彡唐,允……………… ⑪
丙午卜,㱿,貞翌丁未彡[中丁,易日] ……………… ③
[丙午卜,㱿,]貞翌丁未彡中丁,易日 ……………… ④

壬申卜，㱿，貞于河㞷舌方。⋯⋯⋯⋯⋯⋯⋯⋯⋯⋯⋯⋯ ⑧
　　　　丙寅，婦❏示五屯。㱿 ⋯⋯⋯⋯⋯⋯⋯⋯⋯⋯⋯ ⑨白
　　　　貞不亦雨 一 二告 不❏黽 ⋯⋯⋯⋯⋯⋯⋯⋯⋯⋯ ⑦
　　　　貞□亦□ 一 ⋯⋯⋯⋯⋯⋯⋯⋯⋯⋯⋯⋯⋯⋯⋯⋯⋯ ⑦
①（6337 正）　　②（6338）　　③（6172＋）　　④（6173－）
⑤（6174）　　　⑥（B1805）　　⑦（B3128 正）　⑧（6203＋）
⑨（6177）　　　⑩（6246）　　 ⑪（542）　　　　⑫（547）

　　這一群卜辭以"辛未令伐舌方"（540）爲中心事件，然後根據董作賓在《殷曆譜》中采用的同文異版、同版異文、同事異日、同日異事、面背相承、正反對貞的排譜方法，繫聯出十二版卜辭。

　　這一群卜辭可能反映了如下信息：第一，在武丁某年一月的辛未，商對討伐舌方之事非常重視，分别在戰前四天的丁卯日、前三天的戊辰日請當時的著名貞人争、㱿、賓等占卜是否會得到庇祐。

　　第二，占卜日辛未是否作戰的當天，從 B3128 正（870 正＋6232）有兆序"一"來看，至少曾有一組成套卜辭占問是否"受又（祐）"。從《合集》6203 可以看出，曾占問商王不親自迎擊舌方是否不"受又（祐）"。從 B1805 看出，辛未作戰的第三天癸酉，曾占問是否命令"多❏"去攻打舌方。與"呼多❏伐舌方"可以繫聯的卜辭有《合集》540、542、545、547，這一組卜辭的干支是"癸酉－辛酉－甲子"，可見，辛未那天可能有作戰，且這一次與舌方作戰持續的時間不會少於兩個月。

　　第三，從《合集》6172、6173 的辭例來看，這次作戰派人愈來愈多，由"收人"到"叀人三千"，也許戰争愈演愈烈，規模愈來愈大。從戰争開始的"辛未"到"癸巳－丙午"，三十多天，也可説明持續時間很長。

　　第四，戰争的結果應是商打敗了舌方，這可以從"今至于丁巳追"（B3128 正）得以推斷。B3128 正共有兩條卜辭，一條記録了戰争開始的"辛未"日的情况，另一條則記録的是距離戰争開始四十三天

的"癸丑",占問是否在接下來的五天中追擊舌方,舌方可能戰敗逐漸回撤。戰爭能取得勝利,可能與上文分析的從干支"癸巳-丙午"臨時徵集人數增至"三千"有一定關係。當然,此處之"追"也許只是某一次戰役的結果。

2. 第二組事件:

癸未卜,㱿,貞旬亡𡆥(憂)。王占曰:㞢求(咎)。其㞢來媸(艱),气(迄)至。七日己丑,允㞢來媸(艱)自西。岽戈[化]告曰:舌方㞢于我奠,☒。⋯⋯⋯⋯①

☒壬辰亦有來自[西。佣呼告曰:舌方]㞢我奠,𢦒(翦)四[邑]。⋯⋯⋯⋯⋯⋯⋯⋯⋯⋯⋯⑨甲

☒[來]㱿(艱)。岽☒☒[告曰]:舌㞢于我☒辰亦有來媸(艱)。☒[告]曰:舌方☒四邑。⋯⋯⋯⋯⋯⋯⋯⋯⋯⋯②

☒☒[卜],☒貞旬亡𡆥(憂)。☒允㞢來媸(艱)自西。佣告曰:☒[𢦒]魃夾方相四邑。十三月 ⋯⋯⋯⋯⋯③正

癸巳卜,[爭貞旬]亡𡆥(憂)。四日丙[申][允]㞢來媸(艱)[自西。佣]告曰:☒方𢦒(翦)☒夾☒ 一 ⋯⋯⋯⋯⋯④

[癸巳卜,☒貞旬亡𡆥(憂)。[王占]曰:㞢求(咎)。其㞢來媸(艱),气至。六[日戊戌,允㞢來媸(艱)。㞢]才(在)受宰才(在)[☒其☒羹]☒ ⋯⋯⋯⋯⋯⋯⋯⋯⋯⋯⋯⑨乙

[癸]亥卜,㱿,貞旬亡𡆥(憂)。王占☒來媸(艱)。六日[戊辰,允]㞢來媸(艱)。汕戩呼[伐]舌[方]。⋯⋯⋯⋯⋯①

癸亥卜,㱿,貞旬亡𡆥(憂)。王占☒。五日丁卯,王狩敝,𢦒車☒亦𦏾(扶?)才(在)車皐馬亦☒⋯⋯⋯⋯⋯⋯⋯①

☒☒[卜],☒貞旬亡𡆥(憂)。王占曰:㞢求(咎)。其㞢來媸(艱)☒。⋯⋯⋯⋯⋯⋯⋯⋯⋯⋯⋯⋯③正

[癸卯卜,☒貞旬亡𡆥(憂)。五日丁未,允來[媸(艱)]。☒告曰:舌方㞢于我☒三邑。⋯⋯⋯⋯⋯⑤

己亥卜,賓,貞翌庚子步戈人。不豈。　十三月 ……… ⑥
辛丑卜,賓,貞叀羽令以戈人伐舌方,"戈"(翦)。　十三月
……………………………………………………………… ⑥
□□[卜],□,[貞旬亡]囗(憂)。丙戌虱俾䎽(憊①)。
二月 ………………………………………………………… ③正
己丑卜,囚死。 ……………………………………………… ③正
☒自𡉈友唐。舌方䎽☒["戈"]囧示易。戊申亦㞢來自西,告
牛家 ………………………………………………………… ③反
☒嬉(艱)自西。☒舌方䎽我☒莧亦"戈"(翦)囧☒ ……… ⑦
☒嬉(艱)自西。☒䎽我☒ ………………………………… ⑧
辛未㞢異*②新星 ………………………………………… ③反
①(PJ295)　　②(B1819)　　③(6063+)　　④(6064正)
⑤(6066反)　　⑥(Y564)　　⑦(6062)　　⑧(7102)　　⑨(584反)

這群卜辭以"舌方䎽我奠"戈"四邑"爲中心事件,繫聯了九版,可反映如下信息:第一,卜辭有"十三月"和"二月"作爲月份標記,經干支驗對,正好可與第一群卜辭"一月"放在一起,也就是說,這兩群卜辭可繫聯在一起,反映的是同一事件。這次與舌方作戰前後橫跨三個月,正好證明第一群卜辭所作第二、第三點推論之不誤。

第二,兩群卜辭主要反映了至少于武丁某年十三月舌方曾兩次從商的西部來襲,侵犯了"奠",尤其是對魁夾方相四邑造成過危害,引起了𡉈戈化和囧的恐慌,二人相繼向商王報告舌方來襲。

第三,"十三月"見於兩版,從干支來看,可以含在一月之内,因此繫聯在一起。按照"三年一閏、五年再閏"之法,表明商與舌方之

---

① 䎽,字形作䎽,據林澐先生讀作"憊",意爲"憂"。參林澐:《新版〈金文編〉正文部分釋字商榷》第8條,中國古文字研究會第九屆年會論文,太倉,1990年。
② 據陳劍改釋作"戠",讀作"異"。參陳劍:《甲骨金文考釋論集》第414—427頁,綫裝書局,2007年。

間的戰爭經歷了一個閏年,應在三年左右。如果這兩版不在一月之內,分屬兩年,那麼商與舌方之間的戰爭至少經歷了五年。

3. 第三組事件:

[辛]未卜,爭,貞王气令㠯 ································ ①
　　　貞更今十月令㠯 ···························· ②
　　　☐延复㞢行 十月 ···························· ②
壬申卜,爭,貞☐ ·· ①
癸丑卜,賓,貞今芚(春)商𠦪舟由 三 ············· ③
　　　貞勿商𠦪由𢦔 三 ···························· ④
己未卜,賓,貞舌方其亦㞢 三 十一月 ············· ③
　　　貞舌方不亦㞢 ································ ⑤
　　　貞舌[方]出,[王]勿饗。十一月/王饗 ······· ⑥
　　　貞舌方出,重王饗 ···························· ⑦
　　　貞告舌方于上甲 ······························ ⑦
　　　貞告舌方于上甲 ······························ ⑧
　　　貞告舌方于上甲 ······························ ⑨
　　　告舌方[于]上甲 ······························· ⑩正
　　　告于上甲 ·· ⑪
　　　貞告舌方于唐 三 ································ ⑫
　　　貞于唐告[舌]方 ································· ⑬
　　　貞于唐告 ·· ⑧
　　　貞于唐告 ·· ⑭
　　　貞勿叀告舌方于[唐] ···························· ⑮
　　　貞[于]大丁告舌[方] ···························· ⑬
　　　貞于大甲告舌方 ································· ⑯
　　　貞[于]大甲告舌[方] ····························· ⑰
　　　貞[于]大[甲]告 ································ ⑨

貞于大甲告 ································· ⑬
貞于大甲告舌方出 ························ ⑱
貞[于大]甲告舌方[出] ··················· ⑲
　　　告舌方于祖乙 ······················· ⑳
貞坐于羌甲 ································· ⑰
貞坐于祖丁 ································· ⑰
　　　告舌[方]于黄尹 ····················· ⑱
　　　告于黄尹 ···························· ⑨
[貞]于黄尹告舌方 ·························· ㉑
貞告舌方于 ································· ㉒
貞勿于黄尹告 二 ·························· ㉒
貞于河告舌方 ······························ ⑪
貞舌方于河勺 ······························ ㉓
貞沚馘禹册告于大甲 ······················ ⑦
貞王比沚馘 ································· ⑪
貞王勿比沚馘 ······························ ⑧
貞王比沚馘 ································· ⑧
令望乘 ····································· ⑭
比望乘 ····································· ⑭
呼𢀛取 ····································· ⑰
呼☐取☐ ·································· ⑲反
呼[婦]先 ·································· 20
貞不隹(唯)咎①。···························· ⑥
[戊]子卜,賓,貞𦎫气步伐舌方,受㞢又(祐)。十二月 ······ ㉔

---

① 咎,字形作𠂤,陳夢家釋作"咎"(《綜述》第 569 頁),裘錫圭認爲此字與讀"咎"的"求"大概是本字跟借字的關係。參《文集》第一卷第 284 頁,復旦大學出版社,2012 年。

戊子卜,㱿,貞勻舌方于☒一 ·················· ㉕
　　丁未卜,亘,貞舌方出,隹(唯)我囚(憂)。一月 小告 一 小告 三
小告 ·················· ㉖
　　丁未卜,賓,貞勿令㠯[伐]舌方。 ·················· ㉗
　　丁未卜,賓,貞勿令㠯伐舌方,弗其受㞢又(祐)。 ·················· ㉘
　　　貞叀㠯[呼]伐舌[方]。 ·················· ㉙
　　　　叀㠯呼伐舌[方]。 ·················· ㉚
　　　　貞叀㠯呼[伐]舌。 ·················· ㉛
　　丁未卜,爭,貞勿令㠯以眾伐舌。一 ·················· ㉜
　　丁未卜,爭,貞勿令㠯以眾伐舌。二 ·················· ㉝
　　　　貞王勿令㠯以眾伐舌方。 ·················· ㉞
　　丁未卜,㱿,貞勿令㠯伐舌,弗其受[㞢又(祐)]。一 ·················· ㉟
　　　　貞勿令㠯伐舌,弗其[受㞢又(祐)]。二 ·················· ㊱
　　戊申卜,㱿,貞勿隹(唯)王往。一 ·················· ㉟
　　戊申卜,㱿,貞勿隹(唯)王往。二 ·················· ㊱
　　辛亥卜,㱿,貞勿隹(唯)王往伐舌方。一 ·················· ㊲
　　　貞勿隹(唯)王往伐舌方,下上弗若,不我其受[又]。一
二告 ·················· ㊲
　　　　貞叀王往伐舌 ·················· ㉛
　　　　　茲雨隹(唯)庚 ·················· ㉛

①(4036) ②(4037) ③(6073+) ④(18596+) ⑤(6074)
⑥(6095) ⑦(6134) ⑧(6135) ⑨(6137+) ⑩(6136)
⑪(6133) ⑫(6138) ⑬(6139) ⑭(6148) ⑮(6140)
⑯(6141) ⑰(6144) ⑱(6142) ⑲(6143+) ⑳(6145)
㉑(6146) ㉒(6147+) ㉓(6152) ㉔(6292) ㉕(6154)
㉖(6091) ㉗(6296) ㉘(6297) ㉙(6298) ㉚(6299)
㉛(6211) ㉜(26) ㉝(27) ㉞(28) ㉟(6294)

㊱(6295)　　㊲(6220)

這群卜辭至少反映了以下幾方面信息：第一，武丁某年十一月舌方可能又有蠢蠢欲動之心，因此，商王命貞人"賓"占問"舌方其亦品/舌方不亦品"。關於"亦"，胡厚宣讀作"夜"（《殷代舌方考》），楊樹達釋"亦"爲"又"（《積微居甲文説》），從有關卜辭來看難以釋爲"夜"，我們傾向於釋爲"又"。從《合集》6095一版來看，十一月果有舌方發兵，於是商王親自向神靈祈求保祐，並反復占卜，向先祖上甲、唐、大丁、大甲、祖乙、羌甲、祖丁乃至河神祈求平安。可見舌方來勢凶猛，令商王震怖。

第二，十二月戊子或之後短時期內，皋曾受令前去討伐舌方。

第三，戊子後二旬"丁未"曾請當時著名貞人殼、爭、賓反復占問是否令皋率隊出征，接下來又在第二天"戊申"、第五天"辛亥"幾日反復占問商王是否前往督陣，可見戰爭形勢比較嚴峻，需要商王親自出征。

第四，皋作爲重要將領，他的任命可能是此前十月實施的，這可從《合集》4036、4037中窺見一斑。

4. 第四組事件：

［辛丑卜］，爭，貞曰：<u>舌方其同（興）</u>①，皇于土，［其］辜（敦）𢦔。允其辜（敦）。<u>四月</u> ·· ①

辛丑卜，爭，貞曰：舌方同（興），皇于土，其辜（敦）𢦔。允其辜（敦）。四月 ··· ②正

曰：舌［方］同（興），皇［于土］其辜（敦）𢦔 ········· ③

□□［卜］，□貞曰：舌方［同（興）］，皇于土，其辜（敦）］𢦔。允其☒ ··· ④

---

① 此"同"，過去多釋爲"凡"，今據王子楊改釋，讀作"興"，意爲發動戰爭。王子揚（王子楊）：《甲骨文舊釋"凡"之字絕大多數當釋爲"同"》，《出土文獻與古文字研究》第5輯，上海古籍出版社，2013年；又見於王子楊：《甲骨文字形類組差異現象研究》第198—230頁，中西書局，2013年。

[辛]丑卜,㱿,貞𢀛方其來,王勿逆伐。一/[辛]丑卜,㱿貞靈妃不死。一 …………………………………………………………… ⑤

辛丑卜,㱿,貞𢀛方其來,[王勿]逆伐。二/辛丑卜,㱿貞靈妃不死。二 …………………………………………………………… ⑥

辛丑卜,㱿,貞𢀛方其來,王勿逆伐。三/辛丑卜,㱿貞靈妃不死。三 …………………………………………………………… ⑦

辛丑卜,㱿,貞𢀛[方其來,王勿逆伐]。四/辛丑卜,㱿貞靈妃不死。四 …………………………………………………………… ⑧

壬子卜,賓,貞𢀛方出,王雚(觀)。五月 一 ……………… ⑨正

壬子卜,㱿,貞𢀛方出,不隹(唯)我㞢乍囚(憂)。五月 … ⑩正

壬子卜,㱿,貞𢀛方出,隹(唯)我㞢乍囚(憂)。 ………… ⑩正

戊午卜,争,貞𢀛[人]五千。五月。 ………………………… ①

戊午卜,賓,貞王往雚☐亡𢦏(翦) …………………………… ⑪

𢀛[方]出,不我囚(憂)。 ………………………… ⑫

貞𢀛方出,隹(唯)我㞢乍囚(憂)。 ………………… ⑬

不隹(唯)我㞢乍囚(憂)。 ………………… ⑬

貞不允出……………………………………………… ⑬

允出…………………………………………………… ⑬

貞𢀛方出,王自饗,受㞢又(祐)。五月……………… ①

受㞢又(祐)□月 ……………………… ③

□□[卜],𡆥,貞𢀛方出,帝☐…………………………… ⑭正

□□[卜],貞𢀛方出,帝不隹(唯)☐ ……………………… ⑭正

□□卜,亘,貞勹 五月 …………………………………… ⑭正

□□卜,亘,貞 五月 ……………………………………… ⑭正

癸巳卜,㱿,貞㞢[大]☐ …………………………………… ⑭正

癸巳卜,㱿,貞𢀛人☐ ……………………………………… ⑭正

庚子卜,亘,貞☐ 一 小告 一 小告 ………………………… ⑭正

乙卯卜,争,贞沚䜴再册,王比伐土方,受屮又(祐)。…… ⑩正
　　贞王勿比沚䜴三………………………………………… ⑩正
　　　　☑沚䜴☑五月/☑册曹土方☑ ………………… ⑮正
壬戌卜,争,贞沚䜴再册,王比伐舌方,受☑。三 ………… ⑯
　　☑舌,王比伐,受[屮又(祐)]。 ……………………… ⑮正
　　☑[沚]䜴再册,王比伐舌[方]。 …………………… ⑰正
　　贞沚䜴再册[曹舌方],☑其辜(敦)卒,王比,受屮[又]。
　　　…………………………………………………… ⑰正
　　☑沚䜴再册曹舌[方],☑其辜(敦)卒,王比,下上若,受
　　　[我又]。 …………………………………………… ⑱
　　☑[沚]䜴再册曹舌[方],☑[其]辜(敦)卒,王比,受屮
　　又(祐)。 ……………………………………………… ⑲
　　　沚䜴再册曹舌方,☑王比,上下若,受我[又]。…… ⑳
　　　　☑册䜴舌[方],☑王比☑ ………………………… ㉑
　　　　☑[沚]䜴再册曹舌[方],☑王比,我受[又]。/☑再
　　册王☑ ………………………………………………… ㉒
壬辰卜,㱿,贞今早*王氐土方,受[屮又(祐)]。 ………… ②正
癸巳卜,㱿,贞今早*王氐土方,受屮[又]。……………… ②正
　　☑[曰]:庚其屮異*,吉,受又(祐)。其隹(唯)壬不吉。 …
　　………………………………………………………… ⑩反
[王占]曰:吉,不鼄☑ …………………………………… ⑰反
癸未卜,㱿,[贞旬亡国(忧)]。 一………………………… ㉓正
(癸未)王占曰:"屮求(咎)。其屮来嬉(艰),气至。"九日辛卯,
允屮來嬉(艰)自北,妻妾笼告曰:"土方侵我田十人。" ……… ㉓反
癸巳卜,㱿,贞旬亡国(忧)。王占曰:"屮[求(咎)]。其屮來嬉
(艰),气(迄)至。"五日丁酉,允屮来[嬉(艰)]自西。沚䜴告曰:"土
方品于我東鄙,[戋]二邑;舌方亦侵我西鄙田。"…………… ㉓正

[沚]聝告曰土方[征于我東鄙,"戈(翦)二邑;舌方]亦侵我西鄙。……………………………………………… ㉔

[癸巳卜,㱿,貞旬亡囚(憂)。王占曰："㞢求(咎)]。[其]㞢來[嬉(艱)]。"囗[允]㞢來[嬉(艱)],囗呼囗東鄙,"戈(翦)二邑。王步自𠭯于𦄂,司囗。[辛丑]夕向壬寅,王亦冬夕䖒 …
……………………………………………… ㉓反

癸巳卜,永,貞旬亡囚(憂)。[王占曰："㞢求(咎)。其㞢來嬉(艱)]。"隹(唯)丁五日丁酉,允㞢[來嬉(艱)]。囗[征]于我東鄙,["戈囗邑]囗 二告 三 二告 三 ……………………… ㉕正

癸卯卜,㱿,貞旬亡囚(憂)。王占曰："㞢求(咎)其㞢來嬉(艱)。"五日丁未,允㞢來嬉(艱)。歔禦[逸]自強圉六[人]囗 一
……………………………………………… ㉓正

[癸卯卜,㱿,貞旬亡囚(憂)]。王占曰："㞢求(咎)。其㞢來嬉(艱),气(訖)至。"七日己巳,允㞢來嬉(艱)自西。嵳友角告曰："舌方出,侵我示𥲤田七十人五。" ……………… ㉓正

囗囗卜,囗,[貞旬亡囚(憂)]五月 ………………………… ㉓正

王占曰："其有來嬉(艱)。" ………………………… ㉕反

[辛]未卜,㱿,[貞]王勿逆伐舌[方],下上弗若,不我其受又(祐)。六月 三 ………………………………… ㉖正

辛未卜,㱿,貞王勿逆伐舌方,下上[弗若,不我其受又(祐)]。
……………………………………………… ㉗

癸酉卜,争,貞王勿逆舌方,下上弗若,不我其受[又]。 一 …
……………………………………………… ㉘

癸酉卜,争,貞王勿逆伐舌方,下上弗若,不我[其受又(祐)]。三
……………………………………………… ㉙

壬申卜,㱿,[貞]于河[勺舌]方。 ……………………… ㉖正

壬申卜,㱿,貞于河勺舌方。 ……………………………… ㉗

　　　　　貞舌方于河勻。 ……………………………… ㉚
① (Q295+7316)　② (6354)　③ (6355)　④ (6356)
⑤ (6197)　⑥ (6198-)　⑦ (6199)　⑧ (ZJ107)
⑨ (6096)　⑩ (6087+)　⑪ (9591)　⑫ (6085+)
⑬ (6086)　⑭ (6093+)　⑮ (6404+D284)
⑯ (6164+8524+SG52)　⑰ (6163 正+)　⑱ (6161)
⑲ (6162)　⑳ (6160)　㉑ (6165)
㉒ (6166+7405 正) ㉓ (6057)　㉔ (6059+)　㉕ (6058)
㉖ (6204)　㉗ (6203+)　㉘ (6201)　㉙ (6202)
㉚ (6152)

　　上述一群卜辭至少可以反映如下一些信息：第一，武丁某年四月辛丑，舌方與土方聯合，騷擾兮地，規模可能不大，貞人殷占問"商王不用去迎擊吧"。到五月壬子，舌方大舉來侵，商王親自"萑"（讀作"觀"），瞭解敵情；商王親自饗祭祖宗神靈，祈求授祐①。到六月，再次占問"商王不用去迎擊舌方吧"，同時向河神祈求保祐。此外，亦有占問是否"乍囚（憂）"，可見引起了王室的高度關注。

　　第二，從本群卜辭所在干支來看，辛丑在四月，壬子、戊午在五月，辛未、壬申、癸酉在六月，可以推斷這年的五月最多二十九天，從而可以有力反駁商代無大小月的説法。見下表（雙綫邊框屬於五月）：

甲午	乙未	丙申	丁酉	戊戌	己亥	庚子	辛丑	壬寅	癸卯
甲辰	乙巳	丙午	丁未	戊申	己酉	庚戌	辛亥	壬子	癸丑
甲寅	乙卯	丙辰	丁巳	戊午	己未	庚申	辛酉	壬戌	癸亥
甲子	乙丑	丙寅	丁卯	戊辰	己巳	庚午	辛未	壬申	癸酉

---

① 《拼集》130（5240+8538）："貞舌方其來王自鄉。"黃天樹認爲"自鄉"即"自向"，是卜問舌方來犯，是否由王親自迎戰。但我們似乎也可以認爲是卜問舌方來犯，是否由王親自"饗"祭祖宗神靈，祈求授祐。黃天樹：《甲骨拼合集·序》，學苑出版社，2010年。

第三，能反映這次戰爭規模較大，還有一條證據："㞢人☐"（6093正），儘管這是一條殘辭，但至少可以表明當時商王僅靠王室之兵士是不夠的，需"㞢人"若干才可滿足用兵之需。

第四，《合集》6057正面有五條卜辭，反面有兩條卜辭，其內容基本反映了土方、舌方共同對商發動了襲擊。其中一條殘辭，僅見"五月"，可以推測這次襲擊發生的大致時間，其干支和事類與"四月辛丑舌方同（興）"吻合，可以繫聯在一起。

第五，商王這次既要應對舌方入侵，同時也要派兵討伐土方。在四月辛丑之前近十天的壬辰、癸巳，王已佔土方，到五月壬子大舉來侵之後的第四天乙卯，商王占問冊命沚䤼，讓他與商王一同參戰，共同對付舌方與土方，可見舌方與土方的距離也許並不遙遠，他們方可聯合起來共同對付商。

5. 第五組事件：

☐☐卜，㱿，貞［舌］方［弗］允[𢦏（翦）]或。十月 一 二告 …… ①
己巳卜，㱿，貞舌方弗允𢦏（翦）或。十月 三 不𤉲黽 ……… ②
　　　　　　允𢦏（翦）或 十月 ………………………… ③
　　　☐允𢦏（翦）或 ……………………………………… ④
己丑卜，㱿，貞令或來曰或罙伐舌方。才（在）十月 一 … ⑤
☐丑卜，㱿，貞［令］或來☐或罙伐［舌］方。七*月 二 …… ⑥
　　　貞或弗其伐舌方 ……………………………………… ⑦
　　　貞弗其伐舌［方］ ……………………………………… ⑧
　　　貞或弗其［伐舌方］ …………………………………… ⑨
　　　或［弗其］伐［舌方］ …………………………………… ⑩

①（6370）　②（6371）　③（6372）　④（6369）　⑤（Y1179正）
⑥（6379正）　⑦（6376）　⑧（6377）　⑨（6378）　⑩（6380）

檢視拓片，《合集》6379正"七月"作"[图]"，釋文似無誤。但《英藏》1179正作"己丑卜，㱿，貞令或來，曰或罙伐舌方。才（在）十月。

一",所卜事類與《合集》6379正相同,且兩辭卜兆相連,我們懷疑《合集》6379的"𠂤"旁少刻一豎筆"丨",當爲"十"。《合集》6370、6371、6372所卜"舌方不會對或有所災害吧"或"確實對或有災害",事件都發生在"十月",應與《英藏》1179、《合集》6379正所反映商王命令或前來讓他去𢦏伐舌方的事件相關。從干支來看,"己丑"與"己巳"相隔兩旬,同在一個月應無問題。因此,我們懷疑《合集》6379正的"月"上一字應爲"才(在)","月"側應有"十",與《英藏》1179應爲同文。《英藏》1179爲左肩胛骨,兆序爲一,《合集》6379爲右肩胛骨,兆序爲二。拓片如圖2.3。

圖2.3

如果我們的推測不誤,那麼上述一群卜辭反映如下一些事實:武丁某年十月己巳,商王預料到舌方可能會入侵或,於是命史官殻反復占問"舌方是否真會對或帶來災難",經過兩旬,商王再次命殻占問是否讓或前來聽令,討伐舌方,可見,舌方已進入或地。

6. 第六組事件:

己巳卜,㱿,貞勿呼婦姘[以]✶①[先于諆。四] ················ ①
　　　貞勿呼婦姘以✶先于諆。四 ······················· ①
　　　　貞呼婦井以✶。四 ································· ①
　　　　貞呼婦井先于諆。四 ··························· ①
壬申卜,㱿,貞呼婦[姘]以✶先。 ························· ②
甲申卜,㱿,貞勿呼婦姘以✶先于諆。三 ················ ③
甲申卜,㱿,貞勿呼婦姘以✶先于諆。七月。四 ······ ④
囗囗[卜],㱿,貞呼婦姘以✶先于諆。 ····················· ⑤
囗囗[卜],囗,貞呼婦[姘]以✶先于諆。 ·················· ②
囗囗[卜],㱿,貞勿呼婦姘以✶ ······························ ②
　　　呼婦先 ··· ⑥
　　　呼婦先 ··· ⑦
乙酉卜,㱿,貞舌方衛,王其勿告于[祖]乙。三 ·········· ③
乙酉卜,㱿,貞舌方衛,率伐,不,王其正(征),勿告于祖乙。四
··· ④
囗囗[卜],㱿,貞舌方衛,率伐,不,王告于祖乙其正(征),匄又。
七月 ··· ⑤
　囗囗[卜],㱿,貞舌方衛,率伐,不,王其正(征),告于祖乙,匄又
(祐)。··· ⑤
乙酉卜,㱿,☒告舌方于祖乙。 ································ ⑦
　　　貞舌方衛,勿告于祖乙 ······························ ⑥
　　　貞告舌方于祖乙 ····································· ⑥
　　　　☒舌方衛☒ ·· ⑦
　　　　☒貞舌方衛☒ ····································· ⑧

---

① 關於此字的考釋,可參張玉金:《釋甲骨文中的"✶"》,《古文字研究》第 28 輯,中華書局,2010 年;李娜:《再說甲骨文中的"✶"字》,《中國文字學報》第 4 輯,商務印書館,2012 年。

癸酉卜,永,貞旬亡𡆥(憂)。　三　二告 ················· ⑨正

癸未卜,永,貞旬亡𡆥(憂)。七日己丑,㞢友化呼告曰:舌方㞢于我奠豐。七月 ················· ⑨正

癸巳卜,爭,貞旬亡𡆥(憂)。 ··························· ②

王占曰:㞢求(咎),其㞢來[媸(艱)]。其隹(唯)丙不吉,其隹(唯)□引不吉。 ················· ⑨反

①(8991 正+ 2770+Y163)　②(Y162)　③(6344)
④(6345+8026)　⑤(6347)　⑥(6349)　⑦(6350)
⑧(6351)　⑨(6068)

上述有關舌方事件都發生在"七月",第一件事涉及舌方衛①,從相關卜辭排譜可見時間是在七月的"乙酉";第二件事涉及商王命令婦妌率領𠦝先行到諱地,本組繫聯的事件共有三次占卜,時間分別是在"乙酉"之前十七日的己巳、前十四日的壬申、前一日的甲申;第三件事涉及舌方侵擾商的奠、豐②,時間是七月的"己丑"。如果這些事件發生在同一月裏,就應理解爲己巳、壬申、甲申分別占問商王是否命令婦妌率領𠦝先行到諱地,之後乙酉占問舌方是否進行抵抗,五天后的己丑占問舌方是否侵擾奠、豐。

7. 從以上事件推測商與舌方之間戰爭持續的時間。

第一二組事件可以繫聯,上文已有説明,其時間發生在十三月-一月-二月(A);第三組事件發生在十月-十一月-十二月-一月(B);第四組事件發生在四月-五月(C);第五組事件發生在十月(D);第六組事件發生在七月(E)。以下分別列出各組事件所涉

---

① 此"衛"字形作𢖴,有關考辨詳參第六章第一節。
② 奠,胡厚宣讀作"鄭",詳參《殷代舌方考》;裘錫圭認爲是商人處置服屬者的一種方法,詳參《説殷墟卜辭中的"奠"——試論商人處置服屬者的一種方法》,《中研院》史語所集刊》第64本3分,1993年;又載於《文集》第5卷第169—192頁。豐,胡厚宣讀作"豐",但兩字構形不同,恐怕不確。

干支：

第一二組事件（A）所呈現干支見下表（第一組用斜體、第二組用下劃綫標識，既有斜體又有下劃綫表示兩組均見）：

甲子	乙丑	丙寅	丁卯	戊辰	己巳	庚午	辛未	壬申	癸酉	
甲戌	乙亥	丙子	丁丑	戊寅	己卯	庚辰	辛巳	壬午	*癸未*	
甲申	乙酉	丙戌	丁亥	戊子	己丑	庚寅	辛卯	壬辰	*癸巳*	十三月
甲午	乙未	丙申	丁酉	*戊戌*	己亥	庚子	辛丑	壬寅	*癸卯*	
甲辰	乙巳	丙午	丁未	戊申	己酉	庚戌	辛亥	壬子	<u>癸丑</u>	一月
甲寅	乙卯	丙辰	丁巳	戊午	己未	庚申	辛酉	壬戌	*癸亥*	
甲子	乙丑	丙寅	<u>丁卯</u>	<u>戊辰</u>	己巳	庚午	<u>辛未</u>	壬申	<u>癸酉</u>	
甲戌	乙亥	丙子	丁丑	戊寅	己卯	庚辰	辛巳	壬午	癸未	
甲申	乙酉	*丙戌*	丁亥	戊子	*己丑*	庚寅	辛卯	壬辰	癸巳	二月
甲午	乙未	丙申	丁酉	戊戌	己亥	庚子	辛丑	壬寅	癸卯	
甲辰	乙巳	丙午	丁未	戊申	己酉	庚戌	辛亥	壬子	癸丑	
甲寅	乙卯	丙辰	丁巳	戊午	己未	庚申	辛酉	壬戌	癸亥	

第三組事件（B）：本組事件所見干支用斜體加粗表示，下同。

甲子	乙丑	丙寅	丁卯	戊辰	己巳	庚午	***辛未***	***壬申***	癸酉	十月
甲戌	乙亥	丙子	丁丑	戊寅	己卯	庚辰	辛巳	壬午	癸未	
甲申	乙酉	丙戌	丁亥	戊子	己丑	庚寅	辛卯	壬辰	癸巳	
甲午	乙未	丙申	丁酉	戊戌	己亥	庚子	辛丑	壬寅	癸卯	

甲辰	乙巳	丙午	丁未	戊申	己酉	庚戌	辛亥	壬子	*癸丑*	十一月
甲寅	乙卯	丙辰	丁巳	戊午	*己未*	庚申	辛酉	壬戌	癸亥	
甲子	乙丑	丙寅	丁卯	戊辰	己巳	庚午	辛未	壬申	癸酉	
甲戌	乙亥	丙子	丁丑	戊寅	己卯	庚辰	辛巳	壬午	癸未	
甲申	乙酉	丙戌	丁亥	*戊子*	己丑	庚寅	辛卯	壬辰	癸巳	十二月
甲午	乙未	丙申	丁酉	戊戌	己亥	庚子	辛丑	壬寅	癸卯	
甲辰	乙巳	丙午	*丁未*	*戊申*	己酉	庚戌	*辛亥*	壬子	癸丑	一月
甲寅	乙卯	丙辰	丁巳	戊午	己未	庚申	辛酉	壬戌	癸亥	

第四组事件（C）：

甲子	乙丑	丙寅	丁卯	戊辰	己巳	庚午	辛未	壬申	癸酉	
甲戌	乙亥	丙子	丁丑	戊寅	己卯	庚辰	辛巳	壬午	癸未	
甲申	乙酉	丙戌	丁亥	戊子	己丑	庚寅	辛卯	壬辰	癸巳	
甲午	乙未	丙申	丁酉	戊戌	己亥	庚子	*辛丑*	壬寅	癸卯	四月
甲辰	乙巳	丙午	丁未	戊申	己酉	庚戌	辛亥	*壬子*	癸丑	五月
甲寅	乙卯	丙辰	丁巳	戊午	己未	庚申	辛酉	壬戌	癸亥	
甲子	乙丑	丙寅	丁卯	戊辰	己巳	庚午	*辛未*	*壬申*	*癸酉*	六月
甲戌	乙亥	丙子	丁丑	戊寅	己卯	庚辰	辛巳	壬午	癸未	
甲申	乙酉	丙戌	丁亥	戊子	己丑	庚寅	辛卯	壬辰	癸巳	
甲午	乙未	丙申	丁酉	戊戌	己亥	庚子	辛丑	壬寅	癸卯	
甲辰	乙巳	丙午	丁未	戊申	己酉	庚戌	辛亥	壬子	癸丑	
甲寅	乙卯	丙辰	丁巳	戊午	己未	庚申	辛酉	壬戌	癸亥	

第五组事件（D）：

甲子	乙丑	丙寅	丁卯	戊辰	己巳	庚午	辛未	壬申	癸酉	
甲戌	乙亥	丙子	丁丑	戊寅	己卯	庚辰	辛巳	壬午	癸未	十月
甲申	乙酉	丙戌	丁亥	戊子	己丑	庚寅	辛卯	壬辰	癸巳	
甲午	乙未	丙申	丁酉	戊戌	己亥	庚子	辛丑	壬寅	癸卯	
甲辰	乙巳	丙午	丁未	戊申	己酉	庚戌	辛亥	壬子	癸丑	
甲寅	乙卯	丙辰	丁巳	戊午	己未	庚申	辛酉	壬戌	癸亥	

第六組事件(E)：

甲子	乙丑	丙寅	丁卯	戊辰	己巳	庚午	辛未	壬申	*癸酉*	
甲戌	乙亥	丙子	丁丑	戊寅	己卯	庚辰	辛巳	壬午	*癸未*	七月
甲申	*乙酉*	丙戌	丁亥	戊子	*己丑*	庚寅	辛卯	壬辰	癸巳	
甲午	乙未	丙申	丁酉	戊戌	己亥	庚子	辛丑	壬寅	癸卯	
甲辰	乙巳	丙午	丁未	戊申	己酉	庚戌	辛亥	壬子	癸丑	
甲寅	乙卯	丙辰	丁巳	戊午	己未	庚申	辛酉	壬戌	癸亥	

對六組事件作干支驗對，B 與 D 相容，B 與 E 也相容，B 已跨年，可以推斷 BDE 三組事件可能發生在兩年，C 和 B 可以相容，A 不能與其中任何一個相容，從而表明 ABCDE 可能分屬於三年，也可以説商與舌方的戰爭至少持續了三年。這個結論雖然與董作賓、范毓周的結論大體一致，但方法並不相同。

8. 用夏含夷"微細斷代法"測算商與舌方戰爭持續時間。

我們再用"微細斷代法"測察一下商與舌方戰爭所持續的時間。

第一組事件有典型特徵的卜辭是《合集》540，月份是"一月"，紀日是"戊辰"，簡寫作 1/5，求出一月一日的干支區間是 1:36-5。

第二組事件有典型特徵的卜辭是《合集》39868，月份是"十三月"，紀日分別有"己亥""辛丑"，分別簡寫作"13/36""13/38"，可以求出次年一月一日的干支區間是 1:39-8。另有卜辭《合集》6063

正,月份有"二月",紀日分別有"丙戌""己丑",分別簡寫作"2/23""2/26",求出十三月與二月之間一月一日的干支區間是1:54-23。兩個區間的交集是1:54-8。

第三組事件跨了兩個年頭。第一年的典型卜辭有《合集》4036與《合集》4037,前者有干支,後者有月份,所卜事類相同,可以繫聯,月份是十月,紀日是辛未,簡寫作10/8,求出十一月一日的干支區間是11:9-38,再求出本年一月一日的干支區間是1:14-43。第一年另有一條卜辭《合集》6073,月份是十一月,紀日是己未,簡寫作11/56,求出十一月一日的干支區間是11:27-56,再求出本年一月一日的干支區間是1:32-1。第一年另有一條卜辭《合集》6292,月份是十二月,紀日是戊子,簡寫作12/25,求出十二月一日的干支區間是12:57-25,再求出十一月一日的干支區間是11:27-56,再求出一月一日的干支區間是1:32-1。三條卜辭干支區間的交集是1:32-43。

本組第二年的典型卜辭是《合集》6091,月份是一月,紀日是丁未,簡寫作1/44,一月一日的干支區間是1:15-44。

第四組事件典型卜辭《合集》6354正,月份是四月,紀日是辛丑,簡寫作4/38,求出五月一日的干支區間是5:39-8,求出一月一日的干支區間是1:41-10。另有卜辭《合集》6096正和《合集》6087正,月份是五月,紀日是壬子,簡寫作5/49,求出五月一日的干支區間是5:20-49,再求出一月一日的干支區間是1:22-51。另有卜辭《合集》6204正,月份是六月,紀日是辛未,簡寫作6/8,求出七月一日的干支區間是7:9-37,再求出一月一日的干支區間是1:12-40。三個區間的交集是1:41。表示這年的一月一日是甲辰。

第五組事件典型卜辭《合集》6371和《英藏》1179正,其月份同爲十月,紀日分別是己巳和己丑,分別簡寫作10/6和10/26,分別求出十一月一日的干支區間是11:7-36和11:27-56,其交集是11:27-36,求出該年一月一日的干支區間是1:32-41。

第六組事件典型卜辭《合集》6344和《合集》6347,前者有干支,後者有月份,所卜事類相同,可以繫聯,月份是七月,紀日是乙酉,簡寫作7/22,求出七月一日的干支區間是7:53-22,再求出一月一日的干支區間是1:56-25。另一卜辭《合集》6068正,月份是七月,紀日是癸未,簡寫作7/20,求出七月一日的干支區間是7:51-20,再求出一月一日的干支區間是1:54-23。兩個區間的交集是1:56-23。

以上六組事件的一月一日的參數量列表如下:

事件	一月一日的干支區間(參數量)
A	1:36-5
B	1:54-8
C-①	1:32-43
C-②	1:15-44
D	1:41
E	1:32-41
F	1:56-23

上述六組事件的參數量ABF之間存在交集1:56-5,表示這三組事件可能發生在同一年,C-①(或C-②)與DE之間的交集是1:41,表示這三組事件發生在兩年,ABF與CDE不相交,表示二者發生的事件不在同一年,綜上,表明六組事件至少發生於三年。正好與上文用干支驗對所推商與舌方戰爭持續時間相吻合。

(三)商與舌方戰爭的規模

討論商代戰爭的規模,可資借鑒的材料極其有限,傳世文獻有描寫商末牧野之戰的記錄:

(1)武王戎車三百兩,虎賁三百人,與受戰於牧野,作《牧誓》。(《尚書・牧誓序》)

(2)甲子昧爽,受率其旅若林,會於牧野。罔有敵于我師,前徒倒戈,攻於後以北,血流漂杵。(《尚書・武成》)

（3）乃遵文王，遂率戎車三百乘，虎賁三千人，甲士四萬五千人，以東伐紂。……二月甲子昧爽，武王朝至於商郊牧野，乃誓。……誓已，諸侯兵會者車四千乘，陳師牧野。帝紂聞武王來，亦發兵七十萬人距武王。(《史記·周本紀》)

句(1)記録了武王伐紂時所帶兵力，"戎車三百兩"，孔安國傳："一車步卒七十二人，凡二萬一千人。舉全數。""虎賁"，孔安國傳："勇士稱也。"實爲車卒二萬一千六百人，加上三百勇士，當爲二萬一千九百人。句(2)記録了牧野之戰的時間是"甲子昧爽"，結果是商軍大敗，"血流漂杵"。句(3)司馬遷的記録與《尚書》有較大出入，武王率"戎車三百乘"、"虎賁三千人"、"甲士四萬五千人"，累計兵士達六萬九千六百人，規模空前浩大，商紂更是"發兵七十萬人距武王"，頗爲誇張。後人早對商紂的"七十萬人"提出質疑，因古文字中"七"和"十"易混，當有可能是"十七萬人"[1]。《管子·輕重乙》："與民量其重，計其贏，民得其十，君得其三。"(戴)望案："十乃七字，誤。"[2]《漢書·郊祀志(上)》："周太史儋見秦獻公曰：'周始與秦國合而別，別五百載當復合，合七十年而伯王出焉。'"顔師古注："七十當爲十七，今《史記》舊本皆作十七字。"[3]

排除司馬遷所記的誇大成分，商末的參戰人員數萬人應該是有的，武丁時期的數目可能會比這個數字略少。早有人指出，商代政治由"内外服"體制構成，内服指王畿區的"設官分職"，外服則在維持原本固有地緣性組織基礎上册封諸侯及臣屬國族。與這種國家政體相對應，商代的武裝力量構成體制，大體分爲畿内王室職業軍隊、畿

---

[1] 王襄：《簠室殷契徵文考釋·征伐》，第2頁，轉引自楊升南：《略論商代的軍隊》，《甲骨探史録》，三聯書店，1982年。

[2] (清)戴望：《諸子集》第五册《管子校正》第420頁，中華書局，1954年。

[3] (漢)班固：《漢書》第1199-1200頁，中華書局，1962年。

外諸侯方國職業軍隊及"兵農合一"的非常設"族兵"三大系統①。據我們研究,"師(𠂤)"應是指職業軍隊,王室職業軍隊有"王𠂤"、"我𠂤"、"朕𠂤"之稱②,如:

　　貞方來入邑,今夕弗震王𠂤。　　　　　(36443,黃類)
　　丁卯卜,㱿,貞我𠂤亡啟摧。　　　　　(11274 正,賓三)

"朕𠂤"一詞見於《合集》36127,但拓片較模糊,別的內容不甚清晰。"師"按左中右編制。畿外諸侯方國職業軍隊往往也可稱"師",往往在師前冠有方國名,如"雀師""𢎥師""𦍩師"等。也有不稱師的,只用諸侯方國首領名代替。"兵農合一"的軍事組織稱"旅"和"族",二者意義略有差異,前者側重指參戰人員歸屬於某一軍事組織,後者側重指參戰人員來自於哪一宗族。非常設"族兵"跟隨宗族首領臨時參加戰爭,有"王族"或"某族"之別,參加者稱"人"或"衆人",其身份一般認爲應該是平民,有一定人身自由,但也參加勞役和兵役③。

---

①　彭邦炯、宋鎮豪:《商人奴隸制研究·商代軍事制度》,收入胡慶鈞主編:《早期奴隸制社會比較研究》,第 267 頁,中國社會科學出版社,1996 年。

②　本書第四章第一節也談到這個問題。

③　關於"衆人"的身份問題,學界討論得非常熱烈。趙錫元:《試論殷代的主要生產者"衆"和"衆人"的社會身份》,《東北人民大學人文科學學報》1956 年第 4 期;陳福林:《試論殷代的衆、衆人與羌的社會地位》,《社會科學戰綫》1979 年第 3 期;朱鳳瀚:《殷墟卜辭中的"衆"的身份問題》,《南開學報》1981 年第 2 期;朱鳳瀚:《商周家族形態研究》(增訂本)第 130 頁,天津古籍出版社,2004 年 7 月;肖楠:《試論卜辭中的師和旅》,《古文字研究》第 6 輯,中華書局,1981 年;趙錫元:《再論商代"衆人"的社會身份》,《吉林大學社會科學學報》1982 年第 4 期;張永山:《論商代的"衆人"》,《甲骨探史錄》,三聯書店,1982 年 9 月;張永山:《商代"衆"人身份補證》,《先秦史論文集》(人文雜志專刊)1982 年 5 月;裘錫圭:《關於商代的宗族組織與貴族和平民兩個階級的初步研究》,《文史》第 17 輯,中華書局,1983 年 6 月;王貴民:《商代"衆人"身份爲奴隸論》,《中國史研究》1990 年第 1 期;彭邦炯:《商代"衆人"的歷史考察》,《天府新論》1990 年第 3 期;楊升南:《殷墟卜辭中衆的身份考》,《甲骨文與殷商史》第 3 輯,上海古籍出版社,1991 年 8 月;徐天符:《商代"衆"、"衆人"問題探討》,《福建師範大學學報》1992 年第 1 期;胡厚宣:《衆》,《中國大百科全書·中國歷史Ⅲ》,中國大百科全書出版社,1992 年 4 月;等等。目前基本認同是指商代的平民,他們有一定的人身自由,但也要從事繁重的勞役和兵役。

武丁時期商與舌方的戰爭中,軍隊構成的三大系統都有涉及,如:

1. 王室軍隊出征的情況。

第一組:舌方出,王自征

己卯卜,㱿,貞舌方出,王自正(征),下上若我[其受又(祐)]。
(6098)

☑沚㦰告曰:舌方出,王自[正(征)]☑　(6099)

第二組:舌方衛,王其征

乙酉卜,㱿,貞舌方衛,率伐,不,王其正(征)勿告于祖乙。四
(6345+)

□□[卜],㱿,貞舌方衛,率伐,不,王告于祖乙其正(征),匄又(祐)。七月。

□□[卜],㱿,貞舌方衛,率伐,不,王其正(征)告于祖乙,匄又(祐)。　(6347)

第三組:舌方來,王逆伐

辛未卜,㱿,貞王勿逆伐舌方,下上[弗若不我其受又(祐)]。
(6203+)

[辛]未卜,㱿,[貞]王勿逆伐舌[方],下上弗若不我其受又(祐)。六月 三　(6204正)

癸酉卜,爭,貞王勿逆舌方,下上弗若不我其受[又(祐)]。一
(6201)

癸酉卜,爭,貞王勿逆伐舌方,下上弗若不我[其受又(祐)]。三　(6202)

[辛]丑卜,㱿,貞舌方其來,王勿逆伐。一　(6197)

辛丑卜,㱿,貞舌方其來,[王勿]逆伐。二　(6198-)

辛丑卜,㱿,貞舌方其來,王勿逆伐。三　(6199)

辛丑卜,㱿,貞舌方其來,王勿逆伐。四　(ZJ107)

第四組:王往伐舌方

　　王往伐舌方　　　　　　　　　　　　　　　(6206 正)
　　貞叀王往伐舌[方]。　　　　　　　　　　　(6235)
　　貞勿隹(唯)王往伐舌方。　　　　　　　　　(614)
　　貞叀王往伐舌,受㞢又(祐)。　　　　　　　(6213)
　　貞勿隹(唯)王往伐舌方,弗其[受㞢又(祐)]。三　(6218)
　　辛亥卜,爭,貞勿隹(唯)王往伐舌方,弗其[受]㞢[又]。三
　　　　　　　　　　　　　　　　　　　　　　(6219)
　　辛亥卜,殻,貞勿隹(唯)王往伐舌方。一　　(6220)
　　乙巳卜,爭,貞叀王往伐舌方,受㞢[又]。六　(6214)
　　乙巳卜,爭,貞叀王往伐舌方,受[㞢又(祐)]。　(6215)
　　乙巳卜,殻,貞叀王往伐[舌]方,受[㞢又(祐)]。　(6216)
　　[貞]:勿隹(唯)[王]往伐舌方,下上弗若不我其受[又]。
　　　　　　　　　　　　　　　　　　　　　　(6221+)

第五組:王伐舌方

　　甲午卜,古貞王伐舌方,我受又(祐)。　　　(6223)
　　貞王伐舌方,受㞢又(祐)。　　　　　　　　(6224)
　　癸酉卜,賓,貞王伐舌方,受㞢又(祐)。一 六月　(W953)
　　癸酉卜,賓,貞王伐舌方,受㞢又(祐)。五 六月　(W952)

第六組:王征舌方

　　貞王叀正(征)舌方。　　　　　　　　　　　(6313)
　　貞王叀正(征)舌方,下上弗若不我其受[又(祐)]。
　　　　　　　　　　　　　　　　　　　　　　(6314)
　　□丑卜,殻,貞勿隹(唯)王正(征)舌方,下上弗若不我其受[又]。四
　　[貞勿]隹(唯)王正(征)[舌方],下上弗[若][不]我其[受又(祐)]。四　　　　　　　　　　(D356=6315)

癸丑卜,㱿,貞勿隹(唯)王正(征)舌方,下上弗若不我其受又(祐)。五

癸丑卜,㱿,貞勿隹(唯)王正(征)舌方,下上弗若不我其[受又(祐)]。五　　　　　　　　　　　(6316)

癸丑卜,㱿,貞勿隹(唯)王正(征)舌方,下上弗若不我其受又(祐)。六

貞勿隹(唯)王正(征)舌方,下上弗若不我其受又(祐)。六　　　　　　　　　　　　　　　(6317)

[庚]申卜,㱿,[貞]王勿[正(征)]舌方,[下上]弗若不我[其]受又(祐)。一　　　　　　　　　　　(6318)

庚申卜,㱿,貞王勿正(征)舌方,下上弗若不[我其受又(祐)]。二　　　　　　　　　　　　(6319)

庚申卜,㱿,貞王勿正(征)舌方,下上弗若不我其受又(祐)。三 二告　　　　　　　　　(6320)

庚申卜,㱿,貞王勿正(征)舌方,下上弗若[不]我其受又(祐)。五 二告　　　　　　　　　(6321)

☑[勿]隹(唯)王正(征)舌[方]☑下上☑　　(6326)

☑[勿]正(征)舌方　　　　　　　　(6327 反)

第七組:王夆舌方

貞啟王其夆舌方☑ 二　　　　　　　(6332)

乙酉卜,爭,貞往复比臬夆舌方。十二月　(6333)

貞我弗其夆舌方。一 二 二告　　　　(6334 正)

2. 方國諸侯軍隊出征情況。

☑舌,王比伐受[㞢又(祐)]。　　　(6404 正+)

壬戌卜,爭,貞沚䧿再册,王比伐舌方受[㞢又(祐)]。

(6164+8524+SG52)

☑[沚]䧿再册,王比伐舌[方]。

貞沚□禺册,[酋舌方]□其韋(敦)卒,王比受出[又(祐)]。
(6163 正+)

□沚□禺册,酋舌[方]□其韋(敦)卒,王比下上若受[我又(祐)]。　(6161)

□[沚]□禺册,酋舌[方]□[其]韋(敦)卒,王比受出又(祐)。　(6162)

沚□禺册,酋舌方□王比,上下若受我[又(祐)]。　(6160)

□册,酋舌[方]□王比□　(6165)

□禺册,酋舌[方]□王比,我受[又]/□禺册王□　(6166+)

上揭卜辭反映了王室軍隊聯合沚□軍隊共同對付舌方的情況。以下四組卜辭分別反映了㠱、沚、或、強四位方國首領在商王的命令下參與對舌方作戰的情況。

第一組:㠱伐/戋舌方

[戊]子卜,賓,貞㠱气步伐舌方,受出又(祐)。十二月
(6292)

丁未卜,爭,貞勿令㠱以眾伐舌。一　(26)

丁未卜,爭,貞勿令㠱以眾伐舌。二　(27)

貞王勿令㠱以眾伐舌方。　(28)

丁未卜,㱿,貞勿令㠱伐舌弗其受[出又(祐)]。一　(6294)

貞勿令㠱伐舌弗其[受出又(祐)]。二　(6295)

丁未卜,賓,貞勿令㠱[伐]舌方。　(6296)

丁未卜,賓,貞勿令㠱伐舌方弗其受出又(祐)。　(6297)

貞叀㠱[呼]伐舌[方]。　(6298)

叀㠱呼伐舌[方]。　(6299)

癸酉卜,貞今月㠱戋(翦)舌方。一　(6293)

第二組:沚□伐舌方

癸亥卜,[㱿,貞]旬亡囚(憂)。王占□來娀(艱),六日[戊

辰允]㞢來嫀(艱)。沚馘呼[伐]舌[方]　　　　（PJ295）
第三組：或伐舌方
　　□丑卜，㱿，貞[令]或來，曰或罙伐舌方。才(在)十月。
　　　　　　　　　　　　　　　　　　　（Y1179正）
第四組：强望/伐舌方
　　貞勿呼强望舌方。　　　　　　　　　　（6192）
　　貞叀强呼伐舌。　　　　　　　　　　　（6209）
3. 非常設族兵參戰情況。
　　臨時派"兵農合一"的非常設"族兵"對舌方作戰，卜辭中有的没有明確記録徵集人員的數量，有的記録得非常清楚，多至三千，甚至五千。如：
第一組：俶人伐舌方
　　丙午卜，㱿，貞俶人<u>三千</u>呼[伐舌方，受㞢又(祐)]。
　　　　　　　　　　　　（6172，據成套卜辭6173、6174補）
　　貞勿俶人呼伐舌方，弗其受㞢又(祐)。一 二告 一
　　貞舌方弗辜(敦)沚。
　　俶人呼伐。　　　　　　　　　　　　　（6178）
　　貞舌方弗辜(敦)沚。
　　俶人呼伐。　　　　　　　　　　　　　（6180）
　　戊辰卜，賓，貞俶人呼往伐舌方。　　　（6177正）
　　貞俶人<u>五千</u>呼視舌方。
　　貞勿俶人<u>五千</u>☒　　　　　　　　　　（6167）
　　貞[俶]人呼[望]舌方 二　　　　　　　（6181正+）
　　貞勿俶人呼望[舌]方　　　　　　　　　（6182）
　　丙午卜，㱿，貞俶人<u>三千</u>呼[伐舌方，受㞢又(祐)]。
　　　　　　　　　　　　　　　　　　　　（6172+）
　　庚子卜，賓，貞勿俶人<u>三千</u>呼[伐]舌方，弗[其]受㞢又

(祐)。三 　　　　　　　　　　　　　　　　　　　　(6169)
　　戊寅卜,殼,貞勿瘐人[三千]呼伐舌方,弗[其受屮又
(祐)]。三　　　　　　　　　　　　　　　　　　　(6171)
　　貞瘐人三千呼伐舌方,受屮又(祐)。　　　　　　(6168)
第二組:収人伐舌方
　　癸巳卜,殼,貞収人[呼伐]舌方,受屮又(祐)。　　(6172+)
　　癸巳卜,殼,貞収人呼伐舌[方],受[屮又(祐)]。　(6173+)
　　癸巳卜,殼,貞収人呼伐舌[方],受[屮又(祐)]。二告
　　　　　　　　　　　　　　　　　　　　　　　　(6174)
　　□□[卜],□貞収人呼視舌[方]。　　　　　　　(6175)
第三組:眢人望舌方
　　庚寅卜,殼,貞勿眢人三千呼望舌方。五月。四(6185+B2873)
　　綜上觀之,武丁時期對舌方作戰,涉及商代三大軍隊系統。不難推想,當舌方來襲時,商王會命令處於邊境的諸侯方國首先反擊,也許是敵人力量強大,商王不得已親自率軍出征,有時也與諸侯方國聯合作戰,如果常規軍數量不足時,會臨時徵集平民作戰,由此可見,商與舌方的戰爭規模一定不小,至於一次參戰人數,雖無明確記載,但從徵集平民達三千、五千來看,大的戰役上萬人是完全可能的。

　　(四)關於舌方的地望
　　關於舌方的地望,前人做過較多的探索①。葉玉森謂舌方即《尚書·禹貢》"惟箘簵楛,三邦厎貢"之"楛"。此地隸屬荊州,在今江西西部、湖南湖北境内,處於商之南土,然從卜辭所記舌方"侵我西鄙"等來看,舌方處於商之西邊無疑,故釋"楛"不可信。林義光、董作賓謂舌方即鬼方,卜辭中別有"鬼方",其説難以信從。陳夢家、唐蘭並釋舌爲邛,陳氏認爲"邛在中條山,東界沚而西鄰唐,邛與沚界于安

---

① 于省吾主編:《甲骨文字詁林》字頭編號0738,中華書局,1996年。

邑與濟源西之間"①。陳氏所推測並未從文獻中找到更有力的證據，恐難服人。唐氏則認爲邛是"邛筰之邛"，其地略當四川之邛縣②。對此，胡厚宣駁之"未免太遠"，"則以邛殷三千里之遙，重以劍門、潼關山川之險，時時內侵，爲絕不可能之事。何況蜀川盆地，形勢天成，峻阪周回，山川深阻，是否爲殷人勢力之所能及，更大有問題。則唐氏之說，亦不然也"(《殷代舌方考》)。郭沫若據《卜辭通纂》513片(發按：即《菁》6=《合集》137反)推斷舌方在河套附近，舌方與土方均爲獫狁之部族③，胡厚宣對其批評甚當，"其誤在以方爲舌方，辭多臆測，亦難信也"④。

胡厚宣則是如此推斷舌方的地望的。第一，卜辭多見"有來嬉(艱)自西"的辭例，如《菁》2(發按：即《合集》6057正)等，"言有來嬉(艱)自西，則舌方必在殷之西土可知矣"。第二，殷王爲防禦外族之侵，往往選擇邊疆大族就地分封，如沚𢕿、長、甾、戈。卜辭中記錄有舌方入侵所至之地，如甾、唐、豖土，亦有記錄入侵所征伐之地，如沚𢕿、戈、甾。因此，"欲考舌方之所在，必於沚長甾或唐豖諸地求之矣"。第三，從字音字形來看，沚就是沁，故"沚者，其地當在今山西南部汾水以東"。第四，長爲張之假借字，張即張揚城，又東張城，在虞鄉縣西北四十里。第五，甾字不識，但卜辭言"有來嬉(艱)自西，甾告舌方戈𩵋夾方昃四邑"(發按：即《合集》6063正)、"有來嬉(艱)

---

① 陳夢家：《殷虛卜辭綜述》第273-274頁，中華書局，1988年。
② 唐蘭：《天壤閣甲骨文存並考釋》第53-54頁，北京輔仁大學，1939年；又收入《甲骨文獻集成》第2冊。
③ 郭沫若：《卜辭通纂考釋》第112頁，日本東京文求堂書店，1933年；又收入《甲骨文獻集成》第2冊。
④ 胡厚宣：《殷代舌方考》，第223頁。按：辭例作"[癸未]卜，□[貞：旬]亡禍？王占曰：有咎，有夢，其有來嬉。七日己丑允有來嬉[自北。䖑]戈化呼[告]：方昃于我示⊿四日庚申亦有來嬉自北。子𡚦告曰：昔甲辰，方昃于㚔，俘人十有五人。五日戊申，方亦昃，俘人十有六人。六月才(在)[𠦪]。"

自西,舌告舌方征鄭"(發按:即《合集》584反甲,鄭作奠,胡氏讀奠爲鄭),鄭在今陝西華縣北,夾即今河南陝縣,方在今山西夏縣,卜辭言有來嫀(艱)自西,而舌告舌方戋夾方、征奠,則舌字雖不識,然其地望必與夾方奠相近。第六,戉即越,古越當在河北,非吳越之越,其地約在今山西平陸之東北。第七,唐約在今山西蒲州迤西及于聞喜一帶。綜上,沚在今山西南部汾水以東,長在今山西虞鄉縣附近,陝在今河南陝縣,方在今山西夏縣,鄭在今陝西華縣之北,舌當與陝、方、鄭相近,戉在今山西平陸東北,唐在今山西蒲州迤西及于聞喜,則舌方必在今山西以西陝西省之地。

胡氏按此"地名繫聯法"和"文獻印證法"去考察舌方地望,思路可行,但結論是否那麼周全呢？不妨作些考察。第一,方在殷之西邊,這是大家基本一致的看法,毋庸贅言。

第二,胡氏認爲與舌方發生關係的方國有:沚、長(發按:即"兆")、舌、戉;與舌方發生關係的地名有:唐、𧰼(原)[1]土。據卜辭來看,所謂"唐"地,僅一例,即:□午卜,爭☒舌方☒馬于唐。(續3.8.7＝合8588),且是殘辭,"唐"是否作爲地名,需斟酌,暫不用。關於𧰼(原)土的辭例也很少,僅如下幾條:

　　乙丑卜,㱿,貞曰:舌方其至于[𧰼(原)土,其出]☒ 二
　　　　　　　　　　　　　　　　　　　　　　　　(6130正)
　　乙丑卜,㱿,貞曰:舌方其至于𧰼(原)土,其出☒ 三　(6128)
　　[乙]丑卜,㱿,[貞]曰:舌[方]其至[于]𧰼(原)[土],其
　　出☒ 四　　　　　　　　　　　　　　　　　　　(6129)
　　舌方其至于𧰼(原)土,亡𡆥。　　　　　　　　　　(3298)
　　癸未卜,㱿,貞王𧰼(原)☒,若　　　　　　　　　　(5410)

尚無法考釋其地望。以下就對前述其他幾個方國,一一考辨。

---

[1] 陳劍:《"邍"字補釋》,《古文字研究》第27輯,中華書局,2008年。

1. 關於沚的地望。

上節探討方的地望時已考察過沚的地望,大致可知其東有商,東北有土方,北有羌方,西有舌方,附近有獛,地望當在今山西南部。

2. 關於長的地望。

所謂"長",字形作 、 、 、 、 、 、 、 等,因其異體甚衆,有的學者將其分釋爲三個字,本書同意《殷墟甲骨刻辭類纂》及《甲骨文字形表》的做法,釋作"兇",即"微"。經我們初步考察,其地望是《尚書》記載的微子的采邑,在今山西長治東北五十里的潞城一帶①。

3. 關於甾*的地望。

所謂甾,其字形作 、 、 等,王襄釋爲"关"篆文作"昪",並引段氏注《説文》"許書無此字,而送佚朕皆用爲聲,此亦許書奪漏之一也"(《簠考·地望》第7頁上)。孫海波《甲骨文編》、姚孝遂《甲骨文字詁林》字頭1038之按語、劉釗《卜辭所見殷代的軍事活動》並從之。魯實先亦從之,並進而指出"朕(發按:即朕,篆文字形作)之爲字乃从舟从弁以會意,舟以象其履,弁以示其冠,冠履者一人之服,故於自稱朕爲小名",故釋 爲"弁"(《新詮》之二,《東海學報》第3卷第1期第39—72頁)。楊樹達釋爲"滕"(《積微居甲文説·釋 宗》卷下第52頁)。郭沫若釋爲"撞",與舂、沖同(《甲研·釋挈》第1頁)。諸家之説均欠安,獨張秉權釋"甾"甚獲我心(《卜辭甾正化説》,《"中研院"史語所集刊》二十九本),李孝定從之(《集釋》第2414頁)②。陳年福釋爲"臿",謂"臿"、"甾"一字,並認爲是"插""鍤"等字的初文③。從劉釗對"甾"字源流演變情況的梳理來看,釋"臿"之説似有未安。姑以"甾"字隸定。

甾作爲國族名,其首領亦可稱甾,或甾正化,個別地方稱甾化

---

① 李發:《甲骨文中的"微"及其地望考》,《考古與文物》2011年第3期。
② 上引觀點均可參《詁林》第2册,第979—985頁。
③ 陳年福:《甲骨文詞義論稿》第316頁,上海古籍出版社,2007年。

正。如：

（1）貞㠱化其㞢囚（憂）。　　　　　　　　　　　　　　　（151正）

（2）乙卯卜，貞㠱㞢擒。　　　　　　　　　　　　　　　　（8401）

（3）貞㠱亡疾。　　　　　　　　　　　　　　　　　　　（13743）

因㠱地臣服于商，其族人或首領受商封爲"射㠱"，可能是善射之官，如：

（4）乙酉卜，㕚，貞射㠱獲羌。　　　　　　　　　　　　　（165）

饒宗頤《殷代貞卜人物通考》謂："按㠱爲射官，故稱'射㠱'，此冠官名於人名前之例。"①姚孝遂、趙誠也説："……此處'㠱'爲名氏，'射'爲職官名。"②他們的看法是正確的。

㠱之地望如何？胡厚宣據以下卜辭作了適當的推測：

（5）[癸巳卜，争]貞旬亡囚（憂）。[四日丙申]允㞢來艱（艱）自西，㠱告曰：[舌方]戈魁，夾、方、杲（相）四邑，十三月。
　　　　　　　　　　　　　　　　　　　　　　　（6063正＝珠1182）

（6）囗壬辰亦有來自[西]，[㠱呼告曰：舌方]盅我奠，戈（剪）四[邑]。　　　　　　　　　　　　　　　　　　　（584反甲+）

這兩條卜辭反映出㠱與奠及魁，夾、方、杲（相）四邑相隔不遠，因此，從考察鄰近地區來推測㠱的地望是可行的。胡先生認爲，奠即鄭，係周宣王弟鄭桓公采邑，據《括地志》，鄭故城在華州鄭縣西北三里，即今陝西華縣之北也；夾即陝，今河南陝縣；方即房，在今山西夏縣。由此，胡先生認爲，㠱當與這幾處地方相近。可是，奠雖在卜辭中可作地名，但未必就是後來鄭桓公采邑之所在，裘錫圭認爲它另有所指：

　　殷墟卜辭中常見用爲動詞的"奠"字。有些"奠"字用"置祭"的本義，多數"奠"字的意義已由對祭品或其他東

---

① 饒宗頤：《殷代貞卜人物通考》第591頁，香港大學出版社，1959年。
② 姚孝遂、肖丁（趙誠）：《小屯南地甲骨考釋》第24頁，中華書局，1985年。

西的放置引申爲對人的安置。根據與後一種"奠"字有關的卜辭可以知道：商王往往將被商人戰敗的國族或其他臣服國族的一部或全部，奠置在他所控制的地區内。這種人便稱爲"奠"，奠置他們的地方也可以稱奠。奠的分佈是分散的，並不存在一個圍繞在商都四周的、主要用來安置被奠者的地帶。被奠者一般居於鄙野，其居邑没有可資防守的城牆。被奠者内部一般似仍保持着原來的組織。他們要在被奠之地爲商王耕作、畜牧，有時還要外出執行軍事方面的任務，此外似乎還要滿足商王對臣妾的需求。奠所受的剥削、壓迫很沉重，所以他們有時起而反抗商王。除了上述這種奠的方式外，商王有時還要將從事某種工作的人奠於某地，可能主要是爲了工作上的需要。奠這種控制、役使異族人的方式，在西周時代仍爲統治者所使用。畿甸之"甸"，其本字可能就是"奠"，是由於被奠者一般都奠置在這一地區内而得名的。①

裘先生的看法可從。董作賓《帚矛説》中説："奠……假爲甸……奠之用，略同於郊鄙，可知當即'郭外曰郊，郊外曰甸'之甸，爲王城郊外之地。"②陳夢家《綜述》中也將"我奠受年"之語中的"奠"讀爲郊甸之"甸"，並引用了關於"邦内甸服"的文獻資料，他還認爲西周銅器免簋、師晨鼎的"奠"也應讀作"甸"③。郭沫若《〈矢毁〉銘考釋》將"錫奠七伯"的奠讀爲"甸"，認爲"即《君奭篇》'小臣屏（並）侯甸'之甸，亦即所謂甸人"④。楊寬在《試論西周春秋間的鄉遂制度和社

---

① 裘錫圭：《説殷墟卜辭的"奠"——試論商人處置服屬者的一種方法》，《"中研院"史語所集刊》第64本第3分第659頁，1993年；又載於《甲骨文獻集成》第14册第15頁。
② 董作賓：《董作賓先生全集》第2册第644頁，臺北藝文印書館，1977年。
③ 陳夢家：《殷虚卜辭綜述》第324頁，中華書局，1988年。
④ 郭沫若：《文史論集》第310頁，人民出版社，1961年。

會結構》中,認爲師晨鼎的"奠人""當讀爲'甸人',即相當於《周禮》的'遂人'"①。此外,王貴民認爲,卜辭中的"奠""不是一個專有地名而是一種地區,那就是王畿之'甸'",甸的任務"和周代的甸服及其甸人或甸師的職掌內容相近"②。

如此則憑藉"奠"去考察"旨"是不行的。但從陝、方去推測,也可以說旨地可能在今河南、陝西、山西交界一帶。

綜上,我們知道,舌方侵犯過的方國有沚、微、旨、戈*(或)等。沚與土方、獋、馬方、或、羌方等方國發生過聯繫,相距不遠,其地在山西南部;微在山西潞城;旨與陝、方等地有關係,其地在陝西、山西、河南交界一帶。以此看來,舌方所侵之地主要集中於陝西、山西、河南交界一帶。當時,周方國處於岐山,在陝西渭河流域,據胡厚宣推測,舌方處於陝西北部,這種看法有一定道理,但也未必那麼精確,畢竟,這一帶可能也會是羌方、馬方的領地,按說舌方的勢力既然很強大,敢於屢次騷擾商之邊邑,其地也會隨洛河、涇河延及西北甘肅地區。

胡厚宣進而推測共即舌方之國,恐非是。王應麟《詩地理考》卷四:"張氏曰:'阮,國名。共,阮國之地名。皆在今涇州,今有共池即共也。'《氏族略》:'阮,商諸侯國,在岐渭之間。'鄭氏曰:'阮也,徂也,共也,三國犯周而文王伐之。'"③共國處於岐渭之間,涇州一帶,不過是周方邊上的一個小國而已,力量未必能夠達到可以經常騷擾當時國力最強的商。故處於陝甘一帶力量又比較大的舌方,我們寧可認爲它是一行蹤不定的遊牧民族爲安。徐南洲釋舌爲胡④,雖其釋字多所臆測,

---

① 楊寬:《古史新探》第157頁,中華書局,1965年。
② 王貴民:《就甲骨文所見試說商代的王室田莊》,《中國史研究》1980年第3期。
③ (清)王應麟:《詩地理考》,收入《叢書集成初編》(3046)第185頁,中華書局,1985年。
④ 徐南洲:《"舌"字門外談》,原載《考古與文物》1987年第3期;又《甲骨文獻集成》第13册第342頁。

但認爲舌方是少數民族却值得考慮。島邦男認爲"舌即古字之初文，古方即胡方"①，釋字不可信，但也從相關卜辭推論其爲少數民族。

之所以認爲舌可能是行蹤不定的遊牧民族，主要基於這樣的考慮：第一，舌只存在於賓組（主要是典賓）和出組（如《合集》24145），時代即武丁晚期至祖庚時期②，其後的卜辭未見。原因無非有兩種：一是被商滅了；二是遠離中原，遷徙到了西北或北方更遠地區。從前面的論述來看，舌的力量强大，給商造成過極大的威脅，被商滅掉的可能性極小。如果是行蹤不定的遊牧民族就好解釋了。第二，如果舌方是一地望清楚，居有定所的方國的話，它的歷史、它的文化不可能不在以後的文獻或出土實物中得到反映。

此外，我們還有兩條證據可證"舌"可能爲少數民族：

第一，趙林曾引用馮家昇《匈奴民族及其文化》一文討論"胡"的讀音：

"胡"者匈奴之自稱，何以知之？曰單于遺漢書云"南有大漢，北有强胡，胡者天之驕子"即爲例證。大抵"胡"係"匈奴"之急讀，皆其自稱之辭。其義已由"胡者天之驕子"一句而知之；今試就土耳其、蒙古、通古斯語族中，尋求其語源。

今土耳其語族中 Turk 語"人"曰 Kun, Kunen

　　　　　　　　Woghul 語"人"曰 Kum, Khum, Kum

　　　　　　　　匈牙利語"人"曰 Kun

蒙古語族中之 Khalk 語"人"曰 Kun

　　　　　　　　Kalmuk 語"人"曰 Kun, Ku

　　　　　　　　Dakhur 語"人"曰 Khun, Ku

---

① 島邦男：《殷墟卜辭研究》（下）第740頁，濮茅左、顧偉良中譯本，上海古籍出版社，2006年。

② 黃天樹：《殷墟王卜辭的分類與斷代》，科學出版社，2007年；林小安：《再論"歷組卜辭"的時代》，《故宮博物院院刊》2000年第1期。

Burjat 語"人"曰 Khung, Kung, Kun

所謂 Ku, Kun, Khun 正爲"胡"之對音,其義爲"人"。尋求"胡者天之驕子"之義,正如猶太人自命爲上帝之選民。①

趙林説:"按吾讀若工,根據高本漢,工的古音今音皆爲 Kung。工的讀音與匈奴語中'人'(即匈奴人所自稱的'胡')的讀音相同。……按工字的音讀與 Burjat 語'人'之音讀竟完全相同,換言之,吾便是'胡',便是匈奴。"②

第二,趙平安從金文、璽印、馬王堆帛書中找出"曷"或从"曷"的一些字,據此認爲"吾"應釋作"曷",即晉世崛起的"羯"③。是否應釋作"曷"尚需進一步論證,但把它看作少數民族却是可以信從的。

附録:含"吾/吾方"的拓片號

自小字類(兩版):6353、8583

典賓類(五百四十四版):

26、27、28、Y78、L138、L139、L140、L141、L142、L143、L144、L145 正、L146、L147、L164、L168、D356(6315)、D357、D358、D359、D361、D364、W426 反、537、538 乙、538 甲、539、540-(545+Y554)、542、Y543+、543+、Y544、Y545 正、Y546 正、546、Y547 正、547、548+、Y548、549、Y549、550 正、Y550、Y551、Y552、Y553 正、Y555、Y556、Y557+613、Y558、Y559、Y560、Y561、Y562、Y563、Y564 正+、Y565、Y566、Y567、Y568、Y571、Y572、Y573、Y574 正、Y575、Y576、Y577、584 正甲+、584 反甲+、614、

---

① 馮家昇:《匈奴民族及其文化》,《禹貢》半月刊第 22—23 頁,第七卷第五期,1937 年,轉引自趙林《商代的羌人與匈奴》第 62—63 頁,臺灣政治大學邊政研究所出版,1985 年。

② 趙林:《商代的羌人與匈奴》第 62—63 頁,臺灣政治大學邊政研究所出版,1985 年。

③ 趙平安:《甲骨文"𠙵"即"曷"字説——兼談"羯"的族源》,原載《揖芬輯——張政烺先生九十華誕紀念文集》,社科文獻出版社,2002 年;又載《國際中國學研究》第 5 輯,韓國中國學會,2002 年;收入氏著《新出簡帛與古文字古文獻研究》第 65—76 頁,商務印書館,2009 年。

615、616、617、618、Y682、W952、W953、W955 正、W963、Y1179 正、B1358、B1757、B1758、B1759、B1761 正、B1762 反、B1763、B1775 正、B1776、B1778、B1779、B1781、B1784、B1785 反、B1786、B1787＋9814、B1790、B1791、B1792、B1794、B1796、B1797、B1803、B1804、B1808、B1809、B1811、B1813、B1814、B1815、B1816、B1817 正、B1818、B1820、B1822、B1825、B1826、B1831、B1832、B1835、B1836、B1837、B1839、B1842、B1845、B1846、B1849、B1851、B1853 丙、B1853 乙、B1853 甲、B1854、B1855、B1856 正、B1860、B2308 正＋、4572 正、5445 反、5445 正、5520、5521、6057 正、6060 正、6062＋、6063 反、6065＋、6066 反、6067＋、6068 正、6069、6070 正、6071、6072 正、6074、6075 正、6077、6080、6081、6082＋、6083、6084、6085＋、6086、6087 正＋、6088、6089、6090 正、6091、6092、6093 正＋、6094 正、6095、6096 正、6097、6098、6099、6100、6101＋8547、6102 正、6103 正、6104＋6105、6106、6107、6108 正、6109、6110 正、6111、6112、6113、6114、6115、6116＋6120 正、6117、6118、6119＋存補5.146.3、6121、6122、6123、6124、6125、6126、6127、6128、6129＋、6130 正＋、6131正－17360 正－（6132＋17362）、6133、6134、6135、6136 正、6137＋6147、6138、6139、6140、6141、6142、6143 正＋、6144＋、6145、6146、6148＋B1976、6149＋、6150、6151 反、6152、6153、6154、6155、6156 正、6157＋7318＋SG40、6158＋、6159 正、6160、6161、6162、6163 正＋、6164＋8524＋SG52、6165、6166＋7405 正、6167、6168、6169、6170 正、6171、6172＋7299、6173－、6174、6175、6176＋、6177 正、6178、6179 正、6180、6181 正＋、6182、6183、6184、6185＋B2873、6186、6187、6188、6189＋、6190－、6191 正－、6192、6193、6194、6196、6197、6198－39856、6199、6200＋山本竟山舊藏拓 14、6201、6202、6203＋B4565、6204 正、6205、6206 正、6207、6208、6209＋、6210、6211、6212、6213、6214、6215、6216、6217＋17726＋B759 正、6218、6219、6220、6221＋8562、6222 正＋B1859 正＋B2119 正、6223、6224、6225、6226＋7815、6227、6228、6229、6230、6231、6232＋、6233 正、

6234 正、6235、6236、6237、6238+6262、6239、6240、6241、6242 正+6267、6243、6244+8571+1276、6245、6246、6247、6248、6249+、6250、6251、6252、6253、6254、6255、6256、6257、6258+6282、6259、6260、6261、6263、6264、6265、6266+、6268+6195+存補 5.140.2、6269、6270 正+、6271、6272、6273、6274、6275、6276、6277、6278、6279+11918+11891 正、6280、6281、6283、6284、6285、6286+625+輯佚 118、6287 正、6288、6289、6290、6291 正、6292、6293、6294、6295、6296、6297、6298、6299、6300、6301、6302、6303、6304、6305、6306、6307+、6309、6310、6311、6312、6313、6314、6316、6317、6318、6319、6320、6321、6322、6323、6324、6325 正、6326、6327 反、6328、6329 正、6330 正、6332、6333、6334 正、6335、6336、6337 正、6338、6339、6340 正、6341、6342、6343、6344、6345+、6347、6348、6349、6350、6351、6354 正、6356、6357、6358、6359、6360、6361、6362、6363 正、6365、6366、6367、6368、6369+Y570、6370+B1860+6310、6371+D360（6308）、6373、6374、6376、6377、6378、6379 正、6380、6404+東文庫 284、6431、6596、7319、7577、7583+珠 776、7595、7704、8501 正+、8502、8503、8504、8505、8506、8507、8508 正、8509、8510、8511、8512+、8513、8514、8515、8516、8517、8518、8519、8520、8521、8522、8523、8525、8526、8527、8528、8529、8530 正、8531、8532、8533、8534、8535、8536、8537、8538+5240、8539+USB698、8540、8541、8542、8543 正、8544、8545、8546+16017+13951、8548、8549、8550、8551、8552、8553、8555 正、8556、8557、8558、8559 反、8560 反、8561、8563、8564、8565、8566 正、8567、8568、8569 正、8570、8572、8573 正、8574+京人 207、8575、8576、8577、8578+8587、8579、8580、8581、8582 正、8584、8586、8589、8590、8598、9603、8610 正、8611、8647、8992、9715、14006 正、17361+後上 1.8.12、35232、39495、39855、39859+、39863+、39870、39876

賓三類(十一版)：B1833、6073+、6078、6079、6331+、6352、6813、8554+B1921+B2140+12812、8585、8588、8626

出類(一版):24145
合計(綴合後數片算一版):558

第四節　商與夷方之間的戰爭①

一　關於"尸(夷)"的字形和釋讀

討論"夷方",應先從"尸"的字形談起。其字形在不同組類中明顯不同,賓組、自歷間組中的"尸"一般作屈膝之形,如:

A:(831,賓三)　(33038,自歷間)

歷組中的"尸"腿部稍有拉直,如:

B:(33040,歷二)　(33112,歷一)

無名組的"尸"字形分別承襲賓組、歷組而來,如:

C:(T2064)　(T2370)

出類卜辭中的"尸"屈膝之形就更不明顯了②。如:

---

① 本節主要内容以《殷卜辭所見"夷方"與帝辛時期的夷商戰争》爲題發表於《歷史研究》2014年第5期。收入本書有修改。
② 一般學者釋這兩字爲"人",我們贊同饒宗頤的意見釋其爲"尸",有關理由,拙文《甲骨卜辭中的"哉＊(置)六尸""延尸"及相關問題》(待刊)有論。

D: （22599） （22600）

到殷墟五期的黃組卜辭中的"尸",字形更像"人"了,因此,以前的釋文一般將其釋作"人方"。字形如:

E: （36488） （36492）

董作賓讀爲"人方",李學勤早期讀爲"人方",後改爲"夷方"①。郭沫若則主張釋其爲"尸",他在考釋《通》569 片時說:"舊多釋尸爲人,余謂當是尸字,假爲夷……殷代尸方乃合山東之島夷與淮夷而言。"②郭氏的解釋有一定道理。從字形來看,殷墟甲骨文早期的"人"和"尸"的差異明顯,晚期二者之間沒有明顯差別,但從卜辭表達的意義來看,二者並不能混用,如"征(延)尸"的"尸"字形經歷了上述 A 類到 B 類的變化過程:

上述 A 類: （25） 上述 B 類: （34379）

因 B 類字形已近於"人",《釋文》、《總集》均將《合》34379 釋爲"人"。又如"戠*(置)③六尸"的"尸",字形作上述 D 類,只有清楚

---

① 詳參本章第二節"方*尸(夷)"。
② 郭沫若《卜辭通纂》第 569 片考釋,收入《郭沫若全集》考古編第二卷,科學出版社,1983 年;又收入《甲骨文獻集成》第 2 冊第 115 頁。
③ 字作,陳劍改釋爲"戠",並謂其爲"機"之象形初文的繁體(《甲骨金文考釋論集》第 414—426 頁)。如果陳說成立的話,"戠六尸"似可讀作"置六尸"。戠,章母職部;置,端母職部。二字音近可通。

"六尸"的典故之後,我們才會避免誤釋爲"人"①。

在作地名或國族名時,我們認爲還是釋"夷"爲妥,這樣可與祭祀所用的"尸"區別開來。事實上,"尸"有二義:一是指祭祀之尸,記作"尸₁",仍釋作"尸";二是指地名或國族名,記作"尸₂",可釋作"夷"。圖示如下:

尸 ⟶ 尸₁（延尸、戠*（置）六尸）
　　⟶ 尸₂（夷房）

下面先對"夷"或"夷方"卜辭進行整理與繫聯。

二　有關"夷方"卜辭的整理與繫聯

1. 自賓間類

□卯卜,叀□寅盅夷,戈(翦)。　　　　　　　　　（6464）

丙子卜,□盅夷。　　　　　　　　　　　　　　（7052）

□子卜,方戈(翦)夷。二　　　　　　　　　　　（6466）

□寅卜,王,今來□辰出,正(征)夷☒。□月。一　（6458）

[貞]夷方不出。[一] 二 二告 三 四　　　　　　（6456）

自賓間類卜辭中與夷方有關的卜辭僅五版,時在武丁早中期,既可稱"夷"也可稱"夷方"。

2. 賓一類

賓一類卜辭中圍繞"征夷"事件可繫聯出《合集》6457正、6460正、6461正、6462、6463、6475反、6583七版。可排列如下:

　　　□□[卜],□[貞]:☒侯告正(征)夷。一 二 三 四 五 [六]
七 八 九 十 [一 二 三] 四 五 [六] 七 八 九 十 [一]

　　　[貞王]勿比侯告。一 [二] 三 [四] 五 六 [七] 八 九

---

① 關於"延尸"和"戠*（置）六尸",拙文《甲骨卜辭中的"戠*（置）六尸""延尸"及相關問題》(待刊)有討論。

[十] 一 二 三 [四]　　　　　　　　　　　　　（6457 正）
　　貞王叀侯告比正(征)夷。六月。四
　　貞王勿隹(唯)侯告比。四　　　　　　　（6460 正）
　　王叀夷正(征)。五
　　王勿隹(唯)夷正(征)。五　　　　　　　（6583）
　　貞王叀夷正(征)。(朱書)
　　王[勿]隹(唯)夷。(朱書)　　　　　　（6475 反）
　　庚寅卜,賓,貞今早＊王其步伐夷。一 二 三 四 五 六 七 八 九 十 一 二 三
　　庚寅卜,賓,貞今早＊王勿步伐夷。一 二 三 [四 五] 六 [七 八 九]　　　　　　　　　　　　　　　　　（6461 正）
　　勿呼䧅(敦)夷。　　　　　　　　　　　（6463）
　　丙子卜,☐其伐夷☐于☐　　　　　　　（6462）
　　貞王比望乘伐。五
　　王勿比望乘伐。五　　　　　　　　　　（6583）
　　辛卯卜,賓,貞沚馘啟巴,王勿隹(唯)之比。一 二 三 四 五 六 七
　　辛卯卜,賓,貞沚馘啟巴,王叀之比。五月。一 二 三 四 [五 六] 七 [八 九] 十 [一] 二　　　　　　　　　　　　　　　　　（6461 正）
　　貞王叀沚馘啟比[伐]馘 一 二 三 四 [五] 六 七 八 [九] 十 [一 二] 三 [四] 五 [六] 七 八 二告 九 [十] 一
　　貞王比沚馘伐巴。一 二　　　　　　　（6475 正）
　　王叀沚馘。五　　　　　　　　　　　　（6583）
　　貞王勿比沚馘伐巴。一 二　　　　　　（6475 正）
　　[貞]王勿比沚馘。一 二 三 四 [五] 六 七 八 九 十 一 二 告 二 三 四　　　　　　　　　　　　　　　　　（6457 正）
　　勿隹(唯)沚馘。五　　　　　　　　　　（6583）

王叀龍方伐。五
勿隹(唯)龍方伐。五 （6583）
辛亥卜，㱿，貞王叀昜白㚔①比。一 二 三 四
辛亥卜，㱿，貞王勿隹(唯)昜白㚔比。一 二 三 四
（6460正）
呼比爰㚔□。[一] 二 二告 三 四 五　（6461正）

經繫聯，上述一群卜辭至少反映如下一些事件：第一，在武丁中期某年"六月"，商王曾占卜是否親自率軍步行討伐夷。這傳達出三種可能：(1)要麽夷距離商都不遠；(2)要麽商王當時處於前綫；(3)發生戰爭的地方地形複雜，不適合車馬，而適宜步行②。第二，占卜是否與"侯告"一起伐夷。第三，與占卜"伐夷"同版的軍事活動較多，如占卜商王是否與望乘一起伐下危、與沚馘一起伐巴方，還占問是否伐龍方。

3. 典賓類

典賓類有四版：《合集》829正、6459+、6476、6480。辭例如下：
貞王令婦好比侯告伐夷。四
貞王勿令婦好比侯[告伐夷]。四 （6480）
貞王叀夷屮(仃③)正(征)。一
貞王[勿隹(唯)]夷[仃]正(征)。一 （6476）
貞翌乙未率攸(殺)夷。一 （829正）

---

① "昜白㚔"當爲"昜"地的首領"㚔"，有學者考證"昜"是"唐"，"㚔"是昜伯的私名，参孫亞冰、林歡：《商代地理與方國》第330—338頁，宋鎮豪主編：《商代史》卷十，中國社會科學出版社，2010年。
② 這也只是據"步伐"的推測。其實，帝辛十祀征夷時，甲午出征前在大邑商行告廟禮(36482)，说到"余步"，其意可能也未必是步行前往。
③ 从口从亻，陳年福隸作"仃"（陳年福：《殷墟甲骨文字詞總表》，http://www.xianqin.org/blog/archives/2634.html，2012年4月10日）。《説文》無，《廣韻·青韻》："仃，伶仃，獨也。"卜辭中似作國族名或人名，與後世之"仃"並非一字。

［甲］午卜，卜賓，貞王叀婦［好］令正（征）夷。一

乙未卜，賓，貞王叀婦［好］令正（征）［夷］。　　（6459+）

辛酉卜，爭，貞王比望乘伐下危。一

［辛］酉卜，爭，［貞］王勿隹（唯）望乘比。一

［貞王叀］望［乘比］伐下危。一

王叀望乘比。一

叀乘比。一

王勿隹（唯）望乘比。一

勿隹（唯）乘比。一　　（6476）

貞王［叀望乘］比伐［下危］。四

貞王勿［隹（唯）望］乘比［伐］下危。四 四　　（6480）

貞王叀沚馘比伐巴方。一 二告

王沚叀馘比伐巴。一

貞王叀沚馘比。一

王叀沚馘比。一

王叀沚馘比。一

王叀沚馘比。一

貞王勿隹（唯）沚馘比［伐巴方］。一

勿隹（唯）沚比。一 二告

王勿比沚馘伐。一

勿比馘。一 二告

王勿隹（唯）馘比。一

王勿隹（唯）馘比。一　　（6476）

辛未卜，爭，貞婦好其比沚馘伐巴方，王自東罙伐，戎臽（陷）于婦好立（位）。四

貞婦好其［比沚］馘伐巴方，王□自東罙伐，戎臽（陷）于婦好立。四

貞王叀而白黽比伐□方。

貞王勿隹（唯）而白黽伐□［方］。四　　　　　　（6480）

貞王叀龍方伐。［一］

王勿隹（唯）龍方伐。一　　　　　　　　　　　（6476）

從事類來看，《合集》6480 所反映伐夷事件與賓一類反映的情況相同，可能時間相距不遠，或者可以説是同一次出征，只不過將領由武丁配偶"婦好"與"侯告"一起，同時，也有王與望乘一同伐下危。《合集》6480 還記録了對婦好與沚䧹一同伐巴方的占卜，更爲可貴的是，本條卜辭保留了伐巴的戰術問題，即"自東罙伐戎，臽（陷）于婦好立（位）"，商王讓婦好協同沚䧹去征伐巴方，而王則親自從東方深入進擊巴方，敵人會陷入婦好的埋伏吧①。罙，裘錫圭、蔡哲茂、劉釗並釋爲"罙"，裘先生讀作"探"，蔡先生看作"深"的初文②。《合集》6476 所占内容甚多，既有"正（征）夷"，又有"伐下危"、"伐巴方"、"伐龍方"，表明這些戰事前後相距不會太遠。

4. 自歷間類

辛巳卜，叀生月伐夷方。八月。　　　　　　　　（33038）

侯告伐夷方。　　　　　　　　　　　　　　　　（33039）

隹（唯）夷方受又（祐）。　　　　　　　　　　　（20612）

本類共上述三版，其中《合集》33039 又出現了"侯告"，與前述賓一類、典賓類所見的"侯告"爲同一人，可見其所處時代當係武丁中晚期。《合集》20612（甲編 279）的"隹（唯）夷方受又（祐）"指"受夷方祐"的倒裝，這與"我受舌方又（祐）"（8501 正）、"弗其受土方又（祐）"（8482）相類，夷方、舌方、土方均爲敵方，這幾條卜辭應該是占

---

① 此意與裘先生的看法基本一致，詳參于省吾主編：《詁林》字頭 2682，中華書局，1996 年。

② 《詁林》字頭 2681、2682。蔡哲茂：《釋"罙""罙"》，《故宮學術季刊》第五卷第 3 期，1988 年。

卜攻打敵方時是否受到神的保祐。

5. 歷一類

  癸亥[卜],王叀[或]比。

  □□[卜],王叀望乘比。

  癸亥卜,王叀夷正(征)。三

  乙丑卜,[王]叀望乘[比]。

  乙丑卜,王叀或比。三

  丙申卜,其疾。三

  丙申卜,弗疾。三　　　　　　　　　　(33112)

本類僅見一版,征夷事件中,涉及到望乘和或(賓組卜辭中作戠或氵止戠)。

6. 歷二類

  丙申卜,彝囟夷□才(在)繼,若。

  □竹□北□　　　　　　　　　　　　(33040)

  癸卯卜,夷方。　　　　　　　　　　　(33194)

本類共兩版,辭例較殘,信息不完整。

7. 無名類

  王族其辜(敦)夷方邑舊,右左其叔。

  弜叔其𤔮舊,于之若。

  □右旅□雉□眾。　　　　　　　　　　(T2064)

  甲辰卜,才(在)𠨘,牧延𠂤又□邑□。才(在)盡。引吉

  弜每(悔)。吉

  癸酉卜,戍伐,右牧𠂤攵夷方,戍又𢦒(翦)。引吉

  □𢦒(翦)。引吉

  中戍又𢦒(翦)。

  左戍又𢦒(翦)。吉。

  亡𢦒(翦)。

右戍不雉衆。
中戍不雉衆。吉。
左戍不雉衆。吉。 (T2320)
乙卯卜,貞王其正(征)夷方,亡𢐫(艱)。一 (T2370)

本類卜辭有三版,至少反映了這樣一些情況:第一,王族進攻夷方名"舊"的城邑,此"舊"可能與帝辛十祀征夷方所見之"舊"爲一地,李學勤將此無名組征夷卜辭納入帝辛十祀征夷排譜中①。叔,字形作𦥑,李學勤謂其疑從"呂"聲,讀爲"營",意思是"環繞"②;謝明文釋爲"叔",讀作"周",訓作"環繞"、"包圍"③,可從。第二,進攻夷方有位將領名𠭯,時任右牧,行軍時擔任先鋒,卜辭中用"攷"。第三,《屯南》2320 占問中、左"戍"是否能夠蔑滅敵方(右戍辭殘),同時還占問三戍是否"不雉衆",即是否"不失去衆人"。關於"雉衆",學界曾有"失衆"和"陳師"之爭,但沈培通過詳細梳理"雉衆"一詞在不同組類卜辭的書寫和用例情況後證明,"雉衆"當如四十年代楊樹達所釋的"失衆",義同"喪衆"④。

8. 黃类

關於黃類卜辭中的伐夷方事件,經過董作賓、陳夢家、島邦男、李學勤等前輩學者的"篳路藍縷"和鍾柏生、鄭傑祥、王恩田、羅琨等、

---

① 李學勤:《帝辛征夷方卜辭的擴大》,《中國史研究》2008 年第 1 期。
② 李學勤:《商代夷方的名號和地望》,《中國史研究》2006 年第 4 期。
③ 謝明文:《釋甲骨文中的"叔"字》,復旦大學古文字研究中心網,http://www.gwz.fudan.edu.cn/SrcShow.asp?Src_ID=1957,2012 年 10 月 31 日。
④ 沈培:《卜辭"雉衆"補釋》,《語言學論叢》第 237—256 頁,商務印書館,2002 年。

孫亞冰等、陳秉新等、徐鳳先、徐明波、門藝、李凱等①後繼者的進一步修補，始于帝辛十祀九月甲午、終於十一祀五月癸丑的征夷方事件，基本得到了較合理的排譜。但諸家所排都存在或多或少的分歧，以下我們重點討論幾家的意見，然後列出我們的排譜。

董氏在"帝辛日譜"中，將帝辛十祀正月朔定爲癸酉，將征人（夷）方事件按干支和月份定於時間坐標中，征夷方事件起於十祀九月甲午，終於十一祀七月癸卯，歷時十二個月（含十祀閏九月），但董氏的日譜難免與實際有出入，陳夢家云：

> 董作賓爲了證實他所擬定的"殷曆"，曾在他的《殷曆譜》中彙集了征人方的卜辭依年、月、日排列爲《帝辛日譜》，並繪出往返路綫圖。這樣作法本來是很好的。可惜他爲了要符合他的"殷曆"，在排比上常常是削足適履，在材料的去取與解釋上也不無錯誤。②

陳氏糾正了董氏的疏謬，並增入了他新見的材料，重新作了"征人方歷程"，始於十祀九月甲午，終於十一祀五月癸丑，歷時十

---

① 董作賓：《殷曆譜》第723—735頁，藝文印書館，1977年。陳夢家：《殷虛卜辭綜述》第301—304頁，中華書局，1988年。〔日〕島邦男著，濮茅左、顧偉良譯：《殷墟卜辭研究》第749—771頁，上海古籍出版社，2006年。李學勤：《殷代地理簡論》第37—41頁，科學出版社，1959年。鍾柏生：《殷商卜辭地理論叢》第214—219頁，藝文印書館，1989年。鄭傑祥：《商代地理概論》第352—387頁，中州古籍出版社，1994年。王恩田：《人方位置與征人方路綫新證》第104—116頁，張永山主編：《胡厚宣先生紀念文集》，科學出版社，1998年。羅琨、張永山：《夏商西周軍事史》第195—202頁，《中國軍事通史》卷一，軍事科學出版社，1998年；羅琨：《商代戰爭與軍制》第299—326頁。孫亞冰：《殷墟甲骨文中所見方國研究》第39—45頁，中國社會科學院研究生院碩士學位論文，2001年；孫亞冰、林歡：《商代地理與方國》第376—395頁。陳秉新、李立芳：《出土夷族史料輯考》第41—89頁，安徽大學出版社，2005年。徐鳳先：《商末周祭祀譜合曆研究》第57—63頁，世界圖書出版公司，2006年。徐明波：《殷墟黃組卜辭斷代研究》第88—102頁，四川大學博士學位論文，2007年。門藝：《殷墟黃組甲骨刻辭的整理與研究》第163—178頁，鄭州大學博士學位論文，2008年。李凱：《帝辛十祀征夷方與商王巡狩史實》，《中國歷史文物》2009年第6期。

② 陳夢家：《殷虛卜辭綜述》第301頁，中華書局，1988年。

個月（含十祀閏九月）①。首先陳氏剔除了董氏所引的錯誤材料和主觀解釋；其次，陳氏將征人方路綫按"征人方"和"來征人方"區分爲去程和返程，這是創造性的發現。但陳氏與董氏一樣，認爲十祀有閏九月。

徐鳳先論證了十祀不存在閏九月②。其論證思路如下：

（1）由《庫方》1672（41757＝Y2563）可知，十祀十二月有甲午（31），十一祀正月有丁酉（34），所以十一祀正月初一只能在乙未（32）、丙申（33）、丁酉（34）三日。

（2）由於九祀正月到十一祀正月的閏月情況可能有兩種：一是沒有閏月，二是有一個閏月。十一祀正月初一可以選乙未和丁酉兩端的情況來討論，組合起來有四種可能：無閏月，十一祀元旦乙未；有閏月，十一祀元旦乙未；無閏月，十一祀元旦丁酉；有閏月，十一祀元旦丁酉。徐氏對以上情況進行了分別推算，最後得出的結論是：九祀與十一祀之間無閏月，九祀元旦爲丙午或丁未。

因徐書未對具體的推算過程進行說明，本書以第一種情況爲例，看如何推出九祀元旦的干支：

沒有閏月，十一祀元旦上溯到九祀元旦共計二十四月，按朔望月的平均日數 29.5306 計算出共有 708.7344 天。因爲干支的周期爲六十，所以可以用二者之間相距的總日數減去一個六十的倍數，其差必須小於六十，此差則爲二者相距的干支數，即 708.7344－660＝48.7344，這就意味着十一祀元旦上溯四十八或四十九個干支就是九祀元旦的干支了。干支表如下：

---

① 陳夢家：《殷虛卜辭綜述》第 301—304 頁，中華書局，1988 年。
② 徐鳳先：《商末周祭祀譜合曆研究》第 56 頁，世界圖書出版公司，2006 年。

甲辰41	乙巳	丙午43	丁未44	戊申	己酉	庚戌	辛亥	壬子	癸丑
甲寅51	乙卯	丙辰	丁巳	戊午	己未	庚申	辛酉	壬戌	癸亥
甲子1	乙丑	丙寅	丁卯	戊辰	己巳	庚午	辛未	壬申	癸酉
甲戌11	乙亥	丙子	丁丑	戊寅	己卯	庚辰	辛巳	壬午	癸未
甲申21	乙酉	丙戌	丁亥	戊子	己丑	庚寅	辛卯	壬辰	癸巳
甲午31	乙未32	丙申	丁酉	戊戌	己亥	庚子	辛丑	壬寅	癸卯

從乙未上溯四十八個干支是丁未，上溯四十九個干支是丙午，故得出結論：如果沒有閏月，十一祀元旦爲乙未，九祀元旦則爲丙午或丁未。

從《明》61（合集37855）可知，正月有癸丑，可以驗證九祀元旦爲丙午或丁未是正確的。從《合集》37852可知，二月有乙亥，那麼正月的月長爲二十八或二十九天，這也是比較符合實際情況的。

按此推算方法，發現另三種情況要麽正月沒有癸丑，要麽正月的時長太短。綜上可知，十祀閏九月的說法是錯誤的。

此外，陳夢家引《前》2.16.3（前 2.16.3＋前 2.16.4＝合集36968）有"十二月甲申在㳄"，經核對拓片，無此時間和地名。

李學勤重作了排譜，始於帝乙十祀九月甲午，終於帝乙十一祀四月癸酉，共"歷22旬，約7個月"①。現在看來，李先生的排譜也存在一些問題。比如，引《前》2.16.5（《合集》未收）"甲申在㳄"，經核對原拓，該條卜辭未見；據《續》3.31.11（《合集》36903），排出壬辰之前一天有"辛卯在瀧"，從拓片來看，"辛卯"並不能確定；排譜中"正月乙卯在溫，今日步于攸"（前 2.10.1＋前 2.17.3＋前 2.17.5＋林 2.5.7＋金544，即37475＋Y2562正＋D940＋36957）之"乙卯"爲"乙巳"之誤。

董作賓、陳夢家、李學勤等先生當時所見材料有限，王恩田在前輩學者基礎上，糾正了先前的錯誤，補充了七條新材料，將征夷方的路線問題描述得更加具體，但和李學勤一樣遺漏了陳夢家所舉的《續》3.18.4

---

① 李學勤：《殷代地理簡論》第37—41頁，科學出版社，1959年。

(36495),此外,他將“十月癸未”(36756)排在九祀十月,我們認爲疑點有三:一是未見年祀;二是未見征夷方事迹,三是其地名不能與伐夷方的相關卜辭繫聯,故未予采納。王文發表以後,又産生了新的綴合成果,羅琨和張永山、孫亞冰、陳秉新和李立芳、徐鳳先、徐明波、門藝、李凱等先生都作了排譜,但大多相差無幾。在王文基礎上,我們繫聯了四十一版甲骨(綴合後的幾版只算一版),其中有的卜辭可以補出新的時間和地點,爲伐夷方事件提供了新的證據。

綜上所述,殷墟甲骨所見“夷方”的分組類情況如下:

組類	自賓間類	賓一類	典賓類	自歷間類	歷一類	歷二類	無名類	黄類
數量	5	7	4	3	1	2	3	41

三　對各類卜辭所見“夷”或“夷方”是否同一方國的討論

陳夢家將“人方”和“尸(夷)方”看作兩個不同的方國,認爲“人方”即本文討論的“夷方”,在殷東,“尸方”在殷西①,得到了一些學者的認同②。李學勤討論“夷方”名號時雖未直接回應這個問題,但在分析“夷”的字形時是並不贊成武丁時期與其後的無名組、黄組的“夷方”是不同方國的。李先生説:

> 在黄組以前的各組卜辭裏,“人”、“尸(夷)”兩字的區别是比較清楚的,即“尸”字所象人形足部前伸或有曲筆,作夷俟蹲踞狀。武丁時所卜征伐“尸(夷)”或“尸(夷)方”的“尸”字就是這樣。在《出土夷族史料輯考》中,可以看到《甲骨文合集》6457-6464、6480等賓組卜辭載王和昜伯𡚸、侯告征夷,或命婦好和侯告伐夷,《合集》

---

① 陳夢家説:“武丁卜辭中所征伐在西土的尸方,與乙辛時代在商方的人方,是不同的兩個邦方。”見陳夢家:《殷虚卜辭綜述》第301頁,中華書局,1988年。

② 羅琨:《商代戰爭與軍制》第186—188頁,宋鎮豪主編:《商代史》卷九,中國社會科學出版社,2010年。

33039自組卜辭云"侯告伐夷方",20612、33038自組卜辭也都有"夷方",33112歷組卜辭也可能同時。凡此"夷"字均作足前伸或有曲筆的"尸"。①

今按,李先生上述分析是較爲可信的,只是我們將《合集》33039、20612、33038看成自歷間組,而不是自組,其實無論是自組還是自歷間組,均處於武丁時期,並不影響結論的成立。李先生還說"武丁以後幾位王的卜辭都不見夷方。夷方再在卜辭内出現,要到無名組卜辭……"而且,從後來的論述看,李先生是將武丁時期所見的"夷"與無名組、黃組所見的"夷方"等而觀之的,尤其是他在《帝辛征夷方卜辭的擴大》一文中將無名組的敦夷方(T2064)與黃組帝辛十祀征夷認爲是同一次出征。

另一方面,上述賓一類卜辭中繫聯出與"征夷"同版的方國有下危、巴方、龍方。此"下危"可能與十祀伐夷所經之"危"有關,其地距𢦏(甾丘,今安徽宿州東北六十里)頗近(詳後文),學者們也一般將其定在殷之東南②。"巴方"之"巴"(𢀖)字衆釋不一③,何琳儀等別釋"𢀖"爲"巴"④,雖然其意見未得確信,但也由此表明傳統所謂"巴方"與文獻中"巴蜀"之巴或"巴東"之巴,並不能比附,因此定"巴方"在殷之西南未必可信。龍方,張秉權謂其在山東泰安府西南⑤,不少學者則謂其在殷之西⑥。今按:《春秋地名考略》卷二"龍"謂:

---

① 李學勤:《商代夷方的名號和地望》,《中國史研究》2006年第4期。
② 陳夢家謂下危在"蘇皖交界之處",島邦男謂其在亳南、淮陰間,羅琨謂其"在殷之東南",參《商代戰爭與軍制》第177頁。孫亞冰等同意島邦男之説,參《商代地理與方國》第396—400頁。
③ 于省吾主編:《詁林》字頭304號,中華書局,1996年。
④ 何琳儀、房振三:《釋巴》,《東南文化》2008年第1期。
⑤ 張秉權:《殷虛文字丙編》第1片考釋(第16頁),"中研院"歷史語言研究所,1957年。
⑥ 陳夢家:《殷虛卜辭綜述》第283頁,中華書局,1988年。羅琨:《商代戰爭與軍制》第185頁,宋鎮豪主編:《商代史》卷九,中國社會科學出版社,2010年。孫亞冰、林歡:《商代地理與方國》第285—289頁,宋鎮豪主編:《商代史》卷十,中國社會科學出版社,2010年。

"成二年齊侯伐我北鄙,圍龍",杜注:"魯邑,在泰山博縣西南。"高士奇按:"龍,《史記》作'隆',劉昭曰:'博縣有龍鄉,漢高八年封謁者,陳署爲侯國。'《水經注》:'汶水過博縣,西北又西南徑龍鄉故城,今在泰安州西南。'"①因此,我們還是贊同將其定在殷之東。儘管學界對所謂"巴方"和"龍方"地望看法不一,但基本一致認可"下危"即黃組所見的"危",因此武丁時期與"下危"同版的"夷"和黃組時期與"危"同版的"夷方",被看作相關甚至同一方國並不難理解。

此外,有一版賓一類卜辭出現了"東夷"的名稱:

　　☐東夷屮曰:千森余[𢦏]☐[南]四☐　　　　　(8410反)

與這條卜辭可以繫聯的有如下一版:

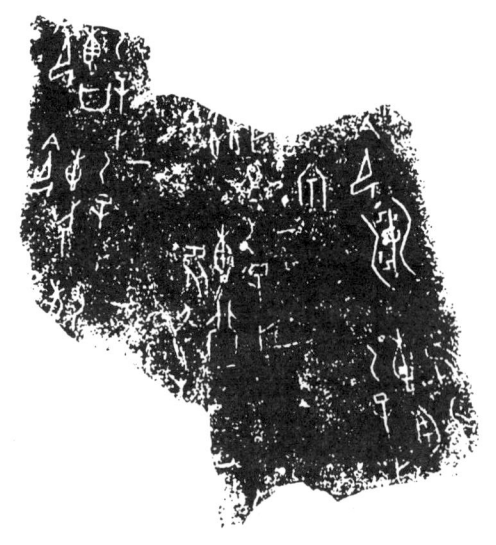

图 2.4

☐屮曰:千森王𢦏于之,八犬八豕☐三羊,南四,卯于東方析,三

---

① (清)高士奇:《春秋地名考略》卷二,第 507 頁下,臺灣商務印書館景印文淵閣《四庫全書》本,第 176 册,1986 年。

牛,三羊,南三。(Y1288)"
戠"是一個祭祀動詞,兩版內容應該相關,均涉及到戠祭的問題。武丁所伐之夷可能就是這裏的"東夷","東夷"也就是處於殷東之夷方。另,陳夢家指出卜辭中有"東隹尸"、"西隹尸"、"南隹尸"、"北隹尸"(《後》下36.6,即《合集》32906,如圖2.4,歷類),並稱"隹尸"即"鳥夷",指東方或東北之尸。① 從圖2.4所揭拓片來看,所謂的"隹尸"之"尸"作:

現在一般釋作"匕"。因此陳先生的釋法恐怕有誤。且歷類卜辭的"夷"一般寫作:

(33112,歷一) (33040,歷二)

孫亞冰等指出:

  卜辭中的"夷"(6461、6459)、"東夷"(8410反)、"西隹夷"、"北隹夷"(32906)、"東北夷"(22202),"歸夷"(19957正、20502)之稱,"夷"是商人對東、南民族的統稱。②

---

① 陳夢家:《殷虛卜辭綜述》第285頁,中華書局,1988年。
② 孫亞冰、林歡:《商代地理與方國》第376頁,宋鎮豪主編:《商代史》卷十,中國社會科學出版社,2010年。

今按:孫先生的意見基本上是可信的,只是沿用陳夢家指出的"西隹夷"、"北隹夷"恐不可信,"東北夷"拓片模糊,今也釋作"東北千"。

《後漢書·東夷列傳》:"王制云:'東方曰夷。'……夷有九種,曰畎夷,于夷,方夷,黃夷,白夷,赤夷,玄夷,風夷,陽夷。"史書所載的"夷"皆東夷,未有西夷之説。從現在的研究情況來看,陳夢家所謂的武丁時期的"尸方"當即"夷方",所謂帝辛時期的"人方"也即"夷方",因此,其爲兩地之説是不可信的。學者們對"夷方"的研究無不證明了這個結論。陳廣忠《簡談三代對淮夷的戰争》謂:"淮夷,是對古代居住在今安徽中部、北部,江蘇、山東南部一帶少數民族的總稱。夏代稱九夷,商代稱夷方、人方、夷,西周則稱爲淮夷、南夷、東夷或南淮夷。"①這一意見是可從的。林小安研究武丁中期臣屬所進行的戰争後指出:"知伐人方爲武丁中期略早之事。人方,即《左傳》昭四年傳:'商紂爲黎之蒐,東夷叛之',昭十一年傳:'紂克東夷而殞其身',《吕氏春秋》:'商人服象,爲虐於東夷'所稱東夷,地處殷之東南。前文所引'多曰'巡省南土,而曰正在殷末伐人方途中,亦可證人方確在殷之東南。或曰人方在殷西,實有不審,難以信從。"②林先生的意見是非常正確的。

綜上可知,武丁時期及其稍後所見各類卜辭中的"夷",與無名組、黃組所見的"夷方"當緊密相關,甚至就是一個族群,其地望在下文中詳論。

---

① 陳廣忠:《簡談三代對淮夷的戰争》,《江漢論壇》1982年第5期。
② 林小安:《殷武丁臣屬征伐與行祭考》,《甲骨文與殷商史》第2輯,上海古籍出版社,1986年;又收入《甲骨文獻集成》第27册第78頁。

四　對帝辛十祀伐夷方事件的重新整理與排譜

(一)重新整理與排譜

十祀伐夷方的卜辭四十一版、共一百二十四條,歸併成一百零六個事件。列表如下:

序號	年	月	日	地點	辭例	出處
1	九祀	二月	乙亥	□	夷方不大出。邁祖乙彡。	37852
2	十祀	九月	甲午	大邑商	余步比侯喜征夷方。告于大邑商。	36482(前 3.27.6+4.18.1＝前 3.27.6+卜通 592);36483
3			癸亥	雇	征夷方。	36485(林 1.19.12＝通 569),36487(前 2.6.6＝通 570)
4		十月	癸酉	嘉①	征夷方。在嘉步。	36504(京 5552)
5			乙酉	香	貞夕	36550+36553-
6			丁亥	喪②	貞夕	36550+36553-
7			己丑	乐	貞夕	36550+36553-
8			辛卯	䨹	貞夕	36550+36553-
9			癸巳	䨹	貞夕	36550+36553-;41753(Y2524)

---

①　从木从豆从力,字形作𣏾,鄭傑祥釋"嘉"(《殷代地理概論》第 358 頁),陳年福亦釋"嘉"(《字詞總表》第 230 頁)。

②　喪(董作賓、陳夢家作"噩")、盂二地相距不遠,且均爲商王之田獵區。如"庚[寅]二田:喪、盂,又大雨。"(30044)

序號	年	月	日	地點	辭例	出處
10			甲午	㡇	比东。王征。十月。十祀	37856
11	十祀	十一月	乙未①	㡇	貞夕	36550+36553-
12			丙申	㡇	貞夕	36549
13			[丁酉]	□	貞夕	36550+36553-
14			己亥	鷹	貞夕	36550+36553-
15			辛丑	商	貞夕	36550+36553-；36506②
16			壬寅	商	貞夕	36549③
17			癸卯	商	貞旬。征夷方。十月又一	41753（Y2524＝金584）；36550+36553-
18			乙巳	商	遘大雨。	36552
19			己酉	吉	貞夕	36550+36553-
20			辛亥	吉	貞夕	36550+36553-
21			[壬子]④	商	[步]于亳。	36830 + B11115 + 前2.9.6+36555

① 已知九月有甲午（36482），十月有甲午（37856），九十兩月已至少六十一天，故十月甲午後一天乙未我們排在十一月。孫亞冰將其排在十月。

② 從36550+36553、36549、36552可知，十月十一月己亥，王在鷹，辛丑、壬寅、癸卯、乙巳在商，己酉、辛亥在吉。本條卜辭的干支殘存"丑"，這一天又在"商"地，故應爲[辛]丑。李學勤補此條干支爲九月"乙丑"，恐誤（《殷代地理簡論》第37頁引"摭續153"）。且本版另一條卜辭有"在十月"。

③ 從36549與36550+36553可知，在"㡇"貞夕的時間有"辛卯、癸巳、甲午、乙未、丙申"，在"商"貞夕的時間有"辛丑、癸卯、乙巳"，因此36549中的"□寅"之□應爲"壬"。

④ 補出"壬子"的理由是：壬子前一天爲辛亥（36550+36553-），這天在"吉"，壬子後一天癸丑在"亳"（41753＝Y2524），在"商"占問"今日步于亳"的日子自然就應該是"壬子"了。

序號	年	月	日	地點	辭例	出處
22			癸丑	亳	貞旬。征夷方。十月又一	41753（Y2524 = 金584）
23			甲寅	亳	今日步于雇①。	36830 + B11115 + 前 2.9.6+36555
24			甲寅	雇	貞夕	36565(续 3.31.7)
25			乙卯	雇	今日步于融(徹)②。	36830 + B11115 + 前 2.9.6+36555
26			丁巳	融(徹)	今日步于嬠。	36830 + B11115 + 前 2.9.6+36555
27			己未	嬠	其必从高西。	36830 + B11115 + 前 2.9.6+36555
28			庚申	嬠	其䵼(敢)□。	36830 + B11115 + 前 2.9.6+36555
29			辛酉	嬠	今日步于[厤③]。	36961
30			癸亥	厤	步于危。	36961
31			癸亥	厤	貞旬。征夷方。十月又一	41753（Y2524 = 金584）;36490
32			[癸]亥	厤	步于危	36961
33		十二月	己巳	危	今日步于攸*。十月又二	36825
34			癸酉	□	貞旬。征夷方。	41753（Y2524 = 金584）

① 36830+B11115+前 2.9.6+36555 與 36565 兩版的"甲寅"這天白天在"亳"占卜今天要前往"雇"是否有災，晚上在"雇"占卜當晚是否有尤，可見亳、雇兩地相隔不到一天的路程。

② 黄天樹：《黄天樹甲骨金文論集》第 74—75 頁，學苑出版社，2014 年。

③ 此字僅殘存上部ㄱ，從兩天后在來看(41753=Y2524)，前者可能是後者之殘。陳夢家釋其爲鴇(从ㄗ从鳥)，41753 可與 36961、36490 聯繫起來，《釋文》釋爲"鳳"。此字可能係从厥从隹，6545 作，18330 作，陳年福《字詞總表》隸定爲厤，可從。

序號	年	月	日	地點	辭例	出處
35			戊寅	〔□〕	今日步于〔□〕①	36968+Y2564+36946
36			己卯	〔□〕	王其〔□〕	36968+Y2564+36946
37			己卯	〔□〕	方不〔□〕	36973+36989+36844
38			辛巳	舊	貞夕	36607
39			壬午	舊	貞夕	36442
40			癸未	舊	王步于汦。	36968+Y2564+36946
41			癸未	舊	貞旬。征夷方。十月又二	B11232
42			癸未	（無）	貞旬。征夷方。十月又二	36484
43			乙酉	汦	王步于淮。	36968+Y2564+36946
44			丙戌	淮	王步于瀿(?)。	36968+Y2564+36946
45			庚寅	瀿	〔□〕林方。	41757（Y2563）；36968+Y2564+36946
46			庚寅	瀿	貞夕	前 2.16.5
47			壬辰	瀿	至于潢(?)、霾(?)。	41757（Y2563）；36968+Y2564+36946
48			癸巳	瀿	貞旬。征夷方。十月又二	36484；B11232
49			癸巳	瀿	貞旬。	36494

---

① 本辭的〔□〕與第 37 辭之〔□〕、53 辭之〔□〕可能爲一字之異。

序號	年	月	日	地點	辭例	出處
50			甲午	瀹	王步于糶。十月二	41757（Y2563）；36968+Y2564+36946
51	十一祀	一月	丁酉	□	比□往来亡災。正月	41757(Y2563)
52			己亥	菩	步于浚。	41757(Y2563)
53			庚子	浚	今日步于𦥑(饗)。正月	37475 + Y2562 正 +D940
54			辛丑	饗	今日步于量。	37475 + Y2562 正 +D940
55			壬寅	呈	今日步于永。	37475 + Y2562 正 +D940
56			癸卯	永	今日步于□。	37475 + Y2562 正 +D940
57			癸卯	攸*侯喜鄙永	王来征夷方。正月	36484；B11232
58			乙巳	溫	今日步于攸*。	37475 + Y2562 正 +D940
59			丙午	攸*	执胄夷方𢦏。正月	36492
60			己酉	攸*	貞夕。	B12424
61			辛亥	攸*	貞夕。	B12424
62			癸丑	攸*	貞旬。王来征夷方。正月	36484；B11232
63			乙卯	攸*	貞夕。	B12424
64			丁巳	攸*	貞夕。	B12424
65			己未	攸*	貞夕。	B12424

序號	年	月	日	地點	辭例	出處
66			己未	[攸*①]	田元。	37475 + Y2562 正 +D940
67			癸亥	攸*	貞旬。来征夷方。正月	B11232
68			癸亥	攸*	貞旬。隹囗征囗	B12877
69			癸亥	攸*	貞夕。	前 2.16.5
70			乙丑	攸*	今日愸②从攸*。	37475 + Y2562 正 +D940
71		二月	癸酉	攸*	貞旬。来征夷方。二月	B11232
72			癸酉	攸*	王来征夷方。	36494
73			癸酉	攸*	貞旬。	36823
74			丙子	攸*	貞夕。	36606
75			丁丑	攸*	今日步于截。	37475 + Y2562 正 +D940
76			戊寅	截	今日步于危。	37475 + Y2562 正 +D940
77			庚辰	危	今日步于叉。	37475 + Y2562 正 + D940;36901
78			辛巳	叉	今日步于汕。	37475 + Y2562 正 + D940;36901
79			囗囗	叉	囗于栗。二月	36902
80			[壬午]	汕	今日步于嫴③。	36901

① "在"與"貞"之間未刻地名,從前後干支及地點來看,可能省刻的地名是"攸"。

② 愸,字形作𢿢,裘錫圭釋作怺,讀爲"愸",訓爲敕戒鎮撫,參見《釋"怺"》,《文集》第一卷61—64頁,復旦大學出版社,2012年。

③ "嫴"字拓片模糊,《釋文》和《校釋總集》釋"相",《殷虛書契》(前2.19.5)、《卜辭通纂》(通608)釋爲"杜",據《綴》189上半(綴圖66),前一天壬午在汕,貞問到此地,第二天癸未在"嫴"占卜,因此,我們懷疑此字可能爲"嫴"。

序號	年	月	日	地點	辭例	出處
81			癸未	嬠	貞旬。来征夷方。二月	B11232
82			丙戌	□	今日王步于□。	36751
83			戊子	嬸	貞夕。	36953
84			庚寅	嫷①	王步于杞。	36751
85			壬辰	杞	王步于意。	36751
86			癸巳	意	王毖𠦪。	36751
87			癸巳	意雷商孝②鄙	貞旬。来征夷方。二月	B11232
88			癸巳	意雷孝商鄙	貞旬。	Y2525（41754 = 金728）
89			癸巳	齊③	王来征夷方。二月	36493
90			癸巳	齊	貞旬。王来征夷方。	36488+36803
91			甲午	意	王步于剌。	36751
92			乙未	剌	貞夕。	36953
93		三月	癸卯	冒	貞旬。来征夷方。三月	B11232
94			癸卯	（無）	貞旬。	36493；36488+36803

---

① 疑嬠、嬸、嫷爲一字之異寫。

② 爲排版方便，"意"、"孝"暫從羅琨釋（《商代戰爭與軍制》第323頁）。陳劍先生給筆者的郵件中指出，"所謂'孝'字，研究者或釋'字'，頗可信"。

③ 同在二月癸巳，王在"意"（第86辭）、"意雷商孝鄙"（第87辭）、"意雷孝商鄙"（第88辭）、"齊"（第89、90辭）四處出現，《歷史研究》匿名評審專家指出，89、90兩辭所記之地與86—88辭有出入，不應排入此譜。我們認爲，"齊"可能是"意"之邊邑，正如87辭稱"意雷商孝鄙"、88辭稱"意雷孝商鄙"（"鄙"即邊邑），陳秉新、李立芳解釋"同一天内在數地占卜，可見各地相距甚近"（《出土夷族史料輯考》第68頁）。故我們認爲，這幾條卜辭所記之地相距不遠，應不衝突。

序號	年	月	日	地點	辭例	出處
95			乙巳	□	王來征夷方。	36501+36752+37410+36772
96			丙午	商	今日步于樂。	36501+36752+37410+36772
97			己酉	樂	今日王步于喪。	36501+36752+37410+36772；Y2565正（41777）
98			庚戌	喪	今日王步于香。	36501+36752+37410+36772；Y2565正（41777）
99			辛亥	香	今日步于𠩺（敢）。	36501+36752+37410+36772；Y2565正（41777）
100			癸丑	敢	貞旬。	Y2525（41754）；36488+36803
101			甲寅	敢	今日王步于奠。	36501+36752+37410+36772；Y2565正（41777）
102			[乙卯]	奠	王田自東。	36501+36752+37410+36772
103			丙辰	奠	今日王步羌。	36501+36752+37410+36772
104		四月	癸酉	云奠河邑	貞旬。來征夷方。	Y2525（41754）
105		五月	癸卯	曹	貞旬。王來征夷方五月。	36495
106			癸丑	曹	貞旬。	36495

　　上表條(1)反映九祀二月乙亥占問夷方是否會"大出"，意味着夷方對商的侵擾。遺憾的是，沒再發現九祀其他有關夷方的卜辭。

羅琨對征伐夷方的原因進行分析,並舉焦智勤公佈的一版甲骨:"己未王卜,貞舍☐或,殷東侯,晉☐狃戔夷方,亡☐。"羅先生引述李學勤根據相類卜辭補全爲:"己未王卜,貞舍[巫九备,夷方伐東]或(國),殷東侯,晉[夷方,余其比多侯]狃戔夷方,亡[害在憂]。"辭意表明,時間是在九祀三四月間,于九月侯喜大軍出征夷方之前,伐夷方的原因是夷方侵擾了商的東土。李先生還舉出《合集》36182可與《輯佚》690相綴,辭例與此相近,《合補》11256也與此同文。這些反復的占卜,透露出帝辛時與夷方矛盾的尖銳化①。羅先生的意見甚是,《合集》36498也意爲出征前向諸侯宣告夷方罪行,如:"丁巳王卜,[貞]☐晉夷方,余☐受又(有)又(祐)。不[蠱戈],[亡害]在憂。王占[曰]:[大吉]☐。"

條(2)反映十祀九月甲午出征在大邑商行告廟禮。在九月出征,符合周代禮制。《禮記·月令》:"孟春之月……不可以稱兵,稱兵必天殃""仲夏之月……不可以起兵動衆""孟秋之月……天子乃命將帥,選士,厲兵,簡練桀俊,專任有功,以征不義,詰誅暴慢,以明好惡,順彼遠方。"

條(3)至(56)反映十祀九月至十一祀正月癸卯到達攸*地的邊邑"永",這裏是與夷方作戰的前綫。條(59)記載正月丙午在攸*地"執冑夷方虩,焚☐",反映在攸*地抓住夷方首領,還焚毁對方的東西,表明征伐夷方獲得勝利。條(59)至(75)表明從正月丙午到二月丁丑三十二天商王均在攸*地停留,條(66)記載在元地"田獵",條(70)記載在攸*東巡守。條(75)至(106)反映商王從攸*地出發基本按原路返回,條(105)反映於十一祀五月癸卯到達喜地,圓滿結束這次征伐行動。

另有黃類中伐夷方的卜辭,但不能排入上表,如:

---

① 羅琨:《商代戰爭與軍制》第299—300頁,宋鎮豪主編:《商代史》卷九,中國社會科學出版社,2010年。

[癸]亥王卜,貞旬亡憂。王[占曰]:[吉]。[在]☒月。甲子酯,妹工典其☒誓次,王正(征)夷[方]。………(36489)這條卜辭沒有明確的月份,干支爲"癸亥",從經過地爲"誓"來看,似與條(105)、(106)有關,時間爲十一祀五月。但從"王征夷方"來看,似當屬於往征夷方,與十一祀五月爲返程不吻合,李學勤謂此條在十五祀①。孫亞冰等引用常玉芝的觀點認爲,此條是十祀九月甲午之前的八月,出征夷方從本版的"誓"地出發,十一祀五月再回到這裏,征夷的起點和終點都在"誓",其依據是本版甲子"祭工典"②。《合集》36489 是一條殘辭,常先生據周祭特徵補出八月,其祀譜可與十祀九月甲午䇂上甲相符,但周祭每年都周而復始,唯將其定在十祀並無其他證據。而且,如果這條是征夷起點的話,九月甲午所占的內容就不好解釋了。該辭例是:

甲午王卜,貞作余酯朕秦酉,余步比侯喜正(征)夷方。上下、㲋示受(授)余又(有)又(祐)。不蕭③戈(翦),肩告于大邑商,[亡害]在猷(憂)。王占曰:吉。在九月遘上甲䇂,隹(唯)十祀。　　　　　　　　　　　　　　(36482)

辭中的時間、地點、事件清楚,尤其是此版明確地記載王在大邑商行告祭廟禮,向祖先稟告自己將前去與侯喜一同征討夷方,並祈求"上下、㲋示"保祐,王看了兆璺後覺得吉利。顯然,《合集》36489 並沒有這樣的重要信息。因此,《合集》36482 揭示的內容更有可能是出征卜辭,大邑商更有可能是起點。此外,從征夷排譜來看,如果八月癸亥在"誓",九月甲午在"大邑商",九月癸亥在"雇",其路綫也是難以理解的。

另有五條卜辭(《合集》36355 + 36347、36344、36507、36508、

---

① 李學勤:《殷代地理簡論》第 59 頁,科學出版社,1959 年。
② 孫亞冰、林歡:《商代地理與方國》第 382 頁,宋鎮豪主編:《商代史》卷十,中國社會科學出版社,2010 年。
③ 蕭,字形作㦱,據陳年福釋,參見陳年福:《殷墟甲骨文字詞總表》第 42 頁。

36503），似與"告于大邑商"有關，爲伐夷方而行告廟之禮，可能係同一事件。但從干支來看，與十祀九月甲午出征討伐夷方不吻合，因此不能列於上表。

晚商金文也保留了征夷的記錄①，但都難以排在帝辛十祀征夷行程中。這也表明，文獻所載的晚商時期王室多次對夷方用兵確有其事。

(二)關於帝辛十祀征夷方的路綫及相關問題

1. 董作賓將其路綫分成如下幾個階段：

(a)由殷至於商；(b)由商至於攸；(c)從侯喜征人方；(d)在攸；(e)從攸至於齊；(f)由齊再至於商；(g)由商返於殷都。董氏認爲大邑商，即商，在今河南商丘。

2. 陳夢家則分成如下五段：

(a)由大邑商至雇，係從太行山南麓沿沁水南岸至沁入古代大河處，回程在云渡河，當與去程之雇相近；(b)自雇至商或自商回云，往來皆經香、噩、東、畐等地；(c)由商至𡠗（發按：即𡠗）或自𡠗回商，往程經過亳，回程繞行杞、齊等地，來回當沿雎水兩岸；(d)自𡠗至攸或由攸回𡠗，回程很明顯的沿雎水兩岸。(e)往程自攸沿澮水南下渡淮征林方，回程經過若干河流而至攸。陳氏則認爲大邑商在沁陽田獵區。

3. 李學勤則分成如下五段：

(a)十祀九月甲午至十一月癸卯，由大邑商至雇，又返犇于商；(b)十祀十一月某日至己巳，由滴至攸；(c)十祀十二月癸酉至次年正月壬寅，自舊返至攸侯喜鄙永；(d)次年正月癸卯至三月乙巳，由攸返商；(e)次年正月丙午至四月癸酉，由商至云奠河邑。李先生似將大邑

---

① 參見羅琨：《商代戰爭與軍制》第307—310頁，宋鎮豪主編：《商代史》卷九，中國社會科學出版社，2010年；孫亞冰、林歡：《商代地理與方國》第390頁，宋鎮豪主編：《商代史》卷十，中國社會科學出版社，2010年；鄧飛：《日本白鶴美術館藏小子𠭯卣銘文時代考》，《文獻》2013年第5期。

商和商看作一地,且路綫略舉大要,還不能展示更具體的行程情況。

4. 王恩田則將行程細分爲了十二段:

(a)自大邑商至𠂤(發按:卜辭作"雇");(b)自𠂤至樂;(c)自樂至商;(d)自商至亳;(e)自亳至攸;(f)自攸至淮;(g)自淮返攸;(h)自攸至杞;(i)自杞至𠭯;(j)自𠭯至商;(k)自商至樂;(l)自樂至河。其所分路程階段是研究者中最詳細的。

5. 李凱在王恩田所繪路綫基礎上作了細小的調整:

(a)自大邑商至雇;(b)自雇至樂;(c)自樂至商;(d)自商至攸;(e)自攸至淮;(f)自淮返攸;(g)自攸至杞;(h)自杞至𠭯;(i)自𠭯至商;(j)自商至樂;(k)自樂至河。李凱將往"亳"的一段去掉,並將"淮"看作"濰"。

6. 我們的看法

董作賓以來的諸家研究爲我們探討征伐夷方的路綫問題提供了重要的參考,他們所繪的路綫圖中基本都有"大邑商、雇、商、攸、淮"等地,由於對"大邑商、淮、亳、齊"等地地望的看法不同,因此繪出的路綫圖各有不同。

根據伐夷方的時間和所經地名,我們繫聯出四十一版卜辭,這是目前所見征夷方的最詳盡的資料,借助這些材料,我們擬出如下路綫圖。

根據這個路綫圖,我們可以看到在伐夷方的過程中,在"攸*"地停留時間最長,從十祀十二月己巳在危就占問"今日步于攸亡災"(36825),後一直在攸的附近舊、淲、淮、甾(以此爲駐扎地,甾林方,到潢、𩁹、𩿅地等)、菩、淩、𩁹、量等地活動,再到攸的邊邑"永",後於正月丙午到攸*,在攸地停留三十二天。由此可見,攸*顯然是攻打夷方的前綫,正月丙午時,"王其呼☐征執胄夷方𢧢,焚☐弗每"反映了俘虜夷方首領、焚燒☐(辭殘,不清楚焚燒的對象)的事件,表明此次

有關帝辛十祀征伐"夷方"路綫圖

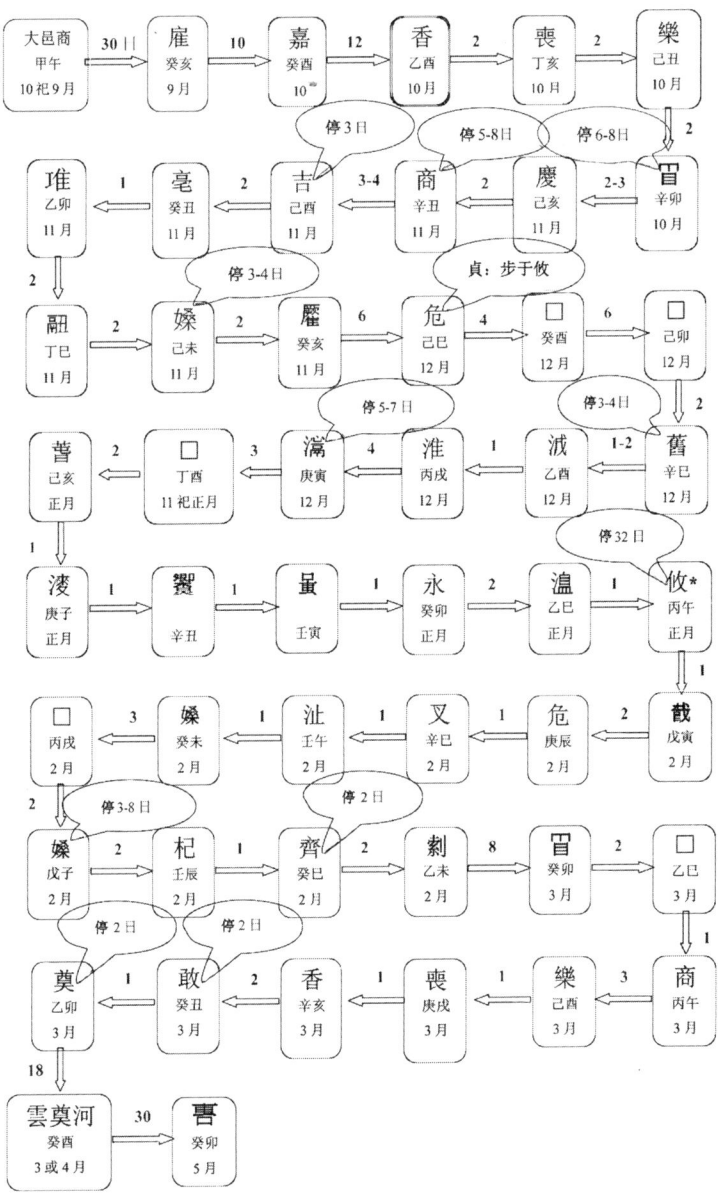

戰爭以商取得勝利而宣告結束。攸*地是往返行程的分界。從往返行程也能清楚地看到,某些地方是往返的必經之路,如危、㠱、啚、商、樂、喪、香。全部行程從十祀九月甲午從大邑商出發,經過九個月,至十一祀五月癸卯回到田獵區書地,共計二百五十天。

以下我們就伐夷方所經地名進行考辨:

(A)大邑商。一般有三種看法:一是殷墟安陽(王國維①;王恩田②),二是沁陽田獵區(陳夢家③),三是商丘(董作賓④;張光直⑤)。

王國維說:"宋、商、商邱三名一地,其說是也。始以地名為國號,繼以為有天下之號。其後雖不常厥居,而王都所在,仍稱大邑商。"王恩田也認為,"天邑商、大邑商均指殷都安陽,西周初年周人仍把武王征伐的殷都叫做'大邑商'(何尊)","按照周代禮制,告廟之禮需在宗廟或祖廟中進行,而宗廟或祖廟一般均設在都城或原來的都城之內,估計商代也不會例外。目前還沒有任何證據可以證明殷王行告廟之禮是在某個田獵區內進行的"⑥。我們認為安陽為大邑商,1963年出土於陝西省寶雞市賈村的"矟(何)尊"記載有武王滅商的史實,其中有銘文為"☐隹(唯)武王既克大邑商,則廷告于天☐"⑦,充分表明殷都安陽才是"大邑商"。

持"沁陽說"的理由並不充分,陳夢家主要依據的是《甲編》2416

---

① 王國維:《說商》,《觀堂集林》(外二種)卷十二,第263頁,河北教育出版社,2001年。
② 王恩田:《人方位置與征人方路綫新證》,張永山主編:《胡厚宣先生紀念文集》第104—116頁,科學出版社,1998年。
③ 陳夢家:《殷虛卜辭綜述》第257頁,中華書局,1988年。
④ 董作賓:《卜辭中的亳與商》,《董作賓先生全集》乙編第3冊,第611頁,臺北藝文印書館,1977年。
⑤ 張光直:《商名試釋》,《中國商文化國際學術討論會論文集》第109—112頁,中國大百科全書出版社,1998年。
⑥ 王恩田:《人方位置與征人方路綫新證》,張永山主編:《胡厚宣先生紀念文集》第104-116頁,科學出版社,1998年。
⑦ 唐蘭:《矟尊銘文試釋》,《文物》1976年第1期。

(即《合集》36511)：

> 丁卯王卜,貞今𡆅(憂)巫九,余其比多田于多白(伯),正(征)盂方白(伯)炎。更衣,翌日步,亡尤*。自上下于㣇示余受又(有)又(祐),不蠱𢀖,[肩]告于茲大邑商,亡害才(在)𤈌(憂)。[王占曰]:引吉。在十月。遘大丁翌。

陳先生將本辭之"衣"看作地名,認爲此地與沁陽田獵區甚近,故認爲征盂方所要告祭之大邑商當在田獵區。但所謂的"衣"當據裘錫圭讀作"卒"①。

持"商丘説"也是明顯欠妥的。從帝辛十祀伐夷方的行程可以知道,九月甲午從大邑商出發,經過若干地方,十一月辛丑到商,停留五至八日後,前往攸地征討夷方,後於十一祀三月丙午返程過商,可見"大邑商"與"商"應爲兩地,商爲商丘,大邑商自然應爲別地。

(B)扈。王國維考釋説扈字古書多作鄌,"《詩·小雅·桑扈》《左傳》及《爾雅》之'九扈',皆借扈爲鄌,然則《春秋·莊二十三年》盟鄌之鄌殆本作扈,杜預云滎陽卷縣北有扈亭(王按:今懷慶府原武縣)"②。發按:《春秋·莊二十三年》:"十有二月甲寅,公會齊侯盟于扈。"杜預注:"扈,鄭地,在滎陽卷縣西北。"③又《文七年》:"公會齊侯、晉大夫,盟於扈。"杜預注:"扈,鄭地,滎陽卷縣西北有扈亭。"④鄭傑祥認爲扈地位於今河南原陽縣西,在古黄河的東岸⑤。王國維所説的滎陽卷縣西與鄭先生所説的河南原陽縣西可能是一地。

---

① 裘錫圭:《釋殷墟卜辭中的"卒"和"裨"》,載《文集》第一卷,復旦大學出版社,2012年。
② 王國維:《殷虛卜辭中所見地名考》,《觀堂別集》卷一,中華書局,1959年。
③ (清)阮元校刻,《春秋左傳正義》,《十三經注疏》卷十,第1778頁,中華書局,1980年。
④ (清)阮元校刻,《春秋左傳正義》,《十三經注疏》卷十九上,第1845頁,中華書局,1980年。
⑤ 鄭傑祥:《商代地理概論》第342頁,中州古籍出版社,1994年。

郭沫若從王應麟説認爲扈地在濮州范縣東二十八里,今范縣東南五十里有顧城,即此地①。王恩田亦持此説。伐夷方行程中,九月甲午從大邑商出發,三十日後的癸亥在雇,但安陽至范縣僅二百八十里,按三百里計,每天行軍僅十里,這顯然與古代日行三十里的慣例相違背的。本來要去遠征夷方,每天却行軍十里,這是不合理的。因此,我們認爲將雇定在鄭,從安陽基本沿黄河古道南下到雇,約四百四十里,經三十天到雇,日行約十五里。

(C)嘉。陳夢家説:"地當在大河之南,鄭州附近。自此東南行,經香、噩、樂、䝯等地,最後一地東距商(即商丘)約九日行程,在商之西。"②陳氏的説法基本可從,還可以據別的卜辭看它與周圍地名的關係:

辛丑卜,行,貞王步自䣢于雇,亡災。

癸卯卜,行,貞王步自雇于嘉,亡災。在八月。在自雇。

己酉卜,行,貞王其步自嘉于麥,亡災。 (24347,出二類)

《合集》24347 表明"嘉"與"雇"相距不會超過兩日行程,與"麥"相距不會超過六日行程。"麥"地與"䵼(敦)"有同版關係,二者相距也不太遠(37781=41826),同在沁陽附近,李學勤定其爲沁水西岸的敦區,應該是正確的③。《合集》36842 的辭例爲"癸酉卜,才(在)帛,貞王步[于]嘉,[亡]災",表明"嘉"與"帛"相距也很近。

(D)香、喪、樂、䝯、慶。這五地按前後順序兩地之間均只有一兩日行程,處於滎陽至商丘之間。

(E)商。一般將其地定在今商丘市附近。王恩田據山東泰安龍門口遺址出土有"商丘叔簠"定此地爲"商",證據欠充足。

---

① 郭沫若:《卜辭通纂》第 535 頁,科學出版社,1983 年。
② 陳夢家:《殷虚卜辭綜述》第 306 頁,中華書局,1988 年。
③ 李學勤:《殷代地理簡論》第 17—20 頁,科學出版社,1959 年。

（F）亳。董作賓將其定在安徽亳縣①，陳夢家認爲在商丘南穀熟集一帶②。據前述排譜中有這樣一條卜辭：

[壬子王卜，在]商，貞[今日步]于亳，亡災。

(36830+B11115+前2.9.6+36555)

補出"壬子"的理由是：壬子前一天爲辛亥（36553+36550），這天在"吉"，壬子後一天癸丑在"亳"（41753＝Y2524），在"商"占問"今日步于亳"的日子自然就應該是"壬子"了。壬子與癸丑兩天相連，表明商與亳是相距很近的，而商丘與穀熟毗鄰，而與亳縣相距一百六十里，一天之内抵達是不合理的。因此，將亳定在穀熟更爲合理。

（G）𦬒。陳夢家引《左傳·昭十一》"齊師宋師敗吴師於鴻口"，杜注云"梁國睢陽縣東有鴻口亭"，又引《渠水注》"梁國睢陽縣東有鴻口亭"③。鴻口亭現在應屬商丘市睢陽區，與在今虞城縣的古亳地毗鄰，在伐夷方行程中，亳地到𦬒地僅一日行程，因此，將𦬒定在睢陽鴻口亭一帶是可從的。

（H）永。陳夢家認爲其地在今永城④。發按：據《河南通志·沿革上》載，永城周代稱芒地，亦名犬丘，宋公衛侯遇於犬丘即此；漢置芒、犬丘二縣，屬沛郡；東漢世祖改芒，曰臨睢，明帝改犬丘，曰太丘，並屬沛國；三國魏二縣俱廢；晉以其地併入酇縣；南北朝劉宋屬平昌郡，後周屬亳州；隋始置永城縣，屬譙郡，尋廢；唐復置，屬亳州；五代宋俱屬亳州；金升爲永州；元至元二年廢州復置縣，屬歸德府；明仍舊；清因之⑤。永城之名始於隋代，與商代甲骨卜辭中的"永"恐非

---

① 董作賓：《卜辭中的亳與商》，《董作賓先生全集》乙編第3册，第611頁，臺北藝文印書館，1977年。
② 陳夢家：《殷虚卜辭綜述》第306頁，中華書局，1988年。
③ 陳夢家：《殷虚卜辭綜述》第306頁，中華書局，1988年。
④ 陳夢家：《殷虚卜辭綜述》第306頁，中華書局，1988年。
⑤ （清）王士俊等監修，顧棟高等纂：《河南通志》卷三，第102頁上，臺灣商務印書館景印文淵閣《四庫全書》本，第535册，1986年。

一地。

　　王恩田據滕縣金莊出土一件商代銅鼎,銘作"䍙作父庚彝",便認爲䍙是永的繁寫,故定永在滕縣金莊一帶。證據也缺乏説服力。

　　我們懷疑金文中的𰎅是"永"的繁寫,永通羕,國族名。此字晚清學者吴式芬釋"咏",吴大澂釋"䣈"①,其後學者多信釋䣈之説②,董全生、張曉軍改釋爲"郂",通作"永",並據永、羕互用之例,認爲"郂"是"養(羕)國國名的另一種寫法"③。徐少華則認爲改釋"䣈"爲"羕"的觀點是可從的,但把此字看作左邊從永、右邊從邑的"郂"却是不正確的,並進一步指出𰎅是"永"的異寫,作爲國族之稱,爲古羕國之"羕"④。《説文·永部》:"羕,水長也。……《詩曰》'江之羕矣'。"段注:"毛詩作永,韓詩作羕,古音同也。《文選·登樓賦》'川既漾而濟深',李注引韓詩'江之漾矣',薛君曰'漾,長也',漾乃羕譌字。"另,金文中有𰎅(鄴子伯受鐸⑤)字,從邑、羊、從永,可以隸作鄴,應該是其作爲國族名的專字。作爲國族名的羕或鄴,文獻中寫作"養"。《左傳·昭三十年》載:"吴子使徐人執掩餘,使鍾吾人執燭庸。二公子奔楚,楚子大封,而定其徙。使監馬尹大心逆吴公子,使居養。莠尹然、左司馬沈尹戌城之,取于城父與胡田以與之。將以害吴也。"此處記載了春秋時期吴楚争戰中的重要事件,其中提及"養"。杜預注:"二子奔楚,楚使逆之於竟也。養,即所封之邑。"⑥但"養"具體爲何地望,語焉未詳。清人顧棟高《春秋大事表》之《春

---

① 周法高主編:《金文詁林》卷七,886 號"䣈",香港中文大學出版社,1975 年。
② 容庚著,馬國權、張振林摹補:《金文編》第 459 頁,中華書局,1985 年。
③ 董全生、張曉軍:《從金文羕、郂看古代的養國》,《中原文物》1996 年第 3 期。
④ 徐少華:《羕國銅器及其歷史地理探析》,《考古學報》2008 年第 4 期。
⑤ 南陽市文物研究所、桐柏縣文管辦:《桐柏月河一號春秋墓發掘簡報》,《中原文物》1997 年第 4 期。
⑥ (清)阮元校刻:《春秋左傳正義》卷五十三,第 2125 頁,《十三經注疏》,中華書局,1980 年。

秋列國地形犬牙相錯表》卷六上"陳州府"條曰："沈邱縣東有養城，爲楚養邑。昭三十年，吳公子掩餘、燭庸奔楚，楚子大封而定其徙，逆吳公子使居養，是也。"①楊伯峻《春秋左傳注》："養當在今河南沈丘縣今治南沈丘城之東，臨安徽界首縣界。"②《中國歷史地圖集》也將"養"邑定於今安徽界首縣城附近③。裘錫圭、李家浩曾考釋曾侯乙墓竹簡119和192號簡中的"䣈君"時說："䣈，從'邑''羕'聲，即《左傳》昭公三十年'楚子……使監馬尹大心逆吳公子，使居養'之'養'，其地在河南沈丘縣東，臨安徽界首縣界。"④

但也有學者提出了不同意見。董全生、趙成甫據河南省桐柏縣月河鎮左莊村發現的大型春秋墓，考證出"養"國地望在桐柏附近⑤。徐少華也同意董趙兩位先生的意見⑥。我們認爲，僅憑桐柏發現一件䣈子銅器就斷定其爲"養"國地望的證據是欠充分的，一是與文獻記載差別懸殊，二是"羕"名器除發現於河南桐柏之外，其他地區也有出土，如湖北江陵縣紀南鄉岳山出土有"羕伯受簠"⑦，江陵縣雨臺山133號墓出土有"䣈戈"⑧，湖北省安陸孝感縣出土有"羕鼎"⑨。而將"養"國地望定在河南沈丘、安徽界首一帶應該是可從的，至於爲何在淮河上游的桐柏發現"䣈"類器，這並不難解釋。歷史上"養"

---

① （清）顧棟高輯，吳樹平、李解民點校：《春秋大事表》第616頁，中華書局，1993年。
② 楊伯峻：《春秋左傳注》（修訂本）第1507頁，中華書局，1981年。
③ 譚其驤主編：《中國歷史地圖集》第1冊，第29—30頁，地圖出版社，1982年。
④ 湖北省博物館：《曾侯乙墓竹簡釋文與考釋》，《曾侯乙墓》附錄1，第496、500、520頁，文物出版社，1989年。
⑤ 董全生、趙成甫：《桐柏月河一號春秋墓相關問題研究》，《中原文物》1997年第4期。
⑥ 徐少華：《羕國銅器及其歷史地理探析》，《考古學報》2008年第4期。
⑦ 荊州地區博物館：《江陵岳山大隊出土一批春秋銅器》，《文物》1982年第10期。
⑧ 《考古》1980年第5期，封底圖版叁第11號銅戈。
⑨ 羕，字形作。羕鼎，薛尚功氏稱爲"圓寳鼎"，並記有二銘同得於安陸之孝感。薛氏謂爲"十有三月"之合文，"中研院"史語所"殷周金文暨青銅器資料庫"（http://app.sinica.edu.tw/bronze/qry_bronze.php）釋作"羕"。見（宋）薛尚功：《歷代鐘鼎彝器款識法帖》第43頁，中華書局影印，1986年。

國曾有遷徙的可能,桐柏、沈丘、界首均屬淮河流域,沿着淮河溯流而上,進入桐柏山區,避開東吳南楚是比較合理的選擇。

如果上述論證不誤的話,文獻記載的"養"便是銅器銘文中的"羕"、"鄴",卜辭中寫作"永"。"永"在商代是"攸*"的邊邑,兩地相距最多三日行程(《合集》36484、36492)。

(I)攸*。陳夢家考釋説:

　　《左傳·定四》分魯公以殷民七族,其中條、徐、蕭、索之徐、蕭、索當在今徐州、蕭縣、宿縣一帶,條亦應近此三處。蕭爲子姓(見《左傳·隱元》正義及《殷本紀》索隱所引《世本》),則條亦是與殷同姓。周武王時曾東伐有攸,《孟子·滕文》"紹我周公"下引《書》曰"徯我有后,后來其無罰";"有攸不惟臣,東征,綏爾士女,匪厥玄黃,王見休,惟臣附於大邑周"。趙歧注云"從'有攸'以下道周武王伐紂時也,皆《尚書》逸篇文也"。"匪厥玄黃"八字,即鄭玄《禹貢》注引《胤征》之文,《胤征》當是《攸征》。①

又謂"《孟子》之'有攸',卜辭之'攸',《左傳》殷民七族之'條',當是一族"。王恩田也同意將"攸""條"看作一族,只是不同意將其地望定在淮北一帶,而是根據山東滕縣後黃莊出土有"爻"字銅器和"㗊"字銅戈,二字音並與攸近,便認爲"攸"在山東滕縣②。我們知道,甲骨文中的所謂"攸",代表字形作:

　　A:𠈌(合集9511)　 𠈌(合集5760)　 𠈌(屯南312)
　　B:𠈌(合集35345)

此字最早由王襄釋出。王氏云:"金文𠈌字舊釋攸。姑从之。"③此字

---

① 陳夢家:《殷虛卜辭綜述》第306頁,中華書局,1988年。
② 王恩田:《人方位置與征人方路綫新證》,張永山主編:《胡厚宣先生紀念文集》,科學出版社,1998年。
③ 王襄:《簠室殷契類纂》第14頁,轉引自《詁林》字頭84號。

在甲骨文中存在 AB 兩形，A 形出現於早中期，B 形只見於晚期黃組，在寫法上存在差異，但可以統一説從人從攴，因爲，甲骨文中，從"夊"與從"攴"常通用無别，如"牧"可作①：

　　　[字形]（合集 148）　[字形]（合集 4849）

"[字形]"可作②：

　　　[字形]（合集 11404）　[字形]（英藏 2674）

這一字形在金文中也有，如③：

　　　[字形]（井鼎）　[字形]（王古尊）

這一字形在戰國時期也基本是一脈相承，如：

　　　[字形]（古陶文字徵 P112④）　[字形]（新蔡葛陵楚簡文字編 P70⑤）

　　自從王襄釋此字爲"攸"之後，學界基本上都沿襲此説。但近來的研究者對此釋不再信從，如《漢達文庫》逕釋此字爲"伇"。這也不難理解，《説文·攴部》小篆作[字形]，釋云："攸，行水也。从攴，从人，水省。"或體作[字形]，與秦刻石同。"攸"與金文中的這些形體一脈相承⑥：

　　　[字形]（攸鼎）　[字形]（攸簋）

　　　[字形]（攸簋）　[字形]（鬲攸比鼎）　[字形]（頌鼎）

這些"攸"之字形與甲骨文中所謂的"攸"的字形相比，缺少"水"形，即缺"人"與"攴"中間的部分。因此，傳統觀點所謂的"攸"其實當釋爲"伇"（爲考慮與傳統釋文相一致，此字姑且釋作"攸*"），既然此字非"攸"字，那麽陳氏與王氏的考釋意見，便不足采信了。

　　從前面分析的行程來看，伐夷方的所經地點集中於河南中部和

---

① 李宗焜：《甲骨文字編》字頭 1209 號，中華書局，2012 年。
② 李宗焜：《甲骨文字編》字頭 1211 號，中華書局，2012 年。
③ 容庚編著，張振林、馬國權摹補：《金文編》字頭 529 號，中華書局，1985 年。
④ 高明、葛英會：《古陶文字徵》第 112 頁"攸"字條，中華書局，1991 年。
⑤ 張新俊、張勝波：《新蔡葛陵楚簡文字編》第 70 頁"攸"字條，巴蜀書社，2008 年。
⑥ 容庚編著，張振林、馬國權摹補：《金文編》字頭 529 號，中華書局，1985 年。

東南部,因此,將"攸*"定在與河南東南部相連的安徽北部一帶是較爲可信的。

(J)𢦏。王國維認爲:

與虎敦之𢦏及石鼓文之𢦏略同,古文以爲載字,殆即《春秋·隱九年》伐載之載,《漢書·地理志》梁國甾縣,故載國。今傳世漢封泥有"載國大行",是漢初尚名載也,後漢改爲考城,至今仍之。其地與亳相鄰。卜辭之𢦏,蓋是地也(王按:今河南歸德府考城縣)。①

考城縣與蘭封縣於 1953 年合併而成蘭考縣,屬於開封市,從伐夷方行程來看,丁丑在攸*,翌日戊寅在𢦏[上文黃類排譜之辭例(75)(76)],可見兩地相距甚近,如果上文所述攸*地可從的話,𢦏不可能在今之蘭考一帶。陳夢家認爲𢦏是後來《漢書·地理志》所載的楚國"甾丘",《一統志》謂故城在今宿縣東北六十里②。比較而言,陳說似相對更爲合理。

(K)危。"危"字形作𢀳,一般據于省吾釋③。趙平安據兩周文字改釋爲"弁",並將卜辭中的"下𢀳"、"𢀳方"讀作"下辨(辯)"或"辨(辯)方",認爲係《漢書·地理志》所載之"下辨道",王莽稱楊德,屬武都郡,故治在甘肅成縣西,曾是少數民族聚居地④。從字形考釋看,釋作"弁"似有道理,但認爲"下𢀳"即"下辨道",恐難成立。卜辭中多次記載商王派望乘伐"下𢀳"⑤,如果下辨道(甘肅成縣)是"下𢀳"的話,從殷都安陽到該地要經過山西、陝西,距離達一千公里,這在當時的條件下,是難以實現的。趙先生也將伐夷方所經之𢀳地讀

---

① 王國維:《殷虚卜辭中所見地名考》,《觀堂別集》卷一,中華書局,1959 年。
② 陳夢家:《殷虚卜辭綜述》第 307 頁,中華書局,1988 年。
③ 于省吾:《甲骨文字釋林》第 17—19 頁,中華書局,1979 年。
④ 趙平安:《釋甲骨文中的"𢀳"和"𢀳"》,《文物》2000 年第 8 期。
⑤ 姚孝遂主編:《殷墟甲骨刻辭類纂》第 1265—1266 頁,中華書局,1988 年。

作"卞",並將其定在山東泗水東部。《春秋·襄十七年》:"齊侯伐我北鄙,圍桃。"杜預注:"弁縣東南有桃虛。"《齊·召南》考證:"弁縣即卞縣也,卞、弁古通用。《後漢·郡國志》'魯國卞縣'注即引此注。"①《漢書·地理志》"魯國"條載魯有六縣,其中"卞"縣謂:"泗水西南至方與入沛,過郡三,行五百里青州川。師古曰即《春秋·僖十七年》'夫人姜氏會齊侯于卞者也'。"②《山東通志》卷四:"泗水縣城在卞縣舊城西十五里。"③但是,從伐夷方的行程來看,十一祀二月戊寅在𢦏(畓丘,今安徽宿州東北六十里),兩天後庚辰在𢀛,如果其地望定在山東泗水,從宿州到泗水有五百餘里,兩天之內到達,也是欠合理的。

但所謂的"弁"具體在今何地,難以確定,其大致位置應離𢦏不遠,𢦏在今宿州東北六十里一帶。

(L)杞。王國維說:"《續漢志》陳留郡雍邱本杞國(王按:今河南開封府杞縣)是也。"④王恩田據山東新泰附近出土的"杞白每亡器群"而將卜辭所見杞定在新泰,並認為歷史上曾有商杞與周杞之別,商杞在新泰,周杞在杞縣⑤。但我們知道,杞作為重要諸侯國,早見於武王滅商時,《禮記·樂記》載:"武王克殷,反商,未及下車而封黃帝之後於薊,封帝堯之後於祝,封帝舜之後於陳,下車而封夏后氏之

---

① (清)阮元校刻:《春秋左傳正義》卷三十三,第1963頁,《十三經注疏》,中華書局,1980年。
② 周振鶴:《漢書地理志匯釋》第475頁,譚其驤主編:《正史地理志匯釋叢刊》,安徽教育出版社,2006年。
③ (清)杜詔等:《山東通志》卷四,第206頁下,臺灣商務印書館景印文淵閣《四庫全書》本,第539冊,1986年。
④ 王國維:《殷虛卜辭中所見地名考》,《觀堂別集》卷一,中華書局,1959年。
⑤ 王恩田:《人方位置與征人方路綫新證》第105頁,張永山主編:《胡厚宣先生紀念文集》,科學出版社,1998年。

後於杞。"①後來,杞的國都屢有變遷。《春秋·隱四》:"四年春王二月,莒人伐杞,取牟婁。"杜預注:"例在襄十三年,杞國本都陳留雍丘縣,推尋事迹,桓六年淳于公亡國,杞似并之,遷都淳于,僖十四年又遷緣陵。襄二十九年晉人城杞之淳于,杞又遷都淳于。牟婁,杞邑,城陽諸縣東北有婁鄉。"②無論杞國都城後來如何變遷,武王滅商之後封夏后氏的杞地在商代時應在陳留郡雍丘縣。再説"杞白每亡器群"反映的是春秋早期的文化遺存,其出土並不能否定商代的杞在雍丘縣的事實。

綜上,我們將杞定在陳留郡雍丘縣,也就是現在的杞縣一帶。

(M)齊。董作賓認爲是古代的營丘,即山東臨淄③。但營丘是西周初年才分封的齊國都城④,商代的"齊"未必是指這個地方。陳夢家認爲這裏的"齊"是指陳留的大小齊城⑤,李學勤也説"它可能與河陽濟水有關。'齊'決不是周代原名營丘的齊城,看《左傳》所記晏子所述營丘的沿革便可明白"⑥。

從伐夷方的行程來看,帝辛十一祀二月壬辰在"杞",第二天癸巳在"齊",表明兩地相距很近,杞在杞縣一帶,齊不可能遠在山東。李學勤早期的意見是正確的,"齊"與"濟水"相關,應在杞縣北部六七十里的大致區域内。《水經注》卷七"濟水"條謂:"濟,齊

---

① (清)阮元校刻:《禮記正義》卷三十九,第 1542 頁,《十三經注疏》,中華書局,1980 年。

② (清)阮元校刻:《春秋左傳正義》卷三,第 1724 頁,《十三經注疏》,中華書局,1980 年。

③ 董作賓:《殷曆譜》第 753 頁,臺北藝文印書館,1977 年。

④ 《春秋地理考實》卷四載:"齊,姜姓,侯爵,太公望之後也。其先四岳佐禹平水土有功,虞夏間封於吕。商末太公起漁釣,爲文武師,封營丘,曰齊侯。《漢地志》云'臨淄,師尚父所封'臣瓚謂'臨淄,即營丘也'。"見(清)江永:《春秋地理考實·列國興廢説》,第 324 頁,臺灣商務印書館景印文淵閣《四庫全書》本,第 181 册,1986 年。

⑤ 陳夢家:《殷虚卜辭綜述》第 308 頁,中華書局,1988 年。

⑥ 李學勤:《殷代地理簡論》第 59 頁,科學出版社,1959 年。

也,齊,度也,貞也。《風俗通》曰:'濟出常山房子縣,贊皇山廟在東郡臨邑縣,濟者,齊也。"李學勤①後來同意郭沫若②定"齊"在"臨淄"的意見,却是我們不同意的,因爲帝辛十一祀二月壬辰在"杞"(上文排譜表之(85)),第二天到"齊"(上文排譜表之(89)),兩地相隔很近,而"杞"據上文考察在雍丘(今杞縣)一帶。但"齊"的具體地望,還有待進一步考證。

(N)剌。董作賓、陳夢家、李學勤諸位先生均未言及此地。1973年山東兖州嵫山區李宮村出土了一批銅器和陶器,其中有銘文爲"剌册父癸"的銅卣和"剌父癸"的銅爵各一件,調查者認爲此"剌"即是《左傳》所載"殷民六族"之"索氏"③,王恩田《人方位置與征人方路綫新證》據此認爲伐夷方所經的"剌"在今山東兖州西四十里的李宮村。我們認爲李宮村所出的"剌"氏器可能正是文獻所記之"索氏"器,剌讀作索,古文字中以聲符代整字是極其普遍的現象。

關於索氏,文獻有這樣的記載。《左傳·定四》:"殷民六族:條氏、徐氏、蕭氏、索氏、長勺氏、尾勺氏,使帥其宗氏,輯其分族,將其類醜。"④《左傳·昭五》:"晉韓宣子如楚送女,叔向爲介,鄭子皮、子大叔勞諸索氏。"杜預注:"河南成皋縣東有大索城。"⑤杜注認爲索氏地望在河南成皋縣東。清人高士奇對"索氏"有較爲詳細的考證:

《昭·五年》:"鄭勞韓宣子于索氏。"杜注:"河南成皋縣

---

① 李學勤:《商代夷方的名號和地望》,《中國史研究》2006年第4期。
② 郭沫若:《卜辭通纂》第463頁,科學出版社,1983年。
③ 郭克煜、孫華鐸、梁方建、楊朝明:《索氏器的發現及其重要意義》,《文物》1990年第7期。
④ (清)阮元校刻:《春秋左傳正義》卷五十四,第2134頁,《十三經注疏》,中華書局,1980年。
⑤ (清)阮元校刻:《春秋左傳正義》卷四十三,第2041頁,《十三經注疏》,中華書局,1980年。

東有大索城。"臣謹按:今滎陽東北三十里有京城,大索城在京城西二十里,其東北四里爲小索城,此即杜氏所云也。然古無二索之名,惟漢楚戰於京索間。《水經注》云:"東晉滎陽民張卓邁等保此名,大柵塢太平真君中潁州刺史崔白,自虎牢移州台,此後還治滎陽,城遂廢,宋元嘉二十九年魯爽破拓跋僕蘭于大索,進攻虎牢。"大索之名蓋始此矣。京相璠曰京縣有大索小索亭,昔索氏兄弟居此,故有大小之稱,未知何據。要之二索之名,亦因于索水耳。《山海經》曰:"少陘之山,器難之水出焉。"器難水即索水也,少陘山即嵩渚山,在滎陽東南二十五里,城因以名,于理爲近矣。或謂大索城,即今滎陽縣城,小索在縣北,存之俟考。①

可見索氏所居之地爲今滎陽縣北,商時應該居於此地。武王伐紂之後,周公曾擔心殷民東山再起,故"遷殷頑民"。索氏本居滎陽,後移居兗州,因此,在兗州發現"劉"器自然是順理成章之事。

從伐夷方的行程來看,帝辛十一祀二月癸巳在"齊",兩日後乙未在"劉"[上揭排譜表之(91)(92)],表明其距離並不遠。

(O)害。陳夢家謂其地"即今武陟縣西之懷"②。李學勤指出它在劉的北面,劉居商西南界出口處,"可能是沁水上的津渡之一"③。此地今指何地,難以確定。但從卜辭來看,它與盂、宮、梌、喪等地同版,分別可見《合集》37567、37598、37619等片。可以確定它在沁陽田獵區。

通過對上述十五條地名的考辨,我們可以將其行程圖的大致情況用地圖揭示如下:

---

① (清)高士奇,《春秋地名考略·鄭·索氏》卷6,頁564上,臺灣商務印書館文淵閣《四庫全書》本,第176冊,1986年。
② 陳夢家:《殷虛卜辭綜述》第308頁,中華書局,1988年。
③ 李學勤:《殷代地理簡論》第19、17頁,科學出版社,1959年。

第二章 甲骨軍事刻辭反映的商代戰爭 | *181*

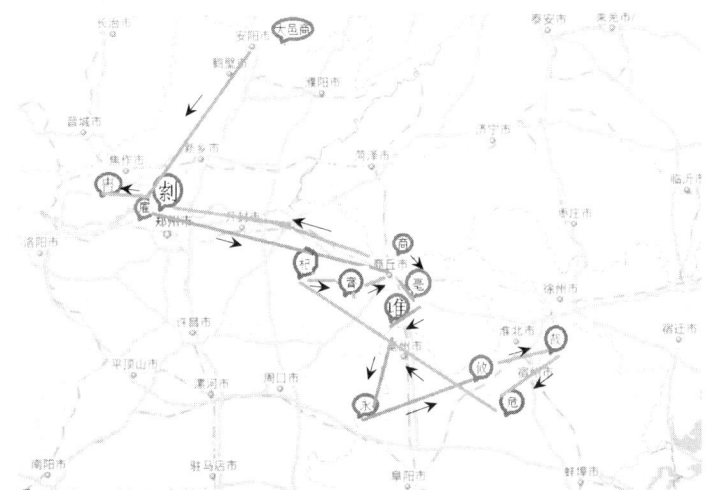

儘管有學者定夷方在山東,或認爲其在滕縣左近①,或認爲路綫是"安陽-兗州-新泰-青州-濰坊"②,但從上文所經路綫來看,我們還是傾向於將夷方定在淮北。羅琨就"夷方山東說"進行了詳細回應,結論是"帝辛十祀征夷方戰場在淮水流域說,可能更符合當時的歷史大勢"③。羅先生的意見是非常正確的。

對上述帝辛十祀伐夷方事件做如下小結:

(1) 時間是從十祀九月甲午至十一祀五月癸卯,計二百五十天。

(2) 征伐於十祀九月甲午從大邑商出發,三十日後到雇,於十一月辛丑到商,停留幾天後,出發,經過亳、䧹等地,於十二月辛巳到達舊。繼續前進,於十一祀正月丙午到達攸,在前綫"攸*"地停留了三十二天,打敗夷方後返程。返程時於二月戊寅巡狩了攸*東北部的

---

① 王恩田:《人方位置與征人方路綫新證》第114頁,張永山主編:《胡厚宣先生紀念文集》,科學出版社,1998年。
② 李學勤:《古代文明十講》第208頁,復旦大學出版社,2003年;李學勤:《商代夷方的名號和地望》,《中國史研究》2006年第4期。
③ 羅琨:《商代戰爭與軍制》第310—317頁,宋鎮豪主編:《商代史》卷九,中國社會科學出版社,2010年。

戠,兩天後到攸*地東南部的危,然後基本按原路返回,經過往程時到過的嫀、杞、㠱、商、樂、喪、香等地,於五月癸卯到了沁陽一帶田獵區"喪",從而完成這次重要的征伐任務。

五 結語

經過上文對有關"夷方"卜辭的排譜、整理與研究,本書可以得到如下認識:

1. 目前所見有關夷方和可相繫聯的卜辭,經綴合後達六十六版,其中自賓間類(五版)、賓一類(七版)、自歷間類(三版)處於殷墟甲骨第一期,典賓類(四版)、歷一類(一版)處於第一二期,歷二類(二版)處於第二期,無名類(三版)處於第三四期,黃類(四十一版)處於第五期。

2. "夷方"的"夷"爲"尸"的借字。甲骨文中的"尸"有兩種用法:一是"延尸"之"尸",指祭祀時代表死者接受祭祀的活人;二是借作"夷方"之"夷"。

3. 參與伐夷的將領有"婦好"(6459)、"侯告"(6480)、望乘和或(賓組卜辭中作戜或沚戜)(33112)、戉(侯)喜(36483)。王一般親自出征,"王族"也會參與作戰(T2064)。

4. 第一至四期征夷是小規模的,到第五期帝辛十祀,大規模的征夷行動取得了勝利,到十一祀正月丙午時,"王其呼☐从執胄夷方譈,焚☐弗每"(36492)反映了俘虜夷方首領、焚燒……(辭殘,不清楚焚燒的對象)的事件,表明此次戰爭以商取得勝利而宣告結束。儘管帝辛取得了征夷的勝利,穩固了對東夷的統治,但終因勞民傷財、荒淫無度、窮奢極侈(《史記·殷本紀》),西方的周日益強大,最終走向了滅亡。

附錄:有關"夷方"可相繫聯的卜辭拓片號

自賓間類(五版):6464、7052、6466、6458、6456;

賓一類(七版):6457 正、6460 正、6461 正、6462、6463、6475 反、6583;

典賓類(四版):829 正、6459+、6476、6480;

自歷間類(三版):33038、33039、20612;

歷一類(一版):33112;

歷二類(二版):33040、33194;

無名類(三版):T2064、T2320、T2370;

黃類(四十一版):37852、36482、36483、36485、36487、36504、36553+36550-36549、Y2524(41753)、37856、36506、36552、36830+B11115+前2.9.6+36555、36565、36961、36490、36825、36968+Y2564+36946、36442、36607、綴189 上半(綴圖66)+36491+36486=B11232、36484、Y2563(41757)、前2.16.5、36494、37475+Y2562 正+D940+36957、36492、B12424、B12877、36823、36606、36901、36902、36751、36953、Y2525(41754)、36493、36488+36803、36501+36752+37410+36772、Y2565 正(41777)、36495、36973+36989+36844。

第三章

甲骨軍事刻辭反映的商代軍事人物

第一節 軍事人物及其事迹概況

討論軍事刻辭中涉及的軍事人物問題比較複雜,原因主要有這樣幾個:第一,人物的判定標準掌握較難。常耀華有感於卜辭人名、地名、氏族名、方國名素難辨認,"或以爲是地名,或以爲是人名,或以爲是氏族名,或以爲是方國名,作出不同的判斷,就會得出兩樣的結果",於是將人物的判定標準歸納爲四個方面:稱謂、語法、在卜辭中找內證、在卜辭外找外證[①]。趙鵬只討論除世系、稱謂、貞人之外的那部分人物,因此用到了三個標準:語法、同辭例排比、參照金文[②]。儘管標準明確,但操作上並不是都能處理周全。比如關於"子不",常耀華不贊同黃天樹看作人名的意見,理由是子組卜辭中三例"子不瘳"(21609/21607/Y1913)和一例"子不商"(21631)均可將"不"看作否定副詞[③]。這裏常先生用的是"語法"標準進行判定,其

[①] 常耀華:《子組卜辭人物研究》第8—9頁,中國社會科學院研究生院碩士學位論文(指導教師:宋鎮豪),2003年。
[②] 趙鵬:《殷墟甲骨文人名與斷代的初步研究》第48—55頁,綫裝書局,2007年。
[③] 常耀華:《子組卜辭人物研究》第24頁,中國社會科學院研究生院碩士學位論文(指導教師:宋鎮豪),2003年。

實未嘗不可以再用他提到的"在卜辭中找内證"的標準來判定。典賓類卜辭中有這樣一條:

庚寅卜,争,貞子不肩同(興)㞢(有)疾。　　　(223)

"不"是否可看作否定副詞呢?恐怕不能。從"肩同(興)㞢(有)疾"的否定來看,其對貞多用"弗",少用"不",即使用"不",也作"不其肩同(興)㞢(有)疾"。如:

☑弗其☑[肩]同(興)㞢(有)[疾]。　　　(B4028,典賓)

☑貞争弗其肩(克)同(興)㞢(有)疾。

(13893＝D1068,自賓間)

貞婦好肩同(興)㞢(有)疾。　一　二　三

貞婦弗其肩同(興)㞢(有)疾。　一　二　三　四

(709正,典賓)

戠弗其肩同(興)㞢(有)疾。　　　(1385反,典賓)

☑䖵弗[其]肩同(興)㞢(有)疾。　　　(5839正,典賓)

貞弗其肩同(興)㞢(有)疾。允。　　　(8626,賓出)

戊申卜,貞雀肩同(興)㞢(有)疾。六月。一　二告　三

戊申卜,貞雀弗其肩同(興)㞢(有)疾。一　二　三　四

二告　五　　　(13869,賓一)

貞子猷肩同(興)㞢(有)疾。　一

子猷弗其肩同(興)㞢(有)疾。

(13874正甲-13874正乙＋,典賓)

貞㝱弗其肩同(興)㞢(有)[疾]。　　　(13887,典賓)

丁酉卜,㱿,貞杞侯炽,弗其肩同(興)㞢(有)疾。　一

(13890,典賓)

弗其肩同(興)㞢(有)疾。　　　(13892,典賓)

☑弗其肩同(興)[㞢(有)疾]。　　　(13917,典賓)

貞殷弗其肩同(興)㞢(有)疾。　一　二(B5132正,典賓)

貞弗其肩興㞢(有)疾。("其"字缺刻橫畫)

(18919+B5854,賓出)

貞翌癸卯子漁不其肩同(興)[㞢(有)疾]。　(13872,典賓)

貞不其肩同(興)[㞢(有)疾]。　　　　(13896,典賓)

貞黄不[其]肩同(興)[㞢(有)疾]。　　(13912,典賓)

據初步調查,這一相關卜辭達十七版,其中用"弗"否定的十四版,用"不"否定的僅三版,且均作"不其",因此,我們贊同黄天樹將"子不"看作人名的意見。可見,同樣是可以判定人名的標準,但掌握起來難免犯難。

第二,人名常與國族名、地名混同,研究時要仔細分辨。如"郭"(也隸作墉),趙鵬將其看作人名①,舉有《合集》5746、31981 作爲例證。考慮到"郭(墉)"曾是商征伐的對象,如"呼庇辜(敦)郭(墉)"(6169)、"庇辜(敦)郭(墉)"(7047),郭(墉)後來應該是歸順於商的國族名,卜辭中有"殷取郭(墉)人"(20571)這樣的記録可以表明。當然將趙鵬所舉的兩例看作人名也未嘗不可:"令郭(墉)以多射衛"(5746)、"令郭(墉)以衆甾"(31981)。又如"更兽令伐商"(T2907)自然可將兽視作人名,但也有"步于兽"(8235),亦爲地名或國族名。可見,如果只看到其作爲國族名、地名的用法,那就可能顧此失彼。

第三,人名的結構多樣增加了判定人名的難度。趙鵬對甲骨文中的人名結構進行了詳細討論,分男名、女名結構對並其不同的表現形式和結構特點進行了描寫和分析②。儘管如此,在實際判定中難免見仁見智。比如,趙先生舉了"牧+某"這一人名形式,並以"牧石"爲例,辭例爲"乙丑卜,㱿,貞甲子向乙丑王夢牧石麋,不隹(唯)囚(憂),隹(唯)又(祐)。一"(376 正)。趙先生没説明"麋"怎麽理

---

① 趙鵬:《殷墟甲骨文人名與斷代的初步研究》第 178、183 頁,綫裝書局,2007 年。
② 趙鵬:《殷墟甲骨文人名與斷代的初步研究》第 56—129 頁,綫裝書局,2007 年。

解,我們覺得"牧石麋"可能是一完整人名,"牧"是官名,"石"是地名,"麋"是私名,這一名稱可換成"在石牧麋",正如趙先生所舉之"在丂牧妥"。另外,同樣在"在+某+牧+某"這一結構中,《屯南》2320有這樣一條卜辭:"甲辰卜,在<g/>牧延啟又☒",其中有"在<g/>牧延"結構,那麼"延"是否是私名呢,卜辭中既可作人名,如"犬延",又可作動詞,如"延雨",這就難免產生分歧。

正是基於上述原因,對軍事刻辭中的人物進行整理時難免見仁見智。根據我們的初步調查,從事軍事活動的人物包含三類:

一是"王",這類卜辭反映出商王親自出征,如"王<g/>(敦)西"(SG12)、"王比望乘伐下危"(ZJ22)等。

二是商王的臣屬,包括"<g/>、豪、雀、委、正、戛、<g/>、侯告、<g/>正化(<g/>)、旨、或、倉侯虎(倉侯)、甫、臬(<g/>)、沚<g/>(伯<g/>、沚或、沚戈、伯或)、望乘、<g/>、光、龜、登(犬登)、羽、自般、強(<g/>、<g/>)、伣、鳴、<g/>(韋)、<g/>、<g/>、伯<g/>(<g/>)、伯紭(多紭)、枚伯、可伯惠、犬侯、犬<g/>、辰(<g/>)、<g/>、立、木、旗(<g/>、<g/>、<g/>、<g/>)、崇侯、郭(<g/>)、<g/>、望<g/>、<g/>(<g/>)、亯、次(伯次)、羴、鹹伯<g/>、鹹任<g/>、易伯<g/>、琶、巽、<g/>、冊、崔侯、<g/>、聝、癸、偆、竹、隻、<g/>侯、攸*侯喜、<g/>侯舌、<g/>侯發、疫、<g/>(原)、戈"等。此類人物有的是臣服于商的方族首領,如"<g/>正化(<g/>)、倉侯虎(倉侯)、沚<g/>(伯<g/>、沚或、沚戈、伯或)、伯<g/>(<g/>)、伯紭(多紭)、枚伯、可伯惠、犬侯、或、亙"等;有的是商王身邊的近臣,如"小臣牆"等;有的是商王的家族成員,如"婦好、婦姘、子畫、子<g/>、子商、子汏"等;有的是商王派往戍邊的首領,如"戍<g/>、戍木、戍永、戍<g/>、戍帶、戍肩、戍逐、戍何、戍辟、戍喜、戍侃(小臣侃)"等。

三是商的敵方首領,如"盂方伯炎、夷方<g/>、侯任、<g/>侯、元伯受、危<g/>(危方<g/>、危伯<g/>)"等。

現將上述軍事人物的典型事跡與所處時代列表如下:

序號	軍事人物	典型事迹	所處時代
1	𢀛	獲羌（186-/4333，自小字）	武丁早中期
		獲䀠戎（6906，自小字）	
		取𢀛（7022，自小字）	
		被基戈（翦）（20501①，自小字）	
		戈（翦）敄（7016/7017/L171，自賓間）	
		臺（敦）敄（7014，自賓間）	
		獲䀠羌（187，自賓間）	
		菁羌（7029+6601）	
		獲䀠方（6749，自賓間）	
		𨒪（達＊）②疋（6977/6978，自賓間）	
		戈（翦）𢀛（7015-，自賓間）	
		㚔𢀛（7024+，自賓間）	
		被𢀛臺（敦）（7028-，自賓間）	
		被𢀛戈（翦）（7025/7026，自賓間）	
2	豙	正（征）𢀛（姎）（6561，自賓間）	武丁中期
		伐𢀛（姎）（6562/6563/6564，自賓間；20400，𡆥類）	
3	雀	戈（翦）敄（53/7020/B2260，自賓間）	武丁早中期
		伐㠱（6960/6961/6962/4170，自賓間）	

---

① 20501＝D1290＝B1990，D1290、B1990 拓片較合集 20501 清晰。

② 前人多釋爲"𨒪"，讀作屠；趙平安新釋爲"達"，讀作撻，參趙平安：《"達"字兩系説——兼釋甲骨文所謂"途"和齊金文中所謂"造"字》，《中國文字》新廿七期第 51—63 頁，藝文印書館，2001 年；又收入曾憲通主編：《古文字與漢語史論集》第 218—226 頁，中山大學出版社，2002 年；又收入氏著《新出簡帛與古文字古文獻研究》，商務印書館，2009 年，第 77—89 頁。趙平安：《"達"字"針"義的文字學解釋——從一個實例看古文字字形對詞義訓詁研究的特殊重要性》，《語言研究》2008 年第 2 期；又收入趙平安：《新出簡帛與古文字研究》第 90—96 頁，商務印書館，2009 年。

序號	軍事人物	典型事迹	所處時代
3	雀	戈(翦)祭方(6964/6965/6966,自賓間)	武丁早中期
		來射(5793/5794,自賓間)	
		獲侯任(W434,自賓間)	
		韋(敦)缶(20526,自歷間)	
		獲亘(20383,自歷間)	
		戈(翦)𢀛侯(33071,自歷間)	
		伐𢀛侯(33072,自歷間)	
		戈(翦)占(7076/7077/7078+/7079,賓一)	
		壬子商徒基方(6573,賓一)	
		正(征)伐亘(6939/6947 正/6948/6949/6952/6953/6954/6957/6958/6959,賓一)	
		戈(翦)祭(1051 正,賓一)	
		伐𤐫(W355/6931①,賓一)	
		伐𢀛(6959,賓一)	
		韋(敦)桑(6959,賓一)	
		雀弗其獲缶(6834 正,賓一)	
		雀弗其莘缶(6875,賓一)	
		𡆥目(6946 正,賓一)	
		呼王族(6946 正,賓一)	
		雀伐𢀛(20403,屮類)	
		𢀛𠂤(574,典賓)	
		𡆥𠂤、雀(5984,典賓)	
		伐或(L156,典賓)	

---

① 6931=B1982=D379。《合集》6931 拓片不完整,但"雀"字較《東文研》379 清晰。

序號	軍事人物	典型事迹	所處時代
4	委	以鞠戎方（L659,自小字）	武丁早中期
		獲羌（19754,自小字）	
		其見方弗冓（20413+,自小字）	
		弗其獲昷方（40833,自小字）	
		追方（20461,自歷間）	
5	疋	犭達*疋（6977/6978,自賓間）	
		㢦疋（6976乙,自賓間）	
		獲羌（190正/191/192/193,賓一）	
6	侯任	雀獲侯任（W434,自賓間）	
7	畀	獲羌（203,賓一）	
8	犬	獲羌（204,賓一）	
9	侯告	正（征）夷（6457正/6460正,賓一）	武丁中期
		伐夷（6480,賓一）	
		再冊（3345/7408/7410/7411/7412,賓一）	
10	子商	涉羌（536,賓一）	
		㢦（翦）基方（6570/6571/6572/6577/6578/6579/6580,賓一）	
11	甾正化①	㢦（翦）方（151正,賓一）	
		以王係（1100正,賓一）	
		來复（復）（4174正甲+,賓一）	
		㢦（翦）𢀛（6648正/6649正/6651/6652/6653正+/6654正/6655正/6656,典賓早期）	

---

① 甾正化當是甾地的首領,有一例稱甾化正（6648正）,有時省稱甾（ZJ17）,其屬地亦稱甾（ZJ75）。張秉權有專文討論,參張秉權《卜辭甾正化說》,《"中研院"歷史語言研究所集刊》第29本下冊《慶祝趙元任先生六十五歲論文集》,1957年。

序號	軍事人物	典型事迹	所處時代
11	甾	往追龍（6593/6594，賓一）	武丁中期
		啟（18，賓一）	
12	旨	戋（翦）𦥑（880 正/5775 正/6016 正，賓一）	武丁中期
		伐䛐（248 正+/947 正/6827 正，典賓早期）	
		獲羌（Y594，典賓）	
13	婦好	伐巴方（6481+，賓一）	武丁中晚期
		先收人于龐（7283/7284/7285/7286/7287 正/7288/7289/39953＝Y151/7290/7291/7292＋2469 正/7293，賓一）	
		伐巴方（6478/6479/6480，典賓）	
		伐土方（6412/39886＝Y152，典賓）	
		正（征）夷方（6459+，典賓）	
		癸婦好三千聂旅萬（39902 正，典賓）	
14	或①	被雀伐（L156/6952，典賓）	武丁中晚期
		敢亘（6950，賓一）	
		獲亘（6952，賓一）	
		獲羌（L150/171/172/173/174-175/176/177，典賓；22043+，午組）	
		蔑羌（6610/6611，典賓）	
		必（毖）沚（174/175/4283/4284，典賓）	
		戋（翦）𡠦（姓）方（W364/Y681/6566+/6567/6568 正，典賓）	
		受𡠦（姓）方又（祐）（8615/8616/8617/8618，典賓）	

① 或和亘一樣均爲歸服于商的方國首領。

序號	軍事人物	典型事迹	所處時代
14	或	伐舌方（6376/6377/6378/6379/6380,典賓）	武丁中晚期
		被舌方戕（翦）（Y570/6369/6370/6371/6373/6374,典賓）	
		㞢土方（6452,典賓）	
		伐方（7603,典賓）	
15	倉侯虎	伐茍方（6552正+/6553+/6554,典賓）	武丁晚期
	倉侯	求㞢壴（6,賓三）	
		璞周（6816/6817/6818,賓三）	
16	甫	甫允卒𣥺（5857,自賓間）	武丁中期
		甫弗其薄舌方（6196,典賓）	
		令甫取元伯乎（6,賓三）	
		令弋(代)甫,呼逊戈擇（5899/5900/5901,賓三）	
		叀甫呼令𣥺害兇方（6623,賓三）	
17	元伯乎	甫取元伯乎（6,賓三）	
18	㠱	伐舌（26/27/6211/6292/6294/6295/6296/6297/6298/6299/D357,典賓）	武丁晚期
		戕（翦）舌方（6293,典賓）	
		追羌（492/493/494,典賓）	
		獲羌（196/197/198,典賓）	
		以羌（261,典賓）	
		以三百射（5769正,典賓）	
		盖三百射（5770/5771/5772,典賓）	
		取黃丁人（22,賓三）	
		伐東土（7084,賓三）	

序號	軍事人物	典型事迹	所處時代
18	皋	隼(擒)舌方(24145,出類)	武丁晚期
	圅	以眾𠨟伐召方(T1099/31973/31974/31975/31976/31977,歷二)	武丁晚期至祖甲期
		亞自其冓戎(33114/33115,歷二)	
19	沚馘	啟巴(6461正,賓一)	武丁晚期
		伐巴(32正+/93反/6468/6469/6471正/6473/6474/6475/6476/6478/6479/6480,典賓)	
		伐土方(L172/Y545/581/582/B2089/6087正+/6401/6402正/6403/6415/6416/6417正/6418/6419/6420+/6421/6423/6424/6435+/6438,典賓)	
		曹土方(6405正+W357,典賓)	
		卒羌(498正,典賓)	
		曹舌方(6160/6161/6162/6163正+,典賓)	
		伐舌方(6163正+/6164,典賓)	
	伯馘	伯馘☐典執(5945,典賓)	
	沚或	𠬝以沚或伐獸(33074,自歷間)	
		王比沚或伐召方(JY639,歷一)	
		叀沚或啟我(33053+33056正+,歷二)	
	沚戈	令沚戈(T4164,歷組)	
	伯或	比伯或伐卲(HD237/HD275/HD449)	
20	望乘	伐下危(JY1/32正+/SD148/L158/Y586/Y587/Y588正=39895正/Y589正=39893正/Y590/Y591/811 正/6413/6476/6477/6480/6482 正/6483正/6484正/6485正/6486/6487/6488/6489/6490/6491/6492/6493/6494/6495 +/6496/6497/6498/6499/6500/6502 +/6503/6504/6505 正/6506/6507+6511/6508+/6509/6510/6516/6517+/6518+6519/6524正/6525正/6527正-/6529/7547,典賓)	

序號	軍事人物	典型事迹	所處時代
20	望乘	達*象方(6667,典賓)	
		來羌(236/237,賓三)	
21	𡧊	𢦚(翦)羌龍(L153 正/6630 正/6631/6633/6634/,典賓)	武丁晚期
		弔羌龍(6635/6636 正/6637 正,典賓)	
		令執𢦚(578/Y609,典賓)	
		夲逸(846/847,典賓)	
		克逸(6569,典賓)	
		以射(5761/5762/5763/5764/9028,典賓)	
		涉𡧊自(5811,典賓)	
22	光	獲羌(182/183/184/185,典賓)	
		獲羌芻(22043+,午組)	
		㞢來嬄(艱)(583 反,典賓)	
		光及伐望(28089 正,無名)	廩康時期
23	㱿	㱿既𠂤(7634 正反,賓一)	武丁中晚期
		㱿獲羌(199/200/201/202,典賓)	
		㱿執羌(223/499/500 正,典賓)	
		㱿來羌(226 正,典賓)	
24	登	登獲羌(205,典賓)	武丁晚期
		呼登視戎(7384,典賓)	
	犬登	呼犬登執豕(W452,典賓)	
25	羽	羽令以戈人伐舌方(Y564 正+,典賓)	
		羽執𠂤(553,典賓)	
		叀羽呼小多馬羌臣(5717 正,賓三)	武丁晚期至祖庚期

序號	軍事人物		典型事迹	所處時代
26	郭（塼）		令郭（塼）以多射衛（5746,賓出）	武丁晚期至祖庚期
			令郭（塼）以衆甾（31981,歷二）	
27	🗌		叀🗌令伐商（T2907,歷二）	
28	自般		般取郭（塼）人（20571,自小字）	武丁晚期
			自般伐自方（L139/6272/8553,典賓）	
			自般取龍（6587/6588/6589/6590,典賓）	
			自般執羌（506,典賓）	
29	強	吕	望吕舌方（6192,典賓）	
			惠吕伐舌方（6209+,典賓）	
		弘	令弘于並（4770,賓一）	
			呼弘往（667正,典賓）	
30	冗①		冗追多臣逸羌（628正,典賓）	
31	鳴		鳴比或史🗌（1110正/4722/4723,典賓）	武丁晚期至祖庚期
			令鳴罙方（6702+,賓三）	
32	🗌（韋）		往于屶（5478正/5479,典賓）	武丁晚期
			令旋畏,屶（6855正/6856,典賓）	
33	婦妌		伐龍方（6584/6585,典賓）	
			以🗌先于諄（6344/6345/6347,典賓）	
34	🗌		望乘罙🗌達*象方（6667,典賓）	武丁晚期至祖庚期
			立史于南,又[从我],中从🗌,左从曾（5504,賓三）	

---

① 卜辭中另有"亞冗"（5708正/5709正），在人名前冠以官名。

序號	軍事人物	典型事迹	所處時代
35	子畫	叀子畫呼伐①（6209，典賓）	武丁晚期
		呼子畫以敖新射（5785，典賓）	
		王令子畫宙方（33059，歷一）	武丁晚期至祖甲期
		王令子畫宙（T243，歷二）	
36	𢦏	令𢦏眔多射（5736，賓三）	武丁晚期
		及𢦏方（W382＝B1989，賓三）	
		𢦏勿衛宙（7564，賓三）	
37	戍木	叀戍木令比歔王（6，賓三）	
38	戍徣	叀戍徣令比歔王（6，賓三）	
		呼戍徣衛（T728，無名）	
39	戍永	叀戍永令（T1008，無名）	
		戍永弗雉（失）王眾（JY553正，無名）	
40	戍屰	戍屰弗雉（失）王眾（ZJ10，無名）	
41	戍帶	戍帶弗雉（失）王眾/戍帶其雉（失）王眾（ZJ10，無名）	廩辛至文丁時期
		叀戍帶又（有）𢦏（翦）（28036，無名）	
42	戍肩	戍肩弗雉（失）王眾（ZJ10，無名）	
43	戍逐	戍逐弗雉（失）王眾（ZJ10，無名）	
		戍逐其雉（失）王眾（26881，無名；T4200同文，何組）	
44	戍何	戍何弗雉（失）王眾（ZJ10，無名）	
45	戍辟	戍辟立于□，[自]之宙羌方（26895，無名）	
		戍辟至步𢦏（翦）（28034，無名）	

---

① 從同版來看，此處伐的對象可能是"舌"。

序號	軍事人物	典型事迹	所處時代
46	戍喜	叀戍喜令，又(有)𢦔(翦)(27966,無名)	廩辛至文丁時期
47	戍侃	戍侃其冓戎(28038,無名)	廩辛至文丁時期
	小臣侃	叀小臣侃克又(有)𢦔(翦)(27879,何二;27878,無名)	
48	伯👁	伯👁㞢角(20532,自小字)	武丁中期
		伯👁𢦔(翦)𡧜(6845,自賓間)	
	👁	👁韋(敦)𡧜(6846/6847,自賓間)	
49	彖(原)	呼王族从比彖(原)/勿呼王族比彖(原)(6946正,賓一)	武丁中期
50	伯𠃊	史人帚(歸)①伯𠃊(20463反,自肥筆)	武丁時期
		立𠃊(42,賓三)	
	多𠃊	令比望乘伐下危(6525正,典賓)	
51	犬侯	令多子族眔犬侯璞周(6820正+洹101+/6813,賓三)	武丁中晚期至祖庚祖甲時期
		令多子族比犬侯璞周(6812正,賓三)	
52	犬延	犬延亡其𢦔(翦)(7711正,典賓)	武丁中晚期至祖庚祖甲時期
		犬延來羌(240,賓三)	
		犬延允伐方(33033,歷二)	
53	屖②	令屖以多射(5766,賓出)	武丁中晚期至祖庚祖甲時期
	辰	令辰以多射[衛](32999,歷二)	
		令辰以新射(32996,歷二)	

---

① 歸可省寫作帚，如"王其令望乘帚"(32896+33192=ZJ88=B10484)，蔡哲茂指出"帚"當爲"歸"(《綴集》第88組釋文及考釋，第379頁)。

② 趙鵬認爲賓出類的屖與歷二類的辰爲同一人名。參趙鵬：《殷墟甲骨文人名與斷代的初步研究》第184頁，綫裝書局，2007年。

序號	軍事人物	典型事迹	所處時代
54	罙①	罙獲网雉(10514,自賓間)	武丁中晚期
		叀罙伐豭(6934,賓一)	
		叀罙令弋(代)𢦏(10048,賓三)	
55	竝	呼竝取(L174,典賓)	武丁中晚期至祖庚祖甲時期
		竝其喪眾人(51,賓三)	
		王遣竝(4387+,出一)	
		竝由伐蟬(33042/33043−,歷二)	
		王令竝伐商(33065,歷二)	
		叀竝令省冏(T539,歷二)	
56	木	叀木令衛(7569正,賓出)	
		王令木㐫②(33193+,歷二)	
57	旂	令旂以多子族璞周(6814,賓三)	
	𣄰	令𣄰比倉侯璞周(6816,賓三)	
	𣄰	令𣄰達*擒(6050,賓三)	
	倘	叀倘令[周](32885,歷二)	
	旂	令旂(32926,歷二)	
58	崇侯	叀□令比琮(崇)侯(3310,賓出;W362同文)	
		早立事于琮(崇)侯(5505,賓出)	
		王其告其比琮(崇)侯(32807,歷二)	

---

① 〔日〕貝塚茂樹:《京都大學人文科學研究所藏甲骨文字·本文篇》第239頁,京都大學人文科學研究所,1960年。蔡哲茂:《釋"𦣻""𦣝"》,《故宮學術季刊》,1988年第5卷第3期。

② 有的先生釋此字爲"防",參裘錫圭《文集》第一卷第230頁,本書第六章第一節對"防"、"衛"二字有考辨,可參看。

序號	軍事人物	典型事跡	所處時代
59	奠	⌀不喪眾(61/62,自歷間)	武丁中晚期
		霖⌀(5908,典賓)	
60	子𡥆	子𡥆告曰:昔甲辰,方正于蚁☐(137反+,典賓)	
61	望壾	叀雀呼比望壾伐或(L156,賓一)	
		令望壾歸(13506,賓一)	
62	米(朮)①	叀子效令比米甾(4209+,賓一)	
		勿呼米以⌀(552,典賓)	
		令米甾刀方(33037,歷一)	
63	亯	叀亯敢基方(6571正,賓一)	
		呼亯比沚伐猶(6937/6939/6947正,賓一)	
		亯以沚或伐獸(33074,自歷間)	
64	汰	汰弗戈(翦)蚰/汰其戈(翦)蚰(B1985甲乙,自賓間)	
	伯汰	伯汰☐(憂)(3413,自賓間)	
		屮祝伯汰(3414,自賓間)	
65	子汰	呼子汰酌岳于冥(3061正,賓一)	
		子汰☐取射(5758+,賓一)	
		子汰逐鹿(7075反,典賓)	
66	奚	奚及舌方(Y566/6341/6342,典賓)	
		叀奚令盖射(5770甲乙/5772,典賓)	
67	臷②伯𪚥	王叀臷伯𪚥比伐☐方(6480,典賓)	
		王自往比臷伯𪚥(39965,典賓)	

---

① 陳劍釋作《説文》之"朮",係"蔴/麻"之表意初文。參陳劍:《甲骨文釋字四則》(摘要),中國文字學會第七屆年會論文,吉林大學,2013年9月。

② 該字以前釋作"而",林澐改釋作"臷"字初文,詳參林澐:《新版〈金文編〉正文部分釋字商榷》,中國古文字研究會第八屆年會論文,太倉,1990年。

序號	軍事人物	典型事迹	所處時代
68	鹹任霿①	鹹任霿畀舟(10989正,典賓)	武丁中晚期
69	易伯㚔②	王叀易伯㚔比(6460正,賓一)	武丁中晚期
		王叀易伯㚔啓(7410/7411/7412/7413,賓一)	武丁中晚期
70	䎟	隹䎟其㞢方(6752③,自賓間)	武丁中晚期
71	巽	呼巽④从韋取粦臣(634正,典賓)	武丁中晚期
		巽以出正(4499正乙,典賓)	武丁中晚期
72	𢍨	叀𢍨令比璞周(6822,賓出)	武丁中晚期
73	冊	冊弗戋(翦)周(6825⑤,自賓間)	武丁中晚期
		冊其取方(6754,自賓間)	武丁中晚期
		冊弗戋(翦)雀(6971/6972,自賓間)	武丁中晚期
		冊其戋(翦)疋(6974,自賓間)	武丁中晚期
74	崔侯	崔侯弗戋(翦)朕(6839,自賓間)	武丁中晚期
75	㑒(㑒)⑥	令㑒往沚(6947正,賓一)	武丁中晚期
		叀㑒令❓疾(10976正,賓一)	武丁中晚期

---

① 人名"鹹任霿"與"鹹伯𪚥"的構成情況相同,"鹹"爲方名,"霿"與"𪚥"爲私名,林澐認爲"任"與"伯"均爲方國首領之一種(林澐:《甲骨文中的商代方國聯盟》,《古文字研究》第 6 輯,第 77 頁,中華書局,1981 年),裘錫圭則認爲"任"爲侯、伯等所委派,是率領人專門爲王朝服役的一種職官(裘錫圭:《甲骨卜辭中所見的"田""牧""衛"等職官的研究——兼論"侯""甸""男""衛"等幾種諸侯的起源》,載《文集》第五卷第 167 頁)。

② 劉桓隸"易"爲"易",認爲其即《國語·晉語》倉葛説"陽人有夏商之嗣典"之陽地。參劉桓:《䍙攸比鼎銘新釋》,《故宮博物院院刊》2001 年第 4 期。

⑥ 黄天樹認爲此字"从今从元"。古音元在疑紐元部,今在見紐侵部,聲皆爲見系,韻亦相近,故"元"可累加"今"聲。轉引自趙鵬:《殷墟甲骨文人名與斷代的初步研究》第 92 頁,綫裝書局,2007 年。

③ 6752=D1293=B1945。《合集》6752 拓片模糊。

④ 巽,字形作𦩻,據陳年福隸定。陳年福:《殷墟甲骨文字詞總表》,http://www.xianqin.org/blog/archives/2634.html,2012 年 4 月 10 日。

⑤ 6825=B2246=L161。

序號	軍事人物	典型事迹	所處時代
76	戉	令雀、聖伐㞢(6960,自賓間)	武丁中晚期
77	癹	令癹往雀自(8006,賓一)	
78	俑	叀俑呼同丘(10171正,賓一)	
79	竹	令竹取官(20230,自小字) 冥呼竹伇(殺)?(1111正+/1108正/1109正/1110正,典賓)	
80	𢆶	𢆶骍皋令☒(8398正,典賓) 叀𢆶令(4794,賓三) 𢆶往告執于☒(22593,出類)	
81	𢦏侯	𢦏侯[伐]雀(33071,自歷間) 雀𢦏(𢦏)𢦏侯(33071,自歷間) 令雀伐𢦏侯(33072,自歷間)	
82	疫	勿令疫衛(7568,典賓) 疫弗其𢦏(𢦏)(7710,典賓)	
83	戈	戈卒亘(賓一) 叀戈令(歷二)	武丁中晚期
84	枚伯	令比枚伯,有𢦏(𢦏)(28094,無名)	廩辛至文丁時期
85	可伯惠	叀可伯惠呼,敖*羌方、戲方、蠁方(27990,無名)	
86	侯喜 攸*侯喜	比侯喜正(征)夷方(36482/36483,黃類) 王來正(征)夷方,才(在)攸侯喜啚(鄙)永(36484,黃類)	武乙文丁至帝辛時期
87	𡊣侯舌	王于𡊣侯舌自(36525,黃類)	
88	冥侯發	典冥侯發☒尤*(36344,黃類)	

序號	軍事人物	典型事迹	所處時代
89	伯炎	正（征）盂方伯炎（36509/ 36511/ 36513/ 36516/ 36521，黃類）	武乙文丁至帝辛時期
90	鼃	執冑夷方鼃（36492，黃類）	
91	危羑	□小臣牆比伐，擒危羑□二十（36481，黃類）	
	危方羑	危方羑□酉（28088，何二）	
	危伯羑	□危伯羑于之及［伐］望□（28091，無名）	

上述軍事人物分佈主要集中于武丁時期，而且，有關武丁之後的軍事人物的事迹極少，因此，本研究主要集中于對武丁時期的軍事人物進行整理和探討。以下逐一整理"雀"、"自般"、"沚馘"、"望乘"、"婦好"的有關卜辭並試作分析。

第二節　雀

一　辭例分佈

（一）自小字類：本類卜辭可見雀的行爲，但軍事事迹缺乏，其中有三版與軍事活動相關。

辛卯卜，令雀戈（萑）侯。六月。　　　　　　　　（20509）

乙巳卜，［貞］眾雀伐羌囧（憂）。　　　　　　　　（20399）

癸卯卜，□雀其又（有）囧（憂）。

癸卯卜，貞雀宓冥亡囧（憂）。　　　　　　　　　（22317+）

宓字形作▨，據裘錫圭釋，訓爲"寧"①。

（二）自賓間類：凡見約六十版，如 L41、53+、W434、B2254、B 2260、

---

① 裘錫圭：《文集》第一卷第 60—61 頁，復旦大學出版社，2012 年。

B 2263、B2264、B2268、B2273、3227、4129、4143、4144-、4145、4146、4147、4148、4155、4156、4158、4159、4160、4162+11839、4163、4166、4167、4168、4169、4170、4171、4172、5793、5794、6960、6961、6962、6963、6964、6965、6966、6967、6968、6969、6970、6971、6972、6979、7020、7030+7049、7077、7079、7632、7671、7678、9035、9084 等。大部分卜辭略殘，反映內容有限，經研究，能夠反映雀的如下典型事迹：

第一，雀戋敖。凡見三版。辭例如下：
　　壬申卜，貞[雀]弗其克戋(翦)敖。二　　　　　　　　(53+)
　　己卯卜，王，咸戋(翦)敖。余曰：雀、卬人伐⊙，不。(7020)
　　癸未卜，王，□甶雀□敖涉□允不□　　　（B2260＝D1036）
辭例所反映信息較少。從拓片來看，上揭第三條"雀□敖"中可能殘缺的是"戋"字。

第二，雀伐𢀛。凡見四版。辭例如下：
　　壬子卜，王，令雀𩠌(皇)伐𢀛。十月。　　　　　　(6960)
　　□[雀]𩠌(皇)伐𢀛。　　　　　　　　　　　　　(6961)
　　勿呼雀伐𢀛。　　　　　　　　　　　　　　　　(6962)
　　□雀□𢀛。三月。　　　　　　　　　　　　　　(4170)
這一組卜辭所見雀伐𢀛有兩個月份標識，表明伐𢀛的時間並非一次，但因只有一個月份與干支對應，另一個沒有明確的干支，兩者無法運用"微細斷代法"判定是否發生在同一年。上揭卜辭中的𩠌字，𨤣爲皇（如《合集》6354，季旭昇謂爲"煌"之初文），𢎨爲加注的聲符"王"[1]。黃天樹釋"皇伐"爲西周金文《禹鼎》中的"廣伐"，即大伐[2]。

第三，雀戋𡈼邑。凡見二版。辭例如下：
　　[貞]翌癸□[雀]弗其戋(翦)𡈼邑。一　　　　　　(7077)

---

[1] 季旭昇：《詩經古義疏證》第 67 頁，台灣文史哲出版社，1995 年；《甲骨文字根研究》字根第 478，第 768—772 頁，台灣文史哲出版社，2003 年。
[2] 黃天樹：《黃天樹甲骨金文論集》第 312 頁，學苑出版社，2014 年。

　　　　雀[𢦏(翦)]卣[邑]。　　　　　　　　　　　　　　　　（7079）

反映信息量少,暫無法清楚雀𢦏卣邑的更多内容。另有賓一類一條殘辭與此所卜爲同事,即"☑雀[𢦏]卣[邑]。二"(7078)。

　　第四,雀𢦏祭。凡見三版。辭例如下:

　　　　☑申卜,☑,貞雀[𢦏(翦)]祭]。　　　　　　　　　　（6966）
　　　　[貞]雀𢦏(翦)祭方。　　　　　　　　　　　　　　（6964）
　　　　☑雀𢦏(翦)祭☑。　　　　　　　　　　　　　　　　（6965）

祭作爲方國名,在賓一類(1051 正)中有見(辭例見下文討論雀在賓一類卜辭中的事迹);作爲地名,在典賓類(7904)、歷二類(32677)、何一類(30566)中有反映,如:

　　　　貞翌庚子勿☑。二月,在祭。　　　　　　　　　　　　（7904）
　　　　辛未,貞今日告其步于父丁一牛,在祭卜。　　　　　（32677）
　　　　☑何☑窒☑之祭☑冓☑　　　　　　　　　　　　　　（30566）

　　第五,雀來射。凡見二版。辭例如下:

　　　　癸未卜,雀不其來射。　　　　　　　　　　　　　　（5793）
　　　　[癸]未卜,王,呼雀[來]射。　　　　　　　　　　　（5794）
　　　　癸未卜,今一月雀亡其至。一 二告　　　　　　　　（5793）

"來射"何義? 可能是"致送射手",試比較:

　　　　貞古來犬。一
　　　　古不其來犬。一
　　　　古來馬。一
　　　　不其來馬。
　　　　貞旻呼取白馬以。一
　　　　旻其來。一　　　　　　　　　　　　　　　　　　　（945 正）

本組卜辭中"來犬"、"來馬"應是獻犬、獻馬之義。又如:

　　　　貞自般其來人于龐。　　　　　　　　　　　　　　　（1035）
　　　　貞自般其來人☑　　　　　　　　　　　　　　　　　（1036）

"來人"應爲派人來。

> 丙子卜,㱿,貞今來羌率用。一
>
> 丙子卜,㱿,貞今來羌勿用。二告　　　　　（248 正）

"來羌"應爲獻上羌俘之義。另,甲橋刻辭往往有"某來",記録有某地獻上龜版數量,如:

> 我來三十。　　　　　　　　　　　　　（248 甲橋刻辭）
>
> 奠來十。　　　　　　　　　　　　　　（506 甲橋刻辭）
>
> 戔來五。㱿。　　　　　　　　　　　　（667 甲橋刻辭）
>
> 唐來四十。　　　　　　　　　　　　（5776 甲橋刻辭）

（三）**自歷間類**:本類有關雀之卜辭約十五版,其中明顯的軍事行爲有三次,一是伐缶,可繫聯者有六版①,所卜可能爲同一次戰事。辭例如下:

> 辛巳卜,令雀□其辜（敦）缶。　　　　　　　（20526）
>
> 乙酉[卜],王辜（敦）缶,受又（祐）。　　　（20524/20527）
>
> 庚寅,貞王辜（敦）缶于𠂤,㞢（翦）右旅。才（在）[尤*]一月。
> 　　　　　　　　　　　　　　　　　　　　（W1640+32782）
>
> 己未卜,弗虜②缶。二
>
> 己未卜,虜缶。二月。允虜。二　　　　　　（20385 反+）
>
> 癸亥卜,弗虜缶。　　　　　　　　　　　　　（美録 13）
>
> □[巳]卜,虜缶。　　　　　　　　　　　　　（寧 1.404）
>
> ☑[虜]缶。二月。[允]虜。　　　　　　　　（寧 1.403）
>
> 己丑,[貞]子效先㞢（翦）,在尤*。一月。一
>
> 壬辰,貞呼[子]效先步。

---

① 這一組例子來自黃天樹《殷墟王卜辭的分類與斷代》第 68—69 頁（科學出版社,2007 年）,個別釋文和標點不同。

② 字形作𢼜或𢽦,一般隸作敓,黃天樹據裘錫圭釋作"虜",分析爲从宰虎聲。參《黃天樹甲骨金文論集》第 98 頁,學苑出版社,2014 年。

　　　　甲午卜,王叀亶配。　　　　　　　　（W1640+32782）
　　二是"獲亶",辭例如下:
　　　　癸☐其☐
　　　　癸亥卜,亶弗夕雀。
　　　　乙丑卜。
　　　　丁卯卜,雀獲亶。　　　　　　　　　　（20383）
　　三是"伐𢀛侯",辭例如下:
　　　　甲辰卜,侯宛雀。
　　　　甲辰卜,雀⺷(翦)𢀛侯。
　　　　☐☐卜,𢀛侯[伐]雀。
　　　　甲辰卜,雀受侯又(祐)。一 二　　　　（33071）
　　　　戊☐卜,令雀伐𢀛侯。　　　　　　　　（33072）
　（四）賓一類:本類約一百二十版卜辭有關於雀的占卜,與軍事相關的卜辭有七十八版,即 110、ZG150、190、W355、1051、1100、B2249、B2250、B2252、B2253、B2262、B2266、B2267、B2269、B2270、B2271、B2272、B2274、B2275、B2276、4113、4119、4120、4121、4122、4123、4125、4128、4130、4131、4138、4141、4142、4149、4151、4152、4153、4154、4157、4161、4173、5443、5758+、5828+、5829、5830、6460、6571、6572、6573、6577、6834、6875、6904、6931、6939、6946、6947、6948、6949、6952、6953、6954、6957、6958、6959、6980、6981、6982、6986、6988、6989、7076、7078+、7768、8632、9033、9034。可以從以下幾方面去考察雀的軍事事迹。

　　第一,雀攻打亶。凡見十版。排譜如下:
　　☐☐[卜],爭,貞曰雀翌乙酉至于繼☐戈敢亶,⺷(翦)。 … ①
　　　　貞令雀銜(敦)亶。…………………………………… ②
　　壬寅卜,𣪘,貞勿呼雀銜伐[亶]。一 二 三 [四] 二告 六……
　　　　…………………………………………………… ③（正）

[壬寅卜]，㱿，貞呼雀衒伐[亘]。一二三[四五]六 ……
…………………………………………………… ③（正）
癸卯卜，㱿，貞呼雀衒伐亘，𡧊（翦）。十二月。一二三四 …
…………………………………………………… ④（正）
　　　勿呼雀衒伐亘，弗其𡧊（翦）。一二 …………
…………………………………………………… ④（正）
辛□[卜]，□，貞[呼雀]先。一 ………………… ④（正）
　　　勿[呼]雀[先]。一 ………………………… ④（正）
戊午卜，㱿，貞雀追亘☒ 一 …………………… ⑤（正）
戊午卜，㱿，貞雀追亘，有獲。一 ……………… ⑤（正）
　　　貞亘不櫅隹執。一 ………………………… ⑤（正）
　　　貞亘其櫅隹執。一 ………………………… ⑤（正）
庚午卜，爭，貞亘辜。一 二 …………………… ⑤（正）
庚午卜，爭，貞亘不其辜。一 二 ……………… ⑤（正）
　　　貞亘不其辜。一 二 ……………………… ⑤（正）
　　　貞亘辜。一 二 …………………………… ⑤（正）
　　　貞☒　一　二 …………………………… ⑤（正）
　　　貞雀弗其辜亘。 ……………………………… ⑥
[辛]亥卜，□，貞自今[至于]乙卯雀[辜]亘。………… ⑦
□□[卜]，爭，[貞]☒亘其□雀。 ……………………… ⑧
辛巳卜，㱿，貞雀得亘我。二 ……………………… ⑨
辛巳卜，㱿，貞雀弗其得亘我。[二] ……………… ⑨
　　　[貞]我[弗]其戡亘。[一]二 ……………… ③（正）
□亥[卜]，㱿，[貞]我□獲戡亘。[一]二 ………… ③（正）
　　　貞雀亡囚（憂）。一二三 ………………… ③（正）
　　　[貞雀]亡囚（憂）。一二三 ……………… ③（正）
[己亥卜，爭，貞令]獲執亘。一二三 二告 四 …… ⑩（正）

己亥卜,争,貞令弗其獲執亘。一 二 二告 三 ………… ⑩(正)
乙巳卜,争,貞雀獲亘。二告 ………………………… ⑩(正)
乙巳卜,争,貞雀弗其獲亘。 …………………………… ⑩(正)
辛亥卜,殻,貞雀[其]獲亘。一 二告 ………………… ⑩(正)
丁巳卜,争,貞𩫢亡𡆥(憂)。二 ……………………… ⑤(正)
戊午卜,争,貞呼雀、𢀛、𩫢。一 二 ………………… ⑤(正)
　　　　　貞勿呼雀、𢀛、𩫢。一 二 …………………… ⑤(正)
戊午卜,争,貞亶𢦒(翦)犭覃。一 二 ………………… ⑤(正)
　　　　　貞[亶]弗其𢦒(翦)犭覃。一 二 …………… ⑤(正)
癸巳卜,争,貞亶𢦒(翦)犭覃。八月。 ………………… ①
辛巳卜,殻,貞呼雀𦎫(敦)絫。二 …………………… ⑨
辛巳卜,殻,貞呼雀𦎫(敦)[壴]。[二] ……………… ⑨
辛巳卜𠦪 二 …………………………………………… ⑨
[乙]未[卜],殻,[貞]敢戈。二 ……………………… ⑨
　　　　貞望潒若啟雀。一 二 ……………………… ⑩(正)
　　　　望潒弗其若啟雀。一 二 ………………… ⑩(正)
　　　　貞雀𢦒(翦)或囗。一 二 三 ……………… ⑩(正)
　　　　貞雀以石係。一 二 三 二告 ……………… ⑩(正)
　　　　雀不其以石〔係〕。一 二告 二 三 …… ⑩(正)
　　　　貞雀以成。一 ………………………………… ⑤(正)
　　　　雀不其以成。一 ……………………………… ⑤(正)
己未卜,殻,令兒往沚。一 二告 ……………………… ⑤(正)
己未卜,殻,勿令兒往沚。一 ………………………… ⑤(正)
丙午卜,殻,貞翌丁未王步。一 二 …………………… ⑩(正)
　　　　貞翌丁未王勿步。一 二 …………………… ⑩(正)
　　　　　　丁未攸。一 二 ………………………… ⑩(正)
　　　　　　翌丁未王步。 ………………………… ⑩(反)

　　　　貞翌丁未王步。一 二告 二 …………④（正）
　　　　貞王叀翌乙巳步。一 ……………③（正）
　　　　貞今十二月我步。一 二 …………③（正）
　　　　貞于生一月步。一 二 ……………③（正）
　　　　［貞］有來。……………………………⑩（正）
　　　　［貞］亡其來。…………………………⑩（正）
辛丑卜，㱿，貞或不其獲亘。獲。一 二 三 ⑩（正）
　　　　貞或獲。一 二 二告 三 四 …………⑩（正）
　　　　呼琮（崇）豕獲。一 二 三 …………③（正）
　　　　琮（崇）不其獲豕。一［二］二告 三……③（正）
壬寅卜，㱿，貞婦好冥，妫*（男）①。壬辰向癸巳冥，隹女。一 …
　…………………………………………………④（正）
　　　　貞婦好冥，不其妫*（男）。一 ……④（正）
辛酉卜，争，貞今日㞢（侑）于下乙一牛，曹十勿窜。一 ………
　…………………………………………………⑤（正）
　　　　貞㞢（侑）于下乙［窜］，曹十勿窜。一 …⑤（正）
　　　　㞢（侑）下乙一牛。二 …………⑤（正）
　　　　桒（禱）于上甲、成、大丁、大甲、下乙。一 二告
　…………………………………………………⑤（正）
　　　　貞妥以羊。二 ……………………⑤（正）
　　　　妥以觿。二 ………………………⑤（正）
丁未卜，㱿，［貞］囗日桒（禱）于囗祖乙…一 二 ………④（正）

---

① 妫，學界一般據郭沫若的意見讀爲"嘉"，陳漢平《屠龍絶緒》(黑龍江教育出版社，1989年，第77—78頁)、張世超《釋"妫"》(《古文字研究》第27輯，中華書局，2008年，第100—103頁)已辨其非。陳氏對其釋字作了三種推測：(1)男之本字；(2)男嬰之專字；(3)㝅之本字。張氏認爲其應讀作"勉"。我們認爲將其看作"男"之本字可從。王子楊亦贊成釋其爲"男"，並從字形類組差異方面進行了整理。參王子楊：《甲骨文字形類組差異現象研究》第128—129頁，中西書局，2013年。

　　　　于[妣]庚出。一 ……………… ④(正)
　　　　貞桒(禱)于祖辛。一 ……………… ③(正)
　　　　勿桒(禱)于祖辛。 ……………… ③(正)
　　　　勿[桒(禱)]于☐一 ……………… ④(正)
　　　　今日饮(殺)牛于祖辛。一 ……… ③(正)
　　　　于翌辛饮(殺)牛祖辛。一 ……… ③(正)
　　　　屮于大甲、祖乙、祖辛更牝、青。…… ⑩(反)
辛丑卜,㱿,貞王夢肰,隹又。一 ……………… ④(正)
辛亥卜,㱿,貞鼓以。一 ……………… ④(正)
甲辰卜,賓。 ……………………… ④(反)
壬寅卜,争,貞翌☐未☐勿☐。 ……… ③(正)
　　　　☐日☐ ……………………… ⑩(正)
　　　　☐來三。 ……………………… ⑩(反)
①(6939)　②(6958)　③(6949)　④(6948)　⑤(6947)
⑥(6953)　⑦(6954)　⑧(6957)　⑨(6959)　⑩(6952)

這組卜辭至少反映如下一些信息:1.雀對亘的攻伐,從進攻到乘勝追擊、以至戰勝對方,卜辭所見非常明瞭。如"敢亘"(6939)、"𦎫(敦)亘"(6958)、"衛伐亘"(6948、6949)是反映了對亘的進攻;"追亘"(6947)反映了追擊;"幸亘"(6947、6953)、"得亘"(6959)、"戠亘"(6949)、"執亘"(6952)、"獲亘"(6952)則反映了打敗對方,甚至還俘獲了敵人。2.同版所見有"雀𦎫(敦)桑"(6959)、"雀𦎫(敦)壴"(6959)、"𡰥𢦔(翦)彈"(6947)等事件。3.同版所見有"或獲亘"(6952),表明或也參與了對亘的作戰。4.同版所見有"婦好冥",表明婦好在此時仍處於生育階段,還比較年輕。

這組卜辭有兩處可見月份與干支匹配,即八月的癸巳前後"雀敢亘"和十二月的癸卯"雀衛伐亘",據微細斷代法,前者算出當年一月一日的干支區間是1:35-4,後者算出當年一月一日的干支區間是

1:48-16①,兩者的干支區間相容,可以推測兩者可能發生在同一年,進一步推測雀伐亘從開始到結束至少經歷了五個月。

如果我們認可上述卜辭中的"亘"是同一人(或同一國族)的話,可以看出"亘"在賓一類卜辭中還是作爲敵方,但到典賓類卜辭,亘已臣服商王,還擔任了商的貞人,成了武丁神權統治集團的一員。

據胡厚宣考證,亘在今山西垣曲縣西北,居於殷之西方②。陳夢家看法相同,認爲在垣曲縣西二十里③。

第二,雀𢦏(翦)祭。前舉自賓間類有關雀的軍事事迹時曾有提及,賓一類卜辭中,也有關於"𢦏(翦)祭"的占卜,即《合集》1051一版。這是一版比較完整的大龜卜辭,全版正面刻辭二十四條,反面刻辭七條(含甲橋刻辭"雀入三"一條),其中正面有四條卜辭涉及"𢦏祭":

　　壬辰卜,㱿,貞雀𢦏(翦)祭。一　　二

　　壬辰卜,㱿,貞雀弗其𢦏(翦)祭。三月。一　　二　　二告

　　☐𢦏(翦)。三月。一　　二

　　壬辰卜,㱿,雀弗其𢦏(翦)祭。

上述一組卜辭爲正反對貞,時間是"三月""壬辰",表明該卜辭是在武丁中期某年三月壬辰所卜。

祭,據胡厚宣考證,其地望在殷之西南:

　　《左傳·成公四年》"晉伐鄭,取氾祭",《括地志》:"故祭城在管城縣東北十五里。鄭大夫祭仲邑也。"《路史·國名紀》:

---

① 推算過程是:"八月"的"癸巳"簡寫作 8/30,由此推算出九月一日的干支區間是 9:31-60,再算出該年一月一日的干支區間是 1:35-4。"十二月"的"癸卯"簡寫作 12/40,由此推算出十二月一日的干支區間是 12:12-40,十一月一日的干支區間是 11:43-11,再算出該年一月一日的干支區間是 1:48-16。詳細演算法請參看第二章第二節關於"微細斷代法"的介紹。

② 胡厚宣:《殷代封建制度考》稱引自作者《殷代征伐考》和《殷代地理考》,《甲骨學商史論叢初集》第 1 册第 16 頁上,齊魯大學國學研究所專刊,1944 年。

③ 陳夢家:《殷虛卜辭綜述》第 298 頁,中華書局,1988 年。

"祭,伯爵,商代國,後爲周圻内,今管城東北十五里有古祭城也。"高士奇《春秋地名考略》"隱元年,祭伯來。杜注:'祭國,伯爵。周公第五子所封地,在東周畿内。'《後漢志》'中牟'有'蔡亭',蔡與祭通,今在開封鄭州東北一十五里。"①

陳夢家亦認爲祭在鄭州東北十五里②。今按,"祭"有文獻可徵,其地望易於確定。又由於"祭""蔡"可通,故文獻中"祭"常作"蔡",胡先生的意見甚是。"祭"地距商都安陽僅四百里,這一帶仍受到雀的討伐,可見,在武丁早中期,殷之西南邊界的最遠距離也不會超過這個里程。

第三,雀伐獋。凡見三版,另一版可能與此相關,姑且附後,辭例如下:

  壬午卜,□雀比□伐獋□　　　　　　（W355＝B2008）

  庚寅卜,㱿,貞呼雀伐獋。四　　　　　　（6931）

  □□〔卜〕,㱿,貞□③伐獋。五　　　　　（6932）

  貞獋不其□于雀。三　　　　　　　　　（8632）

第四,雀伐𡘲。凡見一版。辭例如下:

  辛巳卜,㱿,貞勿呼雀伐𡘲。二

  辛巳卜,㱿,貞呼雀伐𡘲。二　　　　　（6959）

第五,雀與缶的戰爭。凡見三版。辭例如下:

  ［庚］申卜,［王］,貞獲缶。二告

  庚申卜,王,貞雀弗［其］獲缶。一

    雀弗其獲缶。一　　　　　　　　（6834 正）

---

① 胡厚宣:《殷代封建制度考》,《甲骨學商史論叢初集》第 1 册第 15 頁下,齊魯大學國學研究所專刊,1944 年。

② 陳夢家:《殷虛卜辭綜述》第 298 頁,中華書局,1988 年。

③ 儘管此版"雀"已殘去,但距字體、貞人及兆序來看,此版與《合集》6931 可能爲成套卜辭。

☐[雀]弗其卒缶。　　　　　　　　　　（6875）

□□卜,殷,貞☐缶其戋(翦)雀。二告　　（6989）

癸亥卜,殷,貞我史戋(翦)缶。一 二 二告

癸亥卜,殷,貞我史母(毋)其戋(翦)缶。一 二 二告

癸亥卜,殷,貞翌乙丑多臣戋缶。一 二

　　翌乙丑多臣弗其戋缶。一 二

壬子卜,爭,貞自今日我戋(翦)🈚。

　貞自五日我弗其戋(翦)🈚。

癸丑卜,[爭],貞自今至于丁巳我戋(翦)🈚。王占曰:丁巳我母(毋)其戋(翦),于來甲子戋(翦),旬有一日癸亥車弗戋(翦)。之夕向甲子允戋(翦)。一 二

癸丑卜,爭,貞自今至于丁巳我弗其戋(翦)🈚。一 二

丙寅卜,爭,貞呼嬴敖侯專求👁。一 二

乙丑卜,殷,貞子商弗其獲先。一 二 三 二告

庚申卜,王,貞余伐不。三月。一

庚[申卜],王,貞余勿伐不。一 二告

庚申卜,王,貞余伐不。一

庚申卜,王,貞余勿伐不。一

辛酉卜,殷,貞翌壬戌不至。一 二告　　（6834 正）

辛酉卜,殷,貞我亡須。

辛酉卜,殷,貞□[不]☐[㞢(憂)]。

　殷。　　　　　　　　　　　　　　（6834 反）

　　貞𢦏弗其堪*王事。一 二 二告 一 二 三 四 五
　　一 二 三 [四 五] [一] [二]
　　三 四　　　　　　　　　　　　（6834 正）

本組卜辭至少反映出如下信息:1. 雀對缶的進攻舉足輕重,因爲此事由王親自占卜(6834 正),顯示出王對是否能夠俘獲缶非常重

視。2. 雀進攻缶的過程不甚清晰,但這幾版顯示出雀對缶的進攻已是勝券在握,因爲所卜爲"獲缶"(6834正)、"𢦏缶"(6875)。3. 對缶的進攻,可能規模較大,因爲有正反對貞,卜問"我史"是否能够"翦滅"缶,以及卜問"多臣"是否能够"取勝"。此處"我史"可能是指雀,"多臣"則可能是雀所率的低級官吏①。4. 與占卜雀是否"獲缶"同版的卜辭中有"三月",表明此次對缶的進攻在武丁中期某年三月前後,與上文自歷間類"虞缶"所見"二月"可能爲同一次戰爭,於此也可表明賓一類與自歷間類卜辭時間上有重合的部分,賓一類卜辭主要出土於村北,自歷間類主要出土于村中和村南。5. 同版卜辭中有"敖侯"一詞,表明敖已歸順商,受到了商的分封,上文自賓間類有關雀的卜辭中,已舉雀曾"𢦏敖",可見自賓間類確實比賓一類略早。6.《合集》6834是一塊較完整大龜,共有正面十九條、反面三條卜辭。除涉及雀進攻缶這一事件之外,別有"𢦏䚘"事件,在整個龜版中也有着重要地位,卜辭均用粗體刻成,雄健豪邁,與其他事件的刻辭字形柔美嬌小形成鮮明對照。儘管如此,兩種字形結構完全一致,顯係一人所刻,依然屬於賓一類字體。

陳夢家認爲缶在晉南②,可備一説。

第六,伐目。凡見一版,即《合集》6946正,其中攻伐目方的僅一條,辭例如下:

　　貞呼雀品目。一 二 三 四（6946正）
本版乃一較完整龜版,共有十五條卜辭,此外還有涉及其他可能與軍事活動相關的卜辭:

　　戊午卜,賓,貞呼雀往于鬱。一 二告 二 三 四

---

① 陳夢家曾説:"他們的地位顯然和'衆'或'衆人'是不同的。多臣而冠之以'我',則此多臣乃是殷王國之臣,可能是'臣'與'小臣'的多數稱謂,猶《酒誥》之言'諸臣'。"詳參《殷虛卜辭綜述》第507頁,中華書局,1988年。

② 陳夢家:《殷虛卜辭綜述》第298頁,中華書局,1988年。

戊午[卜],賓,貞勿呼雀往于鬱。一 二 三 不☒四

庚申卜,殼,貞呼王族征比象(原)。一

庚申卜,殼,貞勿呼王族比象(原)。一

甲子卜,爭,雀弗其呼王族來。一 二

甲子卜,爭,雀弗其呼王族來。一 二

　　雀其呼王族來。一 二

丁卯卜,爭,呼雀☒戎抴。九月。一 二 三 四

　　貞犬追亘出及。一

　　犬追亘亡其及。一

與攻伐"目"有關的卜辭還有一版《合集》20173,屬於自歷間類,姑列此,以作比較:

　　癸丑卜,令雀匕目。

　　癸丑卜,令雀匕目。

匕,即比①。卜辭意爲商王讓雀與目一起(做某事),此版可能表明目已歸服商王。

第七,在商伐基方過程中,雀擔任過一定職務。凡見三版。辭例如下:

　　戊戌卜,内,呼雀戠一牛。一

　　戊戌卜,内,呼雀戠于出日于入日宰。一

　　戊戌卜,内,戠三牛。一　　　　　　　　　(6572)

　　壬寅卜,殼,貞尊雀,叀亶敢基方。三　　　　(6571 正)

　　甲戌卜,殼,貞雀壬子商走基方,克。　　　　(6573)

　　[辛巳卜,爭,貞基方弗戎]。[一 二]

　　辛巳卜,爭,貞基方戎。一 二

---

① 黄天樹釋《合》21050"☒匕☒"作"羊比殷"。黄天樹:《殷墟王卜辭的分類與斷代》第137頁,科學出版社,2007年。

癸未卜，内，貞子商戋（翦）基方缶。四月。一 二 告 二 三
癸未卜，内，貞子商弗其戋（翦）基方缶。一 二 三
癸未卜，内，貞子商㞢保。一 二［三］四
癸未卜，内，貞子商亡其保。一 二 三 二告 四　　　（6572）
辛丑卜，㱿，貞今日子商其敢基方缶，戋（翦）。五月
辛丑卜，㱿，貞今日子商其敢基方缶，弗其戋（翦）。三
壬寅卜，㱿，貞自今至于甲辰子商弗其戋（翦）基方。三
壬寅卜，㱿，貞自今至于甲辰子商戋（翦）基方。三
壬寅卜，㱿，貞子商不䚽戋（翦）基方。三
　　　　　貞自今壬寅于甲辰子商戋（翦）基方。六
壬寅卜，㱿，貞曰子商㪏（衝）①癸辜（敦）。五月。三
　　　　　曰子商于乙辜（敦）。三
　　　　　曰㪏（衝）甲辜（敦）。三
甲辰卜，㱿，貞翌乙巳曰子商辜（敦），至于丁未，戋（翦）。三
　　　　　貞曰子商至于㞢丁乍山，戋（翦）。三
　　　　　勿曰子商至于㞢丁乍山，戋（翦）。三
　　　　　　　　　　　　　　　　（6571 正）
乙亥卜☐
☐☐［卜］，㱿，［貞］☐一
☐☐［卜］，㱿，［貞］☐　　　　　　　　（6573）
我來□。賈。　　　　　　　　　　　　（6571 反）

本組卜辭可見雀和子商對基方進行了戰爭，雀的職事應該是起輔助作用，如進行相關祭祀活動等。"國之大事，在祀與戎"，能够承擔相關祭祀活動，也表明雀的地位不低。

---

① 金赫、苗豐釋甲骨文中的 㪏、㪏 爲衝，本書第六章第一節有討論。

（五）典賓類：可能與軍事相關者凡見二十版，但多殘損，事迹欠明確。僅如下一版反映了對或的攻伐：

　　　　甲午卜，争，貞叀雀呼比望𡩅伐或。　　　　（L156）
"或"在典賓類時期，基本上是以盟國的形式出現，在賓一類中，它的確受到過商的征伐。如：

　　　　貞雀𢦏或□。一 二 三　　　　　　　　　（6952正）
《天理》156的字體表明多少還帶有賓一類的特徵，不完全像典賓類大氣雄健的書風，確切地説，尚屬典賓類早期，因此，這時的"或"尚未歸服商，"雀"被任命爲伐或的將領也就不足爲怪了。

胡厚宣釋"或"爲戉，謂其即越，約在今山西平陸之東北，在殷之西或西北方[①]。現在看來，釋字不確，地望考釋便不足爲據了。

（六）賓三類：雀在該類卜辭中出現十餘版，未見有軍事行動，大多殘損是其原因，但主要原因可能是雀在此時年事已高，可能不大適宜再承擔軍事重任，"廉頗老矣，尚能飯否"應是比較符合實際的情況。

二　有關認識

從以上辭例分佈來看，雀的事迹見於自小字類、自賓間類、自歷間類、賓一類、典賓類和賓三類，以自賓間類和賓一類爲主，兩者分別達五十九版和一百二十版，共佔整個雀所見約二百二十版的81%。有關雀的材料主要出土於村北，村中、村南偶見。從時代上看，雀生活于武丁早中期，晚期活動相對很少。

上述卜辭排譜主要反映了雀的軍事事迹是：𢦏敫、伐𢦏、𢦏卣邑、𢦏祭、伐缶、伐亘、𡔛（敦）㮯、𡔛（敦）壴、伐𤞞、伐𭃂、伐目、伐或等，此

[①] 胡厚宣：《殷代吂方考》，《甲骨學商史論叢初集》第2册第231—232頁，齊魯大學國學研究所專刊，1944年；收入《甲骨文獻集成》第21册第252頁。

外他還配合伐基方以及"來射",也爲軍事行動起到過很好的輔助作用。有關雀的辭例分佈和軍事事迹列表如下:

典型事迹	辭例分佈	所處時代
𢦏侯(1版)	自小字(3版)	武丁時期
伐兇(1版)		
宓罙(1版)		
𢦏敖(3版)	自賓間(59版)	武丁中期
伐㞢(4版)		
𢦏卤邑(2版)		
𢦏祭(3版)		
來射(2版)		
伐缶(1版)	自歷間(15版)	武丁中期
獲亘(1版)		
伐亘(10版)	賓一(120版)	武丁中晚期
韋(敦)桑(1版)		
韋(敦)壴(1版)		
伐㺇(3版)		
伐𩁹(1版)		
伐缶(3版)		
𢦏祭(1版)		
伐目(2版)		
輔助伐基方(3版)		
伐或(1版)	典賓(20版)	武丁晚期

雀在卜辭中有"侯雀""雀男"的稱呼,這可能是其封號。如:

|□呼侯雀□ （20062，自歷間）
|□貞□雀男□受□ （3452，賓一）

由侯而男，胡厚宣認爲是由武丁時侯爵改封而來①。是否如此，可能還需進一步研究。

雀也稱"亞雀"，既見於王卜辭，又見於非王卜辭，如《合集》5679（自小字）、21623（子組）、22086（午組）、22092（午組）。亞爲官名，如《酒誥》述殷制有"惟亞惟服"，亞、服均爲官名②。

據胡厚宣考證，雀之封地在殷之西方：

  《水經》："汾水又南過冠爵津。"注："汾，津名也，在界休縣之西南，俗謂之雀鼠谷。"《寰宇記》引冀州圖云："雀鼠谷在孝義縣南二十里，長一百十里，南至臨汾郡霍邑縣界。"《嘉慶一統志》："雀鼠谷在界休縣西南。"疑即殷之雀地。③

陳夢家謂"雀之所在，當近今豫西"④。鄭傑祥、馬世之則以爲"雀"在今鄭州市西北郊⑤。近來，有人指出"雀"在贛鄱地區，即江西吳城文化所在地⑥。諸家之說，還值得進一步研究。

關於雀的身份，林小安根據其位高權重的征伐與行祭事跡，認爲雀可能是文獻中記載的武丁重臣傅說⑦，但這一說法還需要更加堅實的證據作爲支撐。

---

 ① 胡厚宣：《殷代封建制度考》，《甲骨學商史論叢初集》第1册第63頁，齊魯大學國學研究所專刊，1944年；臺灣大通書局有限公司，1972年；收入《甲骨文獻集成》第21册第210頁。
 ② 陳夢家：《殷虚卜辭綜述》第510頁，中華書局，1988年。
 ③ 胡厚宣：《殷代封建制度考》，《甲骨學商史論叢初集》第1册第62頁，齊魯大學國學研究所專刊，1944年；臺灣大通書局有限公司，1972年；收入《甲骨文獻集成》第21册第210頁。
 ④ 陳夢家：《殷虚卜辭綜述》第298頁，中華書局，1988年。
 ⑤ 鄭傑祥：《商代地理概論》第341頁，中州古籍出版社，1994年；馬世之：《中原古國歷史與文化》第44頁，大象出版社，1998年。
 ⑥ 吳志剛：《淺談贛鄱地區雀方》，《江漢論壇》2009年第4期。
 ⑦ 林小安：《殷王卜辭傅說考芻議》，《古文字研究》第29輯，中華書局，2012年。

第三節　自般

一　辭例分佈

（一）自小字類：

凡見兩版，共兩條卜辭。兩版辭例如下：

　　　□未卜，㲋，令般取郭（墉）人。　　　　　　（20571）

　　　戊戌［卜］，貞自般自　　　　　　　　　　　（4266）

《合集》20571 意爲商王命令般"取郭人"，"郭"像城郭之形，此爲地名，意爲占問商王命令般是否從郭人處獲取東西，或是否從郭處徵集人。《合集》4266 較殘，據盾紋可辨爲龜腹甲，經查《來源表》，原甲拓藏不明，義不可考。

（二）自賓間類：

凡見三版，共三條卜辭。辭例如下：

　　　貞自般來人于龐。　　　　　　　　　　　　（1035）

　　　貞自般其來人☒　　　　　　　　　　　　　（1036）

　　　自般見潢呼［卲］。一　　　　　　（4222＝8352）

《合集》1035 意爲占問自般是否派人到龐地，《合集》1036 殘了地名，從書體來看，可能與前者所卜相同。《合集》4222 與《合集》8352 重見，其中，"潢"是一個人地同名的詞，"見"當釋爲"監"，因此將潢看作地名，也許更合適，如果不誤，全句當理解爲：自般命令卲前往潢地監視巡察。

（三）典賓類：

可見自般的如下事迹。

1. 取×。主要遵循這一語法格式：取+（物）+（于）+（地），具體包含如下一些情況：

（1）取于夫。凡見兩版，可繫聯者共六版。排譜如下：

戊辰卜,賓,貞呼自般取于夫。一 不☐黽 二 三 ……………… ①
　　　　[貞]呼自般取[于夫]。一 不☐黽 ………………… ②
　　　　　貞☐自般[取]。 ………………………………… ③
　　　　　　貞勿呼自[般]取。 …………………………… ④
　　　　　　　呼自般取。 ………………………………… ⑤
　　　　　　貞[勿]呼[自般取]。 …………………………… ⑥
乙[丑卜],韋,[貞]☐ 一 二告 ……………………………… ②
　　丁巳,婦井☐ ……………………………………… ②(反甲橋)
　　萃(禱)☐ ……………………………………………… ⑤
　　　　☐王夢☐之☐孽。 ……………………………… ⑤
①(8836)　②(8837)　③(8838)　④(8839)　⑤(8840)
⑥(8841)

"夫"爲地名,子組卜辭有"夫"作田獵地的用例,如《合集》21546:"乙丑,子卜,小王**畫**田夫。"饒宗頤謂夫爲"邞",並引《説文》"邞,琅邪縣",説參《漢書·地理志》①。至於所取何物?卜辭太少,暫不可考。

(2)取龍。凡見四版。

己酉卜,殻,[貞]令般取龍[白]。二 …………………… ①
　☐☐[卜],古,貞[呼自]般取龍。一 …………………… ②
　　　　貞呼取龍[白]。 ………………………………… ③(正)
　　　　　呼自[般]取龍。 ……………………………… ④
①(6590)　②(6588)　③(6589)　④(6587)

龍,地名,可能爲龍方。《左傳·成公二年》:"齊侯伐我北鄙,圍龍。"杜注:"龍,魯邑。"饒宗頤于此謂:"龍方或即其地。"②

---

① 饒宗頤:《殷代貞卜人物通考》第741頁,香港大學出版社,1959年。
② 饒宗頤:《殷代貞卜人物通考》第401頁,香港大學出版社,1959年。

（3）取❖（逸）①。僅《合集》839一版。《合集》839、840、841三版書風婉轉流暢，完全一致，顯係同一書者所爲，僅841可見貞人古，其他兩版似相同。三版排譜如下：

□□卜，古，[貞]囗取。 ……………………………… ①

　　　　呼自般取逸自辜（敦）。 …………………… ②

[呼]❖取逸□人。 …………………………………… ③

　呼❖取。 ………………………………………… ③

　　　貞❖。 …………………………………… ①

　　　　　　　　　用。 …………………… ②

　　　貞[我]受年。 ……………………………… ②

①（841）　②（839）　③（840）

"逸"爲"逸芻"或"逸羌"之省。試比較以下兩組辭例。

（A）貞逸芻不其得。　　　　　　　　　　　　　（131）

　　　囗逸羌，得。二　　　　　　　　　　　　 （503）

　　貞逸不其得。一 三　　　　　　　　　　　　（854）

（B）乙酉卜，賓，貞州臣有逸自賣，得。一

　　　　　　　　　　　　　（849—850＝B58，嚴一萍遙綴）

[己]卯卜，古，貞逸芻自寑，弗其辜。一 二 二告[三] 四 五 六

　　　　　　　　　　　　　　　　　　（136正）

（4）取束。

　　貞勿令自般取[束]于彭龍。　　　　　　　　（8283）

束，卜辭中多作地名或人名，作動詞用時，讀作"刺"②。此處"取

---

① 王子楊：《說甲骨文中的"逸"字》，"西南大學2009全國博士生學術論壇"論文，2009年10月；又載《故宮博物院院刊》2011年第1期；又見於氏著《甲骨文字形類組差異現象研究》第241—253頁，中西書局，2013年。

② 于省吾主編：《甲骨文字詁林》字頭2571號，第2563—2565頁，中華書局，1996年。

束"可能意爲"攻取束地"。

(5)所取何物没有交待。凡見七版。

貞勿呼自[般]取。 …………………………………… ①
貞[勿]呼[自般取]。 …………………………………… ②
貞[叀]般[令]取以。 …………………………………… ③
貞☒自般[取]。 …………………………………… ④
　呼自般取。 …………………………………… ⑤(正)
　呼自般取。 …………………………………… ⑥
　呼[自]般[取]。 …………………………………… ⑥
　呼自般取。 …………………………………… ⑥
　呼自般取。 …………………………………… ⑦
貞方告于東西。 …………………………………… ⑥
貞方告于東西。 …………………………………… ⑥
貞出于河。 …………………………………… ⑥
　勿于砎。 …………………………………… ⑤(正)
　　于砎。二 …………………………………… ⑤(正)
　勿于砎奠。 …………………………………… ⑤(正)
貞兴人于砎奠。 …………………………………… ⑤(正)
　告舌方于示壬。 …………………………………… ⑤(正)
[貞]傲(摧)以由。 …………………………………… ⑤(正)
　　☒[王]占曰:[叀]來。 …………………………………… ⑤(反)
貞出☒不☒ …………………………………… ③
　萃(禱)☒ …………………………………… ⑦

①(8839)　②(8841)　③(9078)　④(8838)
⑤(Y547＝B1836)　⑥(8724)　⑦(8840)

2. 伐舌方。

戊寅卜,㱿,貞勿呼自般比冟。四 …………………………………… ①

　　　　　　貞呼自般比冕。………………………………②
庚寅卜,㱿,貞勿眔人三千呼望舌方。五月。四 …………①
　　　　　　貞呼戋舌方。……………………………………②
　　　　　　貞□呼[自]般,[伐]舌方。………………………③
　　　　　　貞☒呼[自]般□舌方。……………………………④
　　　　　[貞]呼[自]般伐舌。…………………………………⑤
　　　　　　貞勿伐舌,帝不我其受又。…………………………⑤
　　　　　　　貞☒舌☒ ……………………………………………②
　　　　　　　　☒舌☒ ……………………………………………⑤
　　　　　　貞祖丁害。……………………………………………②
　　　　　　　　更㠱。……………………………………………⑤
　　　　　　　　　☒億☒ ………………………………………④
　　　　　　　　　☒億☒ ………………………………………③

①(6185+B2873)　②(6335)　③(L139)　④(8553)
⑤(6272)

3. 往㞢。僅 B1246(13598+W956)一片。辭例如下:
丁巳,㱿,貞呼自般往于㞢。
己巳卜,㱿,貞犬徂(延)亡其工。六月。一　二　三　四
　　　　　貞犬徂(延)其㞢工。
　　　　　貞告于大示。
　　　　　貞于甲令。
　　　　　貞于乙門令。
　　　　　貞勿于乙門令。
　　　　　貞于乙門令。
　　　　　貞勿于乙門。
　　　　　　今日往于𦎫(敦)。

此版可見,武丁晚期某年六月,武丁曾派自般前往㞢地。據我們考

證,㞢地在山西東南長治一帶①。自般前往㞢地幹什麽呢？聯繫到上文自般曾參加伐舌方,而舌方曾于某年四至六月對殷商西部邊邑沚、㞢等地發動過襲擊②,我們可以推測,武丁派自般前往㞢地可能與伐舌方有關。

4. 夆（逸）③羌。僅《合集》506 一片,屬典賓早期。

□寅卜,殼,貞［般亡］不若,不逸羌。一 二告
　　貞［龍亡］不若,不逸羌。一
　　貞般亡不若,不逸羌。二
　　貞龍亡不若,不逸［羌］。二
　　貞般亡不若,［不逸羌］。三
　　貞龍亡不若,不逸羌。三
　　　般其逸羌。一
　　　龍其逸。一 二告
　　　　其逸。二
　　　　其逸。二 ………………………（506 正）
　　　　　王占曰:吉。
　　　　　王占曰:［吉］。………………（506 反）
　　　奠來十。………………………………（506 反甲橋）

5. 屮（堪*）④王事。

癸酉卜,古,貞自般堪*王事。三 五 ……………①（正）
　　　　自般弗堪*王事。 ……………………②

---

① 詳參本書第二章第三節"關於長*的地望"。
② 詳參本書第二章第三節"商與舌方戰爭持續的時間"。
③ 夆,據趙平安釋作"逸",讀爲"失"。參趙平安:《戰國文字的"遊"與甲骨文"夆"爲一字說》,《古文字研究》第 22 輯,中華書局,2000 年；王子楊:《甲骨文字形類組差異現象研究》第 241—253 頁,中西書局,2013 年。
④ 釋者甚夥,今暫從陳劍讀爲"堪"。詳參陳劍:《釋"屮"》,《出土文獻與古文字研究》第 3 輯第 1—89 頁,復旦大學出版社,2010 年。

　　　　　　[𠂤]般堪*[王]事。一 ………………… ③
　　　　　貞翌己巳宜。 ………………………… ①（正）
　　　　　貞翌己巳宜。一 ……………………… ①（正）
　　　　　貞翌己巳勿宜。 ……………………… ①（正）
　　　　　貞翌己巳勿宜。 ……………………… ①（正）
　　　　　貞亡𢦔(孼)①。二 不⸝黽。………… ①（正）
　　　　　貞亡𢦔(孼)。一 二告 …………… ①（正）
　　　　　貞亡𢦔(孼)。一 二告 …………… ①（正）
　　　　　屮𢦔(孼)。 …………………………… ①（正）
　　　　　☒勿☒征(延)。 ……………………… ①（正）
　戊辰卜,亘。 …………………………………… ①（反）
　戊辰卜,永。 …………………………………… ①（反）
　王占曰:亡𢦔(孼)。 ………………………… ①（反）
　王占曰:☒ …………………………………… ①（反）
①(5468+Y1276 正)　②(5467)　③(5469)

（四）賓三類:共有十版,但能反映一定信息的主要是《合集》428、6078、《補編》1830(6079+5536＝ZJ60)幾版。
　甲辰卜,貞叀翌乙巳告上甲。十三月。 ………… ①
　　　　貞屮羌于丁。二 ……………………………… ①
　　　　貞令亼甾自般。十三月。二 ………………… ①
　　　　☒宰。 ……………………………………… ①
　　　　貞☒受☒。二 ……………………………… ①
　　　　　☒十☒月。二 …………………………… ①
　　　　　貞☒允。 ………………………………… ②

---

① 𢦔,王子楊釋爲"孼",在這裏讀作"孼"。詳參王子楊:《甲骨文字形類組差異現象研究》第358—376頁,中西書局,2013年。

[貞]☐允。 …………………………………③
　　　　　自般…………………………………②
　　　　　[自]般。 ………………………………③
　　乙巳卜，賓，貞甾呼告舌方出。允其☐。 ………②
　　乙巳卜，賓，貞甾呼告舌方其出。允☐。 ………③
　　　　※。 ……………………………………②
　　　　※。 ……………………………………③
　　貞史于甾。 ……………………………………②
　　貞史于甾。 ……………………………………③
①（428） ②（B1830） ③（6078）

《合集》428 的大意可能是：武丁晚期某年的十三月甲辰日，商王占卜說是否在第二天乙巳日向上甲行告祭，又占卜說是否向丁（或爲祖丁或爲父丁，如果是父丁，表明此版已是祖庚時期）用羌人行侑祭，又占卜說是否命令介、甾和自般，……。《補編》1830 與《合集》6078 幾乎同文，其大意可能是：武丁晚期某年乙巳日，貞人賓占卜說甾是否會派人向商王報告"舌方將會出動"，果然……。貞人"賓"還占卜是否命令甾般和※前往甾地。這兩組卜辭字體均爲賓三類，所卜事均在乙巳日，當爲同事而卜。

（五）歷一類：凡見兩版，即《懷特》1651 與《屯》340，辭例如下：
　　癸巳，貞今日王令自般。
　　王于乙未令。　　　　　　　（W1651＝B10488）
　　丙寅☐，叀亞皋以人，甾☐ 二
　　叀自般以人。二　　　　　　　　　　（T340）

"以"意爲率領。《左傳・僖公五年》："宮之奇以其族行。"《國語・周語中》："（富辰）乃以其屬死之。"韋昭注："帥其徒屬，以死狄師。"

二　有關認識

從以上辭例分佈來看,自般的事迹見於自小字類、自賓間類、典賓類、賓三類、歷一類,凡見四十餘版,其中以典賓類和賓三類爲主,分別是二十六版和十版,約占 83%。由此可見,自般的主要活動時間是武丁晚期直至祖庚時期。

自般比較明顯的事迹主要是:取郭人、來人于龐、見漢呼印、取于夫、取龍、取逸、取束、伐舌方、往岜、不逸(失)羌、堪*王事等,其中,尤以伐舌方和逸羌最爲典型。

學界一般認爲自般即《尚書·君奭》所謂甘盤①。顔師古稱:"武丁師也。"此説似有可能,目前限於材料,尚難肯定。

第四節　沚䟆

一　辭例分佈

(一)自賓間類:凡見四版。較殘,意義不甚明瞭,但有兩版關鍵詞是"戈䟆",表明這時的䟆與商爲敵,尤其是《合集》6990 正甲"王煥人三千呼□["戈]䟆",更能反映這個問題。辭例如下:

丙午卜,貞伊射䟆。一
　　　貞勿伊。一　　　　　　　　　　　　　　　　(5792)
辛[未]卜,貞☒四月。一 不♦ 二 三 二告 四
□□卜,貞白(伯)䟆☒典執。四月。不♦ 一 二　　(5945)
丙子卜,永,貞王煥人三千呼□[戈]②䟆。[一 二 三 四] 五

---

① 林小安:《殷武丁臣屬征伐與行祭考》,《甲骨文與殷商史》第 2 輯第 276 頁,上海古籍出版社,1986 年。
② 關鍵詞"戈"殘去上半,但不影響對該字的釋讀。

[六七八九]十[一二三四]五[六七八九]十七
(6990 正甲)

□戋(翦)戠。　　　　　　　　　　　　　　(6991)

（二）賓一類：凡見十版，通過繫聯，能夠反映沚戠典型事迹的是某年五月"沚戠啟巴"。"啟"有行軍先鋒之義。白玉崢引用《後漢書·岑彭傳》章懷太子注說："凡軍在前曰啟。"又引《左傳·襄二十三年》杜注："左翼曰啟。"孔疏："凡言左右，以左爲先，知啟是左也；名之曰啟，或使之先行。詩云：'以先啟行'，服虔引《司馬法·謀師篇》明之。如服虔言，古人有名軍爲啟者也。"①于省吾曾說卜辭中征伐所言之"啟"義爲"在前"。于先生認爲，典籍多訓啟爲開爲發，在前之義乃由"開""發"所引申。啟既有在前之義，故《爾雅·釋畜》謂馬"前右足白，啟"。又古代出征往往稱前軍爲啟。《詩·小雅·六月》叙征伐獫狁："元戎十乘，以先啟行。"《論語·雍也》："孟子之反不伐，奔而殿。"《集解》引馬注："前曰啟，後曰殿。"《周禮·鄉師》賈疏："軍在前曰啟，在後曰殿。"②這裏所言之"啟巴"，是指王派沚戠作爲先鋒去進攻巴方。聯繫下文對望乘事迹的排譜來看，有大量典賓類"望乘伐下危"卜辭與"沚戠伐巴方"同版，可見此次賓一類卜辭反映了沚戠作爲先鋒進攻巴方，尚未大規模進攻，到稍晚的典賓類卜辭，王派沚戠與婦好協同作戰，王也與奚協同作戰，可見對巴方的進攻已具相當規模。

可相繫聯的卜辭中也反映了"伐龍方"和"伐夷方"的信息，但時間、規模和參與人信息不具備，有待進一步研究。

辛卯卜，賓，貞沚戠啟巴，王勿隹之比。一二三四五六七…
……………………………………………………………… ①（正）

---

① 白玉崢：《契文舉例校讀（四）》，《中國文字》第 34 册，又載《甲骨文獻集成》第 19 册第 71 頁。
② 于省吾：《甲骨文字釋林·釋啟》第 287—290 頁，中華書局，1979 年。

辛卯卜,賓,貞沚馘啟巴,王東之比。五月。一 二 三 四 [五 六]
七 [八 九] 十 [一] 二 ······················ ①(正)
甲午卜,賓,[貞]沚馘啟,王比伐巴方,受虫又。二 ······ ⑦(正)
　　　　王[比]沚[馘]。······················ ⑨
　　　　貞沚馘啟巴,王比。一 ···················· ⑩
　　　　貞王勿卒比。一 ······················ ⑩
癸丑卜,爭,貞馘往來亡㞢(憂)。王占曰:亡㞢(憂)。一 二 三
四 五 二告 ··················· ②(正)
　　　　貞馘往來其㞢㞢(憂)。一 二 三 ·········· ②(正)
丁巳卜,爭,貞馘亡㞢(憂)。二 ·················· ③(正)
　　　　王東沚馘。五 ························ ④
　　　　勿隹沚馘。五 ························ ④
甲子卜,賓,馘才(在)兹示,若。··················· ①(反)
　　　　貞馘才(在)兹示,若。一 二 三 ·········· ①(正)
　　　　　王占曰:吉。東㞢呼己其伐,其弗
　　　　　伐,不吉。 ·················· ①(反)
　　　　　　王占曰:吉,沚馘☒ ········· ①(反)
戊午卜,爭,貞呼雀弭馘。一 二 ················ ③(正)
　　　　貞勿呼雀弭馘。一 二 ················ ③(正)
　　　　☒勿☒沚馘。九月。三 ·············· ⑤(正)
　　　　貞王比望乘伐。五 ···················· ④
　　　　王勿比望乘伐。五 ···················· ④
　　　　勿比望乘。···························· ⑨
□□[卜],[殻],貞☒[乘]。二告 ·············· ⑨
　　　　王東龍方伐。五 ······················ ④
　　　　勿隹龍方伐。五 ······················ ④
庚寅卜,賓,貞今早*王其步伐夷。一 二 三 四 五 六 七 八 九 十

一 二 三 ·· ①（正）
庚寅卜，賓，貞今早＊王勿步伐夷。一 二 三［四 五］六［七 八 九］
·· ①（正）
　　　　　王叀夷正（征）。五 ······················· ④
　　　　　王勿隹夷正（征）。五 ····················· ④
　　　　貞才（在）北史①㞢獲羌。一 ················ ②（正）
　　　　貞才（在）北史亡其獲羌。一 ················ ②（正）
　　　貞𢦔伐百人。[一] 二[三]　四[五]六 ········ ⑥
　　　呼比𢦔妓☐。[一] 二 二告 三 四 五 六
·· ①（正）
甲子卜，賓。 ·· ①（反）
戊午卜，殼，貞雀追亘☐一 ·························· ③（正）
戊午卜，殼，貞雀追亘，㞢獲。一 ···················· ③（正）
　　　貞亘不檷隹執。一 ···························· ③（正）
　　　貞亘其檷隹執。一 ···························· ③（正）
庚午卜，爭，貞亘卒。一 二 ·························· ③（正）
庚午卜，爭，貞亘不其卒。一 二 ······················ ③（正）
　　　貞亘不其卒。一 二 ···························· ③（正）
　　　貞亘卒。一 二 ································ ③（正）
　　　貞☐　一　二 ·································· ③（正）
戊午卜，爭，貞亶戋獋。一 二 ························ ③（正）
　　　貞［亶］弗其戋獋。一 二 ······················ ③（正）
乙酉卜，貞呼亶比沚伐獋。 ···························· ⑧
己未卜，殼，令兑往沚。一 二告 ······················ ③（正）

---

① "在北史"的"北"恐爲北方、北部，"史"爲官名，其結構與"在石牧麋"、"在丂牧妏"、"在𢀜牧延"等"在+某+牧+某"相類，只不過這裏的第二個"某"爲私名，"在北史"的結構中没出現私名。

己未卜,㱿,勿令兔往沚。一 ················· ③(正)
辛酉卜,爭,貞今日㞢于下乙一牛,酓十勿宰。一 ····· ③(正)
　　　貞㞢于下乙[宰],酓十勿宰。一 ············ ③(正)
　　　㞢下乙一牛。二 ······················ ③(正)
　　　桒(禱)于上甲、成、大丁、大甲、下乙。一 二告
　　　 ································ ③(正)
　　　貞雀以成。一 ······················· ③(正)
　　　雀不其以成。一 ····················· ③(正)
　　　貞妥以羊。二 ······················· ③(正)
　　　妥以鷫。二 ························ ③(正)
癸亥卜,㱿,貞钔于祖丁。一 ·················· ②(正)
　　　酓祖丁十伐、十宰。一 二 ·············· ②(正)
　　　勿酓祖丁。一 ······················ ②(正)
　　　貞不蝠(蝠)酓十祖乙。一 二 三 二告 ····· ②(正)
　　　王入。一 ························· ②(正)
　　　勿入。一 ························· ②(正)
　　　今日王入。一 ····················· ②(正)
　　　父乙蚩(害)王。 ··················· ②(正)
　　　貞父乙弗蚩(害)。一 ················ ②(正)
　　　貞王㞢贏。一 二告 二 ··············· ②(正)
　　　食來。一 二告 ···················· ②(正)
　　　不其來。一 ······················ ②(正)
　　　亞以來。一 ······················ ②(正)
　　　父乙來。 ························ ②(正)
　　　欠來。 ························· ②(反)
　　　不其來。 ······················· ②(反)
□□[卜],賓,貞翌乙亥不雨,易日。 ············ ②(正)

　　　　征欠。……………………………………②(反)
　　　　勿于祖乙。…………………………………②(反)
　　　　呼子商爵⇃祖。……………………………②(反)
　　　　　子商⇃疾。………………………………②(反)
　　　　不隹孽。……………………………………②(反)
丙子卜。…………………………………………②(反)
　　　　㞢父乙十羌。………………………………②(反)
　　　　勿㞢。………………………………………②(反)
壬戌卜。…………………………………………②(反)
　　　　至商凡父乙。………………………………②(反)
　　　　　王占曰：其自東⇃來。…………………②(反)
臣大入一。(甲橋刻辭)……………………………②(反)
　　　　自成告至于父丁。……………………………④
　　　　勿自成告。五…………………………………④
　　　　告于上甲眔成。五……………………………④
　　　　勿告。……………………………………………④
　　　　貞□令□征□三……………………………⑤(正)
　　　　□步□……………………………………⑤(反)
辛亥卜，爭，貞翌乙卯雨。乙卯允雨。一 二…………③(正)
貞翌乙卯不其雨。一 二告 二……………………③(正)

①(6461)　　②(914)　　③(6947)　　④(6583)　　⑤(3961)
⑥(ZG267)　　⑦(6471+)　　⑧(6937)　　⑨(7546)
⑩(13490+乙3240)

(三)典賓類：凡見二百八十一版。因篇幅所限，茲僅録出拓片號：32 正+、71、93、ZG150、L172、L182、221、ZJ285、PJ295、ZG337、390、W394、D396a(>7463)、D397、498、Y545、Y546、Y571、Y581、619、Y653、Y662、Y663、Y664、Y665、Y666、Y667、Y668、Y669、Y670、Y678、1107、

B1764、B2014、B2034、B2036、B2037、B2038、B2039、B2041、B2042、B2046、B2047、B2049、B2051、B2052、B2053、B2054、B2055、B2056、B2058、B2059、B2060、B2063、B2064、B2067、B2068、B2070、B2071、B2072、B2074、B2076、B2079、B2080、B2081、B2082、B2083、B2084、B2085、B2086、B2088、B2089、B2091、B2092、B2093、B2097、B2098、B2105、B2109、B2111、3527、3945、3946、3947、3948、3949、3951（7491）+10088+USB49、3952、3953、3954、3955、3956、3957、3958、3959、3960、3962、3963 正+存補 4.2.1、3964、3965、3977、3978、3979、3980、3981、3982、3983、3984、3985、3986、3987、3988、3989、3990、3993、5477、5541+7520、6057、6059+7152 正+續存上 975、6060、6099、6133、6134、6135、6158+3664+13536 正、6160、6161、6162、6163 正+B1360 反+山東 1177、6164、6166+7405 正、6188、6332、6389、6393+6396、6401、6403、6404 正+東文庫 284、6405 正+W357 正、6406、6415、6416、6417、6418、6419、6420+B2077、6421、6423、6424、6435+Y582、6438、6457、6468+1005、6469、6473、6474、6475、6476、6478、6479、6480、6482、6483、6484、6485、6486、6520、6915、6943、6990、7139+583 正、7379 正+1.0.0056（史語所 R27056）、7380、7381、7382、7383、7384、7385 正-6437、7386+B5670、7387、7388、7389、7390+東文庫 206+珠 809、7391、7392+首師大歷史博物館藏品 119、7393、7394、7396+7404、7397、7398、7399、7400+7425、7401、7402、7403、7440、7441、7442、7443、7444、7446、7447、7448、7449、7450、7451、7452、7453、7454+5339、7455、7456、7457、7458、7459、7460、7461、7462、7464、7465、7466、7467、7468、7469、7470、7471、7472、7473、7474+5540、7475+B2005、7476、7477、7478、7479、7480、7481、7482、7483、7484、7486+7515、7487、7488、7489、7490 正+B1534（B2948）、7492、7493+4001 正、7494、7495、7496、7497+B1881、7498、7499、7500、7502、7503、7504+7540、7505、7506、7507、7508+B2817+6436、7509、7510、

7511+7332、7516、7517、7518、7519、7521、7523、7524、7525、7534、7541、7565、7567、8414、8415、8524、8683、8810、9176、10080。

這批卜辭反映了如下一些有關沚馘的事迹：

第一，王比沚馘伐巴方。凡見十三版，辭例如下：

丙申卜，㱿，貞馘爯册，[呼比伐巴]。[一二]三四五六七[八]九二告十 ······························· ①

丙申卜，㱿，貞馘爯册，[勿]呼比伐巴。一二三四二告五六七八九十[一]二 ······························· ①

貞王叀沚馘比伐[巴]。四 ······························· ②

貞王勿比沚馘伐巴。四 ······························· ②

貞王比沚馘伐巴方。 ······························· ③

王占曰☐沚馘☐巴[方]。 ······························· ③

☐沚馘伐巴 ······························· ④

貞王叀沚馘比伐巴方，帝受（授）我又。一六 ··· ⑤

王勿隹沚馘比伐巴方，帝不我其受（授）又。一二三四五六七八二告 ······························· ⑤

貞王比馘伐巴，帝受又。二 ······························· ⑥

貞王勿比馘伐巴。二 ······························· ⑥

貞王比沚馘伐巴。一二 ······························· ⑦

貞王勿比沚馘伐巴。一二 ······························· ⑦

貞王叀沚馘比伐巴方。一二告 ······························· ⑧

貞王勿隹沚馘比[伐巴方]。一 ······························· ⑧

王叀沚馘比伐巴。一 ······························· ⑧

☐[沚馘]☐巴[方]☐ ······························· ⑨

☐[沚馘]☐巴方☐ ······························· ⑩

壬申卜，爭，貞令婦好比沚馘伐巴方，受㞢又。 ······························· ⑪

[貞王叀婦好]令比沚馘伐巴方，受㞢又。一二三四

[五]六七八九[十] ……………………… ⑫
貞王勿隹婦好比沚馘伐巴方,弗其受㞢又。一 二 三
四 五 六 七 八 九 十 ……………………… ⑫
辛未卜,争,貞婦好其比沚馘伐巴方,王自東罙伐,戎陷于婦好立(位)。四 ……………………… ⑬
貞婦好其[比沚]馘伐巴方,王□自東罙伐,戎陷于婦好立(位)。四 ……………………… ⑬

①(6468)　②(32 正)　③(93 反)　④(6469 正)　⑤(6473 正)
⑥(6474)　⑦(6475)　⑧(6476)　⑨(8414)　⑩(8415)
⑪(6479)　⑫(6478)　⑬(6480)

與這些卜辭同版的主要有:1. 王比望乘伐下危;2. 王令婦好比侯告征夷方;3. 王伐龍方。從上文賓一類所見有"沚馘啓巴"(6461、6471),又有令婦好比沚馘伐巴方來看(6478、6479、6480),規模一定不小,進攻巴方的開始時間在五月左右。遺憾的是,這些卜辭只有一次月份標志,難以推測伐巴方可能持續的時間。

第二,王比沚馘伐土方。凡見二十五版,辭例如下:

癸巳卜,㱿,貞旬亡囚(憂)。王占曰:㞢[求(咎)],其㞢來嬄(艱),气(迄)至。五日丁酉,允㞢來[嬄(艱)自]西。沚馘告曰:土方征于我東啚(鄙),[戈(翦)]二邑。㞸方亦侵我西啚(鄙)田。
(6057 正)

(癸亥卜☒)王占曰:㞢求(咎),其㞢來嬄(艱),气(迄)至。七日己巳,允㞢來嬄(艱)自西。岽友角告曰:㞸方出,侵我示繁田七十人五。①
(6057 正)

癸未卜,㱿,[貞旬亡囚(憂)]。一(6057 正)王占曰:㞢求(咎),其㞢來嬄(艱),气(迄)至。九日辛卯,允㞢來嬄(艱)自北。

---

① 據本卜辭"七日己巳",推出占卜日期是"癸亥"。

虵妻妥告曰:土方侵我田十人。① (6057反)

癸卯卜,㱿,貞旬亡㞢(憂)。王占曰:㞢求(咎),其㞢來媸(艱)。五日丁未允㞢來媸(艱),歔禦[㚔]自号圉六[人]☒一

□□卜,□,[貞旬亡㞢](憂)。五月。 (6057正)

☒[其]㞢來[媸(艱)]☒[允]㞢來[媸(艱)]☒呼☒東啚(鄙),戋二邑。王步自䞶,于醢司☒☐夕向壬寅王亦冬夕㓸。 (6057反)

癸巳卜,□,[貞]☒[來]媸(艱),气(迄)至。☒[沚]戜告曰:土[方]☒舌方亦[侵]☒ (6060正)

☒旬亡㞢(憂),王占☒㞢來媸(艱)。戜告曰:土方☒[侵]我西啚[鄙][田]☒ (6059+7152+續存上975)

壬子卜,㱿,貞舌方出,不隹我㞢𡆥㞢(憂)。五月。

壬子卜,㱿,貞舌方出,隹我㞢𡆥㞢(憂)。

乙卯卜,爭,貞沚戜再册,王比伐土方,受㞢又。

貞王勿比沚戜。三 (6087-6402正+16473+存補5.141.2)

乙卯卜,□,貞沚戜再册,王比伐土方,受㞢又。二 (6402正)

□□[卜],爭,貞沚戜再册,王比,伐土[方]。

壬子卜,㱿,貞舌方出,隹我[㞢(憂)]。

□□[卜],㱿,貞舌方出,不隹我[㞢(憂)]。 (Y545正)

□□[卜],爭,[貞]更沚[戜]伐土[方]☒ (L172)

□□[卜],□,貞沚戜再册,王比伐土方,[受]㞢[又]。

□□[卜],[㱿],貞沚戜再册,王勿䇂比。五月。 (6401)

□辰卜,□,[貞]沚戜[再]册,王[比]伐土方,受[㞢又]。 (6403)

□戌卜,㱿,貞沚戜再册,暜土[方],王比暜 (6405正+W357)

□□[卜],□,貞沚戜尋再[册]☒土方,我受[㞢又]。 (6406)

---

① 據本卜辭"九日辛卯",推出占卜日期是"癸未"。

丁丑卜,殻,貞今早*王比沚𢦏伐土方,受㞢又。二 不▯黿
(Y581)

辛巳卜,殻,貞今早*王叀𢦏比伐土方,下上若,受▢ (6418)

□□[卜],[殻],貞沚𢦏再册,今早*[王比],伐土方,受㞢又。
(6435+Y582)

乙酉卜,貞今早*勿比𢦏伐土方。一 (6424)

丁巳卜,殻,貞王叀沚𢦏比伐土方▢ (6416)

[丁]巳卜,殻,貞王叀沚𢦏比伐土[方]▢ (6415)

戊午卜,賓,貞王比沚𢦏伐土方,受㞢又。二 (6417正)

　　貞王比沚𢦏伐土方▢ (6419)

辛酉卜,殻,貞王比沚𢦏伐土[方]▢ 一 (6421)

　　貞勿比𢦏伐土方。一 (6423)

□子卜,賓,貞今早*王比沚[𢦏]伐土方,受又。四月。
(6420+善齋 7.31.8(B2077))

□戌卜,爭,[貞]令三族[比]沚𢦏[伐]土[方],受[又]。二
(6438)

　　[比]沚𢦏伐土▢ (B2089)

這組卜辭有三條出現月份,時間分別是"四月"和"五月",但只有一次"五月"同出干支"壬子",可以推測本次沚𢦏伐土方的時間在武丁晚期某年五月前後。根據同版繫聯可見,沚𢦏伐土方可能係正當防衛,戰爭起因是土方對沚𢦏東啚(鄙)的侵擾,對沚𢦏邊境二邑造成了災難(6057)。同時,我們也可以推測,也許是強大的舌方來襲,給商造成了較大威脅,讓土方有機可乘,趁火打劫,坐收漁利。商王在接到沚𢦏的報告後,立即册命他攻打土方,王還親自一起作戰,同時"令三族"配合沚𢦏殲敵(6438),可見國家對該事件的應急反應和果斷行動。遺憾的是,沚𢦏與土方的戰爭過程和戰爭結果,因材料所限,尚不能清晰揭示。

第三章 甲骨軍事刻辭反映的商代軍事人物 | 239

第三,王比沚戜伐舌方。凡見十三版,辭例如下:

癸巳卜,㱿,貞旬亡囚(憂)。王占曰:出[求(咎)],其出來娨(艱),气(迄)至。五日丁酉,允出來[娨(艱)]自西。沚戜告曰:土方皀于我東啚(鄙),[戋(戔)]二邑。舌方亦侵我西啚(鄙)田。　　　　　(6057 正)[同版有"五月"標識]

癸巳卜,囗,[貞]☐[來]娨(艱),气(迄)至。☐[沚]戜告曰:土[方]☐舌方亦[侵]☐　　　(6060 正)

☐沚戜告曰:舌方出,王自正(征)☐　　(6099)

☐沚戜禹册,翦舌方☐王比,下上若,受我[又]。　(6160)

☐沚戜禹册,翦舌[方]☐其𡫳(敦)卒,王比,下上若,受[我又]。　　　　　　　　　　　(6161)

☐[沚]戜禹册,翦舌[方]☐[其]𡫳(敦)卒,王比,受出又。
　　　　　　　　　　　　　　　(6162)

貞沚戜禹册,[翦舌方]☐其𡫳(敦)卒,王比,受出[又]。
☐戜禹册,王比伐舌[方]。
　　　　　　　　(6163 正+B1360 反+山東 1177)

貞沚[戜]禹册,[王]比伐[舌]方☐　(6164)

取目于戜,呼望舌。　　　　　(6188)

貞戜啟,王其卒舌方☐ 二　　(6332)

囗囗[卜],囗,[貞][旬亡]囚(憂)。王占[曰]☐來娨(艱)。六日囗囗[允]出來娨(艱),沚戜呼☐舌[方]☐　(7143)

☐戜☐王☐舌[方],受[出又]。三　(8524)

丁巳卜,韋,貞舌方其𡫳(敦)戜。十一月。三　(Y571)

這組卜辭主要反映了以下信息:1. 武丁晚期某年五月前後,舌方對沚戜西啚(鄙)田有騷擾行爲(6057 正)。2. 武丁晚期某年十一月,舌方侵擾沚戜(Y571)。3. 沚戜監視舌方行爲(6188)。4. 沚戜擔任先鋒,同商王一起伐舌方(6332)。5. 沚戜受王册命,進攻舌方(6160-6164)。因舌方是武丁時期最大敵方,與商的戰爭斷斷續續打了三年①,所見沚㦰卜辭數量很少,表明沚㦰在這場戰爭中所承擔任務並不大,只是因爲其地理位置介於商與㦰方之間,自然也不能逃避戰爭所帶來的災難和自己應盡的義務。

上述一群卜辭中有兩次月份和干支同現,一是《合集》6057"癸巳卜……舌方亦侵我西啚(鄙)田"的同版有"五月",二是《英藏》571"丁巳卜……舌方其羍(敦)㦰"的同版卜辭有"十一月"。可用"微細斷代法"測察,兩次事件可能發生於同一年。因此,排譜時可將《合集》6057放在前,將《英藏》571放在後,兩次活動表明舌方對沚㦰的侵擾是較爲嚴重的。

(四)賓三類:凡見十版,但未見明確事迹,如"㦰啟"(18)、"令沚㦰步"(25)、"比沚㦰"(5719)、"沚㦰再册"(7406)等,從同版同事繫聯來看,難以明瞭所指,有待進一步研究。

二 有關認識

從上述辭例分佈來看,有關沚㦰的軍事活動見於自賓間類、賓一類、典賓類和賓三類。自賓間類的兩條卜辭有"戋㦰",且是王燰人三千去攻打沚㦰,表明在武丁中期偏早,商與沚㦰還是敵對關係。上述辭例中,典賓類多達二百八十餘版,佔全部有關沚㦰卜辭的90%,於此可見,沚㦰的主要活動處於武丁中晚期。

沚㦰的典型事迹主要是伐巴方、土方和舌方。伐巴方持續的時間相對較長,賓一類和典賓類卜辭均見,賓一類卜辭中,沚㦰是作爲先頭部隊前往偵查和進攻,典賓類卜辭中則是隨武丁一同討伐巴方。土方和舌方是武丁晚期的兩大主要敵國,前文排譜時已對沚㦰行爲

---

① 詳參本書第二章第三節。

作了一定程度的討論。

第五節　望乘

一　辭例分佈

（一）自賓間類：

　　☐𢦒（翦）望乘邑。　　　　　　　　　　　　　　　（7071）

　　王［比］沚［戜］。

　　勿比望乘。

　　□□［卜］，［㱿］，貞☐［乘］。二告　　　　　　（7546）

（二）典賓類：本類卜辭中，有關望乘的達九十五版：32 正+乙補 6022+乙補 1653、SD148、L157 正、L158、171、172、173、Y583、Y586、Y587、Y588 正、Y589 正、Y590、Y591、Y665、Y667+6554+7549、Y671、Y672、Y715、811 正、811 反、B2028、B2031 甲、B2032、3994、3997、3999、4000、4001 正+7493=B2069、4002、6148+B1976、6413、6476、6477 正、6480、6482 正、6483 正、6484 正、6485 正、6486 正、6487、6488、6489、6490、6491+上博 2426.406、6492、6493、6494、6495+11525、6496、6497、6498、6499、6500、6502+16278、6503、6504、6505 正、6506、6507+6511、6508+6510+、6509、6516、6518+6519、6524 正、6525 正+7861+5129、6527 正−6529−7537、6667、7429、7485、7486+7515、7488、7489、7490 正+B1534（B2948）、7492、7510、7526、7527、7528、7529+B1430+B982 正、3709+B971−7530、7531、7532+6517、7533、7534、7535、7536 正、7538、7539、7541、7542、7544、7545、7547、7548、7592。其中，望乘的典型事迹主要有：

第一,伐下危①。涉及有望乘伐下危的達五十一版,其中記有月份的四版,另兩版有"三月"和"生七月"的月份標識。從這些記有月份的標識來看,據"微細斷代法"可以測察出這批卜辭記載的"伐下危"事件可能發生在同一年②,如果這一説法可信,望乘參與的伐下危差不多斷斷續續打了一年,至少是從二月到十一月。據同版和同事排譜繫聯出以下幾組相關事件:1. 多紖比望乘伐下危;2. 王比望乘伐下危;3. 王比奚伐下危;4. 王比沚馘伐巴方;5. 王令婦好伐夷方;6. 王伐龍方;7. 叒正(征)土方;8. 王⻊棄伐𦹋方;9. 王比臧白𩰫伐□方;10. 王往于柚京;11. 子畫、子𧗽涉;12. 其他相關祭祀、田獵、气象卜辭等。排譜情況如下:

辛丑卜,賓,貞令多紖比望乘伐下危,受虫又。一 二 ……… ①

辛丑卜,賓,貞令多紖比望乘伐下危,受虫又。二月。

一二 ……………………………………………………… ②

丙戌卜,争,貞今早*王比望乘伐下危,我受虫[又]。

三二告③ ……………………………………………… ③

癸丑卜,亘,貞王叀望乘比伐下危。一④ ……… ④(正)

　　　王勿比望乘伐。………………………… ④(正)

癸丑卜,亘,貞王叀望乘比伐下危。一 ……… ⑤(正)

　　☑勿比望[乘伐下危]。十月。 ………… ⑥

---

① 危,趙平安新釋爲"覍",弁的異體,"下⻊"即文獻中的"下辯",詳參趙平安:《釋甲骨文中的"⻊"和"⻊"》,《文物》2000年第8期,又收入氏著《新出簡帛與古文字古文獻研究》第3—9頁,商務印書館,2009年。

② 按照微細斷代法,可據"二月"有辛丑,推出這年一月一日的干支區間是1:40-9;據"三月"有"丙戌",推出這年一月一日的干支區間是1:55-24;據"十一月"有辛巳,推出這年一月一日的干支區間是1:54-23。三個干支區間可以相容,因此,這三次事件可能發生在同一年。詳細演算法請參看第二章第二節關於"微細斷代法"的介紹。

③ 同版有"三月"。

④ 同版有"生七月"。

辛巳卜,賓,貞今㝬*王比[望]乘伐危,受㞢又。
　　十一月。 ·· ⑦
[辛巳]卜,争,貞今㝬*王比望乘伐下危,受㞢又。
　　十一月。 ·· ⑧
辛巳卜,争,貞今㝬*王勿比望乘伐下危,弗其㞢又。 ········ ⑧
辛巳卜,㱿,貞今㝬*王比望乘伐下危,受[㞢又]。一 ······· ⑨
辛丑卜,㱿,貞今[㝬*王]比望乘[伐下]危,受㞢又。 ······· ⑩
辛丑卜,㱿,貞今㝬*勿呼比望乘伐下危,弗其受㞢又。
　　二 ·· ⑪
辛丑卜,㱿,貞今㝬*呼比望乘伐下危,受㞢又。 ··········· ⑫
乙卯卜,㱿,貞王比望乘伐下危,受㞢又。四 ············· ⑬(正)
乙卯卜,㱿,貞王勿比望乘伐下危,弗其受㞢又。四 ··· ⑬(正)
　　　　貞王比望乘。四 ·································· ⑬(正)
　　　　貞王勿比望乘。四 ······························· ⑬(正)
乙卯卜,㱿,貞[王勿]比望乘伐下危,弗其受[㞢]又。 ······ ⑭
□□卜,□,貞王勿比望乘伐下危,[弗]其[受㞢又]。
　　告 ·· ⑮(正)
丁巳卜,賓,貞寞于王亥十青,卯十牛、三青,告其比望乘正下危。
　　二 ·· ⑯
己未卜,亙,貞今㝬*王䜌比[望]乘伐下危,下上若,受我
　　[又]。 ··· ⑰
　　　　貞今㝬*王勿䜌比望乘伐下危,下上弗若,不我其受
　　　　又。二告 ··· ⑰
　　　　貞今㝬*王勿䜌比望乘伐下危,下上弗若,不我其受
　　　　又。二 二告 ·· ⑱
　　　　☒䜌比望乘伐下危,下上弗若,不我其[受]
　　　　又。二 ··· ⑲

贞今旱*王勿比望乘伐下危,下上弗[若,不我其受又]。一 ………………………………………… ⑳(正)
庚申卜,争,贞今旱*王比望乘伐下危,受㞢又。 ………… ㉑
庚申卜,争,[贞]王自比望乘伐下危。 ………………… ㊶
庚申卜,争,贞今旱*王比望乘伐下危,受㞢又。四 二告 不䵼
鼀。 ……………………………………………………… ㉒
庚申卜,宾,贞今旱*王比望乘伐下危,受[㞢又]。四 ……… ㉓
庚申卜,宾,贞[今]旱*王[比]望[乘]伐下[危],[受㞢]
又。 ……………………………………………………… ㉔
[庚]申卜,□,[贞]今旱*王[比]望[乘伐]下危,受[㞢
又]。 ……………………………………………………… ㉕
[庚]申卜,㱿,贞今旱*王比望乘伐下危,[弗]若,[不]我[其受
又]。四 ………………………………………………… ㉖
[贞今]旱*王[勿]比望[乘]伐下危,[弗]若,不[我其受又]。
三 ………………………………………………………… ㉗
辛酉卜,争,贞王比望乘伐下危。一 ………………… ㉘
辛酉卜,㱿,贞今旱*王比望乘伐下危,受㞢又。一 ……… ㉙
辛酉卜,㱿,贞今旱*王勿比望乘伐下危,弗其受㞢又。
一 ………………………………………………………… ㉙
辛酉卜,[㱿],贞今旱*王比望乘伐下危,受㞢又。二 ……… ㉚
辛酉卜,㱿,贞今旱*王勿比望乘伐下危,弗其受㞢又。
二 ………………………………………………………… ㉚
辛酉卜,㱿,贞今旱*王比望乘伐下危,受㞢又。三 ……… ㉛
[辛]酉卜,㱿,贞今旱*[王]勿比望乘[伐]下危,弗[其受]㞢
又。三 …………………………………………………… ㉛
辛酉卜,㱿,贞今旱*王比望乘伐下危,受㞢又。四 ……… ㉜
辛酉卜,㱿,贞今[者王]勿比望乘伐下危,弗其受㞢又。

四 ………………………………………………………… ㉜
辛酉卜,𣪠,貞今早*王比望乘伐下危,受㞢又。五 ………… ㉝
辛酉卜,𣪠,貞今早*王勿比望乘伐下危,弗其受㞢又。
　　［五］…………………………………………………… ㉝
［辛］酉卜,争,［貞］王勿隹望乘比。一 ……………………… ㉞
　　　　［貞王叀］望［乘比］伐下危。一 …………………… ㉘
　　　　［貞勿隹望乘比］。………………………………… ㉘
　　　　王叀望乘比。一 …………………………………… ㉘
　　　　王勿隹望乘比。一 ………………………………… ㉘
　　　　　叀乘比。一 ……………………………………… ㉘
　　　　　勿隹乘比。一 …………………………………… ㉘
戊午卜,𣪠,貞王勿 ……………………………………………… ㉞
戊午卜,𣪠,貞☒ ………………………………………………… ㉞
壬戌卜,𣪠,貞王比［望］ ……………………………………… ㉞
　　　　　勿☒　二 ……………………………………… ㉞
　　　貞王比望乘伐下危。二　二告 ……………………… ㉞
　　　貞王勿比望乘。二 …………………………………… ㉞
□□［卜］,□,［貞］王比望乘伐下危,受㞢［又］。…………… ㉟
□□［卜］,𣪠,貞王比望乘伐下危,受又。 …………………… ㊱
□□［卜］,□,［貞王］勿比望乘伐下危,弗［其受㞢又］。……
　………………………………………………………………… ㉟
□□［卜］,□,貞王勿比望乘伐下危,不受又。 ……………… ㊱
□□［卜］,賓,貞今早*［王勿比望乘］伐下危。……………… ㊲
　　　［貞今］早*叀王比望乘伐下［危］,受㞢又。…… ㊳
　　　　［貞］今早*［王］勿比望乘伐下危,弗其受
　　　　　又。 ……………………………………………… ㊴
　　　　貞王［叀望乘］比伐［下危］。四 ………………… ㊵

　　　　　貞王勿[隹望]乘比[伐]下危。四四………… ㊵
　　　　　貞今早＊王勿比望乘伐下危… 四 ………… ㊶
　　　　　貞今早＊呼比望乘,伐危,弗其受㞢又。五 … ㊷
　　　　[貞]□早＊王[比]望[乘]伐下危。一 ……… ㊸
　　　　[貞王]比[望]乘[伐下]危,受㞢又。一 二
　　　　　告 ………………………………………… ㊹
　　　　　貞王勿比望乘[伐下危] ………………… ㊺
　　　　　貞王[比]望[乘]伐下[危]。 …………… ㊻
　　　　　　□[望]乘伐[下]危,[弗]其受[㞢
　　　　　又]。 ……………………………………… ㊼
　　　□[貞]王□[比]望[乘]伐下[危]□………… ㊽
　　壬戌卜,㱿,貞王比望乘伐下危□ ………… ㊾
　　□十青,卯十牛□[比]望乘正下危。……… ㊿
　　　　　□勿告其比[望乘]□ …………………… ㊿
　　王勿比奚呼[伐下危]。…………………… ⑤(反)
　　勿比奚伐下[危]。 ………………………… ⑤(反)
　　辛未卜,争,貞婦好其比沚𢦏伐巴方,王自東罙伐,戎陷于婦好立
　　　(位)。四 …………………………………… ㊵
　　　　　貞婦好其[比沚]𢦏伐巴方,王□自東罙伐,戎陷于
　　　　　婦好立(位)。四 ………………………… ㊵
　　癸丑卜,亙,貞王比奚伐巴[方]。一 ……… ④(正)
　　　　　王勿比奚伐。 …………………………… ④(反)
　　癸丑卜,亙,貞王比奚伐巴。一 …………… ⑤(正)
　　　　　貞王叀沚𢦏比伐[巴]。四 …………… ⑬(正)
　　　　　貞王勿比沚𢦏伐巴。四 ……………… ⑬(正)
　　　　　　叀𢦏比。四 …………………………… ⑬(正)
　　　　　　勿隹比𢦏。四 ………………………… ⑬(正)

　　　　貞王叀沚䖵比伐巴方。一 二告 …………㉘
　　　　貞王勿隹沚䖵比[伐巴方]。一 …………㉘
　　　　　王叀沚䖵比。一 …………㉘
　　　　　　勿隹沚比。一 二告 …………㉘
　　　　　　王叀沚䖵比伐巴。一 …………㉘
　　　　　　王勿比沚䖵伐。一 …………㉘
　　　　　王叀沚䖵比。一 …………㉘
　　　　　　勿比䖵。一 二告 …………㉘
　　　　貞王叀沚䖵比。一 …………㉘
　　　　　王勿隹䖵比。一 …………㉘
　　　　　王叀沚䖵比。一 …………㉘
　　　　　王勿隹沚比。一 …………㉘
辛酉卜,殷,貞[王比沚䖵]。一 …………㉙
　　　　　貞王勿比沚䖵。一 …………㉙
辛酉卜,殷,貞王叀[沚]䖵[比]。一 …………㉙
辛酉卜,殷,貞王勿隹䖵比。一 …………㉙
辛酉卜,殷,貞王比沚䖵。二 …………㉚
辛酉卜,殷,貞王勿比沚䖵。二 …………㉚
辛酉卜,殷,貞王叀沚䖵比。二 …………㉚
辛酉卜,殷,貞王勿隹沚[䖵比]。二 …………㉚
　　　　貞王比沚䖵。三 …………㉛
　　　　　貞王勿比沚䖵。三 …………㉛
辛酉卜,殷,貞王叀沚䖵比。三 …………㉛
辛酉卜,殷,貞王勿隹沚䖵比。三 …………㉛
辛酉卜,殷,貞王比䖵。四 …………㉜
　　　　[貞王勿比䖵。四] …………㉜
辛酉卜,殷,貞王叀沚䖵比。四 …………㉜

[辛酉卜,殻,貞王勿隹沚㦰比。四] ································ ㉜
　　　　　貞王比沚㦰。五 ································ ㉝
　　　　　貞王勿比沚㦰。五 ································ ㉝
辛酉卜,殻,貞王叀沚㦰比。五 ································ ㉝
[辛]酉[卜],殻,貞王勿隹沚㦰比。五 ································ ㉝
　　　　　貞王叀夷叺正。一 ································ ㉘
　　　　　貞王[勿隹]夷[叺]正。一 ································ ㉘
　　　　　貞王令婦好比侯告伐夷。四 ································ ㊵
　　　　　貞王勿令婦好比侯[告伐夷]。四 ································ ㊵
　　　　　貞王叀龍方伐。[一] ································ ㉘
　　　　　王勿隹龍方伐。一 ································ ㉘
□□[卜],賓,貞今早＊叞正土方。 ································ ⑦
丁巳卜,殻,貞王㠯衆伐于𦰩方,受史又。四 ································ ⑬(正)
丁巳卜,殻,貞王勿㠯衆𦰩方,弗其受史又。四 ································ ⑬(正)
　　　　　貞王叀𢦏白𪓙比伐□方。 ································ ㊵
　　　　　貞王勿隹𢦏白𪓙伐□[方]。四 ································ ㊵
壬申卜,殻,貞我立中。一 ································ ④(正)
壬申卜,殻,貞勿立中,彳。一 ································ ④(正)
　　　　　勿立中。 ································ ④(反)
　　　　　勿禹冊立中。 ································ ④(反)
　　　　　貞王往于柚京①。一 ································ ⑤(正)
　　　　　貞王勿往于柚京。一 ································ ⑤(正)
　　　　　貞王往于柚京。一 ································ ⑤(正)
　　　　　貞王勿步于柚京。一 ································ ⑤(正)

---

① 柚京,字形𣕈高,據王子楊釋。參王子楊:《甲骨文字形類組差異現象研究》第287—307頁,中西書局,2013年。

☐于柚京。二告 …………………… ⑤(正)
贞栽于咸 …………………………… ⑤(正)
贞呼逐比萬,獲。王占曰:其呼逐,獲。

　一 ……………………………… ⑤(正)
　其㞢令般。……………………… ⑤(反)
　勿令 …………………………… ⑤(反)
　呼子畫涉。……………………… ⑤(反)
　勿呼子畫涉。…………………… ⑤(反)
　翌乙酉王往達*,亡☐ …………… ⑤(反)
　令子衕涉。……………………… ⑤(反)
　勿令子衕涉,其☐ ……………… ⑤(反)
　王叀出值。四 …………………… ⑬(正)
　王勿隹出值。四 ………………… ⑬(正)
贞㞢复左子,王值,于之益,若。一 …… ④(正)
贞翌乙酉王往達*,若。…………… ⑤(反)
　勿[往,不]☐ …………………… ⑤(反)
　呼子往☐ ……………………… ④(反)
　弗其𠃏。………………………… ④(反)
　☐𠃏。…………………………… ④(反)
丙辰卜,亘,贞禦身[于]南[庚]。 …… ⑤(正)
贞王㞢取,不若。一 ……………… ⑤(正)
贞王㞢取,若。一 ………………… ⑤(正)
贞隹求(咎)。一 二 ……………… ⑤(正)
贞☐ ……………………………… ⑤(反)
翌于☐ …………………………… ⑤(反)
㞢于祖庚十☐ …………………… ⑤(反)
叀百☐ …………………………… ⑤(反)

贞㱿伐㚔 ………………………… ⑤(反)
　勿㚔。 ………………………… ⑤(反)
　今己巳㚔。一 二告 ………… ④(正)
　㚔一牛。一 ………………… ④(正)
　㚔二牛。一 ………………… ④(正)
　[㚔]三牛。 ………………… ④(正)
贞祖辛又。一 [二 三] 四 二告 五 六 …… ④(正)
贞王其☒㞢告父正。一 二 三 ……… ④(正)
　父乙卯娶。一 [二] 三 二告 四 ……… ④(正)
贞父乙弗卯娶。一 [二] 三 四 ……… ④(正)
☒黄尹☒ ……………………… ④(反)
☒勿㞢☒ ……………………… ④(反)
　翌甲戌酚,彳伐。 …………… ④(反)
贞于生七月勿㞢酚五伐。 ……… ④(反)
　生[七月]勿㞢酚伐,壬氾,正 ……… ④(反)
　　王占曰:吉,其隹庚冥,見丁。 …… ④(反)
贞㞢于妣庚。 ………………… ④(反)
　上甲求(咎)王。 …………… ④(反)
　上甲弗求(咎)王。 ………… ④(反)
　　☒王。 ……………………… ④(反)
　弗求(咎)。 ………………… ④(反)
　黄[尹]求(咎)王。 ………… ④(反)
　　弗求(咎)。 ……………… ④(反)
贞[呼]王☒ ………………… ④(反)
　勿□王于示。 ……………… ④(反)
贞隹祖丁若。 ………………… ④(反)
贞不隹祖丁若。 ……………… ④(反)

勿衣(卒)㞢于下乙。 …………………… ④(反)
貞㞢于下乙。 ………………………… ④(反)
壬子卜,争。 ……………………………………… ④(反)
叀五牛于河。 ………………………… ④(反)
貞多屯率☒ [一] 二 三 四 ………… ④(正)
勿䭽用。[一] 二 三 四 …………… ④(正)
☒其隹[戊]不[吉]。 ………………… ⑮(反)
翌庚子酌。允酌。庚子 ……………… ⑳(反)
庚申卜,㱿,貞乍賓。四 ………………………… ⑬(正)
庚申卜,㱿,貞勿乍賓。四 ……………………… ⑬(正)
□□[卜],□,[貞]我其已賓,乍帝降若。 ………… ㉟
□□卜,㱿,貞我其已賓,乍帝降若。 ……………… ㊱
□□卜,□,[貞]我勿已賓,乍帝降不若。 ………… ㉟
□□[卜],㱿,貞我勿已賓,乍帝降不若。 ………… ㊱
貞㞢犬于父庚,卯羊。一 ……………… ㉙
貞㞢犬于父庚,卯羊。二 ……………… ㉚
貞㞢犬于父庚,卯羊。三 ……………… ㉛
貞㞢犬于父[庚],卯羊。四 …………… ㉜
貞㞢犬于父庚,卯羊。[五] …………… ㉝
貞祝*①以之疾齒,鼎𠃊。一 …………………… ㉙
祝*以之疾齒,鼎𠃊。二 小告 …………………… ㉚
祝*以之疾齒,鼎𠃊。三 …………………………… ㉛
祝*以之疾齒,鼎𠃊。四 …………………………… ㉜
祝*以之疾齒,鼎𠃊。[五] ………………………… ㉝

---

① 字形作祝,王子楊謂其爲"祝"之異體,可從。參王子楊:《甲骨文字形類組差異現象研究》第253—260頁,中西書局,2013年。

疾齒,鼐。一 ································· ㉙
　　疾齒,鼐。二 ································· ㉚
　　疾齒,鼐。三 ································· ㉛
　　疾齒,鼐。四 ································· ㉜
　　疾齒,鼐。[五] ······························· ㉝
　　　　不其鼐。一 ······························· ㉙
　　　　不其鼐。二 ······························· ㉚
　　　　不其鼐。三 ······························· ㉛
　　　　不其鼐。四 ······························· ㉜
　　　　[不其鼐]。[五] ··························· ㉝
　　　　子求肩同(興)。一 二告 二 ················ ④(正)
　　　　子求弗其同(興)。一 二 ···················· ④(正)
　　　　子㕣肩同(興)㞢疾。一 二 ·················· ④(正)
　　　　子㕣弗其同(興)。一 二 二告 ··············· ④(正)
　　　　☒勿禦疾止。 ······························ ㊿
　　貞雝[不]其受年。[一 二]三[四]五 ············· ④(正)
　　貞雝不其受年。 ······························· ④(正)
　　王占曰:吉,受年。 ····························· ④(反)
　　丙戌卜,争,貞今三月雨。三二 ··················· ③
　　　　　　翌庚子其雨。 ························· ⑳(正)
　　　　　　𥎦亡其鹿。 ··························· ④(反)
　　貞呼取肉。二 ································· ㉞
　　貞㞢來自北。二 ······························· ㉞
　　勿☒ 不⇓黽。 ·································· ㊹
　　　　　　　取。 ································· ㊻
　　☒☒[卜],☒,貞王取☒ ·························· ㊾
　　貞婦好不隹庚☒ 二 ···························· ①

貞□不□一 ………………………………………… ②
我［入］□。(甲橋刻辭) ………………………… ⑬(反)
殼。………………………………………………… ④(反)

①(6524正)　②(6525正+)　③(6496)　④(811)
⑤(6477+)　⑥(7547)　⑦(6413)　⑧(6487)
⑨(6488)　⑩(Y586)　⑪(6518+)　⑫(6519+)
⑬(32+)　⑭(6516)　⑮(Y589)　⑯(6527正-)
⑰(Y587)　⑱(6506)　⑲(6505正)　⑳(Y588)
㉑(6489)　㉒(6490)　㉓(6491+)　㉔(6492)
㉕(6493)　㉖(6494)　㉗(6495+)　㉘(6476)
㉙(6482正)　㉚(6483正)　㉛(6484正)　㉜(6485正)
㉝(6486正)　㉞(6507+)　㉟(6497)　㊱(6498)
㊲(6503)　㊳(6499)　㊴(6500)　㊵(6480)
㊶(6502+)　㊷(L158)　㊸(6504)　㊹(6508+)
㊺(6509)　㊻(6510)　㊼(Y590)　㊽(Y591)
㊾(6507+6511)　㊿(6529-)　51(SD148)

下危,係望乘討伐的主要對象,陳夢家説:"據我們以下考定征人方的路綫知其在今永城、宿縣之間,約當今皖、蘇交界之處。"①下危主要見于典賓類卜辭,後在無名組、何組中偶見"危方"的卜辭,應係同一方國。

第二,達*象方。凡見一版,即《合集》6667:

　　□□[卜],□,[貞令望乘罙]眔其達*象方,告于祖乙。十一月
　　□□[卜],□,貞令望乘罙眔其達*象方,告于丁。十一月
　　□□[卜],□,貞令望乘罙眔達*象方。十一月
　　□□[卜],□,貞令望乘罙眔其達*象方,告于大甲。十一月

---

① 陳夢家:《殷虚卜辭綜述》第300—301頁,中華書局,1988年。

□□[卜],□,貞令望乘罙達*象方。十一月

□□[卜],爭,貞㞢伐衣,于□夌王。十一月

達,王襄最早釋"徐",遭到了葉玉森的批評,于省吾釋"途",或假借爲"屠",多人信從①。趙平安改釋爲"達"②,黄天樹贊同③。該字的典型字形主要是以下三類:

第一類:(6667,典賓) (6030,賓三)

第二類:(6756,師小字) (6032 正,賓一) (6034,典賓)

(6029,賓三) (6031,賓三)

第三類:(32770,歷二) (32897,歷二)

第一類字形從從止,第二類字形從從止。第一類字形所從之,一般認爲是"余",但余字形體本作④,二者形體顯然有別。該字

---

① 于省吾主編:《甲骨文字詁林》字頭0866號,第859—861頁,中華書局,1996年。

② 趙平安:《"達"字兩系説——兼釋甲骨文所謂"途"和齊金文中所謂"造"字》,《中國文字》新廿七期第51—63頁,藝文印書館,2001年;又收入曾憲通主編:《古文字與漢語史論集》第218—226頁,中山大學出版社,2002年;又收入氏著《新出簡帛與古文字古文獻研究》第77—89頁,商務印書館,2009年。趙平安:《"達"字"針"義的文字學解釋——從一個實例看古文字字形對詞義訓詁研究的特殊重要性》,《語言研究》2008年第2期;收入氏著《新出簡帛與古文字研究》第90—96頁,商務印書館,2009年。

③ 黄天樹:《略論甲骨文中的"省形"與"省聲"》,吉林大學《語言文字論壇》第一輯,中國社會科學出版社,2002年;又收入《黄天樹古文字論集》第301—303頁,學苑出版社,2006年。

④ 中國社會科學院考古所:《甲骨文編》卷二·二第30—31頁,中華書局,1965年。

的主要字形是第二類,所以我們懷疑第一類所從的❍可能是第二類所從的❍之變體,從❍的❍出現於歷二類,應當較從❍的字形晚,可以説,❍是❍的簡寫。因此,只要清楚了❍是什麼部件,就可知道該字是什麼字了。

以前,筆者一直把❍作爲認識此字的關鍵,懷疑這個字可能是從止❍聲,釋作踊。論證如下:

卜辭中有字作❍和❍,如:

A:貞辛□田❍□有□擒□　　　　　　　　　　　　(24469)

B:□❍王其□　　　　　　　　　(31790＝33572 左半)

C:丁巳卜,王其田❍□戈　　　　　　　　　　　　(33572)

D:于己□焚❍擒有兕。　　　　　　　　　　　　　(T4462)

四處當是同一字,應爲田獵地,寫法上 A 無"止",B 有"止",C 與 B 同版,但下部殘,A 與 D 均从❍从❍。于省吾、陳漢平兩位先生將❍釋作"蓍",《甲骨文字詁林》將❍、❍與❍列於一個字頭"蓍"下①,但于、陳兩位先生並未論及❍、❍與❍的關係,《詁林》按語也未論及,將❍看作从艸从害兩個部件,應無問題,但將❍與❍隸作"蓍"却無可信理由。卜辭中別有從害的字"❍",隸定作𢦏,於此可見,❍與❍兩字所从的"害"略有差異,但均有"口",前者上橫未閉合,與❍、❍相比,後兩字形無"口",所以將❍與❍隸作"蓍",恐難令人信服,也就是説,❍這一部件恐難與"害"有字形上的聯繫②。

甲骨文中另有字从匚从❍,如:

E:壬午卜,□,貞曰:方出于❍。允其出。十一月。/貞方

---

① 于省吾主編:《甲骨文字詁林》字頭 1388 號,第 1334 頁,中華書局,1996 年。

② 湯餘惠也認爲此字上部所从不是"余"而是"害"。參湯餘惠:《釋❍》,《吉林大學社會科學學報》1992 年第 2 期。

不出于■。十一月。　　（B2298=H6717-前6.35.4,可遥綴）

F：□□卜,賓,貞令藉以多馬[衛]■。　　　　　（5712）

G：[貞]■[肩]同(興)[出]疾。一　　　　　（13889）

《古文字類編》將其釋作甌①。《説文·匚部》："甌,甌甌器也。從匚俞聲。"段注："大徐本無'甌'字。……甌,小盆也。……器受十六斗。"也就是説,甌是可以裝十六斗的盆形容器。前舉卜辭中EF均用作地名,G作人名,因卜辭中人地同名現象非常普遍,EFG應爲同一字之異寫。於此,我們覺得✦可能就是"俞",■,從匚俞聲,隸定作甌。其實,唐蘭早在1975年就指出"■當是俞的原始象形字"②,李學勤、陳劍等先生從之③。因此,■從足俞聲,似應隸定作踰。

但趙平安指出："應該承認它和害字上部以及俞字初文在字形上有交叉,但釋俞難以説明甲骨文諸異體和後世俞在形體上的聯繫,而且文例解釋也不大符合古人用詞的習慣。"④且從上文所清理的"達"字的演變來看,■出現於歷二類,較其他從■的字形均晚,故■是■之簡體,認識了■,自然就能認識■了。兹將■的發展圖示如下：

---

① 高明、涂白奎：《古文字類編》(增訂本)第115頁,上海古籍出版社,2008年。
② 唐蘭：《關於江西清江吳城文化遺址與文字的初步探索》,《文物》1975年第7期,第74頁。
③ 李學勤：《良渚文化的多字陶文——吳文化歷史背景的一項探索》,《蘇州大學學報》吳學研究專輯,1992年；陳劍：《釋"■"》,《出土文獻與古文字研究》第3輯第71頁,復旦大學出版社,2010年。
④ 筆者曾將釋"踰"之説向趙平安先生請教,蒙先生回函告之。

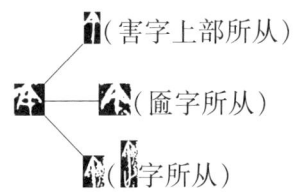

李家浩所釋江陵九店簡《日書》中的"達"字①、荊門郭店簡整理者所釋"達"字以及上博簡中的"達"字與 字形可謂一脈相承②。趙平安發現達字來自二系：一是齊楚文字，一是燕秦文字。

將該字釋爲"達"，于卜辭文義貫通。"達象方"之達讀作撻，撻伐。"達子畫"意爲"使子畫到達"，可訓爲召喚、召至。

象方，見於卜辭甚少，《綜述》無論述，其地望有待進一步研究。

（3）賓三類：凡見四版。有兩版與"望乘來羌"有關，反映出望乘曾俘獲羌人獻給商王作爲祭品。另兩版較殘，意義不明。辭例如下：

　　庚子卜，賓，貞翌甲辰用望乘來羌。三　　　　（236）
　　癸酉卜，貞望乘來羌，二囗。　　　　　　　　（237）
　　甲午［卜］，囗，貞［望］乘囗眔囗　　　　　（3998）
　　　　囗望乘囗
　　壬午卜囗翌萃（禱）囗
　　囗囗卜，爭，［貞］翌囗巳囗戠囗方囗　　　　（W381）

（4）歷二類：凡見三版。《屯南》135 是一組向祖乙、大甲舉行的告祭，內容涉及向先祖祈求是否命令望乘，至於讓望乘承擔什麼任務，暫時無從瞭解。《懷特》1637 則是一組貞問是否命令望乘協同（作戰），至於進攻何方，暫時無從瞭解。《合集》32899 中的"乘望"應爲"望乘"，"危方"即前引典賓類之"下危"。"望乘"並見於賓組

---

①　湖北文物考古研究所：《江陵九店東周墓》第 507 頁，科學出版社，1995 年；李家浩：《睡虎地秦簡〈日書〉"楚除"的性質及其他》，《"中研院"歷史語言研究所集刊》第 70 本第 4 分第 883—903 頁，1999 年。

②　荊門市博物館：《郭店楚墓竹簡》第 114 頁，文物出版社，1998 年。

和歷組卜辭,有力地支持了歷組卜辭應歸於早期的看法。

　　辛巳,貞其告令〔望〕乘。
　　　　于祖乙告望乘。
　　　　于大甲告望乘。　　　　　　　　　　　（T135）
甲子卜,王叀望乘比。
甲☐王☐比。
丁卯卜,王弜比望乘。
丁卯卜,王弜比或。　　　　　　　　　　　　　（W1637）
☐未,貞☐亥以☐奠☐
庚☐,貞☐令☐叀☐。　　　　　　　　　　　　（T135）
庚辰,貞令乘望達*危方。　　　　　　　　　　（32899）

二　有關認識

　　從辭例分佈來看,望乘的事迹見於自賓間類、典賓類、賓三類和歷二類。其中,典賓類卜辭達九十五版,佔全部望乘所見軍事類卜辭一百一十餘版的86%。於此可見,望乘的主要活動是在武丁晚期至祖庚時期,其典型事迹是伐下危。伐下危的戰爭差不多斷斷續續打了一年,至少是從二月到十一月。伐下危與沚馘伐巴方、婦好伐夷方、王伐龍方等有共版關係,表明它們是在同一時期。伐下危除望乘擔任主要將領外,多紒、奠等都隨王參與過。

第六節　婦好

一　辭例分佈

（一）賓一類:

　　凡見十二版,另有三版可繫聯,辭例如下:

己巳卜,㱿,貞勿㞢隹婦好呼比沚𢦔伐巴方,下上若,受我又。
(6481)

甲申卜,㱿,貞呼婦好先收人于龐。　　　　　　　(7283)

乙酉卜,㱿,貞勿呼婦好先于龐收人。二　　　　　(7284)

乙酉卜,㱿,貞勿呼婦先于龐收人。四　　　　　　(7285)

乙酉[卜,㱿],貞勿呼婦先于龐收人。　　　　　　(7286)

乙酉卜,爭,貞呼婦好先收人于龐。　　　　　　　(7288)

乙酉卜,爭,貞勿呼婦[好]先收人于龐。五　　　　(7289)

乙酉卜,爭,貞勿呼婦好先收人于龐。二告　(39953＝Y151)

丙戌卜,㱿,貞勿呼婦好先收人于龐。　　　　　(7287 正)

　　　☐[呼]婦好先收人于[龐]。　　　　　　　(7291)

☐[婦]好先收人☐　　　　　　　　　　　　　　(7293)

☐好先[于龐]收[人]。二告　　　　　　　　　　(7290)

☐收[人]于龐。　　　　　　　　　　　　　　　(7292)

壬寅卜,㱿,貞婦好冥,㚕*(男)。壬辰向癸巳冥,隹女。一
　　　　　貞婦好冥,不其㚕*(男)。一

辛丑卜,㱿,貞王夢㚔,隹又。一

癸卯卜,㱿,貞呼雀衒伐亘,𢦏(翦)。十二月。一 二 三 四
　　　　　勿呼雀衒伐亘,弗其𢦏(翦)。一 二

辛☐[卜],☐,貞[呼雀]先。一
　　　　　勿[呼]雀[先]。一
　　　　　貞翌丁未王步。一 二告 二

丁未卜,㱿,[貞]☐日㞢𣎵(禱)于☐祖乙☐ 一 二
　　　　　勿[㞢𣎵(禱)]于☐ 一
　　　　　　　于[妣]庚㞢。一

辛亥卜,㱿,貞鼓以。一　　　　　　　　　　　(6948 正)

[甲]午卜,賓,貞王叀婦[好]令正(征)夷。一

乙未卜,賓,貞王叀婦[好]令正(征)[夷]。　　　　　(6459)

這組卜辭反映了婦好三個方面的情況:1.伐巴方;2.先期到龐地徵集眾人;3.生育;4.征夷。伐巴方僅一條賓一類卜辭,難以推知其他有關情況。先期到龐地徵集眾人是一組連續占卜的記錄,至少占了三天,從甲申到丙戌,貞人有㱿和爭,可見商王對此事相當重視。本類卜辭涉及婦好生育的有兩條,從占卜情況來看,似乎此次生育了一個女兒,同時也表明了婦好此時尚年輕。

從同版涉及事項來看,雀伐亘發生在這個時期。

(二)典賓類:凡見二十五版,即 L150、176、L180、201 正、W350、W378、W398 正、ZX437、938 反+767 反、2631 正、4296、6153、6412、6478 正、6479 正、6480、6481+、6524 正、6653 正、6770 正、7501、9693+、39886=Y152、39652 正=Y153 正、39002 正=Y150。主要事跡如下:

第一,伐土方。僅見兩版,辭例如下:

辛巳卜,爭,貞今早*王收人,呼婦好伐土方,受㞢又。五月。

　　　　　　　　　　　　　　　　　　(6412)

貞□□王勿□婦好伐土方。[一] 告 二

　　　　　　　　　　　　　　　(39886=Y152)

典賓類卜辭中,婦好伐土方雖僅此二條,時間、人物、事件都較清楚,但二條是否是同時所卜,有待證明。

第二,征夷方。凡見一版,辭例如下:

貞王令婦好比侯告伐夷。四

貞王勿令婦好比侯[告伐夷]。四

貞王[叀望乘]比伐[下危]。四

貞王勿[隹望]乘比[伐]下危。四 四

辛未卜,爭,貞婦好其比沚馘伐巴方,王自東罙伐,戎陷于婦好立(位)。四

貞婦好其[比沚]馘伐巴方,王□自東罙伐,戎陷于

婦好立(位)。四

貞王叀絾白(伯)聶比伐□方。

貞王勿隹絾白(伯)聶伐□[方]。四　　　　（6480）

此版反映了這樣一些信息：1.武丁晚期某年某月甲午、乙未兩日,貞人賓占問王是否命令婦好征伐夷方。2.武丁晚期某年月日,王命令是否讓婦好與侯告共同征伐夷方。3.同一時期,王令望乘隨同伐下危,王令婦好聯合沚䵼共同征伐巴方,可見巴方與夷方相距不遠。

第三,伐巴方。凡見3版,辭例如下：

辛未卜,争,貞婦好其比沚䵼伐巴方,王自東罙伐,戎陷于婦好立(位)。四

貞婦好其[比沚]䵼伐巴方,王□自東罙伐,戎陷于
婦好立(位)。四　　　　（6480）

壬申卜,争,貞令婦好比沚䵼伐巴方,受坐又。　　（6479）

[貞王叀婦好]令比沚䵼伐巴方,受坐又。一 二 三
四 [五] 六 七 八 九 [十]

貞王勿隹婦好比沚䵼伐巴方,弗其受坐又。一 二 三
四 五 六 七 八 九 十

貞來乙亥坐于祖乙。[一] 二 三 二告

貞來乙亥勿坐于祖乙。一 二 三

坐于祖辛。一 二

翌庚申易。一　　　　（6478正）

三版所見均是武丁命令婦好聯合沚䵼伐巴方,占卜時間"辛未、壬申"兩天相連。罙,裘錫圭、蔡哲茂、劉釗並釋爲"罙",裘先生讀作"探",蔡先生看作"深"的初文①。《合集》6480則應理解爲：商王讓

---

① 于省吾主編：《甲骨文詁林》字頭第2681、2682號,第2666—2672頁,中華書局,1996年。

婦好協同沚馘去征伐巴方,而王則親自從東方深入進擊巴方,敵人會陷入婦好的埋伏吧①。

第四,徵集一萬三千人伐囗方。此版常被徵引,即《合集》39902:

辛巳卜,囗,貞㱿婦好三千叒旅萬,呼伐囗[方]。
(39902 正=Y150)

第五,史人于眉。凡見一版,辭例如下:

囗囗[卜],㱿,貞婦好史(使)人于眉。　　(6568 正+)

史,當讀作"使"。眉,地名。全版其他卜辭與此條意義上關係不明,難以確知其他相關信息。

第六,往于某地。其中往地明確者兩版,一版是往于羴,一版是往于柚京,可能是武丁派婦好到這些地方從事某種活動,這些活動不知是否與軍事行爲有關。辭例如下:

囗申,勿呼婦好往于[羴]。一　　(39652 正=Y153 正)
☒呼婦好往于柚京。　　(8044 正)
☒庚見☒婦好☒在柚京。一月。　　(8043)

往地不明確者一版。《合集》9693:"貞呼婦好往,若。"

有一版需作討論:

庚子卜,㱿,貞勹舌方于好㱿。一 二　　(6153)

勹,《詁林》列有前人釋義:(1)郭沫若、楊樹達讀作"害";(2)屈萬里釋義爲"祈求"。姚孝遂按語綜合二說②。卜辭中"勹舌方"較常見:

壬申卜,㱿,貞于河勹舌方。　　(6203+)
己卯卜,爭,貞于令勹舌方。八月。一 二告
貞勹舌方。一

---

① 此意與裘先生的看法基本一致,詳參《甲骨文字詁林》字頭 2682 號。
② 于省吾主編:《甲骨文字詁林》字頭 2481 號,第 2453—2454 頁,中華書局,1996 年。

貞勻舌方。二	（6156）
戊子卜，㱿，貞勻舌方于☒ 一	（6154）
勻舌方于受令。	
貞于受令勻。	（6155）
貞勻舌方于上甲。	（Y558）

"勻舌方"常與介賓結構搭配，從上述卜辭來看，"于河"表示向河神勻舌方，"于上甲"表示向先王上甲勻舌方，"于令""于受令"表示根據某種命令（？）勻舌方。《合集》6153 一辭中的"于好"可能是指向婦好勻舌方。有關舌方的卜辭中，婦好從未參戰，似乎可以表明此時婦好已經年老或已死亡，從前述"勻舌方"通常是向神靈或先公先王，因此，"于好"之"好"似應指已去世的婦好。因此，"勻舌方"似應理解爲"祈求婦好爲害舌方"。

"好"後一字㽵，《詁林》載有三説：一是"雌"，王襄、余永梁持此説；二是"乩"，李孝定持此説；三是"雍"，丁山、張秉權持此説①。從釋字來看，都難以令人信從。其在卜辭中均用爲地名，如"㢅㽵"（7040 正）占問剪伐㽵，"叀㽵王畢"（18218、18220 同文）、"令㽵畢㽵"（18219）占問畢㽵事。畢，姚孝遂認爲是動詞，與"舉"同義，訓爲舉，謂有所行動②。又如"王步于㽵"占問王出行到㽵事。

由此看來，《合集》6153 大意似當關於向婦好祭祀，祈求她能在㽵地爲害舌方的貞問。

二　有關認識

從上述有關婦好軍事活動的辭例分佈來看，僅見於賓一和典賓

---

① 于省吾主編：《甲骨文字詁林》字頭 1782 號，第 1730—1731 頁，中華書局，1996 年。

② 于省吾主編：《甲骨文字詁林》字頭 3111 號姚孝遂按語，第 3139 頁，中華書局，1996 年。

類。其中典賓類佔69%。從婦好的軍事事迹來看,未見她參與武丁晚期伐舌方戰爭,賓一類有她"生育"的卜辭(6948正),典賓類也有關於她"生育"的卜辭(154),於此可以推測,婦好的主要活動是武丁中期和晚期偏早,她的壽命應該不會超過五十歲。

婦好的出征事迹有:伐巴方、伐土方、征夷方,其他事迹有:徵集一萬三千人參加戰争,戰争之前期到龐地徵集衆人等。伐巴方應該持續了一段時期,因爲在賓一類和典賓類兩種卜辭均有;同時表明了伐巴方的規模較大,因爲沚馘與婦好共同參與,甚至連武丁都親自出征(《合集》6480)。

前人對於婦好的研究頗多,一是因爲有關婦好本身的卜辭較多(軍事卜辭有約四十版),材料較爲豐富;二是殷墟婦好墓的發掘,出土了大量青銅器及其他文物;三是因爲婦好的獨特身份,她是商王配偶,承擔過軍事重任,是當時婦女的傑出代表。但許多論述都是從考古學的角度切入,推衍成分較多,我們還是當以卜辭材料本身去説話,看看婦好到底有哪些事迹,再以考古材料去驗證。

第四章

甲骨軍事刻辭反映的商代軍事組織

探討商代的軍事組織是一個非常棘手的問題,主要原因是孔子曾經慨歎的文獻不足徵(《論語·八佾》),但經前輩學者努力,基本形成如下共識[①]:第一,商代政治結構由"内外服"構成,"内服"是商王朝的中央政治機構,"外服"是王畿外的諸侯邦國(有的是分封的商王子弟或同姓貴族,有的是主動擁護商王朝或被迫歸附商王朝的方國部落)。内外服各有自己的軍事組織[②]。第二,軍事組織分常設軍與非常設軍。第三,軍事組織作戰按左、中、右編隊。第四,商代軍種主要是步兵,有少量車兵和舟兵。以下我們從三個方面入手,整理相關卜辭,並談談我們自己的看法:第一,關於"師";第二,關於"族";第三,關於"旅"。

---

① 彭邦炯、宋鎮豪:《商人奴隸制研究·商代軍事制度》,收入胡慶鈞主編:《早期奴隸制社會比較研究》第267頁,中國社會科學出版社,1996年;"中國軍事史"編寫組:《中國歷代軍事制度》第16—27頁,解放軍出版社,2006年。

② (清)秦蕙田《五禮通考》卷二百三十三《軍制》説:"成周之制,以田定賦,以賦出兵,征伐隸之司馬,而伍籍屬之司徒,居則爲比、閭、族、黨、州、鄉,出則爲伍、兩、卒、旅、師、軍,故兵即農也,吏即將也,國不知有養兵之費,而將亦不得擅兵之權。其法最爲盡善。三代以後,兵與農分其規畫,經制代各不同,史家具在可略而言也。"秦氏認爲夏商周三代尚無固定軍事組織,恐與事實不符。

第一節　師

"師"是商代的常設軍組織。甲骨文中"師"寫作𠂤，金文克鐘作𠂤，盂鼎作𠂤，善夫克鼎作𠂤，自鼎作𠂤，㒸公壺作㒸。前人對其考釋甚詳，基本一致釋爲自，即"師"的初文①。但對該字字源看法不一，孫詒讓認爲自假借爲"師"。王襄認爲自乃古"阜"字，係"師"重文。諸家皆語焉不詳②。孫海波對此論證頗多：

> 自之本義爲小阜，古者都城必賓附於丘陵，都邑爲王者之居，軍旅所守，故自有師意，更引申而有衆意，古言某邑或言某師以此也。

金祥恒亦贊同此意，並申論之：

> 自本小阜，何以有師旅之意，蓋上古之世，師邑必賓附丘陵以築。章太炎嘗撰《古者天子居山說》，以爲太上之君王相宅度邑，必於山麓，此說雖近新奇，然證以古代地名之名丘者、州名陵者甚多，知所說殆不盡虛。都邑所在，又即軍旅所在，友人童丕繩爲余言，西歐中古之世，城邑多築于高原，名之曰堡，封君及軍衛居焉，所以周封城而禦外侮也。上古中原有洪水之患，民非高土不可以居，是以都城所在，必宅于高原，是式

---

① 王恩田釋作"官"，讀作"館"，見《釋𠂤官》、《𠂤(官)、𠂤(師)》，《于省吾教授百年誕辰紀念文集》，吉林大學出版社，1996年；又見《釋𠂤、𠂤——兼論商代客館與戍守制度》，《考古學研究(六)》，科學出版社，2006年。我們不同意王先生的看法，但限於篇幅，本研究不作申論。

② 孫詒讓：《契文舉例》下第26頁下；王襄：《簠室殷契類纂》正編第六第29頁下；孫海波：《甲骨文錄》第36頁下；金祥恒：《甲骨文錄》561片。四人的觀點可參《甲骨文字詁林》字頭3001號，第3036—3037頁。黃聖松先生在其博士論文中提出新說，認爲"𠂤"即文獻中的"次"，其本義爲象搭設營帳之物。我們不同意黃先生的看法，有關理由，當另文申論。詳黃聖松：《殷商軍事組織研究》第78—101頁，台灣中山大學博士學位論文(指導教師：周鳳五、劉文強)，2006年。

> 亦一因也。自本小阜與丘陵同,古代帝王宅丘陵以配天,居師
> 衛以鎮衆,王者之居,軍旅所守,古軍旅可以曰自,於是自字遂
> 含有師旅之義,凡從自得聲受意之字,遂亦引申其衆意。

此説有一定道理。周的舊都豐鎬,又作豐鄗,是文王邑豐,在今陝西西安西南豐水以西。《易·序卦》:"豐者,大也。"鄗,一作山名;一同鎬,周的舊都。都城亦稱京,《詩·大雅·文王》:"殷士膚敏,祼將於京。"朱熹集傳:"京,周之京師也。"即鎬京,又名豐鎬。京的本義是高丘。《説文》:"京,人所爲絶高丘也。"《爾雅·釋地》:"絶高之爲京。"注:"人力所作。"陳夢家《綜述》(第266頁)説:"人爲之高丘即積土之高臺。"甲骨文字形作髙,正像高臺之形。故可以説明都城與高丘之聯繫,即都城取義於"阜"不是没有可能,都城又與軍旅相關,因此"自"有師意。

卜辭中"師"主要有以下幾種意義和用法:第一,軍事組織;第二,職官名;第三,地名。師的軍事組織義,保存於先秦古籍甚夥。如《詩·秦風·無衣》:"王于興師,修我戈矛,與子同仇。"《左傳·隱公十年》:"取三師焉。"杜預注:"師者,軍旅之通稱。"以下就"師"的狀況及性質作些探討。

一 師的編制

卜辭中稱商王軍事組織爲"王師",商人自稱"我師"。如:

> 貞方來入邑,今夕弗震王自。　　　　　　(36443,黃類)
> 丁卯卜,殻,貞我自亡啟摧。　　　　　(11274正,賓一)
> ☐來告大方出,伐我自,叀馬小臣☐。　　　(27882,何二)

商王軍事組織按左中右三隊編制。如:

> 丁酉,貞王乍三自又(右)中又(右)。二　(CZ212,歷一)
> 丁酉,貞王乍三自又(右)中ナ(左)。三。(33006,歷一)

這是兩版成套卜骨,兆序"二"、"三"清晰可辨。確切表明了當時編

制原則,稱"三師"的目前僅見兩版,《村中南》212 的"又中又",第二個"又"可能爲"左"之誤刻①。"中師"屬賓組卜辭,也一見:

[癸]亥卜,爭,貞旬亡囚。王占曰:㞢求(咎)。旬壬申中自 蠅。四月。三　　　　　　　　　　　　　　(5807,典賓)

武丁時,有商王出征時按左中右作戰的卜辭:

乙未[卜],囗,貞立事于南,又[从我],中从䑠,左从曾。三
　　　　　　　　　　　　　　　　　　　(5504,自小字)

乙未卜,囗,[貞]立事[于南],又从我,[中]从䑠,左从曾。十二月。　　　　　　　　　　　　　(5512 正,賓一)

卜辭中亦有"㞢師",如:

癸巳卜,韋,貞行以㞢自罙[邑]。/貞行弗其以[㞢自]罙邑。
　　　　　　　　　　　　　　　　　　　(8985 正,賓一)

貞行以㞢自罙㞢邑。　　　　　　　(8987,賓一)

丙午卜,㱿,貞勿呼自往見㞢自。二告。　(5805,典賓)

☐㱿,貞勿呼自見㞢自。　　　　　(5806,典賓)

金祥恒認爲"㞢自"即"右師",是三師之一支②。但是,卜辭中,"㞢"讀作"有"、"又"或"侑",未見它作"右"。而且,《合集》8985 正、8987 兩例與"㞢自"與"邑(㞢邑)"並稱,可能是某地。將以下"㞢師"看作某地,更爲明顯:

貞玟🐚歸于㞢自。　　　　　　　　(1253 正,典賓)

貞令夢歸于㞢自,若。　　　　　　(6813,賓三)

---

① 卜辭中偶有"ナ(左)"作"又"讀作"有"的例子,如"其ナ(有)大風"(30225)。
② 金祥恒:《從甲骨卜辭研究殷商軍旅中之王族三行三師》,《中國文字》第 52 册,1974 年;又收入《甲骨文獻集成》第 27 册第 7 頁。

丙子卜,賓,貞令㞢葬我于出㠯,肩告,不殟①。十二月。

乙亥卜,爭,貞叀邑、並令葬我于出㠯。一月。

(17168+17171-,賓三)

二　師的調遣

1. 興師動衆

上舉卜辭《合集》33006 既反映了軍事組織編制情況,又反映了興師之義。"乍(作)三師",意爲興起、組建軍隊。《説文·人部》:"作,起也。"《易·乾》:"雲從龍,風從虎,聖人作而萬物睹。"陸德明《釋文》:"鄭云:作,起。"卜辭中仍有動衆之例:

　　□寅卜,□,貞叀自令以衆。　　　　　　　(36,賓三)

以衆,率領軍衆之意,這是軍隊出征前的準備工作。此句"師"似非軍隊義,可能爲官名,因本條卜辭含調遣軍隊前之準備工作義,姑列此。

2. 出師

　　辛丑卜,今日步。一/土眔自步。　　　　(4245,自小字)

　　壬子卜,貞步自亡囚(憂)。　　　　　　(33069,歷草)②

　　甲申,貞令卯往。允鼓自。　　　　　　(T3418,歷二)

　　戊辰卜,貞翌己巳涉自。五月。二　　　(5812,典賓)

上舉第一例卜辭的"師步"意爲軍隊前進。第三例卜問是否下令(軍隊)卯日出發,"鼓師"爲驗辭,可能是説確實擊鼓出征。古人行軍作

---

① 字形作🀆,《釋文》釋作"死",當據張政烺、陳劍讀作"殟"。參陳劍:《殷墟卜辭的分期分類對甲骨文字考釋的重要性》,《甲骨金文考釋論集》第 427—436 頁,綫裝書局,2007 年。

② 《甲骨文合集來源表》稱此片來自郭沫若《安陽新出土的牛胛骨及其刻辭》(《考古》1972 年第 2 期),即"安新"5 號,後收入《屯南》,編號爲 4516。楊郁彥《合集分組分類總表》歸該版爲無名類,欠安。

戰時,有擊鼓使進、鳴金收兵之習,如《左傳·莊公十年》:"戰於長勺,公將鼓之。"《戰國策·秦策二》:"明日鼓之,宜陽拔。"《史記·孫子吳起列傳》:"約束既布,乃設鈇鉞,即三令五申。於是鼓右,婦人大笑。"上舉末例"涉師"與第二例"步師"渾言則爲使軍隊行進,析言之,前者爲使徒行渡水,後者爲使陸路行進。

3. 臨時駐扎

　　丙午卜,貞自于◻自(次)。十二月。　　　　(5813,典賓)
　　己卯卜,◻,貞俷◻自自(次)[于]祭。自◻同◻◻。

(5814,典賓)

自,李孝定、姚孝遂、劉釗均釋作"次",意爲軍隊臨時駐扎[①]。可從。《廣雅·釋詁四》:"次,舍也。"王念孫《疏證》:"爲舍止之舍。"《書·泰誓中》:"惟戊午,王次於河朔。"孔傳:"次,止也。"引申爲軍隊臨時駐扎停留兩宿以上。《左傳·莊公三年》:"凡師一宿爲舍,再宿爲信,過信爲次。"卜辭所"次"是否在兩宿以上,難以確定,至少可以稱短期停留。

卜辭也有稱"宿師"的,言止宿之師,如《合集》5356:"甲午卜,爭,貞王宿自不亡。三月。"也算是軍隊臨時駐扎,但未見其動詞用法。

需指出的是,金祥恒引用嚴一萍的觀點,認爲◻、◻分別是"二師圍""三師圍",認爲◻、◻分別是"一師""二師"之合文[②],我們認爲這種看法實有未安。試看金氏所舉卜辭:

　　◻娘自西◻舌方二師圍我◻茂亦◻函◻
(前7.17.1;卜499=合6062)
　　◻娘自西二師圍我◻　　(簠4.110;續4.32.2=合7102)

────────

① 于省吾主編:《甲骨文字詁林》字頭3002號,中華書局,1996年。
② 金祥恒:《從甲骨卜辭研究殷商軍旅中之王族三行三師》,《中國文字》第52册,1974年;又收入《甲骨文獻集成》第27册第9頁。

☐吾方三師圍☐戈甾示易戊申亦有來婗自西,告牛家。

(珠1282背＝合6063反局部)

☐吾方三師圍☐亦有來☐牛家。　　(龜2.22.4;前7.4.3)

上舉最後一條卜辭所記龜2.22.4和前7.4.3從《來源表》裏反映不出收錄信息,但此片正好是《合集》6063反的下半部分。不難看出,金氏所舉這幾條卜辭可能占卜的是同一件事,如果釋𠂤、𠂤(隸作𠂤、𠂤)爲"一師""二師"的話,這幾例意爲:吾方是否率領二師(或三師)從西邊對商邑(也涉及"甾"地)有所侵犯。但存在以下兩個疑點。首先,占卜者關心的是吾方是否會來侵犯,而不是關心是否率領"二師"或"三師"。其次,以下幾句則難以理解:

己未卜,㱿,貞我于雉𠂤(次)。二告。

貞:勿于雉𠂤(次)。

勿于龔𠂤(次)。　　　　　　　　　(7352正,賓一)

癸巳卜,㱿,貞王勿𠂤(次)于曾。　　　(7353,典賓)

[癸]巳卜,㱿,貞王勿𠂤(次)于曾。七月。五(7354,典賓)

☐☐卜,㱿,貞王勿于鼓𠂤(次)。　　　(7355,典賓)

雉、龔、曾、鼓是四個地名,如果説"在某地一師(或二師)",顯然不通,但如果把"𠂤或𠂤"釋作"次",説成"在某地駐扎",渙然通脱。

三　師的軍事活動

1."師獲",卜問軍隊的俘獲情況。卜辭記載商王軍事活動極其頻繁,征伐的方國很多,如巴方、下危、吾方、土方、羌方、馬方等,參戰的將領有雀、婦好等,俘獲的戰俘也是非常多的,如:"獲叚""追獲羌""☐執羌☐獲廿又五☐""☐克俘二人☐"等[①]。本書只談"師",所

---

① 姚孝遂:《商代的俘虜》,《古文字研究》第1輯,中華書局,1979年;又載《姚孝遂古文字論集》第164—165頁,中華書局,2010年;又收入《甲骨文獻集成》第27册第20頁。

以例並不多,卜辭僅五見,且均是與羌有關,其中《合集》180 與 181 兩片同文。

  丁巳卜,㱿,貞自獲羌。十二月。   (178,典賓)

  丁巳卜,㱿,貞自獲羌。   (39489,典賓)

  貞自不獲羌。   (179 正,典賓)

  貞自不其獲羌。   (180/181,典賓)

  陳劍先生看過初稿後指出,此處"自"可能是人名,同類如"或不其獲羌"(39488)等。陳先生的意見大體上是正確的,這可以從前文討論的《合集》5805 的"呼自往見出自"爲證。這裏的"師"即使不是人名,也可能是官名。因此,此"師獲"一段當删。

  2. "師亡/不震"和"師亡囚",卜問軍隊的安全情況。震,卜辭作㲋,《甲骨文字典》引葉玉森《殷虚書契前編集釋》釋作跊,可從。《說文·足部》:"跊,動也。从足,辰聲。"段注:"與《口部》唇、《雨部》震、《手部》振,意義略同。"卜辭多問軍隊是否會引起騷動、驚警①。有一組連續在一段較短時期内占卜同一事類的歷組卜辭"今夕師亡震":

  庚午貞今夕自亡震。/辛未貞今夕自亡震。/甲戌貞今夕自亡震。   (34715,歷二)

  戊寅貞今夕自亡震。   (34716 正,歷二)

  甲戌貞今夕自亡震。/[乙]亥貞今夕自亡震。

            (34717,歷二)

  庚辰貞今夕自亡震。/[壬]午貞今夕自亡震。

            (34720,歷一)

  乙巳貞今夕自亡震。   (34721,歷二)

---

① 從劉釗先生說,見《卜辭所見殷代的軍事活動》,《古文字研究》第 16 輯第 71 頁,中華書局,1989 年。

如果按同一個甲子計算的話,第一次占卜是在庚午日,末一次是在乙巳日,兩次相距僅三十五天,表明在這段時期中,王師與敵方發生過戰爭。

"今夕師亡震"句式也有變作"今夕亡震師"的,如:

  丁亥貞今夕亡震𠂤。   (34718,歷一)

晚期黄組卜辭中大量存在"今夕師不震"的用例,有一例關於"弗震王師":

  貞方來入邑,今夕弗震王𠂤。   (36443,黄類)

武丁時期的典賓類有占問"師亡囚"、"師亡戈"的用例,但數量較少:

  丙子卜,爭,貞𠂤亡囚(憂)。十一月。一 (4249,典賓)
  癸丑卜,㱿,貞𠂤往衛(衛),亡囚(憂)。 (7888,典賓)
  丙辰卜,爭,貞𠂤亡其戈(𢦏)。   (5809,典賓)

商末黄組卜辭中大量存在"𠂤亡𤞶。寧"的卜辭,意思與上舉辭例相同。"亡𤞶"即言"亡囚",以前多從郭沫若讀作"無禍",今從裘錫圭讀作"亡憂"①,意在卜問軍隊有無災禍。

3. "師𡳿剢"。也是卜問師的安全情况,有同文卜辭三條:

  丙辰卜,爭,貞𠂤𡳿剢。 (779 正/780/4248,典賓)

甲骨文中"剢"與"㱿"本爲同形字,均作𠚥,但其意義並不相同。諸家對𠚥有考論②,獨陳煒湛的説法更爲可信:

  《甲骨文編》卷二牝字條下注云"匕形誤爲刀",複列从豕之𠚥等十三文爲異體,謂"或从豕"。案此十三文中實包含㱿剢兩字。象《戩》四三·五片"勿𠚥𡇒",《後》下二五·一二片"貞叀小𠚥",《甲》三〇二二"勿乎取𠚥芻",《甲》三〇七〇片"庚申卜乎取

---

① 裘錫圭:《文集》第一卷第 377 頁,復旦大學出版社,2012 年。
② 于省吾主編:《甲骨文字詁林》字頭 1608 號,中華書局,1996 年。

芻"，《乙》五六八九片"侑于祖辛𢦏肓"，諸例之𢦏，釋剢（牝）誠可，其義爲牝豕，且在辭中均爲名詞。而其餘諸文，如《鐵》一五·一片"壬戌卜王貞勿有𢦏"，《後》下三六·七片"王占曰其有𢦏。允奔，弗得𠦪"，《陳》一六片（《甲骨文編》誤爲一三）"丙辰卜，争貞：師有𢦏"均稱"有𢦏"，辭例與"有求（咎）""有囚""有來嬉"等同，其義頗與災異不吉有關，與牝無涉，當是剢字，不應釋牝。

陳先生還分析了該字的意義，也頗爲有理：

剢，从豕从刀，其本義當爲殺豬，引申之則或有殺伐、凶殺義。①

陳劍釋"𢦏"爲"剝"，謂"'剢'字作以刀向豕之形，表'剝皮'、'割裂'等之意至爲顯明"②。陳劍所釋在陳煒湛的基礎上向前邁進了一步，但有學者據司禮義"其"的法則認爲此處"'出剝'的意思是積極的，是占卜主體希望發生的事情，並非陳煒湛講的那樣，'剝'表示災異不吉的意義"③。我們不認爲"出剝"是積極的。理由是：第一，司禮義"其"的法則並非萬能，司氏自己也承認是有例外的④。沈培曾指出如下一組對貞就是一個例外：

(1a) 貞：祖乙孽王。

(1b) 貞：祖乙弗其孽王。　　　　　　　《合集》248 正

司禮義把這一對卜辭看跟"亡憂"和"其有憂"是同類的例子，實際上是一個疏忽。顯然，有"其"的"祖乙弗其孽王"這一條卜辭，並非像司禮義所説的那樣，是占卜者不希望的，相反，它其實應當是占卜者

---

① 陳煒湛：《甲骨文異字同形例》，載《古文字研究》第 6 輯第 243-245 頁，中華書局，1981 年。
② 陳劍：《甲骨金文考釋論集》第 266—267 頁，綫裝書局，2007 年。
③ 王子楊：《甲骨文"苞"的一種用法——論及殷代的伏擊戰術》，《"出土文獻與學術新知"學術研討會暨出土文獻青年學者論壇論文集》，吉林大學，2015 年 8 月。
④ Paul L-M Surruys(1974)：Studies in the Language of the Shang Oracle Inscriptions，*T'oung Pao*, Second Series, Vol. 60, 1/3, pp. 12-120.

所希望的①。

第二,"亡其"之後是可以帶表示災異或不祥的詞語的。如"亡其囚"(16523、16547)、"亡其疾"(7699反+上博49003.247反)。第三,占卜者不希望發生的"囚"既可用於"其㞢囚",也可用於"亡其囚",如:

己酉卜,殻,貞危方其㞢囚。　一　二　三　四　二告
己酉卜,殻,貞危方亡其囚。五月。　一　二　三
　　　　　　　　　　　　　　　　　(8492,賓一)

因此,我們傾向於把"㞢剝"看成有某種殺伐,這種殺伐其實無所謂積極或消極,如果殺伐敵方則是積極的,遭受殺伐則是消極的。儘管卜辭中有"𠂤㞢剝,獲𢀛方"的情況,這並不能證明"剝"不可以表示消極的災異或不吉。

4. "師𥃲"。趙誠讀作師監,指我方軍隊監視敵方軍情,從事某種偵察活動。趙先生曾舉過兩條卜辭:

貞愋人五千呼見舌方。　　　(續1.13.5=合集6167)
丁未卜,貞令立見方。一月。　(粹1292=合集6742)

趙先生解釋說,這兩條卜辭的"見"都是監視之義,如果只列後一條卜辭,監視之義不容易一下子顯現出來,很可能只被理解爲"觀察"之義,但是有了前面一條卜辭,有了命令五千人去見舌方的"見",監視之義便昭然若揭了②。趙先生的解釋似乎可信。

關於"師監",劉釗曾舉一例:

丙午卜,殻,貞呼𠂤往見㞢𠂤。　(5805,典賓)

劉先生讀㞢作"有",並解釋"𠂤往見㞢𠂤"爲"'𠂤'前往偵察,發現有

---

① 沈培:《殷墟卜辭正反對貞的語用學考察》,《漢語史研究:紀念李方桂先生百歲冥誕論文集》(《語言暨語言學》專刊外編之二),"中研院"歷史語言研究所,2005年6月。
② 趙誠:《甲骨文行爲動詞探索(一)》,《古文字研究》第17輯第327-328頁,中華書局,1989年。

軍事活動"①。我們認爲,"師"既然是軍事組織,在同一句中又引申爲"軍事活動",似乎欠妥,而且如果這樣講,那麽《合集》5806"勿呼自見 出自"就應理解爲"不命師前往偵察,發現有軍事活動",顯然不通。

裘錫圭釋🗙作視,主要依據是新出荆門郭店楚墓竹簡《老子》中,"視"作🗙,"見"作🗙,可知甲骨文"🗙"字當釋"視"。裘先生認爲《合集》5805之"視出師"之"視"近於"視爾師"(裘按:出自《尚書·文侯之命》)之"視"(發按:裘先生文中未釋,不妨釋爲巡視治理),但與"視舌方"(6167)之"視"(發按:裘先生釋作爲了準備戰鬥而觀察敵軍情況)不同②。裘先生所釋可從。既如此,喻遂生師認爲這裏的"出"應看作詞頭③,上舉《合集》5805似可理解爲"商王命令師官前往軍中巡視治理"④。其他"視師"卜辭如:

　　☐殻,貞勿呼自視出自。　　　　　　　　　　(5806,典賓)

　　丙午卜,殻,貞呼自往視出自。王[占]曰:隹老隹人,達遘,若[兹]卜,隹其勾。二旬出八日象壬[申],自夕殊。

(17055正=W959,典賓)

還需説明的是,卜辭《合集》17055正包含四部分:前辭、命辭、占辭、驗辭,據占辭可以補出"占",據此版反面可補出"兹",據時間"二旬出八日"可以補出"申"⑤。

---

①　劉釗:《卜辭所見殷代的軍事活動》,《古文字研究》第16輯第70頁,中華書局,1989年。
②　裘錫圭:《文集》第一卷第446頁,復旦大學出版社,2012年。
③　喻遂生:《甲骨文的詞頭"有"》,載氏著《甲金語言文字研究論集》第75—84頁,巴蜀書社,2002年。
④　上文所言"出師"與"出邑"並舉,可能指地名。
⑤　黄天樹:《殷墟王卜辭的分類與斷代》(科學出版社,2007年,第298頁)覺得此版干支計日的方式不清楚,如果從丙午當日計,二旬又八日是癸酉;如果從丙午次日計,二旬又八日是甲戌。黄先生的説法是正確的,但在二旬又八日附近干支是"壬"的只有"壬申",故補"申"。據黄先生研究,卜辭計日方法有兩種,要麽從占卜當日計,要麽從占卜次日計,此版計日既不從當日,也不從次日,本條是一種例外。

但也應注意的是,"見"與"視"在卜辭中用法有時無別,如:

[呼]視[自]般。　　　　　　　　　　　　(4220,典賓)

貞呼見自般。　　　　　　　　　　　　(4221,典賓)

☐印☐溝呼自般見。一　　　　　　　　(4222,典賓)

四　非王之常設軍

非王之常設軍是指商王友邦所帶的軍事力量。這些友邦,有的是商王同姓貴族的封地,有的是爲商王效力、地位顯赫的異姓貴族的封地①。卜辭中提到了這樣一些:

1. 雀師

上一章已對雀進行過討論,他是一位活躍於武丁早中期的重要人物,他參與的軍事活動主要是取匞、𢦏敖、伐冎、𢦏卤邑、𢦏祭、伐缶、伐亘、𠦪桑、𠦪荳、伐獿、伐𢦏、伐目、伐或等,其領地一説在殷西,一説在豫西,一説在鄭州市西北郊,仍值得進一步研究②。

雀所帶的部隊稱"雀師",如:

戊子卜,令𠦪往雀𠂤。　　　　　　　　(8006,賓一)

于癸未屮至雀𠂤。／于甲申屮至雀𠂤。　　(40864,屮類)

2. 𢎥師

"𢎥"與"弜(𢎥𢎥)"形近易混,需作區分。兩字在用法上有明顯的差異。前者爲人名或國族名,後者一般爲否定副詞③。

第一,"𢎥"(下面用○代表)作賓語或兼語:

辛未,王令○伐先,戍☐。　　　　　　　(19957 正,屮類)

貞勿自王令○☐。　　　　　　　　　　(4307 正,典賓)

---

① 關於這些問題,請參朱鳳瀚:《商周家族形態研究》,天津古籍出版社,1990 年,又 2004 年增訂版。
② 詳參第三章第二節。
③ "弜"偶見有作地名的用法,如"𢀛方其克貝、弜"(20576)、"歲弜羊"(25220)。

令○☒　　　　　　　　　　　　　　　　（4308，典賓）

　　☒王☒令○。十一月。　　　　　　　　　（4309，典賓）

　　貞呼○☒。　　　　　　　　　　　　　　（4311，典賓）

　　☒呼○步，又☒。　　　　　　　　　　　（4312，賓三）

第二，"弜"置於動詞前，作否定副詞：

　　丁卯卜，王弜比或。/丁卯卜，王弜比望乘。

　　　　　　　　　　　　　　　　　　　　　（W1637，歷一）

　　乙亥，貞𠂤弜𠨍（禦）方。/弜正方才☐。　（32935，歷二）

第三，處於"○眔雀"的結構中，"眔"（暨）連接的是兩個相同語法成分的詞或短語，○和雀一樣均為人名或國族名：

　　乙巳卜，☒○眔雀伐羌，囚。　　　　　　（20399，自歷間）

如此，"○師"一語，與"雀師"一樣，指"○"所帶之軍事組織，卜辭僅一見：

　　丙戌卜，貞○自在敖不水。　　　　　　　（5810，自賓間）

上文已對有關"○"的軍事活動卜辭作了整理，其事迹有：獲羌（186/4333，自小字）、獲𡆥戎（6906，自小字）、取惠（7022，自小字）、戋敖（7016/7017/L171，自賓間）、獲𡆥方（6749，自賓間）、金正（6977/6978，自賓間）、戋䰙（7015，自賓間），並且遭受過𡆥的侵擾（7025/7026/7028，自賓間），因此，"○"是武丁早中期一位較活躍的人物。

3. 秉師

秉在卜辭中多用作人名，前人論之頗詳①。秉參與軍事活動，帶有軍事組織，稱"秉師"：

　　☐午卜，賓，貞呼涉秉自。　　　　　　　（5811，賓三）

卜辭中有關於秉駐軍的記載。如：

---

① 于省吾主編：《甲骨文字詁林》字頭0212號，中華書局，1996年。

曰：㠱次于龐。　　　　　　　　　　　　（7359，典賓）

也有關於㠱獲勝的記載：

己未卜，㱿，貞㠱克𦥑（姺）。　　　　　（6569，賓一）

癸丑卜，賓，貞叀㠱令執𠂤。　　　　　（578，賓三）

□㠱令執𠂤。七月。　　　　　　　　　（Y609，賓三）

此外，㠱在卜辭中還有這樣一些事績。第一，㠱向商王納貢。從一些署辭可以看出：

㠱入一。　　　　　　　　　　　（1076反乙甲橋刻辭）

㠱入。　　　　　　　　　　　　　　　　（2568反）

㠱入五。　　　　　　　　　　　（3979反甲橋刻辭）

㠱入二十。　　　　　　　　　　　　　　（9220反）

這些可能記録的是貢納的龜版數量。此外，他也向商王進獻其他物品，甚至是羌。《合集》32836骨版稍殘泐，但"入羌"清晰可見：

□卯卜，㠱入羌左𤉲□　　　　　　　　（32836，歷草）

另有一版作"來羌"：

貞勿用㠱來羌。　　　　　　　　　　　（557，賓三）

此外，㠱向商王"以某物或某種俘虜"，"以"訓爲進獻：

貞：㠱率以罷芻。　　　　　　　　　　（95，典賓）

庚寅卜，㱿，貞㠱以角女。二告。/庚寅卜，㱿，貞㠱弗其以角女。　　　　　　　　　　　　　　　　　（671正，典賓）①

第二，占卜能否勝任王事，統稱"堪*王事"。

己丑卜，爭，貞不堪*王事。/貞不堪*王事。/貞弗其堪*。　　　　　　　　　　　　　　　　　　　　　（177，典賓）

甲戌卜，賓，貞罷㠱啟，堪*王事。　　　（5458，典賓）

---

① 姚孝遂認爲"角女"是角地的女俘，可從。參氏著《商代的俘虜》，《古文字研究》第1輯，中華書局，1979年；又載《姚孝遂古文字論集》第164頁，中華書局，2010年；又收入《甲骨文獻集成》第27册第19頁。

庚申卜,𣪊,貞㒸堪*王事。 (5859,典賓)

乙未卜,出,貞㒸堪*王事。不㱿。十二月。 (24116,出二)

"堪*王事",卜辭中商王或子自稱"堪*朕事""堪*我事":

甲戌卜,王,余令角婦堪*朕事。 (5495,賓一)

☐㞢父曾不☐蚰堪*我事。 (21905,圓體)

第三,㒸被派去"省向"。

己酉卜,貞令㒸省在南向。十月。 (9628,賓三)

庚子卜,令㒸省向。 (33237,歷二)

己丑卜,令㒸省向。 (T204,歷二)

第四,㒸參與祭祀。

丙午卜,貞㒸尊歲羌十、卯十牢,于喜用。八月。

(295+340=ZJ354,賓三)

要之,㒸是武丁時期一位重要人物,因此,商王親自爲他卜問吉凶。如:

貞㒸亡害。 (4015,典賓)

戊午卜,爭,貞舀羊于㒸。 (11199,典賓)

☐☐卜,☐禦㒸于婦三牢。五月。 (13740,賓三)

☐辰卜,賓,☐㒸不死。 (17082,賓三)

㒸所在卜辭的時代,較早的是賓一類,較晚的是出類,因此可初步認爲,㒸也是一位武丁中晚期至祖庚時期的重要人物。

4. 㪒師

武丁時期的卜辭中還有㪒師,雖僅一例,亦值得重視:

癸巳卜,賓,貞令伐㪒自。 (6051,賓三)

之所以值得重視,是因爲㪒是武丁時期的一位重要將領,多次帶兵參戰:

第一,最常見的是對舌方作戰,如:

癸酉卜,貞今月㪒戋舌方。一 (6293,典賓)

丁未卜,争,貞勿令䇂以眾伐舌。一　　　　　（26,典賓）
丁未卜,争,貞勿令䇂以眾伐舌。二　　　　　（27,典賓）
貞叀䇂呼[伐]舌。　　　　　　　　　　　（6211,典賓）
[戊]子卜,賓,貞䇂气步伐舌方,受㞢又。十二月。
　　　　　　　　　　　　　　　　　　　（6292,典賓）

第二,亦有關於"追羌"的記載:
癸未卜,賓,貞叀䇂往追羌。一　　　　（493正,典賓）
☐今日[䇂]☐往追羌。一　　　　　　　（492,典賓）

第三,其他有關戰爭的記錄:
☐令䇂[以]眾[伐]☐方。　　　　　　　　（30,賓三）
☐☐卜,賓,[貞]翌乙亥䇂㞚,受雀又。一（7627,自賓間）
丙午卜,賓,貞翌乙巳䇂其㞚,受雀又。二（7628,自賓間）

卜辭中有䇂與雀、𢀛同版的記錄,也可推知他們同時:
己酉卜,貞雀往㞚豕,弗其䇂𢀛。十月。/☐䇂☐
　　　　　　　　　　　　　　　　　　（6979,自賓間）
己丑卜,争,貞𢀛堪*王事。/甲午卜,殼,貞呼䇂先罙寮于河。四　　　　　　　　　　　　　　　　（177,典賓）

從所在卜辭的時間來看,䇂應是活躍在武丁中晚期的一位貴族。

五　師的性質與規模

據典籍記載,周代的"師"是軍事組織的一級編制,規模是二千五百人。《周禮·地官·小司徒》:"五人爲伍,五伍爲兩,四兩爲卒,五卒爲旅,五旅爲師,五師爲軍。"鄭玄注:"師,二千五百人。軍,萬二千五百人。此皆先王所因農事而定軍令者也。"《詩·小雅·采芑》:"陳師鞠旅。"鄭玄箋:"二千五百人爲師,五百人爲旅。"《説文·帀部》:"師,二千五百人爲師。"

我們這裏討論"師"的性質,就是要弄清楚"師"在商代是指軍事組織的統稱還是軍隊編制之一級。從前文排列的卜辭來看,"師"在甲骨文中意義比較籠統,應該是軍事組織的統稱,如"王師""我師""雀師"等稱法。如果説含軍事組織編制義的話,卜辭僅見"王乍三𠂤又中左"(33006)這一條,另有一條"中𠂤"(5807),可以推測商代應該將軍隊分成左、中、右三師。但有的學者將"三師"等同于春秋時的"三軍",認爲二者相當,如金祥恒説:

> 卜辭"王作三師,右中左",猶《左傳·襄公十一年》"季武子將作三軍"。《國語·晉語》:晉文公大蒐於被廬"作三軍",三軍者,左軍、中軍、右軍,或上軍、中軍、下軍。如《左傳·宣公十一年》晉楚邲之戰:"楚子北,師次於郔,沈尹將中軍,子重將左,子反將右。"《國語·晉語四》:"欒枝將下軍,先軫佐之","狐毛將上軍,狐偃佐之"是其例。……六軍之説,由六師推演而成。《左傳·僖公廿五年》衛人伐邢"右師圍温,左師逆王"。晉未稱霸前,獻公始作上下二軍。此左右師,即上下軍也。春秋之世,王室式微,諸侯並起争强,擴充武備,晉國首以一軍擴充爲三軍,而五軍(新左軍新右軍)而六軍(三軍三行)。魯亦作三軍,於是演成周禮所謂"制軍"之制。①

我們認爲卜辭"三師"與春秋時期"三軍"有一些相似之處,那就是二者作戰時都按左中右分成三隊,這也許是當時作戰的一種陣法。除"三軍"外,春秋時也有"三行",仍然按左中右分成三隊,作戰時三路並進或左右夾攻包抄敵人,如《左傳·僖公二十八年》:"晉侯作三行以禦狄,荀林父將中行,屠擊將右行,先蔑將左行。"杜預注:"晉置上中下三軍,今復增置三行,以辟天子六軍之名。"

但是,"三師"與"三軍"並不完全等同。因爲,"師"可能是商代

---

① 金祥恒:《從甲骨卜辭研究殷商軍旅中之王族三行三師》,收入《甲骨文獻集成》第27册第8頁。

軍隊的一種統稱,至今我們還沒有充分的理由說明當時的"師"是一級編制,同時也沒有理由説明除"師"以外,還有別的編制等級。而"軍"作爲春秋時期的一個重要詞彙,有諸多證據説明它是最高一級軍事編制。《周禮·夏官·司馬》曰:"凡制軍,萬有二千五百人爲軍。王六軍,大國三軍,次國二軍,小國一軍。軍將皆命卿。二千有五百人爲師,師帥皆中大夫。五百人爲旅,旅帥皆下大夫。百人爲卒,卒長皆上士。二十五人爲兩,兩司馬皆中士。五人爲伍,伍皆有長。"

對於"師"的性質,有的學者認爲是"虎賁"。如劉釗説:

殷代諸方經常在夜間對殷進行侵擾,殷邦國爲城邑和殷王的安全,必設有軍隊以事警衛。"師"就是從事這項任務的組織。卜辭"師"同後世之虎賁在性質上比較接近。典籍虎賁又作虎奔。《國語·魯語下》"天子有虎賁,習武訓也",《周禮·夏官·虎賁氏》謂"掌先後王而趨以卒伍,軍旅會同亦如之。舍則守王閑,王在國則守王宫,國有大故則守王門,大喪亦如之"。賈公彦疏曰"大故謂兵災,大喪謂王喪,二者皆是非常之難,須警備,故云要在門也"。卜辭"師"的職掌與《周禮》所載虎賁氏的職掌基本相合。①

此處所舉之"虎賁",《國語》與《周禮》所言並非等同,前者指虎賁之士,即勇士。《書·〈牧誓〉序》:"武王戎車三百兩,虎賁三百人,與受戰於牧野。"王引之《經義述聞·通説上》"虎賁":"謂《牧誓》之'虎賁'爲虎賁之卒,非《周禮·夏官》'虎賁氏'之官。"《周禮》所言"虎賁氏"之官,應是掌侍衛國君及保衛王宫、王門之官。從前文有關"師"的卜辭來看,説"師"是勇士不確,説它是掌侍衛國君及保衛王

---

① 劉釗:《卜辭所見殷代的軍事活動》,《古文字研究》第16輯第72頁,中華書局,1989年。

宫、王門之官也不確,它應該是商王的軍隊。當然,作爲軍隊,它可能會出征,也可能留守護衛,也存在由臣屬雀、🧿、🧿、㱾帶領的軍事組織(分别稱雀師、🧿師、🧿師、㱾師),但它們應該不是"衛隊"。

前人的訓詁材料也能説明"師"並非一級軍事編制。《詩·小雅·瞻彼洛矣》:"韎韐有奭,以作六師。"《大雅·棫樸》:"周王于邁,六師及之。"《大雅·常武》:"整我六師,以修我戎。"金文也有"西六師"之稱,與《詩》所記相符。鄭箋、孔疏都將"六師"看作"六軍",由此可見,"師""軍"均泛指軍隊,並非軍事編制之等級①。

前人研究商代軍隊,也非常關心"師"的規模,並根據卜辭中用兵人數和傳世文獻中的相關材料擬測"師"的規模。主要有兩種觀點:一種認爲"師"僅百人,如趙錫元、劉釗②;一種認爲"師"應有萬人,如肖楠、楊升南③。我們認爲,既然卜辭和典籍不能提供"師"是一種軍事編制的證據,也就不能推測作爲一級編制的"師"的規模。那麼,是否可以據卜辭出兵人數推測商代軍隊的規模呢? 恐怕也難以令人信服。已有先生對出兵人數有部分列舉,這裏悉數列舉如下:

二百人☐之日見方,執。　　　　　　　(6797,賓三)

丙申卜,貞肇馬左右中人三百。六月。　　(5825,賓三)

☐賓,☐勿肇多人三百☐　　　　　　　(5826,賓三)

貞留人三百呼歸。　　　　　　　　　(7348反,典賓)

☐人三千呼伐舌方,受虫又。　　　　　(6174,典賓)

---

① 林澐先生也是這個觀點。他説:"卜辭中的'師'、'旅',乃是指由此種兵源(發按:林文指'衆'、'衆人'、'人')構成的有組織的軍隊,並非《周禮》所描述的那種分級的定額編制。"詳林澐:《商代兵制管窺》,《吉林大學社會科學學報》1990年第1期。
② 趙錫元:《再論商代"衆人"的社會身份》,《吉林大學社會科學學報》1982年第4期;劉釗:《卜辭所見殷代的軍事活動》,《古文字研究》第16輯第72頁,1989年。
③ 肖楠:《試論卜辭中的師和旅》,《古文字研究》第6輯,中華書局,1981年;楊升南:《略論商代的軍隊》,《甲骨探史録》,三聯書店,1982年。肖楠一文又見《甲骨文獻集成》第27册第28—29頁,楊升南一文又見《甲骨文獻集成》第27册第32—33頁。

貞𤕫人三千。　　(7318,典賓)

貞𤕫人三千。呼□來今□舌□　　(7319,典賓)

貞𤕫人三千。二告。　　(7320,典賓)

丁酉卜,㱿,貞勿𤕫人三千。一。　　(7323,典賓)

勿𤕫人三千。　　(7324,典賓)

貞勿𤕫人三千。　　(7344,典賓)

□寅卜,𠚤,貞𦣻三千人伐。　　(7345,典賓)

貞収人呼視舌□/□人四千呼以□　　(6175,典賓)

貞今者王伐𢀛方,[𤕫]人五千。呼[㫃]□　　(6540,典賓)

貞勿𤕫人五千。四。　　(6541,典賓)

貞𤕫人五千。叀王自□　　(7312,典賓)

丁酉卜,争,貞今者王[𤕫]人五千□方。　　(7314,典賓)

貞勿𤕫人五千。　　(7315,典賓)

□午卜,争,貞𤕫[人]五千。五月。　　(7316+,典賓)

□[𤕫]人五千。呼□　　(7317,典賓)

辛巳卜,□,貞𤕫婦好三千,𠭰旅萬,呼伐□。

(39902=Y150 正,典賓)

上揭卜辭基本上是典賓類,所卜當在武丁中晚期,賓三類處於武丁晚期至祖庚時期,内容反映了戰爭期間出征人員的數量情況,既有二百、三百,也有三千、四千、五千,還有一萬三千。學界一般認爲,商代有常設軍,稱“師”和“旅”,也有臨時徵召人員參加戰爭。徵召參戰的人員,一部分是自由民,即卜辭中的“衆”或“衆人”①;一部分是奴隸。許多學者僅憑上述出征人員數量來推測商代軍隊的規模,並進而推測“師”作爲一級軍事組織的規模,恐怕難以令人信服,尚有

① 關於“衆人”的身份問題,學界討論得非常熱烈,請參第二章第三節關於“衆人”的脚注。

進一步探討的必要。

第二節　族

"族"是商代的非常設軍,爲農時耕種、閑時訓練的族兵。"族"的甲骨文字形主要作󰀀、󰀁、󰀂,从队从矢是其典型特徵。《說文・队部》:"族,矢鋒也。"段注:"今字用鏃,古字用族。"王筠《句讀》:"族,《字林》:'箭鏑也。'"許慎將族誤作鏃的初文,以爲它是箭頭,可是字从队从矢,"从队"如何理解,頗爲牽強,段、王二氏承襲許氏之誤,實不應該。丁山提出了新的看法:

族,从队,从矢,矢所以殺敵,队所以標衆,其本誼應是軍旅的組織。清八旗的制度,當是族字从队正解。《唐書・突厥傳下》:沙缽羅咥利失可汗分其國爲十部,每部令一人統之,號爲十設。每設賜一箭,故稱十箭焉。箭者,矢也。族字从矢,當然又與部落稱箭的涵誼相同。有是四旗十箭的故事印證,我認爲族制的來源,不僅是自家族演來,還是氏族社會軍旅組織的遺迹。①

李孝定從之,並説:

蓋古者同一家族或同一氏族即爲一戰鬥單位,故於文从队从矢會意也。許君誤以此爲矢族字,故於鏃下但云"利也"。利也一義實由矢鏃一義所引申,族則族類之本字也。卜辭言"多子族(孝定按:葉釋'俘',非是)""五族""旅族"均部族之義。金文作󰀃(毛公鼎)、󰀄(師酉簋)、󰀅(番生簋)、󰀆(王命明公簋)、

---

① 丁山:《甲骨文所見氏族及其制度》第33—34頁,科學出版社,1956年;又收入《甲骨文獻集成》第27册。

㪰(事族簋)、㪰(不易戈)均从矢,與卜辭同,足證葉說从交之誤。①（發按：葉指葉玉森,他在《前釋》四卷四十一葉上說:"族字乃象交脛人在旗下,从人从交,非从矢。"）
李說可從。甲骨文中的"族"有家族、宗族之義,更多時候是以軍事組織的意義出現,無論是"王族""子族""多子族",還是"一族""三族""五族",它都與戰爭有關。對此,王震中的看法與我們頗爲相似:

> 甲骨文中的"族"字應該說的是軍事軍隊編制中的一種,它所反映的最基本的情況不像是血緣組織而像是軍隊組織,表示的是一種親屬部隊。②

下文以卜辭爲例,談談我們對"族"的理解。

一　王族

王族指王的宗族。卜辭較爲常見:

貞叀舌方𢎥伐,㪰(𦎫)。

勿呼王族同于㽹。　　　　　　　　　　　　（6343,典賓）

這版卜辭反映了商與舌方發生戰爭,卜問是否不命令王族在㽹地"會合"。辭中的"同",以前一般據羅振玉釋作"凡",即"盤"之初文,王襄、郭沫若、吳其昌、陳夢家、李孝定、于省吾並從之③。其實此字孫詒讓早於1904年就釋作"同",意爲會同④。近來王子楊認爲甲骨文中過去釋作"凡"的字大多當釋爲"同",並在文中具體區分了

---

①　李孝定:《甲骨文字集釋》第2233頁,"中研院"歷史語言研究所專刊之五十,1965年。
②　王震中:《商代都邑》第510頁,宋鎮豪主編:《商代史》卷五,中國社會科學出版社,2010年。
③　于省吾主編:《甲骨文字詁林》字頭2845號,中華書局,1996年。
④　于省吾主編:《甲骨文字詁林》字頭2845號,中華書局,1996年。

"同"與"凡"的字形和辭例①。從字形及辭例分析來看,王先生的意見可從。

贞叀尹令比向屰,堪*王事。二
贞叀多子族令比向屰,堪*王事。
丁巳卜,㱿,[貞]令王[族比]向屰,[堪*王]事。二 二告
貞弗乍王妻。二
辛未。　　　　　　　　　　　　　　　　　(5450,賓三)

上揭卜辭"王族"與"多子族"同版,占問是否命令多子族和向屰共同去執行王令,也占問是否命令王族和向屰共同去執行王令。

與此版所卜可能同係一事的還有:

☒令犀以王族比[向]屰,堪*王事。六月。　(14912,賓三)
□巳卜,争,貞令王族比向屰,堪*王事。六[月]。
　　　　　　　　　　　　　　　　　　　　(W71,賓三)

上揭卜辭均表明這一事件發生在"六月"。第一例的"以"當理解爲率領、帶領。商王令犀率領王族執行命令,可見犀應是地位非同一般的重臣,他的封地仍稱犀,在三、四期無名類中還有出現。如:

王于犀使人于羑,于之及伐望,王受又又。獲。用。大吉。
　　　　　　　　　　　　　　　　　　　(28089正,無名)

犀可能爲私名,雖然無名類和賓類不在同一時代,但中間相隔也不過一代人,如果在賓三類中犀是青年,那麽在無名類中他應是老年了。當然,犀也可能是族名,上述卜辭表明這個家族從武丁到廩辛康丁時期,都是商王的重要臣屬。

雀也曾率王族執行命令,可見他也是商的重臣,如:

---

① 王子楊:《甲骨文舊釋"凡"之字絕大多數當釋爲"同"》,《出土文獻與古文字研究》第5輯,上海古籍出版社,2013年;又見於氏著《甲骨文字形類組差異現象研究》第198—230頁,中西書局,2013年。

甲子卜,争,雀弗其呼王族來。一 二

甲子卜,争,雀弗其呼王族來。一 二

雀其呼王族來。一 二

貞呼雀㠯目。一 二 三 四　　　　　（6946正,賓一）

這幾條卜辭反映出雀率領王族征伐"目"地。"目"在卜辭中一般有三種用法:一是指眼睛;二是作人名,有婦名"子目";三是地名,如:

甲子卜,翌日乙王其田目亡災。吉。

其田目又鹿。　　　　　　　　　　（33367,無名）

據鍾柏生考證,"目地近於黃河及敤地。敤地……在商邱附近,乃春秋時之葵邱;既然葵邱在今河南考城附近,目地當離考城不遠才是"①;"目地必在河南考城附近,……其在殷都之南是没有問題的"②。

除此之外,卜辭中明確有王族參與作戰的記録,時代當在武丁晚期至祖庚時期。如:

己亥,貞令王族追召方,及于☐　　　（33017,歷二）

王族敦夷方邑（舊?）,右左其叔。　　（T2064,歷二）

二　子族和多子族

朱鳳瀚曾提出兩點看法:第一,子族是王族以外的與王有近親關係的同姓親族;第二,子族之子是指一種特定的身份,子族之稱在語法上類同於"王族",是指"子"之族③。從甲骨文反映的商代實際情況來看,朱説是可信的,換句話説,子族是商王同姓貴族的宗族,多子

---

① 鍾柏生:《殷商卜辭地理論叢》第240頁,台北藝文印書館,1989年;又收入《甲骨文獻集成》第27册。

② 鍾柏生:《殷商卜辭地理論叢》第369頁,台北藝文印書館,1989年;又收入《甲骨文獻集成》第27册。

③ 朱鳳瀚:《商周家族形態研究》(增訂本)第40頁,天津古籍出版社,2004年。

族則是多個同姓貴族的宗族。林澐、裘錫圭兩位先生認爲卜辭中常見"多子",其中大概也有不少不是指時王的諸子,而是指商族的很多族長①。從歷史演變角度講,商代社會脱胎於原始氏族形態,王族就是一個以商王爲核心建立起來的龐大的宗族,子族脱胎於王族,是以王子爲中心建立起來的宗族,"子"或多個"子"最初是時王之子,越到後期越無法肯定"子"是否還是時王之子。子的名份不會隨着時代的改變而改變,"'子某'卒後該族族長仍然世世可以族氏名(即'子某'之'某')爲稱號,當然,這就出現一種可能性,即王卜辭中與'子某'同稱的'某'有的也可能並不是指'子某'本人,而是指其後人"②,因此,林、裘之説是可信的。

甲骨卜辭中主要有以下一些用例:

　　□□[卜],𣪊,☒呼子族先。　　　　　　　　(14922,賓一)

"呼某先"常用於"呼某先于某地",而這樣的卜辭常與軍事卜辭同版,如:

　　□□[卜],𣪊,貞呼㞷妌以✦先于詩。
　　□□[卜],𣪊,貞舌方衛,率伐不,王告于祖乙,其正,匄又。七月。
　　□□[卜],𣪊,貞舌方衛,率伐不,王其正,告于祖乙,匄又。
　　　　　　　　　　　　　　　　　　　　　(6347,典賓)
　　壬午卜,𣪊,貞亙允其𢦏(翦)鼓。八月。一
　　壬午卜,𣪊,貞亙弗𢦏(翦)鼓。一
　　壬午卜,𣪊,貞亙允其𢦏(翦)鼓。二
　　壬午[卜],𣪊,貞亙弗𢦏(翦)鼓。二

---

① 林澐:《從武丁時代的幾種"子卜辭"試論商代家族形態》,《古文字研究》第 1 輯第 324 頁,中華書局,1979 年;裘錫圭:《關於商代的宗族組織與貴族和平民兩個階級的初步研究》,《文史》第 17 輯第 7 頁,中華書局,1983 年。

② 朱鳳瀚:《商周家族形態研究》(增訂本)第 59 頁,天津古籍出版社,2004 年。

勿呼我人先于繼。一

呼我人先于繼。一　　　　　　　　　　　　（6945，賓一）

另有"先奴人于某地"，也作"先于某地奴人"，干支相連，三天連續占卜：

甲申卜，㱿，貞呼帚好先收人于龐。　　　　（7283，賓一）

乙酉卜，㱿，貞勿呼帚好先于龐奴人。二　　（7284，典賓）

丙戌卜，㱿，貞勿呼帚好先奴人于龐。　　（7287 正，典賓）

"收人"即"徵集人員"，"先于某地"指"先行到某地"。

甲骨文中也通常用"比"表示"協同（作戰）"，如：

☐㝱以☐子族☐比。　　　　　　　　　　（14923，賓三）

己卯卜，兔，貞令多子族比犬侯璞周，堪*王事。五月。三

（6812 正，賓三）

貞令多子族眔犬侯璞周，堪*王事。

貞令多子族比犬眔向罘，堪*王事。

丙寅卜，爭，貞吾同￥眔☐。　　　　　　（6813，賓三）

癸未卜，爭，貞令㱿以多子族璞周，堪*王事。一

（6814，賓三）

這一組卜辭裏還反映了"多子族與犬侯協同作戰"的占卜記錄。"璞"是一關鍵字，前人考釋甚詳，郭沫若釋爲寇，葉玉森釋爲鑿，林義光釋爲璞，唐蘭申論林說，孫海波、陳煒湛、姚孝遂並從釋璞之説①。從字形來看，𡴎可以拆分成𠂉、玉、𠙹、辛、攴五個部件，𠂉像山形，𠙹是盛玉之具，辛是工具，𠬪象雙手握工具之形，整個字猶如一幅文字畫，將先民造字理據巧妙地蘊含其中。但是，這樣的文字書寫形式過於繁瑣，有必要簡化，因此後來有些部件被省掉，唐蘭描述了其發展模式：

𡴎→𤩷→璞

---

① 于省吾主編：《甲骨文字詁林》字頭 2122 號，中華書局，1996 年。

所以,這個字"由象意化爲形聲",㲋變成了从玉業聲。璞通撲,《説文·手部》:"撲,挨也。"王筠《句讀》:"《字林》:'手相搏曰撲也。'撲,打也。"玄應《一切經音義》卷十四引《通俗文》:"連杖曰撲。""璞周"即攻擊周。

三 一族、三族和五族

卜辭中還有"族"前有數詞修飾的情況。如:

乙酉卜,叀三[百射]令。三

乙酉卜,王果令。三

弜果令。三

叀三族馬令。三

罙令三族。三

叀一族令。三

乙酉卜,于丁令馬。三　　　　　　　　(34136,歷二)

己亥,歷,貞三族王其令追召方,及于𡆥。(32815-,歷二)

五族其雉王衆。　　　　　　　　　　　(26879,無名)

王叀次令五族戍羌方。　　　　　　　　(28053,無名)

癸巳卜,王其令五族戍𣪘囗伐𢦏(蔑)。　(28054,無名)

"一族""三族""五族"均未見於武丁時期的卜辭,上舉歷二類係祖庚祖甲時期,無名類則係廩辛康丁至武乙文丁時期。"N族"都與軍事卜辭有着千絲萬縷的聯繫,因此,它們在一定程度上講也是軍事組織,實質上就是宗族武裝。商代的生產力決定了常設軍不會太多,很大一部分軍事力量有賴於宗族武裝,這些宗族武裝就是農時參加勞動、閑時接受訓練、戰時出征的平民百姓。"族"前的數詞僅限於"一""三""五"這樣的奇數,可能與當時按左中右三隊編制有關。

四　其他族

武丁時期還有"疚族""屮族""犬征族""大左族"①：

辛巳卜,貞令小臣弐(代)旝,甫弐(代)②疚族。五月。

(4415 正,典賓)

甲子卜,賓,貞令犬征族至(壅)③田于虎。　(9479,賓三)

辛亥卜,在攸＊貞大左族又擒。

(37518/W1901,黃類)(兩版可能係重片)

(1)關於疚族。疚是一個人名或族名,卜辭中常有這樣的用法："疚以羌""叀疚令""呼疚""令疚比"。如：

癸未卜,殼,貞疚以羌。　　　　　(273 正/274 正,典賓)

貞叀疚令。　　　　　　　　　　　(7348 反,典賓)

貞勿呼疚弗☐　　　　　　　　　　(4347,典賓)

☐令疚比☐　　　　　　　　　　　(T2909,歷二)

疚的采邑稱"疚",卜辭中也有作地名的用例,如上舉"王族同于疚"(6343)意爲王族會同於疚地,至於與誰會同卜辭没説。還有些卜辭,既可作人名,又可作地名,材料所限,難以分辨,如：

貞疚弗其㞢(翦)。　　　　　　　　(7710,典賓)

試比較"邑正化弗其㞢"(151 正)與"癸丑卜,殼,貞舌方其㞢"(6342),前句㞢的主語是人,後句㞢的主語則是一個方國(或地名),

---

① 劉釗還舉"叀㫃族"(14916)、"貞旬族"(4061)兩個族名,但從拓片來看,兩處釋讀都值得懷疑,似應分別讀作"貞叀🀆☐王族""貞☐旬☐族",詳參《卜辭所見殷代的軍事活動》,《古文字研究》第 16 輯第 78 頁,中華書局,1989 年。

② 弐,字形作🀆,裘錫圭謂其象下端很尖的秘狀物,釋爲"杙"之本字,並讀爲"代"。參《文集》第一卷第 67—71 頁,復旦大學出版社,2012 年。

③ 至,張政烺釋作坒,讀作衰,衰田就是開荒。詳《卜辭"衰田"及其相關問題》,載《張政烺文史論集》第 402—437 頁,中華書局,2004 年。裘錫圭則讀"至田"作"壅田",意爲去高填溼、平整土地和修築田壟等工作,詳參《文集》第一卷第 261 頁,復旦大學出版社,2012 年。

因此，《合集》7710 的疒既可看作人名，又可看作地名，但是，從戔的大量用例來看（《類纂》905 頁），其主語作人名的佔絕大多數。如果"疒"是人名，疒族就指疒的宗族。

（2）關於犬征族。犬是一個常用詞，甲骨文中主要有兩種用法：一是祭牲名；二是官名。這裏只討論第二種用法。從卜辭可以看出，犬有這樣一些事迹：

第一，犬向商王進貢。貢品既有物品，又有奴隸。如："☐犬以☒。"（554 正）

第二，犬"堪*王事"，即爲商王效勞。如："貞令多子族比罙犬侯璞周，堪*王事。"（6813）"貞犬追亘，有及。/犬追亘，亡其及。"（6946 正）

第三，犬向商王報告有獵物。如："乙酉卜，犬來告又鹿，王往逐☐弗擒。"（T997）"乙未卜，才盂犬告又鹿。"（27919 反）

第四，有官名"犬師"①，"犬"爲官名，"師"可能是其私名，犬師常隨王田獵。如：

王其田于☐叀犬自匕（比），擒，亡戔。茲用。

（27915，黃類）

戊王弜田，其每（悔）。/☐犬自亡戔。/☐侃王。

（28679，黃類）

其比犬自，亡戔。王侃。　　　　　（32983，黃類）

第五，另有"犬征（延）"一詞，是指名征的犬官，有如下一些典型辭例：

☐卯卜，殼，貞犬征其㞢剢（剝）。/殼，貞犬征亡剢（剝）。

（6536，典賓）

---

① "犬師"在《類纂》中往往被誤釋爲"虎師"，如《合集》27915、28679、32983；《釋文》將這幾例均釋作"犬師"，是正確的；《總集》將《合集》27915、28679 正確釋作"犬師"，誤將 32983 片釋作"虎師"。

☐貞犬徣亡囏(憂)。	(32903,歷二)
丙戌卜,貞令犬徣于京。	(4630,賓出)
丙戌,貞勿令犬徣。/貞勿令犬徣田于京。	(Y834,賓出)
辛酉卜,犬徣以羌用自上甲。	(T539,歷二)
辛亥卜,犬徣以羌一用于大甲。	(32904,歷二)

上舉第一二例是占問犬徣是否有禍,第三四例是占問王令是否讓犬徣到京地田獵,第五六例則分別是占問犬徣是否用羌向上甲或大甲舉行祭祀。犬徣僅出現於典賓、賓三、賓出、歷二類等卜辭中,於此我們不難明白犬徣是武丁晚期至祖庚祖甲時期一位重要官員,他既有田獵的事迹,又有爲商的先祖舉行祭祀的權利。

(3)關於大左族。從方位對稱來看,似應仍有"大右族"之稱,惜未發現,因此"大左"是否還有什麽深意,尚需繼續研究。

五 小結

通過以上分析,我們可以得出這樣一些基本認識:第一,"族"的意義無論從字形還是從辭例分析,似都與軍事活動有關,因此,它往往以軍事組織的形式出現,只不過它是以宗族爲軍事力量的武裝,簡稱"宗族武裝"。第二,因"族"的來源不同,因此有"王族""子族""疒族""犬徣族"等名稱,多個不同的子族合稱"多子族"。第三,商周時期,往往按左中右實行軍事編制,因此"三族"較爲常見,"一族""五族"的出現也許正反映了用兵過程中有時用一族,有時用五族,只有這樣的"奇數族"出現,説明與三隊編制的原則是吻合的。

第三節 旅

甲骨文中"旅"寫作 ,金文字形則有三種主要形體[1]:

---

[1] 容庚:《金文編》字頭1108號,第464—470頁,中華書局,1985年。

A：🖻（且辛爵），🖻（作父戊簋），🖻（曾大保盆）

B：🖻（𢼛季卣），🖻（甫人觥），🖻（伯其父𠤳），🖻（競作父乙卣），🖻（菫伯鼎），🖻（縈伯簋）

C：🖻（父乙卣），🖻（旅父乙瓠），🖻（尊文）🖻（且丁甗）

A類形體與甲骨文一脈相承，B類是A類的繁化，C類則是圖畫文字的孑遺（體現出更強的象形性）。三類形體的構字理據基本相同，从㫃从从（B類有从収、从乇或从車，但僅是爲突顯其理據而增繁），表示人們聚集到旗幟下，李孝定説："像㫃下聚衆之形，軍旅之本義也。引申之爲衆，爲陳。"①其説甚允。《周禮·地官·大司徒》："大軍旅、大田役以旗致萬民，而治其徒庶之政令。"説的也是這個意思。

《説文·㫃部》："軍之五百人爲旅。从㫃，从从；从，俱也。𢁅，古文旅。古文以爲魯衛之魯。"許氏分析字形是正確的，釋義並非本義而是引申義，其釋義恐是受了《周禮》影響。《周禮·地官·小司徒》："五人爲伍，五伍爲兩，四兩爲卒，五卒爲旅，五旅爲師，五師爲軍。"鄭玄注："旅五百人，師二千五百人，軍萬二千五百人。"劉釗認爲文獻中"旅"的訓釋分爲兩種：一是專指軍事組織的一級編制，一是泛指軍旅，"旅"本指一種軍事組織，後又指軍事組織的一種編制，又引申爲軍旅的泛稱②。從邏輯上講，這種分析似有道理，但造字之初的"旅"是否真是軍事組織，依然值得懷疑，不過甲骨文中確實保留了"旅"的軍事組織義。以下就對"旅"作軍事組織的情況作些討論。

一　旅的編制

"旅"在卜辭中用例不如"師"多，一般認爲如"王師"一樣也有

---

① 李孝定：《甲骨文字集釋》第2228頁，臺北"中研院"歷史語言研究所專刊之五十，1965年。

② 劉釗：《卜辭所見殷代的軍事活動》第73頁，《古文字研究》第16輯，中華書局，1989年。

"王旅"之稱,表示由商王直接領導的軍事組織,他們找的是《鐵》90.1(即《合集》5823)這條卜辭,《歷拓》4819(即《合集》5337,較之《合集》5823略殘)重見,係自組小字類卜辭,似當釋作:

　　　　□□卜,王旅黽。二　　　　　　　　　　(5823>5337)
商人自稱"王旅"爲"我旅",如:

　　　　己未卜,𠭘,貞缶其䧈我旅。

　　　　己未卜,𠭘,貞缶不我䧈旅。一月　　(1027正+,賓一)
劉釗謂䧈爲牆之初文,引《説文》:"牆,垣蔽也。从嗇,爿聲。牆,籀文从二禾;牆,籀文亦从二來。"①籀文從金文而來②:

　　　　🗚(牆盤),🗚(牆爵),🗚(師寰簋)
牆在甲骨文中早期寫作"🗚",後加聲符"爿"寫作"🗚",如:

　　　　叀小臣牆令呼比王受又。　　　　　　(27888,無名)

　　　　□小臣牆又來告。　　　　　　　　　(27886,無名)
"小臣牆"又作"小臣䧈",似可證明䧈、牆爲一字。小臣䧈之䧈爲小臣的私名,此字卜辭中別有作地名者,如:

　　　　䧈㞢鹿。　　　　　　　　　　　　　(10936,賓一)

　　　　䧈㞢鹿。/㞢鹿。/亡其鹿。　　　　(893正,賓一)

　　　　貞呼逐才(在)䧈,鹿獲。/貞弗其獲。　(10935正,典賓)
"䧈"在《合集》1027正中作動詞,張永山、劉釗讀作"戕",訓"傷"或"殘"③。卜辭中"戋"與"䧈"義同,如:

　　　　庚寅,貞辜(敦)缶于蜀,戋(翦)又(右)旅,才(在)□。一月。
　　　　　　　　　　　　　　　　　　　　(W1640,歷一)

---

① 劉釗:《卜辭所見殷代的軍事活動》,《古文字研究》第16輯第74—75頁,中華書局,1989年。

② 容庚:《金文編》字頭0892號,第383頁,中華書局,1985年。

③ 張永山:《商代"衆"人身分補證》,《先秦史論文集》(人文雜誌專刊),1982年,又收入《甲骨文獻集成》第24册;劉釗:《卜辭所見殷代的軍事活動》,《古文字研究》第16輯,中華書局,1989年。

喻遂生師指出,從句法角度分析,因"缶其䘗我旅"的對貞是"缶不我䘗旅",先秦漢語中否定句的代詞賓語一般前置,所以,"我"和"旅"是"䘗"的雙賓語,䘗當讀作稟,意爲供給,"缶其稟我旅"意爲缶方供給我旅衆①。張秉權最早釋䘗爲稟②,而《漢語大字典》字頭"稟"下所列字形演變情況却是:

將䘗釋作稟,從字形上似未得確證。但喻師從句法角度去訓釋卜辭,給了我們啓示,因爲如果釋其爲"牆"、讀作"戕",如何解釋"缶不我䘗旅"這樣的句式呢?"我"與"旅"之間的語法關係是什麽呢?而且從同版卜辭"缶其來見王""缶不其來見王"來看,缶與商的關係似已成爲友好鄰邦,讀"䘗"爲"戕"也是説不過去的。因此,對䘗的釋法,還需作進一步考察。

從編制上看,"旅"有"左旅"、"右旅"的用例。如:

　　翌日王其令又(右)旅眔左旅㽅視方戋,不雉衆。

　　　　　　　　　　　　　　　　　(T2328,無名)
　　□王其以衆合又(右)旅□旅㽅,于舊戋。　(T2350,無名)
　　□又(右)旅□雉□衆。　　　　　　　(T2064,無名)
　　丁亥卜□貞又(右)旅□左其㽅□　　(36425,黄類)

上節所述"師"按左中右編制,這體現了商代軍事組織的編制特點。卜辭中可見到"馬"按此編隊:

　　丙申卜,貞肇馬左、又(右)、中,人三百。　(5825,賓三)

---

① 喻遂生:《語法研究與卜辭訓釋》,《綿陽師院學報》2007年第4期。
② 張秉權:《殷虚文字丙編考釋》第186—187頁,"中研院"歷史語言研究所,1959年。

另有"戍"也是按此編制的,如:

又(右)戍不雉衆,中戍不雉衆,左戍不雉衆。

(T2320,無名)

□/其雉衆,吉。/中不雉衆,王占曰:引吉。/其雉衆,吉。/左不雉衆,王占曰:引吉。/其雉衆,吉。　(35347,黃類)

《合集》35347 屬五期黃組,下部殘泐,從辭例可推知應有"又(右)不雉衆,王占曰:引吉"。

正是如此,我們認爲"旅"可能也是按左、中、右編制,肖楠持這種看法①,劉釗表示卜辭未見,不能"推想一定有'中'"②。"師""馬""戍"及上一節所舉"立事于南"(5504/5512)卜辭均按三隊編制,還有考古學依據,即殷墟第十三次發掘的乙組宗廟遺址雜祀坑中埋葬的戰軍和徒兵③,既然如此,我們是可以有這種合理推想的,不過現今材料未見而已。此外,前舉出征時用兵,一般是"三百""三千",可能都是分成三隊出征。按三隊編制,應該是後來春秋時期"三軍""三行"編制之濫觴④。

二　旅的軍事活動

卜辭所見"旅"的軍事活動不如"師"豐富,僅見如下幾例:

1. 叞旅

辛巳卜,□,貞燉婦好三千,叞旅萬,呼伐□。

(Y150 正,典賓)

□三千,叞旅□受□　　　　　　　　(5822,典賓)

---

① 肖楠:《試論卜辭中的師和旅》,載《古文字研究》第 6 輯,中華書局,1981 年。
② 劉釗:《卜辭所見殷代的軍事活動》,載《古文字研究》第 16 輯,中華書局,1989 年。
③ 北京大學歷史系考古教研室商周組《商周考古》第 76 頁,1979 年。引自劉釗:《卜辭所見殷代的軍事活動》第 75 頁,載《古文字研究》第 16 輯,中華書局,1989 年。
④ 本章第一節"關於'師'的性質與規模"有論述,此不贅。

烑,甲骨文字形作🅰️,从𠬞从𠭯,常有這樣的用例:

己未卜,㱿,貞王烑三千人,呼伐🅱️方,𢦏(翦)。一
(6639,賓一)①

貞烑人五千呼視舌方。　　　　　(6167,典賓)

□□[卜],賓,貞烑人伐下危,受㞢又。　(10094,典賓)

此字與𠬞(隸定作収)的用法相同,如:

癸巳卜,㱿,貞収人[呼伐]舌方,受㞢又。　(6172,典賓)

丁酉卜,㱿,貞今者王収人五千正(征)土方,受㞢又。三月。三
(6409,典賓)

丙戌卜,㱿,貞勿呼𢎥好先収人于龐。　(7287,典賓)

唐蘭認爲烑是"饗"的本字:

考《説文》饗飴二篆相次,"饗,熟食也,从食𨿳聲。""飴,米糱煎也,从食,台聲。🅰️,籀文飴,从異省。"《原本玉篇》則於饗下有籀文饙,而於飴下有重文饋,並引《説文》。《慧琳音義》九二"𨿳"注,亦引《説文》籀文从共作饋,《新撰字鏡》食部饋飴二同,饗饋二同。是唐人所見《説文》皆然。今本《説文》蓋經妄人誤改,以🅰️字所从與《説文》"異"之下半相似,誤謂饙即饋省,遂删去饋篆,而移饋於飴下耳。今以唐本考之,則🅰️自饗之重文,當即此🅱️字所衍成,烑象兩手進食物,而饗訓熟食,🅱️从収聲,亦正與饗聲相近,則烑即饗之本字無疑。……至卜辭諸🅱️字則皆讀如収,蓋供給之義。②

李孝定、陳煒湛持相同意見③。用唐先生所釋驗之卜辭,無不允當。

𢍰,甲骨文字形作🅲️,从豆从収。常用作:第一,𢍰+黍(或禾或米

---

① 這是一組成套卜辭中的一條,別的可見6640—6643。
② 唐蘭:《天壤閣甲骨文存並考釋》第47頁,北京輔仁大學,1939年;又收入《甲骨文獻集成》第2册。
③ 于省吾主編:《甲骨文字詁林》字頭1030號,中華書局,1996年。

或㘡)+宗(或祖先神靈),如:

  丙子卜,其𦥑黍于宗。   (30306,歷無名間)

  癸未卜,其𦥑黍于羌甲。   (32592,歷二)

  更𦥑黍祉于南庚。兹用。   (32606,歷無名間)

  甲寅,貞弜☒𦥑禾于祖乙歲。   (27189,何組事何)

  甲辰卜,酌禾𦥑于祖乙乙巳。   (27219,自歷間)

  ☒貞☒其𦥑米于祖乙。   (32542,歷二)

  癸亥卜,何,貞其𦥑㘡于祖乙,更翌乙丑。 (27220,何一)

第二,酌+𦥑,如:

  貞王咸酌𦥑,勿窒翌日上甲。三   (9522,典賓)①

  己[丑]貞勿酌𦥑。   (11484 正,典賓)

據此,很明顯可知𦥑應爲祭祀動詞,表示雙手捧上食品進獻於神靈之意。三期卜辭中有加"示"突出其形義特徵,作▨,如27180(何一)/T606(何一)/T618(何一),也有變"豆"形爲"㘡"形的,作▨,如27216(何一),五期卜辭也有加"米粒"(或象徵其他食物)的,作▨,如38690(黃類)。前人考釋者甚多,唯有釋"烝"字初文者更爲可信,將其置於卜辭,釋義允當②。前文所言"𦥑旅"即"烝旅","烝"讀作"徵",徵集之義。

2. 振旅

  丁丑王卜,貞:其遹旅,祉▨于孟,往來亡災,王占曰:吉。在☒。一
               (36426,黃類)

遹旅,李學勤、劉釗均讀作"振旅"③,其説可從。文獻中"振旅"有兩義:一是竪旗聚衆,教習戰陣;二是整隊班師。《周禮·夏官·

---

① 9520-9524 是一組成套卜辭。
② 于省吾主編:《甲骨文字詁林》字頭 1032 號,中華書局,1996 年。
③ 李學勤:《殷代地理簡論》第 7 頁,科學出版社,1959 年;劉釗:《卜辭所見殷代的軍事活動》第 73 頁,《古文字研究》第 16 輯,中華書局,1989 年。

大司馬》:"中春,教振旅,司馬以旗致民,平列陳,如戰之陳。"鄭玄注:"以旗者,立旗期民於其下也。兵者,守國之備,孔子曰:'以不教民戰,是謂棄之。'兵者凶事,不可空設,因蒐狩而習之。凡師出曰治兵,入曰振旅,皆習戰也。四時各教民以其一焉。春習振旅,兵入收衆專於農。平猶正也。"意思是説,仲春之時,樹立旗幟,召集人民,教導他們熟習陣法,這種整頓軍隊、訓練士兵就稱作"振旅"。《大司馬》又載:"中夏,教茇舍,如振旅之陳。""中秋,教治兵,如振旅之陳。"《左傳·隱公五年》:"三年而治兵,入而振旅。"杜預注:"雖四時講武,猶復三年而大習。出曰治兵,始治其事。入曰振旅,治兵禮畢,整衆而還。振,整也;旅,衆也。"《公羊傳·莊公八年》:"出曰祠兵,入曰振旅,其禮一也,皆習戰也。"《國語·晋語五》:"乃使旁告於諸侯,治兵振旅,鳴鐘鼓,以至於宋。"《詩·小雅·采芑》:"伐鼓淵淵,振旅闐闐。"毛傳:"入曰振旅,復長幼也。"孔穎達疏引孫炎曰:"出則幼賤在前,貴勇力也;入則尊老在前,復常法也。"《漢書·陳湯傳》:"臣與吏士共誅郅支單于,幸得禽滅,萬里振旅,宜有使者迎勞道路。"顔師古注:"師入曰振旅。"

關於󲑦,从辵从󲑧,前人考釋甚詳,參見《詁林》①、裘錫圭《釋柲》②、陳煒湛《有關甲骨文田獵卜辭的文字考訂與辨析》③。概括起來,有這樣幾種釋讀情況:第一,羅振玉釋作俴,同踐,訓行,訓往。王襄、董作賓、屈萬里、松丸道雄、黄然偉等先生從之。第二,商承祚釋爲弒,與踐義同,孫海波從之。第三,郭沫若釋作逑,即越,訓遠。第四,楊樹達釋作迋,讀作過,訓往。李孝定、陳煒湛等先生從之。第五,李學勤釋作迉,讀爲弋獵之弋。第六,裘錫圭釋作㢤,通㦲,訓爲

---

① 于省吾主編:《甲骨文字詁林》字頭 2307 號,中華書局,1996 年。
② 裘錫圭:《釋柲》,《古文字研究》第 3 輯,中華書局,1980 年。
③ 陳煒湛:《有關甲骨文田獵卜辭的文字考訂與辨析》,《古文字研究》第 18 輯,中華書局,1992 年。

到某地對其"敕戒鎮撫"。本書初稿贊成楊樹達的意見釋迖,訓往,主要問題是沒有將黃組所見的⬚(36426)與以下字形比對①:

⬚(4373,典賓)　　⬚(8039,賓出)　　⬚(24904,出二)

⬚(31057,何二)　⬚(28905,無名)　⬚(36402,黃類)

⬚(36642,黃類)　⬚(36593,黃類)

裘錫圭將上揭字形認同,《新甲骨文編》(增訂本第100—101頁)、《甲骨文字編》(第1337—1340頁)均採用了裘先生的意見。從古文字字形演變的一般規律及上述字形在卜辭中的用例來看,裘先生將其看作一字並釋作"迡"、讀爲"迗"的意見是正確的。

3. 逆旅以執

軍隊得勝凱旋,帶着俘虜和戰利品,自然受到熱烈歡迎,卜辭的"逆旅以執"一辭即是這方面的反映,遺憾的是,只在晚期黃類卜辭中見到一例:

庚辰王卜,在⬚貞今日其逆旅以執于東單,亡災。

辛巳王卜,在⬚貞今日其从自西,亡災。　　(36475,黃類)

此處"執"的甲骨文字形作⬚,拓片不甚清晰,可能是⬚(以下用〇代替),可以《合集》32185爲證:

弜逆〇,亡若。

己巳卜,王其逆〇,又。

己巳,貞王逆〇,又若。

貞王弜逆〇。

己巳貞王來逆,又若。　　　　　　　　(32185,歷一)

"逆旅以執"意爲迎接帶有戰俘的軍隊凱旋,劉釗以爲這種說法類似

---

① 字形均出自《甲骨文字編》李宗焜先生摹本。

於"逆㚔以羌"(32035)①。誠然,"羌"的字形是⚐,象繫繩於人脖頸之形,與前舉之"執"(⚐,從⚐從⚐,會繫繩於犯人脖頸之意)構意相同。其説可從。

此卜辭言"逆旅以執于東單",試比較以下兩例:

王于宗門逆羌。　　　　　　　　　　　　　　(32035,歷二)

王于南門逆羌。　　　　　　　　　　　　　　(32036,歷二)

"東單"與"宗門"、"南門"均指迎羌俘之地。卜辭別有"西單"(9572)、"南單"(28116)②。《尚書地理今釋》:"鹿臺亦名南單臺,在今衛輝府淇縣。《括地志》云:'鹿臺在衛縣西南二十二里是也。'"如果卜辭所見"南單"真是鹿臺的話,其地在今河南淇縣。

我們曾討論過軍隊凱旋時有"獻俘獻捷"之禮,相對於商王來説,就是"逆執",即迎接凱旋的軍隊③。

三　旅的性質與規模

前人論述時基本認爲"旅"是較"師"低一級的軍事編制,這種觀點自《周禮》(《周禮·地官·小司徒》)開始逐代流傳至今。但商代卜辭所見材料有限,恐怕還不能斷定,而且,從"旅"的字形與用例情況來看,還很難説明它是商王的常設軍。以下就此問題作進一步申論。

第一,從前文所析字形來看,"⚐"是一個會意字,從㫃從从,與《説文》所見對小篆字形分析相同,但《説文》説:"軍之五百人爲

---

① 劉釗:《卜辭所見殷代的軍事活動》第74頁,《古文字研究》第16輯,中華書局,1989年。

② 《水經·淇水注》引《竹書紀年》曰:"武王親禽帝受辛於南單之臺。南單蓋鹿臺之異名也。"(《殷代貞卜人物通考》第428—429頁)和《卜辭所見殷代的軍事活動》第74頁有引)

③ 李發、喻遂生:《商代校閲禮初探》,《西南大學學報》2012年第4期。

旅。"則將其引申義當作了本義。《周禮》對"振旅"的記載,則很好地保留了"旅"的本義。《周禮・夏官・大司馬》:"中春,教振旅,司馬以旗致民,平列陳,如戰之陳。"鄭玄注:"以旗者,立旗期民於其下也。""振旅"就是召民聚集於旗下,整隊訓練。

"立旗"就是卜辭所見的"立中",第六章第一節《字形及詞義考辨》對"立中"作了詳細討論,可相參看。

"旅"之本義當爲衆、民衆。振旅即是整衆,召集民衆於旗下。《爾雅・釋詁下》:"旅,衆也。"《左傳・隱公五年》:"三年而治兵,入而振旅。"杜預注:"振,整也;旅,衆也。"《昭公三年》:"小人之利也,敢煩里旅。"杜注:"旅,衆也。"《説苑・辨物》:"不群居,不旅行。"殷商時期,生産力還相對低下,國家尚不能供養太多的職業軍人,每遇戰争,便需徵集民衆,因此"旅"由民衆引申出軍事組織之義,後泛指軍旅。至於《周禮》所載"旅"是低於"師"的一級軍事編制,那不過是一種管理制度、國家規定而已。

第二,"旅"的來源多用动詞"叕","叕旅"同於"收人",因此,其構成並非職業軍人,而是民衆。劉釗已經注意到"旅"與"師"不一樣,前者用叕後者不用,它們的性質應該不會相同①。

綜上所述,我們可以得出這樣的認識:第一,"旅"不是一級軍事編制,也不是常設軍隊,它應該是農時勞作、閑時集中訓練、戰時徵集入伍的"民兵"。它屬於某一家族,作戰時可稱某族。第二,討論"旅"的規模如同討論"師"的規模一樣没有結果,我們仍應以原材料説話,不可以後世材料盲目推測前代制度,不可以今律古。

---

① 劉釗:《卜辭所見殷代的軍事活動》,《古文字研究》第16輯,中華書局,1989年。

第五章

甲骨軍事刻辭反映的商代軍禮

軍禮是《周禮》所述五禮之一。《周禮·地官·大司徒》："以五禮防萬民之僞而教之中。"鄭注："禮所以節止民之侈僞，使其行得中。鄭司農云：'五禮，吉、凶、賓、軍、嘉。'"又《保氏》："而養國子以道，乃教之六藝：一曰五禮，……。"鄭注："五禮，吉、凶、賓、軍、嘉。"

元黄鎮成《尚書通考·五禮》：

> 孔穎達曰《周禮·大宗伯》云"以吉禮事邦國之鬼神示，以凶禮哀邦國之憂，以賓禮親邦國，以軍禮同邦國，以嘉禮親萬民之婚姻"。知五禮謂此也。帝王之名，古今之禮或殊，而以周之五禮爲此五禮者，以帝王相承，事有損益，後代之禮，亦當是前代禮也。
>
> 吉禮之別十有二：以禋、祀祀昊天上帝，以實、柴祀日月星辰，以槱、燎祀司中、司命、飌師、雨師，以血祭祭社稷、五祀、五嶽，以貍沈祭山林川澤，以疈辜祭四方百物，以肆獻祼享先王，以饋食享先王，以祠春享先王，以禴夏享先王，以嘗秋享先王，以烝冬享先王。
>
> 凶禮之別有五：以喪禮哀死亡，以凶禮哀凶札，以弔禮哀禍裁，以禬禮哀圍敗，以恤禮哀寇亂。
>
> 賓禮之別有八：春見曰朝，夏見曰宗，秋見曰覲，冬見曰遇，時見曰會，殷見曰同，時聘曰問，殷頫曰視。

軍禮之別有五：大師之禮，用衆也；大均之禮，恤衆也；大田之禮，簡衆也；大役之禮，任衆也；大封之禮，合衆也。

嘉禮之別有六：以飲食之禮，親宗族兄弟；以冠昏之禮，親成男女；以賓射之禮，親故舊朋友；以饗燕之禮，親四方之賓客；以脤膰之禮，親兄弟之國；以賀慶之禮，親異姓之國。

上引"軍禮"出自《大宗伯》。《周禮·地官·大宗伯》："軍禮同邦國。大師之禮，用衆也；大均之禮，恤衆也；大田之禮，簡衆也；大役之禮，任衆也；大封之禮，合衆也。"賈公彥疏："大師者，謂天子六軍，諸侯大國三軍，次國二軍，小國一軍。出征之法用衆。"所謂"大師之禮"，當含有天子諸侯"出征之法"，即用兵的過程和例行的儀節。"大均之禮"，是說憂民恤衆，均其賦稅。"大田之禮"，鄭注"古者因田習兵，閱其車徒之數"，借田獵而練兵。"大役之禮"，鄭注"築宮邑，所以事民力強弱"，讓百姓服勞役，可以檢驗民力強弱。"大封之禮"，鄭注"正封疆溝塗之固，所以合聚其民"，是說聚集民衆，團結一心。

《周禮》提及"五禮"，但對"軍禮"未及進一步闡發。《儀禮》是一部記載諸禮儀節頗爲詳盡之書，遺憾的是，獨缺軍禮。宋王與之《周禮訂義》卷四十七《夏官·司馬上》："陳君舉曰：《儀禮》闕軍禮，蓋《司馬法》即古軍禮也。"清秦蕙田《五禮通考·軍禮一》："陳氏傅良曰：《儀禮》闕軍禮，蓋《司馬法》即古軍禮也。古法多亡，以其有者求之，必非衰世權謀變詐者所能爲也。"《五禮通考》用十三卷（卷二百三十三至卷二百四十五）的篇幅對清以前典籍所載有關軍禮的文獻進行了較爲詳細的爬梳，書中分"軍制""出師""校閱""車戰、舟師""田獵""馬政"六個方面，逐一考論，多所發明。

就前所述，"軍禮"這一概念在使用中當有廣義和狹義之分，廣義的軍禮，除了包含與軍事行爲有關的各種儀節之外，還包含各種軍事制度，即軍制。清人秦蕙田所論"軍禮"是一個廣義的概念，軍制包含其中。《五禮通考·軍制》："史志之例，以軍制入之兵志，以出師、命將、告祭、凱旋諸儀入之禮志，然制軍定賦實爲國以禮之一大端，其所繫尤爲重大。兹編次軍禮，特以'軍制'爲首。"因現今所見研究商代軍制材料有限，本章僅從有限的甲骨刻辭材料討論商代的軍禮，故從狹義角度討論。

《論語·爲政》："殷因于夏禮，所損益，可知也；周因于殷禮，所損益，可知也。"殷商軍禮未見典籍，或可就《周禮》及殷商甲骨刻辭補其一二。這項研究工作，自上世紀末開始陸續取得了一些成果。如陳恩林《先秦軍事制度研究》(1991)[1]、《殷代與西周的軍事制度》(1998)[2]、劉展主編《中國古代軍制史》(1992)[3]、宋鎮豪《商代軍事制度研究》(1995)[4]、羅琨《商代戰爭與軍制》[5]對商代軍制進行過討論。專門就狹義的商代軍禮進行研究，首推台灣鍾柏生，他連續寫了幾篇文章《卜辭中所見殷代的軍政之一——戰爭啟動的過程及其準備工作》(1991)[6]、《卜辭中所見殷代的軍禮之一——殷代的大蒐禮》(1992)[7]、《卜辭中所見的殷代軍禮之二——殷代的戰爭禮》(1993)[8]對商代軍

---

[1] 陳恩林：《先秦軍事制度研究》，吉林文史出版社，1991年。
[2] 陳恩林：《殷代與西周的軍事制度》，《中國人文社會科學博士碩士文庫·歷史學卷(上)》第80—154頁，浙江教育出版社，1998年；又再版本，1999年。
[3] 劉展主編：《中國古代軍制史》，軍事科學出版社，1992年。
[4] 宋鎮豪：《商代軍事制度研究》，《陝西歷史博物館館刊》第2輯，1995年；又收入《甲骨文獻集成》第27册。
[5] 羅琨：《商代戰爭與軍制》，中國社會科學出版社，2010年。
[6] 鍾柏生：《卜辭中所見殷代的軍政之一——戰爭啟動的過程及其準備工作》，《中國文字》新14期第95—156頁，美國藝文印書館，1991年；又收入《甲骨文獻集成》第27册。
[7] 鍾柏生：《卜辭中所見殷代的軍禮之一——殷代的大蒐禮》，《中國文字》新16期41—163頁，美國藝文印書館，1992年；又收入《甲骨文獻集成》第27册。
[8] 鍾柏生：《卜辭中所見的殷代軍禮之二——殷代的戰爭禮》，《中國文字》新17期(董作賓先生百歲誕辰紀念特集)第85—240頁，美國藝文印書館，1993年；又收入《甲骨文獻集成》第27册。

禮進行了更爲深入地論述。高智群《獻俘禮研究》(1992)①對此亦有較爲詳細的探討。此外,張永山《商代軍禮試探》(2006)②也討論過此問題。郭旭東對此也有系列論文研究商代軍禮:《商代征戰時的祭祖與遷廟制度》(1988)③、《商代的軍情觀察與傳報》(1993)④、《從甲骨文字"省""徇"看商代的巡守禮》(2008)⑤、《甲骨卜辭所見的商代獻捷獻俘禮》(2009)⑥、《殷墟甲骨文所見的商代軍禮》(2010)⑦、《卜辭與殷禮研究》(2010)⑧。非王卜辭中也存在一些反映商代軍禮的占卜記錄,章秀霞《花東卜辭與殷商軍禮研究》討論了戰前謀伐之禮、選將與册命之禮、振旅之禮、獻捷與獻俘之禮等問題⑨。上述研究在一定程度上揭示了商代軍禮的面貌,尤其是對練兵之蒐禮、出征前之告廟、遷廟禮、戰勝凱旋之反主、獻捷獻俘禮進行了論述。儘管如此,這些研究如果與《五禮通考》所載相比,還有可以彌補之處,而且,這些研究所用材料大多爲舉例性質,並未窮盡,研究的系統性也還不夠。因此,本章將在前人研究基礎上,進一步探討商代軍禮。以下分兩節論述:一是校閱禮;二是戰爭禮。

---

① 高智群:《獻俘禮研究(上)》,《文史》第35輯,中華書局,1992年;高智群:《獻俘禮研究(下)》,《文史》第36輯,中華書局,1992年。
② 張永山:《商代軍禮試探》,《二十一世紀中國考古學——慶祝佟柱臣先生八十五華誕學術論文集》第468—478頁,文物出版社,2006年。
③ 郭旭東:《商代征戰時的祭祖與遷廟制度》,《殷都學刊》1988年第2期;又收入《甲骨文獻集成》第27册。
④ 郭旭東:《商代的軍情觀察與傳報》,《殷都學刊》1993年第1期;又收入《甲骨文獻集成》第27册。
⑤ 郭旭東:《從甲骨文字"省""徇"看商代的巡守禮》,《中州學刊》2008年第2期。
⑥ 郭旭東:《甲骨卜辭所見的商代獻捷獻俘禮》,《史學集刊》2009年第3期。
⑦ 郭旭東:《殷墟甲骨文所見的商代軍禮》,《中國史研究》2010年第2期。
⑧ 郭旭東:《卜辭與殷禮研究》,陝西師範大學博士學位論文(指導教師:王暉),2010年。
⑨ 章秀霞:《花東卜辭與殷商軍禮研究》,《中原文化研究》2013年第5期。

第一節 校閱禮

一 關於校閱禮

所謂"校閱禮",就是《周禮》所載的"軍禮"之一"大田之禮,簡衆也",即通過田獵活動選拔、訓練兵士。《五禮通考》將"校閱"與"田獵"分立,作者秦蕙田按語云:

> 古者寓兵於農,有校閱之禮,有田獵之禮。考《周禮》"大田之禮,簡衆也",又云"聽師,田以簡稽",春而振旅,夏而茇舍,秋而治兵,冬而大閱,非徒以饁禽取獸,供賓客宗廟之用而已,蓋安不忘危。講武之儀,即寓於游田之内,故校閱即田獵,田獵即校閱,二者不可分也。然觀《月令》,講武飭事之文,則其事亦有不爲田獵者,即康成注亦未嘗與冬狩混而爲一也,至《春秋》一經所書,大閱治兵之事尤多,蓋列國多,故臨戰而習武,以是爲權禮焉。漢唐以下,其事益分,古今異宜,無容泥古也。今分爲二門,而於《大司馬》四時之狩,悉歸之田獵云。①

秦氏的意思是《周禮》所言校閱禮同田獵禮,田獵目的不在於只供宴享和祭祀,更在於檢閱兵士,二者不可分;然而《禮記·月令》所載"講武"練兵,並非僅借助於田獵,而且到了春秋時期,檢閱治兵活動更加盛行,漢唐以後,田獵與校閱活動,已不盡相同,因此,宜分立爲二。應當説,《周禮》所記應該仍有前代遺風,且越是更古,其田獵與校閱之風更會同一,故討論商代軍禮需審慎對待,有的軍禮與田獵卜辭相合,有的則要區分。

關於"校閱禮",《周禮·夏官·大司馬》明確載有大司馬不同時

---

① (清)秦蕙田:《五禮通考·軍禮八·校閱》,台灣商務印書館景印四庫全書本,第142册,1986年。

令教習兵士,再以田獵事檢驗之:

中春,教振旅,司馬以旗致民,平列陳,如戰之陳。辨鼓鐸鐲鐃之用,王執路鼓,諸侯執賁鼓,軍將執晉鼓,師帥執提,旅帥執鼙,卒長執鐃,兩司馬執鐸,公司馬執鐲,以教坐作進退疾徐疏數之節。遂以蒐田,有司表貉,誓民,鼓,遂圍禁,火弊,獻禽以祭社。

中夏,教茇舍,如振旅之陳。群吏撰車徒,讀書契,辨號名之用。帥以門名,縣鄙各以其名,家以號名,鄉以州名,野以邑名,百官各象其事,以辨軍之夜事。其他皆如振旅。遂以苗田,如蒐之灋,車弊,獻禽以享礿。

中秋,教治兵,如振旅之陳。辨旗物之用,王載大常,諸侯載旂,軍吏載旗,師都載旜,鄉遂載物,郊野載旐,百官載旟,各書其事與其號焉。其他皆如振旅。遂以獮田,如蒐田之法,羅弊,致禽以祀祊。

中冬,教大閱。前期,群吏戒眾庶修戰灋。虞人萊所田之野,為表,百步則一,為三表,又五十步為一表。田之日,司馬建旗于後表之中,群吏以旗物鼓鐸鐲鐃,各帥其民而致。質明弊旗,誅後至者。乃陳車徒如戰之陳,皆坐。群吏聽誓于陳前,斬牲以左右徇陳,曰:"不用命者斬之。"中軍以鼙令鼓,鼓人皆三鼓,司馬振鐸,群吏作旗,車徒皆作;鼓行,鳴鐲,車徒皆行,及表乃止;三鼓,摝鐸,群吏弊旗,車徒皆坐。又三鼓,振鐸,作旗,車徒皆作。鼓進,鳴鐲,車驟徒趨,及表乃止,坐作如初。乃鼓,車馳徒走,及表乃止。鼓戒三闋,車三發,徒三刺。乃鼓退,鳴鐃且卻,及表乃止,坐作如初。遂以狩田,以旌為左右和之門,群吏各帥其車徒以叙和出,左右陳車徒,有司平之。旗居卒間以分地,前後有屯百步,有司巡其前後。險野,人為主;易野,車為主。既陳,乃設驅逆之車,有司表貉于陳前。中軍以鼙令鼓,鼓人皆三鼓,群司馬振鐸,車徒皆作。遂鼓行,徒銜枚而進。大獸公之,小禽私之,獲者取左耳。及所弊,鼓皆駴,車徒皆噪。徒乃弊,致禽饁獸于郊,入獻禽以享烝。

《大司馬》所載校閱禮,包含了建旗聚衆、排兵佈陣、使用兵器、熟悉軍令、田蒐檢驗、獻禽祭祀等儀節。一年之中,根據不同季節訓練活動也循序漸進,可謂科學縝密,周到細緻。以下就從商代武丁甲骨刻辭中梳理出當時校閱禮的零星情況。

二 卜辭所見的校閱禮

(一)立中、立事:建旗聚衆。

前引《周禮·大司馬》"中春,教振旅,司馬以旗致民,平列陳,如戰之陳",建旗聚衆,教習排列戰陣。卜辭中的"立中"多作"立𠁩",字形正作旗幟飄揚貌。唐蘭說:"然則中本旌旗之類也。……蓋古者大事,聚衆於曠地,先建中焉。"①另有中作"𠀐"形(1488/14868),从㫃之形更爲明顯。第六章第一節《字形及詞義考辨》將申論"立中"與戰爭活動相關,應該是戰前的一種準備活動。"立事"多作"立𠁩",也作"立𠁩"或"立𠁩",象以手執旗貌。楊升南說:

> 事字和中字都是聚衆之義,但也有區別。中是建旗以聚衆,旗是靜止的。事是手舉旌旗,象徵旗在移動中。②

楊先生之說可從。武丁時期含有"立事"的辭例十版。由王"立事"的有:

丙申卜,賓,貞立事,呼取于☒　　　　(5509 正,典賓)

甲子卜,亘,貞立事。一 二 二告 三

貞呼取丘汱☒一 不𡆜黽 二 三

　　　　　　　　5510 正-7059＝B1699 正甲乙,典賓)

---

① 唐蘭:《殷虛文字記》第 52—54 頁,中華書局,1981 年。
② 楊升南:《卜辭·"立事"說——兼談商代的戰法》,《殷都學刊》1984 年第 2 期;又收入《甲骨文獻集成》第 27 册。

辛亥卜,争,貞收衆人,立大事于西奠,毁。囗月。
(24,賓三)

有的由臣屬"立事",如:

貞辛勿立事。一

貞勿虫。六月。一 (4065,賓三)

貞勿沈。五月。

貞辛立事于琮(崇)侯。六月。 (5505,賓三)

另有與"立事"相關的戰陣佈局,如:

乙未[卜],囗,貞立事于南,又[从我],中从䍙,左从曾。三
(5504,賓三)

貞不其堪。

貞勿立事于南。二

丙戌[卜],囗,[貞]宰囗隹我气,虫不若。十二月。二

乙未卜,囗,[貞]宰立事[于南],又从我,[中]从䍙,左从曾。十二月。二 (5512正,賓三)

上述卜辭反映出這種陣法按"右中左"。這在第四章第一節討論"王乍三師"時已論述,另楊升南《卜辭·"立事"說——兼談商代的戰法》一文也指出,可參看。

此外,卜辭有"遄(振)旅",辭例如下:

丁丑王卜,貞其遄(振)旅,征巡[于]盂,往來亡災。王占曰:吉。在囗。一 (36426①,黃類)

丙子卜,貞翌日丁丑,王其遄(振)旅,征巡不遘大雨。茲孚。
(38177,黃類)

---

① 鍾柏生、郭旭東兩位先生引用此條時釋文"才(在)"後有"九[月]",從拓片來看,是錯誤的。鍾柏生:《卜辭中所見殷代的軍禮之一——殷代的大蒐禮》,《中國文字》新16期,美國藝文印書館,1992年;又收入《甲骨文獻集成》第27冊第158頁。郭旭東:《殷墟甲骨文所見的商代軍禮》,《中國史研究》2010年第2期,第65頁辭例88。

前一卜辭我們在上一章討論"旅"時引用過。"遲旅",李學勤、劉釗均讀作"振旅"①,可從。此卜辭正好反映了《周禮·大司馬》所載教民戰陣,並到盂地利用田獵進行訓練的內容。後一卜辭反映了占問繼續前行是否會途遇大雨。惜其僅兩見,且在晚期黃類卜辭,武丁時期未見。

"振旅"一詞雖不見於武丁卜辭,但鍾柏生認爲這種活動屬於田蒐結束返回時之儀②,恐怕未必如此。張永山、郭旭東梳理了文獻中"振旅"的兩層含義:一是指軍事訓練,二是指作戰凱旋的軍事大檢閱;並認爲這兩條卜辭反映的是軍事訓練③,見解是正確的。

此外,武丁卜辭有"雉衆"(或作"矢衆""欿衆")一詞:

  貞多射不矢衆。   (69,賓三)

對此詞一般有兩種釋義:一是陳邦懷、于省吾釋其爲"夷傷衆人",一是陳夢家、王貴民訓爲"陳師",即部署兵員④。其中尤以後者的影響較大,如果釋爲此義,"雉衆"則表明是戰前的排兵佈陣,或爲訓練,或爲戰爭準備,這似乎符合《大司馬》所載的周代軍禮情形。但沈培通過詳細梳理"雉衆"一詞在不同組類卜辭的書寫情況和用例情況後表明,"雉衆"當如四十年代楊樹達所釋的"失衆",義同"喪衆"⑤。此外,卜辭中還有一個詞"🈲衆",學界一般從陳夢家釋爲"米""或是敉或侎字,《説文》'撫也'"(《綜述》第608頁)。陳劍認爲其與"雉

---

① 李學勤:《殷代地理簡論》第7頁,科學出版社,1959年;劉釗:《卜辭所見殷代的軍事活動》,《古文字研究》第16輯第73頁,中華書局,1989年。

② 鍾柏生:《卜辭中所見殷代的軍禮之一——殷代的大蒐禮》,《中國文字》新16期,美國藝文印書館,1992年;又收入《甲骨文獻集成》第27冊第158頁。

③ 張永山:《商代軍禮試探》,《二十一世紀中國考古學——慶祝佟柱臣先生八十五華誕學術論文集》第475頁,文物出版社,2006年。郭旭東:《殷墟甲骨文所見的商代軍禮》,《中國史研究》2010年第2期,第65—66頁。

④ 于省吾主編:《甲骨文字詁林》字頭1780號,中華書局,1996年。

⑤ 沈培:《卜辭"雉衆"補釋》,《語言學論叢》第26輯第237—256頁,商務印書館,2002年。

(失)衆"表示的是同一個詞,進而推論此字可能是詛楚文"悉與其衆"的"悉"字①。

(二)蒐田:訓練檢驗。

上舉《大司馬》"遂以蒐田",賈公彥疏:"蒐,搜也。春時鳥獸孚乳,搜擇取不孕任者,故以蒐爲名。"借助田獵活動,將禽獸當作假想敵,根據訓練內容聽從指揮進行活動,同時也可檢驗訓練的成效。這種行爲和目的,從上引《大司馬》可見。

早有人對周代的蒐禮進行研究。如李亞農《大蒐解》②、楊寬《大蒐禮新探》③、楊希牧《春秋隱公射魚于棠說駁議——兼論春秋蒐狩、治兵與祭牲之制》④。對商代蒐禮進行研究的論著相對較少,專文僅鍾柏生《卜辭中所見殷代的軍禮之——殷代的大蒐禮》⑤。鍾文從軍禮名稱的來由、功用及範圍論及殷代的大蒐禮及田獵禮,重點討論了田獵禮進行的過程,分其爲田獵出發前、進行中、田獵後的儀式及獵獲物的處理,逐一加以論述,多所發明。但文章也存在這樣幾個問題:第一,這種分法邏輯清晰,脈絡分明,但卜辭因其內容本身的限制,難以分辨"出發前"與"進行中",如鍾文討論田獵出發前之祭儀時舉的《粹》962(即《合集》33497,標點承襲原文):

壬子卜,貞:王其田亡戈?

乙卯卜,貞:王其田亡戈?

辛酉卜,貞:王其田亡戈?

---

① 陳劍:《甲骨金文考釋論集》第373—378頁,綫裝書局,2007年。
② 李亞農:《大蒐解》,《學術月刊》1957年第1期。
③ 楊寬:《大蒐禮新探》,《學術月刊》1963年第3期;又收入楊寬:《古史新探》,中華書局,1965年;又見楊寬:《西周史》第693—715頁,上海人民出版社1999年。
④ 楊希牧:《春秋隱公射魚于棠說駁議——兼論春秋蒐狩、治兵與祭牲之制》,《文史》第26輯,中華書局,1985年。
⑤ 鍾柏生:《卜辭中所見殷代的軍禮之——殷代的大蒐禮》,《中國文字》新16期第41—163頁,美國藝文印書館,1992年;又收入《甲骨文獻集成》第27冊。

這爲何不能看作是王到了田獵地進行的占卜呢？又如鍾文所舉《南明》732：

> 戊子卜：王往田于東，禽？
> 辛卯卜：王往田于東，禽？
> ……南，禽？
> ……北，禽？

作者也認爲其爲田獵出發前之祭儀。試比較鍾文所舉田獵進行中的祭儀（《遺》404）：

> 辛酉卜，旅貞：王其田于麥，往來亡災？才（在）十月。

二者均涉及到某地田獵，前者問是否有所擒獲，後者問是否往來亡災，作者將前者置於田獵進行前，後者置於田獵進行中，似嫌過於主觀。

第二，鍾文將田獵卜辭都看作行蒐田禮，恐怕與事實不符。據史書記載，晚商君王好遊樂，荒於朝政。如《尚書·無逸》："肆高宗之享國五十年有九年。其在祖甲，不義惟王，舊爲小人。……肆祖甲之享國三十有三年。自時厥後，立王生則逸。生則逸，不知稼穡之艱難，不聞小人之勞。"乙辛二人均好田獵，如《史記·殷本紀》："武乙獵於河渭之間，暴雷，武乙震死。"又謂帝辛（紂）："材力過人，手格猛獸。""益收狗馬奇物，充仞宮室。益廣沙丘苑台，多取野獸蜚鳥置其中。"今本《竹書紀年》也載武乙事："（武乙）三十五年周公季歷伐西落鬼戎。王畋于河渭，大雷震死。"載帝辛事："（帝辛）四年大蒐于黎。""十年夏六月王畋于西郊。""二十二年冬大蒐于渭。"其餘諸王均未載田獵事。儘管史書所載可能也不一定完全符合事實①，但至少可以說明，晚商君王所事之田獵活動多少帶有遊樂性質，不能與田蒐禮等同。

---

① 陳煒湛說："廩辛康丁在位時間最短，而現存田獵卜辭數量最多，更可說明此二王之於田獵'好'到什麼程度了。"參陳煒湛：《甲骨文田獵刻辭研究》第3頁，廣西教育出版社，1995年。

鑒於此,我們討論蒐田禮時會更加審慎。

1. 蒐田活動前的告廟禮

《周禮·春官·甸祝》:"甸祝掌四時之田,表貉之祝號。舍奠于祖廟,禰亦如之。"鄭注:"舍讀爲釋,釋奠者,告將時田,若將征伐。鄭司農云:'禰,父廟。'"賈疏:"天子將出,告廟而行。言釋奠於祖廟者,非時而祭,即曰奠,以其不立尸。……七廟俱告,故祖禰並言。"於此可知,周代田獵及征伐前有告廟之禮。活動前之告祭目的在於祈求順利、獵獲更多。甲骨刻辭也能窺見商代蒐田活動前的告廟禮之一斑。

　　乙亥卜,爭,貞今春王[出]田,若。
　　丁☐告☐奚☐其☐　　　　　　　　　　　　　(649,賓一)

上揭一版僅殘存兩條,第一條貞問這個春季前往蒐獵是否會順利,第二條是殘辭,但清晰可見"告",可能是出發前告祭祖廟。如果説這版不甚明晰的話,下引一版則明確反映了進行蒐獵活動前商王向祖乙祭告:

　　丁未卜,爭,貞王告于祖乙。二
　　貞王勿出田。二　　　　　　　　　　　　　　(1583,賓三)

下引一版則反映了王田蒐前祈求"大甲""成湯"保祐:

　　☐☐卜,賓,貞大甲保。一 二 三 四
　　大甲保。六 七
　　貞成[保]我田。一 二 三 二告
　　貞成[保]。四 五 六　　　　　　　　　　　　(1370,典賓)

此外,還有一些田蒐行爲中祭祀祖宗的卜辭:

　　戊戌卜,王,貞其令雀田于☐。一
　　☐祝于祖乙。十一月。　　　　　　　　　　　(10567,賓一)
　　于祖[辛][钔]。
　　于祖辛钔。

贞呼妇妌田于谷。

[贞]呼妇[妌][田]于谷。　　　　　　　　　（10968，宾一）

☑王往兽䜌土☑

□□[卜]，宾，贞㞢匚于河①。

[丁]卯卜，㱿，贞翌庚午其[宜]☑午宜。允易[日]。

（10942，典宾）

丁亥卜，□，贞王[往]于田。一

庚寅卜，争，贞翌丁酉勿桒(禱)于丁三牛。一

戊申卜，争，贞王往[休]。一　　　　　　　（10520，宾三）

戊寅☑王兽☑膏鱼☑擒。

庚辰步②于母庚。　　　　　　　　　　　　（10918，宾三）

以下一版内容十分丰富，反映田蒐前向祖庙（如下例之"十示"）告祭，涉及"三百射""多马"，表明这样的田蒐规模很大，不亚于一场战争。

癸卯卜，争，贞王令三百射，弗告十示，王㓞佳之。一

贞王㓞不佳之，弗告三百射。一

癸丑卜，㱿，贞旨𢦏(翦)，㞢蠱[瞿]。一

旨弗其𢦏(翦)，㞢蠱瞿。一

㚔正化𢦏(翦)。一 二 三 二告

㚔正化弗其𢦏(翦)。一 二告 二 三

贞王㘡(憂)嬴。一 二

贞王㘡(憂)不其嬴。一 二

---

① 河，此处应为殷之先祖名，详参《甲骨文字诂林》字头1328号，中华书局，1996年。

② 步可作祭名，其他如"其步十牛"（32987）。吴其昌认为其同肜䢍之祭，参《殷墟书契解诂》第149—150页，转引自《甲骨文字诂林》字头801号"步"。饶宗颐《殷代贞卜人物通考》引《大戴礼记·诰志》："主祭于天曰天子，天子崩，步于四川，伐于四山。"孔氏补注："步者，祡说之祭名。《周礼》《春秋》祭酺，故书爲步。汉祀有人鬼之步，螟螣之步。"（第1064页）

贞屮來自南以☒一 二告 二 三 四［五］六

贞至于庚寅改（殺），迺既，若。一 二 三 四

勿至庚改（殺），不若。一［二］三 四

贞蠚屮鹿。一

呼多馬逐鹿，獲。一

蠚屮鹿。二 二告

呼多馬逐鹿，獲。二　　　　　　　　　（5775 正，賓一）

2. 田蒐行爲前的遷廟禮

《禮記·曾子問》："君去其國，大宰取群廟之主從，禮也。"孔穎達正義："此一節論師出，當取遷廟主及幣帛皮圭以行之事。"發按：軍隊外出征伐需遷廟，田蒐作爲軍事演練活動，也需遷廟。武丁卜辭有反映，如：

王往于田，弗以祖丁眔父乙，隹之。二

王弗以祖丁眔父乙，隹之。一

王弗以祖丁眔父乙，不隹之。一　　　　（10515，賓一）

上揭卜辭中"以"爲動詞，李孝定說："象人側立手有所提挈之形，其初義當爲'提'。"①其說可從。此處當指"奉"，第一條卜辭意爲武丁將前往田蒐，不奉持祖丁、父乙靈位隨行吧，要奉持其靈位隨行吧。

3. 田蒐行爲前的占卜活動

《史記·齊太公世家》："西伯將出獵，卜之曰：'所獲非龍非彲，非虎非羆，所獲霸王之輔。'於是周西伯獵，果遇太公於渭之陽。"此狩獵前之占卜事件非常著名，後世許多文獻都有稱引，如唐陸德明《經典釋文》卷二十三、元梁益《詩傳旁通》卷十、清秦蕙田《五禮通考》卷二百四十二等。

---

① 李孝定：《甲骨文字集釋》第3751頁，臺北"中研院"歷史語言研究所專刊之五十，1965年。

武丁卜辭中反映田蒐活動前的占卜內容非常豐富,有的占問是否外出田蒐。如:
　　貞王勿往出于田。[一]二 三 二告 四 [五]
　　貞王往出于田,不潕。[一 二 三]四 五 六 七
　　　　　　　　　　　　　　　　　　(10539 正,賓一)
有的占問是否會順利。如:
　　☐之日王往于田,从東,允獲豕三。十月。
　　壬辰☐王往[于]田,若。十月。　　　(10904,賓一)
　　壬戌卜,爭,貞王往于田,若。　　　(10522 正,賓三)
有的占問是否會"亡災"。如:
　　戊子卜,賓,貞王[往]逐🐗于沚,亡災。之日王往逐🐗于沚,允亡災,獲🐗八。一　　　　　　　　　　(9572+,賓三)
　　壬寅卜,古,貞王往于田,亡災。十月。(10529,賓三)
　　己酉卜,貞王往于田,亡災。　　　(10530,賓三)
　　戊☐卜,貞王往于田,亡災。一
　　☐十一月。　　　　　　　　　　　(10531,賓三)
有的占問田蒐活動是否有擒獲。如:
　　甲午☐翌☐
　　甲午卜,貞不其擒。一月。一 二告
　　乙未卜,今日王獸,田率,擒。允獲虎二、兕一、鹿十二、豕二、黽百廿七、☐二、兔廿三、[雉]七。☐月。
　　乙未卜,貞弗其擒。一 二告
　　☐麋☐
　　☐犬☐允☐三☐　　　　　　　　　　(10197,自賓間)
上揭卜辭反映了某年一月"乙未",商王武丁親自到率地田蒐,曾占問是否會有擒獲。從驗辭來看,獲有虎、兕、鹿、豕、黽、兔、雉等若干。又如:

贞翌辛亥王出。一 二 二告 三 四 五 六

☐擒。一 二 三 四 五

翌戊午焚,擒。一 二 二告 三 四 五

戊午卜,㱿,贞我兽鲡,擒。之日兽,允擒。[获]虎一、鹿四十、狐[二]百六十四、麑百五十九。囿赤出友二赤☐四☐。[一] 二 三 四 五 六 一 二 三 二告 [四 五] 六 七 八 九 十 [一] 二 三 二告 [四 五] 二告 一 二 一 二 三 一 二 三 四 五

(10198 正,宾一)

[辛]亥卜,王,贞[余][兽]麋不盖擒。七月。

(10377,自宾间)

乙未卜,翌丙申王田,获。允获鹿九。

乙未卜,翌丙申攸。一

己酉[卜],王往☐ (10309,自宾间)

☐其[兽],擒。壬申允兽擒,获兕六、豕十六、麋百出九十出九。一 二

☐壬申王勿[兽],不其擒。壬[申]兽,擒。一 二

☐出☐获☐一 二

贞王兽,擒。一 二

贞钾于出匕。一 二 二告

贞勿钾,亡疾。一 (10407 正,宾一)

[戊]戌卜,宾,[贞]翌己亥[王]往兽,擒。一

(10600,宾一)

丁卯[卜],☐,[贞]兽正(征)☐☐擒获☐☐鹿百六十二,☐百十四,豕十,旨一。 (10307,典宾)

乙[丑][卜],☐,贞翌[丁]卯王其[兽]敝录,擒。八月。

乙[丑卜],☐,贞翌[丁]卯其兽敝录,弗[其]擒。

(10970 正,典宾)

上揭《合集》10309 第二條卜辭的"啓",是天晴之義,這條卜辭是占問商王武丁田蒐的天氣是否晴朗。這類占問氣象的卜辭很多,基本關心的是是否有雨、是否天晴或是否有風,如:

貞卯。

勿卯。

王勿歸,叀呼。

貞王歸。

呼酚聂。

貞示。

勿示。

勿呼田。

令戍田。

己酉卜。

于[翌]庚禦王。

勿[于翌庚禦王]。

貞今日[其雨]。

不其雨。

庚戌卜,爭。

甲寅卜,爭。

貞□屮羌甲。 (7772 反,賓一)

之日不田,風。 (10937 反,賓一)

壬申卜,翌□𣏟田,[啓]。 (10555,自賓間)

辛酉[卜]☒啓。允啓。

辛酉[卜],[翌]壬𣏟[田],啓。[允]啓。

丙寅卜,翌丁卯雨。

丁卯卜,翌壬𣏟田,啓。允啓。

□□卜☒

戊□[卜]☑田(憂)☑雨。　　　　　　　(10556,自賓間)

甲午卜,翌□𢎥田,攸。[允]攸。不往。一 (10557,自賓間)

庚□[卜],[王],[貞]呼𢎥獸□,擒。

辛亥卜,王,貞呼𢎥獸麋,擒。一

辛亥卜,王,貞勿呼𢎥獸麋,弗其擒。七月。一

　　　　　　　　　　　　　　　　(10374,自賓間)

壬戌卜,貞王往田,[不]雨。　　　　(10532,賓三)

☑王往田,不雨。　　　　　　　　(10533,賓三)

戊辰卜,貞[王]往于田。三月。

庚午卜,爭,貞自今至己卯雨。　　　(10516,賓三)

貞王其往田,其雨。　　　　　　　(13758 反,賓一)

有的卜辭命將率隊田蒐,表明有的田蒐由王親自掛帥,有的由臣屬統帥。如:

甲戌卜,𠨘,㚔其堪𦉢(苟?)。

不其堪。

甲午卜,𠨘,令委、𢀛出立(萃),呼卒田。十二月。一

　　　　　　　　　　　　　　　　(20196,自小字)

□□[卜],㱿,貞呼龍田于□。

□□[卜],□,貞隹于來者*(早)①比☑　(10558,賓一)

貞勿令臯田于京。〔一〕二 二告 三　(10919,賓三)

呼陕弋兆。一 二 二告 三

勿呼陕弋兆。一 二 三

王其逐鹿于𥙫,𢦏。一 二 三

勿逐鹿,不其𢦏。一 二 三　　　　(10937 正,賓一)

---

① "者"字有缺刻。

上揭第四版之"弋",字形作🔲,裘錫圭釋作"橛杙"之"杙"的本字"弋"①。《玉篇·弋部》:"弋,繳射也。"《詩·鄭風·女曰雞鳴》:"將翱將翔,弋鳧工農雁。"鄭玄箋:"弋,繳射也。"孔穎達疏:"繳射,謂以繩繫矢而射也。"如果裘先生釋作"弋"可從的話,這是商代田蒐方法之一。

還有些卜辭是占問對田獵方位和地點的選擇。如:

貞[呼]田[从]西。

貞呼田从北。

貞呼田从東。

貞呼田从南。　　　　　　　　　　　　　（10903,賓三）

呼田來北。　　　　　　　　　　　　　　（10915,賓三）

庚子卜,王,令🔲田🔲。九月。

壬辰卜,王,𠦒㞢☐十月。一　　　　　　（20743,自小字）

般令田于并。　　　　　　　　　　　　　（10958,賓一）

般呼田于并。　　　　　　　　　　　　　（10959＝B2549,賓一）

☐卯卜☐令田[于]🔲(友?)。十二月。　（10960,賓一）

辛亥卜,内,貞今一月𠦒正化其㞢至。一　二　三

貞𠦒正化其于生二月㞢至。一　二　三

貞令𦵮田于皿。一

勿令𦵮田于皿。一　　　　　　　　　　　（10964 正,賓一）

于祖[辛][禦]。

于祖辛禦。

貞呼婦妌田于𠂢。

[貞]呼婦[妌][田]于𠂢。　　　　　　　（10968+,賓一）

---

① 參裘錫圭:《釋柲》,《古文字研究》第 3 輯,1980 年;又載《古文字論集》第 17—34 頁,中華書局,1992 年。

乙卯卜,韋,貞呼田于𦫼。　　　　　　　（10961,典賓）

☐田于𦫼。　　　　　　　　　　　　　（11011,賓三）

☐田于員。

其獲。

貞☐不☐　　　　　　　　　　　　　　（10978,賓一）

☐雀田[于]𡉚。十一月。

☐☐卜,王,貞☐䅒(禱)[年]。　　　　　（10979,賓一）

貞[王]往田[于]𡉚,獲。　　　　　　　（10981 正,典賓）

貞呼田于𢼸。一 二 二告 三 二告　　　（10982 正,賓一）

☐呼田于𨾏。　　　　　　　　　　　　（10983 正,賓一）

☐田于湄(濤)。　　　　　　　　　　　（10984,賓一）

☐龍田于宮。　　　　　　　　　　　　（10985,賓一）

乙丑,子卜,小王量田夫。三　　　　　　（21546,子組）

☐☐[卜],貞中子肱疾,呼田于同。　　　（21565,子組）

上揭卜辭中的田蒐地點有:𦫼、并、𣦼(友?)、皿、兊、𡉚、員、𡉚、𢼸、𨾏、湄(濤)、宮、夫、同。此外,還有敝(10970 正)、唐(10998 反)、𣎵(10969 正)、孚(11006 正)等,這些地點的現今地理位置,還需進一步研究。

有的是占問日期,即擇日,又稱諏日①。如:

乙卯卜,爭,貞王于丁巳獸,隹。　　　（10589 正,典賓）

4. 田蒐過程中祭天帝山川禮

《尚書·武成》:"告于皇天后土,所過名山大川。"孔穎達疏引《周禮·大祝》云:"王過大山川,則用事焉。鄭云'用事,用祭事行告也'。"發按:這是文獻中所記武王伐紂時之過祭名山大川禮。偽孔傳云:"謂伐紂之時。名山,華岳。大川,河。"商代田蒐卜辭中也有

---

① 這種擇日行爲,後演變成我國古代選擇吉日的一種方術。此例表明武丁時期已有這種行爲。關於諏日行爲的起始年代,學界看法並不一致。詳見常耀華:《殷商旅行諏日卜辭研究》,《中國國家博物館館刊》2011 年第 3 期。

這方面的内容。

貞帝(禘)。

貞帝(禘)。

貞王往獸。

貞王勿往獸从🐾。

貞王勿往獸从🐾。

王往獸。　　　　　　　　　　　　（10939,典賓）

此版表明武丁前往田蒐前行祭天禮。帝即禘。羅振玉《增訂殷虛書契考釋》:"卜辭中帝字亦用爲禘祭之禘。"《説文·示部》:"禘,禘祭也。"段注:"禘有三:有時禘,有殷禘,有大禘。"大禘,即郊祭天。《詩·商頌·長發序》:"長發,大禘也。"鄭玄箋:"大禘,郊祭天也。"孔穎達疏:"禘者,祭天之名。"

☒[今]日王往[逐]兕。

辛卯卜,貞其獸,炆*(莫),擒。

壬[辰]卜☒业☒ 一

[庚]子卜,翌辛丑王逐兕。一　　　（10402,賓出）

炆,字形作🔥,一般據羅振玉釋。郭沫若謂:"殆假爲郊祀之郊。"① 《禮記·中庸》:"郊社之禮,所以事上帝也;宗廟之禮,所以事乎其先也。"②

□□[卜],古,貞夌于[岳]。

□□[卜],㱿,貞今日我其獸䍙☒

☒[獸],獲。擒鹿五十业[六]☒

---

① 于省吾主編:《甲骨文字詁林》字頭1228號,中華書局,1996年。
② 後來裘錫圭改釋爲"莫",謂字像"尪"(巫尪)在"火"上,應該是專用於"焚巫尪"的"焚"字異體。裘先生舉了大量有關"莫"的辭例,發現直接跟在"莫"後作賓語的,"大概多數是被焚以求雨的人的名稱"。從《類纂》(第474—476頁)所搜集辭例來看,確實如此,而且進行"莫"祭基本上都與求雨有關,《合集》10402却與田獵有關,且只見這一版。參裘錫圭:《文集》第一卷第194—205頁。

□□[卜],□,貞今日□其獸[盜]☒獲兕十一,鹿☒

(10308,典賓)

丙戌卜,古,貞奠于岳。

□寅卜,殼,貞今日我其獸盜。　　　　(10965,典賓)

戊寅卜,賓,貞禦于父乙①。一 二告

貞翌己卯王勿令獸。一 不☖黿 二 不☖黿 二 二告

丙戌卜,古,貞奠于岳。二　　　　　(10594,典賓)

翌庚午易日。

貞王勿獸从龜。

[貞]王獸。

貞于岳业。　　　　　　　　　　　(10940,典賓)

上揭四版中前三版均是向岳神行奠祭,第四版行奠业(侑)祭。然諸家對"岳"之所指尚有爭議。孫詒讓最早釋爲"岳",並認爲即畿内嵩高。葉玉森從之。陳夢家釋羔,與冥音近,爲殷先公之一。羅振玉釋羔,唐蘭、楊樹達從之,楊氏説:"羔即殷之始祖帝嚳。古音羔在豪部,告在覺部,二字音近,又二字同屬見母,羔與告實一聲之轉。"丁山亦此看法。聞一多亦釋爲羔,引《説文》説羔從照省聲,照從昭聲,是羔古音當讀如昭,並説羔即昭明,當係星名,又爲殷之先祖②。發按:從字形來看,釋爲"岳"更可信從,它可能是自然山神名,又可能是殷某先祖名③,但"岳"神還是有别於供奉在宗廟裏的先王

---

① 此條是準備田蒐前武丁向其父小乙舉行禦祭。
② 于省吾主編:《甲骨文字詁林》字頭1221號,中華書局,1996年。
③ 此"岳"在廩辛、康丁時期的無名組中有"岳宗"(合30298)一見,爲有入宗廟之證。陳夢家《綜述》(第358頁)説這種情况正體現了古代傳説中人王與神帝之互相轉化關係。《國語·魯語》:"冥勤其官而水死。"《左傳·昭公廿九年》:"水正曰玄冥。"又《昭公十八年》:"禳火於玄冥回禄。"杜注:"玄冥,水神;回禄,火神。"由人名之冥變爲官名,又變爲水神名。又如"后土"的情况。《左傳·昭公廿九年》:"共工氏有子曰句龍,爲后土。""土正曰后土。""后土爲社。"人名之后土變而爲官名,又爲神名。姚孝遂爲《詁林》所作按語云:"究竟爲傳説中商先祖之何人,尚有待於進一步之追索。"

(30298有"岳宗"),所以還是把它歸入自然神崇拜。爲了説明這個問題,再舉一版田獵前祭"岳"的卜辭:

己亥卜,田率,叀土豕,𤉲豕,河豕,岳[豕]。

□祖□[岳]□　　　　　　　　　　　　　(34185,無名)

此次田獵前,向土地神、𤉲、河、岳均獻豕牲舉行祭祀。另有一版賓三類卜辭向岳、河、夒同祭,以求年成豐收:

乙卯卜,賓,貞黿①龜翌日。十三月。三

戊午卜,賓,貞酚奉(禱)年于岳、河、夒。二 三

(10076,賓三)

夒,王國維釋"夒",即傳説中殷之先祖"嚳"②。雖被尊爲殷之先祖,但字形仍保留了猴的原形,多少還帶有由猿及人的遠古記憶。所以,在沒有確切證據表明它是某位先祖之名之前,還是宜把"岳"歸爲自然神,田蒐前所行之祭儀仍將其視作祭天地山川。

5. 田蒐結束後的獻捷禮

上文有關田蒐前之占問是否有擒獲時舉過一些例子,其驗辭反映了捷獲情形,如"允獲虎二、兕一、鹿十二、豕二、兔百廿七、□二、兔廿三、[雉]七"(10197)、"[獲]虎一、鹿四十、狐[二]百六十四、兔百五十九"(10198正)、"允獲鹿九"(10309)、"獲兕六、豕十㞢六、麑百㞢九十㞢九"(10407正)等。

上舉《周禮·夏官·大司馬》中有不同季節田蒐之禮結束後要獻禽致祭的記載。如"中春,教振旅,遂以蒐田……獻禽以祭社""中夏,教茇舍……遂以苗田……獻禽以享礿""中秋,教治兵……遂以獮田……致禽以祀祊""中冬,教大閲……遂以狩田……致禽饁獸于郊,入獻禽以享烝"。周承殷制,這種獻捷禮在武丁卜辭中有反

---

① 據《殷墟甲骨摹釋總集》釋文。

② 王國維:《殷卜辭中所見先公先王考》,收入《王國維遺書》,上海古籍書店(影印商務印書館1940年版),1983年;又收入《甲骨文獻集成》第20册。

映。如：

貞子𠦒獲鹿，敫于☐ （10316，典賓）

［壬］寅卜，𣪠，貞敫兕☐ （15918，典賓）

癸卯卜，［貞］敫麋☐ （15921，典賓）

敫，字形一般作 ，从示从倒隹从手（手也略去，郭沫若隸定作集）。羅振玉説："象兩手捧雞牲於示前。"（《類編·待問編》一卷第 2 頁）葉玉森説："殷代師行必祭馬神，故曰禡。師行之次，祭禮簡率，或即持隹爲祭品矣。"（《鈎沈》第 6 頁）① 從字形本身來看，兩人之説可從，但從卜辭反映的實際情況來看，所捧者非僅雞牲、隹鳥，還有鹿、兕、虎等大型動物，所以我們可以設想，可能這種捧雞牲祭祀的活動極爲普遍，便用其"隹"形代替，正如表示"埋沈"之祭的 字，从牛，未必都用牛，也可用其他動物；表示追逐之行爲"逐"，从豕，所追對象未必都是豕。只不過選取一個極爲常見的事物作爲代表罷了。

稍晚於武丁之世的歷二類卜辭也有這種記録：

甲辰卜，敫孚馬自大乙。 （T1078，歷二）

甲辰卜，敫孚馬自大乙。 （32435，歷二）

乙巳，敫孚羊自大乙。 （T4178，歷二）

頗有意思的是，《合集》32435 有兩條卜辭，從右至左書，與《屯》1078 爲同文卜辭，然而後者爲從左至右書。

田蒐結束後獻禽致祭，意在向神靈表達謝意，正與田蒐前的告廟禮和田蒐過程中的拜祭天地山川相呼應，有始有終，方得圓滿。

6. 饗燕禮

《周禮·春官·大宗伯》："以饗燕之禮，親四方之賓客。"賈疏："饗，烹太牢以飲賓獻依命數，在廟行之。燕者，其牲狗，行一獻四舉

---

① 關於"敫"字的釋讀，詳參于省吾主編：《甲骨文詁林》字頭 1775 號，中華書局，1996 年。

旅,降脱屨,升坐,無算爵,以醉爲度,行之在寢。"田蒐之後,王定會饗燕臣屬,以示慰勞。姑於校閲禮之結束附上幾句。商代甲骨有個别辭句表明了這種禮之存在。如:

　　[翌]日戊王其田,不冓雨。

　　☐田,翌日戊㱃。吉　　　　　　　　　　　　（28537,無名）

此條係廩康時期的無名組卜辭,《合集》采自安明 1991,許進雄釋㱃爲飲,並説:"飲而與田獵有關,當是獵後之會宴。"①鍾柏生以此爲大蒐後宴饗禮之證②,可從。其繁寫作㱃、㱃、㱃等,漸次簡化而成。

附録一:田蒐活動與軍事行動同現一版之卜辭例

　　辭例一:

　　　　丁未卜,王,令夙田。一

　　　　戊申卜,王,令庚追方。一

　　　　戊申卜,王畐戕。

　　　　☐庚追方。一

　　　　☐畐兄☐。　　　　　　　　　　　　　　（20462,自肥筆）

　　辭例二:

　　　　甲寅卜,方弗㞢(迪?)邑。

　　　　允田。

　　　　甲寅卜,大,方☐十月。

　　　　癸☐

　　　　☐萑☐呼☐徣☐　　　　　　　　　　　　（20495,自小字）

　　辭例三:

　　　　貞王勿獸。

---

①　許進雄:《明義士收藏甲骨文集》,加拿大皇家安大略博物館,1972 年。
②　鍾柏生:《卜辭中所見殷代的軍禮之一——殷代的大蒐禮》,《中國文字》新 16 期第 41—163 頁,美國藝文印書館,1992 年;又收入《甲骨文獻集成》第 27 册。

　　　　貞王勿伐茜。　　　　　　　　　　　　　　（6547，典賓）

辭例四：

　　　　貞☒

　　　　貞隹黄☒。

　　　　往出獸。

　　　　貞舌方不亦出。

　　　　☒王☒　　　　　　　　　　　　　　　　　（6121，典賓）

辭例五：

　　　　☒☒卜，旾，貞王獸唐，若。

　　　　☒舌方其大［出］。

　　　　王占曰：舌☒［辰］　　　　　　　　　　（10998 反，典賓）

辭例六：

　　　　丁未［卜］，禦。一 二

　　　　丁未卜，其禦。

　　　　丁未卜，其桒。

　　　　丁未卜，不䚣𢧢（戎？），翌庚戌。

　　　　丁未卜，其䚣𢧢（戎？），翌庚戌。

　　　　丁未卜，貞令或、光屮獲羌芻五十。一 二 三 一 二

　　　　丁未卜，田于西。

　　　　［丁］未［卜］，貞其田東。

　　　　庚戌卜，往田于東。一 二 三 一 二 三

　　　　庚戌卜，往田東。

　　　　往，𡆥。

　　　　庚戌卜，貞余令陕比羌田，亡囚（憂）。

　　　　庚戌卜，貞比羌田于西，囚（憂）。

　　　　丙子卜，貞。

　　　　戊寅卜，步自☒

丁□☑步自☑

癸未。　　　　　　　　　　　　　　　　　（22043，午組）

附錄二：祭儀、占卜、命將同版例

辭例一：

甲午卜，㱿，貞翌乙未坐于祖乙。一 二告

[貞]翌乙未坐于祖乙。一

貞呼省專牛。一 二告 二 三 四 五

丙申卜，古，貞呼見🖼、🖼[弗]其墾。一 二 三 四 [五] 六 [七] 八 九 十

丙申卜，古，貞呼見🖼、🖼墾。[一][二] 三 四 [五] 二告 六 七

丙午卜，賓，貞王往出田，若。

丙辰卜，爭，貞呼耤于隉，受坐年。一 二 三 四 五 六 七 八 二告 九 十

貞呼亶歸田。一 二告 二 三 四 五 六 七

貞勿呼亶歸田。一 二 三 四 五 六 七

貞匕己害[王]。一 二 三 四

貞匕己弗[害]王。一 [二] 三 四

貞坐由自示。一 二 三

貞亡由自示。一 二 三　　　　　　（9504 正+，賓一）

辭例二：

□不其钟。

禦于父乙☑羊，宜豕。

勿于父庚钟豕，宜羊。

勿钟。

☑雨。

隹癸雨。

勿隹丁☒

☒害王。

㞢害。

不由,亡𡆥(憂)。

隹匕丹〔害〕。

貞立事,令強。

其獸。

☒勿獸。

王省。

勿省。

貞㞢羊。

勿。

☒入十。(甲橋刻辭)　　　　　　　（10936 反,賓一）

第二節　戰爭禮

一　關於戰爭禮

　　清蔡德晉《禮經本義·出師禮》將戰爭禮分成這樣一些程式:命將誓戒——告祭乃出——軍行舍奠祭告——即敵——克敵祭告——賞罰——振旅告捷——反國祭告——飲至策勛①。

　　清秦蕙田《五禮通考·軍禮五·出師》則從有關文獻中總結出"類禡宜造、命將、誓師、遷廟、致師、凱旋宣捷、策勛飲至"等祭儀,以

---

① (清)蔡德晉:《禮經本義·逸禮·出師禮》,台灣商務印書館景印文淵閣四庫全書本。有關內容參本節附一。

此闡述古代軍禮①。

兩種文獻都有助於我們了解古代的戰爭禮,尤其是後者引用了《周禮》《禮記》《孔叢子》《司馬法》等有關軍禮材料,內容豐富,按語也切中肯綮。後世戰爭禮是前代戰爭禮的繼承和發揚,從早期文獻入手,結合甲骨軍事刻辭,可以探尋當時戰爭禮的一些情況,對於構建商代軍禮意義十分重要。

學者已做過一些研究和探索工作,前舉研究軍禮的論著時已有列舉,此不贅。

二 卜辭所見的戰爭禮

(一)類祭上帝。《禮記·王制》:"天子將出征,類乎上帝。"《周禮·春官·大祝》:"大師,宜于社,造于祖,設軍社,類上帝。"《孔叢子·問軍禮》:"先期五日,太史誓于祖廟,擇吉日,齋戒,然後乃類上帝,柴于郊,以出。"又"凡類、禡,皆用甲、丙、戊、庚、壬之剛日。"《詩·大雅·皇矣》:"是類是禡。"注:"類,出師祭上帝。"《爾雅·釋天》:"是禷,是禡,師祭也。"

卜辭中有習語"帝受我又"。"受"當讀爲授,帝受我又,意爲上帝給予我保祐。軍事卜辭如:

辛亥卜,㱿,貞伐舌方,帝受(授)[我又(祐)]。

貞帝[不其受(授)我又(祐)]。一　　　　（6270 正,典賓）

叀旱。

☐舌☐

貞勿伐舌,帝不我其受(授)又(祐)。

[貞]呼[自]般伐舌。　　　　　　　　　　　　（6272,典賓）

---

① (清)秦蕙田:《五禮通考·軍禮五·出師》,台灣商務印書館景印文淵閣四庫全書本。有關內容參本節附二。

貞王更沚𢦏比伐巴方,帝受(授)我又(祐)。一六

王勿隹沚𢦏比伐巴方,帝不我其受(授)又(祐)。一二三四五六七八 二告
　　　　　　　　　　　　　　　(6473 正[部分],典賓)

壬寅卜,爭,貞今者王伐𢀛方,受㞢又(祐)。十三月。

□午卜,㱿,貞王伐𦎫方,帝受(授)我又(祐)。十[三]月。
　　　　　　　　　　　　　　　(6543,典賓)

"帝降若"也是卜辭習語,若、諾一字,即"上帝允諾",一説"上帝降順"。總之,意爲上帝祐庇(我)吉利。軍事卜辭如:

□□[卜],□,[貞]王比望乘伐下危,受[又(祐)]。

□□[卜],□,[貞王]勿比望乘伐下危,弗[其受㞢又(祐)]。

□□[卜],□,[貞]我其巳賓,乍帝降若。

□□卜,□,[貞]我勿巳賓,乍帝降不若。　　(6497,賓一)

"帝降若"還可省稱"帝若",甚至進一步省稱"若"。軍事卜辭如:

貞𢦏再册,王𢍜,帝若。[一二三四五六七八]九[十一二三]四[五六七八]九[十一二三]四

貞王勿比𢦏,帝若。五[六七八九]十
　　　　　　　　　　　　　　　(7407 正乙=B2104 正,典賓)

丙辰卜,爭,貞沚𢦏戉,王比,帝[若],受(授)我又(祐)。一二三 二告 四五[六七八九]十一二[三]四[五六]七[八]九

貞沚𢦏戉,王勿比,帝弗若,不我其受(授)又(祐)。八月。一二三四五六七 二告 八九十一二三

丙辰卜,爭,貞王往省,比西,若。一二三[四]五六七八九十一二三 四五 二告

貞王勿往省,不若。一二三[四]五六 二告 七八[九十]一[二三四]五
　　　　　　　　　　　　　　　(7440 正,典賓)

"(不)隹帝乍🈳(憂)"也是卜辭習語,意爲上帝(不)會降禍吧。軍事卜辭如:

  貞方戈,品,燓人。

  貞不隹帝令乍我🈳(憂)。   (6746,典賓)

  □□[卜],韋,貞翌庚午其宜,易日。

  ☒方戈,品。隹帝令乍我🈳(憂)。三月。

          (39912＝Y1133 正,典賓)

"帝(弗)左王"也是卜辭習語,意爲上帝(不)會輔佐王吧。軍事卜辭如:

  癸未卜,㱿,貞或執兕。一

  癸未[卜],㱿,貞□執兕。

  壬寅[卜],□,貞[帝]其[左]王。一 二 三 四

  壬寅卜,㱿,貞帝弗左[王]。

  丙午卜,爭,貞其雨。一 二

  貞不雨。一 二

  雨。之日鼎。一

  元☒陝☒[一二] 二告 三 四 (39849＝Y1136,賓一)

(二)祭土神

《禮記·王制》:"天子將出征,類乎上帝宜乎社。"《周禮·春官·大祝》:"大師,宜于社。造于祖,設軍社。……及軍歸獻于社,則前祝。"《孔叢子·問軍禮》:"先期五日,太史筮于祖廟,擇吉日,齋戒,告於郊、社稷、宗廟。既筮,則獻兆于天子。天子使有司以特牲告社,告以所征之事而受命焉。"《司馬法》:"興甲兵以討不義,乃禱于后土、四海神祇、山川冢社。"這些文獻表明,周及其以後出師之前有祭土地神之儀,且多用"宜"祭。陳夢家謂:"卜辭中宜作🈳,亦即俎字。《金文編》以爲俎宜一字,是對的。"並説宜字在卜辭中有兩種用

法:一是祭名;二是用牲①。其説可從。

卜辭中有不少祭土神的行爲。如:

　　壬戌卜,争,貞既出狃,衷于土窜。

　　貞衷于土一牛,宜窜。

　　〔貞〕㞢于大甲。　　　　　　　　　　　（14396,賓一）

此版衷祭土神和侑祭大甲的目的不是很清楚。以下一版具有較大可能是出師前之祭土神,因爲"衷祭土神"與"ㄓ🉑(次)于龐"同版。

　　囗巳卜,争,[貞㞢]異*,告于上甲六牛。翌戊囗卯囗。二

　　衷于土窜。二

　　曰:ㄓ🉑于龐。二

　　呼見罘囗　　　　　　　　　　　　　　（7359,典賓）

異,字形作𢦒,學界釋法甚衆,可詳參《詁林》第2册字頭949號,其中尤以釋"設"、釋"鼟"影響最大。今從陳劍釋作"戠",這裏讀作"異"②。上揭《合集》7359之"㞢異"指自然界有奇異的現象,故用六牛向上甲告祭,祈求平安。

(三)告廟

《禮記·王制》:"天子將出征,……造乎禰。"《周禮·春官·大祝》:"掌六祈以同鬼神示,……二曰造。"《明集禮》卷三十三注云:"大師者,六軍親征之稱,出必徧祭七廟,取遷廟之主而行。"秦蕙田按:"《王制》之造,但祭考廟,《周禮》之造,徧祭七廟,二説互相備。"《司馬法》:"興甲兵以討不義,乃造于先王。"

甲骨文中表明有軍事行動時會"告祭"先公先王或先妣,即後代造禰之濫觴。其軍事活動頻繁,告廟之祭也相對頻繁。

　　壬申卜,㱿,貞我立中。一

――――――――――
① 陳夢家:《殷虛卜辭綜述》第266—267頁,中華書局,1988年。
② 陳劍:《甲骨金文考釋論集》第414—426頁,綫裝書局,2007年。

壬申卜,殼,貞勿立中,彳。一

癸丑卜,亘,貞王比霎伐巴[方]。一

癸丑卜,亘,貞王叀望乘比伐下危。一

貞祖辛屮。一[二 三]四 二告 五 六

貞王其☐屮告父正。一 二 三

父乙卯變。一[二]三 二告 四

貞父乙弗卯變。一[二]三 四

今己巳焚。一 二告

焚一牛。一

焚二牛。一

[焚]三牛。

貞屮🦴左子,王值,于之益,若。一

子求肩同(興)。一 二告 二

子求弗其同(興)。一 二

子🦴肩同(興)屮疾。一 二

子🦴弗其同(興)。一 二 二告

貞多屯率☐[一]二 三 四

勿龠用。[一]二 三 四

貞離[不]其受年。[一 二]三[四]五　　(811正,賓一)

本版卜辭非常明顯地反映了王伐巴方、下危之前"立中聚衆"、"命將(霎和望乘)",後"屮告父"去祭祖告廟等儀式。

丙辰卜,殼,貞屮于唐。二 二告

貞[王]比沚馘。三

貞王比沚馘。三 小告

貞于唐告。三

貞告舌方于上甲。三

貞屮于大甲。三

貞于河告。三　　　　　　　　　　（39857＝Y546 正，典賓）

告舌方于示壬。　　　　　　　　　（39858 正＝Y547 正，典賓）

貞☒

貞王勿比沚馘☒

貞告[方]于[唐]。　　　　　　　　　（B2088，典賓）

關於"告方"，姚孝遂、肖丁指出：

> 即"告方出"或"告方來"之省。此與《寧》3.70 之"貞，告土方"及《誠》284 之"貞，告方于……"同例。
>
> ……商王所祭告者，多爲直系之先王，此即 243"于大示告方來"之"大示"，如報甲、報乙、唐、大丁、大甲、祖乙等，均爲大示，亦即直系先王。間或有告于先公者，如《後》1.6.5 之"于河告方來"；《珠》340："于王亥告，其比望乘"。
>
> 至于《後》1.29.4 之"告舌于寅伊"，似此等祭告于舊臣者，其例則較爲罕見。《禮·王制》："天子將出征，類於上帝，宜乎社，造乎禰，禡於所征之地，受命於祖……"，即此祭告之遺制。①

又如：

庚☒，貞☒令☒更☒。

辛巳，貞其告令[望]乘。

于祖乙告望乘。

于大甲告望乘。

☒未，貞☒亥以☒聂☒　　　　　　　（T135，歷二）

上揭一版雖未直接占問戰爭情況，但"令望乘"表明有軍事行動，於是向祖乙、大甲行告祭。

癸未，貞王令☒

弜峀方。

---

① 姚孝遂、肖丁：《小屯南地甲骨考釋》第 92 頁，中華書局，1985 年。

癸未，貞王令㠱㕣方。兹用 二
癸未，貞王令子畫㕣。二。
甲申卜，于大示告方來。
壬辰，令馬。
弜令。 (T243,歷二)

大示，諸家之說仍存分歧。陳夢家謂："大示自上甲起，終於父王，與直系同。"① 姚孝遂、肖丁認爲，"大示"指自"上甲"至"示癸"的六大示②。晁福林不贊成這個觀點，他在論證了"大示""元示""上示"在含義上的一致性後，指出其義當爲"殷王世系裏的初期之'示'"③。朱鳳瀚則認爲，"大示並非所有的直系先王。大示只包括六個直系先王，即'自上甲六大示'，上甲、大乙、大丁、大甲、大戊、大庚"④。曹錦炎說："大示專指某一固定的廟主群。"⑤ 曹先生的說法是可采信的，但是專指哪一廟主群呢？仍需進一步探討。"于大示告方來"意爲"向大示告祭方來入侵"，正體現了出師前之告廟禮。

經我們整理，軍事刻辭中，出師前"告祭"上甲的有 Y546（伐舌方）、5521（伐舌方）、6131 正（伐舌方）、6133（伐舌方）、6134（伐舌方）、6135（伐舌方）、6136（伐舌方）、6137（伐舌方）、6250（伐舌方）、6384（伐土方）、6385 正（伐土方）、6386（伐土方）、6583（伐龍方、征夷方）。

"告祭"成湯的有 6583（伐龍方、征夷方）、D244（伐舌方）、Y546（伐舌方）、B2088（伐舌方）、6135（伐舌方）、6138（伐舌方）、6139（伐舌方）、6140

---

① 陳夢家：《殷虛卜辭綜述》第 466 頁，中華書局，1988 年。
② 姚孝遂、肖丁：《小屯南地甲骨考釋》第 26 頁，中華書局，1985 年。
③ 晁福林：《關於殷墟卜辭中的"示"和"宗"的探討——兼論宗法制的若干問題》，《社會科學戰線》1989 年第 3 期。
④ 朱鳳瀚：《論殷墟卜辭中的大示及其相關問題》，《古文字研究》第 16 輯第 45 頁，1989 年。
⑤ 曹錦炎：《論卜辭中的"示"》，《吉林大學研究生論文集刊》（社會科學版）1983 年第 1 期。

（伐舌方）、6148（伐舌方）、6250（伐舌方）、6301（伐舌方）、6387（伐土方）、6388（伐土方），其中僅6583稱"成"，餘皆稱"唐"。"告祭"祖乙的有6145（伐舌方）、6344（伐舌方）、6345（伐舌方）、6347（伐舌方）、6349（伐舌方）、6667（逹象方）、7084（伐東土）、8992（伐舌方）。

"告祭"祖辛的有947正（旨伐䚂）。"告祭"父乙的有811正（奚伐巴、望乘伐下危）、6583（伐龍方、征夷方）。

"告祭"大丁的有6139（伐舌方）。"告祭"大甲的有6134（沚馘再册①）、6137（伐舌方）、6139（伐舌方）、6141（伐舌方）、6142（伐舌方）、6143正（伐舌方）、6144（伐舌方）、6250（伐舌方）、6667（逹象方）、7379（沚馘再册）。

可見，武丁出師前行"告廟"之禮並非如鄭玄注《周禮·大祝》時所言"徧祭七廟"，也並非如《禮記·王制》所言"祭考廟"而是有選擇性的。這種選擇主要集中於上甲微、大乙成湯（唐）、祖乙和大甲四人。有時只祭其中一人，有時合祭兩人，如伐龍方、征尸（夷）方見於同版，告祭成湯和父乙（6583），逹象方時告祭祖乙和大甲（6667）。有時合祭三人，如伐舌方時告祭大丁、大甲、唐（6139）。甚至有時合祭十示，如一次商王伐土方之前告祭自上甲十示（T994）。因此，主要選擇這四人一定是有原因的，至於是何種原因，還值得進一步研究。

（四）命將

《孔叢子·問軍禮》："天子命將出征，親絜齊盛服，設奠於祖以詔之。大將先入，軍吏畢從，皆北面再拜，稽首而受。天子當階南面，命受之節鉞，大將受。天子乃東向西面而揖之，示弗御也，然後告大社。冢宰執蜃，宣於社之右。南面授大將，大將北面稽首，再拜而受之，承所頒賜於軍吏。"②後世有如此繁冗的命將儀節，甲骨軍事刻辭

---

① 同版有"告舌方于上甲"，聯繫這條卜辭，表明有舌方來襲，王册命沚馘率兵出征。
② 傅亞庶：《孔叢子校釋》卷六，第421頁，中華書局，2011年。

因自身內容的限制，不可能記載得這樣詳盡，但可以看出有命將之禮存在。如慣用語"冓册"的大量使用，應該是後世命將禮之雛型。

武丁時期"冓册"一辭出現近百例，其中辭例完備，明確載有王册命之將領名和征伐之方名的並不多見，册命之將領名最多見者是沚馘，所伐方國有土方、舌方、巴方，另有册命侯告和自般，征伐地未詳，茲舉幾例：

乙卯卜，爭，貞沚馘冓册，王比，伐土方，受业又。

（6087 正，典賓）

☐沚馘冓册，暜舌[方]☐其韋（敦）卒，王比，下上若，受[我又]。　（6161，典賓）

☐[沚]馘冓册，王比，伐舌[方]。　（6163+，典賓）

丙申卜，殼，貞馘冓册，[勿]呼比伐巴。（6468，典賓）

己巳卜，爭，侯告冓册，王勿卒肯。（7408，賓一）

☐令自般比☐才（在）北冓册☐　（7423，典賓）

關於冓册，于省吾言之甚詳，姑引於此：

冓稱古今字。册經典通用策。冓册之義舊無釋。按稱謂述說也，册謂册命也。《國語·晉語》："其知不足稱也。"注："稱，述也。"《禮記·射義》："旄期稱道不亂者。"注："稱猶言也。"《頌鼎》："王乎史虢生册命頌。"《克鼎》："王乎尹氏册命善夫克。"此例金文習見。《周禮·內史》："則策命之。"注："鄭司農云：'策謂以簡策書王命。'"《左》昭三年《傳》："授之以策。"注："策賜命之書。"《詩·出車》："畏此簡書。"傳："簡書戒命也。"按簡書即策命之書也。……振旅出征，必有册命。①

金文中册命過程敘述得更爲清楚，如《元年師兑簋》：

---

① 于省吾：《雙劍誃殷契駢枝續編·釋冓册》第 13 頁，北京虎坊橋大業印刷局，1941年；又收入《甲骨文獻集成》第 8 册。

元年五月初吉甲寅,王在周,各康廟,即立,同中右師兌入門立中廷。王乎內史尹冊命師兌,足師龢父嗣左右走馬、五邑走馬,易女乃且巾、五黃、赤舃。兌拜稽首,敢對天子丕顯魯休,用乍皇且城公齋簋,師兌其萬年,子子孫孫永寶用。(《殷周金文集成》4274)

另有一些句式可能同樣表明這種命將活動,完整句型應是"令/乎某人比某伐某方",只不過在使用中某些成分會不出現,典型辭例如:

　　丁酉卜,令[豢]正(征)屮,戋(翦)。　　　(6561,自賓間)
　　己丑卜,㱿,貞令或來。曰:或风伐舌方。才(在)十月。
　　　　　　　　　　　　　　　(39873＝Y1179 正,典賓)
　　辛丑卜,賓,貞叀羽令以戈人伐舌方,戋(翦)。十三月。
　　　　　　　　　　　　　　　(39868+39882+,典賓)
　　乙未卜,賓,貞王叀婦[好]令正(征)[夷]。　(6459,賓一)
　　壬申卜,爭,貞令婦好比沚馘伐巴方,受㞢又。
　　　　　　　　　　　　　　　(6479 正,典賓)
　　貞王令婦好比侯告伐夷。　　　　(6480,典賓)
　　辛丑卜,賓,貞令多犽比望乘伐下危,受㞢又。
　　　　　　　　　　　　　　　(6524 正,典賓)
　　己酉卜,㱿,[貞]令般取龍[白(伯)]。　(6590,典賓)
　　□□[卜],□,貞令望乘眔𢀛達象方。十一月。
　　　　　　　　　　　　　　　(6667,典賓)
　　癸未卜,賓,貞令鳴眔方。八月。(6768 正,賓三)
　　貞令皋伐東土,告于祖乙于丁。八月。(7084,賓三)

這種命將活動可能不一定象後世具有一些固定的儀節,可能即是商王命貞人占問是否命某人去執行某項任務。但也不排除貞人占問確定某人執行任務吉利,再正式舉行儀式册命的情況。

花東卜辭裏也有選將與册命之禮,章秀霞做過專門討論①,如:

辛未卜,丁隹好令比[伯]或伐卲。一　　　　　　　（HD237）
辛未卜,丁[隹]子[令]比伯或伐卲。一
辛未卜,丁隹多丰臣令比伯或伐卲。一　（HD275+HD517）
己未卜,才㕦,子其呼射告罙我南正(征),隹仄若。一二
　　　弜呼罙南,于若。一二　　　　　　　　（HD264）

殷商時期,軍事及國家政治本由王親自主持,但從花東卜辭來看,其主人"子"也常參與這些活動,這充分反映了"子"的極高地位。

(五)出師前之占卜

有的占問是否出師。如:

癸酉卜,貞方其㞢。今二月印,不執？余曰:不其㞢。允不。
　　　　　　　　　　　　　　　　　　　（20411,𠂤小字）
[丁巳]卜,今日方其㞢,不㞢。㞢。雨自西北少。一 二
　　　　　　　　　　　　　　　　　　　（21021,𠂤小字）

有的占問出兵是否吉利。如:

甲子卜,□,貞出兵[若]。二
甲□卜,□,貞勿出兵☒　　　　　（7204—7205,典賓）

有的占問是由王親自掛帥出征還是命將率隊出征。如:

己卯卜,殻,貞舌方出,王自正(征),下上若,我[其受又]。
　　　　　　　　　　　　　　　　　　　　（6098,典賓）

貞叀王往伐舌。四
貞叀王往伐舌方。
貞勿隹王往伐舌方。
呼多臣伐舌方。　　　　　　　　　　　　　　（614,典賓）
貞叀子畫呼伐。

---

①　章秀霞:《花東卜辭與殷商軍禮研究》,《中原文化研究》2013年第5期。

貞更自般呼伐。

貞更強呼伐舌。

貞更王往伐舌。

貞勿桒(禱)于黄尹。

貞值屮于黄尹。

貞桒(禱)于黄尹。　　　　　　　　　　　　　　（6209，典賓）

三版卜辭都涉及伐舌方之前，占問由王往伐還是命將前往，涉及將領有多臣、子畫、自般、強。

有的占問戰爭結果，如果兆象不吉利，按道理講會避免出師，或者選取避災方式，遺憾的是，卜辭並未反映這種可能。如：

　辛丑卜，賓，貞更羽令以戈人伐舌方，𢦏。十三月。二

　　　　　　　　　　　　　　　　　　　　（39868+39882+，典賓）

　壬戌卜，争，貞旨伐𢎗，𢦏。[一 二] 三

　貞勿呼伐𢎗。一 二　　　　　　　　　　　　　（947 正，典賓）

上揭第一版𢦏字形作𢦏，第二版𢦏作𢦏，此兩版表意相同，可讀作翦①，占問攻伐時是否會大捷。以下的𢦏用作驗辭，一方面它有標志詞"允"，另一方面拓片上反映出兩條卜辭之間有明顯的界格：

　貞呼正(征)𢦏方。

　允𢦏(翦)。　　　　　　　　　　　　　（D360＝6308，典賓）

有的占問戰爭使用何種兵力。如：

　□巳卜，□，貞[龟]以三十馬，允其奉羌。二 二告 三 四 五

---

① 此字釋者甚衆，暫隸定作𢦏，詳參《甲骨文字詁林》第 2419、2420 兩字頭，中華書局，1996 年。另有失收者，如馮時釋作"瀻"，與"戩"本一字，訓爲滅，詳參《甲骨文、金文"𢦏"與殷商方國》，《華夏考古》1988 年 3 期，又收入《甲骨文獻集成》第 28 册第 193—199 頁；吴振武從形音義三方面論證其可能爲"殺"字的初文，詳參《"𢦏"字的形音義》，《紀念殷墟甲骨文發現一百周年國際學術研討會論文集》第 139—148 頁，社會科學文獻出版社，2003 年 3 月。陳劍釋作"翦""踐"或"殘"，訓爲滅，參《甲骨金文"𢦏"字補釋》，《古文字研究》第 25 輯，中華書局，2004 年；又收入氏著《甲骨金文考釋論集》，綫裝書局，2007 年。

六 七 八

貞以三十馬,弗其夆羌。二 二告 三 四 五 六 七 八

(500 正,典賓)

上揭卜辭中"甶"爲人名,"以三十馬"爲率三十支騎兵組成的隊伍。"以"作動詞,意爲率領。

庚戌卜,古,貞令多馬衛(衛)从盖。

貞令多馬衛(衛)于北。　　　　　　　　　　(5711,賓三)

上揭卜辭中的"衛",唐蘭、胡厚宣釋爲"還"①,恐怕不確。這是一個與戰爭行爲緊密相關的動詞,我們認爲當釋作"衛",詳參第六章第一節。"多馬",當如陳夢家所言,它與"亞""小臣""戍"等經常連用,"性質是相近的。馬受令征伐與射獵,很可能是馬師,後世司馬之官或從此出"②。因此,上揭卜辭可能反映了命令馬師率領騎兵出征。

卜辭中有車和舟的使用,但未見明顯反映占問是否選用車兵和舟兵的用例。

有的占問是否征伐某一方國,用"叀/勿隹"引出前置賓語以示强調動詞涉及的對象:

丙辰卜,賓,貞王叀周方正(征)。一 二 [三 四 五] 六

貞王勿隹周方正(征)。一 二 [三 四] 五 二告 六

(6657 正,典賓)

王叀夷正(征)。五

王勿隹夷正(征)。五

王叀龍方伐。五

勿隹龍方伐。五　　　　　　　　　　　　　(6583,賓一)

出師之前的占問不如田蒐前對"天象"和"時令"的關注程度高,

---

① 該字唐蘭釋"還",見《天壤閣甲骨文存考釋》第 61 片,胡厚宣《殷代舌方考》從之。
② 陳夢家:《殷虛卜辭綜述》第 509 頁,中華書局,1988 年。

在軍事刻辭中,未見這方面的辭例。這是一個非常奇怪的現象。對於出師的時令,後世文獻有相關記載。《禮記·月令》:"孟春之月……不可以稱兵,稱兵必天殃。""仲夏之月……不可以起兵動衆。""孟秋之月……天子乃命將帥,選士,厲兵,簡練桀俊,專任有功,以征不義,詰誅暴慢,以明好惡,順彼遠方。"甲骨軍事刻辭中,一年之中,從一月到十三月(閏年)都有,經我們初步統計,在九千二百六十五條與軍事行爲(也包括田獵、祭祀)相關的甲骨刻辭中,出現月份的有六百零二條,其中各月出現的次數列表如下:

月份	1	2	3	4	5	6	7	8	9	10	11	12	13	合計
次數	60	57	37	26	66	59	52	49	24	58	45	44	25	602

這說明商代的戰爭與後世的戰爭比較起來具有更大的靈活性,出師並非根據時令而是根據需要。關於軍事行爲的時間問題,我們會在第八章《語義角色》部分詳細討論。

(六)軍中祭隨遷之廟主和社主

王貴民、郭旭東、鍾柏生、張永山等先生在其論著中均論及商代出師有遷廟主和立軍社之儀①。這種祭禮當是後世遷廟禮和設軍社禮之源頭。《禮記·曾子問》:"曾子問曰:'古者師行,必以遷廟主行乎?'孔子曰:'天子巡狩,以遷廟主行,載于齊車,言必有尊也。……'"《周禮·春官·小宗伯》:"若大師,則帥有司而立軍社、奉主車。"《周禮·

---

① 王貴民:《商周制度考信》肆"商周軍事制度",臺北明文書局,1989年。郭旭東:《商代征戰時的祭祖與遷廟制度》,《殷都學刊》1988年第2期,又收入《甲骨文獻集成》第27册;《殷墟甲骨文所見的商代軍禮》,《中國史研究》2010年第2期。鍾柏生:《卜辭中所見的殷代軍禮之二——殷代的戰爭禮》,《中國文字》新17期(董作賓先生百歲誕辰紀念特集)第85—240頁,美國藝文印書館,1993年;又收入《甲骨文獻集成》第27册。張永山:《商代軍禮試探》,《二十一世紀中國考古學——慶祝佟柱臣先生八十五華誕學術論文集》第468—478頁,文物出版社,2006年。

春官・大祝》:"大師,宜于社,造于祖,設軍社……"注:"鄭司農説設軍社以《春秋傳》曰,所謂'君以師行,披社釁鼓,祝奉以從'者也。"疏:"云'宜于社'者,軍將出,宜祭於社,即將社主行,不用命戮于社。云'造于祖'者,出必七廟俱祭,取遷廟之主行,用命賞于祖,皆載于齊車。云'設軍社'者,此則據社在軍中,故云設軍社。"

明確可見這種祭儀的有如下辭例:

丁巳卜,賓,貞侑于王亥十靑,卯十牛、三靑,告其比望乘正(征)下危。二　　　　　　　　　　　　　　　(6527正,典賓)

☐十靑,卯十牛☐[比]望乘正(征)下危

☐勿告其比[望乘]☐

勿禦疾止(趾)。　　　　　　　　　　　(6529,典賓)

貞侑于王亥,告其比望乘。

貞疾止(趾),贏。　　　　　　　　　　　(7537,典賓)

上揭三版卜辭字體相同,事類相同,趙鵬將其遙綴,即PJ55。占問的內容是向王亥行侑祭,告祭他王將同望乘一起去征伐下危。既然王亥是殷之先祖名,這反映的是出師前向其行告祭,並將帶其"主"隨軍而行。

有學者將《合集》7084、33056正中的"▣"理解爲匱主,説其爲"取主及郊宗石室之義",乃"盛主之石盒"①。由此,將此兩版卜辭也看作遷廟主之辭例。這種解釋是不正確的,應該釋作"丁"。拓片見附圖5.1、5.2。因甲骨刻辭所見遷廟主和立軍社本身内容較少,前人已有論述,而且所舉例證也大同小異,此不贅述。僅列出如下典

---

① 王國維持此觀點,詳參郭旭東:《商代征戰時的祭祖與遷廟制度》,《殷都學刊》1988年第2期;又收入《甲骨文獻集成》第27册。郭氏文首認爲,"商人在出師前總是要告祭已故的著名的祖先,求乞保祐",並舉《合》6131正"告舌方于示壬",此處將"示壬"與"上甲"等先祖置於一處,似乎表明"示壬"也是在宗廟接受祭祀,而該文第二部分則謂"商人於宗廟中祭祖時,直呼其名號。在征戰中對其廟主則稱示",這一看法與他在文首的説法有矛盾之嫌。也許正是如此,郭氏在《殷墟甲骨文所見的商代軍禮》中已放棄了早期的説法。

第五章　甲骨軍事刻辭反映的商代軍禮 | 349

7084

圖 5.1

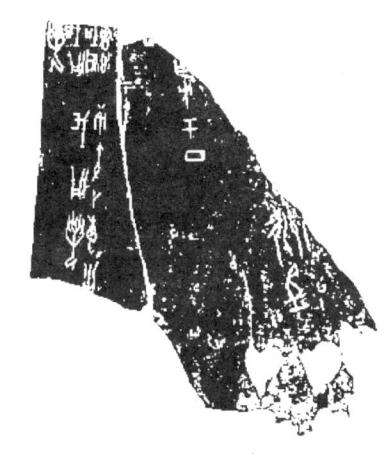

33056正

圖 5.2

型辭例以説明此問題(他人所舉之例前加＊註明):

　　弜涉示其自。二

　　辛卯,貞☐二

　　乙巳,貞☐ 兹用　　　　　　　　　　　　(33005,歷二)

　　庚☐涉☐

　　示其比上涉。　　　　　　　　　　　　(＊35320,歷二)

上揭兩版卜辭均係歷組二類,"涉示"和"示比涉"均爲占問渡河時是否帶上示(神主)問辭。《合集》35320 張永山、郭旭東兩位先生引用辭例時都誤引成"示其从涉",今據拓片(附圖5.3)正之。

　　[己]丑,貞☐王尋告土方于五示。在衣＊(勞)。十月卜。

　　己丑,貞☐

　　甲子,貞王比沚或。

　　弜比。

　　☐☐,貞☐　　　　　　　　　　　　　　(T2564,歷二)

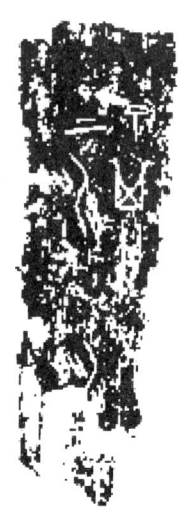

35320

圖 5.3

揭一版反映因土方之事向五位先祖告祭,同時也有對"選將"(沚或)之占問。地點在勞①,並不在殷都安陽,因此告祭之"五示"當爲隨軍之廟主。另有一條卜辭也反映的是在外祭祀先祖。即:

　　己未,秉□才(在)壴。三
　　辛巳,秉祖辛,父□,才(在)垔。二　　(20576 反,自肥筆)

秉,字形作󰀀,《詁林》字頭 3198 號"秉"姚孝遂按語謂其爲"索"之異構,又《詁林》字頭 3192 號"索"姚先生按語謂"卜辭'索'皆假作'䢼',爲祭名"。垔,此處作地名。有的學者認爲"垔"可能是楚國的"屈"②。本版

---

① 勞,此處據《漢達文庫》釋。屈萬里釋作"衣",並謂:"衣,地名。即《水經·沁水注》'又東經殷城北'之殷,在今沁陽縣。"參屈萬里:《殷虛文字甲編考釋》,"中研院"歷史語言研究所,1961 年。

② 李學勤(江鴻):《盤龍城與商朝的南土》,《文物》1976 年第 2 期,又載《新出土青銅器研究》,文物出版社,1990 年;收入《甲骨文獻集成》第 28 册。

正面辭例反映雀出使南土的占卜記錄,應該也是隨軍帶有廟主的。

  癸亥,示先𢦏入。二
  示弜先酌𢦏。二   (＊W1644＝B10420＝41465,歷二)①
  癸亥,示先𢦏入。三
  王于南門逆𢦏。
  ☐入☐𢦏。   (32036,歷二)
  癸亥卜,弜[宀]。
  示其酌𢦏。
  示☐先𢦏入。   (32039,歷二)
  示其酌[𢦏]。
  示先𢦏入。   (32040,歷二)

這四版字體相同,事類相同(第一二版兆序相連),可能是占問同一件事:某次戰爭結束,軍士凱旋,王親自到南門,先接入廟主,再迎"𢦏"俘。另有一版也是表示廟主先於軍士入商的,即:

  戊辰卜,貞于辛未涉。
  戊辰卜,貞翌庚午☐三
  己巳,貞示先入于商。
  [己巳],[貞]示☐罙☐入。
  [貞]翌乙亥不易日。
  貞翌乙亥易日。   (28099,歷一)

上揭《合集》28099一版正反共有六條卜辭,中間兩條是正面,其餘四條是反面,但占問的內容應該有聯繫,故按干支先後排列在一起。

  既然有班師回朝時接入廟主之儀,自然有出師時遷廟、軍中祭主之儀。

---

 ① 蔡哲茂《綴續》已收入 B10420＝41465,我們發現,它又與 W1644 為重片。41465 係摹本,經與拓片核對,誤將"癸亥示先𢦏入"之"示"誤摹成"于"。

(七)凱旋、反主、獻俘、祭祖禮

文獻中有不少記載關於戰爭結束後凱旋時的儀節,如《周禮·夏官·大司馬》:"若師有功,則左執律,右秉鉞,以先愷樂獻于社。"注:"功,勝也。律,所以聽軍聲。鉞,所以爲將威也。先,猶道也。樂曰愷,獻于社,獻功于社也。《司馬法》曰:'得意則愷樂,愷歌,示喜也。'"《周禮·春官·大祝》:"及軍歸,獻于社,則前祝,反行舍奠。"注:"'及軍歸,獻于社'者,謂征伐有功,得囚俘而歸,獻捷于社。按《王制》云:'出征,執有罪反,以釋奠于學。'"《孔叢子·問軍禮》:"反社主,如初迎之禮。舍奠于帝學,以訊馘告,大享于群吏,用備樂饗,有功於祖廟,舍爵策勳焉,謂之飲至。"上述記載包含了奏凱歌、反社主、獻軍功等。殷墟早期卜辭未見明顯記錄,但稍晚的歷組卜辭有載。如前舉《合集》28099、32036、32039 均有反映王迎接凱旋的軍士和廟主之信息。此外,還有迎取戰俘和將領的記錄:

貞☒

己巳,貞庚午又于父丁牢。兹用 三

己巳卜,王其逆執,又。三

己巳,貞王逆執,又若。三

貞王弜逆執。三

己巳,貞王來逆,又若。三

弜逆執,亡若。三　　　　　　　　　　　　(32185,歷一)

辛酉其若,亦凡伐。

辛☐,貞王其逆☒ 一

壬戌,貞王逆氧以羌。一

于滴,王逆以羌。一

王于宗門逆羌。一　　　　　　　　　　　　(32035,歷二)

弜逆羌　　　　　　　　　　　　　　　　　(32037,歷二)

☐亥,弜逆羌。

示□酘羌。　　　　　　　　　　　　　（32038,歷二）

癸□,［貞］□羌□一

己卯,今日王逆㒸,用。一　　　　　　　（32155,歷草）

癸未卜,貞王其逆㒸（擒）,亡𢦏（害）。　（L654,賓一）

上揭幾版卜辭中"逆執""逆羌"是指迎取戰俘,執字形作🗎,从夲从羌,當是羌俘的專字,亦可看作"🗎（執）"的異寫,《類纂》《字形表》失收,《詁林》字頭2611號"執"收有此字形。"逆㒸"則是迎接凱旋的將軍㒸。又如"辛丑卜,貞㒸以羌王于門尋。三"（261）,也反映了王於門（可能爲城門,也可能爲宮門）外迎取㒸所獻之羌俘。此外,乙辛時期黄類卜辭有"逆旅"（36475）反映軍士凱旋,王親自迎接的占卜情況。

晚期黄類還有一條反映獻俘獻捷禮的著名卜辭,内容非常豐富,學者們多所徵引：

□小臣𠦪比伐,擒危羙□人二十人四,馘千五百七十,𡢌百□丙,車二丙,𠧪（櫓）①百八十三,函五十,矢□用又白麐于大乙,用🗎白（伯）卬□𡢌于祖乙,用羙于祖丁歲,甘京易（賜）□。

（※36481 正,黄類）

這條刻辭記載了小臣𠦪隨王征伐,得勝凱旋,捷獲有危美等首領和其他戰俘、大量戰利品,以及用羙美等首領祭祀祖先等行爲。這種野蠻血腥的獻俘禮,在武丁後期的卜辭中多見。遺憾的是,儘管武丁時期戰争頻仍,但所記獻俘活動却很罕見。較早反映人祭的卜辭僅在賓三類中見到兩例,這些犧牲既有敵方首領又有一般戰俘：

戊子卜,賓,貞叀今夕用三白羌于丁,用。［十二月］。

（293,賓三）

丁卯卜,□,貞奚絆白盇,用于丁。　　　（1118,賓出）

---

① 據裘錫圭釋,參《文集》第四卷第418—422頁。

兩條卜辭均反映的是向丁獻俘並人祭,丁當指武丁,因此,這是祖庚時期之物①。

附錄一:《禮經本義·出師禮》載相關材料

"命將誓戒":天子以歲之孟秋,賞軍帥武人于朝,簡練俊傑,任用有功,命將選士,以誅不義。于是孟秋以級授車司徒搢扑,北面而誓之,誓于社,以習其事。

"告祭乃出":先期五日,太史筮于祖廟,擇吉日齋戒,告于郊、社稷、宗廟,既筮,則獻兆于天子。天子使有司以特牲告社,告以所征之事,而受命焉。舍奠于學,以受成,然後乃類上帝以出。

"軍行舍奠祭告":以齊車載遷廟主及社主行。大司馬職奉之,無遷廟主,則以幣帛皮圭告于祖禰,謂之主命,亦載齊車。凡行主,皮圭幣帛皆每舍奠焉,而後就館,主車止于中門之外,外門之內,廟主居于道左,社主居于道右,其所經名山大川皆祭告焉。

"飲至策勳":大饗于群吏,用備樂饗有功于祖廟,舍爵策勳謂之飲至。此天子親征之禮也。

"命將出征之禮":天子命將出征,親潔齊,盛服,設奠于祖,以詔之。大將先入,軍吏畢從,皆北面再拜稽首而受。天子當階南面,命授之節鉞,大將受,天子乃東向西面而揖之,示弗御也。然後告太社,冢宰執脤宜于社之右,南面授大將,大將北面稽首再拜而受之,承所頒賜于軍吏。其出不類,其克不禡,戰之所在,有大山川則祈焉,禱克于五帝,捷則報之,振旅、復命、簡異、功勤,親告廟、告社,而後適朝。將居軍中之禮,介胄在身,執銳在列,雖君父不拜。若不幸軍敗,則驛騎赴告,不載櫜韔。天子素服,哭于庫門之外三日。大夫素服,哭于

---

① 黃天樹:《殷墟王卜辭的分類與斷代》第五章一節"論賓組三類卜辭的時代",科學出版社,2007年。

社,亦如之。亡將失城,則皆哭七日,天子使使迎于軍,命將帥無請罪,然後將帥結草自縛,袒右肩而入,蓋喪禮也。

"諸侯應敵之禮":(略)。

附錄二:《五禮通考·軍禮五·出師》引相關文獻闡述古代軍禮

類祭上帝。《禮記·王制》:"天子將出征,類乎上帝。"《周禮·春官·大祝》:"大師類上帝,則前祝。"《孔叢子·問軍禮》:"先期五日,太史誓于祖廟,擇吉日,齋戒,然後乃類上帝,柴于郊,以出。"又"凡類、禡,皆用甲、丙、戊、庚、壬之剛日。"《詩·大雅·皇矣》:"是類,是禡。"注:"類,出師祭上帝。"《爾雅·釋天》:"是禷,是禡,師祭也。"

宜社。《禮記·王制》:"天子將出征,宜乎社。"《周禮·春官·大祝》:"大師宜于社,則前祝。"《孔叢子·問軍禮》:"先期五日,太史誓于祖廟,擇吉日,齋戒,既筮,則獻兆于天子,天子使有司以特牲告社,告以所征之事而受命焉。"《司馬法》:"興甲兵以討不義,乃禱于后土、四海神祇、山川冢社。"

造廟。《禮記·王制》:"天子將出征,造乎禰。"注:"造,至也,至考廟也。"《周禮·春官·大祝》:"掌六祈以同鬼神示,二曰造。大師,造于祖,則前祝。"注:"大師者,六軍親征之稱,出必徧祭七廟,取遷廟之主而行。"秦蕙田按:"《王制》之造,但祭考廟,《周禮》之造,徧祭七廟,二說互相備。"《司馬法》:"興甲兵以討不義,乃造于先王。"

禡祭。《禮記·王制》:"天子將出征,禡于所征之地。"注:"禡,師祭也,爲兵禱。"

受成于學。《禮記·王制》:"天子將出征,受成于學。"注:"定兵謀也。"

命將告廟。《孔叢子·問軍禮》:"天子命將出征,親絜,齊,盛服,設奠于祖,以詔之。大將先入,軍吏畢從,皆北面再拜稽首而受。天子當階,南面授之節鉞,大將受。天子乃東向西面而揖之,示勿御也,然後告大社。冢宰執服,宣于社之右。南面授大將,大將北面稽首,再拜而受之,承所頒賜於軍吏。"

軷祭。《周禮・夏官・大馭》:"犯軷,王自左馭,馭下祝登、受、轡、犯軷,遂驅之。"注:"行山曰軷。犯之者,封土爲山象,以菩芻棘柏爲神主。既祭之,以車轢之而去,喻無險難也。《春秋》傳云'跋涉山川',《聘禮》曰'乃舍軷,飲酒于其側'。禮家説亦謂道祭。"《隋書・禮儀志》:"親征,將發軔則軷祭。其禮:有司於國門外,委土爲山象,設埋坎。有司刉羊、陳俎豆,駕將至,委奠幣薦脯醢,加羊於軷西首,又奠酒,解羊并饌埋於坎。駕至,太僕祭兩軹及軓前,乃飲受爵,遂轢軷上而行。"

過祭山川。《周禮・春官・大祝》:"大師,國將有事于四望,則前祝。"疏:"有事于四望,謂軍行所過山川,造祭乃過。大祝先告,王後臨也。"

誓師。《周禮・地官・大司徒》:"施十有二教,八曰以誓教恤則民不怠。"注:"恤謂災危相憂,民有凶患憂之,則民不懈怠。"發按:《書》有《大禹謨》《甘誓》《泰誓》《牧誓》《費誓》《秦誓》皆此類也。

軍中之祭(遷廟)。《禮記・曾子問》:"曾子問曰:'古者師行,必以遷廟主行乎?'孔子曰:'天子巡狩,以遷廟主行,載于齊車,言必有尊也。……'"《周禮・春官・小宗伯》:"若大師,則帥有司而立軍社、奉主車。"《周禮・春官・大祝》:"大師,設軍社則前祝。"注:"鄭司農説設軍社以《春秋》傳曰所謂:'君以師行,祓社釁鼓祝奉以從者也。'"疏:"軍將出,祭于社,即將社主行,不用命戮于社,出必七廟俱祭,取遷廟之主行,用命賞于祖,皆載于齊車。社在軍中,故云設軍社。"

致師。《周禮・夏官・環人》:"(環人)掌致師。"注:"致師者,致其必戰之志。古者將戰,先使勇力之士犯敵焉。"又"(環人)揚軍旅。"注:"爲之,威武以觀敵。"

凱旋告社稷。《周禮·夏官·大司馬》:"若師有功,則左執律,右秉鉞,以先愷樂獻于社。"注:"功,勝也。律,所以聽軍聲。鉞,所以爲將威也。先,猶道也。《兵書》曰:'愷獻于社,獻功于社也。'《司馬法》曰:'得意則愷樂,愷歌示喜也。'"《周禮·春官·大祝》:"大師軍歸,獻于社,則前祝,反行舍奠。"注:"舍奠之禮,所以告至。"《孔叢子·問軍禮》:"反社主,如初迎之禮。"

凱旋釋奠于學。《禮記·王制》:"天子出征,執有罪反,釋奠于學,以訊馘告。"注:"釋菜奠幣,禮先師也。訊馘,所生獲斷耳者。《詩》曰:'執訊獲醜。'又曰:'在頖獻馘。'"疏:"出師征伐,執此有罪之人還反而歸,釋菜奠幣于學,以可言問之訊,截左耳之馘,告先聖先師也。"

獻俘。《周禮·春官·眡瞭》:"賓射,奏其鐘鼓、鼖愷獻,亦如之。"注:"愷獻,獻功愷樂也。杜子春讀鼖爲憂戚之戚,謂戒守鼓也,擊鼓聲疾數故曰戚。"疏:"鼖謂夜戒守之鼓,愷獻謂戰勝獻俘之時作愷樂。二者皆眡瞭奏其鐘鼓。"

策勳飲至。《孔叢子·問軍禮》:"饗有功于祖廟,舍爵策勳焉,謂之飲至。此天子親征之禮也。"

第六章

軍事刻辭中所用行爲動詞

　　本章主要討論軍事刻辭中的行爲動詞,這些行爲動詞大多表示軍事行爲,如"正(征)"、"伐"、"侵"、"俘"等,也有少數表示一般行爲,如"出"、"入"、"歸"、"來"既見於軍事刻辭,又見於非軍事刻辭。爲了解軍事刻辭所用全部行爲動詞的面貌,本書將前述兩類動詞均一併納入研究範圍,並借助語言學有關理論,如語義學、配價理論等對其進行詳細分析和探討。

　　上世紀四十年代,吕叔湘《中國文法要略》(1942)就有了"動詞中心論"的意見,吕先生説:

　　　　句子,按照他們的構造,可以分成好幾類,現在挑一類叙述事情的句子來開始,比如説"貓捉老鼠"。這裏説的是一件事情,貓捉老鼠;這件事情的中心是一個動作,"捉"。何以呢？光有貓和老鼠不成一件事情,必得要"捉"。所以這一類句子的中心是一個動詞……①

　　到八十年代,中國社會科學院語言研究所組織語法學界召開了"句型和動詞學術討論會"(1985),吕先生作的開幕詞中説:

　　　　這次會的總題目是討論動詞和句型。這是語法研究中的第

---

① 吕叔湘:《中國文法要略》,《吕叔湘文集》第一卷第28頁,商務印書館,1990年。

一號重要問題。動詞爲什麼重要,因爲在某種意義上,動詞是句子的中心、核心、重心,別的成分都跟它掛鉤,被它吸住。①

戴耀晶(1998)曾引用Miller(1985)談到的動詞中心說的幾方面理由:第一,在大多數語言裏,動詞是構成句子的特徵性成分,沒有動詞往往不能構成句子(少數名詞除外)。第二,在大多數語言裏,動詞本身即可成爲一個合標準的句子。第三,可以從動詞推斷出句子中其他成分和成分的形態表現。第四,從語義平面上說,動詞表示的是動作或狀態,名詞表示的是與動作或狀態相伴隨的參與者和預設參與者的存在②。

正是如此,我們要更好地理解甲骨軍事刻辭的辭義內容,必須開展對軍事動詞的研究。

最早系統清理甲骨卜辭軍事動詞的是劉釗,他將戰爭的動作行爲分成十二類:1.集合:収人、燮人、冒人(發按:即冒人)、収衆、立中;2.出兵:出、來、再、改、至、再册;3.偵察:望、見、目;4.騷擾:戋、凡皇;5.征伐:正、伐、韋(敦)、侵;6.防禦:衛、戋、扞;7.追擊:追、关伐(發按:即自伐);8.擒獲:隻、摯、禽、擒、執、及、孚;9.遭遇:遘;10.殲擊:戈、戔;11.駐扎:自、師;12.聯絡:史人。共得動詞三十二個(單音詞二十九個,複音詞三個),動詞性詞組六個③。

後來陳年福對軍事動詞進行了重新清理和認定,共得九類六十四個:1.征集類:比(聯合)、共(徵集)、燮(徵集);2.監伺類:目(監視)、見(監伺)、望(瞭望、偵察);3.行軍類:以(率領)、及(進及)、步

---

① 呂叔湘:《句型和動詞學術討論會開幕詞(代序)》,中國社會科學院語言所現代漢語研究室編:《句型和動詞》第1頁,語文出版社,1987年。
② 戴耀晶:《現代漢語動作類二價動詞探索》,袁毓林、郭銳主編:《現代漢語配價語法研究(第2輯)》第133頁,北京大學出版社,1998年。Miller, J. *Semantics and Syntax: Parallels and connections*. Cambridge University Press. 1985.
③ 劉釗:《卜辭所見殷代的軍事活動》,《古文字研究》第16輯第67—139頁,中華書局,1989年。

（進軍）、涉（度水）、出（出兵）、啟（開拔）、行（行軍）、還（撤軍）、肇（以…爲先鋒）、鼓（擊鼓進軍）、歸（回師）、次（駐扎）、遣（調遣）、旋（班師）、遘（遭遇）；4.征伐類：正（征伐）、圍（圍擊）、途（借作"屠"）、敔（進取）、敦（迫擊）、璞（打擊）、伐（征伐）、戔（攻伐）、執（夾擊）、射（射擊）、追（追擊）；5.侵擾類：出（出動）、來（來犯）、啟（出動）、至（來犯到某地）、凡（侵犯）、冉（舉兵）、侵（侵襲）、凡皇（徘徊騷擾）；6.防禦類：禦（抵禦）、爰（支援）、衛（防衛、保衛）、捍（捍衛）、戍（戍守）、易①（決河堤以水禦敵）；7.擒獲類：䢼（投獻）、俘（俘獲）、𫽹（抓獲）、降②（投降）、獲（擒獲）、執（執獲）、擒（擒獲）；8.傷害類：𣦵③（傷）、震（驚動）、喪（喪失）、雉（傷亡）、敗（失敗）、戕（傷）；9.附刑法類④：刖（刖足之刑）、訊（審訊）、劓（割鼻之刑）、刻（宮刑）⑤。

　　由於對某些字詞的釋讀學界依然存在爭議，而且，上述兩文發表以後，學界又有新的成果問世，綜合前賢時彦的看法和我們自己的理解，初步統計出與軍事行爲有關的動詞七十二個（其中單音詞六十三個，複音詞九個），動詞性固定詞組三個，按動詞反映内容的不同，分成如下八類：

　　1. 關於敵方來襲（2）：侵、來娫（艱）；2. 關於集結發兵或駐兵（11）：立中、收、俶、叕、冒、肇、盖、同（興）、冉、注（駐）、𠂤（次）；3. 關於命令（3）：乎、令、冉册；4. 關於偵察（6）：視、見、目、望、萑（觀）、罙（探）；5. 關於行軍（11）：以、入、往、出、遘、歸、來、至、步、涉、啟；6. 關於攻防（26）：正［含"𤉢正"］、龏、伐［含"逆伐、専伐、值伐、衒伐、罙伐、㞢伐、𡊣（皇）伐"］、戎、㞢、𦎧（敦）、戔［含"𤉢戔"］、𣪊、䣛、值、

---

① 將"易"釋作此義，古今辭書未載，卜辭辭例也難以爲據，恐難服人。
② 降，卜辭中一般作"下降"的"降"，僅《屯南》2301 有"方來降。吉。"意義還需進一步研究。
③ 𣦵，卜辭中四見，並非動詞，當是地名，《詁林》字頭 647 號姚孝遂先生按語已指出。
④ 刑法類似不應納入軍事動詞。
⑤ 陳年福：《甲骨文動詞詞彙研究》第 17—27 頁，巴蜀書社，2001 年。

戠、敢、璞（撲）、達（撻）、禦、戍、衛（▨、▨）；7.關於戰術（4）：▨（衝）、陷、苞（伏）、叔；8.關於追逐（2）：追、及；9.關於戰爭結果①（10）：戬、敗、克、執、牵、▨、獲、擒、俘、玘。

以下分三節討論：一是考察上述動詞（含詞組）所用字形及其詞義；二是關於其群聚分析；三是關於其配價分析。

第一節　字形及詞義考辨

兹將上述動詞（含固定詞組）的釋字與詞義分別作出考辨，爲節省篇幅，一般情況下，每詞僅舉一條卜辭。

一　固定詞組

軍事刻辭中，有三個與軍事活動相關的動詞性固定詞組：來嬉、立中、再册。以下分述之。

1. 來嬉

癸亥卜，［㱿貞］旬亡▨。王占▨來嬉。六日［戊辰，允］㞢來嬉，汕▨乎［伐］吾［方］。　　　　　　　　（PJ295，典賓）

嬉，字形作▨（6057）、▨（24147）、▨（B7941）、▨（HD3，可隸定作艱）等，唐蘭釋作艱②，可從。唐先生謂"壴"是聲符，陳劍則認爲，"壴"是形符，並非聲符③。陳先生説"艱"當分析爲从壴堇聲，西周金文和《説文》籀文、小篆都从"堇"聲，"堇"又是从火（後來"火"訛爲"土"）茣聲；茣與艮讀音相近，故艱字後又加注"艮"聲、省略"壴"而作"艱"。黄

---

① 陳永正曾釋▨爲"自"，謂其爲"复"、"復"、"複"、"復"的初文，讀作"覆"，卜辭中意爲"敗亡"。如果他的考釋可信，也應列入此處爲戰爭結果的詞，但從卜辭內容來看，未必可信，故此處不列入。詳參陳永正：《釋▨》，《古文字研究》第4輯第260—262頁，中華書局，1980年。
② 唐蘭：《殷虛文字記》第56—61頁，中華書局，1981年。
③ 陳劍：《甲骨金文考釋論集》第333頁，綫裝書局，2007年。

天樹進一步指出，🈳(婼)、🈳(郖)，象人守鼓警戒形，係會意字，🈳係形聲字，甲骨文🈳與《說文》艱字或體"囏"相同①。殷墟卜辭中涉及"艱"的辭例近三百條，極少單用，絕大多數是"來艱"連用，且多與軍事行動有關，因此，"來艱"特指敵方有軍事行動，對商帶來災禍。

2. 立中

　　□□[卜]，爭，貞或🈳(姘)[方]☒

　　☒弗其🈳(姘)方☒

　　☒貞來甲辰立中。

　　　　　　　　　（7692+8622+善齋卷七・26.1[張宇衛綴]，典賓）

"立中"，寫作"立🈳"，字形作旗幟飄揚貌②。誠如唐蘭所言，"然則中本旌旗之類也。……蓋古者大事，聚衆於曠地，先建中焉"③。另有中作"🈳"形(1488/14868)，从㫃之形更爲明顯。"立中"在卜辭中有與戰爭同版的情況，除上揭《合》7692外，其他如：

　　貞勿立中。

　　貞立中。

　　貞勿正土方。　　　　　　　　　　　（6449，典賓）

　　貞☒[立]☒

　　貞立中。

　　貞今早勿正土方。　　　　　　　　　（Y584＝39883，典賓）

　　貞勿立中。

　　☒今早勿收人。　　　　　　　　　　（7374，典賓）

---

① 黄天樹：《黄天樹甲骨金文論集》第122頁，學苑出版社，2014年。
② 《類纂》收有三十例"立中"均作此形。美國達慕斯大學艾蘭教授認爲其爲"風向標"之象形，可備一説，參《試論甲骨文的"中"字》，中國古文字研究會第19屆年會論文，復旦大學，2012年10月。
③ 唐蘭：《殷虚文字記》第52—54頁，中華書局，1981年。

那種認爲"立中"與戰爭無關,是用來測日影的説法我們是不贊同的①。王宇信也説:"有學者認爲'立中'與圭表測影有關,恐未盡然。"②鍾柏生基本全面彙集了"立中"的卜辭,並檢討了"立中"的兩種意義:一是"中"爲旗;二是"中"爲測日影的工具。在逐一分析兩種解釋後,認爲第二種説法佔上風,但這種説法也有弱點,因此最後的結論是:"'立中'意義的確定,尚需要更堅强而令人信服的證據。"③事實上,兩種説法各執一詞,僅憑各自找到的卜辭材料去分析"立中"的本義,自然是誰也説服不了誰。我們知道,卜辭反映的詞彙意義並非都是其本義,因内容的簡約,也難以知道"立中"的原因和目的。但是,從其構字形體來看,"中"所象正是竪立旗幟或巾幡一類的東西,既如此,這種旗幟或巾幡既可以聚衆,也可以測日影,因此二者之間並非水火不容。從上舉"立中"與戰爭具有緊密關係的卜辭以及"中"之字形來看,説它具有"立旗"之義是可能的,也是合乎情理的。本研究所要討論的是它的引申義,即竪旗聚衆,集結士卒,然後從事校閲或征伐。

"立中"本爲一個詞組,卜辭中有"更中立"(7364)這樣的倒裝可證。卜辭中還有"立瓞(旗)",與"立中"相類。如:

  弜其立瓞。   (28207,無名)

  壬午卜,貞以瓞立于河。   (W1636,歷二)

但這兩條卜辭似均與戰爭無關。其他還有與"立旗"有關的卜辭:

  貞:勿立彻。   (14496,賓出)

  丁酉其立彻。

---

① 蕭良瓊:《卜辭中的"立中"與商代的圭表測景》,《科技史文集》第10輯,1983年;又收入《甲骨文獻集成》第32册。

② 王宇信:《商代征伐方國出師典禮蠡測》,原載《淑明女子大學校創學90周年紀念·國際甲骨學學術研討會》,1996年,又《甲骨文獻集成》第27册第233頁。

③ 鍾柏生:《卜辭中所見的殷代軍禮之二——殷代的戰爭禮》附録一《論"立中"》,《中國文字》新17期(董作賓先生百歲誕辰紀念特集)第85—240頁,美國藝文印書館,1993年;又收入《甲骨文獻集成》第27册。

弜立󰀀。(T1035,歷二)

劉釗指出《屯南》1035"󰀀"應指旗幟①。陳劍指出,《合集》14496的"󰀀"與《屯南》1035的"󰀀"當爲一字,可隸定作"旐","立旐"與卜辭常見的"立中"相類②。西周金文亦見"禹旂"。《裘衛盉》:"隹三年三月既生霸壬寅,王禹旂于豐。"周原甲骨H11∶2亦有"禹中"。陳劍認爲,殷墟卜辭"立中"亦即"禹中"、"禹旂"③。劉、陳二位先生的意見是正確的。

3. 禹册

乙卯卜,□,貞沚𢽳禹册,王比伐土方,受㞢又。二

(6402正+,典賓)

□申卜,□,貞侯［告］禹𢪙(册)☒ (7414,賓一)

禹册,偶作"禹𢪙"(7414)或"禹𠕁"(7426正)。學界多將"𢪙"釋作"典"④,《類纂》《字形表》《字編》均采此說⑤,王蘊智謂"册"、"典"係同源分化字⑥。陳劍指出,"'𢪙'象雙手奉册之形,當爲'册'字繁文,被很多人接受爲'典'之說恐實不可信"⑦。謝明文詳細梳理了"𢪙"的甲骨文、金文用例情況,認爲該字與"典"字無關,亦非"册"字,但與"册"字存在通用關係⑧。"𢪙"從収,會雙手舉册之意;"典"

---

① 劉釗:《卜辭所見殷代的軍事活動》,《古文字研究》第16輯第138頁,中華書局,1989年。
② 陳劍:《甲骨金文考釋論集》第409頁,綫裝書局,2007年。
③ 陳劍:《甲骨金文考釋論集》第412頁,綫裝書局,2007年。
④ 陳邦懷、于省吾、孫海波、李孝定等學者均主此說。詳于省吾主編:《甲骨文字詁林》字頭2939號,第2970—2972頁,中華書局,1996年。
⑤ 《新甲骨文編》2009年初版采用此說,2014年增訂版將其歸於"册"字頭下。
⑥ 王蘊智:《"典""册"考源》,《殷都學刊》1994年第4期;《"典""册"古音及上古舌齒音聲母同源例析》,《殷都學刊》1996年第1期。
⑦ 陳劍:《甲骨金文考釋論集》第384頁,綫裝書局,2007年。
⑧ 謝明文:《"𢪙"、"𢪙"等字補釋》,《中國文字》新36期,第99—110頁,臺灣藝文印書館,2011年1月。

從丌,會册在幾上之意,二字來源有別,因此,我們贊同謝先生的意見。

爯册,于省吾説:"爯稱古今字。册經典通用策。……稱謂述説也,册謂册命也。"①李宗焜亦贊成此説②。爯册,當是臣子雙手捧舉簡册,而接受册命之意。

二　單音詞

(一)用於敵方來襲:侵

1. 侵(寽、㑴)

癸巳卜,𡧊,貞旬亡囚。王占曰:㞢[咎],其㞢來嬄,气至。五日丁酉,允㞢來[嬄自]西。沚或告曰:土方㞚于我東啚,[戋]二邑。𢀳方亦侵我西啚田。　　　　　(6057 正,典賓)

侵,字形作寽、㑴,可分別隸定作寽、㑴。唐蘭釋爲"侵"③,學界公認,意爲侵伐、侵略。

(二)用於集結發兵或駐兵:収、敇、叝、冒、肇、盖*、同(興)、爯、注(駐)、𠂤(次)

2. 収

貞収人乎伐㠱。一 二　三告　三　四　五　　(248 正,賓一)

収,字形作𠬞,與小篆同。《説文·廾部》:"収,竦手也。"徐鉉注:"今變隸作廾。"段注:"此字謂竦其兩手以有所奉也。"徐灝箋:"廾、共,古今字;共、拱,亦古今字。"本義爲供奉、供給。卜辭中主要有兩種用法:一是用作本義,供奉祖先,以牛羊等供品祭祖;二是爲戰爭提

---

① 于省吾:《雙劍誃殷契駢枝續編·釋爯册》第 13 頁,北京虎坊橋大業印刷局,1941 年;又收入《甲骨文獻集成》第 8 册。
② 李宗焜:《卜辭"爯册"與〈尚書〉之誥》,《歷史語言研究所集刊》第 80 本第 3 分,2009 年 9 月。
③ 唐蘭:《殷虛文字記》第 23 頁,中華書局,1981 年。

供軍事力量,引申而有徵集、登進之義。收人,用其引申義。

3. 烄

丙午卜,㱿,貞烄人三千呼[伐𡄹方受㞢又]。(6172,典賓)

烄,象兩手舉宫之形,本義當爲雙手舉食器供奉祖先。唐蘭讀作収,爲"供給"之義①,可從。楊樹達釋爲登,讀作徵,"登人"意爲徵集②,非是,"烄帚好三千"(Y150正)作爲雙賓結構,按"供給"釋較"徵集"妥帖。収人,是用其引申義。

4. 叕

辛巳卜,□,貞烄帚好三千,叕旅萬,呼伐□[方],受[㞢又]。

(39902正=Y150正,典賓)

叕,象兩手捧豆之形,本義當爲雙手捧祭之形。《詁林》姚孝遂按語釋其爲"烝",作祭名③,可從。卜辭中大量用作祭名,黄組卜辭中偶見用作地名(36929)。軍事動詞用法僅兩例,即"叕旅"(5822、39902正),當讀作"徵",釋爲徵集,係用其假借義。

5. 冒

庚寅卜,㱿,貞勿叕人三千呼望𡄹[方]。四 (6185,典賓)

冒,基本字形作品,从冂从目,冂在晚期黄組卜辭中,間有作𠆢。有釋省、釋蒙、釋視、釋鹹諸説④,均各執一詞。卜辭中有兩種用法:一是名詞,作地名或國族名,如《合集》1110正;二是動詞,相當於収或烄,既可用"冒人",又可用"冒牲"。造字本義未詳。

6. 肇

戊辰卜,内,貞肇旁射。 一 二 三 二告 四

---

① 唐蘭:《天壤閣甲骨文存並考釋》第43頁,北京輔仁大學影印本,1939年;又收入《甲骨文獻集成》第2册。
② 于省吾主編:《甲骨文字詁林》字頭1030號,中華書局,1996年。
③ 于省吾主編:《甲骨文字詁林》字頭1032號,中華書局,1996年。
④ 于省吾主編:《甲骨文字詁林》字頭614號,中華書局,1996年。

勿肇旁射。　一　二　二告　三　四

貞肇旁射三百。　一　二　二告　三　四　五　六　七

二告　八　九

勿肇旁射三百。［一］二　三　四　五　六　七　八　九

（5776正+）

肇（肇），字形作𢼄，也作𢼃、𢼁等形。方雉松對甲骨文中"肇"的字形進行了較爲詳細的考辨，可以參看①。先前學界一般訓"肇"爲啓，"肇馬"即啓動騎兵之義②，或釋"肇"爲"以……爲先鋒"義③。但卜辭中"肇"常接物資、人馬等作賓語，如"肇鹵"（7023）、"肇丁用百羊百犬百豚"（15521）、"肇旁射"（5776正）、"肇馬左右中人三百"（5825）、"肇馬"（29693＝31181），與"以"、"収"、"冒"的用法頗爲相似。另，"肇"又可接疾病、災禍等作賓語④，如"肇王疾"（14222）、"肇帚女㞢囚"（2820反）等，與"降"、"作"的用法頗爲相似。因此，方雉松訓其爲"致"，含致送、招致之類的意思，其説可從。《説文・戈部》："肇，上諱。"段注："上諱者，漢和帝諱也。《後漢書》作肇。李賢引伏無忌《古今注》曰：'肇之字曰始。'……玉裁按：古有肇無肇。……《玉篇》曰：'肇俗字。'《五經文字・戈部》曰：'肇作肇，訛。'《廣韻》有肇無肇。"大徐本《説文・攴部》："肇，擊也。"段氏謂"肇"爲妄竄，故將其删去，並釋"肇"爲始。從甲骨文來看，訓"始"或訓"致"似均非本義，軍事刻辭中均應釋"致送"，似用其假借義。

7. 盖

貞令㠱盖三百射。　　　　　　　　　　　（5771甲）

---

① 方雉松：《談談甲骨金文中的"肇"字》，《中原文物》2012年第6期。
② 劉釗：《卜辭所見殷代的軍事活動》，《古文字研究》第16輯第82頁，1989年。
③ 陳年福：《甲骨文動詞詞彙研究》第19頁，巴蜀書社，2001年。
④ 有學者認爲"肇王病"之"肇"義同"靖本肇末"之"肇"，即正也，"正"與"疹"音同，假借爲"疹"。顯然這一説法是欠妥的。詳參徐錫台：《殷墟出土的一些病類卜辭考釋》，《殷都學刊》1985年第1期。

盖，基本字形作⿱或⿱，羅振玉最早釋其爲鬻，王襄從之①。陳夢家亦釋爲鬻，並讀其爲養或庠，謂"令辜盖三百射"即"令辜教三百射以射"②。孫海波《甲骨文編》隸作"盖"，考古所《甲骨文編》作"盖"，（第 228—229 頁）《甲骨文字形表》作"盖"（第 121 頁），《新甲骨文編》作"盖"（增訂版第 311—312 頁），《甲骨文字編》作"盖"（第 1014—1015 頁）。近來，張新俊贊同釋其作"盖"，分析爲从皿、羊聲，讀爲"將"③。但正如張先生文中所舉例字，从皿之字有會意者，如"盡"、"益"、"盥"、"显"、"蠱"等，也有形聲者，如"盂"、"盧"、"㿻"等，張文中未説明將"盖"看成形聲的理由，而只是説"本文贊同後一種理解方式，即把'盖'看成是从皿、羊聲之字"。如此的話，看成形聲也是没多少根據的。衆所周知，古文字中从"皿"之字可以寫成从"鼎"。比如："齍"（《金文編》0787）大多从"鼎"：⿱（趠鼎）、⿱（鼇鼎），偶爾寫作从"皿"：⿱（仲⿱父鬲）、⿱（獂盡鼎）、⿱（弔鼎）；"盂"（《金文編》0792）大多从"皿"：⿱（免盤）、⿱（王盂）等，偶爾从"鼎"：⿱（伯寶盂），或从"酉"：⿱（伯春盂）。从"鼎"之字也可寫成从"鬲"，如"虖"（《金文編》0436）可从"鬲"：⿱（見甗），也可从"鼎"：⿱（子邦父甗）。因爲"鼎款足者謂之鬲"（《爾雅·釋器》），在古人心目中，鬲是鼎之一種。《説文·鬲部》"鬲，鼎屬也"，此之謂也。因此，前輩學者釋其作"鬻"應是可從的。《説文·鬲部》："鬻，煮也。从鬲羊聲。"段注："鬻亦作䭈，亦作⿱。"《集韻·陽韻》："鬻，《説文》'煮也'，或作䭈。""鬻"在甲骨文中可作地名，也可作動詞，與《説文》所釋意義有别。張新俊論"盖"从羊聲可讀作"將"，還不如説

---

① 于省吾主編：《甲骨文字詁林》字頭 2656 號，中華書局，1996 年。
② 陳夢家：《殷虚卜辭綜述》第 512—513 頁，中華書局，1988 年。
③ 張新俊：《殷墟甲骨文中的"盖"與相關之字》，《第七届"黄河學"高層論壇暨出土文獻與黄河文明國際學術研討會》第 73—91 頁，河南大學教育部重點研究基地"黄河文明與可持續發展研究中心"，2015 年 11 月。

"𦎧"(後世或體作"䚊"、"𪗉")直接可讀作"將"。張先生文中所論讀爲"將"之部分可從,此不贅述。如可讀作"將","盖(將)三百射"則是用其假借義。

8. 同(興)

　　□王𦎧,乎同(興)㞢,戎。　　　　　　　(6565,自賓問)

同,字形作H或H,王子楊指出,"同"的兩個豎筆筆勢對稱,要麽兩筆豎直,要麽略向外曲張,此字過去常被誤釋作"凡",王先生認爲甲骨文舊釋"凡"之字絕大多數當釋爲"同"①。真正的"凡"字形作H(29990)、H(33568),其兩豎筆筆勢並不對稱。卜辭中的"肩興有疾"(18919+B5854)常被省寫成"肩同有疾",蔡哲茂解爲"克興有疾",指疾病狀況有起色,即病情好轉②。王子楊認爲作爲軍事動詞的"同",當看作"興"的省寫,古書多訓"起"、"動"、"發",引申爲出動、發動之義。可從。

9. 禹

　　甲辰卜,賓,貞𢀛方其禹,佳戎。十一月。一 二
　　　　　　　　　　　　　　　　　　　　(6532正,典賓)

禹,基本字形作𩵋,从手从魚,會以手提魚之意。金文《衛盉》作𩵋,字形正同。小篆字形訛寫作𥠖,《說文·𥠖部》:"禹,並舉也。从爪,𥠖省。"《說文》釋義是對的,但因字形訛變歸其爲𥠖部,却是不可取的。禹之本義爲舉,"𢀛方其禹"中禹引申而有舉兵之義。舉兵,用其引申義。

10. 注(駐)

---

① 王子楊:《甲骨文舊釋"凡"之字絕大多數當釋爲"同"》,《出土文獻與古文字研究》第5輯,上海古籍出版社,2013年;又見於氏著《甲骨文字形類組差異現象研究》第198—230頁,中西書局,2013年。
② 蔡哲茂:《殷卜辭"肩凡有疾"解》,《第十六屆中國文字學國際學術研討會論文集》,臺灣高雄師範大學,2005年;又刊於《屈萬里先生百歲誕辰國際學術研討會論文集》第389—431頁,臺北"國家圖書館",2006年。

弜注(駐)襄人,方不出于之。
弜注(駐)涂人,方不出于之。　　　　　　　　(28012,無名)

注,字形作🖼、🖼,象用手將一個器皿裏的液體倒入另一器皿,簡體有省去手形的,也有省去受注器形的。學者釋"益"或"易"者較多①,裘錫圭認爲《合集》29687"🖼黄吕"與《英藏》2567"🖼黄吕"均爲"鑄黄吕","🖼"之下半部分即"注",裘先生將軍事刻辭中的"注"讀作"駐"②。裘先生的意見可從。此處所用爲假借義。

11. 自(次)

乙巳卜,㱿,貞王勿自于曾。　　　　　　　　(7353,典賓)

次,基本字形作🖼(繁寫作🖼、🖼),从自从一,自亦聲,因"自"爲山母脂部,"次"爲清母脂部,山、清二紐均爲齒音,表音部位相同。《詁林》姚孝遂按語:"師旅爲'自',師旅之止舍爲'自',師旅止舍之處爲'師',用皆有別。"③姚先生之説可從,自在文獻中用作"次"。《廣雅·釋詁四》:"次,舍也。"王念孫疏證:"爲舍止之舍。"《僞古文尚書·泰誓中》:"惟戊午,王次于河朔。"孔傳:"次,止也。"《左傳·莊公三年》:"凡師一宿爲舍,再宿爲信,過信爲次。"自作軍隊駐扎,當用其本義。

(三)用於命令:乎(呼)、令

12. 乎(呼)

庚寅卜,㱿,貞乎(呼)雀伐𢀜。四　　　　　　(6931,賓一)

乎,《説文·兮部》:"乎,語之餘也。"楊樹達《積微居小學述林》:"考之《尚書》及古金文,乎字絶少作語末詞用者,而甲文、金文乎字皆用作評召之評……以此知乎本評之初文,因後人久借用爲語末之詞,乃有後起加言旁之字。古但有乎而無評,説金文者往往謂乎

---

① 于省吾主編:《甲骨文字詁林》字頭2659、2660號,中華書局,1996年。
② 裘錫圭:《文集》第一卷第358—361頁,復旦大學出版社,2012年。
③ 于省吾主編《甲骨文字詁林》字頭3002號,中華書局,1996年。

爲評字之假,非也。呼召必高聲用力,故字形象聲上越揚,猶曰字表人發言,字形象氣上出也。"①《説文》將乎與丂混爲一字,非是,楊氏所言甚善。乎、丂二字本同源,卜辭已分化爲二字②。"乎"於卜辭中有三義:一是用本義"呼召",如"雀弗其乎王族來"(6946正);二是用引申義"呼告、報告",如"㞢友化乎告曰:舌方㞢于我奠、豐";三是用引申義"呼令、命令",如"乎雀伐𤞱"(6931)。用於"命令"的"乎",可以是一般廣泛的下令,但如果涉及到重要的軍事行動,應該會有莊重的册命禮儀,故亦將其作爲表示"册命"的軍事動詞討論。

13. 令

    癸亥卜,賓,貞令倉侯求㞢壴。一　　　　　　　(6,賓三)

令,字形作🄰。羅振玉氏謂:"《説文解字》:'令,發號也。从亼从卩。'案古文令从亼人,集衆人而命令之,故古令與命爲一字一誼。許書訓卩爲瑞信,不知古文卩字象人跽形,即人字也。凡許書从卩之字,解皆誤。"③發按:羅氏拘泥於《説文》謂"亼"爲集衆人之命,非是。其甲骨文字形上部所从爲🄰,爲倒口,象人張口發號施令④,卜辭中用其本義。與"乎"一樣也可是一般的"命令",但如果涉及到重要的軍事行動,應該會有莊重的册命禮儀,故亦將其作爲表示"册命"的軍事動詞討論。

(四)用於偵察:視、見、目、望、雈(藋)、罙(探)

14. 視

    貞㷊人五千呼視舌方。　　　　　　　　　　　(6167,典賓)

視,基本字形作🄰,舊釋爲見,裘錫圭改釋爲視,主要依據是新出

---

① 楊樹達:《積微居小學述林》第60頁,中華書局,1983年。
② 于省吾主編:《甲骨文字詁林》字頭3345號姚孝遂先生按語,中華書局,1996年。
③ 羅振玉:《殷虛書契考釋》第51頁上,永慕園石印本,1925年;又收入《甲骨文獻集成》第7册。
④ 黃天樹:《黃天樹甲骨金文論集》第82頁,學苑出版社,2014年。

郭店楚簡《老子》視作㲋、見作㸃，字形判然有別①。《說文·見部》："視，瞻也。"卜辭中視有兩義：一是監視、偵視，如上舉例《合集》6167；二是巡視治理，如"乎自視㞢自"（5806）。兩種用法均與軍事行爲有關，姑且將第二義附記於此。視用爲引申義。

15. 見

　　　　丁巳卜，叀（委）其見方弗冓。　　　　　（20413，自賓間）

見，基本字形作㸃。《說文·見部》："見，視也。"卜辭中一般見有三義：一是覲見、拜見，如"缶其來見王"（1027正）；二是監視、偵視，如《合集》20413；三是假借作"獻"，如"辛見百牛，汎用自上示"（102）。用作軍事動詞的"見"，使用的是其引申義。

16. 目

　　　　貞乎目舌方。　　　　　　　　　　　　（6195，典賓）

目，《廣雅·釋詁一》："目，視也。"《正字通·目部》："目，凡注視曰目之。"作爲軍事動詞，同"視""見"，義作監視、偵視，用其引申義。

17. 望

　　　　貞乎望舌方。　　　　　　　　　　　　（6186，典賓）

望，基本字形作㸔，省寫作㸔，象人登丘陵而望也②。《合集》6186用其引申義，爲監視、偵視。

18. 萑（蘿）

　　　　壬子卜，賓，貞舌方出，王萑。五月。　　（6096正，典賓）

萑，字形作㸔，與隸作"蘿"的㸔多可通用，但在組類上的隱見存在差異。"萑"字見於賓組、子組、歷組、無名組、何組，"蘿"字則見於出

---

① 裘錫圭：《甲骨文中的見與視》，《文集》第一卷第444—448頁，復旦大學出版社，2012年。

② 商承祚：《福氏所藏甲骨文字》第12片考釋，引自《甲骨文字詁林》字頭653號，中華書局，1996年。

組(二類)、無名組、歷組、黃組卜辭①。

萑(雚)在卜辭中有四種用法：一是字作𦫳，據陳劍讀其爲"禍"②。

二是字形𦫳𦫳並見，讀作"祼"，古代祭祀時奠酒獻神的一種儀式。《論語‧八佾》："子曰：禘自既祼而往者，吾不欲觀之矣。"何晏注引孔安國曰："祼者，酌鬱鬯灌於太祖以降神也。"《禮記‧明堂位》："季夏六月，以禘禮祀周公於大廟，牲用白牡，尊用犧象山罍，鬱尊用黃目，祼用玉瓚大圭。"鄭玄注："祼，酌鬱尊以獻也。"卜辭如"乙未卜，爭，貞來辛亥彡萑匸于祖辛。七月"(190 正)、"祼大乙彡萑，王悔"(27115)。

三是字形𦫳𦫳並見，讀作"觀"，意爲監視、偵視。除上揭 6096 正外，例如：

　　　　壬寅卜，旅，貞王其往萑于䜴，亡災。　　　　(24425，出二)
　　　　己酉卜，行，貞王其萑于䜴泉，亡災。　　　　(24426，出二)

正是由於卜辭中萑與雚字形相異，在意義上有時相同，有時相異，如同視與見，因此，許多學者看法難免分歧，有的認爲二者迥異，有的認爲二者實同。《說文》小篆分立二形，解釋有別。《說文‧萑部》："萑，鴟屬。"段注："似鴟鵂而小，兔頭。"又"雚，雚爵也。"段注："爵當作雀。雚今字作鸛。鸛雀乃大鳥。"許氏釋其爲兩種不同的鳥，這當是其本義。卜辭中萑與穫音同，故假借爲穫。又因雚從萑，吅聲，故萑雚形近而混用，又可假借作祼、觀。

四是字形作𦫳，同"舊"。這一點是陳劍指出的："無名組卜辭和歷組卜辭裏常見關於'用''舊册'(册或作'䉈')的貞卜(看《類纂》第 657

---

① 陳劍：《殷墟卜辭的分期分類對甲骨文考釋的重要性》，《甲骨金文考釋論集》第 386 頁，綫裝書局，2007 年。
② 陳劍：《殷墟卜辭的分期分類對甲骨文考釋的重要性》，《甲骨金文考釋論集》第 386—388 頁，綫裝書局，2007 年。

頁),'舊册(册)'與'新册(册)'相對('新册'見屯南1090,'新册'見34522、34538)。無名組卜辭中'舊'又可寫作'舊':惠舊册用,王受祐。(30678=甲536)。屈邁里《殷虛文字甲編考釋》536片下謂'舊,地名……舊册,殆舊地所進之祝册歟?'不確。'舊册(册)'又見於30681、30682、30684及屯南2185、英藏2358等。……(3)癸丑卜:惠舊熹用。/惠新熹用。(30693)。'舊'與'新'對貞,其當用爲'舊'無可疑。"

綜上,舊(舊)作爲軍事動詞,表示監視、偵視義時用其假借義。

19. 罙(探)

貞吾方弗罙西土。

[貞]吾[方]其罙西土。　　　　　　　　　　(6357,典賓)

罙,字形作罙,劉釗認爲可能是由罙省寫而來,釋作"罙",以爲探之本字①。裘錫圭亦釋罙爲"罙"並括注作"探"②。蔡哲茂亦釋作"罙",並視其作"深"之初文③。罙倒寫作罙,義同;罙倒寫作罙,義有差別。黃天樹云:"罙,甲骨文作罙罙,會意字,象以手伸入穴中摸取東西狀,應爲探之本字。引申爲深。到小篆時,宀形變爲'穴','又'形訛變爲'求',罙字寫作'突'。"④諸家釋"罙"可從,上引《合集》6357"罙西土"似當讀爲"探西土",《合集》6425、6480"罙伐"則應讀作"深伐",意爲"深入進擊"。

(五)用於行軍:入、往、出、歸、來、至、步、涉、以、遘、啟

20-27. 入、往、出、歸、來、至、步、涉

這批動詞是表示出行的常用詞,與後世表義相差無幾,故不討論。

28. 以

---

① 劉釗:《卜辭所見殷代的軍事活動》,《古文字研究》第16輯第112—113頁,中華書局,1989年。
② 裘錫圭:《中國大百科全書·中國文學》"甲骨文字"條,轉引自《甲骨文字詁林》字頭2682號;又見《文集》第六卷第244頁,復旦大學出版社,2012年。
③ 蔡哲茂:《釋"罙""罙"》,《故宮學術季刊》1988年第5卷3期。
④ 黃天樹:《甲骨金文考釋論集》第80頁,學苑出版社,2014年。

貞王勿令以衆伐舌方。　　　　　　　　　　（28,典賓）

☐令㠱以王族比[向]罗,堪*王事。六月。（14912,賓三）

以,義爲率領、帶領。文獻中有此用法,如《左傳・僖公五年》:"宮之奇以其族行。"又《僖公二十六年》:"公以楚師伐齊,取穀。"傳文自釋曰:"凡師,能左右之曰以。"楊伯峻《春秋左傳注》:"能左右之者,欲左而左,欲右而右,指揮客軍如己軍也。"《國語・周語中》:"(富辰)乃以其屬死之。"韋昭注:"帥其徒屬,以死狄師。"

29. 冓(遘)

貞甫弗其冓舌方。　　　　　　　　　　　　（6196,典賓）

冓,基本字形作𩰫,象兩魚相遇之形,亦繁寫作𩰫、𩰫、𩰫,即遘。《説文・辵部》:"遘,遇也。从辵,冓聲。"指軍事行動中的遭遇,是用其引申義。

30. 啟

辛卯卜,賓,貞沚𢦔啟巴,王叀之比。五月。

（6461 正,賓一）

啟,有任行軍先鋒之義,本書第三章第四節有討論,此不贅。甲骨文基本字形作𢻫,象以手開門之形①。《説文・支部》:"啟,教也。从支,启聲。"許氏所釋非是其本義,當是其引申義。釋"任行軍先鋒",乃用其引申義。

(六)用於攻防:正[含"甾正"]、𠬝、伐[含"逆伐、專伐、值伐、衛伐、罙伐、甾伐、𡘋(皇)伐"]、戎、𢦔、𩰫(敦)、戔[含"甾戔"]、𣪊、𩰫、值、𩰫、敢、璞(撲)、達(撻)、禦、戍、衛(𩰫、𩰫)

31. 正(征)

貞乎正呼方。　　　　　　　　　　　　　　（6307,典賓）

---

① 關於甲骨文"啟"字的形義關係變化,可以參看楊秀芬:《古文字"啟"形義關係研究》第一章,西南大學碩士學位論文(指導教師:李發),2016年。

正，基本字形作♀，直接隸定作"正"《說文·正部》："正，是也。"饒炯部自訂："'正'下云'是也'。'是'下說'直也'，義即相當無偏之謂……"許慎的說解並非據其本義。《甲骨文字典》釋字形爲"囗象人所居之邑，下從止，表舉趾往邑，會征行之義。爲征之本字。"此說可從。

《僞古文尚書·胤征》："胤征。"孔傳："奉辭伐罪曰征。"孔穎達疏："奉責讓之辭，伐不恭之罪，名之曰征。"卜辭中討伐敵方曰"正"，一方面可能是周圍的邦國不願臣服於商，而對其征伐，另一方面也可能存在勢力強大的敵方（如"吾方"）入侵商而對其反擊。

卜辭中另有♀字，與♀並非一字，詳品字説解。

另有複音詞"甾正"。辭例如：

甲戌王卜，貞畲巫九靈，屯（蠢）①盂方率伐西或（域）②，殻西田，咠盂方，綏余一人，余其比多田甾正（征）盂方，亡左自上下于𣄴☐（36181+36523=B11242，黃類）

甾，字形作♀，金文作♀（子陵鼎）、♀（筍簋），《說文》古文作♀、小篆作♀，因此，于省吾釋其爲"甾"是正確的③，但于先生將其與出、㞢認同，並讀爲"載"却非是。于先生讀"載"的有關卜辭解釋和論證存在不少問題，陳劍《釋"出"》對其進行了詳細的分析④，可參看。近有

---

① 屯，據蔣玉斌先生讀作"蠢"，訓爲騷動。參蔣玉斌：《釋甲骨金文的"蠢"》，《"出土文獻與學術新知"學術研討會暨出土文獻青年學者論壇論文》，吉林大學，2015年8月。

② 或，字形作♀，學届一般釋作"戈"，李學勤先生改釋作"或"，讀作"國"，參李學勤：《論新出現的一片征人方卜辭》，《殷都學刊》2005年第1期。今據謝明文先生補釋其爲"或"，讀作"域"，參謝明文：《商代金文的整理與研究·或字補說》第670—686頁，復旦大學出土文獻與古文字研究中心博士學位論文，2012年。

③ 于省吾：《甲骨文字釋林·釋甾》第69—71頁，中華書局，1979年。

④ 陳劍：《釋"出"》，《出土文獻與古文字研究》第3輯，復旦大學出版社，2010年。

學者釋其爲"筐"的初文,惜未見論稿①。其實,釋爲"甾"既有字形演變的脈絡,也可從意義上找到證據。《説文·甾部》:"甾,東楚名缶曰甾。象形。""甾"本爲一種缶名,看似與作動詞用的"甾"没什麽關係。但我們知道,象"鼓"本爲鼓名,却可以引申出"鼓動"、"鼓舞"、"鼓勵"之意。而且,"甾"是可假借作"灾"的,如清徐榮慶《遊百泉記》:"水旱昆蟲草木不爲甾。"當然這個例證太晚,但"甾"的孳乳字"菑"爲"灾"的異體,出現得並不算晚。《詩·大雅·生民》:"大拆不副,無菑無害。"《集韻·咍韻》:"烖,《説文》:'天火曰烖。'或从宀,从巛,亦作菑。""菑"亦有危害、傷害義。《莊子·人間世》:"菑人者,人必反菑之。""菑"有"灾"義,亦另有依據。《爾雅·釋地》:"田一歲曰菑。"郭璞注:"今江東呼初耕地反草爲菑。"這裏是説"菑"是一歲的田,其得名由來是因爲"菑"是殺草之名。《詩·小雅·采芑》:"薄言采芑,于彼新田,于此菑畝。"孔穎達疏:"二歲曰新田,可言美。菑始一歲,亦言'於此菑畝'者,菑對未耕亦言新也。且菑,殺草之名,雖二歲之後耕而殺草,亦名爲菑也。"既是"殺草",自然可引申而有"殺"、"滅"、"除去"之義。"甾"可讀作"菑",因此,"甾正"即"菑征",義同翦伐。

32. 畐

  癸未卜,賓,貞馬方其畐,在沚。   (6,賓三)

 畐,基本字形作㽞,學界有三種釋法:(1)孫詒讓氏釋爲"韋"②;

---

① 蔣玉斌在其新著《釋甲骨金文的"蠢"》(《"出土文獻與學術新知"學術研討會暨出土文獻青年學者論壇論文》,吉林大學,2015年8月)采用這一釋法,並疑讀爲"匡",訓"助"。蔣先生在注釋中還談到單育辰先生《釋甲骨文"戕"字》(未刊稿)贊同釋"筐",並讀爲"戕"。

② 孫詒讓:《契文舉例》上第七頁下八頁上,上海蟫隱廬石印本,1927年;又收入《甲骨文獻集成》第7册。

（2）陳夢家、饒宗頤氏釋爲"發",訓爲亂①;（3）大多數人謂與旦同,釋"征",但也指出了品與旦之間的差異②。從卜辭中品與旦的實際使用情況來看,二者不釋作同一字是對的,但釋"韋"與"發"均缺乏字形演變的依據,《說文》無該字,暫隸作品。

卜辭中"品"與"正"的區別在於:（1）"正"僅用於商征伐敵方,"品"則大量地用於敵方進攻商及其友邦,少量用於商進攻敵方。（2）"品"有"品于"、"隻品"的用法,而"正"没有。（3）"品"的對象可以是商及其友邦,也可是獵物,如"品豕"（6979）、"品麋"（10378）等。"正"從不用於田獵。

正是有這樣一些明顯的差異,我們認爲二字不應相同。"品"的本義不明,用於表示敵方來進攻,可能是其引申義。

33. 伐

丁未卜,争,貞勿令皋以衆伐吾。 （26,典賓）

伐,基本字形作𢦏,亦有省寫作𢦜,象以戈砍頭形。《說文·人部》:"伐,擊也。从人持戈。一曰敗也。"作用牲動詞時,乃用本義,引申而有"攻伐""討伐"義。《春秋公羊傳》載曰:

《春秋》"伐者爲客"（何休注:"伐人者爲客,讀'伐'長言之,齊人語也。"）"伐者爲主"（何休注:"見伐者爲主,讀'伐'短言之,齊人語也。"）。

春秋時期的"伐"有正義與非正義之別,雖同用一字,但齊人可用音長音短別之。殷商時期,不知是否會有此義,商對方國多用"伐",而方國對商不用此字。

另有關於"伐"的一組複音詞:逆伐、專伐、值伐、衡伐、罙伐、甾

---

① 陳夢家:《殷虛卜辭綜述》第 322、601 頁,中華書局,1988 年。饒宗頤:《殷代貞卜人物通考》第 1139 頁,香港大學出版社,1959 年;又收入《甲骨文獻集成》第 16 册。

② 于省吾主編:《甲骨文字詁林》字頭 823 號,中華書局,1996 年。

伐、𠂤(皇)伐。分述如下：

(1)逆伐

　　辛丑卜，㱿，貞舌方其來，王勿逆伐。三　　（6199，典賓）

逆，典籍中多訓迎。逆伐，卜辭習見，姚孝遂釋爲迎擊①，可從。係偏正式複合詞。後世文獻中未見"逆伐"，也未見"迎伐"，值得深思。

(2)專伐

　　戊子卜，賓，貞或其專伐方。二　　（7603正，典賓）

專，基本字形作𢆶，从叀从又，羅振玉氏最早釋之，後得到學界公認②。《說文·寸部》："專，六寸簿也。从寸，叀聲。一曰專，紡專。"段玉裁注："《小雅》：'乃生女子，載弄之瓦。'毛曰：'瓦，紡專也。'"徐灝注箋："此疑當爲紡專爲本義。收絲之器謂之專。"甲骨文字形正作以手持紡專形，本書初稿認爲"專"係"紡專"引申而有以手持兵器椎擊之義，謂"專伐"同義連文。劉釗讀爲剸伐，意爲斷伐、截伐，認爲剸是專之加形字③。陳劍先生看過本稿後指出，"專"當爲專擅、專主之意，"專伐"即專主伐之，無需他人之助。黃天樹《甲骨文中的範圍副詞》亦指出"專"用在動詞之前，表示對範圍的限制，表單獨、僅只，可譯爲"獨自"、"僅僅"、"單獨"、"只"等④。陳、黃兩位先生的意見可從。

(3)徝伐

　　庚申卜，㱿，貞今者王徝伐土方。　　（6399，典賓）

　　庚申卜，㱿，貞今者王徝土方，〔受〕㞢〔又〕。一

---

① 于省吾主編：《甲骨文字詁林》字頭270號姚孝遂按語，中華書局，1996年。
② 于省吾主編：《甲骨文字詁林》字頭2954號，中華書局，1996年。
③ 劉釗：《卜辭所見殷代的軍事活動》，《古文字研究》第16輯第113頁，中華書局，1989年。
④ 黃天樹：《甲骨文中的範圍副詞》，《文史》2011年第3輯，後收入《黃天樹甲骨金文論集》第294—309頁，學苑出版社，2014年。

庚申卜，㱿，貞伐土方，受〔㞢又〕。　　（6398＝B1876，典賓）

徝，基本字形作𢓂，从彳从屮，釋見頗有紛歧。孫詒讓氏釋"德"、羅振玉氏釋"德"通得，孫海波、何新氏同此；王襄氏釋"省"，葉玉森、張秉權、李孝定、陳煒湛氏釋"循"通巡，饒宗頤、屈萬里氏釋"省"，謂有巡守義；郭沫若氏釋爲"直"之繁文，直正同義，直伐義爲征伐，與"撻伐"雙聲亦可通，魯實先氏略同之①。王蘊智逕釋爲"徝"，"'徝'乃'德'字初文"②。宋華強、楊澤生從之③。

從𢓂的構字及形體演變來看，釋作"德"之初文是正確的，以下是其字形演變模式：

　甲骨文　　　　　金文　　　　　　小篆　　楷书

需要說明的是，金文中"德"的字形發生了分化，從甲骨文繼承而來的字形一部分加了"心"字底，一部分失去了"彳"字旁，從而到了小篆就分化出兩個字形"德"和"悳"，事實上它們只是一字之異寫，《說文》分立兩個字頭是不正確的。這一點許氏之後的字書有所修正。《玉篇·心部》："悳，今通用德。"《廣韻·德韻》："德，德行。悳，古文。"《字彙·心部》："悳，與德同。"郭沫若氏釋𢓂爲直之繁文，未解德、徝實爲

---

① 以上諸家所釋參于省吾主編：《甲骨文字詁林》字頭2306號，中華書局，1996年。

② 王蘊智：《商代葉族考》，《華夏考古》2003年第1期；《"枼"字譜系考——兼說商代的葉族》，《字學論集》第232頁，河南美術出版社，2004年；《葉字及葉姓溯源》，《平頂山學院學報》2014年第1期。

③ 宋華強：《尚書札記二則》，《古籍整理研究學刊》2001年第5期。楊澤生：《甲骨文"迪"、"徝"二字補釋》，《古籍研究》2006卷上。

一字,又稱"德伐"與"撻伐"雙聲義通①,非是。因爲"德"與"撻"僅聲紐相近,韻却遠隔,前者職部,後者月部。

《玉篇·彳部》:"徝,施也。"《集韻·職韻》:"陟,《說文》'登也',或作徝。"《五音集韻·至韻》:"徝,施也。"可見"徝"在字書裏保留的意義爲"陟"、"登"、"施"等。從卜辭來看,"徝"可單用,"徝某方"習見,亦可謂"徝伐某方"、"伐某方",故"徝"義似同"伐"②,但"徝"之征伐義古今字書與典籍均未載,疑"徝"有施義,《楚辭·天問》"夫何三年不施"朱熹集注謂"施"即"刑殺之也"③,故"徝某方"可以理解爲"殺伐某方"。

(4)衞伐

癸卯卜,衎,貞乎雀衞伐亙,𢦏。十二月。一 二 三 四

(6948正,賓一)

衞伐,凡見於《合集》6948正、6949正共兩版四條卜辭,衞另有一單用例(18699),係殘辭,不明是否殘去"伐"字。衞,从行从戈,會意,劉釗認爲衞是戈的繁文④,但"戈"在卜辭中主要作人名、方國名,未見"戈伐"之類的用例。沈之瑜、濮茅左則認爲衞是衎的繁文⑤,"衎"在卜辭中僅一見:

辛未,貞在𠁩牧來告辰衎,其比史,受☒。 (32616,歷二)

趙鵬指出,"在𠁩牧"與"在屮牧"一樣,均爲甲骨文中的人名結構,並

---

① 郭沫若:《卜辭通纂》第508片釋文,收入《郭沫若全集》考古編第二卷,科學出版社,1983年6月;又收入《甲骨文獻集成》第2册。
② 宋華强先生也說"徝方"就是征伐方國(《尚書札記二則》,《古籍整理研究學刊》2001年第5期)。
③ 宗福邦、陳世鐃、蕭海波主編:《故訓匯纂》第993頁,商務印書館,2003年。
④ 劉釗:《卜辭所見殷代的軍事活動》,載《古文字研究》第16輯第112頁,中華書局,1989年。
⑤ 沈之瑜、濮茅左:《套卜大骨一版考釋》,載《上海博物館集刊》(1982)總第2期第10—14頁,上海古籍出版社,1983年;又收入《甲骨文獻集成》第18册。

釋“衛”作“防”[①],我們對這一釋法暫時持保留態度,但可以看出它與“衎”確實没有什麽關係。因此,無論將“衎”看作“戈”之繁文還是看作“衛”之省寫,均缺乏可靠證據,難以令人信從。

“衎伐”爲撻伐義,應無問題,可能是並列式複合詞。

(5)罙伐(□伐、□伐)

貞[今者]王罙伐土方,受[㞢又]。 (6425,典賓)

辛未卜,争,貞帚好其比沚𢦔伐巴方,王自東罙伐,戎陷于帚好立。四 (6480,典賓)

罙伐,即“深伐”,意爲深入進擊,係偏正式複合詞。參上文第19條關於“罙”的説解。

(6)臿伐

辛卯,貞𠂤以衆臿伐召方,受又。三 (31977,歷二)[②]

臿,字形作□、□、□等,王襄釋爲“关”篆文作“□”,並引段氏注《説文》“許書無此字,而送俟朕皆用爲聲,此亦許書奪漏之一也”,孫海波《甲骨文編》、《詁林》姚孝遂按語、劉釗《卜辭所見殷代的軍事活動》並從之。魯實先亦從之,並進而指出“𦨈(發按:即朕,篆文字形作□)之爲字乃从舟从弁以會意,舟以象其履,弁以示其冠,冠履者一人之服,故於自稱𦨈爲小名”,故釋□爲“弁”。楊樹達釋爲“滕”。郭沫若釋爲“撞”,與搗、衝同。張秉權隸作“臿”,謂象兩手捧錐插刺之狀,當是“臿”字,李孝定從之[③]。陳年福逕釋爲臿,認爲是“插”“鍤”等字的初文[④]。劉釗《“臿”字源流考》系統地梳理了“臿”及其从“臿”之字的源流,指出其本形“象兩手持箭插入某一區域之形”,即□(《周原出土青

---

① 趙鵬:《殷墟甲骨文人名與斷代的初步研究》第76頁,綫裝書局,2007年。

② “臿伐”一詞殷墟卜辭凡4見,均爲“王令𠂤以衆臿伐召”,屬歷組二類,可能晚至祖庚期,姑列此。

③ 上引觀點均可參《甲骨文字詁林》字頭1038號,中華書局,1996年。

④ 陳年福:《甲骨文詞義論稿》第316頁,上海古籍出版社,2007年。

銅器》91FQM5:12，蓋內銘文）、🅇（《曾侯乙墓》簡11）左部之所從①。《字編》將其置於"甾"字頭下。《新甲骨文編》（2014年增訂版）則將釋置於"弁"字頭下，仍采王襄的意見。

我們認爲，將其釋"关（弈）"缺乏文獻用例，釋"弁"於字形字義均無涉，釋"舌"不合乎字形演變規律，諸家之説均欠安，究竟釋爲何字，有待於進一步研究。姑將其隸作"甾"，作爲軍事動詞，可以單用，如"甾吾方"（6080）、"甾羌方"（26895）等，亦可與"伐"同義連文，如"甾伐召方"（T1099）等。

（7）🅆（皇）伐

　　　　壬子卜，王令雀🅆（皇）伐畎。十月。　　　　（6960，自賓間）

皇，既作🅇，又可加注聲符"王"作🅆②。黃天樹謂"皇伐"猶西周金文《禹鼎》中的"廣伐"，即大伐③。黃先生的意見可從。

34. 戎

　　　　沚其戎羞。

　　　　沚弗戎羞。　　　　　　　　　　　　　（6995-6996，自賓間）

戎，字形作🅄（151正）、🅅（18786）、🅆（T1049）等，孫詒讓釋"或"，羅振玉釋爲"戈"，于省吾釋"戩"，丁山釋"戎"，胡厚宣亦釋"戎"，並認爲"用爲動詞則爲伐"④。"戎"的字形从戈从中（盾）⑤，戈爲進攻武器，盾爲護體裝備，字形正象徵兵器，與《説文·戈部》釋作"兵也。从戈甲"基本相符，只是小篆字形已訛變爲"从戈从甲"而已。齊文心歸納"戎"在卜辭中有三種用法：（1）族名；（2）作征伐和來犯解；

---

① 劉釗：《"舌"字源流考》，《古文字研究》第30輯第592—600頁，中華書局，2014年。
② 季旭昇：《詩經古義新證》第67頁，臺灣文史哲出版社，1995年。
③ 黃天樹：《黃天樹甲骨金文論集》第312頁，學苑出版社，2014年。
④ 齊文心：《殷代的奴隸監獄和奴隸暴動》，《中國史研究》1979年第1期。
⑤ 胡厚宣將其分析成"从戈从囗，囗即盾"（《甲骨文所見殷代奴隸的反壓迫鬥爭》，《考古學報》1966年第1期），齊文心（《殷代的奴隸監獄和奴隸暴動》）、黃天樹（《黃天樹甲骨金文論集》第85頁）均分析成"从戈从中（盾）"。

(3)作暴動解①。我們贊同齊先生對前兩種用法的歸納。本條辭例"戎"正作"征伐"解,乃"戎"之引申義。

35. 㚔

　　貞令入|㚔自般。十三月。　　　　　　　　　(428,賓三)

㚔,見上文釋"㚔伐"條。

36. 𩰚(敦)

　　貞舌方弗𩰚沚。　　　　　　　　　　　(6180,典賓)

𩰚,基本字形作𩰚。孫詒讓認爲其假作敦②。《說文·㫗部》:"𩰚,孰也。从㫗从羊。讀若純,一曰鬻也。"王國維認爲其爲敦之異文③。發按:純,禪母文部,敦,端母文部,二者聲母相近韻部相同可通。清吳大澂《說文古籀補》第五:"𩰚,古文以爲敦字。"④《宗周鐘》:"南或(國)艮(服)孳(子)敢臽(陷)處我土,王𩰚伐其至,戣(撲)伐氒(厥)都。"孫詒讓《古籀拾遺·古籀中》:"此𩰚字當爲散之省(《說文》敦从攴𩰚聲,隸變爲散)。《詩·魯頌·閟宮》:'敦商之旅',鄭箋:'敦,治也。'𩰚伐,言治而伐之也。"𩰚之撻伐義,乃假借。

37. 戔

　　貞乎戔舌方。　　　　　　　　　　　　　(6335,典賓)

戔,基本字形作𢦏,从二戈。羅振玉氏釋其爲"戔",謂爲戰之初文⑤。從字形來看,釋戔是可從的。《說文·戈部》:"戔,賊也。"段注:"戔,此與殘音義皆同,故殘用爲會意,今則殘行而戔廢矣。"《周禮·地官·槀人》:"掌豢祭祀之犬"鄭玄注:"雖其潘瀾戔餘,不可褻

---

① 齊文心:《殷代的奴隸監獄和奴隸暴動》,《中國史研究》1979年第1期。
② 孫詒讓:《契文舉例》下第24頁上,上海蟬隱廬石印本,1927年;又收入《甲骨文獻集成》第7冊第198頁。
③ 王國維:《靜安先生遺書》第16冊《不嬰敦蓋銘考釋》第7頁,商務印書館,1940年。
④ (清)吳大澂:《說文古籀補》第21頁下,中華書局,1988年。
⑤ 羅振玉:《殷釋》中第69頁上,引自于省吾主編:《甲骨文字詁林》字頭2423號,中華書局,1996年。

也。"陸德明《釋文》："戔,本亦作殘。"《説文・歺部》："殘,賊也。"朱駿聲《通訓定聲》："《蒼頡篇》：'殘,傷也。'"《字彙・歹部》："殘,害也。"故戔訓爲殘害、傷害義,乃引申義。

另有複音詞"畱戔"。辭例如:

丁丑王卜,貞舍巫九毀,毀敚侯弓(發)①,[亡]又(咎)②。罙二媸,余其比,[畱]戔,亡ナ(左)。自下上、□□受又=(有祐)。不啚戈(翦),田(憂)。[告于大]邑商,亡害才(在)[猒(憂)]。
(36344,黃類)

辛卯☐方于☐余其畱戔☐[受]余又(祐)。不啚戈(翦)☐天邑商。亡☐　　　　　　　　　　　(36535,黃類)

上文已有討論,"畱"可通"蔮",有"滅"、"除去"之義,與"戔"同義連文,"畱戔"義同"殘滅"、"殲滅"。

38. 䝿

☐沚馘冓冊䝿舌方☐比,下上若,受我[又]。(6160,典賓)

䝿,在卜辭中常作用牲動詞,後接牛、羊等犧牲,當人作犧牲時,也可作"䝿"的賓語,如"䝿千牛千人"(1027正)。于省吾對"䝿"作了考釋③,其意見至今仍是正確的。于先生説:"䝿以册爲音符,應讀如删通作刊,俗作砍。"

"䝿"亦可用於軍事行動中,有"征伐"之意。這種用法與"伐"的情況很類似,"伐"亦爲用人牲行爲,指砍掉人的腦袋進行祭祀,用於軍事,則爲"征伐"義。

---

① "弓"釋作"發",及前字"敚"的隸定,均參裘錫圭:《文集》第一卷第140—154頁,復旦大學出版社,2012年。
② 此字舊釋爲"尤",今據陳劍先生讀作"咎",詳參陳劍:《甲骨金文考釋論集》第59—80頁,綫裝書局,2007年。
③ 于省吾:《甲骨文字釋林・釋䝿》172—174頁,中華書局,1979年。

39. 㷭

　　☐我其㷭㠯。　　　　　　　　　　　　　　　（8586，典賓）

㷭，本字僅一見，《詁林》字頭2979號謂用爲動詞，其義未詳。

40. 徝

　　戊辰卜，㱿，貞王徝土方。　　　　　　　　　（559 正，典賓）

徝，參前文討論"徝伐"條。

41. 戠（擾）

　　丙子卜，古，貞乎戠（擾）㠯。/貞勿乎戠（擾）㠯方。

　　　　　　　　　　　　　　　　　　　　　　　（6303，典賓）

戠，基本字形作𢻻，从𠦪从倒戌，一般從郭沫若隸定作戠①。王國維釋𠦪爲夒，謂爲殷之先祖帝嚳名②。𢻻之意義恐怕源自𠦪，本爲神名，卜辭中𢻻與𠦪均受燎祭和禱祭，辭例大致相同。後假借作動詞，再加倒戌以爲區別字。前人所釋甚衆，俱見諸《詁林》字頭1544號。釋伐、釋鉏、釋顧、釋夒等均難令人信從。蔡哲茂經過全面梳理戠在卜辭中的用法和前人的研究後歸結了該字的兩種用法：一爲動詞讀爲"戛"字，其義文例多作攻擊之義，另一爲受燎祭及禱禾的對象，是帝嚳之子，爲"契"③。蔡先生將更多的筆墨用於證明"戛"與"契"音近可通，"戠"就是"契"，係殷之先祖名，對於"戠"釋作"戛"引用了于省吾的看法，尚未有新的證據，仍有進一步研究的必要。魯實先謂其爲擾之古文④，劉釗亦謂其有侵擾義⑤。𢻻所从戌爲斧鉞之類兵器，

---

① 郭沫若：《殷契萃編並考釋》第14片，科學出版社，1965年。
② 王國維：《殷卜辭中所見先公先王考》，收入《王國維遺書》，上海古籍書店（影印商務印書館1940年版），1983年；又收入《甲骨文獻集成》第20冊。
③ 蔡哲茂：《説殷人的始祖——"戠"（契）》，《高明教授百歲冥誕紀念學術研討會》，第335—352頁，臺北政治大學中文系，2009年10月。
④ 魯實先：《新詮》之四《釋夒》第15—16頁，引自《詁林》字頭1544號。
⑤ 劉釗：《卜辭所見殷代的軍事活動》，《古文字研究》第16輯第81頁，中華書局，1989年。

用其擊殺義,故可以"才"換之,如"搏",《虢季子白盤》作🈳,从干从專,"干"後來以"才"換之;不娶簋作🈳,从專从戈,戈後來以"才"換之。同理,从夒从戍的🈳,也可寫作擾,擾擾爲一字,《説文·手部》:"擾,煩也。从手夒聲。"邵瑛《群經正字》:"今經典並从憂作擾,此隸轉寫之訛。"因此,🈳當釋爲"擾"。《説文》釋擾爲煩,非字之本義,從《合集》6303 來看,當爲侵擾義,係引申義。

42. 🈳、🈳(敢)

辛丑卜,𢍰,貞今日子商其🈳(敢)基＊方缶,哉。五月。

（6571 正,賓一）

🈳(🈳),字形作🈳、🈳、🈳等,从豕从🈳从収,収亦省寫作又甚至略去。《漢語古文字字形表》釋其作"敢",並加按語云:"敢象持干刺豕形,🈳象倒豕。周初金文省🈳爲🈳、省🈳爲🈳。師虎鼎、衛鼎尚存🈳形。"① 陳絜對"敢"的古文字字形進行了詳細梳理,贊成將甲骨文中的🈳、🈳釋成"敢",並分析了其本義是手持工具獵殺野豬,引申而有"進取"、"進犯"、"攻擊"、"迎擊"等義②。黃天樹也説:"敢,甲骨文作🈳(《合集》1021),會意字,从収从🈳从豕(倒書)。西周《五祀衛鼎》作'🈳(敢)'(甲骨文獻集成 2832)。揆其源流遞嬗之迹,灼然明矣。"③我們同意釋其爲"敢",意爲"進擊",用其引申義。

43. 璞(撲)

己卯卜,𢆶,貞令多子族比犬侯璞周,堪＊王事。五月。

（6812,賓三）

璞,字形作🈳,从🈳从玉从甾从辛从収,第四章討論"多子族"時已論及宜從唐蘭釋璞,讀作戮,後作撲。《説文·手部》:"撲,挨也。"

---

① 徐中舒主編:《漢語古文字字形表》第 155 頁,四川人民出版社,1981 年。
② 陳絜:《説"敢"》,載宫長爲、徐勇主編:《史海偵迹——慶祝孟世凱先生七十歲文集》第 16—28 頁,香港新世紀出版社,2006 年。
③ 黃天樹:《黃天樹甲骨金文論集》第 76 頁,學苑出版社,2014 年。

王筠《句讀》:"《字林》:'手相搏曰撲也.'撲,打也."玄應《一切經音義》卷十四引《通俗文》:"連杖曰撲.""璞周"即攻擊周。卜辭乃用其假借義。

44. 達(撻)

□□[卜],□,貞令望乘眔䢔達象方。十一月。

(6667,典賓)

達,基本字形作🔸,前人所釋甚衆①,趙平安釋達可從,具體討論見第三章第五節"關於望乘"有關部分。達假借作撻,訓爲撻伐,係假借義。

45. 禦

□寅卜,貞,令多馬羌禦方。 (6761,典賓)

禦,上揭卜辭字形作🔸,意爲抵禦。裘錫圭謂卜辭中別有"🔸"字(拾掇 1.415 = 合集 32935,發按:另見《合集》5908),象一人以手抵禦另一持杖者的攻擊,爲禦之初文;又有於此字加注聲符魚,作🔸(甲編 3913 = 合集 28011),前編 6.6.31 有"🔸伐",伐上一字疑🔸之變形加午聲,🔸再省去攴就成了常見的🔸(卸)字②。裘先生所釋可從,卸後來寫作禦。但是,卸更常見的用法不是抵禦,而是一種祭名。《說文·示部》:"禦,祀也。"卜辭中多見"卸于先王先妣"或"于先王先妣卸",通常是爲了祛除某種災禍或疾病而向先王先妣行"卸"祭。"抵禦"與"禦祭"同用"卸"字,二義之間有何聯繫?裘先生找到一個🔸字,認爲它可能是"禦疾"之禦的專字或"禦疾"二字的合文③。裘先生所引的這個字有禦疾之義,將禦疾之義形象化,從而使抵禦之義從祛除之禦祭中引申出來,故抵禦是其引申義。

46. 戍

---

① 于省吾主編:《甲骨文字詁林》字頭 866 號,中華書局,1996 年。
② 裘錫圭:《古文字論集》第 334 頁,中華書局,1992 年。
③ 裘錫圭:《古文字論集》第 334 頁,中華書局,1992 年。

□丑卜，五族戍，弗雉王[衆]。　　　　　　（26880，無名）

戍，基本字形作🄵。《説文·戈部》：“戍，守邊也。从人持戈。”卜辭中的“戍”多作官名，指戍守之官，少用爲動詞。此用爲本義。

47. 衛（🄰、🄱）

乙酉卜，殻，貞舌方🄰，率伐不，王其正，勿告于祖乙。

（6345，典賓）

貞乎🄱从🄲北。　　　　　　　　　　　　（7565 正，典賓）

🄰，《説文》無。唐蘭以爲“還”①，胡厚宣從之②。無論從字形或是從文意來看，釋“還”不可信。劉釗謂其爲“衛”，構形原理是在“🄱”或“🄱”上加“眉”字而成，這可能是有聲音的因素③。黃天樹則認爲甲骨文🄱、🄱、🄱皆从方聲，釋作“防”④。師玉梅接受上古漢語存在複輔音的理論後認爲，“防、衛”與“範圍”、“鳳凰”等詞一樣，甲骨文時期應僅有一音，即一個複輔音聲母 pk-，後世分化爲兩音兩字，師先生認爲，殷商甲骨文時期的“衛”可以讀爲今天的“防”，也可以讀成“衛”，二字古音同⑤。從現有音韻學的研究成果來看，上古音存在複輔音得到了越來越多的學者的認同，師先生的觀點似乎調和了甲骨文中該字在釋讀上的爭論，但並未解決根本的問題。

---

① 唐蘭：《天壤閣甲骨文存考釋》第 49 頁，北京輔仁大學影印本，1939 年；又收入《甲骨文獻集成》第 2 册。
② 胡厚宣：《殷代舌方考》，《甲骨學商史論叢初集》第 2 册，齊魯大學國學研究所，1944 年；收入《甲骨文獻集成》第 21 册。
③ 劉釗：《卜辭所見殷代的軍事活動》，《古文字研究》第 16 輯第 118 頁，中華書局，1989 年。
④ 黃天樹：《黃天樹甲骨金文論集》第 110 頁，學苑出版社，2014 年。
⑤ 師玉梅：《説"防衛"》，《中國文字學報》第 4 輯，商務印書館，2012 年。

首先，甲骨文中的某一字形發展到後來，可能是一個字的初文，也可能是幾個字的初文，這是正常的現象。如"𵑁"相當於"止"，是"趾"的初文；"𠂇"相當於"又"，是"有""又""右""祐"的初文。但這不等於說，甲骨文中的"㣔"既相當於"防"，又相當於"衛"，在具體的一條卜辭中，它只能是某一個字的初文，非 A 即 B，或非 B 即 A，而不能既 A 又 B，正如"王受㞢𠂇"中的"𠂇"只能是"祐"，而不能同時又是"有"、"又"或"右"。

其次，考察殷商複輔音主要利用諧聲和假借①，參照漢藏語系的親屬語言，構擬出上古語音的面貌，並揭示語音發展的歷史綫索。師先生據"衛"從"方"聲，"鳳"從"兄"聲，"叟(更)"從"丙"聲，"駁"從"爻"聲，"𣀠"從"害"和"夫"聲(兩聲)，"疐(轡)"從"叀(惠)"聲，"蠶"從"卉"聲，"叟"借作"鞭"等唇音與喉牙音相諧或相假的情況，得出殷商時期存在複聲母 pk- 的推論。到目前爲止，學者已嘗試構擬了商代複聲母的情況。何九盈《商代複輔音聲母》構擬了三十二個複聲母，梅祖麟《甲骨文裏的幾個複輔音聲母》構擬了十六個複聲母，孫銀瓊《晚商音系研究》構擬了五十一個晚商時代的複聲母②，未見師先生所構擬的 pk-類複聲母。漢藏語言的研究成果表明，"複聲母不是幾個輔音的隨意湊合，而是有着很規則的結構方式。擁有數百個複聲母的嘉戎語，儘管有二合、三合以至四合複聲母，但後置的墊音只限於 -r、-l、-j、-w 四種通音，前置的冠輔音只限於通音 r/r-、l-、j-、w-，鼻音 m-、n-、ŋ-，噝音 s/z-、s/ʒ，流音 r-、l-，塞音 p/b-、k/g-五類，……其西部方言還可加喉音類 h/ɣ-"③。因此，鄭張尚芳構擬出複聲母帶有五類加冠音：噝冠、喉冠、鼻冠、流冠和

---

① 何九盈：《商代複輔音聲母》，《音韻叢稿》第 1—15 頁，商務印書館，2002 年；梅祖麟：《甲骨文裏的幾個複輔音聲母》，《中國語文》2008 年第 3 期。
② 孫銀瓊：《晚商音系研究》第 97—105 頁，四川大學博士學位論文(指導教師：彭裕商)，2015 年。
③ 鄭張尚芳：《上古音系》第 77 頁，上海教育出版社，2002 年。

塞冠①,而塞冠就是前加 p-、k-、t-。師先生新構擬出一個 pk- 的複聲母恐怕與複輔音研究的主流觀點相離,由此得出的推論"殷商甲骨文時期的'衛'可以讀爲今天的'防',也可以讀成'衛',二字古音同",就值得懷疑了。

因此,我們認爲,甲骨文中的"桼"這一類字要麽是"防",要麽是"衛",不能既讀"防",又讀"衛"。儘管二字所記録的詞義近可通,在這類卜辭中理解成{防}和{衛}都通,但仍應據其字形的構成釋成"防"或"衛"。所謂的"防"或"衛"字形有如下幾類:

A. 𝍀(T756,歷一)

B. 𝍁(33193,歷二)

C. 𝍂(556,典賓)　　𝍃(32999,歷二)

D. 𝍄(T756,歷一)　　𝍅(27943,無名)

E. 𝍆(555 正,典賓)　　𝍇(651,賓三)

F. 𝍈(27991,無名)　　𝍉(30602,何二)

《字形表》(第 868—870 頁)、《新甲骨文編》(增訂版第 792—793 頁)均收録上述字形,且都置於字頭"防"下。《字形表》另將"𤔔"釋作"衛",《新甲骨文編》(增訂版第 117 頁)在"衛"字頭下説:"卜辭或用'防'爲'衛',另見'防'下。"其實,從金文及戰國文字來看,上述處理意見恐怕欠妥。《金文編》《新金文編》未列"防"字,其"衛"字頭下收字與上述字形正相合。如:

G. 𝍊(弓衛父庚爵)　　𝍋(衛簋)

H. 𝍌(衛作父庚簋)　　𝍍(裘衛簋)

I. 𝍎(五十七字衛簋)　　𝍏(穌衛妃鼎)　　𝍐(裘衛盉)

---

① 鄭張尚芳:《上古音系》第 71 頁,上海教育出版社,2002 年。

J. ![字形]（衛尊）　　　![字形]（鬲攸比鼎）

上述"衛"的 H 類字形與甲骨文中 F 類字形相合，I 類字形稍有訛變且增有飾筆，J 類字形將原從"方"的部件改成"口"。而戰國時期的"衛"與此也很相合。如《戰國文字編》（第 123 頁）：

K. ![字形]（A 集粹）　　![字形]（A 集粹）

L. ![字形]（B 望山 2.35）　　![字形]（B 包山 224）

M. ![字形]（E 璽彙 1340）　　![字形]（E 璽彙 1335）

而"防"的字形與此判然有別，《戰國文字編》（第 946 頁）作：

N. ![字形]（E 璽彙 1334）　　![字形]（E 璽彙 2326）

與《説文》"防"字或體"埅"正同。

要此，回過頭去看甲骨文中的所謂"防"或"衛"的 A–F 類字形，與"衛"的字形發展一脈相承，因此，釋其爲"衛"應該是可從的。再看《合集》6345 的"![字形]（衛）"，應從劉釗早期的意見，將"![字形]（眉）"看作"![字形]（衛）"的聲符。

將 A–F 類字形釋作"衛"，甲骨文中則沒有"防"字，金文中亦未見"防"字，到戰國璽印中才見"防"字或體"埅"。因此，我們可以說"防"可能是一個產生得較晚的字。

此外，順便説説"衛"的異體"衞"字。《篇海類編‧人事類‧行部》："衛，俗作衞。"《正字通‧行部》："衛，同衞，俗省。"字書將"衞"看作"衛"的俗體。其實，從甲骨文金文的字形來看，可能"衞"才是正體，其中心所從之"囗"當是"方"，金文有作![字形]（司寇良父壺），也有作![字形]（衛簋）可證；其所從之"![字形]"和"![字形]"應從甲骨文"![字形]"演變而來。因此如下字形發展圖示當可視爲"衛"字之發展：

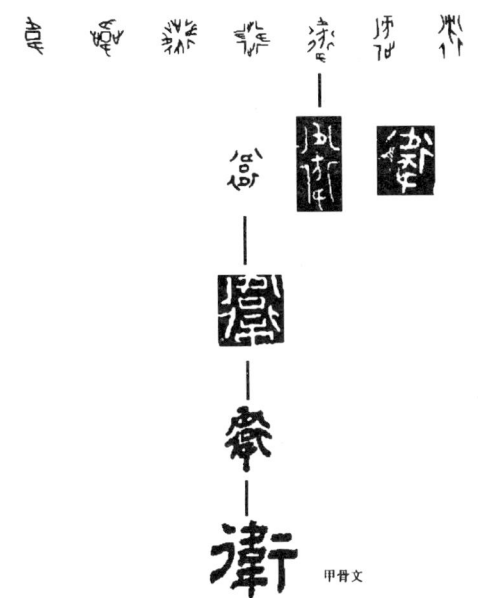

(七)用於戰術：🝁（衝）、陷、苞（伏）、叔

48. 🝁（衝）

癸丑卜，爭，貞自今至于丁巳，我𢦏𢦏。王占曰：丁巳我毋其𢦏。于來甲子𢦏。旬㞢一日癸亥衝，弗𢦏。之夕向甲子允𢦏。

(6834 正，典賓)

衝，字形作🝁，學界一般釋"車"，金赫、苗豐通過整理這一字形發現其與卜辭中一般的"車"寫法上存在差別，覺得象古代戰場上使用的"衝車"，後經劉釗指引，徑讀爲"衝"[1]。其實，"衝"爲借字，其本字爲"轞"。《說文·車部》："轞，陷𨺰車也。"《廣韻·絳韻》："轞，衝城戰車。"

從現有資料來看，"衝"之法早見於周代，如《詩·大雅·皇矣》

---

[1] 金赫、苗豐《釋甲骨文中的"🝁（衝）"》，第四屆韓中日漢字文化國際論壇（韓國濟州島，2012），後載於《漢字研究》第 7 輯第 71—79 頁，慶星大學校韓國漢字研究所，2012 年。

謂"帝謂文王:詢爾仇方,同爾弟兄。以爾鉤援,與爾臨衝,以伐崇墉",歌頌周文王在攻伐崇國城牆時使用了"鉤援"、"臨車"和"衝車"等攻城器具。又如《墨子·備城門》載有禽滑釐與墨子關於攻城之法的對話,也曾列舉十二種攻城之法中的"臨、鉤、衝"。這種"衝車"法亦見於戰國時期的兵書《六韜·軍用》,此不贅引。周文王居於商末,如果《詩經》保留下來的先民歌頌文王的事迹屬實的話,商代使用衝車作戰也是可能的,因此,釋🈳為"衝"也就可以信從,但劉釗主編的《新甲骨文編》(增訂版)却並未采用這一釋法,撰者一定是采取審慎的態度了。

49. 陷

辛未卜,爭,貞帚好其比沚🈳伐巴方,王自東𠬝伐,戎陷于𢍏好立。四　　　　　　　　　　(6480,典賓)

陷,字形一般作🈳、🈳、🈳、🈳、🈳等①,象動物陷坑之形,偶作🈳(HD165),象人陷坑之形,爲"臽"之初文。"陷"多用於田獵,亦用於軍事活動,如上舉《合集》6480"王自東𠬝伐戎陷于𢍏好立"之"陷"作🈳,裘錫圭釋此條爲:讓婦好和沚🈳一起去征伐巴方,王親自從東方深入進擊巴方,敵人會陷入婦好的埋伏嗎②?裘先生的意見可從。

50. 苞(伏)

乙丑,王,柞苞(伏)方。

乙丑,王,蓐苞(伏)方。

乙巳卜,王,方🈳。　　　　　(乙8502=20264,自肥筆)

苞,字形作🈳、🈳、🈳等。葉玉森、許進雄等早期學者釋作"焚",葉

---

① 葛亮對田獵動詞進行了系統研究,整理"陷"的字形有"🈳、🈳、🈳、🈳、🈳",與我們的看法基本一致,葛先生還將"陷"與"𠌶"進行了區分,基本可從。參葛亮:《甲骨文田獵動詞研究》,《出土文獻與古文字研究》第5輯,第71—78頁,上海古籍出版社,2013年。

② 裘錫圭:《爲〈中國大百科全書〉撰寫的辭條》,收入《文集》第六卷第244頁,復旦大學出版社,2012年。

氏謂"國名,疑僰人初文,路史國名紀謂僰侯國"①。于省吾曾釋㎝爲"鬱",姚孝遂據此謂艹等字爲"鬱"之省②。吳振武釋作"苞",認爲"艸"或"林"下所從當據于省吾所謂之"俯伏"之"伏"的初文③。吳先生所釋甚允。吳先生文中認爲"苞方"爲方國名,這恐與事實不符。王子楊認爲,"苞"不能理解爲方國名或人名,而應該理解爲跟軍事活動有關的一個動詞,似可讀爲"伏擊"之"伏"④。從卜辭的內容及"苞"的形義關係來看,王先生的意見可從。

51. 叔

　　王族其韋夷方邑舊,右左其叔。

　　弜叔其敕舊,于之若。

　　☐右旅☐雉☐眾。　　　　　　　　　　　　(T2064,無名)

叔,字形作𦥑,李學勤謂其疑從"呂"聲,讀爲"營",意思是"環繞"⑤;謝明文釋爲"叔",讀作"周",訓作"環繞"、"包圍"⑥,可從。卜辭中用爲戰術,表示左右夾擊,雙面包圍。

(八) 用於追逐:追、及

52-53. 追、及

　　貞乎追羌,及。　　　　　　　　　　　　　(490,賓一)

　　貞犬追亘㞢及。/犬追亘亡其及。　　　　　(6946正,賓一)

　　癸丑卜,㱿,貞𢼱及吾方。四月。　　　　　(Y566,典賓)

追,字形作𨒋,《說文·辵部》:"追,逐也。從辵,𠂤聲。"卜辭中,

---

① 〔日〕松丸道雄、高嶋謙一:《甲骨文字字釋綜覽》第 473 頁,東京大學出版會,1994 年。
② 于省吾主編:《甲骨文字詁林》字頭 1438、1439 號,中華書局,1996 年。
③ 吳振武:《説"苞""鬱"》,《中原文物》1990 年第 3 期。
④ 王子楊:《甲骨文"苞"的一種用法——論及殷代的伏擊戰術》,《"出土文獻與學術新知"學術研討會暨出土文獻青年學者論壇論文》,吉林大學,2015 年 8 月。
⑤ 李學勤:《商代夷方的名號和地望》,《中國史研究》2006 年第 4 期。
⑥ 謝明文:《釋甲骨文中的"叔"字》,復旦大學古文字研究中心網,http://wwwgwzfudaneducn/SrcShowasp? Src_ID=1957,2012 年 10 月 31 日。

追和逐使用的對象是不一樣的,追一般指人,逐一般指獸。及,字形作㝵,《說文‧又部》:"及,逮也。从又从人。"及是趕上,追是追逐。

(九)用於戰爭結果:戠、敗、克、執、𡴎、𢦒、獲、擒、俘、𢦏。

54. 戠

　　貞㞢正化戠方。

　　㞢正化弗其戠。　　　　　　　　　　　　　（151 正,賓一）

　　壬戌卜,争,貞旨伐䇂,戠。

　　貞弗其戠。　　　　　　　　　　　　　　　（248 正,賓一）

戠,釋者甚衆,詳參《詁林》第 2419、2420 兩字頭。另有失收者,如馮時釋作"戬",與"戠"本一字,訓爲滅①。吴振武從形音義三方面論證其可能爲"殺"字的初文②。陳劍在吴文基礎上釋其爲"翦""踐"或"殘",訓爲滅,義同于馮説③。因小篆無戠,難以在後世漢字中找到一個戠的衍生字,所以,難免衆説紛紜。但是,從卜辭的實際情況來看,戠與表示撻伐的征、伐、敦等詞的不同在於,它通常表示動作行爲的結果,尤其是用於命辭的末尾,與"伐"連用,如上舉《合集》248,或用於驗辭,更是表示攻伐的結果,如"允伐〔㞢〕,戠。"(7039)。因此,儘管難以肯定戠發展到後世是什麽字,但可以明確它訓爲"滅"是完全可能的,而且,馮時文中還特别論述到"戠"用於驗辭所涉及方國或地區,在其後的卜辭中未見,這些方國或地區應該是被"翦滅"了。

55. 敗

　　貞亡敗。　　　　　　　　　　　　　　　（17318,典賓）

敗,代表字形作🄬,金文《南疆鉦》作🄬,《鄂君啟舟節》作🄬,單貝

---

①　馮時:《甲骨文、金文"戠"與殷商方國》,《華夏考古》1988 年第 3 期,又收入《甲骨文獻集成》第 28 册第 193—199 頁。

②　吴振武:《"戠"字的形音義》,《紀念殷墟甲骨文發現一百周年國際學術研討會論文集》,社會科學文獻出版社,2003 年。

③　陳劍:《甲骨金文"戠"字補釋》,《古文字研究》第 25 輯,中華書局,2004 年;又收入陳劍:《甲骨金文考釋論集》,綫裝書局,2007 年。

增成雙貝，《說文》籒文作㱾，小篆作㱾，字形發展一脈相承。《說文·支部》："敗，毀也。从攴，貝。"在卜辭中引申爲敗退義。

另有从貝从口的🅱，舊不識，于省吾釋其爲"退"，謂爲敗之古文，並舉甲骨文中🅱金文亦作𨓠爲證①，《詁林》姚孝遂按語從之②。但🅱與退之間字形有何聯繫，還需補證。除"遣"的字形發展如此外，"迺"的字形發展亦相類。甲骨文作🅰（20700）、🅰（10132）、🅰（20018），金文作🅰（毛公鼎）、🅰（多友鼎），《說文》小篆則作🅰，"口"之形訛變成"⌒"，再進而訛變成"辵"。退、敗二字音同義近。《說文·辵部》："退，卻也。从辵，貝聲。"如果"🅱"與"退"可相認同的話，"🅱"則徑可釋作"敗"。"🅱"在卜辭中有二十餘見（《類纂》第709頁），可見"其🅱"與"不🅱"對貞（1136），或"🅱"與"勿🅱"對貞（7772），或單貞"弗🅱"（4338）、"亡🅱"（3298）、"不🅱"（1137、17314），或占卜"其降🅱"（17312）。據司禮義"其"的原則，對貞卜辭中"其"後一般是占卜者不希望發生的事情或不願見到的結果③。因此，如果"🅱"與"退"不是一個字，那它應該是指某種災禍或不祥。此字能否看作"敗"，還可進一步討論。

56. 克

己未卜，㱿，貞𤉢克𡴞。 （6569，賓一）

克，基本字形作𠄎，从曰从卩，李孝定、趙誠並謂🅰象人側身微屈以手拊膝之形，字之上部所从之曰則象肩上承負之物④，本義爲肩任、擔負，引申而有"能够"義，再引申而有"戰勝、攻克"義。上揭一例用其引申義"戰勝"。

---

① 于省吾：《雙劍誃殷契駢枝續編·釋🅱》第35頁，北京虎坊橋大業印刷局，1941年；又收入《甲骨文獻集成》第8册。

② 于省吾主編：《甲骨文字詁林》字頭1917號，中華書局，1996年。

③ 司禮義（Paul L.-M. Serruys）：《商代甲骨語言研究》（Studies in the Language of the Shang Oracle Inscriptions），*T'oung Pao*, Second Series, Vol. 60, Livr. 1/3 (1974), pp. 12—120。

④ 于省吾主編：《甲骨文字詁林》字頭739號，中華書局，1996年。

57—59. 幸、執、羲

雀弗其幸亘。　　　　　　　　　　　　　　（6953,賓一）

己亥卜,爭,貞令弗其獲執亘。　　　　　　（6952正,賓一）

貞勿羲多圂乎望舌方。其橐。　　　　　　（547,典賓）

上述三字《類纂》視爲一字"執",今分而別之,理由是:三者用法並非完全一致,具有相同辭例者甚少,義位相同之處,姑作同義詞看。卜辭中三者的各自用法是:

幸,基本字形作𡍮,"象刑具以梏人兩手"①。《説文·幸部》:"幸,所以驚人也。从大从羊。一曰大聲也。一曰讀若瓠。一曰俗語以盜不止爲幸。幸,讀若籋。"沈濤古本考:"《五經文字》云:'幸,所以犯驚人也。'當本《説文》,是古本有'犯'字。"本義爲刑具,卜辭中則引申而爲動詞,其義有二:(1)拘執,如"幸多臣逸羌"(627)、"幸雍芻"(127)。逸,見上文有説,意爲逃逸。(2)抓獲。如"王其幸舌方"(6332)、"方幸井方"(6796)。

執,基本字形作𦧶,象人雙手帶枷形。釋爲"執"已成定論。《説文·幸部》:"執,捕罪人也。从丮,从幸,幸亦聲。"卜辭意爲拘執、抓捕,後作"縶"。如"王乎執羌"(26950)。也指擒獲野獸,如"執兕"(10437)、"執麋"(10373)。

關於"幸"與"執"的關係,學界一般認爲音同通用,或讀"幸"爲"執"、"幸"用爲"執"、"幸"是"執"的省形等。近來葛亮通過對二者在田獵與征伐卜辭中用法的詳細梳理後發現,"幸"之前出現的否定副詞只有|不|、|弗|,而絶没有|勿|、|弜|,而"執"之前出現的否定副詞只有|勿|、|弜|。葛先生認爲,"幸"、"執"的用法判然有別,"'幸'表示的應該是'抓獲'一類的客觀結果,'執'表示的則是'抓

---

① 中國科學院考古研究所:《甲骨文編》第424頁,中華書局,1965年。

捕'一類的主觀行爲"①。葛先生的意見可從。

羞,基本字形作𦥑,《説文》無,孫詒讓最早釋其爲《説文》"𢍰"字,金文借爲"擇"②。卜辭用爲"揀選"、"選擇"義,如"羞雍芻"(122)、"羞多𡆥乎望吾方"(547)。裘錫圭認爲《合集》5907"羞望人"當讀作"釋望人"③,這是可能的。《墨子·經説上》:"取此擇彼,問故觀宜。"孫詒讓《閒詁》:"擇讀爲釋,釋捨古通。"《吕氏春秋·大樂》:"故一也者制令,兩也者從聽,先聖擇兩法一,是以知萬物之情。"高誘注:"擇,棄也。"裘錫圭《説"河海不擇細流"》對"擇""釋"相通的問題進行了較爲詳細的論述,可參看④。

60. 獲(隻)

乙巳卜,爭,貞雀隻亘。

乙巳卜,爭,貞雀隻亘。

己亥卜,爭,貞雀弗其隻執亘。　　　　　(6952正,賓一)

隻,基本字形作𩁿,从又持隹。《説文·犬部》:"獲,獵所獲也。从犬,蒦聲。"王筠《句讀》:"《(周禮)夏官·大司馬》:'獲者取左耳。'鄭注:'獲,得也。得禽獸者取左耳,當以計功。'案:此獲之本義也。"卜辭中一般有兩義:(1)用其本義,指獵獲,如"獲虎""獲鹿""獲豕"等,例甚豐富。(2)用其引申義,戰争中的擒獲、俘獲,如辭例6952正⑤。

----

① 葛亮:《甲骨文田獵動詞研究》,《出土文獻與古文字研究》第5輯第92—97頁,上海古籍出版社,2013年。
② 孫詒讓:《契文舉例》下第25頁,上海蟫隱廬石印本,1927年;又收入《甲骨文獻集成》第7册。
③ 裘錫圭:《文集》第五卷第175頁,復旦大學出版社,2012年。
④ 裘錫圭:《古代文史研究新探》第150—152頁,江蘇古籍出版社,1992年。
⑤ 謝明文對銅器軍事銘文中的"執"與"獲"進行比較後發現,如果"執"、"獲"同時出現在軍事銘文中時,"執"的對象皆是生俘,"獲"的對象皆是死俘。但是如果在同一篇軍事銘文中,"執"、"獲"兩者只出現其一時,則"執"的對象也可以是死俘,而"獲"的對象反之也可以是生俘。軍事卜辭因内容簡約,這種分别尚不明顯,姑引於此,供讀者參考。見謝明文:《霸伯盤銘文補釋》,《中國文字》新41期,臺北藝文印書館,2015年。

61. 擒(罕)

己酉貞,王亡🅰①罕土方。　　　　　　　　　(T994,歷二)

擒,基本字形作🅱,隸作罕。孫詒讓最早釋其爲"禽"之初文②,未引起重視,唐蘭進一步申論之③,至今幾成定論。《說文·内部》:"禽,走獸總名。从内,象形,今聲。"馬敘倫《六書疏證》:"禽,實'擒'之初文,禽、獸皆取獲動物之義。"《正字通·内部》:"禽,戰勝執獲曰禽,俗作擒。"許氏所釋並非禽之本義,從字形來看,🅱象帶有長柄之獵獲工具,本爲名詞,引申而有動詞"獵獲"義,名詞"獵獲物"義。卜辭用例上百條,絕大多數謂田獵捕獲,上舉辭例《屯南》994當與軍事行動相關,指戰爭中的擒獲,當爲引申義。

62. 俘(孚、孚)

四日庚申亦㞢來嬄自北,子娢告曰:昔甲辰,方㞢于🅰,俘人[十㞢]五人。五日戊申,方亦㞢,俘人十㞢六人。六月在[葦]。
　　　　　　　　　　　　　　　　　　　　(137反,典賓)

俘,基本字形作🅱,从爪从子,繁寫作🅲,會擄人之意。《說文·人部》:"俘,軍所獲也。从人,孚聲。"許氏見到的是後起的形聲字,但釋義甚允。軍事卜辭所用爲其本義。

63. 𠭯

貞𠭯方𠭯。

貞𠭯方不其𠭯。　　　　　　　　　　　　　(8445,賓一)

𠭯,基本字形作🅰。金文《征角》"𠭯賞征貝"作🅱,《麐婦觚》"麐婦賞于𠭯"作🅲,小篆作🅳,字形發展可謂一脈相承。正是如此,

---

① 此圖片字《字形表》未收。似當作"🅰"之異體。
② 孫詒讓:《契文舉例》下第41頁,上海蟬隱廬石印本,1927年;又收入《甲骨文獻集成》第7册。
③ 唐蘭:《天壤閣甲骨文存並考釋》第57—58頁,北京輔仁大學影印本,1939年;又收入《甲骨文獻集成》第2册。

商承祚、李孝定、嚴一萍等先生均釋作瞂①。《説文・丮部》："瞂，擊踝也。从丮戈。"段注："疑奪'聲'字。"學者們據金文和《説文》字形釋作"瞂"，意爲"擊踝"，於辭義難以貫通。爲了調和這一矛盾，嚴一萍指出《説文》訓"瞂"爲"擊踝"可能是"傳寫之誤，故頗有疑之者"。嚴氏引用馬夷初《説文解字六書疏證》（卷六第54頁）説："霍世休曰：擊踝也，當作擊也。按擊踝也者，讀者以瞂讀若踝，旁注踝字於瞂下，與采下曰辨别也同例。傳寫誤入正文，校者以踝擊不可通，又乙於擊下耳。"②但此説畢竟爲推測，並無其他可靠證據，難以信從。

伍仕謙從徐中舒釋爲"獻"之本字③，並説字形象"跽而兩手舉戈投獻之形"，但正如伍先生自己所稱卜辭中别有獻字作𢻻，从虍从鬲，説"𢻻"象投獻之形，那也只是一種形似，未得字形演變之軌迹，亦難以信從。

從字形來看，將其隸定爲"瞂"，應該是可從的，但《説文》釋其義爲"擊踝"顯然於此欠安，學者們變通其爲"擊伐"義也難以找到明確證據，可見甲骨文中的"瞂*"與《説文》的"瞂"顯然是不同的兩個字。甲骨文中"瞂*"凡見十五版④，用例中有九版都用作人名、地名或國族名，只有六版（《合集》33079、8445、8661、8631、17730、29783）可以看作動詞，但其意義不能肯定具有"擊伐"義。金文中所謂的"瞂"，目前所見有三十四條用例⑤，其中絕大多數用爲人名，只有三

---

① 于省吾主編：《甲骨文字詁林》字頭382號，中華書局，1996年。
② 嚴一萍：《續釋戍》，《中國文字》第五卷第1922—1924頁（《詁林》字頭382號）。
③ 伍仕謙：《甲骨文考釋六則》，載《古文字研究論文集》，引自《甲骨文字詁林》字頭382號，中華書局，1996年。
④ 劉釗主編：《新甲骨文編》（增訂本）第161頁，福建人民出版社，2014年。
⑤ 張桂光主編：《商周金文辭類纂》卷三"〇三二三六"號"瞂"，第505頁，中華書局，2014年。

例可以判定爲動詞:(1)"既𦥑*于上下帝"(二祀㠯其卣,甲骨文獻集成 5412),有學者釋"𦥑*"作祭祀動詞①。(2)"易(賜)女(汝)婦爵、𦥑*之戈周(琱)玉、黄𢍱"(縣改簋,甲骨文獻集成 4269),"𦥑*"也被看作祭祀動詞,充當定語②。(3)"方蠻亡不𦥑*見"(史牆盤,甲骨文獻集成 10175),"𦥑*"爲動詞,《商周青銅器銘文選》225 注"𦥑*見"有兩種解釋:一是讀爲謁見,即請見,二是讀爲踝,義爲跟,即踵,跟見是接踵而見的意思,解釋爲方蠻無不接踵而見③;裘錫圭《史牆盤銘解釋》疑"𦥑*"可作"戒"字用,在此似可讀爲"悈","悈見"就是急來朝見④。

《商周青銅器銘文選》無論是讀"𦥑*"爲"祼"或"踝",都是受到《説文》釋其爲"擊踝"的影響,其他別無可靠證據。裘錫圭考慮到古文字中从"廾"、从"収"(卄)往往無別,因此懷疑"𦥑*"可作"戒",而"戒"既可作"悈"有"急"義,又有"警戒"和"準備"義⑤。《説文·収部》:"戒,警也。从卄戈,持戈以戒不虞。""戒"置於作動詞用的《合集》33079、8445、8661、8631、17730、29783,辭義大多似能講通。辭例如下:

(1a) ☒𦥑(戒*)𤉈。
(1b) ☒𦥑(戒*)𤉈。　　　　　　　　　(33079,自歷間)
(2a) 貞基方𦥑(戒*)。
(2b) 貞基方不其𦥑(戒*)。　　　　　　　(8445,賓一)
(3) 丙子卜,㱿,☒方𦥑(戒*)。　　　　　(8661,賓一)

---

① 《商周青銅器銘文選》012《二祀㠯其卣》注:"𦥑假借爲祼,𦥑祼聲近而韻部歌、元對轉,祼爲灌酒之祭。"
② 《商周青銅器銘文選》189《縣改簋》注解中籠統釋此句爲"賜給你這位妻的有爵和祼祭用的幾種玉器"。
③ 《商周青銅器銘文選》225《牆盤》注。
④ 裘錫圭:《文集》第三卷第 12 頁,復旦大學出版社,2012 年。
⑤ 宗福邦等主編:《故訓匯纂》第 843 頁,商務印書館,2003 年。

(4)貞獸其玝(戒*)。　　　　　　　　　(8631,典賓)
(5)☐占曰:其玝(戒*)。　　　　　　　(17730,賓組)
(6)其玝(戒*)戈一、緺九。　　　　　(29783,無名)

(1)-(5)"戒"可理解爲"警戒",引申而有"防備"之義,而(6)可以理解爲"準備"義。《詩·小雅·大田》:"田多稼,既種既戒,既備乃事。"鄭玄注:"修耒耜,具田器,此之謂戒。"卜辭之"備"義與傳世文獻可互證。

將玝(玝)看作戒(戒)還有另一條證據。黄天樹曾指出"伐敖"卜辭中既有"乙酉戒",也有"乙酉玝","戒、玝後世分爲二字①,但古文字偏旁从収、从廾每得通用,'乙酉戒'和'乙酉玝'顯然是一回事",並認爲自賓間類卜辭中的《天理》171+、《合集》7015-、7018、18031與𠂤類卜辭中的《合集》20558 是爲同一事而占卜的②。

殊不知,釋"玝"作"戒",訓作"警戒"、"準備"却是有問題的,問題出在對上舉辭(6)的理解上。李學勤曾將其與《花東》480 聯繫起來:

丙寅卜:丁卯子勞丁,冉薾圭一緺九。在𠂤。來狩自犀。
　　　　　　　　　　　　　　　　　　　　　　　(HD480)

李先生將二辭聯繫比較,讀"緺"爲"珥",並指出辭(6)即《合集》29783 的"戈"指玉戈,與《花東》480 的"圭"是有密切關係的③。陳劍進而指出,辭(6)的"玝戈一緺九"中的"玝"與《花東》480 的

---

① 李孝定早有此論,參李孝定:《甲骨文字集釋》第 793 頁,"中研院"歷史語言研究所專刊之五十,1965 年。
② 黄天樹:《殷墟王卜辭的分類與斷代》第 38-39、119-120 頁,科學出版社,2007年。黄天樹又分析"玝"在匣紐歌部,"戈"在見紐歌部,認爲"玝"从廾从戈,戈亦聲,參《黄天樹甲骨金文論集》第 113 頁,學苑出版社,2014 年。
③ 李學勤:《從兩條〈花東〉卜辭看殷禮》,《吉林師範大學學報(人文社會科學版)》2004 年第 3 期。

"禹嶭圭一緙九"中的"禹"相當,其意思當相近①。"禹"本義爲舉,這裏指進獻。陳說甚是。陳劍還認爲"娍"與"𢦏"可能爲同一字。

王娍祖□珹,衁三小宰,卯三大[牢]。　　　　　　（Y1291）

陳先生之所以有這個推論,主要是基於"娍祖□珹"與歷組卜辭中的"禹珹于祖乙"極爲相近,很可能是爲同事而卜,指向祖先奉獻玉戚。

"𢦏*"既然與"禹"相當,爲進獻義,那怎麼解釋"乙酉戒"和"乙酉𢦏*"之間的關係呢?

甲戌卜,貞⸺弗其𢦏敖,乙酉𢦏。　　　（L171+,𠂤賓間）

☐𢦏敖品,☐戒。

乙酉戒。　　　　　　　　　　　　　　　（20558,𠂤類）

上揭兩版顯然是爲同事所卜,黃天樹將其繫聯起來是很有道理的②。且"𢦏"的字形與"戒",及陳劍指出的"娍"均是有聯繫的。

A. 𢦏(8445)　B. 𢦏(20558)　C. 娍(Y1291)

AB兩字形象雙手捧戈進獻之形,C似也可作如是解。回過來看伍仕謙將AB均釋爲"獻"③,釋字雖難從,但於義却很順適。

綜上,我們認爲,可將𢦏類字隸作"𢦏",似可讀爲"獻",訓爲進獻。《說文》段注疑"𢦏""从廾戈"奪"聲"字,表明段玉裁認爲該字讀音與"戈"相近。又,前引馬夷初《說文解字六書疏證》中稱"讀者以𢦏讀若踝",其義雖不確,但讀音與踝或裸恐相近。也就是説,"𢦏"字讀音可能與"戈"、"果"相近。戈、果均爲見母歌部,獻爲曉母元部,聲母均爲牙音,韻母爲嚴格的陰陽對轉,故可通假。前面提到的"戒"似亦可讀作"獻","戒"爲見母職部,"獻"爲曉母元部,韻

---

①　陳劍:《説殷墟甲骨文中的"玉戚"》,《"中研院"歷史語言研究所集刊》第78本第2分,第419-420頁,2007年6月。
②　黃天樹:《殷墟王卜辭的分類與斷代》第38—39、119—120頁,科學出版社,2007年。
③　伍仕謙:《甲骨文考釋六則》,載《古文字研究論文集》,引自《甲骨文字詁林》字頭382號"𢦏"和2431號"戒",中華書局,1996年。

部雖有距離，但職鐸可旁轉，如"偪"、"迫"同源，鐸元可通轉，如"莫"、"晚"同源，"閒"、"隙"同源。因此，"乙酉坝"（L171）與"乙酉戒"（20558）所卜相同。

第二節　群聚分析

上一節的主要任務是討論軍事動詞呈現的個體面貌，本節則對這些軍事動詞作群聚分析，旨在展示這批軍事動詞的聚合狀態。爲此，我們引入語義場（semantic field）的概念。語義場是指義位形成的系統，換句話說，如果若干個義位含有相同的表彼此共性的義素和相應的表彼此差異的義素，因而連結在一起，互相規定、互相制約、互相作用，那麼義位就構成一個語義場①。如"丈夫"和"妻子"兩個義位，含有相同的義素（近親屬/配偶關係）與相應的義素（±男性），二者構成一個子語義場。義素（sememe）是語義的最小切分單位，義位是若干義素的集合。

語義場理論是在詞語類聚理論基礎上產生的。最早關注詞語類聚問題的是索緒爾。他認爲，在話語之外，各個有某種共同點的詞會在人們的記憶裏聯合起來，構成具有各種關係的集合，這種詞與詞之間的關係就是聯想關係②。也就是說，人們可以通過聯想，把許多看似散在的、零星的詞語彙集起來，通過複雜的聯想網絡，伴隨著複雜的認識活動、心理因素和思維習慣，構成包羅廣泛的聯想場。由於這種聯想帶有很大的主觀性，因而不具有客觀實用性和可操作性，但是這一新的研究思路，開拓了一個新的研究領域。其後，德國和瑞士的結構主義語言學家，在二十世紀三十年代提出了語義場的概念，其中

---

① 賈彥德：《漢語語義學》第 149 頁，北京大學出版社，1999 年。
② 索緒爾：《普通語言學教程》（高名凱譯本）第 171 頁、174—176 頁，商務印書館，1980 年。

貢獻最大的是特里爾及其同事威斯皆伯,到五十年代,喬姆斯基提出了轉換生成語法,美國人類語言學家進行了親屬稱謂的義素分析,語義場的理論價值由此彰顯出來①。

毛遠明師認爲,在語義場理論的指導下,依據詞的特徵和種種關係,可以從不同角度、不同層面進行排比、歸納,從而得出大大小小的詞語群聚②。按照詞的群聚關係,可以歸納不同的詞群類型,構成不同的語義場。賈彥德歸納了十種義場:分類義場、部分義場、順序義場、關係義場、反義義場、兩極義場、部分否定義場和同義義場、枝幹義場、描繪義場③。這種分類便於使用者學習和應用,但各類之間有明顯的交叉,所以邏輯欠周密;而且誠如他自己所言,這種分類"不是(或者遠不是)不同詞的義位構成的語義場的全部情況"。因而,這樣的分類還有待進一步調整。毛遠明師在《左傳詞彙研究》中談到語義場時指出:"根據詞義的相同、相近、相關等關係,可以分出同義、類義義場;根據詞的矛盾、對立關係,可以分出反義義場;根據詞的層次關係,可以分出各種關係義場等等。"④這種分法避開了邏輯上的問題,便於從同義、類義(近義)、反義、上下位義等角度,揭示詞彙的系統性,但稍嫌粗疏,似可進一步劃分,以便深入理解詞義系統內部的各種複雜關係。

我們討論的軍事動詞,只是龐大詞彙庫的一小部分,不可能一一反映各種複雜的語義場類型,其義場主要體現在如下幾個方面:

---

① 賈彥德:《漢語語義學》第148—149頁,北京大學出版社,1999年。
② 毛遠明:《左傳詞彙研究》第217頁,西南師範大學出版社,1999年。
③ 賈彥德《語義學導論》(北京大學出版社,1986年)歸納了七種義場:分類義場、順序義場、關係義場、反義義場、兩極義場、部分否定義場和同義義場,後來出版的《漢語語義學》(北京大學出版社,1999年),則在原有七類基礎上增加了三類:部分義場、枝幹義場、描繪義場,共計十類。
④ 毛遠明:《左傳詞彙研究》第217頁,西南師範大學出版社,1999年。

一　關係義場

關係義場是指義位之間存在互相依存、對立統一關係的義場,這些關係包含君與臣、父與子、夫與妻、上級與下級、教師與學生、進攻與防守、總與分、來與去等關係。我們討論的軍事動詞存在如下關係義場:

(一)攻防關係。

如"㞢"與"禦、戍、衛"、"來"與"逆伐"、"來媸"與"伐"等。先看辭例:

(1)四日庚申亦㞢來媸自北,子娥告曰:昔甲辰,方㞢于蚘,俘人十㞢五人。五日戊申,方亦㞢,俘人十㞢六人。六月在[䧻]。　　　　　　　　　　　　　　(137反,典賓)

(2)戊午卜,㱿,貞勿乎卲(禦)羌于九䧿,弗其隻。
　　　　　　　　　　　　　　　　　　　(6615,典賓)

(3)□丑卜,五族戍,弗雉王[衆]。　　(26880,無名)

(4)癸丑卜,㱿,貞自往朴(衛)亡囚。　(7888,典賓)

(5)[辛]丑卜,㱿,貞舌方其來,王勿逆伐。(6197,典賓)

(6)癸亥卜,[㱿貞]旬亡囚。王占𠃓來媸。六日[戊辰,允]㞢來媸,沚㦰乎[伐]舌[方]。　　　　　(PJ295,典賓)

辭例(1)反映了"方"兩次前來入侵商的蚘地,還俘走了商人。其中的關鍵詞"㞢"上一節已討論過,在此處意為敵方來進攻。禦、戍、衛均有防禦之義,故可與㞢構成關係義場。辭例(5)反映了一對處於關係義場的詞"來"與"逆伐",上節已有討論,"逆伐"意為迎擊。辭例(6)占辭與驗辭都涉及到"來媸",是説當時確實有敵方來侵,驗辭又提及"乎[伐]",儘管"伐"是據同文例補出的殘辭,但從語境來看,這裏應該有"伐","來媸"與"伐"正好是一組具有攻防關係的詞語。上述兩對詞可以圖示如下:

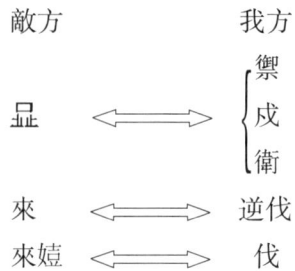

(二)逃追關係。

如"逸"與"夲、得"。辭例如下：

(7)壬午卜,殻,[貞多]臣逸羌,夲。

壬午卜,殻,貞徣(衛)追多臣逸羌,弗[其]夲。(628,典賓)

(8)甲午卜,爭,貞逸智,图得。　　　　　　(130正,典賓)

"逸"爲逃逸,"夲"爲拘執,"得"爲抓獲,"逸與夲"、"逸與得"互相依存,可爲關係義場。

另有"追"與"及"所構成的義場,"追"爲追逐,"及"爲趕上,一爲動作行爲,一爲動作結果。嚴格地說,與上述逃追關係有一定差別,但均可歸入廣義的追逐義場中,故仍暫附於此：

(9)貞犬追亘业及。

犬追亘亡其及。　　　　　　　　　　　(6946正,賓一)

(三)勝敗關係。

如"敗與克"。辭例如下：

(10)貞亡敗。　　　　　　　　　　　　(17318,典賓)

(11)己未卜,殻,貞⿱克⿱。　　　　　　　(6569,賓一)

"敗"爲敗退,例(10)占問不會敗退吧。例(11)是占問⿱會戰勝⿱吧。"敗退"與"戰勝"互爲依存,構成關係義場。

(四)往來關係

1."入"與"出"。辭例如下：

(12)壬寅卜,視弗隻屁戎。不。

乙巳卜,丁未㲋不其入。不。　　　　　　(6905,自賓間)

(13)壬子卜,㱿,貞舌方出隹我[囧]。

□□[卜],㱿,貞舌方出,不隹我[囧]。

□□[卜],争,貞沚聝冊,王比,伐土方☒　(Y545正,典賓)

(14)貞王入☒出,若。三月。　　　(5180正+19728,典賓)

上揭三例卜辭中,例(12)(13)均爲軍事刻辭,"入""出"的動作相反。例(14)"入"和"出"見於同版,辭略殘。

2."往"與"來"。辭例如下:

(15)貞叀王往伐舌方。五　　　　　(613+Y557,典賓)

(16)丙申卜,争,貞方來不乍戎。　　　　(W392,典賓)

上揭兩例卜辭中,例(15)"往"用於前往討伐舌方,例(16)"來"用於敵方前來進犯。此外,"往來亡災"是田獵卜辭習語,多見於第五期黄組,亦偶見於出組與何組,更加表明"往""來"是一組反義詞。卜辭亦見"往歸"與"來歸"對舉,如:

(17)☒翌□戌㫃勿往歸。　　　　　　(4076正,賓三)

(18)癸卯卜,賓,貞㫃,由來歸,丁若。十三月。三

　　　　　　　　　　　　　　　　　(4078,賓三)

亦可證明"往"與"來"這一關係義場的存在。

二　同義義場

具有相同義素的同義詞構成同義義場。軍事動詞存在六個同義義場。即:

1.表示敵方進犯的義場:來嬉、侵、昷。辭例如下:

(19)癸巳卜,㱿,貞旬亡囧。王占曰:出[咎],其出來嬉,气至。五日丁酉,允出來[嬉自]西。沚聝告曰:土方昷于我東啚,[戋]二邑。舌方亦侵我西啚田。　　　　(6057正,典賓)

(20)四日庚申亦出來嬉自北,子嬯告曰:昔甲辰,方昷于

虿,俘人[十业]五人。五日戊申,方亦㞢,俘人十业六人。六月在[䧹]。 (137反,典賓)

辭例(19)"來嬉"、"㞢"、"侵"共版,占辭稱有"來嬉",表明王見到兆璺後做出了會有災禍發生,會有"來嬉",驗辭記載五天後果然西方"來嬉",土方"㞢"我東鄙,舌方"侵"我西鄙田。可見,此處"來㞢"即指"㞢"和"侵"。辭例(20)"來嬉"與"㞢"共版,與上一辭例情況相同。

需要說明的是,從語義的層面講,"业來嬉"本指有災禍到來,"㞢"和"侵"只是敵方入侵的行爲,兩者並不同義,但就甲骨文來看,"來嬉"似均與軍事活動相關,特指敵方進犯,給商王帶來災禍。因此,從語用的層面講,"來嬉"、"㞢"、"侵"便夠成了一個同義義場。

2. 表示徵集士卒的義場:収、祤、聂、冒。辭例如下:

(21)癸巳卜,殻,貞収人[呼伐]舌方受业又。(6172,典賓)
(22)丙午卜,殻,貞祤人三千呼[伐舌方受业又]。
(6172,典賓)
(23)辛巳卜,□,貞祤帚好三千,聂旅萬,呼伐□[方],受[业又]。 (39902正=Y150正,典賓)
(24)庚寅卜,殻,貞勿冒人三千呼望舌[方]。四
(6185,典賓)

"収"本義爲供奉、供給,作軍事動詞表示爲戰爭提供軍事力量,引申而有徵集、登進之義。"祤"本義爲雙手舉食器供奉祖先,引申而有供給之義。"聂"本義當爲雙手捧祭之形,作軍事動詞時讀作"徵",釋爲徵集。"冒"意同"収",義爲徵集、登進。

3. 表示命令的義場:呼、令。辭例如下:

(25)庚寅卜,殻,貞呼雀伐猶。四 (6931,賓一)
(26)癸亥卜,賓,貞令倉侯求㞢壴。一 (6,賓三)

4. 表示偵查敵情的義場:視、見、目、望、雈(藋)。辭例如下:

(27) 貞瘱人五千呼視舌方。　　　　　　　　（6167,典賓）

(28) 丁巳卜,委其見方,弗冓或。　　　　　（20413,自小字）

(29) 貞呼目舌方。　　　　　　　　　　　　（6194,典賓）

(30) 貞呼望舌方。　　　　　　　　　　　　（6186,典賓）

(31) 壬子卜,賓,貞舌方出,王萑(觀)。五月。

（6096 正,典賓）

上揭卜辭的語境均相似,指對敵方行動的監視。"視"、"見"、"目"、"望"、"觀"的本義都與"觀看"有關,引申而有共同的義素,指軍事行動中對敵方的觀察、偵視。

5. 表示攻伐的義場:正、伐、𠂤、羣(敦)、戔、㭉、璞(撲)、達(撻)。辭例及釋義參上節。

6. 表示擒獲的義場:執、𢆶、𠭥、獲、擒、俘。辭例及釋義參上節。

我們雖然找出這樣一些處於同義義場的詞彙,但其詞義内部的差異有的並不明顯,如"収、瘱、𠭥、𠂤"這個表示徵集士卒的同義義場,各個義位内部的義素有何差異,因這些詞的發展去向並不能完全清楚,加之卜辭材料本身的局限,我們還不能對其作義素分析。有的詞則很清楚其演變情況,如"獲、擒、俘",可以對其作義素分析,但問題是,甲骨文時代的詞義是否能够用後世詞義進行切分、討論、義素分析,恐怕容易犯"以今律古"的毛病,爲此,我們暫不對其作細致的義素分析。

三　枝幹義場

所謂枝幹義場,是指某一義場中義位存在上下位關係,義位"A"處於上位義,相當於樹幹,具有平行關係的義位"BCD…"處於下位義,相當於樹枝。賈彦德曾舉過這樣一個例子:

譬如"摘、采"就是個枝幹義場。《現代漢語詞典》對"摘"的解釋是"取(植物的花果葉或戴着、掛着的東西)",而對"采"的解釋則是"摘(花兒、葉子、果子)"。"摘""采"對比,"摘"指的是一般的、總的情況,"采"指的則是"摘"的一部分,即特殊的"摘"。我們既能説"從樹上摘果子",也能説"從樹上采果子",但是只能説"從頭上摘下帽子",不能説"從頭上采下帽子"。①

我們討論的軍事刻辭中的動詞也有處於枝幹義場的情況。如:"步與涉",辭例如下:

(32)癸酉卜,㱿,貞今日王步。　　　　　　　（180,典賓）

(33)己亥卜,㱿,貞翌庚子王涉歸。　　　　　　（5231,典賓）

步,謂出行。《説文·步部》:"步,行也。"《書·武成》:"王朝步自周。"孔傳:"步,行也。"涉,謂渡水。《説文·㳺部》:"㳺(涉),徒行厲水也。"王筠《句讀》:"厲者,濿之省文也。"《廣韻·葉韻》:"涉,徒行渡水也。"卜辭中步爲泛指出行,涉爲渡水,故步、涉構成枝幹義場。可圖示如下:

又如"𡆥與正(征)"也可歸入枝幹義場。辭例如下:

(34)四日庚申亦㞢來嬉自北,子嬃告曰:昔甲辰,方𡆥于蚁,俘人十㞢五人。五日戊申,方亦𡆥,俘人十㞢六人。六月在[㬱]。　　　　　　　　　　　　　　　　（137反,典賓）

(35)貞呼𡆥舌方,受囗。　　　　　　　　　（6305,典賓）

(36)貞呼正舌方。　　　　　　　　　　　（6309,典賓）

關於𡆥、正的意義上一節已有辨析,用於"攻伐"義時,"𡆥"既可用於敵方攻伐我方,也可用於我方攻伐敵方,"正"只能用於我方攻伐敵方。據此表明,二者亦構成枝幹義場。可圖示如下:

---

① 賈彥德:《漢語語義學》第170頁,北京大學出版社,1999年。

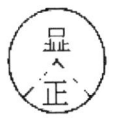

第三節 配價分析

前兩節從詞彙意義角度考察軍事動詞的個體詞義與群聚狀態,本節主要從語法意義角度考察軍事動詞與其支配的名詞成分之間的關係問題。爲了更好地説明這個問題,我們擬采用動詞的配價理論。

"價(valence)"本源於化學,即原子價或化合價,這一概念旨在描述分子結構中各元素原子數目間的比例關係。最早將其引入語法研究的是法國語言學家特斯尼耶爾(Lucien Tesnière),意在説明一個動詞能支配多少種不同性質的名詞性詞語(noun phrase,即 NP)的數目①。陸儉明曾用打比方的方式來説明動詞的配價問題:

也可以説動詞好比是帶鈎的原子,它能鈎住(即支配)幾種不同性質的名詞性詞語,就是幾價的動詞:一個動詞如果不能支配任何性質的名詞性詞語,那它就是零價動詞;一個動詞如果能支配一種性質的名詞性詞語,那它就是一價動詞;一個動詞如果能支配兩種性質的名詞性詞語,那它就是二價動詞;一個動詞如果能支配三種性質的名詞性詞語,那它就是三價動詞。②

實際操作中存在如下問題:第一,在什麽樣的句型中提取價的數目? 第二,什麽樣的 NP 可以算作動詞的一個價? 用介詞引導的 NP 算不算動詞的一個價? 爲解決這樣的問題,袁毓林把"價"這個單一概念分化爲一個有層級的系統:一個由聯、項、位、元四個平面構成的

---

① 馮志偉:《特思尼耶爾的從屬關係語法》,《國外語言學》1983 年第 1 期。
② 陸儉明、沈陽:《漢語和漢語研究十五講》第 130 頁,北京大學出版社,2003 年。

配價層級(valence hierarchy)①。"聯"(link)指一個動詞在各種句子中所能關聯的不同的 NP 的數量,"項"(item)指一個動詞在一個句子中所能關聯的 NP 的數量(其中包括通過介詞引導的 NP),"位"(position)指一個動詞在一個句子中不借助介詞所能關聯的 NP 的數量,"元"(argument)指一個動詞在一個簡單的基礎句中所能關聯的 NP 的數量。

就甲骨文來説,其句法結構相對簡單,因此,要分析與軍事行爲相關的動詞的配價問題,我們只需在簡單的基礎句中討論"元"即可。

在具體討論這些動詞的"元"時,有必要界定什麼句子才是基礎句。這種基礎句也稱原子句(atomic sentence),是相對於派生句而存在的。喬姆斯基曾稱原子句爲核心句(kernel sentence)。袁毓林指出,原子句在結構上是簡單的,在意義上表示基本的命題(proposition),它具有如下區別於派生句的一般性質:(1)原子句中只有一個動詞;(2)原子句中没有 and、or、but 或其他有連接平行成分作用的連詞;(3)原子句裏的參與者和謂詞都只能有最低限度的限定;(4)原子句中不含有否定、語氣、命令、疑問等内容②。按照這一原子句的確定原則,我們可以對軍事刻辭的相關句子進行壓縮,從中提取"元"的數量,從而確定軍事動詞的價數。如:

[辛]未卜,㱿,[貞]王勿逆伐吾[方],下上弗若,不我其受又。六月。三　　　　　　　　　(6204 正,典賓)

可以將這條卜辭以動詞"逆伐"爲中心,壓縮成如下原子句:"王逆伐

---

① 袁毓林:《漢語動詞的配價層級和配位方式研究》,載袁毓林、郭鋭主編:《現代漢語配價語法研究》(第二輯)第 20 頁,北京大學出版社,1998 年。

② 袁毓林:《漢語動詞的配價層級和配位方式研究》,袁毓林、郭鋭主編:《現代漢語配價語法研究》(第二輯)第 23—25 頁,北京大學出版社,1998 年。

吾[方]。"可見,"逆伐"關聯着施事"王"和受事"吾方"兩個元,於此確定其爲二價動詞。又如:

　　甲辰卜,賓,貞㞢方其再,隹戎。十一月。一 二
　　　　　　　　　　　　　　　　　　(6532正,典賓)
　貞㞢方不再。　　　　　　　　　　　(6533,典賓)

兩個句子的中心動詞是"再",其原子句當爲"㞢方再",意爲㞢方舉兵,句中未見舉兵所涉及對象,從語義表達來看,應該有舉兵對象存在,不過在占卜的特定語境中,被省去而已。而且卜辭中常見"再册"、"再歔"的用法,表明"再"是可接 N(名詞賓語)的。因此,我們仍將其看作二價動詞。

另有動詞"㠯"具有類似情況:
　　貞基*方不其㠯。一
　　貞基*方[其]㠯。　　　　　　　　　(8445,賓一)

其原子句爲"基*方㠯",句中未見"㠯"所涉及對象。但其後亦可帶 NP,如"其㠯戈一、緝九"(29783),其同"再",爲"貢獻"、"進獻"義。因此,我們也將其看作二價動詞。

又如"次"。辭例如:
　　癸巳卜,殻,[貞]王勿自(次)于曾。三　　(7353,典賓)

其原子句爲"王次"。可見,"次"是個一元二項動詞,按照我們這裏討論的"價"主要指"元",即不借助介詞所能關聯的 NP 只有"次"的施事,因此,"次"只能看作一價動詞。

按照上述配價原則,我們對軍事刻辭中的七十二個動詞進行了價數統計,其中一價動詞十三個,占 18.06%,二價動詞五十七個,占 79.17%,三價動詞兩個,占 2.77%。詳見下表。

序號	動詞	價數	辭例
1	侵(進犯)	2	舌方亦侵我西啚田(6057 正)
2	収(徵集)	2	(王)収人(6172)
3	㲋(供給)	3	(王)㲋帚好三千(人)(39902 正＝Y150 正)
4	叒(徵集)	2	(王)叒旅萬(39902 正＝Y150 正)
5	眔(徵集)	2	(王)眔人(6185)
6	肇(致)	3	(王)肇旁射(5776 正)
7	盖(將)	2	(王)令𠦪盖三百射(5771 甲)
8	同(興兵)	2	(王)乎同(興)𡆥(6565)
9	禹(舉兵)	2	𠀬方其禹(6532 正)
10	注(駐兵)	2	(王)弜注襄人(28012)
11	次(駐扎)	1	王勿次于曾(7353)
12	乎(命令)	2	(王)乎雀(6931)
13	令(命令)	2	(王)令倉侯(6)
14	視₁(監視)	2	㲋人五千乎視舌方(6167)
	視₂(巡視)	2	乎𠂤視𡳿𠂤(5806)
15	見₁(覲見)	2	缶其來見王(1027 正)
	見₂(監視)	2	委其見方(20413)
	見₃(獻)	2	𠦪見百牛(102)
16	目(監視)	2	乎(某)目舌方(6195)
17	望(監視)	2	勿叒人乎望土方(6182)
18	雚(觀,監視)	2	王其往觀于誖(24425)
19	罙(探)	2	舌方弗探西土(6357)
20	入(進入)	2	王其入商(27767)
21	往(前往)	1	王往伐舌方(614)/𠦪往追羌(493 正)

第六章 軍事刻辭中所用行爲動詞 | 417

序號	動詞	價數	辭例
22	出(出兵)	1	方其大出(6702)
23	歸(返回)	1	王歸(5194)
24	來(來襲)	1	舌方其來(6197)
25	至(到達)	1	舌方其至于甾(6131)
26	步(行)	1	王其步伐人(6461 正)
27	涉(渡水)	2	王涉滴(27802)
28	以(率領)	2	令犀以王族比[亯]罘堪*王事(14912)
29	冓(遭遇)	2	甫弗其冓舌方(6196)
30	啟(任先鋒)	2	沚馘啟巴(6461 正)
31	正(征伐)	2	王正舌方(6314)
31.1	甾正	2	余其比多田甾正盂方(B11242)
32	昷(攻伐)	2	王昷召方(33023)/方不我昷(6680)
33	伐(討伐)	2	令罕以眾伐舌(26)
33.1	逆伐(迎擊)	2	王勿逆伐舌方(6204 正)
33.2	專伐(專主伐之)	2	戈其專伐方(7603 正)
33.3	値伐(殺伐)	2	王値伐土方(6399)
33.4	衛伐(撻伐)	2	乎雀衛伐亘(6948 正)
33.5	罙伐(深入進擊)	2	王罙伐土方(6425)
33.6	甾伐(擊伐)	2	罕以眾甾伐召方(31977)
33.7	皇伐(廣伐)	2	王令雀𢦏(皇)伐畏(6960)
34	戎	2	沚其戎羛(B2187 甲乙)
35	甾(擊殺)	2	令(某)入‖甾自般(428)
36	辜(撻伐)	2	舌方弗辜沚(6180)

序號	動詞	價數	辭例
37	戋(傷害)	2	乎(某)戋舌方(6335)
37.1	爯戋	2	□方于□余其爯戋□(36535)
38	冊	2	沚馘爯冊冊舌方(6160)
39	㪅(撻伐)	2	我其㪅舌(8586)
40	徝(殺伐)	2	王徝土方(559正)
41	敽(侵擾)	2	乎(某)敽舌(6303)
42	敢(進擊)	2	子商其敢基*方缶(6571正)
43	璞(攻擊)	2	令多子族比犬侯璞周(6812)
44	達(撻)	2	令望乘眔㝵達象方(6667)
45	禦(抵禦)	2	令多馬羌禦方(6761)
46	戍(戍守)	1	五族戍(26880)
47	衛(防衛)	1	舌方衛(6345)/乎(某)衛从㔾北(7565正)
48	衝(衝)	1	(我)旬㞢一日癸亥衝(6834正)
49	陷(設陷)	1	戎陷于尋好立(位)(6480)
50	苞(伏擊)	2	柞苞方(乙8502=20264)
51	叔(包圍)	1	右左其叔(T2064)
52	追(追逐)	2	呼(某)追羌(490)
53	及(趕上)	2	叀及舌方(Y566)
54	烖(翦滅)	2	𦥯正化烖方(151正)
55	敗(敗退)	1	商其敗(1136)
56	克(戰勝)	2	束克𡆷(6569)
57	幸₁(拘執)	2	㞢不萑幸多臣逸羌(627)
57	幸₂(抓獲)	2	王其幸舌方(6332)

序號	動詞	價數	辭例
58	執(抓捕)	2	王呼執羌(26950)
59	羲(揀選)	2	(王)勿羲多馬乎望舌方(547)
60	獲(俘獲)	2	雀隻亘(6952正)
61	擒(擒獲)	2	王亡𢦏擒土方(T994)
62	俘(俘獲)	2	(方)俘人十㞢六人(137反)
63	弨₁(戒備)	2	方其弨(商)(8660)
	弨₂(準備)	2	(某)弨(戒)戈一(29783)

　　於表可見,這些與軍事動作有關的動詞大多是二價動詞,表明軍事行爲涉及的是戰爭雙方,因此這些動詞可與兩個名詞性成分發生關係,即發出動作的施事者和受事者。這類動詞最常見的是表示攻伐義的動詞,如"正(征)""伐""璞""達"等,以及表示擒獲義的動詞,如"獲""擒""俘"等。另有少量動詞是一價動詞,表明這些動作行爲只有施事者,未涉及受事者,反映在戰爭過程上,要麽處於戰爭的準備階段,要麽處於戰爭的結束階段,如"次"是指駐軍,"冉"是舉兵將有所行動,"入、往、出、歸、來、至、步"等是行軍到達前綫或從前綫返回,"戍、衛"是戍守、守衛,"敗"是指戰爭結束時一方敗退或失敗。三價動詞有兩個,"㲃、肇"均爲供給類動詞,可以帶雙賓語,與常見帶雙賓語的取予類動詞情況一樣。

　　衆所周知,動詞是句子的中心,圍繞該中心一般會涉及動作的施事、受事、動作憑借的工具或原因等,這些將是我們第八章討論的"語義角色"問題。這幾種語義角色分別是主語、受事賓語、工具賓語、原因賓語,有的受事賓語包括直接賓語和間接賓語。如果一個動詞能帶上述三個賓語,那它就是四價動詞①。從上表可見,這些軍事動詞中沒有四價動詞,很大一部分原因是軍事刻辭中的動詞都未帶工具賓語(即兵器),也不見祭祀卜辭中常見的原因賓語。

---

① 甲骨文中有些祭祀動詞,如"禱""祝"是四價動詞,可帶三個賓語。詳參喻遂生:《甲骨文單個祭祀動詞句的轉換和衍生》,收入《甲金語言文字研究論集》,巴蜀書社,2002年;喻遂生:《甲骨文三賓語句研究》,東海大學中國文學系編:《語言文字與文學詮釋的多元對話》,(臺灣)東海大學中國文學系,2011年。

第七章

甲骨軍事刻辭所用句型

第一節 概 述

一 卜辭與句子、語篇(discourse)的關係

甲骨刻辭包括五種：卜辭、與占卜有關的記事刻辭、與占卜無關的記事刻辭、表譜刻辭、習刻，卜辭占99%，其餘占1%[①]。甲骨學界一般將完整的卜辭分成如下幾個部分：叙辭(前辭)、命辭(貞辭)、占辭、驗辭、序數、兆辭。從占卜過程、占卜內容及占卜形式來看，這種分法是合理的。但是，從語法角度講，這種分法不利於清楚地揭示句法結構。其實，一條完整的卜辭就是一個語篇，它可能由一個句末停頓標點構成，也可能由兩個或兩個以上的句末停頓標點構成。換句話説，一條完整的卜辭所構成的語篇從句子層面上説包含三級語法單位：單句、複句、句組(句群)。以下試作舉例説明：

癸丑卜，[爭]，貞自今至于丁巳我戈𢀛。王占曰：丁巳我母其戈，
  叙辭   命辭   占辭
于來甲子戈。旬虫一日癸亥車弗戈，之夕𠦪甲子允戈。一 二(6834 正)
        驗辭   序數

[①] 王宇信、楊升南主編：《甲骨學一百年》第239頁，社會科學文獻出版社，1999年。

此例出自《甲骨學一百年》討論"甲骨卜辭"部分,書中對卜辭的內容作了上述分析①。由於句中的"車"後來已被改釋爲"衝",斷句也就有了變化,但不影響對其作爲驗辭部分的理解②。對上述卜辭改釋後,可以對此語篇作如下符合現代漢語語法的標點:

①癸丑卜,[爭]貞:"自今至于丁巳我𢦏𢍰。"②王占曰:"丁巳我母(毋)其𢦏,于來甲子𢦏。"③旬业一日癸亥衝,弗𢦏,之夕𢆶(向)甲子允𢦏。一 二　　　　　　　　　　　　　　(6834正)

序數與句法没有關係,可以忽略不計,其餘有三個句末停頓標點,共三個句子,句①②是單句,句③是並列複句。

事實上,完整卜辭並不多見,一方面是因爲龜骨歷經千年出土後大多殘損嚴重,尤其是科學考古發掘之前出土的甲骨,更是如此;另一方面是因爲卜辭中省略較多③。因此,所謂的卜辭"語篇"最適於語法分析的部分只有叙辭和命辭(少量占辭和驗辭也可以進行語法分析),命辭構成的句子是我們本章要討論的重點。

二　研究軍事刻辭句子的重要性和必要性

朱歧祥説:"所謂句明而後詞達,詞達而後字通,字通則文理語法無不條縷分明。"④此之謂句子問題是掌握任何一種語料的關鍵,也即是前人所言之"綱舉目張"。以下僅呈三端略述研究軍事刻辭句子語法問題的重要性與必要性。

---

①　王宇信、楊升南主編:《甲骨學一百年》第240頁,社會科學文獻出版社,1999年。
②　關於"衝"的釋讀,參第六章第一節。
③　張玉金對卜辭的省略情況作過較詳細的論述。張玉金:《甲骨文語法學》第268—291頁,學林出版社,2001年。
④　朱歧祥:《殷墟卜辭句法論稿——對貞卜辭句型變異研究》第342頁,臺灣學生書局,1990年。

(一)有助於標點斷句。

如：

例I 《綴集》219(5450+5453=B4152)，賓三

貞叀多子族令比㬰❀，堪*王事。

《釋文》、《綴集》(第405頁)、《合補》(第五册第1629頁)、《校釋》均未在"堪*"前斷句，全句應理解成兼語句中含連謂結構，意爲"命令多子族與㬰❀一同堪*王事"。其實這樣的理解是有問題的。衆所周知，任何一條卜辭的命辭只會出現一個占卜焦點，要麽是時間，要麽是地點，要麽是人物，要麽是事件，要麽是吉凶，要麽是氣象，等等。本條卜辭如果標點作"叀多子族令比㬰❀堪*王事"，勢必帶來焦點識别的偏差，"令多子族"、"比㬰❀"、"堪*王事"都可能成爲焦點，但卜辭中的焦點往往在句末①，如：

丙午卜，賓，貞旨弗其堪*王事。三 二告

貞旨堪*王事。三（"旨"有缺刻） （5479，典賓）

乙未卜，貞今日雨。一

貞今日不其雨。五月。一 （12582，賓出）

上揭兩版四條卜辭均爲句末焦點，從句子結構來看，均爲單句。這裏特地選的是正反對貞，其對比焦點與常規焦點均在句末。但象上揭《綴集》219却不是這樣，其常規焦點確實可以理解爲句末的"堪*王事"，但聯繫本版相關卜辭可以看出，占卜者所關心的還有其他信息。請看其同版相關卜辭：

(1)丁巳卜，貞令王族比㬰❀堪*王事。

(2)貞叀尹令比㬰❀堪*王事。二

---

① 方梅説："一個句子的焦點是句子語義的重心所在。由於句子的信息編碼往往是遵循從舊到新的原則，越靠近句末信息内容就越新。句末成分通常被稱作句末焦點，我們把這種焦點成分稱爲常規焦點。"參方梅：《漢語對比焦點的句法表現手段》，《中國語文》1995年第4期。

(3)貞叀多子族令比彔㕢*王事。二 二告 (ZJ219,賓出)
上述三條卜辭顯係爲同事而卜的選貞,占卜者關心的是派誰與彔㕢
去執行命令,且能否"㕢*王事"(勝任王事①)。如果將其命辭看作
單句,那就只會出現一個焦點,因此不能確切表明占卜者的態度和預
期。如果將其看作複句,這個問題自然就解決了,如辭(3)就可理解
成"如果命令多子族與彔㕢去,那麽他們能够履行好交代的任務"。
這一斷句,將單句形式的命辭看成複句,前一分句的焦點可以通過與
他辭對比獲得焦點信息,辭(2)(3)還可以通過焦點標記詞"叀"予
以突顯,後一分句"㕢*王事"也是焦點。如此,意義理解則十分
通暢。

例Ⅱ 6057正,典賓

癸巳卜,殻,貞旬亡囚。王占曰:"㞢求(咎),其有來嬉
(艱),气(訖)至。"五日丁酉,允有來[嬉(艱)]自西。沚𢎥告
曰:"土方出于我東[啚(鄙)]☒,𢦏(翦)二邑,舌方亦侵我西啚
(鄙)田。"

《釋文》《校釋》均將"气至"歸於驗辭。斷句作:

①癸巳卜,殻,貞旬亡囚。②王占曰:㞢求(咎),其有來嬉
(艱)。③气(訖)至五日丁酉,允有來[嬉(艱)]自西。沚𢎥告
曰:土方出于我東[啚]☒,𢦏二邑,舌方亦侵我西啚田。

這種斷句方法可能是源於于省吾對"气"的解釋。于先生説:

二、甲骨文之气訓至。例如:"王占曰,㞢(有)希,有㞢來嬉
(艱)。气至五日丁酉,允㞢來嬉。"(《菁》1)"王占曰,有希,其
有來嬉。气至九日辛卯,允㞢來嬉自北。"(《菁》2)……按气至
五日丁酉,即迄至五日丁酉;气至九日辛卯,即迄至九日辛

---

① 關於"㕢王事",陳劍有專門的分析,可參看。陳劍:《釋㞢》,《出土文獻與古文字研究》第3輯第19—23頁,復旦大學出版社,2010年。

卯……①

管燮初指出將"气至"讀作"迄至"不確,應讀作"汔至",即"幾至",援引《詩·大雅·民勞》"汔可小康"鄭箋"汔,幾也"爲證,並將"气至"置於占辭之後,與驗辭斷開②。管先生的斷句是正確的,但讀"气"爲"汔"却不可從。張玉金同意這種斷句亦讀"气"爲"汔",却將"汔"訓爲"將要"③。其實,甲骨卜辭的命辭和占辭均是表示對未然事件的一種占卜預期或看法,單純將其"气"看作"將要"並不能清楚揭示占卜者的立場和態度,因爲任何一條占辭都意味着"占者從兆璺預測將會發生的後果"。因此,我們覺得"气"似當讀作"訖",訓"終究",占辭中的"虫咎,其虫來婭,訖至"意爲"災禍最終會來到"。楊樹達《詞詮》卷四:"訖,終也,竟也。"文獻中較早見到的"訖"出現於《漢書·西域傳·康居國》"康居驕黠,訖不肯拜使者"。可能漢以前是用"气"表示"訖"。

總之,對上述例句的語義結構理解正確,有助於理解諸如"气至"這樣的關鍵詞語,亦有助於對其作出恰當的標點和斷句。

例Ⅲ　137反,典賓

①四日庚申亦虫來婭自北,子㚔告曰:昔甲辰,方嵒于蚖,俘人[十虫]五人。②五日戊申,方亦嵒,俘人十虫六人。③六月才(在)[鼕(敦)]。

《釋文》《校釋》均作如是標點。但問題是,整條卜辭作爲驗辭内容,由三個句子構成,其結構關係不易彰顯,尤其是"四日庚申""五日戊申"有針對同一個干支起點之嫌。如果按照如下標點,語義就明晰得多:

---

① 于省吾:《甲骨文字釋林·釋气》第79—83頁,中華書局,1979年。
② 管燮初:《殷虚甲骨刻辭的語法研究》第38—39頁,中國科學院,1953年。
③ 張玉金:《卜辭中"气"的意義和用法》,《文物研究》第5輯第214—217頁,又收入氏著《甲骨卜辭語法研究》附錄五,廣東高等教育出版社,2002年。

①四日庚申亦㞢來艱自北,子𡚤告曰:"昔甲辰,方显于蚁,俘人[十㞢]五人;五日戊申,方亦显,俘人十㞢六人。"②六月,才(在)[𦎫(敦)]。

因爲這條驗辭只有兩個句子,句①是一個複雜的句子,表達驗辭的主要内容,句②補充説明占卜的時間和地點。句①首先是一個並列關係的複句,可以劃分如下:

四日庚申亦㞢來艱自北,|(並列)子𡚤告曰:"昔甲辰,方显于蚁,俘人[十㞢]五人;五日戊申,方亦显,俘人十㞢六人。"

"|"後的分句中"曰"的賓語由一個二層複句構成,可以分析如下:

昔甲辰,方显于蚁,‖(順承)俘人[十㞢]五人;|(順承)五日戊申,方亦显,‖(順承)俘人十㞢六人。

儘管可以依據句法對卜辭進行重新標點,但本書所舉卜辭在不影響句意表達情況之下一般仍按《釋文》和《校釋》的釋文習慣標點。

(二)有助於字詞訓釋。

喻遂生師有專文《語法研究與卜辭訓釋》論述這個問題,兹僅舉其中一例①:

己酉卜,□,貞王正(征)𢀛方,下上若,[受(授)]我又(祐)。

貞勿正(征)𢀛方,下上弗若,不我其受(授)[又(祐)]。四

(6322,典賓)

因拓片稍嫌模糊,喻師的釋文與此小異,但不影響我們這裏討論的"不我其受又(祐)"。現將原文鈔録於次:

李圃先生解釋説:"卜辭'不我其受祐'與'受我祐'對貞,均爲句中之謂語。'受我祐'爲動賓關係,其中動詞受具授予義,'我祐'爲雙賓語。'不我其受祐'爲偏正關係,其中偏的部分爲

---

① 喻遂生:《語法研究與卜辭訓釋》,《綿陽師院學報》2007年第4期。

否定副詞'不',所否定的是一個主謂形式'我其受祐'。這是值得注意的一種上古語法現象。'不我其受祐'與'我不其受祐'句法有別。'我不其受祐'爲一般主謂句,意爲我大概不能接受福祐吧？'不我其受祐'則不然,它實際上是一種兼語形式,意爲大概不允許我接受福祐吧？"

按李先生對"不我其受祐"的解釋是不正確的。"不我其受祐"即"不其受我祐"的代詞賓語前置形式,意爲不給我保祐。它和肯定形式"受我祐"構成對貞,也具有相同的雙賓語形式,只不過否定式中的人稱代詞賓語"我",依例提到了動詞"受"及其狀語"其"之前而已,並没有其他什麽奧義。

我們也找到一條很有名的卜辭：

辛巳卜,□,貞燹婦好三千,叀旅萬,呼伐□[方],受[㞢又]。

（39902 正＝Y150 正,典賓）

燹,字形作 ,摹作 ,象兩手舉皀（殷）之形,本義當爲雙手舉食器供奉祖先。唐蘭讀作収,爲"供給"之義①。楊樹達釋爲登,讀作徵,"登人"爲徵集人員②。前人釋義僅從字形分析,孰是孰非,似難辨別。如果從句法角度看,"燹婦好三千"與"叀旅萬"並不相同,前者是雙賓句,結構可描寫成"V+$O_{間}$+$O_{直}$",後者是一種特殊的兼語式,結構可描寫成"V+OS+X"。故釋燹爲"供給"較"徵集"妥帖,唐蘭所釋可從。

(三)有助於進一步認識商代的句法面貌

爲了探討商代的語法,前人已對甲骨文作過大量研究工作,已不

---

① 唐蘭：《天壤閣甲骨文存並考釋》第43頁,北京輔仁大學影印本,1939年；又收入《甲骨文獻集成》第2册。
② 于省吾主編：《甲骨文字詁林》字頭1030號,中華書局,1996年。

同程度地揭示出商代的句法面貌①。比如：

李曦《殷墟卜辭語法》運用結構主義、轉换生成和傳統語法理論相結合的方法，在堅持功能關係分析的原則上，對殷墟卜辭進行了全面系統的研究，建立了一個由句法、詞組法和詞法三大系統構成的卜辭語法體系，展示了商代漢語的全貌，不但全面概括了卜辭中出現的句型，而且以卜辭語言内在的邏輯性和規則的制約性推導出商代漢語應該具有的句型②。

朱歧祥《甲骨卜辭句法論稿》以對貞卜辭爲中心，就完整的同版對貞或成套卜辭，從常態的"SVO"句式之外，歸納出增省、移動、互補、疊用、平衡五類變異句型，逐一詳加討論，目的在於突出對應句組之間的關聯；强調句中某詞類的意義；兼具對此美觀和避免繁瑣的修辭用法③。

姜寶昌《殷墟甲骨刻辭句法研究》舉例性地討論了甲骨刻辭的句式、語序、補語與賓語、使動與意動四個方面的問題。作者經過考察發現當時句式已相當完備，通常使用單句，間或使用複句。語序上仍以"主謂賓"爲常，修飾語在中心語前爲常，"定語後置、狀語後置尤其是賓語前置的現象並不少見"④。

沈培《殷墟甲骨卜辭語序研究》詳細討論了卜辭主語、賓語、介詞結構、狀語的位置，及數名結合的順序等問題。作者認爲，卜辭作爲現在所能見到的最早的語言材料，它所反映的殷商時代的漢語語

---

① 張玉金:《二十世紀甲骨文語法研究的回顧暨展望》,《古籍整理研究學刊》2002年第1期。
② 李曦:《殷墟卜辭語法》,四川大學博士學位論文(指導教師:徐中舒),1988年;陝西師範大學出版社,2004年。
③ 朱歧祥:《甲骨卜辭句法論稿》,臺灣學生書局,1990年。
④ 姜寶昌:《殷墟甲骨刻辭句法研究》,《殷都學刊》1990年第3期。

序,除了一些特殊情況外,基本上與後代是一致的①。

鄭繼娥《甲骨文中的連動句和兼語句》就甲骨文中的連動句和兼語句進行了一定程度的描述。連動句根據動詞間的關係分成三類:先後發生的動作、後一個動作是前一個動作的目的、前一個動作是後一個動作的方式。兼語式有:使令詞+兼+動詞+賓+補;使令詞+兼+動詞+賓;使令詞+兼+動詞+補;使令詞+兼+動詞;"有"+兼+動詞+(賓)②。

刘青《甲骨文句型研究》描述了甲骨文的六十五種句型,並利用喬姆斯基的轉換生成理論,對甲骨文祭祀動詞句進行了較爲詳盡的清理,文章認爲,從表面上看,祭祀動詞句句型複雜,令人眼花繚亂,但在複雜的表層結構背後,却是異常簡單的深層語義模式;從深層的邏輯結構向表層的語言結構轉換時,無外乎經過增删、移位、替換等程序③。

張玉金《甲骨文語法學》是一部全面論述甲骨文語法的重要著作。作者從詞法、短語、句子成分、單句、複句、句類諸方面對甲骨文語法進行了系統深入地研究。在句法研究方面,作者將句子分成單句和複句進行分章討論。按照謂語的不同,單句可分成動詞性謂語句、形容詞性謂語句、名詞性謂語句。動詞性謂語句句型樣式繁多,有雙賓語句、連謂句、兼語句、並列句、被動句,省略現象也十分常見,變式句有主謂倒裝句、賓語前置句、非時間介賓短語前置句、時間名詞語後置句、定語後置句等。甲骨文中的複句也很常見,與後世漢語

---

① 沈培:《殷墟甲骨卜辭語序研究》,北京大學博士學位論文(指導教師:裘錫圭),1991年;臺灣文津出版社,1992年。
② 鄭繼娥:《甲骨文中的連動句和兼語句》,《古漢語研究》1996年第2期。
③ 刘青:《甲骨文句型研究》,西南師範大學碩士學位論文(指導教師:喻遂生),1997年;部分内容以《甲骨文句型的轉換和衍生》發表於《殷都學刊》2001年第1期。

一樣可分爲兩大類:聯合複句、偏正複句①。

張玉金《甲骨卜辭語法研究》是一部對語法個案進行專題研究的論著。作者選取了四個專題:一是"殷墟卜辭命辭語言本質及其語氣";二是"殷墟甲骨刻辭的非命辭的語氣";三是"賓字句和遘字句的句法分析";四是"卜辭中表示兩事時間關係的詞的意義和用法"②。

鄭繼娥《甲骨文祭祀卜辭語言研究》對商代甲骨文祭祀卜辭的動詞結構進行專門研究。第二章至第六章主要是從語法方面,全面系統地從字義明確的祭祀動詞入手,分期分組對語法結構進行分析,第七章從語義結構的角度對祭祀動詞進一步研究。尤其值得注意的是,書中對單個祭祀動詞的單賓結構、雙賓結構和三賓結構進行了詳細的描寫,對多個祭祀動詞謂語句也進行了形式和語義的分析③。

陳練文《殷墟甲骨卜辭句法研究》從語言學的角度入手,以《甲骨文合集》第一册的全部句子爲考察對象進行窮盡式統計和定量分析,研究了殷墟甲骨卜辭中有關單句的句法問題,結論與學界看法基本一致,論文羅列了甲骨卜辭中所有三十六種基本句式④。

諸家論著或就甲骨卜辭句法作全面研究,如李曦(1988)、張玉金(2001)、陳練文(2008);或就某些語法專題作描寫分析,如沈培(1991);或就一定範圍的材料進行句法研究,如朱歧祥(1990)、鄭繼娥(2007);或全面搜集相關材料封閉研究,或僅舉例討論;研究

---

① 張玉金:《甲骨文語法學》,學林出版社,2001年。
② 張玉金:《甲骨卜辭語法研究》,廣東高等教育出版社,2002年。
③ 鄭繼娥:《甲骨文祭祀卜辭語言研究》,巴蜀書社,2007年。該書是在作者博士論文《殷墟甲骨卜辭祭祀動詞的語法結構及其語義結構》(四川大學,2004年,指導教師:彭裕商)基礎上修改的成果。
④ 陳練文:《殷墟甲骨卜辭句法研究》,武漢大學博士學位論文(指導教師:楊逢彬),2008年。

涉及卜辭句式、句型、語氣等內容；理論既有傳統語法學的使用，也有轉換生成學派、認知語言學理論的借鑒，可謂從一定程度上揭示出商代句法的面貌。但軍事刻辭作爲甲骨刻辭中的重要內容之一，其動詞具有獨特的語義内容和歷史文化内涵，當它作爲句子的"中心、核心、重心"①時，其句法面貌如何，迄今爲止，學界並無專門討論，故本書擬分兩章討論：本章討論軍事刻辭中的句型結構，這是從形式上進行研究；下一章討論軍事刻辭中的語義角色，這是從内容上進行研究。

第二節 軍事行爲個案使用的句型結構

一 關於"望乘伐下危"

本書第三章第五節對商代著名軍事人物"望乘"進行過相關卜辭的繫聯，涉及望乘伐下危的辭例達五十餘版，其中記有月份的四版，另兩版卜辭同版有"三月"和"生七月"的月份標識。從這些記有月份的標識來看，據"微細斷代法"可以測察出這批卜辭記載的"伐下危"事件可能發生在同一年②，如果這一說法可信，望乘參與伐下危差不多斷斷續續打了一年，至少是從二月到十一月。據同版和同

---

① 吕叔湘曾指出，討論句法我們應先從動詞開始，因爲"在某種意義上，動詞是句子的中心、核心、重心，别的成分都跟它掛鈎，被它吸住"。詳參吕叔湘：《句型和動詞學術討論會開幕詞（代序）》，載中國社會科學院語言所現代漢語研究室編《句型和動詞》第 1 頁，語文出版社，1987 年。

② 按照微細斷代法，可據"二月"有辛丑，推出這年一月一日的干支區間是 1：40-9；據"三月"有"丙戌"，推出這年一月一日的干支區間是 1：55-24；據"十一月"有辛巳，推出這年一月一日的干支區間是 1：54-23。三個干支區間可以相容，因此，這三次事件可能發生在同一年。"微細斷代法"參看〔美國〕夏含夷：《殷墟卜辭的微細斷代法——以武丁時代的一次戰役爲例》，《甲骨文發現一百周年學術研討會論文集》，臺灣師大國文學系、臺北"中研院"史語所，1998 年。詳細推算過程，亦可參本書第二章，以及李發：《對一群自小字類卜辭中"方商"戰爭持續時間的測察》，《古文字研究》第 29 輯，中華書局，2012 年。

事排譜繫聯出以下幾組相關事件:(1)多紒比望乘伐下危;(2)王比望乘伐下危;(3)王比奚伐下危;(4)王比沚馘伐巴方;(5)王令婦好伐夷方;(6)王伐龍方;(7)収正(征)土方;(8)王茦衆伐茦方;(9)王比緘伯鼉伐口方;(10)王往于㞢高;(11)子畫、子銜涉;(12)其他相關祭祀、田獵、氣象卜辭等。

下危係望乘討伐的主要對象,陳夢家説:"據我們以下考定征人方的路綫知其在今永城、宿縣之間,約當今皖、蘇交界之處。"①下危主要見於典賓類卜辭,應是武丁晚期所見方國,《綜述》將其置於"武丁後多方"一節,是欠妥的。

詳細排譜材料兹從略,這裏僅就"望乘伐下危"事件的核心信息進行排比,因本材料主要用於語言研究,序數和兆辭均從略。

干支	貞人	事件	出處
癸丑卜	亘	王叀 望乘比伐下危。	6477 正
癸丑卜	亘	王叀 望乘比伐下危。	811 正
		王[叀 望乘]比伐[下危]。	6480
		王叀 望乘比。	6476
		叀 乘比。	6476
		王勿[隹望]乘比[伐]下危。	6480
辛酉卜	争	王勿隹望乘比。	6476
		王勿隹望乘比。	6476
		勿隹 乘比。	6476
		王勿比望乘伐。	811 反
辛酉卜	争	王 比望乘伐下危。	6476
□□[卜]□[今]早゛叀王 比望乘伐下[危], 受㞢又。			6499

---

① 陳夢家:《殷虛卜辭綜述》第 300—301 頁,中華書局,1988 年。

□□[卜]殻			王 比望乘伐下危，	受 又。	6498
丙戌卜 争		今早*	王 比望乘伐下危,我	受㞢[又]。	6496
辛巳卜 賓		今早*	王 比[望]乘伐危，	受㞢又。	6413
[辛巳]卜 争		今早*	王 比望乘伐下危，	受㞢又。	6487
辛巳卜 殻		今早*	王 比望乘伐下危，	受[㞢又]。	6488
辛丑卜 殻		今[早*王]	比望乘[伐下]危,受㞢又。		Y586
庚申卜 争		今早*	王 比望乘伐下危，	受㞢又。	6489
庚申卜 争		今早*	王 比望乘伐下危，	受㞢又。	6490
庚申卜 賓		今早*	王 比望乘伐下危，	受[㞢又]。	PJ278+
庚申卜 賓		[今]早*王	[比]望[乘]伐下[危],[受㞢]又。		6492
[庚]申卜 □		今早*	王 [比]望[乘伐]下危,受[㞢又]。		6493
乙卯卜 殻			王 比望乘伐下危，	受㞢又。	32 正+
□□[卜] □			王 比望乘伐下危，	受㞢[又]。	6497
辛酉卜 殻		今早*	王 比望乘伐下危，	受㞢又。	6482 正
辛酉卜 [殻]		今早*	王 比望乘伐下危，	受㞢又。	6483 正
辛酉卜 殻		今早*	王 比望乘伐下危，	受㞢又。	6484 正
辛酉卜 殻		今早*	王 比望乘伐下危，	受㞢又。	6485 正
辛酉卜 殻		今早*	王 比望乘伐下危，	受㞢又。	6486 正
辛丑卜 殻		今早*	呼比望乘伐下危，	受㞢又。	6518+6519
癸亥卜 殻		今早*	呼比望乘伐下危,弗其受㞢又。		JY1 正
		今早*	呼比望乘伐 危,弗其受㞢又。		L158

辛丑卜	敵	今早* 勿呼比望乘伐下危,弗其受虫又。		B1884
辛酉卜	敵	今早* 王勿 比望乘伐下危,弗其受虫又。		6483 正
[辛]酉卜	敵	今早* [王]勿 比望乘[伐]下危,弗[其受]虫又。		6484 正
辛酉卜	敵	今[早*王]勿 比望乘伐下危,弗其受虫又。		6485 正
辛酉卜	敵	今早* 王勿 比望乘伐下危,弗其受虫又。		6486 正
辛巳卜	争	今早* 王勿 比望乘伐下危,弗其受虫又。		6487
辛酉卜	敵	今早* 王勿 比望乘伐下危,弗其受虫又。		6482 正
□□[卜]	□	今早* [王]勿比望乘伐下危,弗其受 又。		6500
		今早* 王勿 比望乘伐下危,弗其受虫[又]。		6502+16278
乙卯卜	敵	王勿 比望乘伐下危,弗其受虫又。		32 正+
□□卜	□	王勿 比望乘伐下危,[弗]其[受虫又]。		Y589 正
□□[卜]	□	[王]勿比望乘伐下危,弗[其受虫又]。		6497
□□[卜]	□	王勿 比望乘伐下危, 不受 又。		6498
□□[卜]	□	今早* 王勿 比望乘伐下危,下上弗[若,不我其受又]。		Y588 正
[庚]申卜	敵	今早* 王 比望乘伐下危, [弗]若,[不]我[其受又]。		6494
庚申卜	争	王自 比望乘伐下危。		SD148
辛丑卜	賓	令多紆比望乘伐下危, 受虫又。		6524 正
辛丑卜	賓	令多紆比望乘伐下危, 受虫又。		6525 正
己未卜	亘	今早* 王 菲比[望]乘伐下危,下上若,受我[又]。		Y587

第七章　甲骨軍事刻辭所用句型 | 435

	今早＊　　王勿耤比望乘伐下危，　　下上弗若,不我其受又。	Y587
	今早＊　　王勿耤比望乘伐下危，下上弗若,不我其受又。	6506>B2486
	[今]早＊　王　耤比望乘伐下危,[弗]若,不[我其受又]。	6495+11525
	☐耤比望乘伐下危，　　下上弗若,不我其[受]又。	6505 正
丁巳卜　賓	㝱于王亥十青,卯十牛、三青,告其比望乘正下危。	6527 正-
	㝱于王亥,　　　　　　告其比望乘。	7537

撇開上述事件所反映的內容,其命辭的句法結構可以分成如下四類:

第一類:

前　辭		命　辭									出　處
		分句1							分句2	分句3	
干支	貞人	AV_1	S	AV_2	$V_{虛}$	V_1	O_1	V_2	O_2		
辛酉卜	殼	今早＊	王勿			比	望乘	伐	下危	弗其受㞢又		6483 正
辛酉卜	殼	今早＊	王			比	望乘	伐	下危	受㞢又		6486 正
乙卯卜	殼		王			比	望乘	伐	下危	受㞢又		32 正
庚申卜	爭		王	自		比	望乘	伐	下危			SD148
己未卜	亘	今早＊	王		耤	比	望乘	伐	下危	下上若	受我又	Y587
		今早＊	王勿		耤	比	望乘	伐	下危	下上弗若	不我其受又	Y587

第二類:

前辭		命辭										出處
干支	貞人	分句1									分句2	分句3	
		AV_1	S	AV_2	$V_{使令}$	OS	V_1	O_1	V_2	O_2			
辛丑卜	㱿	今早*		勿	呼		比	望乘	伐	下危	弗其受㞢又		B1884
辛丑卜	賓				令	多綹	比	望乘	伐	下危	受㞢又		6524 正

第三類：

前辭		命辭									出處
干支	貞人	分句1							分句2	分句3	
		AV_1	S	AV_2	O_1	V_1	V_2	O_2			
癸丑卜	亘		王	叀	望乘	比	伐	下危			6477 正
			王	勿隹	望乘	比	伐	下危			6480
辛酉卜	爭		王	勿隹	望乘	比					6476

第四類：

前辭		命辭								出處
干支	貞人	分句1	分句2	分句1						
				V_1	AV_2	V_1	O_1	V_2	O_2	
丁巳卜	賓	叀于王亥十牛	卯十牛、三牛	告	其	比	望乘	正	下危	6527 正
		叀于王亥		告	其	比	望乘			7537

S 代表主語，V 代表謂語（V_1、V_2…代表按順序排列的謂語動詞），O 代表名詞性賓語，AV 代表狀語，CO 代表補語，OS 代表兼語。

現就上述四類説明如下：

第一，關於"望乘伐下危"的命辭多數爲表示假設關係的偏正複句，前一分句提出一種做法（如"王比望乘伐下危"），後一分句貞問是否受到保祐（如"受㞢又"）。卜辭中存在大量的正反對貞，頗耐人尋味的是，如果前一分句用肯定形式，那麽後一分句則從正面貞問，

有兩例從反面貞問(JY1 正、L158),反之,如果前一分句用否定形式,那麼後一分句則從反面貞問。如:

{ 辛酉卜,𢀒,貞今早*王比望乘伐下危,受㞢又。(6482 正)
{ 辛酉卜,𢀒,貞今早*王勿比望乘伐下危,弗其受㞢又。(6483 正)

{ 己未卜,亘,貞今早*王耤比[望]乘伐下危,下上若,受我[又]。(Y587)
{ 　　　今早*王勿耤比望乘伐下危,下上弗若,不我其受又。(Y587)

這類偏正複句前一分句句型結構總體上可以描寫爲如下幾種句型:

(1a)$(AV_1)+S+(AV_2)+V_1+O_1+V_2+O_2$,這是一種連謂句型,$AV_1$ 多爲時間狀語,AV_2 爲副詞作狀語,狀語可隱可現。比如,"今早*王勿比望乘伐下危"。

(1b)$(AV_1)+(S)+AV_2+O_1+V_1+V_2+O_2$,這種句型是(1a)的變式句,當 AV_2 是表示肯定的"更"或表示否定的"勿隹"時,其後動詞的賓語 O_1 前置。比如,"王更望乘比伐下危"。這時的"更"和"勿隹"是焦點標記,同時用語義成分的超常配位——賓語前置,凸顯被强調成分處於"非常規"位置上①。

(1c)$(AV_1)+(S)+(AV_2)+V_1+(OS)+V_2+O_2+V_3+O_3$,這是一種兼語句套連謂句的句型。V1 爲"呼"或"令",其後接兼語 OS,如"令多𢀉比望乘伐下危",有時兼語可以不出現,如"今早*勿呼比望乘伐下危"。

上述句型中的兩條例外卜辭是:

　　癸亥卜,𢀒,貞今早*呼比望乘伐下危,弗其受㞢又。三
　　　　　　　　　　　　　　　　　　　　　(JY1 正)
　　貞今早*呼比望乘伐危,弗其受㞢[又]。五　　(L158)

第二,有一例表示目的關係的複句,前一分句爲祭祀行爲,後一

---

① 關於焦點標記的句法表現手段,參看方梅《漢語對比焦點的句法表現手段》,《中國語文》1995 年第 4 期。

分句爲祭祀目的。如：

丁巳卜，賓，貞奠于王亥十㲋，卯十牛、三㲋，告其比望乘正下危。　　　　　　　　　　　　　　（6527 正）

值得注意的是，後一分句"告"后接一个連謂結構"比望乘正（征）下危"作賓語，"其"，語氣副詞，無實義。連謂結構有時省去一個謂詞結構，只保留一個。如：

貞奠于王亥，告其比望乘。　　　　　　（7537）

關於"告"，其核心意義是"告訴"，下級對上級稱爲"報告"，人對神稱爲"祭告"。"告"有時單用，有時可與"曰"，"呼"連用。一般有如下句型：

（1）告+主謂結構。

☑告余不米*彔。　　　　　　　　（72 反，賓一）

"告"後可以加上"曰"，如：

癸丑卜，争，貞旬亡囚。王占曰：出咎，出夢。甲寅，允出來媸。左告曰：出逸弜自温①，十人出二。　（137 正，典賓）

"告"也可與"呼""曰"同現，如：

癸未卜，永貞旬亡囚。七日己丑，𢀛化呼告曰：舌方祉于我奠豐。七月　　　　　　　　　　　（6068 正，典賓）

（2）告+（人事）+（于）+神祇+（祭牲）。告爲"祭告"義。

其告秋 上甲 二牛？　　　　　　（28206，無名類）

這是一例典型的三賓語句②。這三類賓語不一定都出現，而且神祇前可以出現介詞"于"。如：

---

① 温，據裘錫圭釋，參《文集》第 1 卷 439 頁，復旦大學出版社，2012 年。
② 關於三賓語句，可參陳初生《論上古漢語動詞多對象語的表示法》，《中國語文》1991 年第 2 期。沈培《殷墟甲骨卜辭語序研究》第 102 頁，文津出版社，1992 年。張玉金《甲骨文語法學》第 209 頁，學林出版社，2001 年。時兵《古漢語雙賓結構研究——殷商至西漢年代相關地下語料的描寫》第 41 頁，安徽大學博士論文（指導教師：白兆麟），2002 年；修訂爲《上古漢語雙及物結構研究》，安徽大學出版社，2007 年。喻遂生《甲（轉下頁）

> 乙巳卜,争,貞告方出于祖乙、大乙。　　　　　　（651,賓出）

這種句型中,"人事"可以不出現。如:

> 告于大甲、祖乙。　　　　　　　　　　　　　（183,典賓）

介詞"于"也可以不出現,如:

> 甲辰卜,貞叀翌乙巳告上甲。十三月。　　　　　（428,賓出）

當"告"後"人事"與"神祇"兩個賓語同現時,就構成雙賓語格式[②]。如:

> 其告秋 上甲。　　　　　　　　　　　　　（28207,無名）

"人事"與"神祇"的位置也可以互換。如:

> 貞王其☐出告父 正。　　　　　　　　　（811正,典賓早）

"父"是武丁之先父,"正"即"征",征伐某方之意。

關於"告"的三賓語句、雙賓語句及其句型的衍生與變換,可參喻遂生《甲骨文單個祭祀動詞句的轉換和衍生》《甲骨文雙賓語句研究》《甲骨文三賓語句研究》。

第三,此類事件中有幾例含有形式動詞"柞"的動詞謂語句。如:

（接上頁）骨文單個祭祀動詞句的轉換和衍生》、《甲骨文雙賓語句研究》,收入《甲金語言文字研究論集》,巴蜀書社,2002年;《甲骨文三賓語句研究》,語言文字與文學詮釋國際學術研討會論文,臺灣東海大學,2010年10月,收入《語言文字與文學詮釋的經典對話》,東海大學中國文學系出版,2011年2月。鄭繼娥《甲骨文祭祀卜辭語言研究》第82頁,巴蜀書社,2007年。齊航福《殷墟甲骨文賓語相關問題研究》第162—167頁,首都師範大學博士論文(指導教師:黃天樹),2010年;修訂爲《殷墟甲骨文賓語語序研究》第206—212頁,中西書局,2015年。

② 關於甲骨文中雙賓語句型,可參管燮初:《殷虚甲骨刻辭中的雙賓語問題》,《中國語文》1986年第5期。沈培:《殷墟甲骨卜辭語序研究》第二章第四節《雙賓語語序》,臺灣文津出版社,1992年。劉翔等:《商周古文字讀本》,語文出版社,1989年。喻遂生:《甲骨文雙賓語句研究》,《甲金語言文字研究論集》,巴蜀書社,2002年。張玉金:《甲骨文語法學》,學林出版社,2001年。時兵:《上古漢語雙及物結構研究》,安徽大學出版社,2007年。鄭繼娥:《甲骨文祭祀卜辭語言研究》,巴蜀書社,2007年。齊航福:《殷墟甲骨文賓語語序研究》第206—212頁,中西書局,2015年。

己未卜,亙,貞今早*王䂴比[望]乘伐下危,下上若,受我[又]。

今早*王勿䂴比望乘伐下危,下上弗若,不我其受又。

(Y587)

關於"䂴",字形作ㄣ、㇀或彡,隸定爲"乍"、"䂴",均讀作"作",義"爲",這一釋法基本爲古文字學家們所認同①。甲骨文中還有其他"作+V/VP"的用法:

 a. 庚申卜,㱿,貞作賓。

 b. 庚申卜,㱿,貞勿作賓。 (32 正)

 c. 庚辰卜,貞衣彡歲,作醻,自祖乙至于丁。十二月。

(377)

 d. 貞作钟婦好,嬴。 (13646 正)

 e. 甲子卜,賓,貞作㞢(侑)于匕甲,正。 (13658 正)

 f. …王作令龟,不橐。 (4499 正乙)

 g. □□卜,㱿,貞我其巳賓,作帝降若②。

 h. □□[卜],㱿,貞我勿巳賓,作帝降不若。 (6498)

上述辭例可以分成三類,a-e"作"後均接祭祀動詞,即"賓"、"醻"、"钟(禦)"、"㞢(侑)"。f 句後接的是使役結構,即兼語結構,gh 則接的是主謂結構"帝降若/帝降不若"。

甲骨文語言研究者往往把"作"看作動作行爲動詞,忽略了其形

---

 ① 于省吾主編:《甲骨文字詁林》字頭 3227 號,第 3246—3254 頁,中華書局,1996年。

 ② 關於"作帝降若"與"作帝降不若"的"作",學界有不同意見,詳參楊逢彬:《殷墟甲骨刻辭詞類研究》,花城出版社,2003 年。張玉金:《卜辭"我其巳宾乍帝降若"再解》,《中國文字研究》第 1 輯,广西教育出版社,1999 年。高嶋謙一:《帶"乍"(作)字和帶"史"(使)字的使役結構》,《安徽大學漢語言文字研究叢書·高島謙一卷》,安徽大學出版社,2013 年。

式動詞義的存在①。楊伯峻、何樂士將古漢語的動詞分成四類：第一類是多少帶些動作行爲或有形活動的動詞，第二類是表示意念的動詞，第三類是表示存在的動詞，第四類是並無動作意味的判斷動詞②。也忽略了"形式動詞"的存在。

現代漢語中的形式動詞，早在上世紀八十年代就引起了學者的關注。朱德熙稱爲"虛化動詞"的有"進行、加以、給予、給以、予以、作"六個③。呂叔湘講"動詞做賓語句"中有兩類謂語動詞，其中 B 類動詞有"進行、從事、給以、予以、給予、裝作"④。實際上，這類動詞就是朱先生所説的"虛化動詞"。朱先生指出，"虛化動詞的作用僅在於加在某些詞語的前邊在形式上造成動賓構造，而不改變原來的詞語的意義"，"虛化動詞可以説是一種形式動詞（dummy verb）"。刁晏斌把形式動詞稱作"虛義動詞"，並對這類動詞的各種名稱，如"形式動詞、形式化動詞、虛義動詞、虛化動詞、先導動詞、無色動詞、傀儡動詞、代動詞、後續動詞性賓語動詞、謂賓動詞、準謂賓動詞"等進行了討論⑤。刁先生從歷史角度列舉了一些關於虛義動詞"作"的用例，去除一些可疑的用例，如下四例是較爲典型的句子⑥：

（1）大聖<u>作</u>治，建定法度，顯著綱紀。

（《史記·秦始皇本紀》）

（2）複如菩薩<u>作如是言</u>。　　　　（北涼《大悲蓮花經》）

---

① 張玉金：《甲骨文語法學》第 4 頁，學林出版社，2001 年。陳年福：《甲骨文詞義論稿》第 68 頁，上海古籍出版社，2007 年。

② 楊伯峻、何樂士：《古漢語語法及其發展》（修訂本），第 174—175 頁，語文出版社，2001 年 8 月第二版。

③ 朱德熙：《現代書面漢語裏的虛化動詞和名動詞》，《北京大學學報》（哲社版）1985 年第 5 期。

④ 呂叔湘：《現代漢語八百詞》（增訂本），第 32 頁，商務印書館，1999 年。

⑤ 刁晏斌：《現代漢語虛義動詞研究》第 3—19 頁，遼寧師範大學出版社，2004 年。

⑥ 刁晏斌：《現代漢語虛義動詞研究》第 265 頁，遼寧師範大學出版社，2004 年。

(3)你妻子且留在此過幾日,待有了開店日子,老漢親送女兒到你家,就來與你作賀。（話本《錯斬崔寧》）

(4)等過了殘冬,春天再與他們收拾房屋,另作一番安置罷。
（《紅樓夢》第三回）

句(1)(3)中的"作治"、"作賀"將"作"添加在單音節動詞"治"、"賀"前,使其構成雙音詞,是詞彙複音化的衍生方式之一。句(2)(4)中的"作……言"、"作……安置","作"本身並沒有實質性的意義,省去以後也不會影響句意。除刁先生所舉的上述四例外,其他如：

(5)萊夷作牧。（《尚书·禹贡》）

(6)必厚作斂于百姓。（《墨子·辭過》）

(7)信莫著于作見,故以珪爲信,而見萬物之始,莫不自潔。
（班固《白虎通·文质》）

(8)次日早起來,宋江作別穆太公并衆位好漢。
（《水浒传》第三七回）

前述甲骨卜辭中的"䅃(作)比"與這種"作+V"的句型結構是完全一致的。因此,可以説,商代甲骨文中已有形式動詞,即虛義動詞。關於"作"的虛義動詞用法,請參看拙文《殷墟卜辭中動詞"作"帶賓語現象》①,此處不再贅述。

討論到這裏,對上述表達"望乘伐下危"事件的命辭所用句型作一小結：

第一,有單句和複句兩種形式,複句包含廣泛使用的假設複句和僅見兩例的目的複句。

第二,含"望乘伐下危"這一分句的句型可以概括爲：(AV_1) +

---

① 李發:《殷墟卜辭中動詞"作"帶賓語現象》,張顯成主編:《古漢語語法研究新論》,西南師範大學出版社,2015年。

$(S)+(AV_2)+(V_1)+(OS)+V_2+O_2+V_3+O_3$

AV_1爲時間詞,作狀語,這類句型中僅見"今早*"。S作主語,這類句型中僅見"王"。AV_2爲副詞,作狀語,這類句型中有否定副詞"勿"和表示親自義的副詞"自"。V_1爲"呼"和"令",引導兼語,用"呼"時,其後兼語没有出現,"令"後僅見一例"多紉"作兼語,即OS。$V_2+O_2+V_3+O_3$這類句型中僅見"比望乘伐下危"和"比望乘正下危"。因"( )"内的成分可隱可現,此句型呈現各種不同的變化。

第三,如果上述句型中的AV_2爲"叀"或"勿隹",其後動詞的賓語要前置。"望乘伐下危"事件中的句型是:

$(AV_1)+(S)+AV_2+O+V_1+(V_2)+(O_2)$

這一句型實際上也是句型"$(AV_1)+(S)+(AV_2)+(V_1)+(OS)+V_2+O_2+V_3+O_3$"的變式。

二 關於"沚㦰伐土方"

本書第三章第四節對沚㦰伐土方事件進行了排譜,發現這組卜辭有三條出現月份,時間分別是"四月"和"五月",但只有一次"五月"同出干支"壬子",可以推測本次沚㦰伐土方的時間在武丁晚期某年五月前後。根據同版繫聯可見,沚㦰伐土方可能係正當防衛,戰爭起因是土方對沚㦰東啚(鄙)的侵擾,對沚㦰邊境二邑造成了危害(據《合集》6057)。同時,我們也可以推測,也許是强大的舌方來襲,給商造成了較大威脅,讓土方有機可乘,趁火打劫,坐收漁利。商王在接到沚㦰的報告後,立即册命他攻打土方,王還親自一起作戰,同時"令三族"配合沚㦰殲敵(據《合集》6438),可見國家對該事件的應急反應和果斷行動。遺憾的是,沚㦰與土方的戰争過程和戰争結果,因材料所限,尚不能清晰揭示。

詳細排譜材料兹從略,這裏僅就"沚㦰伐土方"事件的核心信息進行排比,因本材料主要用於語言研究,序數和兆辭均從略,殘泐嚴重的卜辭亦略去不論。

干支	貞人	事件	出處
乙酉卜	𣪘	今早*王勿比沚𢧊伐土方。	7497+B1881
乙酉卜		今早*勿比 𢧊伐土方。	6424
		勿比 𢧊伐土方。	6423
□巳卜	賓	今早*王 比沚𢧊伐土方,受 又。 四月。	ZJ299
辛巳卜	爭	今早* 比沚𢧊伐土方,受㞢又。 四月。	ZX495
丁丑卜	𣪘	今早*王 比沚𢧊伐土方,受㞢又。	Y581
戊午卜	賓	王 比沚𢧊伐土方,受㞢又。	6417正
辛巳卜	𣪘	今早*王叀𢧊比伐土方,下上若,受[㞢又]。	6418
□戌[卜]	𣪘	[沚]𢧊爯冊,𣊪土[方],王 比☒	6405正
乙卯卜	□	沚𢧊爯冊, 王 比,伐土方,受㞢又。	ZJ285
乙卯卜	爭	沚𢧊爯冊, 王 比,伐土方,受㞢又。	ZJ285
□□[卜]	□	沚𢧊爯冊, 王 比,伐土方,[受]㞢[又]。	6401
□辰卜	□	沚𢧊[爯]冊, 王 [比],伐土方,受[㞢又]。	6403
□□[卜]	爭	沚𢧊爯冊, 王 比,伐土[方]。	Y545正
□□[卜][𣪘]	沚𢧊爯冊, 王勿龠比。 五月。	6401
□戌卜	爭	令三族[比]沚𢧊[伐]土[方],受[又]。	6438

撇開上述事件所反映的内容,其命辭的句法結構可以分成如下四類:

第一類:

前辭		命辭						出處
干支	貞人	分句1				分句2		
		AV₁	S	AV₂	V₁	O₁	V₂	O₂	
乙酉卜	𣪘	今早*	王	勿	比	沚𢧊	伐	土方		PJ274正
□巳卜	賓	今早*	王		比	沚𢧊	伐	土方	受又	ZJ299
辛巳卜	爭	今早*			比	沚𢧊	伐	土方	受㞢又	ZX495

第二類:

前辭		命辭							分句2	分句3	出處
干支	貞人	分句1									
		AV$_1$	S	AV$_2$	O$_1$	V$_1$	V$_2$	O$_2$			
辛巳卜	殻	今早*	王	更	戓	比	伐	土方	下上若	受[㞢又]	6418

第三類：

前辭		命辭							出處
干支	貞人	分句1	分句2	分句3				分句4	
				S	AV$_2$	V$_1$	V$_2$	O$_2$	
□戌卜	殻	沚戓禹册	曹土[方]	王		比	…		6405 正
乙卯卜	□	沚戓禹册		王		比	伐	土方	受㞢又 ZJ285
□□卜	殻	沚戓禹册		王	勿蠚	比			6401

第四類：

前辭		命辭						分句2	出處
干支	貞人	分句1							
		V$_1$	OS	V$_2$	O$_2$	V$_3$	O$_3$		
□戌卜	争	令	三族	比	沚戓	伐	土方	受[又]	6438

對上述四表簡要說明如下：

第一，"沚戓伐土方"這一事件所用的四類句型基本采用的是表示假設關係的偏正複句，前一分句說明行爲（如"王比沚戓伐土方"），後一分句貞問這種行爲是否可以"受又"（如"下上若，受㞢又"），儘管有的句子有三到四個分句，但仍表示對某種假設行爲的貞問，貞問其是否"受又"（如上述第三類）。

第二，上述第一類前一分句的句型結構爲：$AV_1 + S + AV_2 + V_1 + O_1 +$

V_2+O_2,這是非常典型的連動句。AV_1 僅見時間詞"今早＊",AV_2 僅見副詞"勿"。這類句型與"望乘伐下危"所用部分句型相同。

第三,上述第二類前一分句的句型結構爲:$AV_1+S+AV_2+O_1+V_1+V_2+O_2$,這是第一類句型的變式,由 AV_2 "更"將其後動詞的賓語提前。

第四,上述第三類是一個多重複句。完整表達意義的話,應該用四個分句,即"①沚馘再册,②曽土方,③王比(沚馘)伐土方,④受业又",其層次分析應爲:①‖₍順承₎②‖₍假設₎③ ｜ ₍假設₎④。但實際卜辭中,往往有省略,四個分句未見同時出現。

第五,上述第四類前一分句的句型結構爲:$V_1+OS+V_2+O_2+V_3+O_3$,這是典型的兼語句。

綜上所述,從卜辭數量來看,"沚馘伐土方"事件不如"望乘伐下危"豐富,從句型結構的使用來看,"沚馘伐土方"事件不如"望乘伐下危"複雜多變。

第三節　軍事刻辭句型結構總彙

一　單句句型

命辭、占辭或驗辭中單句主要有三種類型:單動詞句、連謂句、兼語句。以下就對其分別逐一進行描寫。

(一)單動詞句

所謂單動詞句,是指由一個動詞作謂語或單獨成句的句子。軍事刻辭單動詞句句型多樣,共有十八種:

Ⅰ.主語或賓語的單動詞句

1. V　由光杆動詞構成的句子。辭例如:

貞告。　　　　　　　　　　　　　　　(6142,典賓)

2. AV+V 在句式 1 的動詞前加上狀語，由狀語和動詞構成的句子。辭例如：

  勿呼。一／貞勿呼。／貞勿往。／貞勿令。 （557，賓三）

上揭卜辭的狀語是單個否定副詞，此外還有語氣副詞、時間名詞、表示時間或處所的介賓短語、表示動作涉及對象的介賓短語等作狀語。這種辭例較爲普遍，如：

  不其至。 （945 反，賓一）
  亡其至。 （775 反，賓一）
  貞不允出。／允出。 （6086，典賓）
  今夕不至。 （5439 正，賓一）
  辛丑卜，今日步。一 （4245，自小字）
  貞于生一月步。一 二 （6949 正，賓一）
  丁卯卜，㱿，貞翌辛未勿令。一 （Y559，典賓）
  貞于翌庚申出。 （169，典賓）
  貞于乙門令。／貞勿于乙門令。 （B1246，典賓）
  貞勿于雉次。一 （7352 正，賓一）
  貞于唐告。 （6135，典賓）

狀語前可有語氣詞表示肯定的語氣副詞"叀"或表示否定的"勿佳"。如：

  壬戌卜，賓，貞叀甲子步。一 （495，典賓）
  貞翌甲申步。／貞勿佳甲申步。 （4284，典賓）

3. AV+V+O 在句式 2 的動詞後加上賓語，由動詞及其狀語、賓語構成的句子。辭例如：

  貞于河告舌方。 （6133，典賓）
  貞于大甲告舌方。 （6141，典賓）
  貞于生十一月令𢀛。 （Y834，賓三）
  辛卯卜，貞在𡆥，其先冓戎。 （Y593，典賓）

需要注意的是,"于"所引介詞結構表示動作所涉及對象時,既可以作狀語,又可作補語。

動詞前的狀語除上述介詞結構外,也可以是否定副詞,如:

勿比望乘。　　　　　　　　　　　(7546,自賓間)

勿呼沚。二　　　　　　　　　　　(3967正,典賓)

貞勿令衆人。六月。一　　　　　　(6,賓三)

動詞的賓語可以是一般的名詞性成分,也可以是動詞性成分,如謂語動詞"獲",其後可接動賓短語"方"作賓語:

己□[卜],㱿,貞[勿]獲方。　　(6748,典賓)

貞獲土[方]。二/貞弗其獲土方。(6451正,典賓)

還有主謂短語作賓語的情況,如:

甲申,于河告方來。　　　　　　　(33052,歷二)

4. S+V　在句式1的動詞前加上主語,由動詞及其主語構成的句子,如:

庚午卜,王步。　　　　　　　　　(20393,自歷間)

王比。　　　　　　　　　　　　　(7444,典賓)

5. S+AV+V　在句式2的基礎上加上主語,或在句式4的主謂之間加上狀語,由動詞及其主語和狀語構成的句子,如:

壬申卜,方其大出。一 二　　　　(6695,自賓間)

己未卜,㱿,貞我于雉次。一 二告 (7352正,賓一)

貞舌方叺①(夬)出。三　　　　　 (6100,典賓)

貞舌方其大出。　　　　　　　　　(D112正,典賓)

貞舌方不允出。　　　　　　　　　(Y544,典賓)

---

① 王蘊智、陳年福釋"叺"爲"夬",參王蘊智:《商代文字可釋字形的初步整理》,《中國文字》第24期,1999年;又載王宇信、宋鎮豪主編:《紀念殷墟甲骨文發現一百周年國際學術研討會論文集》第244頁,社會科學文獻出版社,2003年;陳年福:《甲骨文詞義論稿》第179—185頁,上海古籍出版社,2007年。

丙午卜,貞自于𠂤次。十二月。　　　　　　（5813,典賓）

狀語也可是單個的否定副詞。如：

貞王勿比。　　　　　　　　　　　　　　（7557,典賓）

狀語前可有"叀"或"勿隹"加強語氣。如：

己未卜,㱿,貞王叀[今]日往。/貞王勿隹今日往。

（7351,賓一）

貞王叀翌乙巳步。一　　　　　　　　（6949正,賓一）

6. AV+S+V　在句式4的主語前加上時間狀語或語氣詞構成的狀語,由謂語動詞及其狀語和主語構成的句子。如：

貞翌丁未王步。一　二告　二　　　　（6948正,賓一）
貞今十二月我步。一　二　　　　　　（6949正,賓一）
□□[卜],爭,貞翌辛巳王往。　　　　（Y579,典賓）
癸酉卜,㱿,貞今日王步。一　　　　　（180,典賓）
貞今二月自般至。　　　　　　　　　（1113,典賓）

將時間狀語提到主語之前,旨在強調謂語動作發生的時間。有的將語氣詞"叀"或"隹"置於主語前作狀語,旨在強調主語。如：

叀王往。一/勿隹王往。一　　　　　　（7352,賓一）
貞勿隹王往。　　　　　　　　　　　　（615,典賓）

7. AV+S+AV+V　在句式4的主語前後均加上狀語,由動詞及其主語和狀語構成的句子。如：

今早*方不其出。一　二　　　　　　（6690,自賓間）
乙亥卜,今早*方其大出。一　　　　　（6691,自賓間）
癸未卜,今一月雀亡其至。一　二告　（5793,自賓間）
辛丑卜,㱿,貞翌乙巳王勿步。一　　　（180,典賓）

主語前的狀語表示時間,謂語前的狀語多是表示肯定或否定語氣,也有表示動作的狀態,如作狀語的"大"意爲"大規模地"。

8. V+CO　在句式1的動詞後加上補語,補語是爲了補充說明

謂語動詞所涉及對象。由動詞及其補語構成的句子,如:

　　告于上甲。　　　　　　　　　　　　　　　　(6133,典賓)

　　【比較同版】貞于河告舌方。

　　告于黃尹。　　　　　　　　　　　　　　　　(6137,典賓)

　　【比較同版】貞[于]大[甲]告。/[貞告舌]方[于]上甲。

上舉兩條卜辭聯繫同版來看,動詞的賓語省去了。由"于"所引介詞結構既可置於動詞後作補語,也可置於動詞前作狀語。如:

　　{乙酉卜,爭,貞呼婦好先收人于龐。　　　　　(7288,賓一)
　　 乙酉卜,設,貞勿呼婦好先于龐收人。　　　　(7284,賓一)

　　{貞余于龐次。八月。　　　　　　　　　　　　(7358,典賓)
　　 曰㸚次于龐。二　　　　　　　　　　　　　　(7359,賓三)

　　陳夢家曾説:"介詞組之所以移前移後,是有意義的,凡是着重卜問的,往往從後移向前。"①王力則説:"殷虚卜辭,處所狀語(發按:這裏的處所狀語即"于"所引介詞結構)的位置還没有十分固定,它可以放在動詞之後,又可以放在動詞之前,但是放在動詞後面的結構是常見的結構。"②沈培經過調查後發現"于"字結構可以分成表處所和表人物兩種類型。表處所的"于"有兩種意義,表達不同的意義其位置也會有不同:一種是含"到……"義,其結構很少前置;另一種是含"在……"義,其結構大都可以前置。與"來、往、入、至、步"表示位移的動詞連用時,"于"表"到……"的意思比較明顯;與非位移動詞如"田、取"等連用時,表"在……"義不太明顯。表人物的"于"字結構也分幾種情況:(1)表被動時不能前置;(2)"于一人"結構前置;(3)其他表人物的"于"字結構可前置也可後置,但前置的介詞結構不能太長,未見"于祖乙于丁"這樣"于"字結構連用的結構前置③。

---

① 陳夢家:《殷虚卜辭綜述》第124頁,中華書局,1988年。
② 王力:《漢語史稿》第366頁,中華書局,1980年。
③ 沈培:《殷墟甲骨卜辭語序研究》第127—133頁,臺灣文津出版社,1992年。

沈先生的研究更爲細致深入,結論基本可信。

9. AV+V+CO　在句式 8 的動詞前加上狀語,由動詞及其狀語和補語構成的句子。如:

今日往于塘。　　　　　　　　　　(B1246,典賓)

10. S+AV+V+CO　在句式 9 的狀語前加上主語,由動詞及其主語、狀語、補語構成的句子。如:

辛卯卜,[貞]方其出[于]唐。
辛卯卜,貞[方]不出于唐。　　　　(PJ287,自賓間)
□□卜,㱿,貞舌方其至于𡆥。　　　(6131 正,典賓)
貞方不至于㞢方。[七月]。　　　　(8626,賓三)
乙亥卜,㦰不㞢于涾。
乙亥卜,㦰其㞢于涾。　　　　(20506-20507,自小字)
庚子卜,賓,貞我涉于東兆。
貞我勿涉于東兆。　　　　　　　(B2313,典賓)
[癸]巳卜,㱿,貞王勿次于曾。七月。五　(7354,典賓)
癸未卜,賓,貞馬方其㞢在沚。/貞不㞢在[沚]。

　　　　　　　　　　　　　　　(6,賓三)

這裏的狀語多是語氣詞"其"和否定副詞"不","其""不"構成正反對貞。

11. V+O+CO　在句式 8 的動詞後接有賓語,由動詞及其賓語和補語構成的句子。軍事刻辭中僅見五例,其中四例 6131 正、6134、6135、6136 正同文,五例的謂語動詞均爲祭祀行爲,是因舌方來襲,商王準備出征而向祖先行告祭禮①。補語作爲介詞結構,係由"于"引出謂語動詞所涉及對象。辭例如:

---

① 參本書第五章第一節,又參李發、喻遂生:《商代校閱禮初探》,《西南大學學報》(社科版)2012 年第 4 期。

壬午卜,亘,貞告𢦔方于上甲。　　　　　　（6131正,典賓）

貞告𢦔方于唐。三　　　　　　　　　　　（6138,典賓）

Ⅱ.主謂賓完備的單動詞句

12. S+V+O　只有主謂賓三種成分構成的句子。如：

□巳卜,㱿,貞王比侯告。　　　　　　　　（3339,賓一）

有的主語是由主謂短語充當,這種句子的謂語動詞通常是占問結果的"㞢（有）、亡（無）",我們可以用公式"S_{主謂}+V+O"表示,如：

癸丑卜,爭,貞𢦔往來亡囏。王占曰:亡囏。一 二 三 四 五 二告

貞𢦔往來其㞢囏。一 二 三　　　　　　　（914正,賓一）

【比較】貞自般其㞢囏。　　　　　　　　（4226,典賓）

【比較】我方亡其囏。三 三　　　　　　　（4077,賓三）

【比較】壬午卜,貞𢦔亡災。一　　　　　　（4087,賓三）

值得注意的是,這種句子需與結構相似的複句區分開來。如：

【假設複句】貞戉往,亡娸。　　　　　　　（7184,典賓）

【假設複句】丁未,貞王往于田,亡災。　　　（557,賓三）

13. S+AV+V+O　句式 12 的動詞前加上狀語,這種狀語不限於時間,有的是表示動作的先後,有的是加強語氣,如"不其""勿𩫱"等。

☐好先于龐奴[人]。二告①　　　　　　　（7290,賓一）

貞戉不其𦎫戎。　　　　　　　　　　　　（175,典賓）

辛卯卜,貞𣪊其先𦎫戎。五月。三　　　　　（Y593,典賓）

---

① 此條骨版較殘,字迹模糊,但從合集所列 7287—7293 號拓片來看,字體均爲賓一類,所卜內容相同。本條介賓短語"于龐"置於謂語之前,作狀語,另 7287-7289、7291-7292 則將"于龐"置於賓語之後作補語。

乙亥[卜],□,貞王隹今十二月辜衞。　　　（Y 614,典賓）

貞王勿蕭比沚𢦏。　　　　　　　　　　（5719,賓三）

有的狀語就是一個否定副詞"勿",如:

貞王比望乘。四

貞王勿比望乘。四　　　　　　　　　　（32 正,典賓早）

貞王比沚𢦏。

貞王勿比沚𢦏。　　　　　　　　　　　（7444,典賓）

這種結構中,有的賓語是由動詞性成分充當,其謂語動詞一般是"獲(獲)"或"呼"。辭例如:

乙丑卜,㇄獲𡴂羌。□月。　　　　　　（187,自賓間）

貞㱿不其呼來。　　　　　　　　　　　（4196,典賓）

王勿呼比。　　　　　　　　　　　　　（7561,典賓）

余勿呼䎡方。　　　　　　　　　　　　（Y620,自賓間）

14. S+V+O+CO　句式 12 的賓語後帶有表示處所的介詞結構充當補語。武丁時期軍事刻辭中目前僅見五例,其中四條同文,兆序有別,可能爲同套卜辭,與另一條占卜時間僅隔兩天,可能爲同事而卜。即:

丁卯卜,㱿,貞王辜缶于罒。　　　　　（6860,賓一）

丁卯卜,㱿,貞王辜缶于罒。七　　　　（6861,賓一）

丁卯卜,㱿,貞王辜缶于罒。九 二告　　（6862,賓一）

丁卯卜,㱿,貞王辜缶于罒。二月　　　（6863,賓一）

庚辰卜,㱿,貞王辜缶于[罒]。　　　　（6864 正,賓一）

這類句型中,其賓語有的由動詞性成分充當。如:

庚戌卜,王,貞㇄其獲𡴂戎在東。一月。　（6906,自小字）

15. AV+S+V+O　句式 12 的主語前帶有狀語,這類主語前的狀語由語氣詞"叀""隹"充當。辭例極少,如:

貞叀王比沚𢦏。　　　　　　　　　　　（7485,典賓）

貞更王正舌方。　　　　　　　　　　　　（6313，典賓）
　　貞勿隹王比戬。　　　　　　　　　　　　（7495，典賓）
主語前的狀語或爲時間狀語。如：
　　癸巳，貞今日王令自般。　　（W1651=B10488，歷一）
　　丁酉卜，生十月王㠯伊。　　　　　（20512，自歷間）
　　癸丑卜，[争]，貞自今至于丁巳我𢦔𡇈。王占曰：丁巳我毋其𢦔，于來甲子𢦔。旬㞢一日癸亥衝，弗𢦔，之夕向甲子允𢦔。
　　　　　　　　　　　　　　　　　　　　（6834正，賓一）

16. AV+S+AV+V+O　句式12的主語前後均有狀語。如：
　　貞在𦣞，王其先菁戎。五月。　　　　　（Y593，典賓）
此條卜辭主語前的狀語由表示處所的介詞結構充當，也有由語氣詞"更"充當的句子。如：
　　貞更王自往西。一　　　　　　　　　　（6928正，賓一）
主語後的狀語有時是單個的否定副詞"勿"、"母（毋）"、"弗"。如：
　　貞今早*王勿比望乘。二　二告　二　　　（Y672，典賓）
　　癸丑卜，[争]，貞自今至于丁巳我𢦔𡇈。王占曰：丁巳我毋其𢦔，于來甲子𢦔。旬㞢一日癸亥衝，弗𢦔，之夕向甲子允𢦔。
　　癸丑卜，争，貞自今至于丁巳我弗其𢦔𡇈。一　二　三　四　五　一　二　三
　　　　　　　　　　　　　　　　　　　　（6834正，賓一）
這類句子的兩個狀語功能上各有分工，主語前的狀語表示時間、處所或加強語氣，主語後的狀語常表示時間先後或是否定副詞。

Ⅲ. 帶有"更""隹"焦點標記的單動詞賓語前置句

用"更"、"隹"作爲焦點標記，前者加強肯定語氣，後者與"勿"一起加強否定語氣。如果焦點標記後的名詞結構是謂語動詞支配的對象時，這個對象就一定是前置賓語。這類句子的謂語動詞較少，軍

事刻辭中,僅見"辜(敦)、比、正、呼"等。

17. 叀(勿隹)+O+V 省略了主語的焦點標記句。如:
    勿隹子商呼。一 （7352 正,賓一）
    貞叀沚馘比。 （7491,典賓）

18. S+叀(勿隹)+O+V 主謂賓齊備的焦點標記句。如:
    □□卜,貞我叀𢦏辜。 （7032,賓一）
    王叀望乘比。一 （6476,典賓）
    壬辰卜,賓,貞王勿隹沚馘比。九月。一 （7490 正,典賓）
    貞王勿隹土方正。 （6444,典賓）
    乙卯卜,㱿,貞王叀土方正。四 （6443,典賓）

Ⅳ.小結

上述十八種單動詞句型,可以列表如下:

序號	句型	例句	備注
1	V	貞告。(6142)	
2	AV+V	貞勿往。(557)	
3	AV+V+O	貞于河告舌方。(6133)	介詞結構作狀語
		貞勿令眾人。(6)	否定副詞作狀語
3	AV+V+O	貞弗其獲㠯土方。(6451 正)	動賓短語作賓語
		于河告方來。(33052)	主謂短語作賓語
4	S+V	王比。(7444)	
5	S+AV+V	方其大出。(6695)	狀態副詞作狀語
		貞王勿比。(7557)	否定副詞作狀語
		貞我于雉次。(7352 正)	介詞結構作狀語
		貞王叀今日往。/貞王勿隹今日往。(7351)	帶語氣副詞的時間名詞作狀語

序號	句型	例句	備注
6	AV+S+V	貞今十二月我步。（6949 正）	
		叀王往。／勿隹王往。（7352）	
7	AV+S+AV+V	今早＊方不其出。（6690）	
8	V+CO	告于上甲。（6133）	
9	AV+V+CO	今日往于埔。（B1246）	
10	S+AV+V+CO	貞舌方其至于㠱。（6131 正）	
11	V+O+CO	貞告舌方于唐。（6138）	
12	S+V+O	貞王比侯告。（3339）	
		貞王往于田亡災。（557）	主謂短語作主語
13	S+AV+V+O	貞戍不其冓戎。（175）	
		𠚔獲㠱羌。（187）	動賓短語作賓語
14	S+V+O+CO	貞王辜缶于䍙。（6860）	
		貞𠚔其獲㠱戎在東。（6906）	動賓短語作賓語
15	AV+S+V+O	貞叀王正舌方。（6313）	
16	AV+S+AV+V+O	貞今早＊王勿比望乘。（Y672）	
17	叀(勿隹)+O+V	勿隹子商呼。（7352 正）	賓語前置
18	S+叀(勿隹)+O+V	王叀望乘比。（6476）	賓語前置

（二）連謂句

所謂連謂句，是指由連謂短語充當謂語或獨立成句的句子。連謂短語由兩個或兩個以上的謂詞性成分連用，它們共用一個主語，謂詞性成分之間沒有語音停頓，也不用關聯詞語。

軍事刻辭中有十七種連謂句型（不含複句中分句的連謂型式）：

1. V_1+V_2　僅由兩個動詞構成的無主語連謂句。如：

往省。　　　　　　　　　　　　　　　　（6115，典賓）

2. $AV+V_1+V_2$　在句式1的V_1前加上否定副詞充當的狀語。如：

　　　　貞勿往省。　　　　　　　　　　　　　　（6115,典賓）

3. $S+AV+V_1+V_2$　在句式1的V_1前加主語和狀語構成的連謂句。如：

　　　　王叀出值。四

　　　　王勿隹出值。四　　　　　　　　　　　（32正,典賓早）

4. $AV+S+AV+V_1+V_2$　在句式3的主語前加上狀語構成的連謂句。如：

　　　　戊午卜,爭,貞叀王自往𠦪(陷)。十二月。一 二 二告 [三]
　　　　四　　　　　　　　　　　　　　　　　（6664正,賓一）

5. $S+V_1+V_2+CO$　在句式1的句型中加主語、V_2後加補語構成的連謂句。如：

　　　　貞王往出于㡇。四 小告　　　　　　　（1110正,典賓）
　　　　□□卜,㱿,貞王往𠂤(次)于沱。　　（6131正,典賓）

6. V_1+O+V_2+O　由兩個分別帶有賓語的動詞構成的無主語連謂句。如：

　　　　□寅卜,㱿,貞收人[正]𦎫。　　　　　　（6858,賓一）
　　　　貞收人呼伐䙴。一 二 三告 三 四 五 ["伐䙴"作"呼"的賓語]
　　　　　　　　　　　　　　　　　　　　　　（248正,賓一）

7. $AV+V_1+O+V_2+O$　在句式6的V_1前加否定副詞充當狀語的連謂句。如：

　　　　貞勿收人伐土[方]。三　　　　　　　　（6414,典賓）
　　　　貞勿比戜伐土方。一　　　　　　　　　（6423,典賓）
　　　　勿比奚伐下[危]。　　　　　　　　　　（6477反,典賓）

V_2後的賓語可以是動詞性成分。如：

　　　　貞勿㹜人呼望[舌]方。　　　　　　　　（6182,典賓）

勿爯人呼伐羌。二　　　　　　　　　　（6619,賓三）

8. S+V_1+O+V_2+O　在句式6前加主語構成的連謂句。如：
癸丑卜,亙,貞王比奚伐巴[方]。一　　　　（811,典賓）
貞王比望乘伐下危。二 二告　　　　　　（6507,典賓）
貞我收人伐巴方。　　　　　　　　　　（6467,典賓）

9. S+叀(勿隹)+O+V_1+V_2+O　句式8中含有焦點標記"叀""隹"的賓語前置的連謂句。如：
貞王叀侯告比正(征)尸(夷)。六月。四　（6460正,賓一）
貞王叀沚馘比伐巴方。一 二告
貞王勿隹沚馘比[伐巴方]。一　　　　　（6476,典賓）
癸丑卜,亙,貞王叀望乘比伐下危。一　　（6477正,典賓）

10. S+AV+V_1+O+V_2+O　在句式8的V_1前加上狀語。如：
貞王勿比沚馘伐巴。四　　　　　　　　（32正,典賓）

11. S+V_1+O+V_2　在句式8中去掉V_2的賓語構成的連謂句。如：
貞王比望乘伐。五　　　　　　　　　　（6583,典賓）

12. S+AV+V_1+O+V_2　在句式11的V_1前加上狀語構成的連謂句。如：
王勿比望乘伐。五　　　　　　　　　　（6583,賓一）

13. AV+S+V_1+O+V_2　在句式11的主語前加上狀語構成的連謂句。如：
今早*王比望[乘]伐。六　　　　　　　　（7526,典賓）

14. S+V_1+V_2+O　在句式8中去掉V_1的賓語構成的連謂句。如：
戊午卜,㱿(㱿)步比方。　　　　　　　　（20494,𠂤小字）
甲寅卜,賓,貞王往正西。一　　　　　　（7081正,典賓）
王往狀羌。　　　　　　　　　　　　　（6617甲,賓三）

乙巳卜，賓，貞㞢呼告舌方其出。允☒　　　　　　（6078，典賓）

15. S+ AV+V_1+V_2+O　在句式 14 的 V_1 前加上狀語構成的連謂句。如：

貞王勿往逆衆人。二　　　　　　　　　　　（67 正，典賓）

16. AV+S+V_1+V_2+O　在句式 14 的主語前加上狀語構成的連謂句。如：

貞翌庚辰王往逆首。

翌庚辰王往逆首。　　　　　　　　　　　（6033 反，典賓）

貞叀王往伐舌方。

貞勿隹王往伐舌方。　　　　　　　　　　　（614，典賓）

17. AV+V_1+O+V_2+V_3+O　由三個動詞結構構成的無主語連謂句，V_1 前有狀語，V_2 是一個光杆動詞。如：

☐茲（茲）㞢馬以钔（禦）方。　　　　　　　（6759，典賓）

複句中的個別分句有複雜的連謂形式，附記於此：

AV+S+V_1+O+V_2+O　由兩個動詞結構構成的連謂句形式，S 前有狀語，如：

丁丑卜，㱿，貞今早*王比沚馘伐土方，受㞢又。二 不☒黽
　　　　　　　　　　　　　　　　　　　　（Y581，典賓）

貞今早*王勿比望乘伐下危，下上弗［若，不我其受又］。一
　　　　　　　　　　　　　　　　　　　　（Y588 正，典賓）

上述十七種連謂句型可以列表如下：

序號	句　型	例　句	備　注
1	V_1+V_2	往省。（6115）	
2	AV+V_1+V_2	貞勿往省。（6115）	
3	S+AV+V_1+V_2	王勿呼比。（7561）	

序號	句　型	例　句	備　注
4	AV+S+AV+V$_1$+V$_2$	貞叀王自往豳(陷)。(6664 正)	
5	S+V$_1$+V$_2$+CO	王往出于疒。(1110 正)	
6	V$_1$+O+V$_2$+O	貞収人[正]罒。(6858)	
7	AV+V$_1$+O+V$_2$+O	貞勿収人伐土[方]。(6414)	
8	S+V$_1$+O+V$_2$+O	貞王比望乘伐下危。(6507)	
9	S+叀(勿隹)+O+V$_1$+V$_2$+O	貞王叀沚馘比伐巴方。／貞王勿隹沚馘比[伐巴方]。(6476)	賓語前置
10	S+AV+V$_1$+O+V$_2$+O	貞王勿比沚馘伐巴。(32 正)	
11	S+V$_1$+O+V$_2$	貞王比望乘伐。(6583)	
12	S+AV+V$_1$+O+V$_2$	王勿比望乘伐。(6583)	
13	AV+S+V$_1$+O+V$_2$	今早*王比望[乘]伐。(7526)	
14	S+V$_1$+V$_2$+O	貞王往正西。(7081 正)	
15	S+ AV+V$_1$+V$_2$+O	貞王勿往達衆人。(67 正)	
16	AV+S+V$_1$+V$_2$+O	貞翌庚辰王往達首。(6033 反)	
17	AV+V$_1$+O+V$_2$+V$_3$+O	勿瘱人呼伐羌。(6619)	

(三)兼語句

一般語法學者認爲,包含有"兼語"成分的句子稱作兼語句,兼語成分對於它前面的動詞來說是賓語,對於它後面的動詞來說是主語。黎錦熙認爲這類句子的賓語兼有賓主兩種資格,故名"兼格"①。古漢語中的兼語句研究已較有成效,一般據支配兼語的動詞歸納出這樣幾種類型:1)使令類;2)拜封類(任命式);3)有字類;4)稱謂類(命名式)②。

　　管燮初首次討論了甲骨文中的兼語句型③,陳夢家將這種句型稱作"母子式"④,姜寶昌仍稱兼語句⑤,然而諸家僅作舉例,語焉不詳。鄭繼娥首次對甲骨文中的兼語句進行了較深入的探討,歸納出二式五型:1)使令式:使令詞+兼+動詞+賓+補;使令詞+兼+動詞+賓;使令詞+兼+動詞+補;使令詞+兼+動詞。2)有字式:有+兼語+動詞+(賓語)⑥。喻遂生師提出,除使令式和"有"字式外,還存在第三類兼語式"計數式"⑦。張玉金則根據兼語後存在簡單式、兼語式、連謂式、並列式的不同,以及兼語是否前置、兼語是否省略、主語是否省略等情況的不同,總結出甲骨文中兼語句有八式共一百十二型,可謂洋洋大觀⑧。

　　張玉金對甲骨文的兼語句進行了細緻深入的分析,但其歸納出的一百十二種句型並不能全部反映甲骨文中軍事刻辭的兼語句面貌。而且,我們與張先生對某些辭例的看法存在一些不同意見,如:

---

①　黎錦熙:《新著國語文法》第22頁,商務印書館,1924年。
②　董治國(《古代漢語兼語句型新探》,《南開學報》1995年第6期)、鄭繼娥(《甲骨文中的連動句和兼語句》,《古漢語研究》1996年第2期)。楊伯峻、何樂士(《古漢語語法及其發展》(修訂本)第610頁,語文出版社,2001年)將兼語式分成使令、封職任免、勸誡、褒貶評論、命名稱謂、有無、以⋯爲⋯、特殊兼語、複雜兼語式九類。
③　管燮初:《殷虛甲骨刻辭的語法研究》第11—12頁,中國科學院,1953年。
④　陳夢家:《殷虛卜辭綜述》第130—131頁,中華書局,1988年。
⑤　姜寶昌:《殷墟甲骨刻辭句法研究》,《殷都學刊》1990年第3期。
⑥　鄭繼娥:《甲骨文中的連動句和兼語句》,《古漢語研究》1996年第2期。
⑦　喻遂生:《甲骨文語法研究》,西南師範大學漢語言文獻研究所研究生教材,2001年。
⑧　張玉金:《甲骨文語法學》第229—253頁,學林出版社,2001年;張玉金:《論殷墟甲骨文中的兼語句》,《古籍整理研究學刊》2003年第1期。凡本節內容中引述這兩篇文獻的觀點,不再加注。

（1）第一式第 17 型"V_1+OS+AV_3+V_2+O"所舉"呼王族延比豕"（6946 正）"中的"豕"實爲"象"，當據陳劍釋作"原"①，爲田獵動詞，非 V_2 的賓語，全句應改釋爲"呼王族延从原"，貞問呼令其族跟從去田獵好不好。

（2）第一式第 23 型"AV_1+V_1+OS+V_2+CO+O"中的"AV_1"按照張先生自己的規定（第 230 頁）應當爲"AV_2"之誤。

（3）第二式第 7 型"叀+OS+V_1+V_2+O+CO"所舉"貞叀東令途啟于並？"（6055），我們認爲當讀作："貞：叀㲋令達，啟于並"②意爲"應該命令㲋撻伐敵方，（讓他）率領先鋒到並地"。我們將其看成順承關係的複句，前一分句才是一個兼語句型："叀+OS+V_1+V_2"。

（4）第四式"兼語之後仍爲兼語結構"的句型中，張先生所舉四型在軍事刻辭中未見，但軍事刻辭中有某些句型的，張先生未列出。其餘各式仍有可補者，詳見下文。

（5）第六式第 7 型"AV_2+V_1+OS+V_2+O+V_3"與所舉例《合集》371 反"勿呼般比往左"不一致。

（6）第六式第 15、16、17 型所舉"先于龐共（収）人／先共（収）人于龐"認爲，"先"是動詞，這裏需要討論。甲骨文中，"先"既可作動詞，又可作副詞，還可以作名詞。如：

勿呼我人先〈于繼〉。

呼我人先〈于繼〉。（"先"爲動詞，先行）　　　　　（6945）

貞勿呼衆人先〈于誖〉。（"先"爲動詞，先行）　　　（41）

【比較】戊午卜，賓，貞呼雀往〈于鬱〉。　　　　　（6946 正）

戊辰卜，賓，貞呼師般取〈于夫〉。　　　　　　　　（8836）

---

① 陳劍：《"𨒌"字補釋》，《古文字研究》第 27 輯，中華書局，2008 年。
② 我們同意趙平安的意見，將𢼸釋作"達"，此處讀作"撻"，詳參本書第三章第五節有關討論。

庚子卜,㱿,貞令子商[先]涉羌〈于河〉。("先"爲副詞,與
"後"相對)   (536)
　　乙酉卜,爭,貞勿呼婦好[先]共人〈于龐〉。二告。("先"
爲副詞,與"後"相對,介詞結構"于龐"作補語)(39953＝Y151)
　　乙酉卜,㱿,貞勿呼婦好先〈于龐〉共人。二("先"爲副詞,
介詞結構"于龐"作狀語)   (7284)
　【比較】貞先省〈[在]南向〉。   (9641)①
　　貞令先取㓁于若。("先"爲人名)   (557)

　　辛亥卜,先侯來羌,翌甲寅☒。("先"爲國族名)
                                              (3909＝B8)
　因此,我們認爲"先于龐共人/先共人于龐"中的"先"均應作
副詞。
　(7)張文第一式第25型至50型、第六式24型至37型均爲
"呼""令"後直接接動詞結構,張先生認爲是省略了兼語,我們認爲
"呼""令"後已失去名詞,"呼射""令雨""呼戈"等結構應該理解爲
謂語加上謂詞性賓語的"動賓式"。現代漢語通常這樣處理,如"命
令他射擊(敵人)"分析成兼語式,而"命令射擊(敵人)"就分析成動
賓式;又如"飛〈到北京〉"分析成動補式,但去掉"到"之後"飛北京"
就不再分析成動補式而分析成動賓式。因此,對於所謂的"省略",
在句型的歸納上我們未予考慮。
　(8)張文所歸納兼語形式,有的是複句的分句,本書只就單句的
兼語式作了統計和分類。
　基於以上認識,本書擬在張玉金所歸納句型基礎上有所補充,希
望對漢語兼語句的研究有所裨益。

---

① 張玉金:《甲骨文語法學》第53頁,學林出版社,2001年。

經歸納,甲骨軍事刻辭中有如下三十六類常見兼語式。這些兼語式可以歸納成六大類,即兼語後是簡單謂語形式的兼語句、前置兼語後是簡單謂語形式的兼語句、前置兼語後仍爲兼語式的兼語句、兼語後是雙賓語的兼語句、兼語後爲連謂式的兼語句、前置兼語後爲連謂式的兼語句。因篇幅所限,每種類型一般僅舉一例。以下分述之。

Ⅰ.兼語後是簡單謂語形式的兼語句型。

碼化爲:

$(AV_1)+(S)+(AV_2)+V_1+OS+(AV_3)+V_2+(O)+(CO)$

AV代表狀語,下標數字1表示主語之前的狀語,下標數字2表示主謂之間的狀語,下標數字3表示兼語之後的狀語,S代表主語,V代表謂語動詞,下標數字1表示兼語之前的動詞,下標數字2表示兼語之後的動詞,OS代表兼語,O代表賓語,CO代表補語。卜辭中可以不出現的成分用圓括號標明,不加圓括號的成分必須出現。本類有十七小類:

1. $S+AV_2+V_1+OS+V_2(1-3①)$　V_2爲不及物動詞。如:
　　甲子卜,争,雀弗其呼王族來。一 二/雀其呼王族來。一 二
　　　　　　　　　　　　　　　　　　(6946正,賓一)

2. $V_1+OS+V_2(1-4)$　句型1省去主語的兼語句型。如:
　　貞令望乘歸。　　　　　　　　　　(B2031甲,典賓)

3. $AV_2+V_1+OS+V_2(1-5)$　句型2加上時間狀語或否定副詞充當的狀語構成的兼語句型。如:
　　貞翌乙亥令黃步。　　　　　　　　(7443,典賓)

4. $V_1+OS+V_2+CO(1-8)$　句型2的V_2後接表示處所的介詞結

---

① 句型之後的"1-3"表示張玉金所歸納的第一式第3型,"＊"表示張先生未歸納的兼語式,下同。

構"自……""于……"①作補語的兼語句型，V_2多是表示位移的不及物動詞。這類句型較多。如：

丁巳，㱿，貞呼自般往于微。　　　　　　（B1246，典賓）

5. $AV_2+V_1+OS+V_2+CO(1-9)$　句型 4 的 V_1 前帶有否定副詞充當的狀語。如：

貞勿令犬徣田于京。　　　　　　　　　（Y834，賓三）

6. $S+V_1+OS+V_2+O(1-12)$　有主語、V_2 是及物動詞的兼語句。如：

乙未卜，㱿，貞大甲呼王辜（敦）衛。十月。二（Y613，賓一）

7. $AV_1+S+V_1+OS+V_2+O(1-13)$　句型 6 的主語前加上表示肯定語氣的"隹"或否定語氣的"不隹"作狀語的兼語句型。如：

辛卯[卜]，㱿，貞隹冤呼竹攸（殺）𠬞。一（1109 正，典賓）

8. $V_1+OS+V_2+O(1-15)$　句型 6 省去主語的兼語句型。如：

乙亥卜，令虎追方。一 二　　　　（20463 反，自肥筆）

9. $AV_2+V_1+OS+V_2+O(1-16)$　句型 8 的否定式。如：

貞勿令卑以（致）三百射。一 二告 二 三 四［五］六 二告
（5769 正，賓一）

10. $V_1+OS+V_2+O+CO(1-20)$　句型 8 的 V_2 帶有補語的兼語句。如：

呼自般取逸自辜（敦）。　　　　　　　　（839，典賓）

11. $AV_2+V_1+OS+V_2+O+CO(1-21)$　句型 10 的否定式。如：

貞勿令自般取［束］于彭龍。　　　　　　（8283，典賓）

---

① "于"在非位移動詞（如次、田等）後加上處所名詞構成介詞結構，意爲"在"，在位移動詞（如出、往等）後加上處所名詞構成介詞結構，意爲"到"，意爲"到"時雖爲介詞但動詞意味較强，因此郭錫良把它看作動詞，參郭錫良：《介詞"于"的起源和發展》，《漢語史論集》（增訂本）第 218—220 頁，商務印書館，2005 年。對此問題，沈培認爲是介詞，參沈培：《殷墟甲骨卜辭語序研究》第 126—132 頁，臺灣文津出版社，1992 年。

12. $V_1+OS+AV_3+V_2+O+CO(＊)$　句型 10 的 V_2 前帶有狀語的兼語句。這種句型張玉金沒有提到。如：

　　庚子卜,㱿,貞令子商先涉羌于河。一 二 三 四 五 六 七 八
　　　　　　　　　　　　　　　　　　　　　　　　（536,賓一）

13. $AV_2+V_1+OS+AV_3+V_2+O+CO(＊)$　句型 12 的否定式。如：

　　庚子卜,㱿,貞勿令子商先涉羌于河。一 二 三 四 二告 五 六 七 八
　　　　　　　　　　　　　　　　　　　　　　　　（536,賓一）

14. $V_1+OS+AV_3+V_2(＊)$　句型 12 的 V_2 無賓語。如：

　　□□〔卜〕,㱿,〔貞〕令乘先歸。九月。　　（4002,典賓）

15. $AV_2+V_1+OS+AV_3+V_2(＊)$　句型 14 的否定式。如：

　　辛卯卜,爭,貞勿令望乘先歸。九月。一　　（7488,典賓）

16. $AV_2+V_1+OS+AV_3+V_2+O(＊)$　句型 15 的 V_2 後帶有賓語。如：

　　乙酉卜,㱿,貞勿呼婦好先于龐奴人。二　　（7284,賓一）

Ⅱ.前置兼語後是簡單謂語形式的兼語句型。

碼化爲：

(S)+叀/勿隹+ $OS+V_1+V_2+(O)+(CO)$

"叀"與"勿隹"爲前置兼語標記，前者表示肯定語氣，後者表示否定語氣。本類共有四小類。

17. 叀/勿隹+ $OS+V_1+V_2(2-1;2-2)$　V_2 未出現賓語。如：

　　貞叀㫄呼伐。二/貞叀師般呼伐。一 二　　（Y686,典賓）
　　貞勿隹弖呼伐。　　　　　　　　　　　　（7594,典賓）

18. 叀+ $OS+V_1+V_2+CO(2-4)$　句型 17 的 V_2 後出現補語。如：

　　貞叀𤴔(圍)呼往于微。　　　　　　　　　（5478 正,典賓）
　　貞叀𤴔(圍)令往于微。三　　　　　　　　（5479,典賓）

19. 叀+OS+V₁+V₂+O(2-5)　　句型 17 的 V₂ 後出現賓語。如：
　　貞叀多臣呼比沚馘。　　　　　　　　　（619,典賓）
20. S+叀+OS+V₁+V₂+O(2-6)　　句型 19 出現主語。如：
　　甲午卜,賓,貞王叀婦好令正夷。　　　　（6459,賓一）

Ⅲ.前置兼語後仍爲兼語式的兼語句

21. 叀+OS+V₁+V₂+OS+V₃+O(5-1)　　用"叀"將兼語前置,其後仍爲兼語式的兼語句在武丁時期的軍事刻辭中僅這一種句型。
　　癸卯卜,賓,貞叀甫呼令沚害𢀛方。七月　（6623,賓三）

Ⅳ.兼語後是雙賓語的兼語句

22. V₁+OS+V₂+O間+O直(3-1)　　兼語後是雙賓語的兼語句在武丁時期的軍事刻辭中例並不多見。如：
　　貞呼子畫以敉新射。二　　　　　　　　（5785,典賓）
　　癸丑卜,賓,貞令羽、墉以黃執𠛱。七月。（553,賓三）
"以"在句中意爲"致送"。
　　☐令墉曰犬征田。　　　　　　　　　　（Y835,賓三）
上例中"曰"意爲"謂""告訴",義同"勿曰侯奠"之"曰"①,"曰犬征田"意爲"告訴犬征打獵","告訴"爲動詞,"犬征"是間接賓語,"打獵"是直接賓語。

Ⅴ.兼語後爲連謂式的兼語句。

碼化爲：
(S)+(AV₂)+V₁+OS+(AV₃)+V₂+(O)+(CO)+V₃+(O)+(CO)
共有十二小類。

---

① 楊樹達：《釋曰》,載《積微居甲文説》卷上第 23 頁,中國科學院,1954 年。

23. $V_1+OS+V_2+O+V_3(6-6)$　兼語後的 V_2、V_3 構成連謂結構。如：

　　　　貞令自般比□東。三　　　　　　　（4213，典賓）

武丁時期的軍事刻辭中此句型僅見一例，雖有殘字，但它應爲 V_2 的賓語，當爲人名（或官名）。"東"本爲方位名詞，但此處應活用爲動詞，作謂語。

24. $V_1+OS+AV_3+V_2+O+V_3(6-8)$　句型 23 的 V_2 前有狀語。如：

　　　　令㐭先以侯步。十三月。　　　　　（33082，歷一）

"以"當爲率領、帶領。

25. $V_1+OS+V_2+V_3+O(6-12)$　兼語後的 V_2、V_3 構成連謂結構，其中 V_2 爲不及物動詞，如：

　　　　丙午卜，㱿，貞乎自往視出自。（占辭和驗辭略）

　　　　　　　　　　　　　　　　　　　　（W959 正，典賓）

26. $AV_2+V_1+OS+V_2+V_3+O(6-13)$　句型 25 的 V_1 前帶有狀語。如：

　　　　丙午卜，㱿，貞勿呼自往視出自。一 二告　（5805，典賓）
　　　　己亥卜，叀四月令㒸步［伐］㕣。　　（6563，自賓間）

27. $V_1+OS+V_2+CO+V_3+O(6-14)$　句型 25 的 V_2 後帶有補語。如：

　　　　癸卯卜，㱿，貞呼弜（強）往于𠂤比𡇮。一［二］三 四

　　　　　　　　　　　　　　　　　　　　（667 正，賓一）

28. $AV_2+V_1+OS+V_2+V_3+O+CO(6-17)$　句型 26 的 V_3 後帶有補語。如：

　　　　癸卯卜，㱿，貞［勿］呼弜（強）往比𡇮于𠂤。一 二 小告 三 小

四　　　　　　　　　　　　　　　　(667正,賓一)①

29. S+V₁+OS+V₂+O+V₃+O(6-18)　有主語、兼語後帶兩個動賓短語的兼語式。如：

　　貞王令婦好比侯告伐夷。四　　　　　　(6480,典賓)

30. S+AV₂+V₁+OS+V₂+O+V₃+O(＊)　句型29的否定式。如：

　　貞王勿令婦好比侯[告伐夷]②。四　　　　(6480,典賓)

31. V₁+OS+V₂+O+V₃+O(6-19)　句型29省去主語。如：

　　乙酉卜,貞呼𠭯比沚伐𢀛。　　　　　　(6937,賓一)

32. AV₂+V₁+OS+V₂+O+V₃+O(6-20)　句型31的否定式。如：

　　貞勿令敢比我禹[册]。十月。二　　　　　(7418,典賓)

　　丁未卜,爭,貞勿令𠦪以衆伐吾。一　　　　(26,典賓)

33. V₁+OS+AV+V₂+V₃(＊)　兼語後的兩個動詞均無賓語,V₂前帶有狀語。如：

　　令望乘先歸田。　　　　　　　　　　(Y665,典賓)

從有關"望乘"的事迹來看,他是武丁晚期一位重要的軍事將領,並非從事農業之官,因此,例中"田"不能看作名詞"農田"之田,當是動詞"畋狩"。

Ⅵ.前置兼語後爲連謂式的兼語句。

碼化爲：

叀+OS+V₁+V₂+(O)+V₃+(O)

本類共有三小類。

---

① 兼語句型27、28所舉《合》667正這兩例中表處所的"于"字結構既可說成"往于𢀛比𡨄",又可說成"往比𡨄于𢀛",更體現出"于"是介詞,因此,郭先生認爲于在動詞"往""步"等詞後是動詞,非是。參郭錫良:《漢語史論集》(增訂本)第218-220頁,商務印書館,2005年。

② 此處雖爲殘辭,但據其對貞,補出此"V₃+O",可確信無疑。

34. 叀+OS+V_1+V_2+V_3（＊） V_2、V_3是並列關係，"叀"將兼語提前。如：

　　貞叀婦好呼钔（禦）伐。一　　　　　　（2631正,典賓）

35. 叀+OS+V_1+V_2+V_3+O（7-3） 句型34的V_3後出現賓語。如：

　　貞叀㕣令比璞周。　　　　　　　　　（6822,賓三）

36. 叀+OS+V_1+V_2+O+V_3+O（7-5） 句型35的V_2後出現賓語。如：

　　甲午卜,争,貞叀雀呼比望䇑伐或。　　（L156,典賓）

Ⅶ.特殊兼語式：V+OS+X

兼語句中的V_1最常見的是使令性動詞,其次是表示有無、愛恨等。但還有一種句子似也應當歸入兼語式,即"V+OS+X",其中X多爲數量短語,如：

　　𤉲射三百。一 二 三 四／勿𤉲射三百。一 二 三 四
　　　　　　　　　　　　　　　　　　　　（698正,賓一）

　　貞𤉲人三千。／貞勿𤉲人三千。　　　（558,典賓）

　　戊午卜,殼,貞我狩斁,擒。之日狩,允擒。[獲]虎一、鹿四十、狐[二]百六十四、麑百五十九。囷赤屮友二赤□四□。[一] 二 三 四 五 六 一 二 三 二告[四 五] 六 七 八 九 十 [一] 二 三 二告 [四 五] 二告 一 二 一 二 三 一 二 三 四 五
　　　　　　　　　　　　　　　　　　　　（10198正,賓一）

　　戊午卜,賓,貞呼取牛百。王占[曰]:吉。以,其至。
　　　　　　　　　　　　　　　　　　　　（93反,典賓）

　　貞𤉲人五千呼視舌方。　　　　　　　（6167,典賓）

　　辛巳卜,□,貞𤉲婦好三千叜旅萬呼伐□[方]。

(39902 正,典賓)①

丁未卜,貞令戌、光㞢獲羌芻五十。一 二 三 一 二

(22043,午組)

四日庚申亦㞢來嬉自北,子娥告曰:昔甲辰,方鼎于蚁,俘人十㞢五人。五日戊申,方亦鼎,俘人十㞢六人。六月在[𦥑]。

(137 反,典賓)

上述例中僅最後一例有拷貝型量詞"人",其餘均只有數詞,據考察,商代的量詞詞性還不確定,數量少,類別亦少,且後置於名詞②。對這種"名數(量)"結構的認識學界頗有分歧:(1)有的認爲是定語後置或稱修飾語後置,如管燮初③、姜寶昌④、張玉金⑤;(2)有的認爲是同位詞組或等立詞組,如太田辰夫⑥、沈培⑦;(3)有的認爲是主謂結構,如王兆麟⑧、屈承熹⑨、喻遂生⑩、吳福祥等⑪。對於觀點(1),沈培批評說:

其實,把"名數"或"名數量"看成修飾語後置,是沒有多少道理的。甲骨卜辭中修飾語基本上都在中心語之前,爲什麽

---

① 本條卜辭的"燉婦好三千"則是雙賓語句式。
② 李若暉:《殷代量詞初探》,《古漢語研究》2000 年第 2 期。
③ 管燮初:《殷虛甲骨刻辭的語法研究》第 25 頁,中國科學院,1953 年。
④ 姜寶昌:《殷墟甲骨刻辭句法研究》,《殷都學刊》1990 年第 3 期。
⑤ 張玉金:《甲骨文語法學》第 157-158 頁,學林出版社,2001 年。
⑥ 〔日〕太田辰夫:《中國語歷史文法》第 150 頁,蔣紹愚、徐昌華譯,北京大學出版社,1987 年。
⑦ 沈培:《殷墟甲骨卜辭語序研究》第 207-208 頁,臺灣文津出版社,1992 年。
⑧ 王兆麟:《古漢語數量詞後置問題》,《淮陰師專學報》1980 年第 3 期。
⑨ 屈承熹:《漢語的詞序及其變遷》,《語言研究》1984 年第 1 期。
⑩ 喻遂生:《甲骨文語法研究》,西南師範大學漢語言文獻研究所研究生教材(待刊稿),2001 年。
⑪ 吳福祥、馮勝利、黃正德:《漢語"數+量+名"格式的來源》,《中國語文》2006 年第 5 期。

"數詞"和"數量詞"作修飾語要經常放在中心語之後呢?①對於觀點(2),太田辰夫的看法是"名數""名數量"是"複體詞句",即由兩個以上的體詞構成、缺乏述語的"等立詞組"②。衆所周知,兩個體詞構成的結構可以是聯合、偏正和主謂,爲什麼一定是"等立詞組"呢? 沈培認爲,"同位詞組的組成成分的位置往往可以變動,所以卜辭中同一條命辭中'名數'與'數名'兩種格式往往混用。同位詞組組成部分的關係一般比較鬆散"③。這恐怕也未必能解釋"名數"與"數名"混用的原因。吳福祥等認爲,先秦漢語的"數詞+單位詞(+之)+名詞"和"名詞+數詞+單位詞"在句法、語義和話語功能上有顯著差别,前者是描寫性的,其中"數詞+單位詞"是名詞的修飾成分;後者則是計量性的,其中"數詞+單位詞"是句子(或小句)的述謂成分④。我們認爲,還是觀點(3)將二者看成不同的結構更爲合理。《馬氏文通》最早指出兩種結構的差異:

> 數先於名者常也。……而經籍中率後之者,蓋凡以爲表詞耳。⑤

馬氏將"禮儀三百,威儀三千"的數詞"三百""三千"看作表詞,是陳述"禮儀""威儀"的數量,用今天的話來說,也可理解爲主謂結構。沈培也將卜辭中的"名數"或"名數量"單一成句的結構分析成主謂結構,如"羌其十人"(26911),這是可取的,但又認爲"並不能證明它在充當句子的賓語或主語等成分時也是主謂結構"却是我們所不同意的。"羌其十人"是主謂結構,如果説成"允獲羌十人",那麼就可

---

① 沈培:《殷墟甲骨卜辭語序研究》第 206 頁,臺灣文津出版社,1992 年。
② 〔日〕太田辰夫:《中國語歷史文法》第 150 頁,蔣紹愚、徐昌華譯,北京大學出版社,1987 年。
③ 沈培:《殷墟甲骨卜辭語序研究》第 208 頁,臺灣文津出版社,1992 年。
④ 吳福祥、馮勝利、黃正德:《漢語"數+量+名"格式的來源》,《中國語文》2006 年第 5 期。
⑤ 馬建忠:《馬氏文通》第 122 頁,商務印書館,1983 年。

以認爲是"允獲羌""羌十人"的緊縮結構。我們知道,數詞或數量短語是用來陳述其前面的名詞成分,而這個名詞成分如同前面討論的"兼語"一樣身兼兩職,既是前面動詞的賓語,又是後面數量短語的"主語"(如果承認兼語的説法),與"呼人伐方"的結構相似,因此,上述這種"V+O+NC"(NC 代表數量結構)結構也可看作一種特殊的兼語式,我們不妨描寫作"V+OS+NC"。

"V+OS+NC"結構在漢語中極常見,尤其是古代漢語。石毓智曾討論過相關的"V+O+X"問題:

> 從先秦一直到宋元時期的句子結構最大不同於現代漢語的一點是,中心動詞及其賓語之後還有一個 X 位置,可以允許各種各樣的詞語出現,主要包括形容詞、不及物動詞、時間詞、數量詞、介詞短語等。……
>
> (五)數量詞
>
> (29)子產以帷幕<u>九張</u>行。(左傳·昭公十三年)
>
> (30)屬門<u>生數十人</u>於田曹。(世説新語·賞譽)
>
> ……據此,宋元以前句子的基本格式及其層次爲:
>
> S+[(V+O)+(X)] ①

石先生指出古漢語中存在"中心動詞及其賓語之後還有一個 X 位置",可謂切中肯綮,但其看法亦有兩點欠安:第一,它認爲這是"從先秦一直到宋元時期"的句子結構,並説與現代漢語極爲不同,事實上,現代漢語仍有這種結構,如"小李買饅頭<u>三個</u>""他喝酒<u>兩杯</u>就醉""你打球<u>兩場</u>就累了"仍是在"V+O"之後有一個"X"位置,先秦漢語也有將數(量)詞置於名詞前的,如"臣侍君宴,過<u>三爵</u>,非禮也"(《左傳·宣公二年》)、"<u>一簞</u>食,<u>一瓢</u>飲,在陋巷,人不堪其憂,回也不改其樂"(《論語·雍也》);第二,石先生所描寫的宋元以前句子的

---

① 石毓智:《語法的認知語義基礎》第 154–155 頁,江西教育出版社,2000 年。

基本格式層次恐怕也未必妥當,"V+O"與"X"並非分離,也就是說並不是"V"與"O"組合後再與"X"組合,其中的"O"與"V"組合的同時也與"X"組合,它的功能就是所謂的"兼語"(OS),"屬門生數十人"可看作"屬門生""門生數十人"的緊縮形式,從某種意義上講,這就是遞系結構。

古漢語中"V+OS+X"中"X"爲數量短語的很多。如:

遣太傅賷黃金<u>千斤</u>,文車<u>二駟</u>,服劍<u>一</u>。(戰國策·齊策)

請干將鑄作名劍<u>二枚</u>。(吳越春秋·闔閭内傳)

這種結構與商代卜辭的結構一脈相承。

上述除特殊兼語句型外,有三十六種句型,列表如下:

序號	句型	例句	備注
1	$S+AV_2+V_1+OS+V_2$	雀弗其呼王族來。(6946 正)	I.兼語後是簡單謂語形式的兼語句 $(AV_1)+(S)+(AV_2)+V_1+OS+(AV_3)+V_2+(O)+(CO)$
2	V_1+OS+V_2	貞令望乘歸。(B2031 甲)	
3	$AV_2+V_1+OS+V_2$	貞翌乙亥令黃步。(7443)	
4	V_1+OS+V_2+CO	貞呼自般往于微。(8836)	
5	$AV_2+V_1+OS+V_2+CO$	貞勿令犬徏田于京。(Y834)	
6	$S+V_1+OS+V_2+O$	貞大甲呼王敦衒。(6887)	
7	$AV_1+S+V_1+OS+V_2+O$	貞隹冤呼竹侃(殺)?(1109 正)	
8	V_1+OS+V_2+O	令虎追方。(20463 反)	
9	$AV_2+V_1+OS+V_2+O$	貞勿令辜以(致)三百射。(6947 正)	
10	V_1+OS+V_2+O+CO	呼自般取逸自敦。(839)	
11	$AV_2+V_1+OS+V_2+O+CO$	貞勿令自般取[束]于彭龍。(8283)	
12	$V_1+OS+AV_3+V_2+O+CO$	貞令子商先涉羌于河。(536)	

序號	句型	例句	備注
13	$AV_2+V_1+OS+AV_3+V_2+O+CO$	貞勿令子商先涉羌于河。(536)	I.兼語後是簡單謂語形式的兼語句 $(AV_1)+(S)+(AV_2)+V_1+OS+(AV_3)+V_2+(O)+(CO)$
14	$V_1+OS+AV_3+V_2$	［貞］令乘先歸。(4002)	
15	$AV_2+V_1+OS+AV_3+V_2$	貞勿令望乘先歸。(7488)	
16	$AV_2+V_1+OS+AV_3+V_2+O$	貞勿呼婦好先于龐奴人。(7284)	
17	叀/勿隹+$OS+V_1+V_2$	貞叀師般呼伐。(Y686)/貞勿佳吕呼伐(7594)	II.前置兼語後是簡單謂語形式的兼語句 $(S)+叀/勿佳+OS+V_1+V_2+(O)+(CO)$
18	叀$+OS+V_1+V_2+CO$	貞叀䭐令往于微。(5479)	
19	叀$+OS+V_1+V_2+O$	貞叀多臣呼比沚馘。(619)	
20	$S+$叀$+OS+V_1+V_2+O$	貞王叀婦［好］令正［夷］。(6459)	
21	叀$+OS+V_1+V_2+OS+V_3+O$	貞叀甫呼令沚害羌方。(6623)	III.前置兼語後仍爲兼語式的兼語句 叀$+OS+V_1+V_2+OS+V_3+O$
22	$V_1+OS+V_2+O_間+O_直$	貞呼子畫以敚新射。(5785)	IV.兼語後是雙賓語的兼語句 $V_1+OS+V_2+O_間+O_直$
23	$V_1+OS+V_2+O+V_3$	貞令自般比□東。(4213)	V.兼語後爲連謂式的兼語句 $(S)+(AV_2)+V_1+OS+(AV_3)+V_2+(O)+(CO)+V_3+(O)+(CO)$
24	$V_1+OS+AV_3+V_2+O+V_3$	令屆先以侯步。(33082)	
25	$V_1+OS+V_2+V_3+O$	令［雀］往堪*王事。(5444)	
26	$AV_2+V_1+OS+V_2+V_3+O$	貞勿呼自往視右自。(5805)	

序號	句型	例句	備注
27	V_1+OS+V_2+CO+V_3+O	貞呼強往于🕱比𡊄。(667 正)	V.兼語後爲連謂式的兼語句 (S)+(AV_2)+V_1+OS+(AV_3)+V_2+(O)+(CO)+V_3+(O)+(CO)
28	AV_2+V_1+OS+V_2+V_3+O+CO	貞[勿]呼強往比𡊄于🕱。(667 正)	
29	S+V_1+OS+V_2+O+V_3+O	貞王令婦好比侯告伐夷。(6480)	
30	S+AV_2+V_1+OS+V_2+O+V_3+O	貞王勿令婦好比侯[告伐夷]。(6480)	
31	V_1+OS+V_2+O+V_3+O	貞呼䧣比沚伐🕱。(6937)	
32	AV_2+V_1+OS+V_2+O+V_3+O	貞勿令卓以眾伐舌。(26)	
33	V_1+OS+AV+V_2+V_3	令望乘先歸田。(Y665)	
34	叀+OS+V_1+V_2+V_3	貞叀婦好呼钔(禦)伐。(2631 正)	VI.前置兼語後爲連謂式的兼語句 叀+OS+V_1+V_2+(O)+V_3+(O)
35	叀+OS+V_1+V_2+V_3+O	貞叀🕱令比璞周。(6822)	
36	叀+OS+V_1+V_2+O+V_3+O	貞叀雀呼比望羍伐戉。(L156)	

這裏再順便簡要談談上古漢語兼語句的發展。

上述句型中由"叀"、"勿隹"作前置兼語的標記有三種句型,後來不再存在,第Ⅰ、Ⅳ、Ⅴ類句型在金文中依然存在:

(1) 丁卯王令宜子會西方。(AV_1+S+V_1+OS+V_2+O)

(商末《宜子鼎》,《銘文選》9)

(2) 王呼史翏册命無專。(S+V_1+OS+V_2+O)

(西周《無專鼎》,《銘文選》444)

(3)宮令宰僕賜夸白金十鈞。（S+V_1+OS+V_2+$O_{間}$+$O_{直}$）

（西周《夸鐘》，《考古圖》7.13）

(4)王親令克遹涇東至于京師。（S+ AV_2+V_1+OS+V_2+O+V_3+CO）　　　　　　　（西周《克鐘》，《金文總集》7041）

(5)王令遣捷東反夷。（S+V_1+OS+V_2+O+V_3+O）

（西周《寰鼎》，《銘文選》73）

上舉(1)(2)句屬於第Ⅰ類"兼語後是簡單謂語形式的兼語句"，(3)句屬於第Ⅳ類"兼語後是雙賓語的兼語句"，(4)(5)句屬於第Ⅴ類"兼語後為連謂式的兼語句"。

據嚴志斌考察，除使令式兼語句之外，其他類型的兼語句均不見於甲骨刻辭和商代金文[①]。

甲骨軍事刻辭的兼語句中 V_1 只有"使令類"，即"呼、令、曰"，其實"曰"引導的兼語句，如"令墉曰犬征田"（Y835）、"曰戈以齒王"（17308），嚴格地説，都不是軍事刻辭。張玉金指出甲骨文的兼語句中 V_1 只有四個，即"呼、令、使、曰"，"使"只有一種句型"使+人+于+某地"[②]，如：

貞使人于㠯。　　　　　　　　　　（5524，典賓）

乙□卜，亙，貞使人于我。　　　　（5526，典賓）

貞使人于新。　　　　　　　　　　（5528，典賓）

王使人于沘，若。　　　　　　　（5530乙，典賓）

董豔豔統計出商代金文共有兼語句四例，V_1 只有"令"[③]。鄧章

---

① 嚴志斌：《商代金文句法研究》，《殷都學刊》2006年第1期。
② 張玉金：《甲骨文語法學》第252頁，學林出版社，2001年。
③ 董豔豔：《商代金文語言研究》，西南師範大學碩士學位論文（指導教師：喻遂生），2003年。

應指出,西周金文中兼語句的 V_1 主要是"令、命、呼"等三個使令性動詞①。現在看來,西周金文中除此三個以外,還有"卑(俾)、使"等,如:

(1)王授作册尹書,俾册命免。

(西周中期《免簋》,《銘文選》251)

(2)王親令伯舀曰:毋俾農弋(特),使厥友妻農。

(西周中期《農卣》蓋,《金文總集》5497)

《爾雅・釋詁下》:"俾,使也。"《詩・大雅・民勞》:"式遏寇虐,無俾民憂。"毛傳:"俾,使也。"上舉例(1)"俾"後的兼語"尹"承前省,"俾册命免"意爲"使尹册命免","免"爲人名。上舉例(2)中"令"、"俾"、"使"均爲使令類 V_1。

梁春妮統計出春秋戰國金文中的兼語句共約二十七句,V_1 有三種類別:使令類、助引類、册立封免類。使令類 V_1 在西周金文所見的基礎上新增了"得"(使得)和"詔",如:

(1)子范祐晉公左右,燮諸侯,得朝王,克奠王位。

(春秋《子范編鐘》,《近出》12)

(2)乃詔丞相狀、綰法度量。

(戰國《商鞅量》,《甲骨文獻集成》16.10372)

上舉例(1)"得朝王"意爲使得諸侯朝見周王,兼語"諸侯"承前省略。例(2)"詔"意爲"詔令","法"名詞活用爲動詞,按法統一②。其實,例(1)的"得"字形作"▨",當爲"俾"之誤。

先秦傳世文獻中的使令類 V_1 就比較多了,有"使、令、命、俾、遣、

---

① 鄧章應:《西周金文句法研究》第46頁,西南師範大學碩士學位論文(指導教師:喻遂生),2004年。

② 梁春妮:《春秋戰國銘文句法研究》第78頁,華東師範大學碩士學位論文(指導教師:潘玉坤),2010年。

請、詐、發、麾、責、目、召、詔、呼、唤、止、留"等①。

楊伯峻、何樂士認爲"先秦以使令派遣類爲最常見,而漢後褒獎評論類大大大增加","兼語多先由'使令派遣類'發展起來,逐步發展到其他方面"②,這種説法從甲骨文、金文及先秦傳世文獻等早期語料來看是符合客觀事實的。

二 複句句型

卜辭中的複句同後世漢語一樣,可以分成聯合複句和偏正複句。因序數、兆辭和卜辭末的月份對語法分析没有幫助,引用卜辭時略去。據複句分句的多少和内部層次,可以將複句分成一層複句和多層複句。以下就分三個方面討論:聯合複句、偏正複句、多層複句。多層複句與前兩種複句不在一個邏輯層面上,爲行文方便,姑且羅列於此。

(一)聯合複句

作爲複句的命辭由具有聯合關係的分句構成,各分句在語義上是平等的,没有主從之分。軍事刻辭有如下幾類聯合複句:

Ⅰ.並列複句:

兩個分句的關係是平行的,要麽並舉,要麽對舉。從卜辭反映内容的不同,可以分成如下幾類:

1. 一個分句反映敵方來襲,一個分句反映商王采取行動。如:

乙酉卜,殻,貞舌方衛(衛),王其勿告于[祖]乙。

(6344,典賓)

壬子卜,賓,貞舌方出,王隹。　　　　(6096正,典賓)

---

① 楊伯峻、何樂士:《古漢語語法及其發展》(修訂本)第589頁,語文出版社,2001年。
② 楊伯峻、何樂士:《古漢語語法及其發展》(修訂本)第610頁,語文出版社,2001年。

貞舌方其來,王逆伐。　　　　　　　　（B1853 乙,典賓）
辛丑卜,㱿,貞舌方其來,逆伐。　　　（B1853 甲,典賓）
貞舌方出,叀王鄉。　　　　　　　　　　（6134,典賓）

2. 一個分句反映將領行爲,一個分句反映商王行爲。如:
辛卯卜,賓,貞沚䤴啟巴,王勿隹之比。　（6461 正,賓一）
辛卯卜,賓,貞沚䤴啟巴,王叀之比。　　（6461 正,賓一）
丙申卜,㱿,貞䤴冓册,[勿]呼比伐巴。　（6468,典賓）
戊午卜,㱿,貞沚䤴冓册,王比。　　　　（7384 正,典賓）
辛未卜,爭,貞婦好其比沚䤴伐巴方,王自東罙伐,戎陷于婦好立(位)。　　　　　　　　　　　　　　　　　（6480,典賓）

3. 一個分句反映商王册命將令,一個分句反映商王告祭祖廟。如:
□□[卜,□],貞令望乘眔㱿其達象方,告于丁。
　　　　　　　　　　　　　　　　　　　　（6667,典賓）
貞令㠱伐東土,告于祖乙于丁。　　　　（7084,賓三）
貞沚䤴冓册,告于大甲。　　　　　　　　（6134,典賓）

4. 兩個分句分別反映兩個不同的軍事活動或軍事人物。如:
癸巳卜,[古],貞令自般涉于河東,□㞢于□收王臣。
　　　　　　　　　　　　　　　　　　　　（5566,典賓）
王占曰:甲申䤴來,尹來。　　　　　（3979 反,典賓早）

5. 占辭本身是一個單句,"曰"的賓語部分有的由複句形式構成,分句間有的反映了平等的並列關係,構成並列複句形式。如:
庚戌卜,亘,貞王呼取我夾在尸鄙,若于㘱。[王占曰:吉],若。
　　　　　　　　　　　　　　　　　　　（7075 正,典賓）
王占曰:㞢求(咎),其㞢來嬉。　　　（6057 反,典賓）

Ⅱ.順承複句:

兩個分句之間有邏輯事理或時間上的先後關係。在軍事卜辭中，並不多見。如：

□□卜，㱿，貞王自于曾，廼呼敢𢦏[方]。　（6536，典賓）
貞叀㕣令達，啟于并。　（6055，賓三）
癸酉，貞方大出，立中于北土。　（33049，歷一）
□告曰：舌方亦𡆥，以我牛五十。　（6072正，典賓）

上舉辭例第一條卜辭"廼"意爲"於是""就"，起到關聯作用，是順承複句的輔助標記。其餘幾例是采用意合法，體現出事理或時間上的先後關係。

Ⅲ. 選擇複句：

兩個分句之間具有選擇關係。這種複句，在卜辭中一般是問句，或是選擇問，或是正反問①。軍事刻辭中少見選擇問，正反問的例子如下：

癸酉卜，貞方其𡆥今二月抑，不執？余曰：不其𡆥。允不。
　（20411，自小字）
癸酉卜，王，貞自今癸酉至于乙酉，邑人其見方抑，不其見方執？　（799，自小字）
乙酉卜，王，貞余𠭰朕老工从我㠱；貞允隹余受馬方又抑，弗執？其受方又。二月。　（20613，自小字）
□辰卜，王□于大方□𩫖抑，不執？　（20468正，自小字）
□獲𡆥方抑，弗獲執？　（20427正，自小字）②
癸卯卜，王，缶蔑𡆥戎執，弗其蔑抑？三日丙午莕方，不獲。
　（20449，自小字）

上述例子是典型的"……抑……執"正反問句，最末一例則是"……

---

① 張玉金：《甲骨文語法學》第300頁，學林出版社，2001年。
② 此條據裘錫圭先生釋文，與《校釋總集》異。參裘錫圭：《文集》第一卷第313頁。

執……抑",值得注意的是,這些卜辭均係自小字類,其他類卜辭少見,裘先生曾舉過兩條賓組卜辭《合集》800、802,因可能與軍事關係不大,故不引①。

(二)偏正複句

卜辭中命辭的兩個分句是偏正關係,有主從之分,構成偏正複句。

Ⅰ.假設複句

1. 卜辭中大量命辭都是假設複句,前一分句反映動作行爲,後一分句占問這種行爲可能產生的結果。軍事刻辭也是如此,前一分句是軍事行爲(含可能是行蒐禮的田獵行爲),後一分句占問其可能的結果。如:

壬戌卜,爭,貞旨伐𠂤,㞢。	(248正,賓一)
庚寅,貞𠥓缶于㝬,㞢右旅。	(W1640,歷一)
癸酉卜,□𠥓獻,甲戌㞢。	(33078,自歷間)
乙丑卜,㱿,貞于保舌方,㒸。	(6330正,典賓)
貞王曰㞢,舌方其出,不𠻝。	(6080,典賓)
貞勿執多🉂呼望🉅方,其䈞。	(547,典賓)
癸丑卜,貞㐭往追龍,从朱西,及。	(6593,賓一)
□□[卜],[古],呼多射𨾏,獲。	(5740,典賓)
貞呼追羌,及。	(490,典賓)
□巳卜,□,貞[龟]以三十馬,允其夆羌。	(500正,典賓)
貞逸羌,得。	
貞逸羌,不其得。	(505正,賓一)
□寅卜,㱿,貞[般]亡不若,不逸羌。	

---

① 裘錫圭:《文集》第一卷第315頁,中華書局,1992年。

貞[龍亡]不若,不逸羌。　　　　　　　　　（506正,賓一）
辛亥卜,古,貞追,不逸。　　　　　　　　　（869,典賓）
戊午卜,㱿,貞勿呼卸羌于九☒,弗其獲。　（6615,典賓）
己卯卜,爭,貞今早＊令㠯田,从☒至于☒,獲羌。
　　　　　　　　　　　　　　　　　　　　（199,典賓）
己酉卜,貞雀往☒豕,弗其擒☒。　　　　　（6979,自賓間）
貞呼眾人出麋,克。　　　　　　　　　　　（15,賓三）

2. 前一分句反映軍事行爲,後一分句占問能否得到神祇的祐助。如：

伐,受屮又。　　　　　　　　　　　　　　（6083,典賓）
己丑卜,貞亶以沚或伐獸,受又。　　　　　（33074,自歷間）
乙卯卜,㱿,貞王比望乘伐下危,受屮又。
乙卯卜,㱿,貞王勿比望乘伐下危,弗其受屮又。
丁巳卜,㱿,貞王☒眾伐于堯方,受屮又。
丁巳卜,㱿,貞王勿☒眾堯方,弗其受屮又。
　　　　　　　　　　　　　　　　　　　　（32正,典賓早）
癸酉卜,㱿,貞呼多☒伐舌方,受屮[又]。　（540,典賓）
辛酉卜,爭,貞勿呼以多☒伐舌方,弗其受屮又。
　　　　　　　　　　　　　　　　　　　　（547,典賓）
貞王叀沚☒比伐巴方,帝受我又。
王勿隹沚☒比伐巴方,帝不我其受又。　　（6473正,賓一）
戊午卜,方出,其受侯又。　　　　　　　　（6719,自賓間）
王䢜方,帝☒王。　　　　　　　　　　　　（6734,典賓）
貞令比沚☒,示左。　　　　　　　　　　　（3952正,典賓）

上述辭例中占問能否得到神祇祐助有這樣幾種形式:（1）"受又"或"受屮又"常與"弗其受屮又"構成正反對貞,裘錫圭正是基於這種句式判定貞辭多爲陳述句。裘先生說：

上引(134)(即《合集》6482:"辛酉卜,殻貞:今🜚王勿比望乘伐下危,弗其受有祐。")就有一條同版的正面卜辭:"辛酉卜,殻貞:今🜚王比望乘伐下危,受有祐。"如果把(134)的命辭當作問句理解,只能解釋爲:"今🜚"(時間詞)王不跟望乘一起去伐"下危",不能受到保祐嗎?這跟正面命辭的意思——王跟望乘一起去伐"下危"能受到保祐,實際上不是正反相對的,而是一致的。而且殷人正是爲了想知道王跟望乘一起去伐"下危"能不能受到鬼神保祐而進行這次占卜的。如果先提出不準備跟望乘一起去伐"下危",還問什麼受不受保祐呢?所以這種命辭只能理解爲陳述句。①

張玉金則將《合集》6482的正貞看作假設複句,將反貞看作條件複句②。我們認爲如果按照裘先生的意見,這種命辭是陳述句的話,無論是正貞反貞都應是假設複句。(2)"帝受我又"或"帝不我其受又",前者肯定,後者否定且賓語前置。(3)《合集》6719"受侯又"意義同前二種情況類似,只不過神祇祐助的受益者是"侯"。(4)《合集》6734"帝畐王"之"畐"不好理解,《詁林》釋爲祭名,欠安,其義當與"祐助"有關。(5)《合集》3952正"示左",應讀作"示佐",意爲神主佐輔、祐助。張玉金認爲《合集》10613"貞王不祼,示左"爲因果複句,意爲"國王沒有舉行祼祭,所以神主會添麻煩嗎"③。事實上,前一分句"王不祼"這個行爲不知是否完成,如果是客觀事實,此辭可以理解爲因果複句,如果"王不祼"的行爲並未發生,而僅僅是一種假設,那麼這就是一個假設複句。

3. 前一分句反映軍事行爲,後一分句占問是否順利。如:

[貞]勿令🜚丘🜚由取舟,不若。　　　　　　(655正甲,賓一)

---

① 裘錫圭:《文集》第一卷第331頁。
② 張玉金:《甲骨文語法學》第302、304頁,學林出版社,2001年。
③ 張玉金:《甲骨文語法學》第306頁,學林出版社,2001年。

贞王勿比戁,帝若。　　　　　　　　　（7407 正乙,典宾）

己卯卜,㱿,贞㞢羍值,下上若。

己卯卜,[㱿],贞㞢羍值,下上弗若。　（7239 正,宾一）

贞呼竝取,若。

勿呼竝取,不。　　　　　　　　　　　（L174,典宾）

庚戌卜,亘,贞王呼取我夾在尸㞢,若于▨。

　　　　　　　　　　　　　　　　　　（7075 正,典宾）

若,孙诒让、罗振玉、王国维训"顺",罗、王又同意"若""诺"古本一字①。但其字形象人理髮之狀,引申爲"顺"更爲直接,读作"诺"似颇迂曲。

4. 前一分句反映军事行爲,後一分句占问这种行爲是否有灾咎。如：

贞王呼陕比羌田,亡囚。

庚戌卜,贞比羌田于西,囚。　　　　　（22043,午组）

贞舌方出,隹我㞢乍囚。　　　　　　　（6086,典宾）

贞舌方出,不隹我囚。　　　　　　　　（B1807,典宾）

癸卯卜,争,贞王令三百射,弗告十示,王㘱隹之。

贞王㘱不隹之,弗告三百射。　　　　　（5775 正,宾一）

值得注意的是,上舉最後一例是一對正反對貞卜辭,第一條是一個二層複句,可作如下分析：

王令三百射,‖(顺承)弗告十示,｜(假设)王㘱隹之。

这个假设复句的从句在前,主句在後,然後其反贞"贞王㘱不隹之,｜(假设)弗告三百射。"则是主句在前,从句在後。

5. 前一分句反映军事行爲,後一分句占问能否"堪*王事"。如：

---

① 于省吾主编：《甲骨文字诂林》字头 0333 号,中华书局,1999 年。

癸亥卜,争,貞雨正化亡凶,堪*王事。　　　　(5439 正,賓一)
丙戌卜,争,貞受不乍夏,堪*王事。　　　　　(5476,賓三)
乙卯卜,貞叀皐令比殺受,堪*。　　　　　　　(4025,賓三)
⋯⋯戰啟,不其堪*。　　　　　　　　　　　　(7443,典賓)

Ⅱ.因果複句

　　兩個分句之間有因果關係,從句是因,主句是果,一般是從句在前,主句在後。因卜辭中缺少關聯詞語,難以確切判斷是否是因果關係。但從殷人特別迷信,事必問神占卜來看,只要發生戰爭或其他不幸事件,自然會認爲是神靈作祟,表達這種語義的命辭可以構成因果複句。如:

☐卯㞢異,☐¬庚申亦㞢異,㞢鳴[雉],|（因果）疫圍羌戎。
　　　　　　　　　　　　　　　　　　　　(PJ303+,典賓)

如下一條因果關係的卜辭則是主句在前,從句在後。即:
貞舌方出,隹黃尹徣(害)我。　　　　　　　　(6083,典賓)

在一些占辭中,也存在因果關係的複句形式,前一分句據兆象判斷了吉凶,後一分句是由此而引出的行爲,如:

貞勿呼取吕。王占曰:吉,其取。　　　　　　(6567,典賓)
王占曰:①吉,‖（因果）②叀㞢呼己其伐;|（並列）③其弗伐,‖（因果）④不吉。　　　　　　　　　　　　　　(6461 反,賓一)

例句二是一個兩層複句,分句①②是因果複句,其中①是因,②是果;分句③④是因果複句,其中③是果,④是因。

Ⅲ.目的複句

　　從句表明動作行爲,主句是動作行爲的目的,一般從句在前,主句在後。如:

丁巳卜,賓,貞桒于王亥十羌,卯十牛,三羌,|（目的）告其比

望乘正下危。　　　　　　　　　　（6527正，典賓）
這是一個二層複句，第一層是目的關係。軍事刻辭中反映軍禮行爲的複句一般會構成目的關係，因爲每一種祭儀行爲都含有采取某種軍事行動的目的。

Ⅳ.按斷複句

前一分句叙述行爲，後一分句對其行爲作出評斷，兩個分句之間的關係便是按斷關係。卜辭中按斷關係一般出現於占辭中，一般有語氣詞"隹"或"叀"作輔助標記。如：

王占曰:其㞢異；⌊(按斷)其隹丙不[吉]，‖(並列)其隹壬亦不[吉]。　　　　　　　　　　　　　　　（6354反，典賓）

例句是一個兩層複句，第一層是按斷關係。

如下一些軍事刻辭中的複句不好確定其類型，存疑待考：

己卯卜，王，貞余呼𢦚𠦪伕，余弗𢦚。（7014，𠂤賓間）
乙巳卜，㱿，貞我其㞢令𢦚，叀用王。
乙巳卜，㱿，貞我勿㞢令𢦚，弗其叀用王。（1107，典賓早）
己亥卜，賓，貞翌庚步，戈人不喪。（B1845＝Y564正，典賓）
癸亥卜，賓，貞勿㕥戈人，㞢正畯。（B 2139正甲，典賓）
乙亥[卜]，囗，貞立二史，㞢橐舟。（5507，賓三）
貞勿呼伐舟，叀允用。（5684，賓三）
己未卜，爭，貞勿隹王自比望乘，呼往。（7528，典賓）

(三)多層複句

甲骨刻辭中多層複句一般是兩層，個別的有三層。以下按第一層的不同關係分別述之。

1. 第一層爲並列關係的多層複句

癸巳卜，㱿，貞旬亡⊡。王占曰："㞢[咎]。其㞢來嬉，气至。"五日丁酉，允㞢來[嬉自]西。沚𢦚告曰：土方正于我東啚，

‖(順承)[戈]]二邑;|(並列)舌方亦侵我西啚田。(6057正,典賓)

乙酉卜,㱿,貞舌方衞(衛),‖(並列)率伐不,|(並列)王其正,‖(假設)勿告于祖乙。(6345,典賓)

王占曰:吉,‖(因果)叀业呼己其伐;|(並列)其弗伐,‖(因果)不吉。
(6461反,賓一)

□□[卜],㱿,貞舌方衞(衛),‖(並列)率伐不,|(並列)王告于祖乙,|||(因果)其正,‖(目的)匄又。

□□[卜],㱿,貞舌方衞(衛),‖(並列)率伐不,|(並列)王其正,|||(因果)告于祖乙,‖(目的)匄又。(6347,典賓)

討論:《合集》6347中兩個多層複句可能存在兩種斷句方案:

(A-1)王告于祖乙其正,匄又。

(A-2)王其正告于祖乙,匄又。

(B-1)①王告于祖乙,②其正,③匄又。／

(B-2)①王其正,②告于祖乙,③匄又。

按(A)斷句。(A-1)可以如此分析:王‖告〈于祖乙〉其正。"其正"充當原因賓語,喻遂生師稱這種賓語爲人事賓語,並舉了兩例來說明"動詞+介詞+神祇賓語+人事賓語"這種結構:

求〈于河〉年?[發按:求即䄆,今釋禱。] (28259)

于凶父燎雨?……戊卜,燎〈于凶〉雨? (34275)[1]

祭祀卜辭中的原因賓語(人事賓語)一般都置於動詞之後,如:

禦疾身于父乙。 (13668正)

告黽(鼉)于河。 (9627)

祼黽(鼉)于上甲,卯牛。 (T867)

象(A-1)這種將原因賓語置於介詞結構之後的情況很少見。

---

[1] 喻遂生:《甲骨文單個祭祀動詞句的轉換和衍生》,《甲金語言文字研究論集》第120頁,巴蜀書社,2002年。發按:"雨"似應單獨成句,此句應予以删去。

(A-2)可以如此分析：王‖其正告于祖乙。(其正告〈于祖乙〉)"其正"充當主謂謂語句中謂語部分的小主語。試比較：《合集》32815"三族‖王其命追召方。"(王其命追召方)"王"充當主謂謂語句中謂語部分的小主語。現代漢語中有這種主謂謂語句，如"老師叫他去拿粉筆"可以説成"他‖老師叫去拿粉筆"，後一句就是主謂謂語句。

按(A)的方式斷句之後，前一分句是祭祀行爲，後一句是"匄又"是目的，祈求祖乙的庇祐。

按(B)斷句。卜辭成了由三個分句構成的兩層複句，其内部邏輯層次是：

(B-1)①王告于祖乙，‖(因果)②其正，|(目的)③匄又。[①是果，②是因]

(B-2)①王其正，‖(因果)②告于祖乙，|(目的)③匄又。[①是因，②是果]

比較而言，我們覺得(B)斷句方案似更優，故按其對整條卜辭的層次作了如上切分。

2. 第一層爲順承關係的多層複句

四日庚申亦虫來嬄自北，子嬄告曰："昔甲辰，方圼于蚁，‖(順承)俘人[十屮]五人；|(順承)五日戊申，方亦圼，‖(順承)俘人十屮六人。"　　　　　　　　　　(137反+，典賓)

3. 第一層爲假設關係的多層複句

貞舌方出，‖(順承)王鄉，|(假設)受屮又。　(L43正，典賓)

貞勿隹王正舌方，|(假設)下上弗若，‖(因果)不我其受[又]。

(6314，典賓)

乙卯卜，爭，貞沚䖒禹册，‖(順承)王比伐土方，|(假設)受屮又。

(6087正，典賓)

丙辰卜，爭，貞沚䖒啓，‖(順承)王比，|(假設)帝[若]，‖(因果)受我又。

貞沚馘啟,‖(順承)王勿比,|(假設)帝弗若,‖(因果)不我其受又。

(7440 正,典賓早)

癸卯卜,□,貞出𢻻龍,‖(順承)王比,|(假設)受出又。

(6582,典賓)

沚馘再册酉吾[方],|||(順承)☒其𦎫卒,‖(順承)王比,|(假設)下上若,‖(因果)受[我又]。　(6161,典賓)

貞今早*㲋下危[人],‖(順承)呼盡伐,|(假設)受出又。

(7311,典賓)

乙未[卜],□,貞立史于南,|(假設)又[从我],‖(並列)中从𦣞,‖(並列)左从曾。　(5504,賓三)

4. 第一層爲因果關係的多層複句

貞方𢦏,‖(並列)㞢,|(因果)㲋人。　(6746,典賓)

☒卯㞢異,|||(並列)☒𢦏庚申亦㞢異,‖(因果)疒鳴[雉],|(因果)疒圍羌戎。　(PJ303+,典賓)

5. 第一層爲目的關係的多層複句

丁巳卜,賓,貞奠于王亥十青,‖(並列)卯十牛、三青,|(目的)告其比望乘正下危。　(6527 正,典賓)

6. 第一層爲按斷關係的多層複句

王占曰:㞢咎,‖(並列)其㞢來嬉,|(按斷)其隹丙不吉,‖(並列)其隹□引不吉。　(6068 反,典賓)

王占曰:𢦏,|(按斷)隹庚,‖(並列)不隹庚,|||(並列)叀丙。

(5775 反,賓一)

☒[曰]:庚其㞢異;|(按斷)吉,|||(因果)受又,‖(並列)其隹壬不吉。　(6087 反,典賓)

王占曰:其㞢異;|(按斷)其隹丙不[吉],‖(並列)其隹壬亦不[吉]。　(6354 反,典賓)

第八章

句子所涉語義角色

研究句法的目的旨在弄清句子的語義,張斌、胡裕樹指出:"句法分析是句子分析的基礎,離開了句法分析,也無所謂句子分析。……當然,句法分析並不是自足的。就是説,單靠層次和結構關係的分析還不能完全達到了解語義的目的。"①石毓智也説:"現實在語言中的直接反映是語義,現實中的一類一類事物對應於語言中的一個一個概念,事物之間的關係相對於語義結構。也就是説,研究語義與句法之間的關係,相當於探索現實規則對句法規律的制約。"②石先生引用認知語言學的一個基本觀點來説明此問題:"語法是約定俗成的語義結構的符號序列。"③而傳統語法只强調句法結構的分析,結構主義語言學更是將結構分析推向了極至,代之而起的是轉换生成學派,辯證唯物主義的"否定之否定"理論最能解釋這種推向極至後的變化。轉换生成學派也不能阻擋"格語法"對其新一輪的"否定"。這是熱鬧的西方語法學的變革與發展。

中國語法學從《馬氏文通》開始,便在"舶來"與"漢化"中逐步

---

① 張斌、胡裕樹:《漢語語法研究》第 36 頁,商務印書館,1989 年。
② 石毓智:《語法的認知語義基礎》第 10-11 頁,江西教育出版社,2000 年。
③ Langacker, Ronald W (1987). *Foundations of Cognitive Grammar—Theoretical Prerequisites* (volume Ⅰ) pp2. Stanford: Stanford University Press.

找到自己的發展道路。百餘年來,中國語法學之路與西方語法學經歷了同樣的"否定之否定"。我們認爲,范曉利用"三個平面"理論去研究現代漢語語法,開啟了漢語語法研究的新視野①。本書對甲骨軍事刻辭的句子進行研究,前一章討論句型,是從句法平面,本章則從語義平面,鑒於商代卜辭内容的語用問題還有待於進一步研究,故本書暫不考慮語用平面。

袁毓林認爲,從語義上看,一個動詞通常能激活(activate)一個特定的場景(sense)———一種關於動作、行爲或過程和參與者以及其他相關事物的具體整體性的知覺、記憶等心理過程……表示語義場景的抽象框架中有一系列槽(slot)需要用項去填充②。

魯川說:"漢語無形態,是'意合法'語言,注重語義平面。""語義平面上","在一個事件中,一個由謂詞充當的'中樞事元'支配着若干個相關的'周邊事元'"③。鄭繼娥據魯先生的"事元",討論祭祀卜辭時,重點檢討了六種"論元":原因、對象、受事或工具(祭品)、時間、空間、施事(祭者)④。

菲爾墨(Fillmore C.)的格語法理論提出了多種格範疇,與我們討論關係較爲緊密的十種是:(1)施事格(Agentive),表示由動詞所確定的動作能察覺到的典型的有生命動作發出者(有生名詞);(2)工具格(Instrumental),表示由動詞確定的動作或狀態而言作爲某種因素而關涉到的無生名詞;(3)承受格(Dative),表示由動詞確定的動作或狀態所影響的有生物;(4)使成格(Factitive),表示由動詞確定的動作或狀態所形成的客體或有生物,或形成動詞意義的一部分

---

① 范曉:《三個平面的語法觀》,北京語言文化大學出版社,1996年。
② 袁毓林:《漢語動詞的配價層級和配位方式研究》,袁毓林、郭銳主編:《現代漢語配價語法研究(第二輯)》第28頁,北京大學出版社,1998年。
③ 魯川:《漢語語法的意合網絡·前言》第2頁,商務印書館,2001年。
④ 鄭繼娥:《甲骨文祭祀卜辭語言研究》第187頁,巴蜀書社,2007年。

的客體或有生物;(5)方位格(Locative),表示由動詞所確定的動作或狀態的方位或空間方向;(6)客體格(Objective),表示由動詞所確定的動作或狀態所影響的事物(無生名詞);(7)受益格(Benefactive),表示由動詞所確定的動作為之服務的有生物的對象;(8)源點格(Source),表示由動詞所確定的動作所作用到的事物的來源或發生位置變化過程中的起始位置;(9)終點格(Goal),表示由動詞確定的動作所作用到的事物的終點或發生位置變化過程中的終端位置;(10)伴隨格(Commutative),表示由動詞確定的與施事者共同完成動作的伴隨者①。

菲爾墨的"格"與袁毓林的"填項"、魯川的"事元"、鄭繼娥的"論元"一樣,正是我們所要討論的語義角色。動詞"配價"理論主要是以動詞為中心考察它可以支配幾個名詞性成分,意在對動詞本身的性質作進一步的揭示與區分。這裏要討論的"語義角色"則是以動詞為中心考察與它相聯繫的名詞性成分、介賓短語所表達的語義內涵。二者有一定聯繫,但側重點不同。

軍事刻辭作為一種特殊內容的語篇,其句子的語義角色主要反映在七個方面:施事-A(Agent)、受事-P(Patient)、與事-C(Commutative)、原因-S(Source)、對象(目標)-G(Goal)、時間-T(Time)、空間-L(Locative)。我們先以幾條典型的軍事刻辭為例來說明這些角色:

(1)乙卯卜,𠱾,貞王比望乘伐下危,受虫又。

(32 正+,典賓早)

  A C P

---

① Fillmore, C. (1968). The Case for Case. *Universals in Linguistic Theory*. New York: Holt, Rinehart & Winsto.張松炎、焦瀟:《格語法簡述》,載《讀與寫雜志》2009 年第 9 期;劉潤清:《西方語言學流派》,外語教學與研究出版社,1997 年。

(2)王占曰:叀既。三日戊子允既,𢦏戈方。
(6648正,賓一)

(3)□□[卜],㱿,貞舌方衛(衛),率伐不,王告于祖乙 其正,旬又。(6347,典賓)

(4)乙酉卜,㱿,貞勿呼婦好先于龐收人。(7284,賓一)[婦好既是"呼"的受事,又是"收人"的施事,我們通常稱其爲"兼語"]

以下就對軍事刻辭中的語義角色進行一一討論。

一 施事:發出軍事動作或行爲的主體

施事者是軍事行爲的發出者,因此商王是最明顯的施事者,如商王親征的卜辭,反映出有時是商王自己帶兵,有時是與其他盟國聯合出征,如:

貞叀王往伐舌方。　　　　　　　　　(615,典賓)
庚申卜,㞢,貞今者王徝伐土方。　(D371正,典賓)
舌方其來,王逆伐。　　　　　　　(Y555,典賓)
己卯卜,㞢,貞舌方出,王自正(征),下上若,我[其受(授)又(祐)]。(6098,典賓)
貞王比望乘。　　　　　　　　(32正+,典賓早)
貞王比沚馘伐巴方。　　　　　　(93反,典賓)

商王作爲最高指揮者,有時只需運籌帷幄,指揮將士即可。如:

乙巳卜,王呼取旅。　　　　　　　(5821,自賓間)
辛巳卜,争,貞今者王收人呼婦好伐土方,受㞢(有)又(祐)。
(6412,典賓)
壬子卜,㱿,貞王呼雀复,若。　　　(6904,賓一)

己未卜,㱿,貞王燯三千人呼伐𢀛方,𢦏(翦)。（6639,賓一）
貞王勿令以衆伐舌方。　　　　　　　　（28,典賓）

但更多時候,"王"作爲至高無上的統治者,在卜辭中並不出現。這些卜辭雖然沒有出現施事者,但可以明白施事者依然是"王"。如：

貞勿令倉侯。七月。　　　　　　　　　　（6,賓三）
丁未卜,爭,貞勿令𠦪以衆伐舌。　　　　（26,典賓）

除商王外,也有商王派出的將領,可以是施事者,如：

乙巳卜,爭,貞雀獲亘。　　　　　　　（6952正,賓一）
□□[卜],㱿,貞婦好史(使)人于眉。　（6568正,典賓）

也有商的鄰邦首領,如：

戊寅卜,㱿,貞沚馘其來。
貞沚馘不其來。　　　　　　　　　（3945正,典賓早）

也有商的敵方,如：

壬申卜,方其大出。　　　　　　　　（6695,𠂤賓間）
舌方其出。　　　　　　　　　　　（6110正,典賓）
貞舌方弗辜(敦)沚。　　　　　　　（6180,典賓）

有學者舉《屯南》1111來説明施事者也可作賓語,如：

甲子貞,其涉𠂤于西兆。弜涉𠂤。　（T1111,歷二）①

但"𠂤"也可能是動詞"涉"的受事賓語。

綜上,軍事刻辭中動作的施事者一定是戰爭的主體,要麼是商王,要麼是商王派出的軍事首領,要麼是軍隊,要麼是敵方,關於軍事人物和敵方名稱參閱本書第二、三章。施事者一般在軍事刻辭的句子中作主語。

---

① 張玉金:《甲骨文語法學》第144-145頁,學林出版社,2001年。

二 受事:軍事動作或行爲的承受對象

軍事刻辭中的受事者是被戰爭攻擊的對象。有商一代,商是最大方國,一般是它對周圍小國發動戰爭,因此受事者一般是周圍邦方,但也有强大的"舌方"和"土方"來入侵的情況,這時商之領地也有作受事的卜辭。如:

　　己酉卜,永,貞我㞢(翦)舌方。九月。　　　（Y78正,典賓）
　　貞王比沚馘伐巴方。　　　　　　　　　　　（93反,典賓）
　　庚申卜,㱿,貞今者王禎伐土方。　　　　　　（D371正,典賓）
　　貞自今壬寅于甲辰子商㞢(翦)基方。　　　　（6571正,賓一）
　　貞勿呼婦妌伐龍方。　　　　　　　　　　　（6585正,典賓）
　　癸巳卜,㱿,貞旬亡𡆥。王占曰:㞢[𡆥],其㞢來嬉,气至。五日丁酉,允㞢來[嬉自]西。沚馘告曰:土方正于我東啚,[㞢(翦)]二邑;舌方亦侵我西啚田。　（6057正,典賓）

從語意上説,受事者作爲謂語動詞的支配和承受對象,它一般在句中作賓語。但有的受事者形式上却作了介詞的賓語,構成介賓短語充當謂語的補語,如上舉最末一例"土方正于我東啚"。又如:

　　丁巳卜,㱿,貞王㠯衆伐于莞方,受㞢(有)又(祐)。
　　　　　　　　　　　　　　　　　　　　　　（32正+,典賓早）

三 與事:發出軍事動作或行爲的參與者

有的學者將"與事"定義爲動作行爲所涉及的間接對象,有"與事主語"和"與事賓語"①,我們覺得表意不甚明瞭,外延過於寬泛,故本書定義"與事"爲發出動作行爲的參與者,相當於"格語法"的"伴隨格"。

軍事刻辭中"與事"對象有明顯的標記"比",如同英語中有明顯

---

① 張玉金:《甲骨文語法學》第133、145頁,學林出版社,2001年。

的標記"with"。如:

  乙卯卜,㱿,貞王比望乘伐下危,受屮(有)又(祐)。

            (32 正+,典賓早)

  丁丑卜,㱿,貞今者王比沚𢦔伐土方,受屮(有)又(祐)。

              (Y581,典賓)

  貞叀多子族令比㽿𦏰,堪*王事。 (5450,賓三)

  Tom goes to school [with. Marry].(湯姆和瑪麗一起去上學。)

甲骨文中的"與事"從語義上説與"施事"的功能相近,也是軍事行爲的發出者,但從句法上要分析爲其標記詞"比"的賓語。英語中的"與事"充當的是謂語動詞的伴隨狀語。軍事刻辭中的"與事"最常見的是"沚𢦔"和"望乘",另有"奚"(811)、"或"(4722)、"臿"(586)、"岀"(4555)、"㽿𦏰"(5450)、"✣"(5477 正)、"倉侯"(6816)、"倉侯虎"(6553)、"侯告"(3339)、"易伯㚩"(6460 正)、"犬侯"(6812 正)、"豙(原)"(6946 正)、"臺"(667 正)等,其中"倉侯虎"之"虎"是"倉侯"的私名,"倉"爲國族名,"侯"是其爵名;"易伯㚩"之"㚩"是"易伯"的私名,"易"爲國族名,"伯"是爵名。

四 原因:動作行爲的原因、來源或依據

軍事刻辭本身看不出戰爭行爲的原因,因此,這裏所討論的原因並非軍事動詞反映動作行爲的原因,而是與軍事活動相關的祭祀行爲的原因。如:

  (1)a□□[卜],㱿,貞舌方衛(衛),率伐不,<u>王告于祖乙,其正(征)</u>,匄又(祐)。

  (1)b□□[卜],㱿,貞舌方衛(衛),率伐不,<u>王其正(征)</u>,告于祖乙,匄又(祐)。 (6347,典賓)

  (2)a 貞屮于祖乙,告或。

(2)b 貞桒或于祖乙。
(2)c 貞告或于上甲、成。　　　　　　　　（Y594 正,典賓）
(3)[貞]告舌方于上甲。　　　　　　　　（5521,典賓）
(4)甲申卜,于大示告方來。　　　　　　　（T243,歷二）

　　例(1)的"其正(征)"指王有征伐之事,因而向祖乙行告祭;例(2)ac 的"或"作"告"的賓語,意爲因或而向祖乙(上甲、成湯)行告祭;例(2)b 的"或"作"桒"的賓語,意爲因或而向祖乙行告祭;例(3)的"舌方"作"告"的賓語,意爲因舌方之事而向上甲行告祭;例(4)的"方來"作"告"的賓語,意爲因方來入侵而向大示行告祭。

五　對象(目標):謂語動作和行爲間接涉及的對象或要達到的目標

　　有的動詞的動作行爲能力很強,對其支配對象具有很強的控制力,有的動詞的動作行爲能力較弱,對其支配對象控制力也較弱。王冬梅曾討論過現代漢語動詞的及物性和控制度問題,對我們很有啟發①。根據動詞的"及物性"和"控制度",可將軍事刻辭中的動詞分成四類:

分　　類		及物性	控制度	支配對象語義角色
甲(41)	侵、呼、令;視、見、目、望;正(征)、甾正、屰、伐、逆伐、專伐、戠伐、衛伐、罙伐、甾伐、🦴(皇)伐、戎、冞、甾、辜(敦)、戔、甾戔、曺、"戈、㪤、戠、戭、敢、璞(撲)、達(撻);追、克、執、宰、𢦏、獲、擒、俘;㕑	強	強	受事

---

①　王冬梅:《"N"的"V"結構中"V"的性質》,《語言教學與研究》2002 年第 4 期;《動詞的控制度和謂賓的名物化之間的共變關係》,《中國語文》2003 年第 4 期。

	分　　類	及物性	控制度	支配對象語義角色
乙(16)	瘱、叟、収、冒、肇、盖、注（駐）；同（興）；隺（蒦）；以；蒪；禦、戍、衛；及；玘	次强	次强	對象
丙(9)	入、往、出、歸、來、至、步、涉、啟	次弱	次弱	目標
丁(6)	再、次、敗、衝、陷、叔	弱	弱	

注："涉"意爲渡河，"敗"在卜辭中只有敗退義。

如何界定動詞及物性和控制度的强弱？王冬梅（2003）引入了Hopper & Thompson（1980）的及物性假説（The transitivity hypothesis），判定及物性高低有十項標準：參與者、動作性、體貌、瞬時性、意願性、肯定性、語態、施力程度、受事的個體化程度、受事所受影響的程度[1]。與我們討論的軍事刻辭中的動詞相關的有參與者、動作性、施力程度、受事所受影響的程度四個標準。

第一，參與者。及物動詞與不及物動詞的分類標準便是看動作參與者的數目，只有一個參與者的是不及物動詞，有兩個或兩個以上的是及物動詞。參與者的數目只有一個，及物性則低，參與者有兩個或兩個以上，及物性則高。上表所見甲乙兩類動作參與者均是兩個，及物性高；丙丁兩類動作參與者是一個，及物性低。

第二，動作性和施力程度。動詞的動作性和施力程度緊密相關，動作性强，施力程度就强，其及物性和控制度强；動作性和施力程度弱，其及物性和控制度弱。動作性和施力程度强的動詞句可以轉換成"把"字句，或"被"字句，或"受"字句，動作性弱的，則不能轉換。上表所見甲類動詞全都可以轉換，如"侵"，《合集》6057 正"舌方亦侵我西

---

[1] Hopper&Thompson（1980）. TransitivityinGrammarand Discourse. *Language*, Vol. 56, No.2（Jun,1980）,PP.251-299.

鄙田"意爲"舌方侵略了我西鄙田",可以轉換成"我西鄙田受到了舌方的侵略";丙丁類動詞全部都不可以轉換;乙類動詞介於二者之間。

第三,受事的受影響程度也可以通過能否轉換成"把"字句,或"被"字句,或"受"字句的辦法。

通過上述標準,可以將軍事刻辭中的動詞分成三類,甲類、乙類和丙丁類,而丙類動詞都含有動作的趨向性,其後可接"于"字結構,即"丙類動詞+于+處所名詞",意爲"V到……"。丁類動詞"自(次)"後也可構成"于"字結構,如"次于曾"(7353),但"于"的意思是"在",而不是"到"。因此,丙丁類也可區分。

綜上,軍事刻辭中的動詞可以分成四類,甲類動詞的及物性和控制力強,其支配對象自然是"受事",乙類動詞的及物性和控制力次強,其支配對象可稱作"對象",丙類動詞的及物性和控制力次弱,其支配對象可稱作"目標",丁類動詞的及物性和控制力最弱,無支配對象。"對象"和"目標",格語法中並稱其爲"Goal"。

(一)因甲類動詞所支配賓語爲其"受事",上文已討論,以下我們對乙類動詞所涉及對象作全面考察:

1. 徵集類動詞"燅、聂、收、冒"所見"對象"有:

癸巳卜,㱿,貞收人[呼伐]舌方受虫又。　　(6172,典賓)
癸巳卜,貞令收眾人。　　　　　　　　(21正,賓三)
丙午卜,㱿,貞燅人三千呼[伐舌方受虫又]。(6172,典賓)
燅射三百。　　　　　　　　　　　　(698正,賓一)
庚寅卜,㱿,貞勿冒人三千呼望舌[方]四　(6185,典賓)
貞冒射。　　　　　　　　　　　　　(5778反,典賓)
辛巳卜,□,貞燅婦好三千,聂旅萬,呼伐□[方],受[虫又]。
　　　　　　　　　　　(39902正=Y150正,典賓)

這四個徵集士卒類動詞帶有明確的對象,其中燅與冒的對象一般是泛指的"人"或"眾""射",燅除了可接泛稱"人"作爲對象賓語外,其對象可以是某一個具體的人名,**聚**的對象是"旅",係泛指的軍事組織。

2. 動詞"比"的對象因參與施事共同完成某種動作行爲,我們將其對象也稱作"與事"。

3. 萑(蒦),讀作"觀",觀察,察看,係偵察類動詞,其義與"監視"有異,因此別的偵察類動詞"視、見、目、望"屬甲類動詞,其支配對象是"受事",萑(蒦)的支配對象稱"對象",軍事刻辭中僅見一例"舌方":

  壬子卜,賓,貞舌方出,王萑。五月。 (6096 正,典賓)

4. "以"作軍事動詞,意爲率領,其對象有:

  辛丑卜,王,委步,壬寅以𡧗戎方,不米*人。

             (L659,自小字)

  己丑卜,貞㫿以沚或伐㞢,受又(祐)。 (33074,自歷間)

  貞勿令卑以三百射。   (5769 正,賓一)

  丁未卜,爭,貞勿令卑以眔伐舌。 (26,典賓)

  辛酉卜,爭,貞勿呼以多𠂤伐舌方,弗其受㞢(有)又(祐)。

             (547,典賓)

  羽令以戈人伐舌方,㞢(翦)。十三月。 (Y564 正,典賓)

  □□卜,賓,貞令黹以多馬[衛(衛)]𤔔。(5712,賓三)

  令墉以多射衛(衛)示呼𠂤(代)。六月。(5746,賓三)

軍事刻辭中"以"(率領)的對象可以是某個人如"沚或",也可以是某些人,如"三百射""眔""多馬""多射"等。

5. "冓"作軍事動詞,意爲遭遇。"冓"的對象有:

  比富行來冓方,不獲。   (20447,自小字)

  ☐弗其冓羌。   (6600,賓一)

  貞甫弗其冓舌方。   (6196,典賓)

  癸巳卜,賓,貞多馬冓戎。   (5715,賓三)

6. "禦、戍、衛"作軍事動詞,意爲抵禦、防衛,卜辭中所見其涉及對象有:

丁卯卜,[㱿]☒人于☒禦小方☒七月。　　（20471,自小字）

丙寅卜,今出禦𢀛。　　　　　　　　　（20470,自小字）

□寅卜,賓,貞令多馬羌禦方。　　　　（6761,典賓）

"禦"的對象可見有"小方"、"𢀛方","戍、衛"的對象欠明瞭。

7. 追逐類動詞"及"所涉及"對象"有:

癸丑卜,王,貞戍其及方。　　　　　　（20457,自小字）

貞及龍方。　　　　　　　　　　　　　（6592,賓一）

甲戌卜,㱿,貞我馬及戎。　　　　　　（6943,賓一）

貞犬追亘㞢及。　　　　　　　　　　　（6946正,賓一）

癸丑卜,㱿,貞㚔及舌方。四月。　　　（Y566,典賓）

貞多犬及䝞、屶。　　　　　　　　　　（5663,典賓）

"及"之對象有"方、龍方、戎、亘、舌方、䝞、屶"等。

(二)丙類動詞含行軍義,其支配對象爲"目標",卜辭中有如下"目標":

貞呼往于河,不若。　　　　　　　　　（226正,典賓）

丁巳,㱿,貞呼自般往于屶。

今日往于墉。　　　　　　　　　　　　（B1246,典賓）

癸亥卜,賓,貞令睪[往于]京。　　　　（5715,賓三）

丙戌卜,韋,貞勿令𢀛往于龟。　　　　（6033正,典賓）

呼[雀]往于皀。　　　　　　　　　　 （6460反,賓一）

貞王往于柚京。　　　　　　　　　　　（6477正,典賓）

乙亥卜,爭,貞王往于臺(敦)。　　　　（6647正,賓一）

戊午卜,賓,貞呼雀往于鬱。　　　　　（6946正,賓一）

方其來于沚。　　　　　　　　　　　　（6728,典賓）

乙亥卜,貞令多馬亞㲽耤㱿,省陝向,至于倉侯,从鬵川,比

第八章　句子所涉語義角色 | 503

　　㱿侯。　　　　　　　　　　　　　　　　　（5708 正,賓三）

　　［乙］丑卜,㱿,［貞］曰:舌［方］其至［于］㢄（原）［土］,
［其］㞢☒　　　　　　　　　　　　　　　　　（6129,典賓）

　　□□卜,㱿,貞舌方其至于臿。　　　　　　　　（6131 正,典賓）

　　貞王往出于㡭。　　　　　　　　　　　　　　（1110 正,典賓）

　　辛卯卜,貞［方］不出于唐。　　　　　　　　　（6716,自賓間）

　　壬午卜,□,貞曰:方出于𣜩。允其出。　　　　（6717,賓三）

　　庚子卜,賓,貞我涉于東兆。　　　　　　　　　（B2313,典賓）

　　貞叀𠂤令達,啟于并。　　　　　　　　　　　　（6055,賓三）

　　辛卯卜,賓,貞沚𢦔啟巴,王勿隹之比。　　　　（6461 正,賓一）

經統計,丙類動詞所涉及"目標"有上述一些地名,即"河、㟄、埔、京、
㐭、帛、柚京、辜、鬱、沚、㢄（原）土、臿、㡭、唐、𣜩、東兆、并、巴"等。研
究這些行軍類動詞所涉及地名有助於考察當時戰爭所經過的地方,
對於軍事研究和歷史研究具有重要意義。

六　時間:動作行爲發生或經歷的時間

　　陳平説:"就最典型的事物而言,它們一般都佔據一定的空間,
隨具體事物類型的不同而表現出大小、多少、高低、厚薄、聚散、離合
等等特徵。行爲動作則與此不同。它們最顯著的特點表現在時間方
面。"他進而指出,名詞的語法特徵往往跟空間特徵有關,動詞的語
法特徵往往跟時間特徵有關[①]。儘管陳先生是從動詞語法意義中蘊
含的時間性角度講的,但對於我們考察軍事刻辭中動詞的"時間"語
義角色,也是有啟發意義的,況且考察這些動詞的"時間",有利於進
一步研究商代戰爭的發生和發展過程。

　　反映時間的月份一般是補記於卜辭後面的兆辭或序數之前,如

---

① 陳平:《論現代漢語時間系統的三元結構》,《中國語文》1988 年第 6 期。

"癸酉卜,賓,貞王伐舌方,受虫又。六月"(W953)。偶有置於命辭中作狀語。如:

　　己亥卜,叀四月令象步[伐]𡇒。　　(6563＝B1260,自賓間)
　　☐今五月呼衆人[步]☐　　　　　　(37,典賓)
　　貞叀今十月令𠦪。　　　　　　　(4037,典賓)

有的卜辭有三個"時間",一是前辭的干支,二是命辭的時間狀語,三是補記的月份。如:

　　辛巳卜,叀生九月伐方。八月。　　(W1641,歷一)

非王卜辭的文例很有特點,其時間也與王卜辭存有差異。如:

　　乙未,余卜,于九月又史。　　　　(21586,子組)

以武丁時期有月份的軍事活動爲例,試考察軍事活動與月份的關係。先看統計表。

月份	事　件	事件數	備　注
一	令射𠊳衞(衞)(12/13)	17	
	𠊳于穆衞(衞)(7563)		
	令木衞(衞)(7569 正)		
	令多射(5732/5747)		
	伐舌方(540/6275)		
	舌方出(6091)		
	缶不我讐旅(1027 正)		
	缶其來見王(1027 正)		
	或其獲㞢土方(6452)		
	伐馬方(6664 正)		
	令𠂤(参)(557)		
	告方(6673)		

月份	事　　件	事件數	備　注
一	方出（6711）	17	
	見方（799）		
	視方（6742）		
	方其㞢（20419/20428/21021+）		21021 係同版①
	戔衘（6896）		
	㞢戎（6906）		
	戔疋（6976 乙）		
	戔羴（7002）		
	走䚦罙䑒（7056）		
	王収人（7278）		
	燅人（7330/9824）		同版
	敖□戔（7681）		
	𦥑疋化叟（10171 正）		同版
	辜佣（20510）		
二	令多射（46 正/5733）	16	
	□戔或（6375）		
	𢦏或（5983）		同版
	或戔𢦏方（6566 正）		
	或不其戔（7705/7712）		
	令多糸比望乘伐下危（6525 正）		
	羌弗戔朕史（6599）		
	□方允其 1043（6675）		

---

① 所謂"同版"，是指事情與月份並非同一條卜辭，而是見於同版。

月份	事　件	事件數	備　注
二	伐🞎(6854)	16	
	王羍缶于罸(6863)		
	馘(虜)缶(20385 反)		
	☐戎羞(6997)		
	令🞎取🞎(7022)		
	[來]嬉自東(7089)		
	☐其羍(7664)		
	令雀即雀(20171)		
	呼戈比迺(20171)		
	自不余其見(20391)		
	方其딮(20411)		
	딮方(20444)		
	方至(20481)		同版
	羍徣(20510)		
三	立其喪衆人(51)	11	
	雀𢆶祭(1051 正)		
	雀☐𢆶(4170)		
	呼鳴比或史𥃩(1110 正)		
	令或來歸(4268)		
	或𢆶姘*方(W364)		
	或弗其𢆶(7702)		
	更婦好呼刊伐(2631)		
	羍其出害(4083 正)		
	王收人五千正土方(6409)		

月份	事件	事件數	備注
三	王比望乘伐下危(6496)	11	
	余伐不(6834 正)		
	辜缶(6867)		同版
	呼取馬于𪚔(8797 正)		
	靘方(20200)		
	弗及方(20456)		
	追方(20460)		
	不見方(20491)		
	比方(20494)		
四	□亡戎(4097 正)	13	
	令自□朕黍刊(4243)		
	屶其凸田(4569 正)		
	舌方興(6354 正)		
	𣪘及舌方(Y566)		
	告土方于上甲(6385 正)		
	[王]比沚[或]伐土方(6420)		
	中自娜(5807)		
	比沚或□(7508)		
	乍兹邑田(7859 正/7860/7854 正)		7854 正係同版
	來嫭(Y635 正)		
	令豢步[伐]𡇯(6563)		
	子商戈基方(6570/6572)		6572 係同版
	方其大出(6689)		
	□方呈于呂(6778 正)		同版
	𤔲(璞)周(6823)		
	戈[周](20508)		

月份	事　件	事件數	備　注
五	収眾人呼从愛, 堪＊王事 (22)	19	
	呼眾人［步］(37)		
	伐舌方 (613/6233 正)		613 的月份係殘辭, 據合集釋文和校釋總集補出"五月"
	土方显于我東啚,［"弋"］二邑。舌方亦侵我西啚田。(6057 正)		同版
	舌方出 (6087 正/6096 正/Y543)		
	☑舌☑ (B1784/8565)		
	☑舌方 (8519/8544/8545)		
	☑［舌］方 (Y553)		
	沚戓再册, 王比伐土方 (6401)		
	王収人呼婦好伐土方 (6412)		
	鼒戎 (Y593)		
	炽射 (5760 正)		
	涉自 (5812)		
	沚戓啟巴 (6461 正)		
	王比沚戓 (Y663/7457)		
	子商其敢基方缶 (6571 正)		
	子商衝癸羣 (6571 正)		
	井方匄射 (6647 正)		
	方其大出 (6692)		
	方不來 (6730)		
	☑方畀我☑ (6770 正)		

第八章　句子所涉語義角色 | 509

月份	事　件	事件數	備　注
五	邲(禦)□方(6801)	19	
	方其受又(8644)		
	方方其显(20412)		
	璞周(6812 正/6821/6822)		6822 係同版
	辜㝱(6846)		
	冊[弗]䇂雀(6971)		
	㪙[人](7316)		
	危方亡其田(8492)		
	鬼方易亡田(8591/8592)		
	伐圥(20400)		
	馬方☒(20407)		
	伐旅婦(20505)		
六	方显于蚁,俘人[十㞢]五人;五日戊申,方亦征,俘人十㞢六人。(137 反+)	23	
	視方(6740 正)		
	方显(20421)		
	獲羌(183)		同版
	令𢀛保甫(6)		
	比甗王(6)		
	令眾人(6)		
	比侯告(3340)		
	令沚𢦏歸(3948)		
	沚𢦏再冊(7380 正/7382 正)		
	㫗勿立史(4065)		同版

月份	事　件	事件數	備　注
六	㞢立事于琮侯(5505)	23	
	収衆人立大史(D124)		
	立三大史(5506)		
	㞢往(4070正/4071)		同版
	呼或往必沚(4284)		
	王伐舌方(W952/W953/6204正)		
	王☑舌方(8567)		
	令亯以多射衞(衛)示呼 3274(5746)		
	令䍩盖射(5772)		
	肇馬左、又、中人三百(5825)		
	正夷(6460正)		
	正人(Y616)		
	正猶(6928正)		
	正沚(6993)		
	繉亡[災]/繉其又㞢災(8596)		
	令㠯以王族比[凬]罙,堪*王事(14912)		
	☑乍王亘于西(14912)		
	令雀㞢侯(20509)		
七	令㞢取黄丁人(22)	22	
	令羽、墉以黄執𠂤(553)		
	王徝土方(559正)		同版
	卒𠂤(579)		
	令倉侯(6)		

月份	事件	事件數	備注
七	令比沚馘(3952正)	22	
	勿辥沚馘(3956正)		
	舌方显于我奠、豐(6068正)		
	告舌[方]于唐(D244正)		
	舌方衛(衛)(6347)		
	或肏伐[舌]方(6379正)		
	甾正化堪*王事(5440正)		
	令羽眾鳴以束尹比甫罜堪*事(5452)		
	夾令大史(5634)		
	収人伐土[方](6414)		同版
	[显]羌(Y595)		
	出羌中獲显(6606)		
	執肏(Y608/Y609)		
	白舃其啟(3418)		
	叀甫呼令沚巷(害)羌方(6623)		
	方其大出(6702/6768正)		
	方不至于卅(8626)		
	方至(20412)		
	亙戎不我嵌(6943)		
	辜邑(7070)		
	來婞自西(7097)		
	皀(次)于曾(7354)		
	卬(嚮)小方(20471)		
	呼芇求小方(20472)		
	小方不显(20476)		
	大方不其來显(20475)		

月份	事　件	事件數	備注
八	沚戓其乍丰(3954 正)	14	
	[沚]戓[再]册(7394 正)		
	沚戓啟(7440 正)		
	達㠯(6047/6050/6056)		
	令周从永止(5618)		
	勾舌方(6156 正)		
	□多射比(5744)		
	方□(Y629)		
	方其眹□屯(6676)		
	勿令方歸(6702/6769 正)		
	令鳴罙方(6768 正)		
	方其至(20479)		
	方不至(20480)		
	宣𢼄獛(6939)		
	亘允其𢼄鼓(6945)		
	令㠯伐東土(7084)		
	余于龐𤉲(次)(7358)		
	王自比望乘(7529/7530)		
	不眹屯(7646)		
	小方其屯(20473/20474/20475)		
	伐歸(T4516)		

月份	事　　件	事件數	備　注
九	乎獲羌(190 正)	13	
	勿□沚䣇(3961 正)		
	王勿隹沚䣇比(7490 正/7493)		
	令望乘先歸(4002/7488)		
	叀望乘比(7545)		
	𢎤往先(4068)		同版
	令多馬亞侃蕁䍩,省陝𠦪,至于倉侯,从鬵川,比𠦪侯。(5708 正)		
	方其大出(6696)		
	伐方(W1641)		
	方不至(6732)		
	視戎 (6431)		
	□伐下危□(6521)		同版
	ᨒ舌方(Y78 正)		
	呼雀𢎥戎𢦏(6946 正)		
	取讎(7063)		
	來嬉自西(7427 反)		同版
	王□于大方□䇂(20468 正)		
十	乎獲羌(191)	25	同版
	隹我𡙕不正(644)		
	令𢎤(4037)		
	永□舌方(L43 正)		
	[舌]方[弗]允[ᨒ]或(6371/6372)		
	舌[方其]亦出(6117)		

月份	事　　件	事件數	備　注
十	或罙伐吾方（Y1179正）	25	
	沚或化亡囚（5439正）		
	叀羽呼小多馬羌臣（5717正）		
	□爰□敖侯□（W360）		
	□方□囚□（B1919）		
	來嬉（7137）		
	正出目幸陟（5828）		
	勿齔彳（5909）		
	令竹取官（20230）		
	大甲呼王羣衒（Y613）		
	［呼］馘［戎］（Y694正）		
	王遣立（24412/Y1948）		
	戉戈方（6650正）		同版
	方其皿于商（6677）		
	方其出（6700）		
	方出（6719）		同版
	方弗戉（6773）		
	方□（8689）		同版
	方皿（20422）		同版
	方□（20495）		
	我獲㞢（6909）		
	伐畏（6960）		
	雀往皿豖（6979）		
	戉望（6984）		

月份	事　　件	事件數	備　註
十	令敢比我再[册](7418)	25	
	勿比望[乘伐下危](7547)		
	今十月㞢(7714)		
	☐方亡保(8670)		
	☐方弗☐(8691)		
	令㳄省在南㐭(9638)		
	辜徆(20511/T4516)		
十一	我[㞢]☐(Y699)	25	
	𠂤征化亡囧(151 正)		
	自𦥑㞢來嬉(557)		
	令𦥑(Y834)		
	𢼸光其㞢來嬉(583 反)		
	㳄省才☐☐(4010)		
	☐㳄(4028)		
	自亡囧(4249)		
	舌方其亦㞢(6073)		
	舌[方]出(6095)		
	舌方其辜戠(Y571)		
	我受舌方又(8502)		同版
	舌方☐(8574)		同版
	呼☐舌戎(9715)		同版
	辜缶(W1640)		
	王比[望]乘伐危(6413/6487)		
	敖以射先☐(5767)		

月份	事　　件	事件數	備注
十一	㞢方其禹(6532正)	25	
	我[𢦔]☑(Y699)		
	令望乘眔𩦔達象方(6667)		
	方出(6717)		
	方辛視[何](6786)		
	我勿戎衜(6890)		
	☑𢦔辛(7034)		
	令□取宁(7062)		
	収人(7279)		
	立中(7364)		
	舟禹册(7415正)		
	戠啟(7443)		同版
	☑我辛(7662)		
	[我]弗其𢦔(7676)		
	☑其𢦔(7718)		
	弗𢦔(7723)		
	令入戈人(8398正)		同版
	我弗其受土方[又](8484正)		
	禹(罙)令⿰、枼(10048)		
十二	得四羌(519)	21	
	朕钊羌(525)		同版
	獲羌(178/208)		
	罩往亡[災](4073)		
	☑罩☑在[盧](7908正)		

月份	事　　件	事件數	備注
十二	令㠯求奠(5711)	21	
	勿令歸(5732)		
	㞢气步伐舌方(6292)		
	㞢舌方(6333)		
	王[伐]土方(6430)		
	立事[于南](5512 正)		
	自于㠯自(次)(5813)		
	戎衛(6889/6891)		
	羣衛(Y614)		
	㞢卼(33082/33084)		
	羣卼(33083)		
	王自往1840(6664 正)		
	冊弗㞢周(6825)		
	㞢䍃(6830)		
	羣䍃(20530)		
	呼雀衛伐亘(6948 正)		
	雀□𩰴[受]年(7049)		
	□正于□婦(7050)		
	來婦自東(7090)		
	不大出(7208)		同版
	□正□(7651)		同版
	或㞢(7689)		同版
	大方[允]出(10223)		
	方不其㞢(20426)		
	㞢戎(20449)		
	王羣徝(20516)		

月份	事　件	事件數	備　注
十三	戈缶(21897)	十四	
	[弗]其[受]舌[方]又(8516)		
	伐舌方(Y564/B1845)		
	舌方戈四邑(6063 正)		
	方不大出(6704 正)		
	戈戋方(6649 正甲)		
	戈羌龍(6631)		
	禦羌(6612)		
	□[令]亩□先以[侯]步□(33082)		
	王伐𦎜方(6550/6543)		同版
	王伐𦎜方(6543)		
	戈□(W365)		
	辛由來歸(4078)		
	令入│□自般(428)		
	戩允其來(3979 正)		
	婦好不其來(D353)		
	徝方(846/847)		
	呼[羽]□徝𧊒[逸]𠬝(120)		
十四	缶(21897①)	1	

上表所統計的"事件數",是指每個月份中所從事事件的數量,因爲有的事件可以看作同一次活動,而有的事件可能不是同一次活

---

① 本版屬於非王卜辭,其中有"十四月"的一條僅有"缶"字,同版另有"雀受又"、"戈缶"。因"雀"是武丁時期地位非常顯赫的軍事人物(詳參本書第三章),故亦將本版列爲軍事刻辭。

動,還有的事件無法清楚它們是否是同一次活動,所以,表中的"事件數"只是一個可供參考的值,儘管如此,這些大致的數據也能反映出一些軍事活動在一年中的時令傾向。從反映時令來看,一年十二個月(閏月有十三月,甚至還有十四月)都有軍事活動,但頻發於兩個時期:一是最多地集中於歲末,即表中所見的十至十二月,十三、十四月是閏年才有,但其發生軍事活動的"事件數"也相對較高,二是較多地發生於歲中,即五至七月①。

關於軍事活動的時令,卜辭反映與典籍有出入。《禮記·月令》:"孟春之月……不可以稱兵,稱兵必天殃。""仲夏之月……不可以起兵動衆。""孟秋之月……天子乃命將帥,選士,厲兵,簡練桀俊,專任有功,以征不義,詰誅暴慢,以明好惡,順彼遠方。"這種禮經所載,應該是一種理想的規章制度,試想,如有敵人入侵,朝廷還能坐視不管?尤其是"禮崩樂壞"的春秋以後,興師動衆還能如此從容嗎?

甲骨刻辭中除了月份標識時間之外,記日的干支也是非常重要的,卜辭中干支的位置有兩處:一是前辭,二是命辭。前辭的干支反映占卜的時間,命辭的干支反映行爲可能發生的時間。因此,如果軍事卜辭中命辭部分有干支,考察軍事行爲的時間以此爲準,如果命辭部分沒有干支,考察軍事行爲以前辭爲準。以下就以"伐舌方"和"伐下危"爲例,考察其在干支上反映出來的傾向。

---

① 學界一般認爲商代只有春、秋兩季,詳參陳夢家:《殷虛卜辭綜述》第227頁,中華書局,1988年;常玉芝:《殷商曆法研究》第366-369頁,吉林文史出版社,1998年。常玉芝將商夏二代的曆月關係作了如下簡表:

	春					秋				
殷曆	10	11	12	1	2	3	4	5	6	7	8	9
夏曆	2	3	4	5	6	7	8	9	10	11	12	1

需注意的是,上表未反映閏月情況。

經統計,"伐舌方"共有卜辭二百二十九條,其中六十五條有干支,其干支情況如下:

干支	甲子	乙丑	丙寅	丁卯	戊辰	己巳	庚午	辛未	壬申	癸酉	合計
卜辭數	2				2	1		7		5	17
干支	甲戌	乙亥	丙子	丁丑	戊寅	己卯	庚辰	辛巳	壬午	癸未	
卜辭數				1							1
干支	甲申	乙酉	丙戌	丁亥	戊子	己丑	庚寅	辛卯	壬辰	癸巳	
卜辭數		3		1	2					3	9
干支	甲午	乙未	丙申	丁酉	戊戌	己亥	庚子	辛丑	壬寅	癸卯	
卜辭數	1					1		6			8
干支	甲辰	乙巳	丙午	丁未	戊申	己酉	庚戌	辛亥	壬子	癸丑	
卜辭數	1	4	4	5				4			18
干支	甲寅	乙卯	丙辰	丁巳	戊午	己未	庚申	辛酉	壬戌	癸亥	
卜辭數					1		5	5	1		12
合計	4	7	4	5	5	2	7	22	1	8	65

上表反映了"伐舌方"的卜辭中出現干支的情況是辛日最多,佔近34%,其次是癸日、庚日和乙日。

"伐下危"共有一百零一條卜辭,其中有干支的是四十二條,干支情況如下:

干支	甲子	乙丑	丙寅	丁卯	戊辰	己巳	庚午	辛未	壬申	癸酉	合計
卜辭數							1				1
干支	甲戌	乙亥	丙子	丁丑	戊寅	己卯	庚辰	辛巳	壬午	癸未	
卜辭數								5			5
干支	甲申	乙酉	丙戌	丁亥	戊子	己丑	庚寅	辛卯	壬辰	癸巳	
卜辭數			2								2

第八章　句子所涉語義角色　|　521

干支	甲午	乙未	丙申	丁酉	戊戌	己亥	庚子	辛丑	壬寅	癸卯	
卜辭數		1	1					5			7
干支	甲辰	乙巳	丙午	丁未	戊申	己酉	庚戌	辛亥	壬子	癸丑	
卜辭數						2			2		4
干支	甲寅	乙卯	丙辰	丁巳	戊午	己未	庚申	辛酉	壬戌	癸亥	
卜辭數		3		1		1	7	11			23
合計	0	4	3	1	0	3	8	21	0	2	42

上表反映了"伐下危"的卜辭中出現干支的情況是辛日最多,佔50%,其次是庚日和乙日,反映情況基本同"伐舌方"相合。應該說,這是一種比較明顯的擇日傾向,對於其中的原因,還有待於進一步研究。

七　空間:動作行爲發生的空間

一般地,軍事動作或行爲發生的空間就是戰爭的前綫和後方。甲骨軍事刻辭中體現軍事行爲空間的主要有三個:一是殷都安陽,即戰場後方——最高指揮者商王所在地,這部分内容在卜辭中一般較少;二是在戰爭前綫,大部分是方國所在地或商之邊邑;三是行軍所經之地或駐扎地。

(一)祭祀或册命地

軍事刻辭中與殷都安陽有關的"空間"内容主要體現在兩方面:一是戰爭前的告廟、册命將帥等儀節所處之"空間";二是戰爭結束後獻俘獻捷、反主等儀節所處之"空間"。辭例如下:

　　貞于甲令。
　　貞于乙門令。
　　貞于乙門令。
　　貞勿于乙門。

贞勿于乙門令。

今日往于墉。

贞犬征(延)其㞢工。

己巳卜,㱿,贞犬征(延)亡其工。六月。一　二　三　四

贞告于大示。

丁巳,㱿,贞呼自般往于兴。　　　　　　　（1246,典賓）

辛丑卜,貞𦎫以羌王于門尋。三　　　　　（261,典賓）

王于南門逆𢦔(羌)。　　　　　　　　　（32036,歷二）

王于宗門逆𢦔(羌)。一

　　　　　（32035+32037+32039+34129＝B10421,歷二）

上舉第一版卜辭反映的是戰爭命將地,後三例都反映的是戰爭凱旋時,商王迎俘於"門""南門""宗門"之事,因爲其他儀節多在宗廟舉行,卜辭一般沒有反映。下有兩條殘辭,可能也與冊命地有關:

☐令自般比☐在北再冊,入☐　　　　　　（7423,典賓）

丁卯卜,王令取勾𢦔𢆶𢀛。在祖丁宗[卜]。（T3764,歷二）

(二) 戰爭前綫

有的是戰場所在地。如:

癸未卜,賓,貞馬方其㞢在沚。

癸卯卜,賓,貞令墉𢆶在京奠。　　　　　　（6,賓三）

四日庚申亦㞢來娊自北,子嫐告曰:昔甲辰,方㞢于蚁,俘人十㞢五人。五日戊申,方亦㞢,俘人十㞢六人。六月在[臺]。

　　　　　　　　　　　　　　　　　　　（137反,典賓）

甲辰☐王,雀弗其獲,侯任。在方。　　　　（W434,自賓間）

☐得四羌☐在秉。十二月。　　　　　　　　（519,賓一）

王占曰:㞢求(咎),叙光其㞢來娊,气至。六日戊戌允㞢[來娊],㞢卯在㪇,𠦪在☐,其☐聲,亦焚高三。十一月。

　　　　　　　　　　　　　　　　　　　（583反,典賓）

辛卯卜,貞在窑,其先莽戎。
貞在㞢,王其先莽戎。五月。　　　　　（Y593,典賓）
貞在北史㞢獲羌。一
貞在北史亡其獲羌。一　　　　　　　（914 正,賓一）
辛未卜,爭,貞我𠳂獿,在罒。[一][二]三
　　　　　　　　　　　　　　　　　（3061 正,賓一）
貞勿囗伐囗方。在耶。二　　　　　　（5634,賓出）
丙戌卜,貞𠂤自在敖不水。　　　　　（5810,自賓間）
辛囗[卜],王,貞[我]𠳂[衒]在誖。囗月。（6898+,賓一）
貞雀亡囚在罒。二月。三　　　　　　（B6918,自賓間）
庚戌卜,亘,貞王呼取我夾在尻圅,若于𡊄。[王]占曰:
[吉],若。一 二 三 四 五 六 七 八 九　　（7075 正,典賓）
八日辛亥允𠳂伐二千六百五十六人,在夢。九月。
　　　　　　　　　　　　　　　　　（7771,賓一）

丁巳卜,令雀即雀,在罒。二月。一
戊午卜,呼戈比迿,在罒。二月。一　　（20171,自歷間）
戊寅卜,方至不。之日㞢曰:方在崔圅。（20485,自小字）
己未卜,隹𠭯方其克貝,弜,在南。
己未卜,貞多𠂤亡囚,在南土。　　　　（20576 正,自肥筆）
癸卯卜,賓,貞旬亡[囚]。囗方显于呂[叔]囗
　　　　　　　　　　　　　　　　　（6778 正,典賓）
丁卯卜,㱿,貞王辜缶于罒。　　　　　（6860,賓一）

有的則是徵集士卒所在地。如:

貞令在北工奴人。　　　　　　　　　（7294 正,典賓）
甲申卜,㱿,貞呼婦好先奴人于龐。　　（7283,賓一）

有的則是敵方來襲所到之地。如:

乙丑卜,㱿,貞曰:舌方其至于豖(原)土,其㞢☒ 三
(6128,典賓)

□□卜,㱿,貞舌方其至于甾。 (6131 正,典賓)

(三)行軍過地或駐地

如:

貞呼衛从⿴北。 (7566,典賓)

乙亥卜,貞令多馬亞㲋菁㪍,省陝🈳,至于倉侯,从䜌川,比
⿱侯。九月。一 (5708 正,賓出)

己未卜,㱿,貞我于雉𠂤(次)。一 二告 (7352 正,賓一)

王于龔[𠂤]。一

勿于龔𠂤。一 (7352 正,賓一)

癸巳卜,㱿,[貞]王勿𠂤于曾。三 (7353,典賓)

□卜,㱿,[貞]王勿于鼓𠂤。 (7355,典賓)

貞王往𠂤[于]𦰏(柚京)。 (7357 正,典賓)

貞余于龐𠂤。八月。 (7358,典賓)

綜上所述,卜辭中動作行爲發生"空間"的表現形式主要有三個:(1)用"于+處所"構成介賓短語置於動詞前作狀語或置於動詞後作補語;(2)用"才(在)+處所"構成介賓短語置於動詞前作狀語或置於動詞後作補語,或置於卜辭末,補充説明行爲發生地;(3)用"从+處所"構成介賓短語,在動詞前作狀語。

第九章

結　　論

經初步整理，商代軍事刻辭經綴合後有四千四百餘版。經過對這批刻辭中的主要戰爭、主要軍事人物、主要軍事組織、主要軍禮、軍事動詞、句子的句型和語義進行整理與研究，初步得到如下結論。

一　關於主要戰爭

戰爭自然會涉及到方國，因此，前人討論戰爭將方國問題一併納入。本書第二章第一節對陳夢家先生整理出的方國進行了討論，限於篇幅，未對其他先生整理的方國進行一一討論，只將整理的結果用表格反映出來。經我們系統清理，與商有過戰爭關係的周邊方國和地區達八十個：方、大方、小方、羌(兇)方、基方、戎、土方、馬方、吾方、亙、郭、羂、敖、姺方、旹方、󰀀方、󰀁、尸(夷)方、何方、刃方、祭方、叶、𦍙、𠕓、󰀂、峀、󰀃、䛐、𪤌(𡇈)、衒、羂、缶、巴(巴方)、龍(龍方)、󰀄方、𤲞、罜、諆、目、壹、𦏇、戈、桑、陟、𢧜、畏、扛、卣、井方、下危(危方)、兊方、周(周方)、丗方、弋方、𩜈、雁、象方、󰀅、我、鼓、󰀆、峡、甴、佣、歸、召方(邵方)、井方、旁方、󰀇、虘、北方、殷(殷方)、虘(叡)方、玆方、或、林方、盂方、蟬(󰀈)方、沚方、商、友。許多學者都將與這些方國的戰爭歸入某個時期，辭例少的可以這樣看，但有的戰爭反映的辭例數量幾十上百版，而且出現在不同的組類裏，因此，其跨越的時間也不能簡單定於某個時段,它可能長達幾十年,甚至可能上百年。

本書重點選擇了"方方"、"舌方"、"夷方"三個方國,就商與它們之間戰爭的辭例分佈、重大衝突可能延續的時間等進行了詳細考察,同時還討論了這些方國的地望問題。

二　關於主要軍事人物

前輩學者在文中有過一些涉及,但均未系統清理。經整理,主要軍事人物除"王"以外,還有兩類:(1)商王的臣屬,包括"䝅、豪、雀、委、㱃、畀、䐓、侯告、甾正化(甾)、旨、或、倉侯虎(倉侯)、甫、𦥑(𤔲)、沚䖏(伯䖏)、沚或、沚戈、伯或)、望乘、朱、光、兔、𢦏(犬𢦏)、羽、自般、強(弘、弓)、伋、鳴、韓(韋)、𩊙、𤝡、伯𩵋(𩵋)、伯紳(多紳)、枚伯、可伯惠、犬侯、犬㱃、辰(𧈪)、䍧、立、木、旃(𣃚、𣄪、㐰、𣃑)、崇侯、郭(墉)、𢀠、望𦭕、米(朮)、亶、次(伯次)、㚔、䝤伯𥲒、䝤任霰、易伯㚔、䍷、巽、𧊜、冊、雈侯、𠂤、聖、癸、侢、竹、矣、𢦏侯、攸(原)*侯喜、眔侯舌、𪄙侯發、疢、豖(原)、戈"等。此類人物有的是臣服于商的方族首領,如"甾正化(甾)、倉侯虎(倉侯)、沚䖏(伯䖏)、沚或、沚戈、伯或)、伯𩵋(𩵋)、伯紳(多紳)、枚伯、可伯惠、犬侯、或、亘"等;有的是商王身邊的近臣,如"小臣牆"等;有的是商王的家族成員,如"婦好、婦妌、子畫、子𩫖、子商、子汏"等;有的是商王派往戍邊的首領,如"戍征、戍木、戍永、戍𡴞、戍帶、戍肩、戍逐、戍何、戍辟、戍喜、戍侃(小臣侃)"等。(2)商的敵方首領,如"孟方伯炎、夷方䱇、侯任、𪄙侯、元伯殳、危癸(危方癸、危伯癸)"等。

本書重點討論了雀、自般、沚䖏、望乘、婦好五位有代表性的人物,對其事迹進行了分類整理,可以爲研究五位軍事人物提供重要的資料。

三　關於主要軍事組織

這個問題實際上討論的是"甲骨文反映出來的商代軍事組織"。甲骨文主要反映了"師""族""旅"三種軍事組織。

"師"的性質是常設軍,商王的常設軍可稱"王師",王自稱"我師",商王同姓貴族也有一定規模的常設軍,如"雀師""※師""㕣師"等。一般認爲,"師"是商代軍隊的一級編制,但至今我們還沒有充分的理由説明當時的"師"是一級編制,同時也沒有理由説明除"師"以外,還有别的編制等級。因此,我們認爲,"師"是指商代軍事組織的泛稱。

"族"的性質是非常設軍,其構成爲農時耕種、閑時訓練的族兵。因"族"的來源不同,故有"王族""子族""疒族""犬征(延)族"等名稱,多個不同的子族合稱"多子族"。"族"與"師"一樣,按"右中左"三隊編制,因此有"三族"之稱,除"三族"外,還有"五族"這樣的"基數詞+族",應該也是與其戰時編制有關。

"旅"不是一級軍事編制,也不是常設軍隊,它應該是農時勞作、閑時集中訓練、戰時徵集入伍的"民兵"。它屬於某一家族,作戰時可稱某族。我們認爲,討論"旅"的規模如同討論"師"的規模一樣沒有結果,我們仍應以原材料説話,不可以後世材料推測前代制度,不可以今律古。

四　關於主要軍禮

軍禮是《周禮》所載五禮之一,但遺憾的是,《儀禮》所載儀節獨缺軍禮。整理有關卜辭内容,意在發掘商代軍禮面貌。經前人研究和我們的努力,可以明確商代軍禮主要包含兩個方面:一是校閲禮,即通過田獵活動檢閲、選拔、訓練士兵,卜辭載有"立中、立事(建旗聚衆)""蒐田(訓練檢驗)"等儀節,蒐田行爲還涉及"蒐田活動前的告廟禮、遷廟禮、占卜""蒐田過程中祭天帝山川禮""蒐田結束後之獻捷禮、饗燕禮";二是戰爭禮,包括"類祭上帝""祭土神""告廟""命將""占卜""祭隨遷之廟主和社主""凱旋、反主、獻俘、祭祖禮"等。

五　關於行爲動詞

軍事刻辭與其他刻辭的顯著區別在於詞彙,由於甲骨刻辭本身內容的限制,其詞彙主要由名詞和動詞構成,而大量名詞都是專有名詞,如人名、地名、國族名等,動詞是句子的中心,是句法和語義的主要表現者,因此,我們對其動詞進行重點考察。結合前賢時彥的工作,本研究整理出與軍事行爲有關的動詞七十二個(其中單音詞六十三個,複音詞九個),動詞性固定詞組三個。

本書從三個角度考察這批詞彙:一是從字形、詞義角度,意在對前人的考釋成果作出考辨,對一些詞的字形發展情況,提出了我們的一些看法,如"𢦏""衛"等;二是從詞的群聚角度,意在考察這些軍事動詞之間的意義聯繫;三是借用"配價理論",考察這些軍事動詞的價數,意在從動詞與其聯繫的名詞結構(即"論元")的微妙關係中進一步描述動詞的性質。

六　關於軍事刻辭所用句型

本書首先以"望乘伐下危"、"沚馘伐土方"兩種個案所用句型進行了詳細排比,采用表格形式進行了逐一呈現。然後對命辭使用單句和複句句型進行了分別描寫。

1. 本書描寫了十八種單動詞句的句型,所有句型都是在這一句型上的轉換和衍生:

$$AV+S+AV+V+O+CO$$

姑且將這個成分完整的句型稱作"句位",如同語音學上的"音位"、語義學上的"義位"一樣,它是一個從各種有聯繫的元素上綜合概括出來的概念。甲骨軍事刻辭中的十八種句型都可以看作這個句位的"變體",所有句位變體都是該句位省略除謂語以外的其他成分而構成的句子。

從這個句位來看,其成分包括主語、謂語、賓語、狀語和補語,獨缺少定語。儘管甲骨文中定語是存在的,如"亡(大)雨"中的"大"、"(三十)牛"中的"三十",但典型的軍事刻辭未見。這五類句子成分除謂語外,其他幾類都可省略,充分説明句子中"謂語"(軍事刻辭中謂語均爲動詞充當)的中心地位和核心價值。

在描寫的十八種句型中,有十六類都是 SVO 語序,同金文、乃至先秦漢語以來的現代漢語的主流語序是一樣的,其中有兩類句型是 SOV(S 可以省略),其賓語提前是在"叀""隹"出現的情況下,因此可以稱這兩個詞爲"焦點標記"。

2. 本書描寫了單句中的十七種連謂句型。這些連謂句型中,主要是兩個動詞結構構成的連謂式,僅有一種句型是由三個動詞結構構成,十六種句型是 SVO 語序,一種句型是由"叀""隹"作標記的 SOV 語序。

3. 本書還描寫了三十六種常見兼語句型。兼語後是簡單謂語形式的兼語句十六種,前置兼語後是簡單謂語形式的兼語句四種,前置兼語後仍爲兼語式的兼語句一種,兼語後是雙賓語的兼語句一種,兼語後爲連謂式的兼語句十一種,前置兼語後爲連謂式的兼語句三種。

4. 主謂謂語句在軍事刻辭中有個別例子,如"犀以羌‖王于門尋"(261),反映了戰爭結束後的獻俘行爲,雖不是典型的軍事行爲刻辭,亦姑且置於此。

5. 複句句型主要是一層複句,有並列複句、順承複句、選擇複句、假設複句、因果複句、目的複句、按斷複句等類型,其中並列複句和假設複句最爲常見。

七　關於軍事刻辭所涉語義角色

軍事刻辭中的語義角色主要反映在七個方面：施事、受事、與事、原因、對象（目標）、時間、空間。

1. 施事：發出軍事動作或行爲的主體。軍事刻辭中動作的施事者一定是戰爭的主體，要麼是商王，要麼是商王派出的軍事首領，要麼是軍隊，要麼是敵方。施事者一般在軍事刻辭的句子中作主語，偶爾作賓語。

2. 受事：軍事動作或行爲的承受對象。有商一代，商是最大方國，一般是它對周圍小國發動戰争，因此受事者一般是周邊邦方。從語義上説，受事者作爲謂語動詞的支配和承受對象，它一般在句中作賓語，但有的受事者形式上卻作了介詞的賓語，構成介賓短語充當謂語的補語。

3. 與事：發出軍事動作或行爲的參與者。甲骨文中的"與事"從語義上説與"施事"的功能相近，也是軍事行爲的發出者，但從句法上要分析爲其標記詞"比"的賓語。

4. 原因：動作行爲的原因、來源或依據。軍事刻辭本身看不出戰争行爲的原因，因此，這裏所討論的原因並非軍事動詞反映動作行爲的原因，而是與軍事活動相關的祭祀行爲的原因。

5. 對象（目標）：謂語動作和行爲間接涉及的對象或要達到的目標。根據動詞的"及物性"和"控制度"，可將軍事刻辭中的動詞分成四類，其中第二類動詞"𤴔、叡、收、冒、肇、盍；注（駐）；同（興）；萑（雚）；以；冓、禦、戍、衛；及"的賓語是動作涉及的對象，第三類動詞"入、往、出、歸、來、至、步、涉、啟"的賓語是動作達到的目標。

6. 時間：動作行爲發生或經歷的時間。經全面整理"軍事事件"與"月份"情況，一年十二個月（有的年份有閏月十三月，極少還有十四月)都有軍事活動,但頻發於兩個時期:一是最多地集中於歲末,即表中所見的十至十二月,十三、十四月是閏年才有,但其發生軍事活動的"事件數"也相對較高;二是較多地發生於歲中,即五至七月。再從"伐舌方"和"伐下危"的干支來看,征伐行爲在日子的選擇上有較明顯的傾向,"伐舌方"行爲有卜辭二百二十九條,其中六十五條有干支,辛日最多,佔近34%,其次是癸日、庚日和乙日;"伐下危"行爲有卜辭一百零一條,其中四十二條有干支,辛日最多,佔50%,其次是庚日和乙日。

7. 空間:動作行爲發生的空間。一般地,軍事動作或行爲發生的空間就是戰爭的前綫和後方。甲骨軍事刻辭中體現軍事行爲空間的主要有三個:一是殷都安陽,即戰場後方——最高指揮者商王所在地,這部分內容在卜辭中一般較少;二是在戰爭前綫,大部分是方國所在地或商之邊邑;三是行軍所經之地或駐扎地。

我們儘可能全面系統地搜集殷墟甲骨軍事刻辭,並對其反映出來的戰爭面貌、軍事人物狀況、軍事組織情況、軍禮內容、動詞使用、句型結構和語義角色進行研究,但由於學力不夠,時間倉促,許多問題還有待於進一步深入。比如:

第一,軍事刻辭的分期分類排譜問題;

第二,戰爭涉及方國和地區的地望問題、戰爭路綫問題等;

第三,九十一位軍事人物中,有些人的身份問題還值得進一步研究;

第四,有些動詞的形義問題還需進一步確證。

這裏僅舉一些個別問題,尤其是本書雖初步整理出了"商與各方國和地區作戰情況表"和"主要軍事人物及其典型事迹表"等,但僅是將材料擺在那裏,還有待進一步深入研究。

在研究方法上,本研究在考古學、歷史學、語言學的研究背景下,借鑒了"甲骨分類斷代理論""微細斷代法""義素義場分析法""配價理論""結構主義語法""格語法""認知語法"等理論和方法,力圖解答我們面臨的問題。但在考古學、配價理論等方面的使用還做得不夠,有待於在以後的研究中繼續學習,不斷進步。

所引綴合成果出處表

引用片	綴合片	出處
B1787+9814		PJ114
B2178	+B2170	ZX383
存補 4.1.1	+7690	PJ140
L171（B1991）	+4326-18032-7015	PJ258
W1640（B6625）	+32782	周忠兵歷組新綴 6①
Y564 正（39868）	+Y569（39878）+5785	張宇衛綴 16②
32 正+乙補 1653	+乙補 6022	ZG33
53	+4673+22482+7024+19193+山東 226+善 2.71.15 倒	甲骨舊綴之新加綴 6③
137 反	+16890 反+7990 反	蕭良瓊綴,《綴集》P47 輯
174-175		ZJ333＝B1965 甲乙

---

① 周忠兵:《歷組卜辭新綴十一例》第 6 組,中國社科院先秦史網（http://www.xianqin.org/blog/archives/497.html#_ftn1）,2008 年 12 月 26 日。

② Y564 正+Y569＝ZJ108＝B1845。張宇衛:《甲骨綴合第十三~十七則》,中國社科院先秦史網（http://www.xianqin.org/blog/archives/2536.html#_ftn1_1791）,2011 年 12 月 21 日。

③ 蔣玉斌:《甲骨舊綴之新加綴》第 6 組,中國社科院先秦史網（http://www.xianqin.org/blog/archives/4887.html）,2014 年 12 月 25 日。

引用片	綴合片	出處
178	+7700	PJ99
186-B6		ZX507
248 正	+乙補 2089+乙補 5853	ZG326
409+14911		Q299
506 正	+乙 1990	ZG31
522 反 + 7150 反 +B5501		PS609①
540-(545+Y554)		ZJ304＝B1805 甲乙
543	+人 B720	ZJ133＝B1766
548	+9539	PJ262
562 正	+7715 正	PJ138
584 正甲	+ 9498 正 + 7143 正 + D571b +B5597	PJ295
586	+4240	ZJ17＝B1966
613+Y557		ZJ4＝B1828
767 反+938 反		《綴續》P7 輯
847+10104		PJ68
849-850		B58
947 正	+1726	ZG158
1027 正	+乙補 4919	ZG350
1040	乙補 5134 倒+乙補 5131	ZG267
1111 正+Y730		PJ70

---

① 522 反+7150 反＝PJ303，爲李愛輝綴，劉影加綴 B5501。

引用片	綴合片	出處
7292+2649 正		蔡哲茂《合集》新綴 16①
2770 + 8991 正 + Y163（39663）		ZJ7
3709+B971-7530		Q298②
3951（7491）+ 10088+USB49		ZX426
3963 正+存補 4.2.1		Q110
3971 正 + 7996 + 10863 正+B988	+3992+13360+16457+17344 +B3275 正+乙 6076+乙 7952	ZG150
4144-李光前文物館 9		蔣玉斌甲骨新綴 35 組之 21③
4162+11839		PJ74
4174 正甲	+乙 6064 + 乙 6099 + 乙補 4291+乙補 4499+乙補 4580+乙補 6726	漢達文庫
4209	+B749	ZX362
4387	+4394+SG199	蔣玉斌《史購》新綴 5④

---

① 蔡哲茂:《〈甲骨文合集〉新綴第十六則》,中國社科院先秦史網（http://www.xianqin.org/blog/archives/1809.html）,2009 年 11 月 24 日 。
② B971-7530 爲張宇衛遥綴,林宏明加綴 3709。
③ 蔣玉斌:《甲骨新綴 35 組（更新第 30 組）》第 21 組,中國社科院先秦史網（http://www.xianqin.org/blog/archives/2576.html,2012 年 02 月 22 日 。
④ 4387+4394 = ZJ287,《合補》誤爲遥綴。蔡哲茂指出與 23439、24412、41023（Y1948）、41057（Y312）同文（《綴集》P417）。蔣玉斌加綴《史購》199,參蔣玉斌:《〈史購〉新綴第五~六組》第 5 組,中國社科院先秦史網（http://www.xianqin.org/blog/archives/2218.html）,2010 年 12 月 22 日 。

引用片	綴合片	出處
5008+6898		PJ79
5080	+9572+16399+17331+17464	PX459①
5450	+5453	ZJ219＝B4152
5468+Y1276 正		ZJ74＝B531
5510 正-7059		B1699 正甲乙
5541+7520		ZJ192＝B2096
5618+19561	+16185	ZJ173＝B532 甲乙
5758（＞8855）	+19486	崎川隆綴 4②
5776 正	+乙補 4161+乙補 4191+乙補 4180+乙補 4143+乙補 4232+乙補 4192	ZG58
5828	+39938	《拼三》P438 輯
6059+7152+續存上 975		Q152③
6062	+B6438	Q61
6063 正 + D388a 上右		B1760 正
6063 反 + D388b 上左		B1760 反
6065	+8236	ZJ135＝B1767
6067	+7866 正	ZJ140＝B01819 正

① 5080+9572+17331＝Q84。
② 崎川隆:《賓組甲骨新綴五組》,中國社科院先秦史網（http：//www.xianqin.org/blog/archives/1685.html）,2009 年 10 月 9 日；又收入崎川隆:《賓組甲骨文分類研究》附錄 6,上海人民出版社,2011 年。
③ 6059+7152＝PJ123,爲劉影所綴。

引用片	綴合片	出處
6073	+18596	《拼三》P468 輯
6079	+5536	ZJ60＝B1830
6082	+7326 正	Q64
6085	+5636	ZJ175＝B1807
6087 正	－6402 正+16473+存補 5.141.2	ZJ285①
6093 正	+京人 878a+京人 898	Q300
6101+8547		ZJ307
6104+6105(B1777)		ZJ240＝B1770
6116+6120 正		ZJ39＝B1829
6119+存補 5.146.3		張宇衛綴 5②
6129	+17317	PX563
6130 正	+18377 正	B1803
6131 正－17360 正－(6132+17362)		ZJ13＝B1847 甲乙丙
6137+6147		ZJ224＝B1789
6143 正	+Y1352 正	PJ315
6144	+12642	ZJ78
6148+B1976		張宇衛綴 15③

① 6087 正－6402 正＝B1852 正甲乙。
② 張宇衛:《甲骨綴合第五、六則》,中國社科院先秦史網(http://www.xianqin.org/blog/archives/2513.html),2011 年 12 月 2 日。
③ 張宇衛:《甲骨綴合第十三～十七則》,中國社科院先秦史網(http://www.xianqin.org/blog/archives/2536.html),2011 年 12 月 21 日。

引用片	綴合片	出處
6149（<B1846）	+1224	蔡哲茂《合集》新綴 13①
6157+7318+SG40		Q89
6158	+3664+13536 正	PJ126
6163 正	+B1360 反	蔣玉斌新綴 22②
6163 反	+B1360 正+山東 1177	
6164+8524+SG52		Q83
6166+7405 正		PJ104
6172	+7299	PJ98
6173	−B562	蔡哲茂《合集》新綴 8③
6176	+19693+7219	PJ105④
6181 正	虛 1549	林宏明新綴 447⑤
6185+B2873		PX576
6189	+2988	ZJ160＝B1781
6190（B3931 乙）	−美 52（B3931 甲）	ZJ328
6191 正	−（2987+13305）	ZJ67＝B3932 正甲乙

---

① 蔡哲茂：《〈甲骨文合集〉新綴第十二、十三則》，中國社科院先秦史網（http://www.xianqin.org/blog/archives/1772.html），2009 年 11 月 11 日。

② 6163 正反+B1360 反正＝ZX367，蔣玉斌在《綴續》367 基礎上又加綴了《山東》1177。參蔣玉斌：《甲骨新綴 35 組（更新第 30 組）》第 22 組，中國社科院先秦史網（http://www.xianqin.org/blog/archives/2576.html），2012 年 02 月 22 日。

③ 蔡哲茂：《〈甲骨文合集〉新綴第六至八則》，中國社科院先秦史網（http://www.xianqin.org/blog/archives/1683.html），2009 年 10 月 9 日。

④ 6176+19693＝ZJ233＝B1773。

⑤ 林宏明：《甲骨新綴 447、448 例》，中國社科院先秦史網（http://www.xianqin.org/blog/archives/3587.html），2014 年 01 月 16 日。本版與 6182 正反對貞。

引用片	綴合片	出處
（6195+存補5.140.2=ZX531）+6268		章秀霞新綴一例①
6198-Y555（39856）		ZJ331=B1853甲乙
6200+山本竟山舊藏拓14		ZJ107
6203	+B4565	PJ276
6209	+7260	ZJ28=B522
6217+17726+B759正		PJ107
6221+8562		PJ112
6222正+B1859正+B2119正		ZX366
6226（B1800+B5978）+7815		ZJ169
6232	+870正	ZJ21=B3128正
6238+6262		蔡哲茂《合集》新綴5②
6242正+6267		崎川隆賓組新綴3③
6244+8571+1276		Q8
6249	+B4507	PJ116
6258+6282		PJ289

---

① 章秀霞:《甲骨試綴一例》,中國社科院先秦史網（http://www.xianqin.org/blog/archives/1724.html）,2009年10月24日。

② 蔡哲茂:《〈甲骨文合集〉新綴第五則》,中國社科院先秦史網（http://www.xianqin.org/blog/archives/1680.html）,2009年09月29日。

③ 崎川隆:《賓組甲骨新綴五組》,中國社科院先秦史網（http://www.xianqin.org/blog/archives/1685.html）,2009年10月9日;又收入崎川隆:《賓組甲骨文分類研究》附錄6,上海人民出版社,2011年。

引用片	綴合片	出處
6266	+16281	PJ288
6270 正	+京人 1139	張宇衛綴 93①
(6279+11918＝Q251)+11891 正		PJ113
(6286+625＝ZX473)+JY118		PJ132
6307	+瑞典 13+39911	ZX378②
6308(B1801)+6371		Q288
6310+6370(B1977)+B1860		Q289
6331	+15770	PS797
6345+8026		PX569
6369+Y570		李發典賓綴合一則③
6390	+D287	蔡哲茂《合集》新綴 11④
6392	+3527	ZJ180＝B1879
6393+6396		ZJ271＝B1867
6399(B1875 正)+6430		ZJ109＝B1864

① 張宇衛:《甲骨綴合第九十三則》,中國社科院先秦史網(http://www.xianqin.org/blog/archives/2875.html),2012 年 12 月 31 日。
② 6307+瑞典 13＝ZJ361。
③ 李發:《典賓類綴合一則》,中國社科院先秦史網(http://www.xianqin.org/blog/archives/2040.html),2010 年 09 月 1 日。
④ 蔡哲茂:《〈甲骨文合集〉新綴第十一則》,中國社科院先秦史網(http://www.xianqin.org/blog/archives/1715.html),2009 年 10 月 20 日。

引用片	綴合片	出處
6404 正＋東文庫 284		蔣玉斌《合集》綴合拾遺 61①
6405 正	＋W357 正	PS801
6407 下半（前 6.61.5）＋7228		＝ZX487
6420	＋善齋 7.31.8（B2077）	ZJ299
6435＋Y582		ZJ182＝B1870
6459	＋6465	ZJ29＝B332
6468	＋1005＋乙 8121＋乙補 6357＋乙補 6446＋乙補 6447＝R44405	漢達文庫
6471	＋乙補 1729	張宇衛綴 73②
6477 正	＋1850 正＋3158＋乙 1191＋乙 6864	漢達文庫
6481	＋7502	Q17
6491	＋上博 2426.406	張宇衛綴 23③
6495	＋11525	Q27
6501＋6914	＋B5356	PJ280

---

① 蔣玉斌:《〈甲骨文合集〉綴合拾遺（第六十一～六十五組 第二組補綴）》第 61 組，中國社科院先秦史網（http://www.xianqin.org/blog/archives/2046.html#_ftnref2_8435），2010 年 09 月 3 日。

② 張宇衛:《甲骨綴合第七二～七四則》第 73 則，中國社科院先秦史網（http://www.xianqin.org/blog/archives/2657.html），2012 年 04 月 23 日。

③ 李愛輝曾將《合補》5529 與《合集》6491 相拼，並收入《拼集》278，後張宇衛將《合集》6491 與《上博》2426.406 相拼，從契口密合程度看，後者似更佳。參張宇衛:《甲骨綴合第二十一～二三則》，中國社科院先秦史網（http://www.xianqin.org/blog/archives/2545.html），2012 年 01 月 5 日。

引用片	綴合片	出處
6502	+16278	PJ272
6507+6511		ZJ22=B1885
6508	+6510①+18917	PJ54
6517	+7532	Q18
6518+6519		ZJ2=B1884
6525 正+7861	+5129②	張宇衛綴18③
6527 正-6529 -7537		PJ55
6530 正	+乙5426+乙補4256	ZG343
6552 正	+3287(39699)	PJ82
6553	Y669(39706)+7543	Q301④
6554	+Y667+7549	Q302
6566 正	+簠文28	《綴續》P17輯
6601+7029		PX357
6653 正	+乙2311	《綴續》P17輯
6657 正	+乙補1148+乙補1149+乙補1152+乙補2006+乙補3133+乙補6215+乙補6332	漢達文庫
6690	+(16438+16478=ZJ113=B4615)	PJ148
6697	+11535	B1895
6702	+6769 正+15222	ZJ23=B1904 正

---

① 6508+6510=ZJ194=B2022。
② 7861+5129=ZJ73。
③ 張宇衛:《甲骨綴合第十八~十九則》第18則,中國社科院先秦史網(http://www.xianqin.org/blog/archives/2538.html),2011年12月24日。
④ 6553+Y669(39706)=PX425,王子楊綴。

引用片	綴合片	出處
6703+Y623（39906）		蔣玉斌《合集》綴合拾遺85①
6715+6716		PJ287
6751	+3321	李愛輝拼合256②
6768 正	+15221	ZJ163=B1901 正
6769 正	+6702+15222	ZJ23=B1904 正
6780	+8612	B2280
6815	+3251	Q14
6820 正+洹101	+5451+17466	PJ45;《洹寶齋所藏甲骨》新綴一則補綴③
6892 正	−6893	PJ80
6995−6996		ZJ326=B2187 甲乙
7009−［7010（D122）+14701］		ZJ106=B1985 甲乙
7015	−18032	PJ181
7024	+53+4673+22482+19193+山東226+善2.71.15 倒	蔣玉斌舊綴之新加綴6④

① 蔣玉斌:《〈甲骨文合集〉綴合拾遺(第八十五、八十六組)》第85組,中國社科院先秦史網(http://www.xianqin.org/blog/archives/2128.html),2010年11月15日。

② 李愛輝:《甲骨拼合第256則》,中國社科院先秦史網(http://www.xianqin.org/blog/archives/3874.html),2014年04月11日。

③ 此組綴合,由黃天樹與蔡哲茂兩位先生各自獨立完成。參《拼集》45,並參蔡哲茂:《〈洹寶齋所藏甲骨〉新綴一則補綴》,中國社科院先秦史網(http://www.xianqin.org/blog/archives/1186.html),2007年07月24日。

④ 53(>19191)+19193+7024=ZJ321。蔣玉斌加綴,參蔣玉斌:《甲骨舊綴之新加綴》第6組,中國社科院先秦史網(http://www.xianqin.org/blog/archives/4887.html),2014年12月25日。

引用片	綴合片	出處
7028	－B1806（40825＋庫1556＋40082）	ZJ345
7035+7036		ZJ158＝B1984
7049	+7030	PS803
7078	+B1680	PJ259
7139	+583 正	ZJ12＝B4923
7204-7205		《綴續》P18 輯
7316	+Q295（Y543＋京人777＋B933）	劉影綴 197①
7379	+1.0.0056（史語所 R27056）	Q131
7385 正	－6437	張宇衛綴 27②
7386	+B5670	Q60
7390+東文庫 206+珠 809		PS614③
7392+首師大歷博藏品 119		Q338
7396+7404		崎川隆綴 1④
7400+7425		Q81
7454	+5339	ZJ75

① 劉影:《甲骨新綴第 196-199 組》第 197 組,中國社科院先秦史網（http://www.xianqin.org/blog/archives/5212.html）,2015 年 05 月 16 日。
② 張宇衛:《甲骨綴合第二六~三一則》第 27 則,中國社科院先秦史網（http://www.xianqin.org/blog/archives/2555.html）,2012 年 01 月 12 日。
③ 7390+東文庫 206 爲蔡哲茂綴,珠 809 爲劉影加綴,參《拼三》614 則。
④ 崎川隆:《賓組甲骨新綴五組》,中國社科院先秦史網（http://www.xianqin.org/blog/archives/1685.html）,2009 年 10 月 9 日;又收入崎川隆:《賓組甲骨文分類研究》附錄 6,上海人民出版社,2011 年。

引用片	綴合片	出處
7474	+5540	ZJ199=B2095
7475+B2005		ZX395
7486	+7515	ZJ50=B2021
7490 正	+B1534（B2948）	ZX380
7493	+4001 正	B2069
7497	+B1881	PJ274
7504	+7540	ZJ170=B2043
7508	+B2817+6436	ZX495
7511	+7332	Q63
7529+B1430=ZX433	+B982 正	張宇衛綴 12①
7583+珠 776		ZX488
7692+8622+善齋卷七.26.1		張宇衛綴 143②
7699 反+上博 49003247 反		蔡哲茂上博藏甲骨綴 1③
6568 正+（7702+7693=ZJ306）	+焦智勤藏甲骨《殷墟甲骨拾遺續二》5+13799	ZX437

---

① 張宇衛:《甲骨綴合第十一、十二則》第 12 則,中國社科院先秦史網,(http://www.xianqin.org/blog/archives/2527.html),2011 年 12 月 16 日。
② 張宇衛:《甲骨綴合第一百四三～一百四四則》第 143 則,中國社科院先秦史網(http://www.xianqin.org/blog/archives/4613.html),2014 年 11 月 10 日。
③ 蔡哲茂:《〈上海博物館藏甲骨文字〉新綴五則》,中國社科院先秦史網(http://www.xianqin.org/blog/archives/1686.html),2009 年 10 月 9 日。

引用片	綴合片	出處
8332 正（乙 7621+乙 1417）	+乙 1382+乙補 1222+乙 1271+乙補 2168+乙補 6183+乙補 6184+乙補 6018	ZH216①
8501 正	+18925	Q51
8512	+B3925 正	Q221
8538+5240		PJ130
8539+美 698		PJ149
8554＋B1921＋B2140+12812		張宇衛綴 69②
8546+16017	+13951	PX353
8574+京人 207		PS792
8578+8587		ZJ239＝B1788
8745+Y681（39981）		張宇衛綴 83③
9504 正	+乙 4982+乙補 6091	ZQ197
9693	+Y804	PX424
10171 正	+14293 正+乙補 6530	ZG347④
10562	+10968	PJ141
13490+乙 3240		《綴續》P26 輯

① 8332 正［B2308 正（乙 7621）+乙 1417］+乙 1382+乙補 1222（劉淵臨綴）+醉古 355［乙補 6183（林宏明綴）+乙補 6184+乙補 6018（宋雅萍綴）］+乙 1271+乙補 2168（宋雅萍綴）= ZH216。

② B2140+12812 爲蔣玉斌所綴，張宇衛在此基礎上加綴。參張宇衛：《甲骨綴合第六九則》，中國社科院先秦史網（http://www.xianqin.org/blog/archives/2646.html），2012 年 04 月 16 日。

③ 張宇衛：《甲骨綴合第八三、八四則》第 83 則，中國社科院先秦史網（http://www.xianqin.org/blog/archives/2691.html），2012 年 05 月 22 日。

④ 14293 正+乙補 6530 为林宏明綴，蔡哲茂加綴《合集》10171 正。參蔡哲茂：《〈殷墟文字丙編〉新綴第二則》，中國社科院先秦史網（http://www.xianqin.org/blog/archives/1561.html），2007 年 05 月 17 日。

引用片	綴合片	出處
13598+W956	+3529+12813 正	Q4①
13874 正甲-13874 正乙	+717 正+770+乙 1251+14061-13864	蔣玉斌甲骨新綴 35 組之 23②
14006 正	旅 1184 正+善齋 7.20A.3	蔣玉斌舊綴之新加綴 7③
15228	+W938	ZJ284=B2088
(17168+17171=ZG208)-17170		PX328
17361+後上 1.8.12		ZX434
18919+B5854		PX577
20385	32839	周忠兵綴④
20408+20420		李愛輝綴 232⑤
20412 部分（乙 106）+20421	+乙 8508+20773	ZH817⑥

---

① 13598+W956=ZJ14=B1246；3529+12813 正=ZJ16=B3643 正。
② 本組綴合原號碼爲：R28116 正[合 717 正（丙 467=乙 586+乙 1097）+合 770（乙 627）+合 13874 正甲乙部分（乙 777+乙 981+乙 1253+乙 1709）+乙 1251—合 13864（乙 964）]+合 14061（鄴二下 373、京 2018）。參蔣玉斌：《甲骨新綴 35 組（更新 30 組）》第 23 組，中國社科院先秦史網（http://www.xianqin.org/blog/archives/2576.html），2012 年 02 月 22 日。
③ 蔣玉斌：《甲骨舊綴之新加綴》第 7 組，中國社科院先秦史網（http://www.xianqin.org/blog/archives/4887.html），2014 年 12 月 25 日。
④ 蔡哲茂：《〈殷契拾掇〉初編與二編綴合表》，中國社科院先秦史網（http://www.xianqin.org/blog/archives/807.html），2006 年 04 月 12 日。
⑤ 李愛輝：《甲骨拼合第 232、233 則》第 232 則，中國社科院先秦史網（http://www.xianqin.org/blog/archives/3064.html），2013 年 07 月 10 日。
⑥ 蔡哲茂指出，20412 係"乙 106+乙 107+乙 182"誤綴而成，參《綴續》第 133 頁，臺北文津出版社，2004 年。後宋雅萍有新綴：20412 部分（乙 106）+20421+乙 8508+20773，收入蔡哲茂主編：《綴彙》第 817 則，臺灣花木兰文化出版社，2011 年。

引用片	綴合片	出處
20413＋20414 右（乙 8498）＋21021 右下（乙 366）	＋21986（乙 193）	《綴續》P36 輯①
20436＋20438	＋乙 358	ZH818
20437	＋20952＋20918	宋雅萍背甲新綴 44②
20440	＋史語史未刊 3.2.0205	ZX502
20444（運台拓 1.0765）	＋20660（運台拓 1.0055）	李延彥新綴 117③
20451-L305（B6626）		黃天樹《分類與斷代》P135
20456	＋22033	ZH1027
20460	＋20973	PX337
20475＋廣東文物商店 2	＋20163＋乙補 5＋乙補 84	甲骨舊綴之新加綴 1④
20476	＋19863＋21037	ZG261
20479＋20480		B6627
20502＋20503		B6692
20506-20507		蔡哲茂⑤

① 蔣玉斌在其碩士論文中完成了 20413＋20414 右（乙 8498）＋21021 右下（乙 366）這一綴合。參蔣玉斌：《自組甲骨文獻的整理與研究》第 9 頁，東北師範大學碩士學位論文（指導教師：董蓮池），2003 年。

② 宋雅萍：《背甲新綴四十三、四十四則》第 44 組，中國社科院先秦史網（http://www.xianqin.org/blog/archives/2830.html），2012 年 10 月 31 日。

③ 李延彥：《甲骨新綴第 117、118 則》第 117 則，中國社科院先秦史網（http://www.xianqin.org/blog/archives/2891.html），2013 年 01 月 19 日。

④ 蔣玉斌：《甲骨舊綴之新加綴》第 1 組，中國社科院先秦史網（http://www.xianqin.org/blog/archives/4887.html），2014 年 12 月 25 日。

⑤ 蔡哲茂指出疑可遙綴。參蔡哲茂：《〈殷契拾掇〉三編與舊著錄對照表》，中國社科院先秦史網（http://www.xianqin.org/blog/archives/810.html，2006 年 4 月 12 日）。

引用片	綴合片	出處
21021 部分(乙 12+乙 303+乙 478)	+21316(乙 397)+21321(乙 428)	宋雅萍史語所 13 次發掘背甲新綴二例①
22043	+22095	蔣玉斌《合集》綴合拾遺之 93②
22317	+22318	ZJ95＝B6917
26879＋26880＋26885+28035		ZJ10＝B8982
27997	+32716	ZG272
31977	+33004	《拼三》P503 輯
32035＋32037＋32039+34129		B10421
32103	+32228	B10418＝ZX104
32815-33017	+33014	周忠兵《甲骨新綴四例》2③
33014	+(32815-33017)	
32896+33192		ZJ88＝B10484
33021+T4103	+33120	劉風華《歷組卜辭新綴一例》④

① 21021＝乙 12+乙 303+乙 478+乙 366，蔣玉斌指出《乙》366 為誤綴，應改綴入 20413 中，後宋雅萍將 21021 部分(乙 12+乙 303+乙 478)與《乙》397+《乙》428(蔣玉斌綴)相綴。

② 蔣玉斌:《〈甲骨文合集〉綴合拾遺(第九十一～九十三組)》第 93 組，中國社科院先秦史網(http://www.xianqin.org/blog/archives/2217.html)，2010 年 12 月 22 日。

③ 32815-33017＝ZJ327＝B10519 甲乙，周忠兵加綴《合集》33014。參周忠兵:《甲骨新綴四例》第 2 組，中國社科院先秦史網(http://www.xianqin.org/blog/archives/2119.html)，2010 年 11 月 7 日。

④ 33021+T4103 為郭振祿所綴，劉風華加綴《合集》33120。參劉風華:《歷組卜辭新綴一例》，中國社科院先秦史網(http://www.xianqin.org/blog/archives/2347.html)，2011 年 05 月 9 日。

引用片	綴合片	出處
33043－苏德·卷二 350		孫亞冰《歷組卜辭遥綴一例》①
33044	+32890	PJ222
33047	+34063	ZG233
33049	+32724	《拼三》附録輯，P507
33050	+33095（B10526）	《拼三》附録輯，P507
33053+33056 正	+Y397	ZX518=B10487
33076	+T4215+上博 2426.41 -T4188	周忠兵《上博所藏甲骨新綴一例》②
33193	+甲骨文集 2.2.162	ZG214
36486+36491+綴 189 上半（綴圖 66）		B11232
36488+36803		門藝綴 17③
36501+36752+37410+36772		門藝綴 79④
36550+36553－36549		蔣玉斌《殷墟黄類卜辭新綴十組》⑤

① 孫亞冰：《歷組卜辭遥綴一例》，中國社科院先秦史網（http://www.xianqin.org/blog/archives/46.html），2008 年 12 月 15 日。孫亞冰指出 33042（一卜）、33042（二卜）、JY附 94（三卜）三版爲成套卜辭。

② 33076+T4215-T4188 爲劉風華所綴，周忠兵加綴《上博》2426.41。參周忠兵：《上博所藏甲骨新綴一例》，中國社科院先秦史網（http://www.xianqin.org/blog/archives/1837.html），2010 年 01 月 1 日。

③ 門藝：《殷墟黄組甲骨刻辭的整理與研究》第 277 頁，鄭州大學博士學位論文（指導教師：王藴智），2008 年。

④ 36501+36752=ZX379。門藝：《殷墟黄組甲骨刻辭的整理與研究》第 294 頁，鄭州大學博士學位論文（指導教師：王藴智），2008 年。

⑤ 蔣玉斌：《殷墟黄類卜辭新綴十組》第 2 組，《中國文字研究》2008 年第 1 輯。

引用片	綴合片	出處
36555＋前 2.9.6＋B11115＋36830		孫亞冰《〈合集〉36567 的重新綴合》①
36844＋PS706（36973＋36989）		殷德昭《黄組甲骨綴合一則》②
36946 ＋ Y2564（41762）＋36968		殷德昭《黄組甲骨綴合三則》③
37475＋Y2562 正＋D940＋36957		《綴續》P66 輯④
39859	＋1277	Q9
39863	＋B1997	PJ267
39896＋39897		Y587

---

① 王恩田、門藝指出《合集》36567 中的兩版卜辭應如董作賓、曾毅公綴合的那樣上下顛倒，即《前》2.9.6 在上，《後》上 9.12 在下。王恩田在《前》2.9.6 上遙綴了《林》1.28.1（即《合集》36830），門藝在《前》2.9.6 上近綴了《補編》11115，孫亞冰覺得二者的綴合可以合二爲一。參孫亞冰：《〈合集〉36567 的重新綴合》，中國社科院先秦史網（http://www.xianqin.org/blog/archives/14.html），2008 年 02 月 2 日。

② 殷德昭：《黄組甲骨綴合一則》，中國社科院先秦史網（http://www.xianqin.org/blog/archives/5748.html），2015 年 11 月 1 日。

③ 36968＋Y2564（41762）＝綴 216，爲曾毅公所綴，殷德昭加綴《合集》36946。參殷德昭：《黄組甲骨綴合三則》第 2 則，中國社科院先秦史網（http://www.xianqin.org/blog/archives/5885.html），2015 年 12 月 13 日。

④ D940＝林 2.5.7＞前 2.10.1。另，36957 是照片，比例放大後可與《英藏》2562 正綴合，因其刻辭模糊，未將其辭例排譜。《甲骨綴續集》收有此綴合，即 37475＋41768（Y2562 正）＋林 2.5.7（D940），參見蔡哲茂：《〈甲骨文〉綴合號碼表》，《甲骨綴合續集》第 66 頁。

主要參考文獻

（按著作者或責任者姓氏音序排列）

一　著錄類

1. 〔日〕貝冢茂樹:《京都大學人文科學研究所藏甲骨文字》,京都大學人文科學研究所,1959年。

2. 郭沫若主編:《甲骨文合集》,中華書局,1979—1982年。

3. 湖北省文物考古研究所、北京大學中文系:《九店楚簡》,中華書局,2000年。

4. 胡厚宣:《蘇德美日所見甲骨集》,四川辭書出版社,1988年。

5. 李學勤、艾蘭:《英國所藏甲骨集》,中華書局,1985年。

6. 李學勤、齊文心、艾蘭:《瑞典斯德哥爾摩遠東古物博物館藏甲骨文字》,中華書局,1999年。

7. 馬承源主編:《商周青銅器銘文選》(1-4),文物出版社,1986-1990年。

8. 彭邦炯、謝濟、馬季凡:《甲骨文合集補編》,語文出版社,1999年。

9. 饒宗頤:《巴黎所見甲骨錄》,《選堂叢書之三》,香港影印本,1956年;又收入《甲骨文獻集成》第三册,四川大學出版社,2001年。

10. 睡虎地秦墓竹簡整理小組:《睡虎地秦墓竹簡》,文物出版社,1990年。

11.〔日〕松丸道雄:《東京大學東洋文化研究所藏甲骨文字》,東京大學東洋文化研究所,1983年。

12. 許進雄:《明義士收藏甲骨文集》,加拿大皇家安大略博物館,1972年。

13. 許進雄:《懷特氏等收藏甲骨文集》,加拿大皇家安大略博物館,1979年。

14.〔日〕伊藤道治:《天理大學附屬天理參考館甲骨文字》,天理時報社出版,1987年。

15. 張秉權:《殷虛文字丙編》,"中研院"歷史語言研究所,1957—1972年。

16. "中研院"歷史語言研究所:《史語所購藏甲骨集》,"中研院"歷史語言研究所,2009年。

17. 中國社會科學院考古研究所:《小屯南地甲骨》,中華書局,1980年。

18. 中國社會科學院考古研究所:《新出殷墟小屯村中村南甲骨》,中華書局,2012年。

19. 中國社會科學院考古研究所:《殷墟花園莊東地甲骨》,雲南人民出版社,2003年。

20. 中國社會科學院考古研究所:《殷周金文集成》(增補本),中華書局,2007年。

二 工具書類

1. 蔡哲茂:《甲骨綴合集》,臺灣樂學書局,1999年。
2. 蔡哲茂:《甲骨綴合續集》,臺灣文津出版社,2004年。
3. 蔡哲茂主編:《甲骨綴合彙編》,臺灣花木蘭文化出版社,2011年。

4. 曹錦炎、沈建華:《甲骨文校釋總集》,上海辭書出版社,2007年。

5. 陳年福:《殷墟甲骨文字詞總表》,http://www.xianqin.org/blog/archives/2634.html,2012年04月10日。

6. 〔日〕島邦男:《殷墟卜辭綜類》,汲古書院,1967年。

7. 高明、涂白奎:《古文字類編》(增訂本),上海古籍出版社,2008年。

8. 郭錫良:《漢字古音手册》,北京大學出版社,1986年。

9. 胡厚宣主編:《甲骨文合集釋文》,中國社會科學出版社,1999年。

10. 胡厚宣主編:《甲骨文合集材料來源表》,中國社會科學出版社,1999年。

11. 黃天樹主編:《甲骨拼合集》,學苑出版社,2010年。

12. 黃天樹主編:《甲骨拼合續集》,學苑出版社,2011年。

13. 黃天樹主編:《甲骨拼合三集》,學苑出版社,2013年。

14. 李珍華、周長楫:《漢字古今音表》,中華書局,1993年。

15. 李宗焜:《甲骨文字編》,中華書局,2012年。

16. 林宏明:《醉古集》,臺北萬卷樓出版,2011年。

17. 林宏明:《契合集》,臺北萬卷樓出版,2013年。

18. 劉釗、洪颺、張新俊:《新甲骨文編》,福建人民出版社,2009年,2015年增訂。

19. 容庚編著,張振林、馬國權摹補:《金文編》,中華書局,1985年。

20. 沈建華、曹錦炎:《甲骨文字形表》,上海辭書出版社,2008年。

21. 〔日〕松丸道雄、高嶋謙一:《甲骨文字字釋綜覽》,東京大學出版會,1994年。

22. 宋鎮豪主編:《甲骨學百年論著目》,語文出版社,1999年。

23. 宋鎮豪、段志洪主編:《甲骨文獻集成》,四川大學出版社,2001年。

24. 王力:《同源字典》,商務印書館,1982年。

25. 徐中舒主編:《漢語古文字字形表》,四川人民出版社,1981年。

26. 徐中舒主編:《甲骨文字典》,四川辭書出版社,1989年。

27. 徐中舒主編:《漢語大字典》(三卷本),四川辭書出版社、湖北辭書出版社,1990年。

28. 楊郁彥:《甲骨文合集分組分類總表》,臺灣藝文印書館,2005年。

29. 姚孝遂、肖丁主編:《殷墟甲骨刻辭類纂》,中華書局,1988年。

30. 姚孝遂主編:《殷墟甲骨刻辭摹釋總集》,中華書局,1988年。

31. 于省吾主編:《甲骨文字詁林》,中華書局,1996年。

32. 張亞初:《殷周金文甲骨文獻集成引得》,中華書局,2001年。

33. 趙誠:《甲骨文簡明詞典》,中華書局,1999年。

34. 中國科學院考古研究所:《甲骨文編》,中華書局,1965年。

35. 周法高主編:《金文詁林》,香港中文大學出版社,1975年。

三 專著類

1. (清)蔡德晉:《禮經本義》,景印文淵閣四庫全書本,臺灣商務印書館,1986年。

2. 陳秉新、李立芳:《出土夷族史料輯考》,安徽大學出版社,2005年。

3. 陳恩林:《先秦軍事制度研究》,吉林文史出版社,1991年。

4. 陳恩林:《殷代與西周的軍事制度》,浙江教育出版社,1998年。

5. 陳劍:《甲骨金文考釋論集》,綫裝書局,2007年。

6. 陳漢平:《屠龍絶緒》,黑龍江教育出版社,1989年。

7. 陳夢家:《殷虛卜辭綜述》,中華書局,1988年。

8. 陳年福:《甲骨文動詞詞彙研究》,巴蜀書社,2001年。

9. 陳年福:《甲骨文詞義論稿》,上海古籍出版社,2007年。

10. 陳煒湛:《甲骨文田獵刻辭研究》,廣西教育出版社,1995年。

11. 常玉芝:《殷商曆法研究》,吉林文史出版社,1998年。

12. 〔日〕島邦男著,濮茅左、顧偉良譯:《殷墟卜辭研究》,上海古籍出版社,2006年。

13. 刁晏斌:《現代漢語虛義動詞研究》,遼寧師範大學出版社,2004年。

14. 丁山:《甲骨文所見氏族及其制度》,科學出版社,1956年。

15. 董作賓:《殷曆譜》,臺北藝文印書館,1977年。

16. 董作賓:《董作賓先生全集》,臺北藝文印書館,1977年。

17. (清)戴望:《管子校正》,中華書局,1954年。

18. (清)杜詔等:《山東通志》,景印文淵閣四庫全書本,臺灣商務印書館,1986年。

19. 范曉:《三個平面的語法觀》,北京語言文化大學出版社,1996年。

20. 馮時:《百年來甲骨文天文曆法研究》,中國社會科學出版社,2011年。

21. 〔日〕高嶋謙一:《安徽大學漢語言文字研究叢書·高嶋謙一卷》,安徽大學出版社,2013年。

22.（清）高士奇：《春秋地名考略》，景印文淵閣四庫全書本，臺灣商務印書館，1986年。

23.（清）顧棟高輯，吳樹平、李解民點校：《春秋大事表》，中華書局，1993年。

24. 管燮初：《殷虛甲骨刻辭的語法研究》，中國科學院，1953年。

25. 郭沫若：《兩周金文辭大系圖錄考釋》，上海書店出版社，1999年。

26. 郭沫若：《卜辭通纂》，日本東京文求堂書店，1933年；收入《郭沫若全集》考古編第二卷，科學出版社，1983年；又收入《甲骨文獻集成》第二冊，四川大學出版社，2001年。

27. 郭沫若：《文史論集》，人民出版社，1961年。

28. 郭沫若：《甲骨文字研究》，上海大東書局石印本，1931年；又收入《甲骨文獻集成》第八冊，四川大學出版社，2001年。

29. 郭沫若：《十批判書》，科學出版社，1956年。

30. 郭沫若：《殷契萃編並考釋》，科學出版社，1965年。

31. 郭錫良：《漢語史論集》（增訂本），商務印書館，2005年。

32. 湖北省博物館：《曾侯乙墓竹簡釋文與考釋》，文物出版社，1989年。

33. 胡乔木主編：《中國大百科全書·中國歷史》，中國大百科全書出版社，1992年。

34. 胡慶鈞主編：《早期奴隸制社會比較研究》，中國社會科學出版社，1996年。

35. 黃懷信：《逸周書校補注譯》，西北大學出版社，1996年。

36. 黃天樹：《黃天樹古文字論集》，學苑出版社，2006年。

37. 黃天樹：《殷墟王卜辭的分類與斷代》，科學出版社，2007年。

38. 黃天樹:《黃天樹甲骨金文論集》,學苑出版社,2014 年。
39. 季旭昇:《詩經古義新證》,臺灣文史哲出版社,1995 年。
40. 季旭昇:《甲骨文字根研究》,台灣文史哲出版社,2003 年。
41. 賈彥德:《語義學導論》,北京大學出版社,1986 年。
42. 賈彥德:《漢語語義學》,北京大學出版社,1999 年。
43. (清)江永:《春秋地理考實》,景印文淵閣四庫全書本,臺灣商務印書館,1986 年。
44. (清)蔣廷錫:《尚書地理今釋》,《叢書甲骨文獻集成初編》第 3045 冊,中華書局,1985 年。
45. 荆門市博物館:《郭店楚墓竹簡》,文物出版社,1998 年。
46. (清)覺羅石麟:《山西通志》,景印文淵閣四庫全書本,臺灣商務印書館,1986 年。
47. (晉)孔晁:《逸周書》,景印文淵閣四庫全書本,臺灣商務印書館,1986 年。
48. (宋)樂史:《太平寰宇記》,景印文淵閣四庫全書本,臺灣商務印書館,1986 年。
49. (唐)李吉甫:《元和郡縣志》,景印文淵閣四庫全書本,臺灣商務印書館,1986 年。
50. 李孝定:《甲骨文字集釋》,"中研院"歷史語言研究所,1965 年。
51. 李學勤:《殷代地理簡論》,科學出版社,1959 年。
52. 李學勤:《古代文明十講》,復旦大學出版社,2003 年。
53. (宋)林之奇:《尚書全解》,景印文淵閣四庫全書本,臺灣商務印書館,1986 年。
54. 劉風華:《殷墟村南系列甲骨卜辭的整理與研究》,上海古籍出版社,2014 年。
55. 劉潤清:《西方語言學流派》,外語教學與研究出版社,

1997年。

56. 劉釗:《古文字考釋叢稿》,岳麓書社,2005年。

57. 劉展主編:《中國古代軍制史》,軍事科學出版社,1992年。

58. 魯川:《漢語語法的意合網絡》,商務印書館,2001年。

59. 陸儉明、沈陽:《漢語和漢語研究十五講》,北京大學出版社,2003年。

60. 羅琨、張永山:《夏商西周軍事史》,《中國軍事通史》第一卷,軍事科學出版社,1998年。

61. 羅琨:《商代戰爭與軍制》,宋鎮豪主編《商代史》卷九,中國社會科學出版社,2010年。

62. 羅振玉:《殷虛書契考釋》,永慕園石印本,1925年;收入《甲骨文獻集成》第七册,四川大學出版社,2001年。

63. 吕叔湘:《中國文法要略》,收入《吕叔湘文集》,商務印書館,1990年。

64. 吕叔湘:《現代漢語八百詞》(增訂本),商務印書館,1999年。

65. 馬建忠:《馬氏文通》,商務印書館,1983年。

66. 毛遠明:《左傳詞彙研究》,西南師範大學出版社,1999年。

67. 彭裕商:《殷墟甲骨斷代》,中國社會科學出版社,1994年。

68. 齊航福:《殷墟甲骨文賓語語序研究》,中西書局,2015年。

69. 錢穆:《古史地理論叢》,三聯書店,2004年。

70. (清)秦蕙田:《五禮通考》,景印文淵閣四庫全書本,臺灣商務印書館,1986年。

71. 裘錫圭:《古代文史研究新探》,江蘇古籍出版社,1992年。

72. 裘錫圭:《裘錫圭學術文集》,復旦大學出版社,2012年。

73. 屈萬里:《殷虛文字甲編考釋》,"中研院"歷史語言研究所,1961年。

74. 饒宗頤:《殷代貞卜人物通考》,香港大學出版社,1959 年。

75.(清)沈炳巽:《水經注集釋訂訛》,景印文淵閣四庫全書本,臺灣商務印書館,1986 年。

76. 沈培:《殷墟甲骨卜辭語序研究》,臺灣文津出版社,1992 年。

77. 時兵:《上古漢語雙及物結構研究》,安徽大學出版社,2007 年。

78. 孫亞冰、林歡:《商代地理與方國》,宋鎮豪主編《商代史》卷十,中國社會科學出版社,2010 年。

79. 孫詒讓:《契文舉例》,上海蟫隱廬石印本,1927 年;又收入《甲骨文獻集成》第七册,四川大學出版社,2001 年。

80. 石毓智:《語法的認知語義基礎》,江西教育出版社,2000 年。

81.〔瑞士〕索緒爾著,高明凱譯:《普通語言學教程》,商務印書館,1980 年。

82.〔日〕太田辰夫著,蔣紹愚、徐昌華譯:《中國語歷史文法》,北京大學出版社,1987 年。

83. 唐蘭:《天壤閣甲骨文存並考釋》,北京輔仁大學,1939 年;又收入《甲骨文獻集成》第二册,四川大學出版社,2001 年。

84. 唐蘭:《殷虚文字記》,中華書局影印本,1981 年。

85. 王貴民:《商周制度考信》,臺北明文書局,1989 年。

86. 王國維:《觀堂集林》(外二種),河北教育出版社,2002 年。

87. 王國維:《王國維遺書》,上海古籍書店(影印商務印書館 1940 年版),1983 年。

88. 王力:《漢語史稿》,中華書局,1980 年。

89.(清)王應麟:《詩地理考》,《叢書甲骨文獻集成初編》第 3046 册,中華書局,1985 年。

90. 王宇信:《建國以來甲骨文研究》,中國社會科學出版社,1981 年。

91. 王宇信:《西周甲骨探論》,中國社會科學出版社,1984 年。

92. 王宇信、楊升南主編:《甲骨學一百年》,社會科學文獻出版社,1999 年。

93. 王宇信:《中國甲骨學》,上海人民出版社,2009 年。

94. 王蘊智:《字學論集》,河南美術出版社,2004 年 9 月。

95. 王震中:《商代都邑》,宋鎮豪主編《商代史》卷五,中國社會科學出版社,2010 年。

96. 王子楊:《甲骨文字形類組差異現象研究》,中西書局,2013 年。

97. 魏慈德:《殷墟 YH127 坑甲骨卜辭研究》,臺灣政治大學博士學位論文,2001 年;臺灣花木蘭文化出版社,2011 年。

98.（清）吳大澂:《說文古籀補》,中華書局,1988 年。

99.〔美〕夏含夷:《古史異觀》,上海古籍出版社,2005 年。

100. 徐鳳先:《商末周祭祀譜合曆研究》,世界圖書出版公司,2006 年。

101. 嚴志斌:《商代金文句法研究》,《殷都學刊》2006 年第 1 期。

102. 楊伯峻、何樂士:《古漢語語法及其發展》(修訂本),語文出版社,2001 年。

103. 楊寬:《古史新探》,中華書局,1965 年。

104. 楊樹達:《積微居甲文說》,中國科學院,1954 年;上海古籍出版社,1985 年。

105. 楊樹達:《積微居小學述林》,中華書局,1983 年。

106. 姚孝遂、肖丁:《小屯南地甲骨考釋》,中華書局,1985 年。

107. 姚萱:《殷墟花園莊東地甲骨卜辭的初步研究》,首都師範大學博士學位論文,2005年;綫裝書局,2006年。

108. 于省吾:《雙劍誃殷契駢枝續編》,北京虎坊橋大業印刷局,1941年。

109. 于省吾:《甲骨文字釋林》,中華書局,1979年。

110. 喻遂生:《甲金語言文字研究論集》,巴蜀書社,2002年。

111. 袁毓林、郭鋭主編:《現代漢語配價語法研究(第二輯)》,北京大學出版社,1998年。

112. 張玉金:《甲骨文語法學》,學林出版社,2001年。

113. 張玉金:《甲骨卜辭語法研究》,廣東高等教育出版社,2002年。

114. 張玉金:《20世紀甲骨語言學》,學林出版社,2003年。

115. 張斌、胡裕樹:《漢語語法研究》,商務印書館,1989年。

116. 趙鵬:《殷墟甲骨文人名與斷代的初步研究》,綫裝書局,2007年。

117. 趙平安:《〈説文〉小篆研究》,廣西教育出版社,1999年。

118. 鄭繼娥:《甲骨文祭祀卜辭語言研究》,巴蜀書社,2007年。

119. 鄭傑祥:《商代地理概論》,中州古籍出版社,1994年。

120. 鄭張尚芳:《上古音系》,上海教育出版社,2002年。

121. 鍾柏生:《殷商卜辭地理論叢》,臺北藝文印書館,1989年;又收入《甲骨文獻集成》第二十七册,四川大學出版社,2001年。

122. 中國軍事史編寫組:《中國歷代軍事制度》,解放軍出版社,2006年。

123. 朱鳳瀚:《商周家族形態研究》(增訂本),天津古籍出版社,2004年。

124. 朱歧祥:《甲骨卜辭句法論稿》,臺灣學生書局,1990年。

125. 朱歧祥:《甲骨學論叢》,臺灣學生書局,1992年;又收入《甲骨文獻集成》第三十七册,四川大學出版社,2001。

126. 朱歧祥:《殷墟卜辭句法論稿——對貞卜辭句型變異研究》,臺灣學生書局,1990 年。

127. Ken-ichi Takashima(1996).*Studies in Early Chinese Civilization*. Hirakata:Kansai Gaidai University Press.

128. Langacker, Ronald W. (1987). *Foundations of Cognitive Grammar-Theoretical Prerequisites* (volume Ⅰ). Stanford:Stanford University Press.

129. Miller, J. (1985) *Semantics and Syntax*. Cambrige University Press.

四　論文類

1. 艾蘭:《試論甲骨文的"中"字》,中國古文字研究會第十九屆年會論文,復旦大學,2012 年 10 月。

2. 白堅、源中根:《說雀——兼談戈戌問題》,《江漢考古》1989 年 1 期。

3. 白玉崢:《契文舉例校讀（四）》,《中國文字》第三十四冊;又收入《甲骨文獻集成》第十九冊,四川大學出版社,2001 年。

4. 陳絜:《說"敢"》,載宮長爲、徐勇主編《史海偵迹——慶祝孟世凱先生七十歲文集》,香港新世紀出版社,2006 年。

5. 蔡運章:《武丁伐缶方的進軍路綫和沿途所伐諸方國的地望問題——兼釋卜辭中的"喌"字》,《甲骨金文與古史研究》,中州古籍出版社,1993 年;又收入《甲骨文獻集成》第二十七冊,四川大學出版社,2001 年。

6. 蔡哲茂:《釋"屮""丮"》,《故宮學術季刊》1988 年第 5 卷 3 期。

7. 蔡哲茂:《殷卜辭"肩凡有疾"解》,《第十六屆中國文字學國際學術研討會論文集》,台灣高雄師範大學,2005 年;又刊於《屈萬里先生百歲誕辰國際學術研討會論文集》,臺北"國家圖書館",

2006年。

8. 蔡哲茂:《說殷人的始祖"夒"(契)》,高明教授百歲冥誕紀念學術研討會論文,臺灣政治大學,2009年10月。

9. 曹錦炎:《論卜辭中的"示"》,《吉林大學·研究生論文集刊》(社會科學版)1983年第1期。

10. 常耀華:《子組卜辭人物研究》,中國社會科學院研究生院碩士學位論文,2003年。

11. 常耀華:《殷商旅行諏日卜辭研究》,《中國國家博物館館刊》2011年第3期。

12. 晁福林:《關於殷墟卜辭中的"示"和"宗"的探討——兼論宗法制的若干問題》,《社會科學戰綫》1989年第3期。

13. 陳初生:《論上古漢語動詞多對象語的表示法》,《中國語文》1991年第2期。

14. 陳福林:《試論殷代的衆、衆人與羌的社會地位》,《社會科學戰綫》1979年第3期。

15. 陳練文:《殷墟甲骨卜辭句法研究》,武漢大學博士學位論文,2008年。

16. 陳劍:《釋"屰"》,《出土文獻與古文字研究》第三輯,復旦大學出版社,2010年。

17. 陳劍:《甲骨金文"戈"字補釋》,《古文字研究》第二十五輯,中華書局,2004年。

18. 陳劍:《釋造》,《甲骨金文考釋論集》,綫裝書局,2007年。

19. 陳劍:《說殷墟甲骨文中的"玉戚"》,《"中研院"歷史語言研究所集刊》第七十八本第二分,2007年6月。

20. 陳劍:《"邍"字補釋》,《古文字研究》第二十七輯,中華書局,2008年。

21. 陳劍:《甲骨文釋字四則》(摘要),中國文字學會第七屆年會論文,吉林大學,2013 年 9 月。

22. 陳平:《論現代漢語時間系統的三元結構》,《中國語文》1988 年第 6 期。

23. 陳煒湛:《甲骨文異字同形例》,《古文字研究》第六輯,中華書局,1981 年。

24. 陳煒湛:《有關甲骨文田獵卜辭的文字考訂與辨析》,《古文字研究》第十八輯,中華書局,1992 年。

25. 陳旭:《商代戰爭的性質及其歷史意義》,《史學月刊》1988 年第 1 期。

26. 陳永正:《釋㠯》,《古文字研究》第四輯,中華書局,1980 年。

27. 戴耀晶:《現代漢語動作類二價動詞探索》,載袁毓林、郭銳主編《現代漢語配價語法研究》第二輯,北京大學出版社,1998 年。

28. 鄧飛:《日本白鶴美術館藏小子𠭯卣銘文時代考》,《文獻》2013 年第 5 期。

29. 鄧章應:《西周金文句法研究》,西南師範大學碩士學位論文,2004 年。

30. 董全生、張曉軍:《從金文羕、䣱看古代的養國》,《中原文物》1996 年第 3 期。

31. 董全生、趙成甫:《桐柏月河一號春秋墓相關問題研究》,《中原文物》1997 年第 4 期。

32. 董豔豔:《商代金文語言研究》,西南師範大學碩士學位論文,2003 年。

33. 董作賓:《大龜四版考釋》,《安陽發掘報告》第 3 期,1931 年 6 月,又 1992 年 9 月影印版;又收入《董作賓學術論著》上冊,臺北世界書局,1962 年,又 1967 年再版本;又收入《董作賓先生全集》甲編第二冊,臺北藝文印書館,1977 年 11 月;又收入《甲骨文獻集成》第六冊,四川大學出版社,2001 年。

34. 董作賓:《卜辭中的亳與商》,《董作賓先生全集》乙編第三冊,臺北藝文印書館,1977年;又收入《甲骨文獻集成》第二十八册,四川大學出版社,2001年。

35. 范毓周:《殷代武丁時期的戰爭》,載《甲骨文與殷商史》第三輯,上海古籍出版社,1991年;又收入《甲骨文獻集成》第二十七册,四川大學出版社,2001年。

36. 范毓周:《甲骨文研究的歷史現狀與未來展望》,載《甲骨文論文集》第二輯,臺中甲骨文學會,1998年;又收入《甲骨文獻集成》第四十册,四川大學出版社,2001年。

37. 方梅:《漢語對比焦點的句法表現手段》,《中國語文》1995年第4期。

38. 方雉松:《談談甲骨金文中的"肇"字》,《中原文物》2012年6期。

39. 馮時:《甲骨文、金文"戈"與殷商方國》,《華夏考古》1988年第3期;又收入《甲骨文獻集成》第二十八册,四川大學出版社,2001年。

40. 馮時:《殷代占卜書契制度研究》,《探古求原——考古雜誌社成立十周年紀念學術文集》,科學出版社,2007年。

41. 馮志偉:《特思尼耶爾的從屬關係語法》,《國外語言學》1983年第1期。

42.〔日〕高嶋謙一:《甲骨文中的並聯名詞仂語》,《古文字研究》第十七輯,中華書局,1989年。

43. 高智群:《甲骨卜辭所見商代出師禮儀》,吴浩坤、陳克倫編《文博研究論集》,上海古籍出版社,1992年。

44. 高智群:《獻俘禮研究(上)》,《文史》第三十五輯,中華書局,1992年;高智群:《獻俘禮研究(下)》,《文史》第三十六輯,中華書局,1992年。

45. 葛亮:《甲骨文田獵動詞研究》,《出土文獻與古文字研究》第五輯,上海古籍出版社,2013年。

46. 古文字學會秘書組:《吉林大學古文字學術討論會紀要》,《古文字研究》第一輯,中華書局,1979年。

47. 管燮初:《殷虛甲骨刻辭中的雙賓語問題》,《中國語文》1986年第5期。

48. 郭克煜、孫華鐸、梁方建、楊朝明:《索氏器的發現及其重要意義》,《文物》1990年第7期。

49. 郭沫若:《安陽新出土的牛胛骨及其刻辭》,《考古》1972年第2期。

50. 郭錫良:《介詞"于"的起源和發展》,收入氏著《漢語史論集》(增訂本),商務印書館,2005年。

51. 郭旭東:《商代征戰時的祭祖與遷廟制度》,《殷都學刊》1988年第2期;又收入《甲骨文獻集成》第二十七冊,四川大學出版社,2001年。

52. 郭旭東:《商代的軍情觀察與傳報》,《殷都學刊》1993年第1期;又收入《甲骨文獻集成》第二十七冊,四川大學出版社,2001年。

53. 郭旭東:《從甲骨文字"省""𥄫"看商代的巡守禮》,《中州學刊》2008年第2期。

54. 郭旭東:《甲骨卜辭所見的商代獻捷獻俘禮》,《史學集刊》2009年第3期。

55. 郭旭東:《殷墟甲骨文所見的商代軍禮》,《中國史研究》2010年第2期。

56. 郭旭東:《卜辭與殷禮研究》,陝西師範大學博士學位論文,2010年。

57. 郭旭東:《甲骨文中所見的商代朝覲禮儀》,《陝西師範大學學報》(哲學社會科學版)2011年第3期。

58. 韓江蘇:《甲骨文中的沚𢦔》,中國社會科學院研究生院碩士學位論文,2001年;又發表於《殷都學刊》2003年第3期。

59. 韓江蘇:《沚𢦔參加商王朝的軍事活動淺論》,《殷都學刊》2004年第3期。

60. 何光嶽:《井國的來源和遷徙》,《邢臺歷史文化論叢》,河北人民出版社,1990年;又收入《甲骨文獻集成》,四川大學出版社,2001年。

61. 何琳儀、房振三:《釋巴》,《東南文化》2008年第1期。

62. 何九盈:《商代複輔音聲母》,《音韻叢稿》,商務印書館,2002年。

63. 胡厚宣:《殷代舌方考》,《甲骨學商史論叢初集》第二册,齊魯大學國學研究所,1944年;又收入《甲骨文獻集成》第二十一册,四川大學出版社,2001年。

64. 胡厚宣:《甲骨文四方風名考證》,《甲骨學商史論叢初集》第二册,齊魯大學國學研究所,1944年;又《釋殷代求年于四方和四方風的祭祀》,《復旦學報(人文科學)》,1956年第1期;又收入《甲骨文獻集成》第二十一册,四川大學出版社,2001年。

65. 胡厚宣:《殷代封建制度考》,《甲骨學商史論叢初集》第一册,齊魯大學國學研究所,1944年;又收入《甲骨文獻集成》第二十一册,四川大學出版社,2001年。

66. 黃聖松:《殷商軍事組織研究》,臺灣中山大學中國文學系博士學位論文,2006年。

67. 姜寶昌:《殷墟甲骨刻辭句法研究》,《殷都學刊》1990年第3期。

68. 金赫、苗豐:《釋甲骨文中的"䗝(衝)"》,第四屆韓中日漢字文化國際論壇論文,韓國濟州島,2012年;後載於《漢字研究》第七輯,慶星大學校韓國漢字研究所,2012年。

69. 金祥恒:《從甲骨卜辭研究殷商軍旅中之王族三行三師》,《中國文字》第五十二册,1974年;又收入《甲骨文獻集成》第二十七册,四川大學出版社,2001年。

70. 荆州地區博物館:《江陵嶽山大隊出土一批春秋銅器》,《文物》1982年第10期。

71. 蔣玉斌:《殷墟子卜辭的整理與研究》,吉林大學博士學位論文,2006年。

72. 蔣玉斌:《釋甲骨文中的"獨"字初文》,《古文字研究》第三十輯,中華書局,2014年。

73. 蔣玉斌:《釋甲骨金文的"蠢"》,"出土文獻與學術新知"學術研討會暨出土文獻青年學者論壇論文,吉林大學,2015年8月。

74. 李發:《有關商與舌方關係的甲骨刻辭之整理與研究》,語言文字與文學詮釋國際學術研討會論文,臺灣東海大學,2010年11月;後收入《語言文字與文學的多元對話》,東海大學中國文學系,2011年。

75. 李發、喻遂生:《商代校閱禮初探》,《西南大學學報(社科版)》2012年第4期。

76. 李發:《對一群自小字類卜辭中"方商"戰爭持續時間的測察》,《古文字研究》第二十九輯,中華書局,2012年。

77. 李發:《甲骨文所見方方考》,《考古學報》2015年第3期。

78. 李發:《甲骨文中的"微"及其地望考》,《考古與文物》2011年第3期。

79. 李發:《殷卜辭所見"夷方"與帝辛時期的夷商戰爭》,《歷史研究》2014年第5期。

80. 李發:《山西翼城近出西周霸伯簋補釋》,張顯成主編《繼承與創新——慶祝西南大學漢語言文獻研究所建立三十周年論文集》,西南師範大學出版社,2014年。

81. 李發:《殷墟卜辭中動詞"作"帶賓語現象》,張顯成主編《古漢語語法研究新論》,西南師範大學出版社,2015年。

82. 李家浩:《睡虎地秦簡〈日書〉"楚除"的性質及其他》,《"中研院"歷史語言研究所集刊》第七十本,1999年。

83. 李凱:《帝辛十祀征夷方與商王巡狩史實》,《中國歷史文物》2009年第6期。

84. 李娜:《再說甲骨文中的"🈸"字》,《中國文字學報》第四輯,商務印書館,2012年。

85. 李若暉:《殷代量詞初探》,《古漢語研究》2000年第2期。

86. 李學勤:《甲骨學一百年的回顧與前瞻》,《文物》1998年第1期。

87. 李學勤:《甲骨學的七個課題》,《歷史研究》1999年第5期。

88. 李學勤:《帝乙時代的非王卜辭》,《考古學報》1958年第2期。

89. 李學勤:《評陳夢家殷虛卜辭綜述》,《考古學報》1957年第3期;又收入《甲骨文獻集成》第四十冊,四川大學出版社,2001年;又收入《李學勤早期文集》,河北教育出版社,2008年。

90. 李學勤:《小屯南地甲骨與甲骨分期》,《文物》1981年第5期。

91. 李學勤:《論"婦好"墓的年代及有關問題》,《文物》1977年第1期。

92. 李學勤:《殷墟甲骨分期的兩系說》,《古文字研究》第十八輯,中華書局,1992年。

93. 李學勤:《我和殷墟甲骨分期》,《學林春秋三編》上冊,朝華出版社,1999年。

94. 李學勤:《重論夷方》,《民大史學》1996年第1期。

95. 李學勤:《論新出現的一片征人方卜辭》,《殷都學刊》2005

年第 1 期。

96. 李學勤:《商代夷方的名號和地望》,《中國史研究》2006 年第 4 期。

97. 李學勤:《帝辛征夷方卜辭的擴大》,《中國史研究》2008 年第 1 期。

98. 李學勤:《〈堯典〉與甲骨卜辭中的嘆詞"俞"》,《湖南大學學報》(社會科學版)2008 年第 3 期。

99. 李學勤:《良渚文化的多字陶文——吳文化歷史背景的一項探索》,《蘇州大學學報》吳學研究專輯,1992 年。

100. 李學勤(江鴻):《盤龍城與商朝的南土》,《文物》1976 年第 2 期;又載《新出土青銅器研究》,文物出版社,1990 年;又收入《甲骨文獻集成》第二十八册,四川大學出版社,2001 年。

101. 李學勤:《日月有戠》《乙丑日有戠的再研究》《説"戠"與"食"的通假》,載《夏商周年代學札記》,遼寧大學出版社,1999 年。

102. 李學勤:《從兩條〈花東〉卜辭看殷禮》,《吉林師範大學學報》(人文社會科學版)2004 年第 3 期。

103. 李曦:《殷墟卜辭語法》,四川大學博士學位論文,1988 年。

104. 李亞農:《大兑解》,《學術月刊》1957 年第 1 期。

105. 李宗焜:《卜辭"再册"與〈尚書〉之誥》,《"中研院"歷史語言研究所集刊》第八十本第三分,2009 年 9 月。

106. 連劭名:《商代軍事行動的祝祈》,《殷都學刊》1996 年第 4 期。

107. 梁春妮:《春秋戰國銘文句法研究》,華東師範大學碩士學位論文,2010 年。

108. 林小安:《殷武丁臣屬征伐與行祭考》,《甲骨文與殷商史》第二輯,上海古籍出版社,1986 年;又收入《甲骨文獻集成》第二十七册,四川大學出版社,2001 年。

109. 林小安:《再論"歷組卜辭"的時代》,《故宫博物院院刊》2000年第1期。

110. 林小安:《殷王卜辭傅説考芻議》,《古文字研究》第二十九輯,中華書局,2012年。

111. 林澐:《從武丁時代的幾種"子卜辭"試論商代家族形態》,《古文字研究》第一輯,中華書局,1979年。

112. 林澐:《甲骨文斷代中一個重要問題的再研究》,吉林大學研究生畢業論文,1965年。

113. 林澐:《小屯南地發掘與殷墟甲骨斷代》,《古文字研究》第九輯,中華書局,1984年;又收入《林澐學術文集》,中國大百科全書出版社,1998年;又收入《甲骨文獻集成》第十五册,四川大學出版社,2001年。

114. 林澐:《甲骨文中的商代方國聯盟》,《古文字研究》第六輯,中華書局,1981年;又載《甲骨文獻集成》第二十四册,四川大學出版社,2001年。

115. 林澐:《無名組卜辭中父丁稱謂的研究》,《古文字研究》第十三輯,中華書局,1986年;又收入《林澐學術文集》,中國大百科全書出版社,1998年;又收入《甲骨文獻集成》第十五册,四川大學出版社,2001年。

116. 林澐:《商代兵制管窺》,《吉林大學社會科學學報》1990年第1期;又收入《林澐學術文集》,中國大百科全書出版社,1998年。

117. 林澐:《新版〈金文編〉正文部分釋字商榷》,中國古文字學會第八届年會論文,太倉,1990年。

118. 林澐:《釋史牆盤銘中的"逖虘髟"》,原載《陝西歷史博物館館刊》第一輯,三秦出版社,1994年;又收入《林澐學術文集》,中國大百科全書出版社,1998年。

119. 林澐:《説飄風》,原載《于省吾教授百年誕辰紀念文集》,

吉林大學出版社，1996年；又收入《林澐學術文集》，中國大百科全書出版社，1998年。

120. 劉桓：《㝬攸比鼎銘新釋》，《故宮博物院院刊》2001年第4期。

121. 劉青：《甲骨文句型研究》，西南師範大學碩士學位論文，1997年；部分内容以《甲骨文句型的轉換和衍生》發表於《殷都學刊》2001年第1期。

122. 劉新民：《甲骨刻辭羌人暨相關族群研究》，西南大學博士學位論文，2012年。

123. 劉興林：《殷商以田獵治軍事説質疑》，《殷都學刊》1997年第2期。

124. 劉運興：《武丁伐鬼方進軍路綫及其他》，《殷都學刊》1987年第2期。

125. 劉釗：《卜辭所見殷代的軍事活動》，《古文字研究》第十六輯，中華書局，1989年。

126. 劉釗：《卜辭"師惟律用"新解》，《胡厚宣先生紀念文集》，科學出版社，1998年。

127. 劉釗：《"畨"字源流考》，《古文字研究》第三十輯，中華書局，2014年。

128. 羅琨：《"高宗伐鬼方"史迹考辨》，《甲骨文與殷商史》，上海古籍出版社，1983年。

129. 羅琨：《殷商時期的羌和羌方》，原載《甲骨文與殷商史》第三輯，上海古籍出版社，1991年；又收入《甲骨文獻集成》第二十八册，四川大學出版社，2001年。

130. 呂叔湘：《句型和動詞學術討論會開幕詞（代序）》，載中國社會科學院語言所現代漢語研究室編《句型和動詞》，語文出版社，1987年。

131. 梅祖麟:《甲骨文裏的幾個複輔音聲母》,《中國語文》2008年第 3 期。

132. 門藝:《殷墟黃組甲骨刻辭的整理與研究》,鄭州大學博士學位論文,2008 年。

133. 孟世凱:《商代田獵性質的初探》,《甲骨文與殷商史》,上海古籍出版社,1983 年。

134. 孟世凱:《商代田獵與軍事訓練的關係》,《先秦史論集》,中州古籍出版社,1989 年。

135. 孟世凱:《甲骨文中井方新考》,《邢臺歷史文化論叢》,河北人民出版社,1990 年;又收入《甲骨文獻集成》第二十八冊,四川大學出版社,2001 年。

136. 南阳市文物研究所、桐柏縣文管办:《桐柏月河一號春秋墓發掘簡報》,《中原文物》1997 年第 4 期。

137. 彭邦炯:《商代"眾人"的歷史考察》,《天府新論》1990 年第 3 期。

138. 彭邦炯:《從商的竹國論及商代北方諸氏》,《甲骨文與殷商史》第三輯,上海古籍出版社,1991 年。

139. 齊文心:《殷代的奴隸監獄和奴隸暴動》,《中國史研究》1979 年第 1 期。

140. 裘錫圭:《評〈殷虛卜辭綜述〉》,《文史》第三十五輯,中華書局,1992 年。

141. 裘錫圭:《釋"求"》,《古文字研究》第十五輯,中華書局,1986 年。

142. 裘錫圭:《釋殷墟卜辭中的㪔㪔等字》,香港中文大學中文系編《第二屆國際中國古文字學術討論會論文集》,1993 年。

143. 裘錫圭:《甲骨文中的見與視》,原載臺灣師範大學國文系、"中研院"歷史語言研究所編《甲骨文發現一百周年學術研討會論文集》，臺灣文史哲出版社，1999年；後收入《裘錫圭學術文集》第一卷，復旦大學出版社，2012年。

144. 裘錫圭：《説殷墟卜辭的"奠"——試論商人處置服屬者的一種方法》，《"中研院"歷史語言研究所集刊》第六十四本第三分，1993年；又收入《甲骨文獻集成》第十四册，四川大學出版社，2001年；又載《裘錫圭學術文集》第五卷，復旦大學出版社，2012年。

145. 裘錫圭：《關於商代的宗族組織與貴族和平民兩個階級的初步研究》，《文史》第十七輯，中華書局，1983年。

146. 裘錫圭：《釋殷墟甲骨文裏的"遠""狱"（邇）及有關諸字》，《古文字研究》第十二輯，中華書局，1985年。

147. 裘錫圭：《説"囚"》，《古文字論集》，中華書局，1992年。

148. 裘錫圭：《釋"柲"》，《古文字研究》第三輯，中華書局，1980年；收入《裘錫圭學術文集》第一卷，復旦大學出版社，2012年。

149. 裘錫圭：《釋"衍"、"侃"》，臺灣師範大學國文系、中國文字學會主辦《魯實先先生學術討論會論文集》，1993年6月。

150. 裘錫圭：《釋殷墟卜辭中的"卒"和"裨"》，《裘錫圭學術文集》第一卷，復旦大學出版社，2012年。

151. 裘錫圭：《甲骨卜辭中所見的"田""牧""衛"等職官的研究——兼論"侯""甸""男""衛"等幾種諸侯的起源》，載《裘錫圭學術文集》第五卷，復旦大學出版社，2012年。

152. 屈辰熹：《漢語的詞序及其變遷》，《語言研究》1984年第1期。

153. 沈培：《説殷墟甲骨卜辭的"祝"》，《原學》第三輯，中國廣播電視出版社，1995年。

154. 沈培：《卜辭"雉衆"補釋》，《語言學論叢》第二十六輯，商務印書館，2002年。

155. 沈培：《殷墟卜辭正反對貞的語用學考察》，《漢語史研究：

紀念李方桂先生百歲冥誕論文集》(《語言暨語言學》專刊外編之二),"中研院"歷史語言研究所,2005年6月。

156. 沈培:《關於古文字材料中所見古人祭祀用尸的考察》,《古文字與古代史》第三輯,"中研院"歷史語言研究所,2012年。

157. 沈之瑜、濮茅左:《套卜大骨一版考釋》,《上海博物館集刊》總第二期,上海古籍出版社,1983年;又收入《甲骨文獻集成》第十八冊,四川大學出版社,2001年。

158. 師玉梅:《説"防衛"》,《中國文字學報》第四輯,商務印書館,2012年。

159. 宋華強:《尚書札記二則》,《古籍整理研究學刊》2001年5期。

160. 宋鎮豪:《商代軍事制度研究》,《陝西歷史博物館館刊》第二輯,1995年;又收入《甲骨文獻集成》第二十七冊,四川大學出版社,2001年。

161. 孫亞冰:《殷墟甲骨文中所見方國研究》,中國社會科學院研究生院碩士學位論文,2001年。

162. 孫銀瓊:《晚商音系研究》,四川大學博士學位論文,2015年。

163. 湯餘惠:《釋♦》,《吉林大學社會科學學報》1992年第2期。

164. 唐蘭:《關於江西清江吳城文化遺址與文字的初步探索》,《文物》1975年第7期。

165. 唐蘭:《㼵尊銘文試釋》,《文物》1976年第1期。

166. 王冬梅:《"N"的"V"結構中"V"的性質》,《語言教學與研究》2002年第4期。

167. 王冬梅:《動詞的控制度和謂賓的名物化之間的共變關係》,《中國語文》2003年第4期。

168. 王恩田:《釋β(㠯)、ℓ(官)、ʆ(師)》,《于省吾教授百年誕辰紀念文集》，吉林大學出版社，1996 年。

169. 王恩田：《人方位置與征人方路綫新證》，《胡厚宣先生紀念文集》，科學出版社，1998 年。

170. 王恩田：《釋⚋、⚌——兼論商代客館與戍守制度》，《考古學研究》（六），科學出版社，2006 年。

171. 王貴民：《商代"衆人"身份爲奴隸論》，《中國史研究》1990 年第 1 期。

172. 王貴民：《就甲骨文所見試說商代的王室田莊》，《中國史研究》1980 年第 3 期。

173. 王貴民：《申論契文"雉衆"爲陳師說》，《文物研究》第一期，1985 年。

174. 王宇信：《武丁期戰爭卜辭分期的嘗試》，《甲骨文與殷商史》第三輯，上海古籍出版社，1991 年；收入《甲骨文獻集成》第二十七冊，四川大學出版社，2001 年。

175. 王宇信：《商代征伐方國出師典禮蠡測》，原載《淑明女子大學校創學 90 周年紀念·國際甲骨學學術研討會》，1996 年；又收入《甲骨文獻集成》第二十七冊，四川大學出版社，2001 年。

176. 王蘊智：《"典""冊"考源》，《殷都學刊》1994 年第 4 期。

177. 王蘊智：《"典""冊"古音及上古舌齒音聲母同源例析》，《殷都學刊》1996 年第 1 期。

178. 王蘊智：《商代文字可釋字形的初步整理》，《中國文字》第 24 期，1999 年；又載王宇信、宋鎮豪主編《紀念殷墟甲骨文發現一百周年國際學術研討會論文集》，社會科學文獻出版社，2003 年。

179. 王蘊智：《對當前甲骨學基礎研究工作的幾點思考》，《古文字研究》第二十二輯，中華書局，2000 年；又載《殷都學刊》2000 年第 2 期；又收入氏著《字學論集》，河南美術出版社，2004 年。

180. 王蘊智：《商代葉族考》，《華夏考古》2003 年第 1 期；

《"枼"字譜系考——兼説商代的葉族》,《字學論集》,河南美術出版社,2004 年;《葉字及葉姓溯源》,《平頂山學院學報》2014 年第 1 期。

181. 王兆麟:《古漢語數量詞後置問題》,《淮陰師專學報》1980 年第 3 期。

182. 王子揚(王子楊):《説甲骨文中的"逸"字》,西南大學 2009 全國博士生學術論壇論文,2009 年 10 月;又載《故宫博物院院刊》2011 年第 1 期。

183. 王子揚(王子楊):《甲骨文舊釋"凡"之字絕大多數當釋爲"同"》,《出土文獻與古文字研究》第五輯,上海古籍出版社,2013 年。

184. 王子楊:《甲骨文"苞"的一種用法——論及殷代的伏擊戰術》,《"出土文獻與學術新知"學術研討會暨出土文獻青年學者論壇論文》,吉林大學,2015 年 8 月。

185. 吳福祥、馮勝利、黄正德:《漢語"數+量+名"格式的來源》,《中國語文》2006 年第 5 期。

186. 吳振武:《説"苞""鬱"》,《中原文物》1990 年第 3 期。

187. 吳振武:《"戈"字的形音義》,《紀念殷墟甲骨文發現一百周年國際學術研討會論文集》,社會科學文獻出版社,2003 年。

188. 吳志剛:《淺談贛鄱地區雀方》,《江漢論壇》2009 年第 4 期。

189. 伍仕謙:《甲骨文考釋六則》,《古文字研究論文集》,四川大學學報叢刊第十輯。

190. 〔美〕夏含夷:《釋"御方"》,《古文字研究》第九輯,中華書局,1984 年。

191. 〔美〕夏含夷:《殷墟卜辭的微細斷代法——以武丁時代的一次戰役爲例》,《甲骨文發現一百周年學術研討會論文集》,臺灣師範大學國文學系、"中研院"歷史語言研究所,1998 年;又收入《甲骨文獻集成》第十六冊,四川大學出版社,2001年;又收入氏著《古史異觀》,上海古籍出版社,2005年。

192. 夏義炳:《商代的女將軍婦好》,《文史知識》1983年第2期。

193. 肖楠:《試論卜辭中的師和旅》,《古文字研究》第六輯,中華書局,1981年;又收入《甲骨文獻集成》第二十七冊,四川大學出版社,2001年。

194. 蕭良瓊:《卜辭中的"立中"與商代的圭表測景》,《科技史文集》第十輯,1983;又收入《甲骨文獻集成》第三十二冊,四川大學出版社,2001年。

195. 謝明文:《商代金文的整理與研究》,復旦大學博士學位論文,2012年。

196. 謝明文:《釋甲骨文中的"叔"字》,復旦大學古文字研究中心網http://www.gwz.fudan.edu.cn/SrcShow.asp? Src_ID=1957,2012年10月31日。

197. 謝明文:《"䊫"、"䊫"等字補釋》,《中國文字》新三十六期,臺灣藝文印書館,2011年1月。

198. 謝明文:《商代金文的整理與研究·或字補說》,復旦大學博士學位論文,2012年。

199. 謝明文:《霸伯盤銘文補釋》,《中國文字》新四十一期,臺灣藝文印書館,2015年。

200. 徐明波:《殷墟黃組卜辭斷代研究》,四川大學博士學位論文,2007年。

201. 徐南洲:《"吾"字門外談》,原載《考古與文物》1987年第3期;又收入《甲骨文獻集成》第十三冊,四川大學出版社,2001年。

202. 徐少華:《養國銅器及其歷史地理探析》,《考古學報》2008年第4期。

203. 徐天符：《商代"衆"、"衆人"問題探討》，《福建師範大學學報》1992年第1期。

204. 徐喜辰：《殷代兵制初探》，《吉林大學社會科學學報》1988年第1期。

205. 徐兆仁：《釋◇》，《古文字研究》第十七輯，中華書局，1989年。

206. 許進雄：《武乙征召方日程》，《中國文字》新十二期，美國藝文印書館，1988年7月；又題爲《修定武乙征召方日程》，《古文字研究》第二十輯，中華書局，2000年；又收入《甲骨文獻集成》第二十七册，四川大學出版社，2001年。

207. 姚孝遂：《商代的俘虜》，《古文字研究》第一輯，中華書局，1979年；又收入《姚孝遂古文字論集》，中華書局，2010年；又收入《甲骨文獻集成》第二十七册，四川大學出版社，2001年。

208. 嚴一萍：《婦好列傳》，《中國文字》新三期，香港藝文印書館，1981年；又收入《殷商史記》下册，臺灣藝文印書館，1989年；又收入《嚴一萍先生全集》甲編之十二（第七函），臺灣藝文印書館，1991年；又收入《甲骨文獻集成》第二十三册，四川大學出版社，2001年。

209. 嚴一萍：《殷商兵制》，《中國文字》新七期，美國藝文印書館，1983年；又收入《殷商史記》下册，臺灣藝文印書館，1989年；又收入《嚴一萍先生全集》甲編之十二（第七函），臺灣藝文印書館，1991年1月；又收入《甲骨文獻集成》第二十三册，四川大學出版社，2001年。

210. 楊寬：《大蒐禮新探》，《學術月刊》1963年第3期；又收入氏著《古史新探》，中華書局，1965年。

211. 楊升南：《殷墟卜辭中衆的身份考》，《甲骨文與殷商史》第三輯，上海古籍出版社1991年；又收入《甲骨文獻集成》第二十五册,四川大學出版社,2001 年。

212. 楊升南:《略論商代的軍隊》,《甲骨探史錄》,三聯書店,1982 年;又收入《甲骨文獻集成》第二十七冊,四川大學出版社,2001 年。

213. 楊升南:《卜辭·"立事"說——兼談商代的戰法》,《殷都學刊》1984 年第 2 期;又收入《甲骨文獻集成》第二十七冊,四川大學出版社,2001 年。

214. 楊升南:《從"鹵小臣"說武丁對西北征伐的經濟目的》,《甲骨文發現一百周年學術研討會論文集》,臺灣師範大學國文系、"中研院"歷史語言研究所,1998 年;又臺灣文史哲出版社,1999 年;又收入《甲骨文獻集成》第二十七冊,四川大學出版社,2001 年。

215. 楊希枚:《春秋隱公射魚于棠說駁議——兼論春秋蒐狩、治兵與祭牲之制》,《文史》第二十六輯,1985 年。

216. 楊秀芬:《古文字"啟"形義關係研究》,西南大學碩士學位論文,2016 年。

217. 楊文山:《商代的"井方"與"祖乙遷於邢"考》,《河北學刊》1985 年第 3 期。

218. 楊澤生:《甲骨文"迚"、"値"二字補釋》,《古籍研究》2006 年卷上。

219. 于省吾:《從甲骨文看商代的社會性質》,《東北人民大學人文科學學報》1957 年第 2、3 期合刊。

220. 喻遂生:《甲骨語言的性質及其在漢語史研究中的價值》,《古典文獻與文化論叢》第二輯,杭州大學出版社,1999 年;又收入氏著《甲金語言文字研究論集》,巴蜀書社,2002 年。

221. 喻遂生:《甲骨文的詞頭"有"》,《甲金語言文字研究論集》,巴蜀書社,2002 年。

222. 喻遂生:《語法研究與卜辭訓釋》,《綿陽師範學院學報》

2007 年第 4 期。

223. 喻遂生:《甲骨文三賓語句研究》,語言文字與文學詮釋國際學術研討會論文,臺灣東海大學,2010 年 10 月;收入《語言文字與文學詮釋的經典對話》,東海大學中國文學系出版,2011 年 2 月。

224. 袁毓林:《漢語動詞的配價層級和配位方式研究》,載袁毓林、郭銳主編《現代漢語配價語法研究》(第二輯),北京大學出版社,1998 年。

225. 趙錫元:《試論殷代的主要生產者"衆"和"衆人"的社會身份》,《東北人民大學人文科學學報》1956 年第 4 期。

226. 趙錫元:《再論商代"衆人"的社會身份》,《吉林大學社會科學學報》1982 年第 4 期。

227. 詹鄞鑫:《釋辛及與辛有關的幾個字》,《中國語文》1983 年第 5 期。

228. 張秉權:《卜辭鼎正化說》,《"中研院"歷史語言研究所集刊》第二十九本下冊《慶祝趙元任先生六十五歲論文集》,1957 年。

229. 張秉權:《略論婦好卜辭》,《漢學研究》第 1 卷第 1 期,1983 年 6 月;又趙林摘譯,見 Chang K.C. (ed.), Studies of Shang Archaeology: Selected Papers from the International Conference on Shang Civilization, New Haven and London: Yale University Press, 1986。

230. 〔美〕張光直:《商名試釋》,《中國商文化國際學術討論會論文集》,中國大百科全書出版社,1998 年;又收入《甲骨文獻集成》第二十八册,四川大學出版社,2001 年。

231. 張松炎、焦瀟:《格語法簡述》,《讀與寫雜志》2009 年第 9 期。

232. 張亞初:《古文字分類考釋論稿》,《古文字研究》第十七輯,中華書局,1989 年。

233. 張新俊:《殷墟甲骨文中的"盖"與相關之字》,第七屆"黃河學"高層論壇暨出土文獻與黃河文明國際學術研討會論文,河南大學教育部重點研究基地"黃河文明與可持續發展研究中心",2015年11月。

234. 張永山:《論商代的"衆人"》,《甲骨探史錄》,三聯書店,1982年。

235. 張永山:《商代"衆"人身份補證》,《先秦史論文集》(人文雜志專刊)1982年;又收入《甲骨文獻集成》第二十四册,四川大學出版社,2001年。

236. 張永山:《商代軍禮試探》,《二十一世紀中國考古學——慶祝佟柱臣先生八十五華誕學術論文集》,文物出版社,2006年。

237. 張玉金:《釋甲骨文中的"𠂆"》,《古文字研究》第二十八輯,中華書局,2010年。

238. 張玉金:《二十世紀甲骨文語法研究的回顧暨展望》,《古籍整理研究學刊》2002年第1期。

239. 張玉金:《卜辭中"气"的意義和用法》,《文物研究》第五輯;又收入氏著《甲骨卜辭語法研究》附録五,廣東高等教育出版社,2002年。

240. 張玉金:《論殷墟甲骨文中的兼語句》,《古籍整理研究學刊》2003年第1期。

241. 張政烺:《卜辭"裒田"及其相關問題》,《張政烺文史論集》,中華書局,2004年。

242. 章秀霞:《花東卜辭與殷商軍禮研究》,《中原文化研究》2013年第5期。

243. 趙誠:《甲骨文行爲動詞探索(一)》,《古文字研究》第十七輯,中華書局,1989年。

244. 趙光賢:《殷代兵制述略》,《中華文史論叢》第三輯,上海古籍出版社,1985年;又收入《古史考辨》,北京師範大學出版社,

1987年。

245. 趙林:《商代的羌人與匈奴》,臺灣政治大學邊政研究所,1985年。

246. 趙平安:《甲骨文"𠂤"即"曷"字說——兼談"羯"的族源》,原載《揖芬輯——張政烺先生九十華誕紀念文集》,社科文獻出版社,2002年;又載《國際中國學研究》第五輯,韓國中國學會,2002年;收入氏著《新出簡帛與古文字古文獻研究》,商務印書館,2009年。

247. 趙平安:《"達"字兩系說——兼釋甲骨文所謂"途"和齊金文中所謂"造"字》,《中國文字》新二十七期,藝文印書館,2001年;又收入曾憲通主編《古文字與漢語史論集》,中山大學出版社,2002;又收入氏著《新出簡帛與古文字古文獻研究》,商務印書館,2009年。

248. 趙平安:《"達"字"針"義的文字學解釋——從一個實例看古文字字形對詞義訓詁研究的特殊重要性》,《語言研究》2008年第2期;又收入氏著《新出簡帛與古文字古文獻研究》,商務印書館,2009年,90-96。

249. 趙平安:《戰國文字的"遊"與甲骨文"𢌲"爲一字說》,《古文字研究》第二十二輯,2000年。

250. 趙平安:《釋甲骨文中的"𠂤"和"𠩵"》,《文物》2000年第8期;又收入氏著《新出簡帛與古文字古文獻研究》,商務印書館,2009年。

251. 鄭慧生:《婦好論》,《南方文物》(中國南方青銅器暨殷商文明國際學術研討會專輯)1994年第2期;又收入《甲骨卜辭研究》,河南大學出版社,1998年。

252. 鄭繼娥:《甲骨文中的連動句和兼語句》,《古漢語研究》1996年第2期。

253. 鍾柏生:《卜辭中所見殷代的軍政之一——戰爭啟動的過

程及其準備工作》,《中國文字》新十四期,美國藝文印書館,1991年;又收入《甲骨文獻集成》第二十七冊,四川大學出版社,2001年。

254. 鍾柏生:《卜辭中所見殷代的軍禮之一——殷代的大蒐禮》,《中國文字》新十六期,美國藝文印書館,1992年;又收入《甲骨文獻集成》第二十七冊,四川大學出版社,2001年。

255. 鍾柏生:《卜辭中所見的殷代軍禮之二——殷代的戰爭禮》,《中國文字》新十七期(董作賓先生百歲誕辰紀念特集),美國藝文印書館,1993年;又收入《甲骨文獻集成》第二十七冊,四川大學出版社,2001年。

256. 朱德熙:《現代書面漢語裏的虛化動詞和名動詞》,《北京大學學報》(哲社版)1985年第5期。

257. 朱鳳瀚:《殷墟卜辭中的"衆"的身份問題》,《南開學報》1981年第2期。

258. 朱鳳瀚:《論殷墟卜辭中的大示及其相關問題》,《古文字研究》第十六輯,1989年。

259. 朱鳳瀚:《近百年來的殷墟甲骨文研究》,《歷史研究》1997年第1期。

260. 朱鳳瀚:《由殷墟出土北方式青銅器看商人與北方族群的聯繫》,《考古學報》2013年第1期。

261. Fillmore, C. (1968), "The Case for Case", *Universals in Linguistic Theory*, New York: Holt, Rinehart & Winston.

262. Hopper & Thompson (1980), "Transitivity in Grammar and Discourse", *Language*, Vol.56, No.2(Jun, 1980). pp.251-299.

263. Paul L.-M. Surruys(1974), "Studies in the Language of the Shang Oracle Inscriptions", *T'oung Pao*, Second Series, Vol.60, Livr.1/3(1974), pp.12-120.

後　　記

　　本書是在筆者博士論文《商代武丁時期甲骨軍事刻辭的整理與研究》的基礎上修改、增訂而成。博士論文於2011年6月答辯，五年來，甲骨學研究領域因學者們的努力拼綴和辛勤研究，產生了大量新的材料和新的論著，這部分內容需要增補。同時，本書是筆者國家社科基金項目"甲骨軍事刻辭的分期分類排譜、整理與研究"（10XZS002）、教育部人文社科項目"商代甲骨軍事卜辭語言研究"（09YJC740059）的結項成果，因此，擴充和加大了博士論文的相關內容。

　　本書的寫作初衷是全面搜集甲骨軍事刻辭，整理相關軍事內容，研究相關語言面貌，回答商代軍事史、漢語史的疑難問題。但毋庸諱言，本書還有不少問題沒能解決，比如軍事刻辭的分期分類排譜問題、戰爭涉及方國和地區的地望問題、戰爭的路綫問題、軍事人物的身份問題等，這一方面是由於甲骨文材料本身不足徵，另一方面則是由於筆者學力之不逮。這些未能解決的問題，希望隨着新材料的刊佈、新成果的面世、筆者學養的加深而有所解決。

　　本書得以完成，首先要感謝的是喻遂生教授，他是我博士論文的指導教師，也是我人生發展的指導教師，感謝他領我步入古文字學的殿堂，感謝他給我為人為學的啟迪，感謝他在百忙之中的賜序，感謝他成為拙作的第一位讀者。

　　拙稿在博士論文的基礎上進行了較大規模的修改，吸收了論文評閱專家和答辯專家劉釗、黄天樹、張玉金、王藴智、毛遠明、張顯成等先生的意見和建議,部分章節作爲科研基金的結項成果,也得到了匿名評審專家的中肯建議,尤其是劉釗先生爲拙作欣然命筆賜序,陳劍先生審閱過大部分初稿,提出了很多寶貴意見,謹此一併致以謝忱。

同時要感謝"國家社科規劃基金"和"教育部人文社科基金"對本研究的資助,感謝"西南大學出土文獻綜合研究中心出版基金"和"中央高校基本科研業務費創新團隊項目"的出版資助,感謝西南大學漢語言文獻研究所所長張顯成教授暨全體同仁的厚愛與支持,感謝學界師友的無私幫助與關懷。

筆者有幸走上學術道路,要感謝我大學時代的《古代漢語》老師毛遠明教授,正是他的循循善誘和諄諄教誨,使我對古代語言文字產生了濃厚興趣,並有幸成爲先生的碩士生。先生是我步入學術殿堂的領路人,本書的出版,也是交給先生的一份作業。飲水思源,先生的教誨是我學術生命的活水源頭。

本書得以完成,要感謝我的家人。有賢妻的默默付出、慈父的全力襄助、愛子的積極上進,我才有充足的時間和精力孜孜以求。感謝我的學生們,教然後知困,學然後知不足,他們給了我很多靈感和啟迪。

本書得以出版,要感謝編輯徐真真女士,編輯、排印、校對都凝聚了她的大量心血,作者由衷感謝。

李　發
2016 年春節完稿於北碚不舍軒